AF559609

इलाचन्द्र जोशी

इलाचन्द्र जोशी का जन्म 13 दिसम्बर, 1902 को अल्मोड़ा में हुआ।

वे 'चाँद' के सहयोगी सम्पादक रहे और 1929 में 'सुधा' का सम्पादन किया। 'कोलकाता समाचार', 'विश्ववाणी', 'सम्मेलन-पत्रिका', 'संगम', 'धर्मयुद्ध' और 'साहित्यकार' पत्रिकाओं के सम्पादन से भी जुड़े रहे। पहला उपन्यास 1929 में प्रकाशित हुआ।

उनकी प्रमुख पुस्तकें हैं—'लज्जा', 'संन्यासी', 'पर्दे की रानी', 'प्रेत और छाया', 'निर्वासित', 'मुक्तिपथ', 'सुबह के भूले', 'जिप्सी', 'जहाज़ का पंछी', 'भूत का भविष्य', 'ऋतुचक्र' (उपन्यास); 'धूपरेखा', 'दीवाली और होली', 'रोमांटिक छाया', 'आहुति', 'खँडहर की आत्माएँ', 'डायरी के नीरस पृष्ठ', 'कँटीले फूल लजीले काँटे' (कहानी); 'साहित्य सर्जना', 'विवेचना', 'विश्लेषण', 'साहित्य चिंतन', 'शरतचन्द्र-व्यक्ति और कलाकार', 'रवीन्द्रनाथ ठाकुर', 'देखा-परखा' (समालोचना तथा निबन्ध)।

उन्हें उत्तर प्रदेश शासन द्वारा 'ऋतुचक्र' उपन्यास पर 'प्रेमचन्द पुरस्कार', 'विशिष्ट पुरस्कार' सहित कई पुरस्कारों से सम्मानित किया गया। 1979 में उन्हें 'साहित्य वाचस्पति' की उपाधि दी गई।

निधन : सन् 1982

जिप्सी

(उपन्यास)

इलाचन्द्र जोशी

लोकभारती प्रकाशन

लोकभारती प्रकाशन
पहली मंजिल, दरबारी बिल्डिंग, महात्मा गांधी मार्ग
प्रयागराज-211 001

वेबसाइट : www.lokbhartiprakashan.com
ईमेल : info@lokbhartiprakashan.com

शाखाएँ : 1-बी, नेताजी सुभाष मार्ग, दरियागंज
नई दिल्ली-110 002
अशोक राजपथ, साइंस कॉलेज के सामने
पटना-800 006
1, अनमोल सोराबजी सन्तुक लेन, धोबी तलाव,
मरीन लाइंस, मुम्बई-400 002

पहला संस्करण : 2015
दूसरा संस्करण : 2026

बालाजी ऑफसेट
दिल्ली-110 095
द्वारा मुद्रित

GYPSY
by Ilachandra Joshi

ISBN : 978-93-5221-004-6

मूल्य : ₹995

प्रस्तुत उपन्यास के नायक नृपेन्द्ररंजन द्वारा मनिया नाम की एक जिप्सी लड़की के विलक्षण जीवन की कहानी सुनायी गयी है। यायावर जाति की एक अनाथ लड़की के जीवन में घटनाओं के घात-प्रतिघात से कितना परिवर्तन हो सकता है, यह इस उपन्यास से जाना जा सकता है। अन्तश्चेतना का विश्लेषण इसमें पग-पग पर पाया जाता है।

जिप्सी

पूर्वकथा

उस वर्ष मैं गरमियों में मसूरी गया हुआ था—अकेला। जिस होटल में मैं ठहरा हुआ था वहाँ से देहरादून की तरफ का विस्तृत दृश्य स्पष्ट दिखायी देता था। एक दिन मैं दोपहर का खाना खाने के बाद कुछ देर धूप खाने के इरादे से बाहर बरामदानुमा आँगन में एक आरामकुर्सी पर बैठा हुआ देहरादून की ओर मुँह किये हुए नीचे दूर तक फैले हुए ढालुवाँ विस्तार का दृश्य देखने में तल्लीन था। देहरादून से मसूरी तक मोटर की जो सड़क सर्पगति से चक्कर खाती हुई नीचे से ऊपर को चली जाती थी उस पर चलनेवाली मोटरें बच्चों के खिलौनों की तरह दिखायी दे रही थीं। दूर, राजपुर के पास, छोटे-छोटे पहाड़ी खेत सीढ़ियों की तरह नीचे से ऊपर को कतार बाँधे हुए थे। कुरर पक्षियों का अविराम क्रन्दन-स्वर चारों ओर के एकान्त पहाड़ी वातावरण को एक निराली, मोहक वेदना में मग्न कर रहा था। सहसा पीछे से किसी ने मेरा ध्यान भंग करते हुए कहा—"नमस्कार!"

मैंने घूमकर देखा तो एक सज्जन, जिनकी आयु प्रायः तीस और पैंतीस के बीच की होगी, और जो नीचे लंकलाट का चूड़ीदार पाजामा और ऊपर सफेद कमीज के ऊपर कत्थई रंग की गरम बनियाइन पहने थे, प्रेमपूर्वक मुस्करा रहे थे। उनसे मेरा कोई पूर्व परिचय न होने से उनका वह प्रेमभाव मुझे कुछ विचित्र-सा लगा। मैंने शिष्टाचारपूर्वक उनकी ओर हाथ जोड़ दिये और विनम्रता के साथ कहा—

"क्षमा कीजियेगा, मैंने आपको नहीं पहचाना। आपका शुभनाम?"

'मेरा नाम नृपेन्द्ररंजन है। बुलन्दशहर जिले में रहता हूँ। हवा बदली के इरादे से आज ही यहाँ आया हूँ।"

"बड़ी प्रसन्नता हुई आपका परिचय पाकर। पर क्या आपने मुझे पहचानकर नमस्कार किया था...?"

'मैंने पहचानकर ही आपको नमस्कार किया है," एक अजीब-सी मुस्कान मुख पर झलकाते हुए मेरे नव-परिचित मित्र बोले।

"पर यह सम्भव कैसे हो सकता है?"

"होटल के दफ्तर में होटल के निवासियों की जो सूची टँगी रहती है उसमें सब नाम कल शाम मैंने कौतूहलवश पढ़ डाले थे। उनमें एक नाम के सम्बन्ध में मेरी दिलचस्पी जगी। मैनेजर से पूछा। उसने कमरे का नम्बर और हुलिया बता दिया। आपको ठीक उसी नम्बर के कमरे के आगे बैठा देखकर और आपके बड़े-बड़े बाल..."

"ठीक है, ठीक है, विराजिये। पासवाली कुर्सी ले लीजिये!"

आगन्तुक सज्जन—उर्फ श्री रंजन—ने कुर्सी खींच ली और मेरी बगल में बैठ गये।

"कहिये, मसूरी का पहाड़ी वातावरण आपको कैसा पसन्द आया?"

"मुझे यह स्थान बहुत प्रिय है," श्रीयुत् रंजन बोले—"पिछले कुछ वर्षों से मैं गरमियों में कम-से-कम एक महीने के लिए यहाँ अवश्य चला आता हूँ..."

और धीरे-धीरे हम दोनों के बीच काफी घनिष्ठता हो गयी। साहित्य के प्रति रंजन जी की विशेष रुचि का परिचय मुझे मिला। मैंने देखा कि वह केवल एक साधारण रसग्राही नहीं, बल्कि कलामर्मज्ञ भी हैं, हालाँकि उन्होंने कभी एक शब्द भी लिखकर किसी पत्र में नहीं छपाया था। लिखने के प्रति उनकी वह विरक्ति मुझे और अधिक आकर्षक लगी। मेरी जो-जो कहानियाँ या उपन्यास उन्होंने पढ़े थे उनके नायकों के चारित्रिक विश्लेषण सम्बन्धी बातों में वह काफी देर तक मुझे उलझाये रहे। जब साहित्य-चर्चा कुछ ढीली पड़ने लगी तब वह बोले—"चलिये कहीं टहला जाय। यहाँ बैठे-बैठे क्या कीजियेगा?"

मैं दोपहर में घूमने का आदी नहीं था। केवल शाम को एक बार अकेले हवाखोरी के लिए निकल पड़ता था। होटल के निवासियों से मेरी घनिष्ठता केवल बाहरी बोलचाल तक ही सीमित थी। उस दिन पहली बार मुझे एक साथी मिला जिसने मुझे इस हद तक अपनी ओर खींच लिया कि दोपहर को टहलने का प्रस्ताव भी मैं टाल न सका।

अपने-अपने कमरे में जाकर कपड़े पहनकर हम दोनों निरुद्देश्य भ्रमण के इरादे से बाहर निकल पड़े। जब हम लोग ऊपर बड़ी सड़क पर पहुँचे तब दोनों ने मिलकर इस बात पर विचार किया कि किस ओर निकला जाय। अन्त में यह तय हुआ कि इस समय लन्धौर बाजार की सैर की जाय, शाम को माल की ओर चलेंगे। प्रायः दो फर्लांग तक की चढ़ाई तय करने पर सड़क के बायें किनारे पर बिसाती की कुछ खुली दुकानें पास-पास सजायी हुई दिखायी दीं, कुछ जिप्सी लड़कियाँ उन दुकानों का संचालन कर रही थीं। मेरे मित्र एक 'दुकान' के पास खड़े हो गये और बड़े गौर से वहाँ सजायी गयी प्रत्येक छोटी-से-छोटी चीज का निरीक्षण करने लगे। सस्ते किस्म की छुरियाँ, कैंचियाँ, सुई-तागा, सिन्दूर की पुड़िया, छोटी-छोटी चम्मचें, ऐल्युमिनियम की बनी हुई चाय की छलनियाँ, बच्चों को खेलाने के लिए बने हुए लकड़ी के रंगीन लट्टू आदि ऐसी चीजें वहाँ सजायी हुई थीं जो स्पष्ट ही मेरे मित्र के किसी विशेष काम की नहीं थीं। जिस दुकान के पास हम लोग खड़े थे वहाँ पर बैठी हुई लड़की सूरत-शक्ल से कुछ-कुछ ईरानी-सी लगती थी। उसकी उम्र बीस-बाईस वर्ष से अधिक न होगी। उसकी आँखें बड़ी चंचल लगती थीं और वह बड़ी उत्सुकता से रंजन जी की ओर देख रही थी। रंजन जी ने नीचे झुककर एक छोटी-सी कैंची उठा ली और उसका दाम पूछने लगे। लड़की ने अत्यन्त उत्साहित होकर जो दाम बताया वह स्पष्ट ही बाजार की दर

से दुगना था। पर रंजन जी ने बिना मोल-तोल किये ही उसे मुँहमाँगा दाम दे दिया और कैंची जेब में डालकर उन्होंने मुझसे आगे बढ़ने का संकेत किया। लड़की पीछे से बोली—"बाबू जी, यह बढ़ियावाला चाकू भी खरीद लीजिये!"

"कल खरीदेंगे," पीछे की ओर न देखकर रंजन जी बोले।

जब हम लोग कुछ आगे बढ़े तो मैंने कहा—"आपने कैंची यहाँ खरीदकर बड़ी भूल की। आगे चलकर किसी बड़ी दुकान में आपको इससे कई गुना अच्छी कैंची इतने ही दामों में मिल जाती। और यह कैंची आपके किस काम आयेगी, मैं नहीं समझा। नाखून तक इससे नहीं कटेगा।"

"आप ठीक कहते हैं, पर चूँकि मैं दुकान पर खड़ा हो गया था, इसलिए कुछ-न-कुछ खरीदना लाजमी था।"

मैं फिर इस सम्बन्ध में कुछ न बोला।

दूसरे दिन फिर रंजन जी ने दोपहर को टहलने का प्रस्ताव किया, उस दिन भी हम लोग लन्धौर की ओर निकल पड़े। रंजन जी ठीक उसी दुकान पर खड़े हो गये जहाँ वह पिछले दिन खड़े हुए थे। उनके खड़े होते ही वही चंचल-स्वभाव ईरानी लड़की बड़ी फुर्ती से एक चाकू हाथ में उठाकर बोल उठी—"बाबू जी, यह लीजिये वह चाकू जिसे आपने खरीदने को कहा था।"

रंजन जी उसकी वह हड़बड़ी देखकर कुछ क्षणों तक मन्द-मन्द मुस्कराते रहे। मैंने देखा, उनकी उस सुगम्भीर मुस्कान में एक अर्द्धस्फुट करुणा और मार्मिकता छिपी हुई थी। बिना किसी बहस के उन्होंने वह चाकू ले लिया और मुँहमाँगा दाम दे दिया। इसके बाद वह मेरा हाथ पकड़कर आगे बढ़ गये। वह चाकू स्पष्ट ही उनके किसी भी काम का न था। उसका हत्था लकड़ी का बना था और फल एकदम कुन्द था। छोटे-छोटे बच्चों के खेलने के काम का था। पर आज मैंने उस सम्बन्ध में कोई प्रश्न उनसे नहीं किया। तब तक मेरे आगे यह बात बिलकुल साफ हो गयी थी कि वह उस दुकान से कोई चीज किसी उपयोगिता की दृष्टि से नहीं खरीदते हैं, बल्कि कोई विशेष मनोभाव ही उन्हें उस दुकान पर ठहर जाने के लिए प्रेरित करता है। पर वह मनोभाव क्या हो सकता है? क्या उस खानाबदोश ईरानी लड़की की शारीरिक सुन्दरता का उससे कोई सम्बन्ध है? क्या उनके समान साहित्य-कला-मर्मज्ञ और जीवन के गहरे अनुभवों से शिक्षा-प्राप्त (जैसा कि उनकी बातों से पता चलता था) व्यक्ति भी इस तरह के थोथे मनोभावों से परिचालित हो सकता है?

उसी रात को डाइनिंग रूम में रंजन जी के साथ ही भोजन करने के बाद जब मैं अपने कमरे में जाकर आराम करने का विचार कर रहा था तब भी उन्होंने मुझे नहीं छोड़ा और बोले—"आपके कमरे में कुछ देर गपशप की जाय। अभी जल्दी है। अभी से सोकर क्या कीजियेगा!"

मैं केवल शिष्टतावश उनके प्रस्ताव का विरोध न कर सका, अन्यथा उस दिन मैं बहुत थका हुआ था और गपशप करने की न तो मुझमें शक्ति ही रह गयी थी न प्रवृत्ति ही।

कमरे में पहुँचकर ठण्डी हवा से बचने के लिए भीतर से किवाड़ फेरकर मैं अपने बिस्तर पर लिहाफ के भीतर दुबक गया—केवल मुँह खोले रहा। रंजन जी पास ही एक सोफा पर आराम से बैठकर सिगरेट फूँकने लगे।

मेरा 'मूड' खराब हो गया था और उसी खीझ की मनःस्थिति में मेरे भीतर दबा हुआ व्यंग्य बरबस उभर उठा। सहसा मैंने ईरानी लड़की की दुकान की चर्चा छेड़ते हुए कहा—"जो चाकू आज आपने खरीदा था उससे आप क्या काम ले सकेंगे मैं समझा नहीं!"

रंजन जी ने केवल मन्द-मन्द मुस्कराते हुए सिगरेट से एक कश ली। उस प्रश्न का कोई प्रभाव उन पर न पड़ते देखकर मैंने अपनी जबान को और अधिक सान पर चढ़ाते हुए कहा—"उस ईरानी लड़की के प्रति आप बड़े सदय मालूम होते हैं। कल कौन-सी चीज खरीदने का विचार है—चाय की छलनी?"

रंजन जी ठठाकर हँस पड़े। जब उनका वह हास्यभाव ठण्डा पड़ा तब मैंने व्यंग्य और परिहास का भान त्यागकर सहज भाव से कहा—"मैं बहुत उत्सुक हूँ यह जानने के लिए—"

"कि मैं उस ईरानी लड़की से चाकू और कैंची क्यों खरीदता हूँ? यही बात है न? यदि आपका कुतूहल इस सम्बन्ध में सचमुच इस कदर बढ़ गया है तो मैं उसका निवारण करने को तैयार हूँ। किस्सा लम्बा है, मुझे सुनाने में कोई आपत्ति नहीं है। पर एक शर्त है—आप चुपचाप सुनते जायँ, बीच में कोई प्रश्न करके मुझे टोकें नहीं!"

मैंने सूचित किया कि मुझे उनकी शर्त मंजूर है। उसके बाद रंजन जी ने अपना किस्सा सुनाना आरम्भ किया। किस्सा बड़ा दिलचस्प था। सारी रात बीत गयी, पर वह समाप्त न हुआ। उसके बाद कई दिनों तक वह किस्सा चला। जब भी हम दोनों अवकाश पाते मैं उनसे उनकी जीवन-कथा को आगे बढ़ाने का अनुरोध करता रहता। उनके उस लम्बे दास्तान को मैं भरसक उन्हीं के शब्दों में अगले परिच्छेदों में लिपिबद्ध कर रहा हूँ।

(1)

मसूरी में उस दिन जिस ईरानी जिप्सी लड़की की दुकान में मैंने चाकू खरीदा उसमें मेरी कोई खास दिलचस्पी नहीं थी। पर वह एक ऐसी लड़की की याद मुझे अक्सर दिलाती रहती है जो कुछ ही वर्ष पहले तक उसी स्थान पर उसी की तरह बिसाती की दुकान खोले रहती थी और वैसी ही चंचल और ढीठ थी। उम्र भी उसकी प्रायः उतनी ही थी जितनी ईरानी लड़की की। फिर भी दोनों की आकृति-प्रकृति में बहुत अन्तर था। ईरानी लड़की के मुख पर एक ऐसा रूखापन छाया हुआ है जो मेरे मन को बरबस पीछे को ढकेलता है, पर उस लड़की के मुख से एक ऐसी स्निग्ध, सरस और सरल सहृदयता का भाव टपका पड़ता था जो किसी भी पथ भूले हुए पथिक को अपनी ओर खींचता था और बिना कुछ बोले ही उसे सान्त्वना देता था। विशुद्ध शारीरिक दृष्टि से भी दोनों में बहुत अन्तर था। ईरानी लड़की का चेहरा कुछ लम्बा है, पर जिस लड़की की बात मैं कहने जा रहा हूँ, उसका मुँह कुछ गोल था। उसकी आँखें कुछ छोटी थीं और अपनी सरलता के भीतर ही किसी अजानित रहस्यलोक का आभास छिपाये हुए थीं। ईरानी लड़की की नाक लम्बी है और उसका सिरा एकदम तीखा है। पर उस लड़की की नाक अपेक्षाकृत छोटी और सिरे पर गोलाई लिये हुए थी। ईरानी लड़की के मुख की अभिव्यक्ति से मेरे मन में यह विश्वास जगने लगता है कि वह जन्मजात अपराधिनी और क्रूर-कर्मिणी है। पर जिस लड़की का किस्सा मैं कहने जा रहा हूँ उसकी ओर एक झलक देखने से ऐसा बोध होने लगता था कि उपनिषत्कार ने शुद्धं अपापबिद्धम् की कल्पना उसी के समान किसी लड़की का चेहरा देखकर ही की होगी। ईसा की माता मेरी के सम्बन्ध में ईसाई कवियों ने जिस 'इम्मेक्युलेट कन्सेप्शन' की बात कही है उसका पहला अनुभव मुझे उसी लड़की को देखने पर हुआ।

वह लामा स्त्रियों का-सा लहँगा पहने रहती थी और उन्हीं की तरह सिर पर एक विशेष ढंग का कपड़ा बाँधे रहती थी। पर उसकी आकृति से यह विश्वास नहीं होता था कि वह लामा जाति की हो सकती है। उसकी आँखें छोटी अवश्य थीं, और नाक भी किस कदर छोटी और गोल थी, पर इस हद तक नहीं कि उसे मंगोल जातीय कहा जा सके। मुझे पूरा विश्वास है कि यदि वह साड़ी पहने होती तो उसके पूर्णतः भारतीय होने में किसी को रंचमात्र भी सन्देह न होता।

मैं उस साल पहली बार मसूरी आया हुआ था। एक दिन यों ही टहलते हुए जब मैं ठीक उसी स्थान पर पहुँचा जहाँ वह ईरानी लड़की बैठी हुई थी तब सहसा मेरी दृष्टि उस लामा वेषधारिणी लड़की पर जाकर ठहर गयी। उसके असाधारण रूप-रंग ने मुझे इस कदर आकर्षित किया कि मैं उसकी दुकान के पास जाकर ठहर गया। लड़की ने तीतर की तरह तीखे किन्तु स्निग्ध और मधुर स्वर में कहा—

"बाबू जी, क्या चाहिए?"

मेरा हाथ बरबस एक चाकू पर चला गया। यह "छह आने का चाकू है, ले लीजिये, बाबू जी! इससे कम पर आपको इस लाइन की किसी भी दुकान पर नहीं मिलेगा।" विशुद्ध हिन्दी में बिना किसी विदेशी उच्चारण के लड़की ने कहा। उस लाइन में जिप्सी (खानाबदोश) लड़कियों की चार-पाँच दुकानें और लगी हुई थीं। मैंने वह चाकू ले लिया और उसके बाद दूसरी चीजें देखने लगा। जिस तरह की चीजें वहाँ थीं उनमें से किसी भी खास चीज में मेरी कोई विशेष दिलचस्पी नहीं हो सकती थी। पर मुझे लड़की से बातें करने का बहाना ढूँढ़ना था। दूसरी बार सिन्दूर की एक बन्द पुड़िया पर मेरा हाथ रुक गया। तत्काल लड़की बोल उठी—"यह बहुत मशहूर सिन्दूर है, बाबू जी, ले लीजिये। बीबी जी को यह बहुत पसन्द आयेगा। यहाँ की सब औरतें यही सिन्दूर खरीदती हैं।"

मैं लड़की से कैसे कहता कि मेरे घर में कोई 'बीबी जी' नहीं हैं, मेरा विवाह ही नहीं हुआ है।

वह कहती चली गयी—"दूसरी तरह के सिन्दूर जब माँग में भरे जाते हैं तो उनसे सिर में दर्द होने लगता है, ऐसा मैंने सुना है। पर इस सिन्दूर के बारे में अभी तक कोई शिकायत सुनने में नहीं आयी है।"

मैंने मौका पाकर कहा—"तुम्हें कैसे मालूम कि सिन्दूर माँग में भरी जाती है? हिन्दू औरतों के यहाँ के रीति-रस्मों की जानकारी तुम्हें कैसे हो गयी? तुम तो तिब्बती हो न?"

लड़की मुस्करायी। उस निश्छल मुस्कान की मोहकता का वर्णन करने में मैं असमर्थ हूँ, क्योंकि मैं कोई कवि नहीं हूँ। वह बोली—"मैं तिब्बती नहीं हूँ। मेरा जन्म यहीं हुआ है और हिन्दू घरों में ही मैं बड़ी हुई हूँ।"

मैंने पूछा—

"पर तुम यह तिब्बती पोशाक क्यों पहनती हो?"

"इसलिए कि मेरा बाप तिब्बती था।"

"और माँ?"

"माँ यहीं की थी। राजपुर में उसका जन्म हुआ था।"

राजपुर मसूरी के नीचे एक छोटा-सा पहाड़ी स्थान है। मेरा कौतूहल उसके सम्बन्ध में घटने के बजाय बढ़ गया। मैं और भी बहुत-सी बातें पूछना और जानना चाहता था, पर बीच सड़क में दुकान खोलकर बैठनेवाली लड़की से उसके जन्म, कुल और जीवन के सम्बन्ध में अधिक बातें करना अशोभन जानकर मैं अनिच्छापूर्वक वहाँ से उठकर जाने लगा। दो कदम आगे बढ़ा हूँगा कि लड़की पीछे से दौड़ी आयी और मुझे याद दिलाती हुई बोली—"आप यह सिन्दूर नहीं ले गये, बाबू जी।" ससंकोच मैंने सिन्दूर की पुड़िया उसके हाथ से ले ली और जो दाम उसने माँगा वह देकर मैं चला

गया। एक बार इच्छा हुई कि सिन्दूर की उस पुड़िया को नीचे खड्ड में फेंक दूँ। पर न जाने किस अज्ञात कारण से मैं रह गया और पुड़िया को कोट की जेब में डालकर अनमने भाव से लन्धौर बाजार की ओर बढ़ा। मन में एक अजीब-सी बेचैनी समा गयी थी—ऐसी बेचैनी जैसी जीवन में दो-ही-एक बार अत्यन्त असाधारण परिस्थितियों में ही सम्भव होती है।

घटना केवल चार ही वर्ष पूर्व की है। पर चार वर्ष पूर्व मेरे मन में और शरीर में जो स्फूर्ति थी वह आज कल्पनातीत-सी हो गयी है।

तब मैं अपने को पूर्ण युवा अनुभव करता था। मैं समस्त सांसारिक उत्तरदायित्वों से रहित था, मेरा स्वास्थ्य भी अच्छा था। पहाड़ पहली बार आया हुआ था। पहाड़ का शुभ्र समुज्ज्वल प्राकृतिक वातावरण और साथ ही आनन्दान्वेषी नर-नारियों से घिरा हुआ और रंगमय वातावरण मिलकर मेरे मन में जीवन के एक नये ही रस की धारा तरंगित कर रहे थे। अपनी ऐसी मनःस्थिति में जब उस लड़की को मैंने पहली बार देखा तब उस नये रस में भी एक अनोखी मन्थन-क्रिया आरम्भ हो गयी और मैं समझ ही न पाया कि मेरे भीतर की कौन रहस्यमयी प्रवृत्ति इतने दिनों तक निष्क्रिय अवस्था में निश्चल पड़ी रहने के बाद आज सहसा किस असाधारण-सी प्रेरणा से परिपूर्ण विस्फोट के साथ उभर उठी है। न जाने वह विस्फोट मुझे कहाँ लाकर पटकेगा!

दूसरे दिन ठीक उसी समय मैं उस लड़की की दुकान पर पहुँचा जिस समय पिछले दिन पहुँचा था। मुझे देखते ही उल्लास से उसका सुन्दर पीला-सा चेहरा तमतमा उठा—कम-से-कम मेरी आँखों को ऐसा ही लगा। ''आइये बाबू जी, आइये! बीबी जी को सिन्दूर पसन्द आया या नहीं?'' उसने कहा।

मैं उसके उस प्रश्न का क्या उत्तर देता! पर कुछ तो कहना ही था। बोला—''सिन्दूर अच्छा था।'' और फिर छड़ी के सहारे नीचे झुककर दुकान पर सजी हुई चीजों को देखने लगा।

मेरे उत्तर से लड़की का उत्साह स्वभावतः दुगना बढ़ गया। उसने उल्लास-भरे स्वर में कहा—''और क्या चाहिए, बाबू जी?''

अनमने भाव से मेरा हाथ एक छोटी-सी पुस्तिका पर गया। किसी सस्ते प्रेस में छपी हुई उस पुस्तिका के आवरण पृष्ठ पर बड़े-बड़े अक्षरों में छपा हुआ था—'डाकुओं का सरदार।'

लड़की झट बोल उठी—''बड़ी अच्छी किताब है, बाबू जी, इसे खरीद लीजिये। इसमें डाकुओं के एक बड़े बहादुर सरदार की कहानी है जो गरीबों की मदद किया करता था।''

मैंने उस पुस्तिका को खरीदने के उद्देश्य से बांयें हाथ में रख लिया। उसके बाद एक दूसरी पुस्तिका पर हाथ लगाया। वह भी उसी प्रेस में छपी हुई मालूम होती थी। ऊपर बड़े-बड़े अक्षरों में नाम छपा था—'नौलखा हार।'

लड़की पहले की ही तरह सहज भाव से बोली–"इसमें बहुत अच्छी कहानी है। एक राजा एक गरीब किसान की खूबसूरत लड़की को प्यार करने लगा था। उस लड़की से शादी करके उसने उसे अपनी पटरानी बना दिया और नौ लाख अशर्फियों की कीमत का एक जड़ाऊ हार उसे भेंट किया–"

इस बार मैंने उत्सुक दृष्टि से उसकी ओर देखा–यह जानने के लिए कि प्यार की बात करते हुए उसके मुँह पर कोई नया रंग आता है या नहीं। एक विशेष प्रकार की चमक का एक बहुत ही हलका–प्रायः अव्यक्त-सा–आभास मुझे उसकी आँखों के कोने में झलकता दिखायी दिया। मैं कह नहीं सकता कि वह चमक उसकी बात से किसी भी अंश में सम्बन्धित थी या नहीं।

मैंने पूछा–"क्या तुम पढ़ना जानती हो?"

उत्साहित होकर उसने कहा–"हाँ बाबू जी, मैंने छठे दर्जे तक आर्य कन्या पाठशाला में पढ़ा है।"

मेरे भीतर जो तूफानी भाव रह-रहकर हिलकोर उठे थे, उन्हें बाहर तनिक भी प्रकट न होने देने के लिए मैं पूरा प्रयत्न कर रहा था। आम सड़क पर उसके पास अधिक देर तक बैठे रहना भी शोभन नहीं था, विशेषकर जब दूसरे कुतूहली ग्राहक मेरे पीछे और अगल-बगल में खड़े थे। इसलिए उस दिन भी उससे अधिक बातें न करके मैं उन दो पुस्तिकाओं के दाम उसे देकर उठ खड़ा हुआ और चल दिया।

उस दिन दिनभर और रातभर मैं अशान्त हृदय से यह सोचता रहा कि किस उपाय से उसे अपने निकट सम्पर्क में लाया जाय। समस्त सांसारिक बन्धनों से रहित मेरे युवा प्राणों में जो रोमानी रंग पूरे प्रवेश से चढ़ा हुआ था उसने एक विचित्र सूझ मेरे मस्तिष्क को दे दी।

(2)

दूसरे दिन मैं सन्ध्या को लन्धौर के आस-पास चक्कर लगाता हुआ उस अवसर की प्रतीक्षा करता रहा जब जिप्सी स्त्रियाँ अपनी दुकान उठाकर रात के लिए 'बसेरा' ढूँढ़ने लगती हैं। सड़क की बत्तियाँ जलते ही मैंने देखा कि वह लड़की अपना सामान उठाने की तैयारी करने लगी है। उस समय कोई ग्राहक वहाँ पर नहीं था। मैं कुछ ही दूर पर कुछ देर तक असमंजस की स्थिति में खड़ा रहा। अन्त में प्रबल चेष्टा से सारी हिचक से छुटकारा पाकर मैं उसके पास पहुँच गया। सड़क की बत्ती के प्रकाश में मुझे पहचानकर वह बोली–"बाबू जी, नमस्ते!"

मैंने कहा–"नमस्ते! क्या दुकान उठाकर जा रही हो?"

"हाँ बाबू जी, अब डेरे पर जाकर दाल-रोटी की जुगत करूँगी। आपको कोई चीज चाहिए क्या?"

क्षण-भर के लिए मैं हिचका। उसके बाद मैंने वह प्रस्ताव पेश कर ही डाला जिसके सम्बन्ध में प्रायः 30 घण्टों से मैं निरन्तर विचार कर रहा था। मैंने कहा–"मैं तुम्हारी

दुकान की कुल चीजें एक-साथ खरीदना चाहता हूँ। तुम कुल चीजों का दाम जोड़ लो। मैं दे दूँगा। पर एक शर्त है। तुम्हें इन सब चीजों को मेरे यहाँ—होटल में—पहुँचाना होगा, क्या तुम अभी पहुँचा सकती हो?''

क्षण-भर के लिए लड़की स्तब्ध खड़ी रही—आश्चर्य से, अविश्वास से या किसी दूसरी हिचक से, मैं कह नहीं सकता। पर दूसरे ही क्षण वह सहज भाव से बोली—''अच्छी बात है बाबू जी, चलिये, मैं अभी आपके साथ चलती हूँ।''

मैंने कहा—''तब चलो!''

उसने कुल सामान उसी कपड़े में लपेट लिया जिसमें सजाकर वह बेचा करती थी, और फिर उसे अपने बायें कन्धे पर झुलाकर वह बोली—''चलिये।''

मैं आगे-आगे चलने लगा और वह पीछे से मेरा अनुसरण करती हुई चलने लगी। मेरे मन में तरह-तरह की भावनाएँ उठ रही थीं। यदि होटल में किसी को भी मेरी इस खामखयाली का पता चल जाय तो बात किस कदर बढ़ सकती है, यह विचार भी मेरे मन में उठा। और फिर उस लड़की को अपने यहाँ बुलाकर यदि मैं उसके जीवन के सम्बन्ध में अपने कुतूहल का निवारण कर भी लूँ तो ततः किम्? एक बार इच्छा हुई कि लड़की को कुछ रुपया देकर मय सामान के रास्ते से ही वापस भेज दूँ। पर न जाने प्राणों की कौन अदम्य आकांक्षा मुझे दुस्साहसिकता की ओर अधिकाधिक ढकेलती चली जाती थी।

होटल में सबसे नीचेवाली मंजिल में मैं रहता था। मेरे पास दो कमरे थे, जिनमें से एक रसोई के काम के लिए लिया गया था—यद्यपि मैं होटल का ही खाना खाता था। अपने कमरे का ताला खोलकर मैंने भीतर प्रवेश किया और बत्ती जलायी। मेरे अगल-बगल के सहवासी सभी टहलने गये हुए थे। इसलिए कुतूहली आँखों का भय—कम-से-कम उस समय के लिए—जाता रहा। मैंने लड़की को, जो अभी तक बाहर खड़ी थी, सम्बोधित करके कहा—''चली आओ!''

बिजली की बत्ती के प्रकाश में मैंने देखा, लड़की कुछ सहमे हुए पगों से भीतर आयी। मैंने उसका छोटा-सा बोझा अपने हाथ में ले लिया और पासवाली मेज पर रख दिया।

मैंने कहा—''कुल चीजों का हिसाब लगा लो। मैं रुपया गिन दूँ।''

लड़की ने कपड़ा खोला और चीजों को गिनने लगी। गिनने के बाद बोली—''कुल 55 चीजें हैं।''

''कितना दाम हुआ?'' मैंने पूछा।

''अब इतना हिसाब मुझसे न हो सकेगा। आप जो ठीक समझें, दे दें।''

मैंने अपने बटुआ खोलकर उसमें से बीस नोट दस-दस के निकाले। उन्हें लड़की को थमाते हुए कहा—''इन्हें गिन लो।''

लड़की प्रायः काँपते हुए हाथों से गिनने लगी। शायद इतना रुपया एकमुश्त उसने जीवन में पहले नहीं देखा था। जब वह गिन रही थी तब मैं बड़े गौर से उसके सोने

की तरह पीले और सुन्दर मुख की ओर देखता रहा। मैं देख रहा था, उसके मुख का पीलापन धीरे-धीरे ललाई में बदलता जा रहा था। क्या वह अर्थमद की पहली घूँट का प्रभाव था? या कोई दूसरी ही अन्तर्भावना उन रुपयों के संसर्ग से उसके भीतर जग रही थी? मैं कह नहीं सकता।

जब वह गिन चुकी तो उसने एक विचित्र दृष्टि से मेरी ओर देखा। 100 कैण्डल की शक्तिवाले बल्ब के प्रकाश में आज पहली बार मैंने उसके मुख की वह अभिव्यक्ति देखी जिसमें सहज-स्वाभाविकता नहीं थी। मैंने इस बात पर भी ध्यान दिया कि पहली बार उसे देखने पर जो 'शुद्धं अपापबिद्धम्' वाली कल्पना मेरे मन में जगी थी वह निर्भ्रान्त नहीं थी। उसकी दोनों आँखों के निचले भागों में, नाक के सिरे के दोनों छोरों में और ओठों के दोनों किनारों पर उस समय जो मुद्रा परिस्फुट हो उठी थी उससे मेरे मन के बहुत भीतर अजानित भय की एक लहर दौड़ गयी—यद्यपि मैंने इस बात पर भी गौर किया कि वह अभिव्यक्ति मर्मान्तिक रूप से सम्मोहक थी।

मैंने कुछ सहमे हुए स्वर में पूछा—''गिन लिया?''

उसने दबी हुई आवाज में उत्तर दिया—''जी हाँ।''

''कितने हैं?'' मैंने पूछा।

उसने उसी धीमे स्वर में उत्तर दिया—''दो सौ हैं।'' और तत्काल सहसा अपनी आवाज में तीखापन भरती हुई वह बोली—''पर इतने रुपये तो बहुत हैं, बाबू जी! इतने रुपये लेकर मैं क्या करूँगी?''

मैंने कहा—''तब तुम कितना रुपया अपनी कुल चीजों का आँकती हो?''

''ज्यादा-से-ज्यादा तीस-चालीस रुपया।''

मैंने कहा—''पर मैं इतना कम दाम देना अपनी इज्जत के बाहर की बात समझता हूँ। मैंने जो कुछ दिया है ठीक ही दिया है। तुम इन रुपयों को जैसे चाहो खर्च कर सकती हो।''

लड़की फिर उसी स्तब्ध और गम्भीर दृष्टि से मेरी ओर देखती रही जिसने मेरे भीतर एक कारणहीन भय की अनुभूति जगा दी थी। वह सरल, स्निग्ध, सहृदयतापूर्ण, मधुर मुस्कान, जिसने मुझे पहली ही दृष्टि से अपनी ओर खींच लिया था, एकदम गायब हो गयी थी। पर आश्चर्य की बात यह थी कि उसका वह एकदम बदला हुआ नया रूप मुझे उसके पिछले रूप से कुछ कम आकर्षक नहीं लगा, बल्कि और अधिक मोहक मालूम हो रहा था।

सहसा मुझे जैसे कोई भूली हुई बात याद आयी। मैंने कहा—''पर तुम खड़ी क्यों हो? बैठ जाओ।''

वह मेरी ओर से दृष्टि न हटाकर धीरे से बगलवाले सोफा पर बैठ गयी, मैंने देखा कि उसके मुख से वह भयानकता धीरे-धीरे विलीन होने लगी थी जिसने कुछ समय

के लिए शरत्काल के हलके, उड़नशील, अस्थायी काले बादल की तरह उसकी सहज, सरल अभिव्यक्ति को ढक लिया था; और फिर से स्वाभाविक सौन्दर्यपूर्ण अकलुष भाव उसके मुख पर उभरने लगा था।

कुछ क्षणों तक कमरे में सन्नाटा रहा। सहसा काले बादल से मुक्त पूर्णचन्द्र की तरह उसका चेहरा खिल उठा। बड़ी ही प्यारी मुस्कान मुख पर झलकाती हुई वह बोली—"अच्छा बाबू जी, यह बताइये कि आपने इतना रुपया मुझे क्यों दिया और इतनी सब चीजें मुझसे क्यों खरीदीं? आप न तो कोई व्यापारी हैं—क्योंकि अगर आप व्यापारी होते तो इतनी कम कीमत की चीजों का इतना रुपया न देते। और न आप कोई गरीब देहाती या शहराती मजदूर हैं, जिन्हें चीजों के ठीक-ठीक दाम नहीं मालूम रहते। ये चीजें आपके किसी काम में आ सकेंगी, यह भी मैं नहीं सोचती। तेल भरने के टीन के कुप्पों से आप क्या करेंगे? बच्चों के खेलने की गोलियाँ आपके किस काम की? फिर भी आपने सब चीजें खरीद ली हैं। मेरे कुछ समझ में नहीं आता, बाबू जी!"

उसके प्रश्न से मुझे लगा जैसे उसके निर्द्वन्द्व जीवन में पहली बार द्वन्द्व का कीड़ा घुस आया, उसके स्वाभाविक रूप से सरल और सुलझे हुए मन में पहली बार उलझन की गाँठ पड़ गयी। मैं उत्तर में कुछ न बोला। उसकी परेशानी को तनिक भी दूर करने का प्रयत्न मैंने नहीं किया। जान-बूझकर दुष्टतापूर्वक मैं केवल मन्द-मन्द मुस्कराता हुआ चुप हो रहा। कुछ क्षणों के लिए कमरे में एक रहस्यमय सन्नाटा छाया रहा। उसके बाद मैंने घण्टी का बटन दबाया। होटल का एक नौकर तत्काल उपस्थित हो गया। मैंने उससे एक ट्रे में चाय और दो व्यक्तियों के लिए कुछ ताजा बनी हुई चीजें लाने का आदेश दिया।

लड़की चुप थी। उसकी विभ्रान्त मौन दृष्टि जैसे मेरे ऊपरी व्यक्तित्व का आवरण चीरकर भीतर की वास्तविकता का पता लगाने के लिए अधीर और अशान्त हो रही थी। पर अपने प्रयत्न में विफल होने के कारण उसकी विकलता और अधिक बढ़ती जाती थी, ऐसा अनुभव मैंने किया।

सन्नाटा भंग करते हुए मैंने बहुत ही धीमे स्वर में पूछा—"तुम्हारा नाम क्या है?"

मुझसे भी धीमी और सहमी आवाज में वह बोली—"मनिया।"

"नाम तो बहुत ही अच्छा है," मैंने कहा—"तुम यहाँ रहती कहाँ हो?"

"खच्चरखाने में एक छोटी-सी कोठरी है, उसी में रात काट लेती हूँ।"

"तुम्हारे माँ-बाप?"

"कोई नहीं हैं।"

"तुम अकेली हो? कोई भाई-बहन भी नहीं?"

"नहीं।"

"तुम्हारा आदमी?..."

इस बार लड़की कुछ चौंकी। "कौन आदमी? कैसा आदमी?"

"मेरा मतलब है, तुम्हारी शादी–"

सहसा वह खिलखिला उठी–वन-विहगी की तरह। हँसी का दौर जब कुछ शान्त हुआ तब बोली–"आपका मतलब समझ गयी। मैं अकेली हूँ, मेरा कोई आदमी नहीं है।" और फिर उसी साँस में बोली–"अच्छा, अब मैं चलती हूँ, बाबू जी। देर हो गयी, मुझे दूर जाना है।" कहकर उठने लगी।

"अरे बैठो तो सही। चाय आ रही है। चाय पी जाओ और खाना भी यहीं खाकर जाओ। अभी जल्दी क्या है। एक दिन कुछ देर ही सही!"

इतने में नौकर चाय ले आया। "बैठो, बैठो!" मैंने दुगना जोर देकर लड़की से कहा।

वह कुछ देर असमंजस में खड़ी रही। मैंने जब फिर एक बार आग्रह किया तो बैठ गयी। ब्वाय ने उसके आगे एक मेज लगाकर एक प्याले में चाय बनाकर रख दी और चाप, कटलेट, सलाद और छुरी-काँटे से युक्त एक प्लेट भी वहीं पर रख दिया। सिरका, नमक, पिसी हुई गोल मिर्च आदि की छोटी-छोटी शीशियाँ भी एक बर्तन में सजाकर रख दीं। स्फटिक के गिलास में पानी और धोबी के यहाँ से ताजा धुला हुआ एक झाड़न भी एक कोने पर रख दिया। उसी तरह मेरे लिये भी उसने सब चीजें सजाकर रख दीं। लड़की वही सारा आडम्बर देखकर कुछ देर तक चकित अवस्था में निश्चल बैठी रही। कभी वह मेज को देखती थी कभी मेरी ओर। मैंने छुरी-काँटे से चाप काटते हुए उससे आग्रह-भरे स्वर में धीरे से कहा–"खाओ!"

उसने छुरी-काँटा धीरे से हटाकर अलग रख दिया और हाथ से एक-एक टुकड़ा तोड़कर खाने लगी। खाती हुई वह सहमी हुई दृष्टि से मेरी ओर देखती जाती थी।

मैंने उसे ढाढ़स बँधाने के उद्‌देश्य से कहा–"बड़े-बड़े टुकड़े मुँह में डालो। इतने छोटे टुकड़ों से कैसे काम चलेगा। अभी तो खाना मँगाया ही नहीं।" और मैंने होटल के नौकर से पूरा 'कोर्स' ले आने के लिए कहा।

जब खाना आया तब वह संकोच त्याग चुकी थी। बड़ी बेतकल्लुफी के साथ उसने खाना आरम्भ कर दिया। स्पष्ट ही वह भूखी थी। 'ब्वाय' प्लेट-पर-प्लेट लाता चला गया और वह मेरी ओर तनिक भी न देखकर उन्हें साफ करती चली गयी। मैं केवल शिष्टता निभाने के लिए उसका साथ देने का स्वाँग रचता रहा।

जब अन्तिम कौर के बाद एक गिलास पानी पीकर उसने अपना हाथ खींच लिया तब मैंने कहा–"अभी तुम्हें और खाना पड़ेगा। मीठा डिश अभी बाकी है।"

"उफ! बहुत खा चुकी हूँ। बड़ी भूख लगी थी, बाबू जी। सच मानिये, पिछले कई दिनों से मैं आधा पेट खाकर ही रह जाती थी। कभी-कभी तो मारे आलस के मैं रात में खाना बनाती ही नहीं, भूखी सो जाती हूँ। आज भी अगर आप न खिलाते तो मैं घर जाकर बिना खाये ही सो जाती। पर आपने आज बहुत खिला दिया।"

जब मीठा 'डिश' आया तो उसे भी उसने बड़ी फुर्ती से साफ कर दिया। और फिर खिलखिलाकर हँस पड़ी। बोली–"सोचती थी कि अब पेट में जगह नहीं है। प्रर वह सब भी मैं खा गयी!"

मैंने कहा—''और मँगाऊँ?''

''न, न, न! अब नहीं। अब अगर एक टुकड़ा भी मैं खाऊँगी तो मर जाऊँगी।'' कहकर वह कुर्सी पर से उठ खड़ी हुई। ब्वाय ने उसके हाथ धुलाये और एक साफ तौलिया हाथ पोंछने के लिए दे दिया।

जब वह हाथ पोंछ चुकी तब हाथ जोड़ती हुई बोली—''अच्छा बाबू जी नमस्ते! अब जाती हूँ। आपको बहुत-बहुत—बधाई!''

मैं हँसी न रोक सका। उसने बताया था कि उसने छठे दर्जे तक पढ़ा है और किस्से-कहानियों की पुस्तकें भी वह कभी-कभी पढ़ लिया करती थी, यह भी उसने बताया था। अपने उस सीमित ज्ञान-कोष से कृतज्ञता प्रकाशन के लिए शब्दावली टटोलते हुए उसे स्पष्ट ही बड़ी कठिनाई से एक शब्द मिल पाया था—''बधाई!'' धन्यवाद के बदले उसने अनजान में मुझे जो बधाई दी वह क्या भविष्य में सफलीभूत न होगी? मैंने अपने अन्तर्मन से यह प्रश्न किया।

मैं उठ खड़ा हुआ और पलटे में मैंने उसके प्रति हाथ जोड़ दिये। मुँह से एक शब्द भी मैं न बोला। जब वह जाने लगी तो उसकी दृष्टि में एक विशेषता मैंने पायी। मुझे लगा कि एक मीठी उदासी-भरी उत्सुकता उसकी छोटी, किन्तु कटारी की तरह तीखी, आँखों में बरबस छा गयी है। वह मेरा भ्रम हो सकता है। यह भी सम्भव है कि चूँकि मेरा मन उसकी आँखों को उसी रूप में देखना चाहता था, इसलिए मेरी आँखों ने जान-बूझकर उस भ्रम को सत्य मान लिया। पर वास्तविकता चाहे जो भी रही हो, मनिया के चले जाने के बाद उसकी वह (काल्पनिक अथवा वास्तविक) उदास दृष्टि रह-रहकर मेरे मन में एक अपूर्व-अनुभूत चुभन पैदा करने लगी। और—आप विश्वास करें या न करें—जब मैं बत्ती बुझाकर सोने के उद्देश्य से पलँग पर लेट गया तब उसकी 'बधाई' देने के समय की सरल सौहार्दपूर्ण मुख-मुद्रा की याद करते हुए मेरी आँखों से दो बूँद आँसू टपक पड़े।

(3)

दूसरे दिन मैं कुछ जल्दी ही फिर उसी सड़क पर चक्कर लगाने के इरादे से बाहर निकला जहाँ मनिया दुकान बिछाया करती थी, पर मेरी निराशा का ठिकाना न रहा जब मैंने देखा कि और सभी जिप्सी स्त्रियाँ वहाँ पर दुकान बिछाये बैठी हैं, केवल मनिया नहीं है। यह सोचकर कि शायद अभी जल्दी है, और उसके दुकान खोलने का समय अभी नहीं हुआ होगा, और सम्भवतः कुछ देर बाद वह आ पहुँचेगी, मैंने अपने-आपको कुछ धैर्य दिया। कुछ देर तक इधर-उधर चक्कर लगाने के बाद मैं फिर उसी स्थान पर पहुँचा। पर मनिया तब भी नहीं आयी थी। हताश होकर मैं फिर लौट चला। केमल्स बैक रोड से होकर लाइब्रेरी बाजार गया। वहाँ कुछ देर एक बेंच पर बैठा रहा। उसके बाद फिर पैदल लन्धौर की ओर चल पड़ा। निश्चित स्थान पर पहुँचने पर मैंने देखा मनिया का कोई चिह्न वहाँ न था।

मेरा हृदय धक से रह गया। कारण क्या हो सकता है, इस सम्बन्ध में तरह-तरह की कल्पनाएँ मेरे मन में उठने लगीं। इस बात की ओर मेरा ध्यान ही नहीं गया कि उसकी कुल चीजें मैं खरीद चुका हूँ, और नये सिरे से दुकान जमाने के लिए समय चाहिए।

फिर मैंने सोचा, रात में कुछ अधिक खा जाने के कारण कहीं वह बीमार तो नहीं हो गयी है? यदि ऐसी बात है तो उसकी परिचर्या करना मेरा कर्त्तव्य है। पर वह रहती कहाँ है? मुझे अपनी इस मूर्खता पर बेहद पछतावा हुआ कि मैंने उसके मकान का नम्बर नहीं पूछा। जो जिप्सी स्त्रियाँ वहाँ बैठी हुई थीं उन्हें उसका हाल और पता निश्चय ही मालूम होगा, यह सोचकर मैंने साहस बटोरकर उनमें से एक से पूछा—"तिब्बती लहँगा पहने हुए जो लड़की कल तक यहाँ बैठा करती थी वह आज क्यों नहीं आयी?"

"हमें पता नहीं है।" बड़ी रुखाई से उसने उत्तर दिया।

मैंने फिर एक बार साहस बटोरा—"वह रहती कहाँ है?"

तिब्बती लहँगा पहननेवाली किसी लड़की के लिए एक सूट-बूटधारी बाबू को इस कदर उत्सुक देखकर ग्राहकों को निश्चय ही कुतूहल हो रहा होगा, यह सोचकर मैं अपने ही भीतर सिमटा जा रहा था।

उत्तर मिला—"हम नहीं जानते, किसी दूसरे से पूछो!"

अब तो मेरी घबराहट का ठिकाना न रहा। अन्तिम आशा पर तुषारपात होते देखकर मैं समस्त संकोच त्यागकर दूसरी जिप्सी स्त्री के पास गया। उसने भी रुखाई से कहा कि उसे मनिया के मकान का पता मालूम नहीं है। एक-एक करके सबसे मैंने वही प्रश्न पूछा—अगल-बगल के ग्राहकों की कुतूहली आँखों की तनिक भी परवाह न करके। पर कोई फल न हुआ। अन्त में एक लड़की ने बताया कि मनिया खच्चरखाने में रहती है। मुझे भी याद था कि मनिया ने खच्चरखाने का उल्लेख किया था। पर खच्चरखाने में कहाँ उसे ढूँढ़ा जाय!

अँधेरा हो चला था। मैं अपने होटल में वापस चला गया। उस दिन मुझे जुकाम ने पकड़ लिया। सम्भवतः मेरी मानसिक खिन्नता ही मेरी उस अस्वस्थता का कारण रही हो। दूसरे दिन उसी जुकाम ने इन्फ्लुएंजा का रूप धारण कर लिया। होटल का मैनेजर भला आदमी लगा। उसने तत्काल एक योग्य चिकित्सक को बुलाया और नौकरों को आदेश दिया कि मेरी परिचर्या में कोई त्रुटि न रहने पावे। प्रायः एक सप्ताह तक मैं ज्वर की स्थिति में बिस्तर पर पड़ा रहा। उसके बाद धीरे-धीरे आराम का क्रम आरम्भ हुआ। पूरे चक्कर में प्रायः दो सप्ताह का समय लग गया।

ज्वरजनित दुर्बलता की स्थिति में मनिया बार-बार मुझे याद आती रही। जब मैं पूर्णतः स्वस्थ होकर बाहर टहलने योग्य हो गया तब मनिया की कोई स्मृति ही जैसे मेरे मन में नहीं रही। कुछ अद्भुत और अस्वाभाविक स्वप्न ऐसे होते हैं कि नींद टूटने

पर उनकी याद करने की चेष्टा करने पर भी वे किसी तरह याद नहीं आते, केवल उनकी एक अत्यन्त अस्पष्ट—प्रायः हवाई—अनुभूति मनोवातावरण में अर्द्धज्ञात रूप से विचरती रहती है। ठीक वैसी ही अनुभूति बीमारी के स्वस्थ होने के बाद मनिया के सम्बन्ध में मेरे भीतर शेष रह गयी थी। उसके अतिरिक्त उसकी कोई स्मृति मेरे सचेत मन में नहीं थी। उस बीमारी के बाद मेरा मन जैसे पहले से भी स्वस्थ और सबल हो उठा। विपुल जीवन की जो आकांक्षाएँ और अनुभूतियाँ इधर कुछ समय से मेरे बहुत भीतर रुद्ध पड़ी हुई थीं उनके द्वार जैसे एक-एक करके खुलने लगे थे और उन द्वारों से होकर जीवन के विविध पहलुओं से सम्बन्धित जो व्यापक और विराट् दृश्य मेरी भीतरी आँखों को दिखायी दे रहे थे उनमें कहीं भी मनिया के लिए कोई स्थान न था।

केवल एक ही सप्ताह मुझे अन्तर्लोक के अद्भुत शक्तिशाली लेन्स से प्रस्फुटित, जीवन और जगत् की कल्पनाओं से सम्बन्धित उन असीम-प्रसारित महान् दृश्यों में रमे हुए बीता होगा। पर वह एक सप्ताह मुझे एक विराट् युग के बराबर लगा। जैसे कई शताब्दियाँ उसे एक सप्ताह के अर्से में सिमटकर एकाकार हो गयी थीं और उन पूरी शताब्दियों में मैं पृथ्वी के साधारण जीवन से बहुत दूर चला गया था और बहुत ऊँचा उठ चुका था।

उस मानसिक स्थिति में मैं एक दिन नाश्ता कर चुकने के बाद प्रातः भ्रमण के लिए निकल पड़ा। लम्बे चक्कर के बाद जब होटल वापस आया तब प्रायः बारह बज चुके थे। ज्यों ही मैं नीचे के हिस्से में (जहाँ मेरा कमरा था) बरामदानुमाँ दालान में पहुँचा त्यों ही मैंने देखा, मनिया अत्यन्त उदास और व्याकुल दृष्टि से नीचे देहरादून से आने और वहाँ को जानेवाली मोटरों की ओर देख रही है। उसके मुख के भाव में इतना परिवर्तन हो गया था कि यदि उसका तिब्बती लहँगा और सिर पर बँधा हुआ कपड़ा न होता तो मैं उसे पहचान ही न पाता। चेहरे से ऐसा लगा कि वह इस बीच बहुत ही दुर्बल हो गयी है, जैसे वह भी मेरी तरह किसी बीमारी से अभी-अभी उठी हो।

मनिया को देखते ही जैसे किसी ने मुझे तत्काल जीवन की ऊँची उड़ान से पृथ्वी की मिट्टी पर लाकर पटक दिया। मैं बिजली के-से द्रुत पगों से उसके पास पहुँचा और धीमे किन्तु सुस्पष्ट स्वर में उसके कान के पास जाकर मैंने पुकारा—"मनिया!"

अभी तक वह एकदम अनमने भाव से नीचे की ओर मुँह किये हुए थी। मेरी आवाज सुनकर उसे जैसे बिजली की चिनगारी सहसा छू गयी। चौंककर उसने मेरी ओर देखा। कैसे आश्चर्यजनक रूप से अबोधगम्य उसकी वह मौन, गम्भीर और उदास दृष्टि थी! मैंने आशा की थी कि मुझे देखते ही उसके मुख पर परिपूर्ण उल्लास की चमक आ जायगी। क्योंकि इतना तो स्पष्ट ही था कि वह उस होटल में—और ठीक मेरे कमरे के पास—केवल मुझसे ही मिलने के इरादे से आयी हुई थी और मेरे कमरे में ताला बन्द देखकर इतनी देर तक वह निश्चय ही केवल मेरा ही इन्तजार करती रही होगी। पर मुझे देखने पर भी उसके शीर्ण, रक्तहीन, धुली हुई चादर की तरह सफेद मुख पर जब

मैंने न तो हर्ष और उल्लास का तनिक आभास देखा और न किसी प्रकार के संकोच या लाज की ही रंगीली की कोई झलक पायी तब मेरे आश्चर्य का कोई ठिकाना न रहा। मैंने मर्माहत होकर देखा कि उसकी छोटी-सी आँखों की उस रहस्यमयी दृष्टि में केवल गहन विषाद की गहरी छाया ही नहीं घिरी हुई है, केवल एक जड़ निश्चेष्टता ही वर्तमान नहीं है, बल्कि जीवन और जगत् के प्रति—और सम्भवतः मेरे प्रति भी—एक मार्मिक रूप से तीखी घृणा का भाव भी सम्मिलित है। उस भरपूर दुपहरी को मुझे ऐसा लगा जैसे कोई प्रेतात्मिका छाया मेरे किसी अज्ञात अपराध के लिए मुझे अभिशप्त करने के इरादे से किसी रहस्यमय लोक से सहसा आ धमकी हो। मैं भयभीत होकर सोचने लगा कि मेरा वह अपराध क्या हो सकता है? अन्तर्जीवन लोक की गहराइयों, समुन्नत चोटियों और विराट् प्रसारों में मैं जो पिछले कुछ दिनों से विचरण कर रहा था क्या उसी की प्रतिक्रिया के रूप में वह अभिशापदायिनी प्रेतात्मा अभ्यन्तर लोक के किसी अजानित नियम-क्रम से मेरे पास आयी थी? क्षण-भर के अन्तर में मेरे मनोवातावरण में इस प्रकार की अद्भुत भाव-तरंग उठकर तत्काल विलीन भी हो गयी।

मेरा सचेत मन, स्थिति की यथार्थता को यथार्थ ही रूप में ग्रहण करके, यथार्थ ही उपायों द्वारा सुलझाने के लिए तत्पर हो उठा।

मैंने कहा—"मनिया, तुम यहाँ क्यों खड़ी हो? चलो, भीतर चलें।" और यह कहकर मैं कमरे का ताला खोलने के लिए चला गया।

जब ताला खोल चुका तब मैंने देखा, मनिया तब भी वहीं पर पत्थर की भाव-मूर्ति की तरह खड़ी थी। अत्यन्त खिन्न होकर मैं फिर उसके पास गया और व्याकुल आग्रह-भरे स्वर में उससे फिर एक बार भीतर चलने के लिए प्रार्थना की। मेरे अगल-बगल के सहवासी अच्छा तमाशा जानकर हम दोनों की ओर देख रहे थे। पर उनकी परवाह करने के लिए मेरे पास अवकाश नहीं था।

इस बार मेरी व्याकुल प्रार्थना का प्रभाव मनिया पर पड़ गया और वह धीरे, निर्विकार और उदासीन पगों से मेरे साथ मेरे क़मरे की ओर बढ़ी।

भीतर जाकर मैंने उसे एक सोफा पर बैठने को कहा। जब वह बैठी गयी तब मैंने बाहर की ओर के पर्दे को ठीक तरह से दोनों ओर से खींच लिया जिससे कोई भी भाग खुला न रहे।

(4)

जब मैं भी इतमीनान से उसके सामनेवाली कुर्सी पर बैठ गया तब मैंने अत्यन्त गम्भीर भाव से प्रश्न किया—"इतने दिनों तक तुम कहाँ रहीं? जहाँ तुम दुकान खोलकर बैठा करती थीं वहाँ भी तुम नहीं थीं, और पूछने पर भी तुम्हारे मकान का पता मैं न लगा पाया। मैं बहुत चिन्तित था।"

मनिया कुछ देर तक उसी विचित्र, मर्मच्छेदी और भयानक रूप से गम्भीर दृष्टि से मेरी ओर देखती रही। उसके बाद सहसा उसके दायें ओंठ के ऊपर एक अर्द्धचक्र-सा बन गया, जो स्पष्ट ही तीखे व्यंग्य की मुद्रा का द्योतक था। अपना मौन भंग करती हुई वह धीरे-से, किन्तु दृढ़ता-भरे स्वर में बोली—"तो तुम क्या मेरी सारी दुकान खरीद चुकने के बाद भी यह उम्मीद कर रहे थे कि मैं फिर कोई दुकान खोलकर बैठूँगी?"

जिस इतमीनान से उसने आज पहली बार मुझे 'आप' के बदले 'तुम' सर्वनाम से सम्बोधित किया था, और कोई समय होता तो वह मुझे निश्चय ही प्रिय लगता। पर उसकी दिल दहलानेवाली व्यंग्यात्मक मुद्रा के बाद उस सम्बोधन से मैं भीत ही हुआ, प्रसन्न नहीं।

अकपट आश्चर्य से मैंने पूछा—"क्यों? तुम्हीं ने तो कहा था न कि जितना रुपया मैंने दिया था वह तुम्हारी कुल चीजों की कीमत से कहीं अधिक था। क्या उन रुपयों से तुम और ज्यादा चीजें खरीदकर दुकान नहीं खोल सकती थीं?"

"तुम्हारे वे रुपये!"—एक-एक शब्द में कटुता घोलती हुई वह बोली—"तुम निश्चय ही यह समझ रहे होगे कि उतने ज्यादा रुपये मेरी चीजों के लिए मुझे देकर तुमने एक गरीब के ऊपर बड़ी भारी दया की है। अपने को बड़ा दानी समझकर तुम मन-ही-मन फूले नहीं समाते होगे! पर मैंने कभी तुमसे किसी तरह का दान चाहा था क्या?..."

मैं कुछ भी न समझकर अत्यन्त भ्रान्त दृष्टि से उसकी ओर ताकता रह गया। आन्तरिक पीड़ा का अनुभव करता हुआ बोला—"पर तुम्हें आज हो क्या गया है मनिया? आज तुम इस अनोखे ढंग से क्यों बातें कर रही हो? मुझसे यदि गलती हुई है तो तुमने उसी समय क्यों नहीं बता दिया? मैं तो समझता था कि तुम अपनी इच्छा से, अपनी खुशी से, वे सब चीजें मेरे हाथ बेच रही हो। यदि तुम्हें उन्हें बेचना नहीं था तो...तो...तुमने...क्यों तुम मेरे साथ खुशी-खुशी होटल में चली आयी थीं? मैंने जबर्दस्ती से वे चीजें तुमसे छीनी तो नहीं थीं, तब?..."

उसका हृदय दुखाने की तनिक भी इच्छा न होने पर भी मेरे शब्दों में निश्चय ही रूढ़ता प्रकट हो रही होगी, यह मैं समझ रहा था। पर उसने ऐसी अस्वाभाविक परिस्थिति में मुझे डाल दिया था कि बिना रूढ़ता के अपनी बात समझाने में मैं अपने को असमर्थ पा रहा था।

मेरी बात से उसके मुख की मार्मिक अभिव्यक्ति में तनिक भी कमी नहीं आयी, बल्कि वह और अधिक तीव्र हो उठी। ऐसा लगता था जैसे वह मेरे अन्तर के भी अन्तर को चीर-चीरकर देखने के लिए प्राणपण से प्रयास कर रही है, पर उस प्रयास में सफल न होकर, व्याकुल विवशता से छटपटाती हुई अधिकाधिक खीझ उठती है। मेरे प्रश्न का कोई उत्तर उसने नहीं दिया। केवल एकटक मेरी ओर घूरती रही।

उसकी दृष्टि के उस तीखेपन की आँच सहन न कर सकने के कारण मैं सहसा उठ खड़ा हुआ और भीतर जाकर वही गठरी उठा लाया जिसमें उसकी दुकान की सभी चीजें

अभी तक ज्यों-की-त्यों रखी हुई थीं। गठरी को यथाशक्ति शान्त भाव से, धीरे से उसके आगे रखते हुए मैंने कहा—"मुझे मेरी गलती के लिए क्षमा करो। यह लो, इस गठरी में वे सब चीजें वैसी ही पड़ी हुई हैं जिन्हें मैंने तुमसे खरीदा था।"

मनिया ने गठरी खोलकर एक बार बड़े गौर से उन चीजों की ओर देखा। और फिर सहसा प्रचण्ड आवेग से एक-एक चीज को उठाकर उसने भीतर के कमरे की ओर पटक-पटककर फेंकना आरम्भ कर दिया। मैं भयभीत होकर केवल कहता रहा—"मनिया! मनिया! यह तुम क्या कर रही हो? तुम्हें क्या हो गया है?" पर उसके कानों में जैसे मेरा एक भी शब्द नहीं पहुँचा। वह उसी क्रम से चीजों को फेंकती चली गयी।

जब सब चीजों को फेंक चुकी, तब सहसा दोनों हाथों से अपना मुँह ढाँपकर सोफा के हत्थे पर अपना सिर रखकर फफक-फफककर बेअख्तियार रोने लगी। इस तरह की परिस्थिति से मुझे इसके पहले कभी वास्ता नहीं पड़ा था, और किस उपाय से उसे शान्त किया जाय, मेरी समझ ही में नहीं आता था। मेरी परेशानी इस बात से अधिक बढ़ी हुई थी कि उसके हिस्टीरिया के दौरे का कोई संगत कारण ही मेरी जानकारी में नहीं था।

मेरी बुद्धि ने उस संकट की अवस्था में जब तनिक भी साथ देने से इन्कार कर दिया तब मेरी अन्तःप्रवृत्ति मेरी सहायता के लिए आगे बढ़ी। उससे प्रेरित होकर मैं मनिया के बिलकुल पास बैठ गया और उसकी पीठ पीछे से थपथपाता हुआ पुचकार-भरे शब्दों में उसे सान्त्वना देने की चेष्टा करने लगा।

कुछ देर तक वह मेरा 'दुलार' सहन करती रही—सम्भवतः संकोचवश। पर शीघ्र ही मेरा हाथ हटाकर वह उठ बैठी और अपने सिर पर बँधे हुए कपड़े के छोर से चुपचाप आँसू पोंछने लगी।

मैंने कहा—"मैं बहुत दुःखित हूँ, मनिया, मेरे कारण तुम्हें इस कदर कष्ट उठाना पड़ा।" वह फिर भी कुछ न बोली। उसे अपने-आप ही शान्त होने का अवसर देना श्रेयस्कर समझकर मैं फिर चुप हो रहा। घण्टी बजाकर मैंने नौकर को बुलवाया और चाय लाने को कहा।

मनिया आँखें पोंछती चली जाती थी। आँसू यद्यपि भली-भाँति पुँछ गये थे, तथापि वह कपड़े से आँखों के कोनों को साफ करती जाती थी। मैंने देखा, रोने के कारण उसके मुख पर इतनी देर तक घिरी हुई भारी भयावनी—प्रायः हिंसक—और व्यंग्यात्मक छाया जैसे धुल गयी थी, और अब उसका वही सुन्दर, सहज, सरल सौहार्दपूर्ण रूप निखर आया था जिसने पहले दिन पहली ही दृष्टि में मुझे एक अलौकिक जादू के-से आकर्षण से बरबस अपनी ओर खींच लिया था।

चाय आयी। हम दोनों के बीच में एक मेज लगाकर 'ब्वाय' ने 'ट्रे' उठाकर रख दिया। मैं क्षण-भर के लिए डरा कि कहीं मनिया होटल के प्यालों और तश्तरियों को भी पटक न दे। पर तत्काल ही अपनी उस निर्मूल आशंका पर मैं मन-ही-मन हँसा।

दोनों प्यालों में चाय डालते हुए मैंने मीठी चुटकी लेने के इरादे से कहा—"कहीं इन प्यालों को भी पटक न देना, मनिया। ये होटल की चीजें हैं।"

मैंने पुलकित होकर देखा, इस बार मनिया की आँखों में एक अत्यन्त मधुर मुस्कान झलक उठी। कुछ देर तक वह जैसे अपने को बरबस रोकती रही, पर बाद में अधिक न रोक पायी और खिलखिलाकर हँस पड़ी! उसकी उस कारणहीन छुतहा हँसी का ऐसा प्रभाव मुझ पर पड़ा कि मैं भी अकारण ही ठठाकर हँस पड़ा। और कुछ देर तक हम दोनों मिलकर हँसी की ऐसी फुलझड़ियाँ और पटाखे छोड़ते रहे कि अगल-बगल के कमरों से लोग हमारे कमरे के बाहर आकर इकट्ठा हो गये—पर्दे पर पड़नेवाली छाया-मूर्तियों से मैंने यह अनुमान लगाया। हँसना बन्द करके मैं अपनी आँखों से हर्ष के आँसू पोंछने लगा।

जब मनिया एक घूँट चाय पी चुकी, तब मैं अपने मुँह की ओर प्याला बढ़ाते हुए बोला—"सचमुच आज तुम्हारे रंग-ढंग देखकर मैं बहुत घबरा उठा था!"

उसका मुख फिर एक बार गम्भीर हो आया, पर इस बार की गम्भीरता तनिक भी भयावनी नहीं थी, बल्कि दयनीय ही थी। बोली—"मैं जब यहाँ आयी थी तब तुम्हारे ऊपर मन-ही-मन बहुत बिगड़ी हुई थी। और सच पूछो तो तुमने मेरी दुकान उजाड़कर मुझे कहीं का न रखा उफ!" कहकर उसने अपनी दोनों आँखें मूँद लीं और एक लम्बी साँस खींची।

"पर क्यों? तुम मुझ पर इस तरह का अनोखा—और गलत—इलजाम क्यों लगा रही हो, जब कि तुम्हीं ने मुझे बताया कि मैंने तुम्हारी चीजों के ज्यादा दाम चुकाये हैं? मैं समझा नहीं, मनिया, और तब से सोच रहा हूँ कि बात क्या है। तनिक समझाओ तो सही!" बड़े ही खिन्न स्वर में मैंने कहा।

मनिया ने आँखें खोल दी थीं। पर आँखें खोलने पर भी वह जैसे कुछ भी नहीं देख पा रही थी। अपनी दोनों छोटी-छोटी पुतलियों को एक अजीब ढंग से ऊपर की ओर घुमाती हुई वह जैसे किसी दूसरी ही दुनिया में पहुँच गयी थी, वहाँ का अस्पष्ट छायाभास किसी अज्ञात कारण से उसे सम्भवतः बड़ा ही भयावना लग रहा था। उसकी आँखों की वह अभिव्यक्ति देखकर मेरा हृदय फिर एक बार दहल उठा।

मैंने फिर कहा—

"मनिया, कुछ बताओ तो सही! मुझसे सब बातें साफ-साफ कहने में तुम्हें झिझक क्यों हो रही है?"

इस बार मेरी बात जैसे उसके भीतरी कानों में पहुँची। फिर एक बार लम्बी साँस भरकर वह बोली—"मैं तुम्हें कैसे समझाऊँ! मैं खुद भी नहीं समझ पा रही हूँ!"

"फिर भी..."

"यह भूलकर भी न समझना कि मुझे तुम्हारे रुपयों से तनिक भी मोह था, पर किस्सा यह है कि तुमने उस दिन जो रुपये मुझे दिये थे उन्हें मैंने अपने घर—खच्चरखाने

के एक छोटे-से गन्दे मकान की एक छोटी-सी गन्दी और अँधेरी कोठरी में—पहुँचने पर अपने सिरहाने बिस्तर के नीचे दबाकर रख दिया था। रात में मुझे बहुत देर तक नींद नहीं आयी। तरह-तरह की बातें मेरे मन में उठती रहीं। मुझे लगा कि उन रुपयों में ही कोई खराबी है—कुछ जादू-टोना किया गया है; क्योंकि जब-जब मैं सब-कुछ भूलकर सो जाने की कोशिश करती, तब-तब रह-रहकर तुम्हारी ही याद मुझे आने लगती, और मैं बेचैन हो उठती। तंग आकर मैंने रुपयों की उस पोटली को अपने सिरहाने से हटाकर पैताने रख दिया—बिस्तर के नीचे, खटिया की मूँज को कसनेवाली रस्सी पर। और तब मैं बेखबर सो गयी। सुबह बहुत देर से मेरी आँखें खुलीं। तब रुपयों की मुझे कोई याद नहीं थी, और तुमसे मिलने की बात भी मैं बिलकुल भूल गयी थी। रोज की तरह मैं चाय के लिए चूल्हा जलाने के इरादे से उठी। और तब मैंने देखा कि बाहर का दरवाजा खुला है। मैं घबरा उठी। सोचने लगी कि क्या किसी ने रात में दरवाजा तोड़ डाला? या मैं ही दरवाजा बन्द करना भूल गयी? हो सकता है, रात में बेचैनी के कारण मैं इस हद तक बेखबर हो उठी थी कि दरवाजा बन्द करना ही भूल गयी हूँगी। दरवाजे के पास बाहर जाकर मैंने देखा, कहीं कुछ भी टूटा हुआ नहीं था। अचानक मुझे उन रुपयों की याद आयी जो तुमने मुझे दिये थे। मैं दौड़ी हुई खटिया के पास लौटी। बिस्तर उठाकर पैताने में देखा, पोटली गायब थी। उसी दम मेरी नजर नीचे गिरे हुए कपड़े पर पड़ी जिसमें रुपया बँधा था। कपड़ा खुला हुआ पड़ा था, और एक भी नोट उसमें नहीं था। मेरा कलेजा धक से रह गया। कुछ देर तक मुझे जैसे काठ मार गया। मैं वहीं-की-वहीं खड़ी रही। जब चक्कर आने लगा तो धम्म से खटिया पर बैठ गयी, और सोचने लगी कि यह सब कैसे सम्भव हुआ। बहुत सोचने पर मेरे मन में यह बात आयी कि चोरी रात में नहीं बल्कि सुबह ही हुई होगी। पोटली खटिया की रस्सी के बीच की खाली जगह से रात में नीचे गिर गयी होगी, और सुबह दरवाजा खुला देखकर कोई आदमी भीतर घुसा होगा, और मुझे गाढ़ी नींद में सोयी हुई देखकर और नीचे एक पोटली गिरी हुई देखकर उसने उसे उठा लिया होगा। कुछ लोग धनसुँघा होते हैं, और बिना देखे ही जान जाते हैं कि किस चीज में रुपया छिपाया गया है। पोटली खोलकर रुपया निकालकर चोर कपड़ा वहीं छोड़ गया होगा। कपड़ा क्यों छोड़ गया, मैं कह नहीं सकती। शायद वह कोई हँसोड़ रहा होगा। मेरी समझ में नहीं आया कि क्या किया जाय। अपनी घबराहट की हालत में मैं सीधे कोतवाली में गयी। थानेदार ने जाँच के लिए दो कान्स्टेबल भेज दिये। मुझसे पूछा गया कि मेरे यहाँ किन-किन लोगों का आना-जाना अक्सर रहता है। मेरे यहाँ मकान-मालिक और उसकी स्त्री, जो ऊपर की मंजिल में रहते थे, कभी-कभी आया करते थे, और कभी-कभी पास ही टिन के एक छोटे-से शेड में रहनेवाला, सड़कों पर पत्थर तोड़नेवाला एक पहाड़ी मजूर चिलम के लिए या चूल्हा जलाने के लिए आग माँगने आया करता था। इन तीनों के सिवा और किसी का आना मेरे यहाँ नहीं था। मैंने पुलिस के आदमियों को यही बताया। मजूर उस समय अपने

शेड में नहीं था, शायद काम पर चला गया था। इसलिए पुलिसवालों ने मकान-मालिक की तलाशी लेनी शुरू कर दी। मकान-मालिक है बड़ा दुष्ट और कमीना भी। इसलिए पुलिसवालों ने जब उसे तंग किया तो पहले तो मुझे खुशी ही हुई। पर बहुत ज्यादती की जाने लगी तो मुझे उस पर तरस आया। मैंने कान्स्टेबलों के पाँव पकड़कर यह प्रार्थना की कि उसे छोड़ दिया जाय और कहा कि मुझे अब रुपयों के लिए कोई शिकायत नहीं है। पर कान्स्टेबल यों ही छोड़नेवाले नहीं थे। मकान-मालिक से कुछ लेकर ही उन्होंने उसे छोड़ा। मुझे चोरी का शक मजूर पर ही अधिक था। पर मकान-मालिक की दुर्दशा देखने के बाद मैं यह नहीं चाहती थी कि उस पर भी इसी तरह की मार पड़े। इसलिए मैंने दोनों कान्स्टेबलों से कहा कि अब वे अपनी तलाशी बन्द करें और मजूर को किसी तरह भी परेशान न करें। मैंने उन्हें यह धमकी दी कि अगर वे लोग मजूर को तंग करेंगे तो मैं पुलिस के बड़े-से-बड़े अफसर के पास उनके घूस लेने की शिकायत करूँगी। मेरी धमकी से हो चाहे और किसी सबब से हो, पुलिसवालों ने फिर मजूर को तंग नहीं किया। मेरा रुपया गया सो गया, उसकी मुझे उतनी चिन्ता नहीं थी। मैं जानती थी कि मुझे भूखों मरना पड़ेगा, पर उसके लिए मैं सब समय तैयार रहती हूँ। पर जो एक नयी आफत मेरे सिर पर टूट पड़ी उससे मैं बुरी तरह घबरा उठी। आदमियों के चले जाने के बाद मकान-मालिक ने अपना बदला चुकाने की ठान ली, और मुझे उसी दम मकान खाली करने को कहा। जो थोड़ा-सामान मेरे पास था उसे उठा-उठाकर वह बाहर फेंकने लगा। मैंने फिर पुलिस में शिकायत करने की धमकी दी, पर उसने एक न सुनी। उसकी जबर्दस्ती के आगे हार मानकर मैं दोनों हाथों से माथा थामकर बाहर बैठ गयी। दिनभर मैंने न कुछ खाया न कुछ पीया, न मैं कहीं गयी। बाहर खटिया पर या तो बैठी रही या लेटी रही। रह-रहकर तुम्हें और तुम्हारे रुपयों को कोसने लगी। मेरा इतने वर्षों से जमा-जमाया कारोबार, जिसकी बदौलत मैं बिना किसी की मुहताज हुए अपने दो जून के खाने का बन्दोबस्त बड़े आराम से कर लेती थी, और अपनी गरीबी में भी सुखी और निश्चिन्त थी, तुमने अपने पैसों और मीठी-मीठी बातों के बल पर एक ही दिन में उजाड़ दिया। यह कितना बड़ा अन्याय तुमने किया, जरा सोचो तो सही...''

कहते-कहते मनिया की आँखों में आँसू उमड़ आये, हालाँकि उसके ओंठों पर हँसी थी। वह बड़ी-बड़ी बूँदें गिराती जाती थी और पोंछती नहीं थी। मैं एकान्त मन से उसका किस्सा सुन रहा था। उसकी अन्तिम बात से मेरे मन को बड़ी मार्मिक चोट पहुँची। मैंने कहा—''पर तुम्हारा वह रुपया अगर खो गया है तो उसके लिए तुम इतनी चिन्तित क्यों हो! मैं उससे दुगना रुपया तुम्हें अभी देता हूँ। इन्हें लो और फिर से दुकान खोलो और अपने उजड़े हुए कारोबार को जमाओ!'' यह कहकर मैं अपने बटुवे से रुपया निकालने लगा।

उसके मुख पर एक मार्मिक व्यंग्य-भरी मुस्कान धीरे-धीरे एक छोर से दूसरे छोर तक फैल गयी। बोली—''हुँह! तुम क्या यह सोचते हो कि मैं अब भी दुकान खोल सकती

हूँ? तुम अब दो सौ क्या दो हजार रुपया भी दो तो मेरे किसी काम का नहीं। मेरा जी उचाट हो गया है, और अब इस जीवन में मैं न दुकान खोल पाऊँगी न और किसी काम में मेरा जी लगेगा!''

''तब तुम क्या करने का विचार करती हो?'' मेरे मुँह से बरबस प्रश्न निकल पड़ा।

इस बार वह खुलकर मुस्करायी। बिना लेशमात्र व्यंग्य के, सहज प्रसन्न भाव से बोली–''भीख माँगूँगी। यही काम मेरे लिये आसान पड़ेगा–'भैया, गरीब, लाचार को एक पैसा दो! भूखी हूँ, दो दिन से कुछ नहीं खाया! भगवान् तुम्हारा भला करे!' यही कहती हुई सड़कों पर घूमा करूँगी।''और वह खिलखिलाकर हँस पड़ी।

उसने ऐसे नाटकीय ढंग से भिखारियों की नकल उतारी थी कि मुझे भी हँसी आये बिना न रही। पर तत्काल मेरी हँसी रुक गयी। इस कल्पना से मैं आतंकित हो उठा कि कहीं सचमुच वह जान-बूझकर अपने को उस असहाय स्थिति में न डाल दे! अत्यन्त गम्भीर भाव से मैंने कहा–''तुम इस तरह की बात क्यों सोचती हो, मनिया! मेरा दिया हुआ रुपया स्वीकार करने में तुम क्या भीख माँगने से अधिक अपमान समझती हो?''

इस बार उसका चेहरा सहसा तमतमा उठा। मेरे प्रति उसका जो क्रोध इतनी देर तक दबा हुआ था वह जैसे पूरे वेग से उभर उठा। तीखे स्वर में बोली–''तुम मेरे कौन लगते हो जो मैं तुम्हारा दिया हुआ रुपया स्वीकार करूँ? जब मैं भीख माँगूँगी तब मैं न तो मनिया रह जाऊँगी न वह दुकानदारिन जो कुछ महँगे दामों पर चलते-फिरते ग्राहकों को चीज बेचकर ईमानदारी से अपनी गुजर करती थी, और जिस पर अपनी खास मेहरबानी दिखाने के लिए एक बाबू ने सारी दुकान खरीद ली। तब मैं सभी भिखमंगों की बराबरी में आ जाऊँगी, और किसी की खास मेहरबानी का कोई सवाल नहीं रहेगा। जैसे सभी भिखारियों की ओर लोग कुछ टुकड़े फेंक देते हैं वैसे मेरी ओर भी कुछ टुकड़े फेंक ही देंगे, और इस बात का विचार नहीं करेंगे कि यह मनिया दुकानदारिन है या कोई और। भीख माँगने के सिवा अब मेरे लिये और कोई चारा नहीं रह गया है, यह तुम सच मान लो।''

एक ऐसा रोमांचक, पारलौकिक भाव उसकी शून्य दृष्टि में समा गया था जो किसी उदासीन दर्शक को भी हिलाये बिना न रहता। उसकी उस अनोखी दुराग्रही मनोवृत्ति को ठीक से समझ पाने में मैं अपने को निपट असमर्थ पा रहा था। क्यों वह इस हठ को छोड़ नहीं पाती थी कि यदि अब उसे दो हजार रुपया भी मिल जाय तो भी वह दुकान नहीं खोल सकेगी, और क्यों उसके दिमाग के भीतर यह बात जम गयी थी कि भीख माँगने के सिवा और कोई चारा उसके लिए नहीं है, जब कि वह निश्चय ही जान गयी होगी कि मैं हर तरह से उसकी आर्थिक सहायता के लिए तैयार हूँ? जिस प्रकार के निराले पागलपन की वह निराली धुन थी, जिसने उनके मन को शिकंजे की तरह जकड़ लिया था? मैं सोच-सोचकर परेशान था। मुझे लगता था जैसे वह अनजान में

ही इस बात के लिए अपने जीवन की बाजी लगाये बैठी है कि मेरे अन्तर्मन में यह विश्वास जमा दे कि मैंने उसकी सारी दुकान खरीदकर उसके प्रति घोर घातक और अक्षम्य अपराध किया है, और अपने उस अपराध की तीव्र अनुभूति से मेरी आत्मा सब समय असह्य ग्लानि और परिताप की भावना से दग्ध होती रहे। पर इस प्रकार की मानसिक प्रतिहिंसात्मक भावना की सफलता से उसका अवचेतन मन किस रहस्यमयी प्रवृत्ति की तुष्टि करना चाहता है? उसकी अर्द्धसुप्त चेतना जैसे यह भी जान गयी थी कि वह जब सचमुच निःस्व और निराश्रित अवस्था में दर-दर भीख माँगती फिरेगी, और ''बाबा, इस गरीब लाचार को एक पैसा दे दो'' कहती हुई, निपट अनाथ और असहायों की-सी अत्यन्त आर्त्त और करुण पुकार लगाती हुई मसूरी की आम सड़कों में फिरती रहेगी, और कहीं-न-कहीं मेरे सामने से होकर भी गुजरेगी, तब निश्चय ही मेरे भीतर अपने अपराध की ज्वाला और अधिक तीव्रता से धधक उठेगी। यह ठीक है कि सचेत रूप से वह कभी इस तरह की बातें नहीं सोच सकती थी और उसके स्वभाव में साधारणतः किसी प्रकार के कपट का कोई लेश भी वर्तमान होगा, ऐसा मैं नहीं सोचता था; पर साधारण-से-साधारण और देखने में भोले मनुष्य के स्वभाव की ऊपरी परत के बहुत भीतर असाधारणता और अस्वाभाविकता कैसे भयावने, जटिल और उलझे हुए रूप में वर्तमान रह सकती है, जीवन की साधारण परिस्थितियों में इसका अनुमान लगाना कठिन है, और केवल असाधारण परिस्थितियों में ही इस बात की ओर लोगों का ध्यान जाता है—इस तरह का तर्क मनिया की समझ में न आनेवाली हठकारिता से मेरे मन में उठने लगा।

यह बात मेरी समझ में आ गयी कि उसके मन की उस टेढ़ी प्रवृत्ति को किसी प्रकार के तक से सीध कर सकना असम्भव है। इसलिए उस तरह का कोई प्रयास करने का इरादा मैंने छोड़ दिया। उसके किस्से के सूत्र को पकड़कर मैंने पूछा—''जब मकान-मालिक ने तुम्हें जबरन बाहर निकाल दिया तब क्या फिर किसी दूसरे मकान की तलाश तुमने नहीं की। क्या इतने दिनों तक रात में भी तुम बाहर ही पड़ी रही?''

''नहीं। शाम को जब मजूर आया तो मैंने उसके पाँवों पड़कर प्रार्थना की कि जब तक मेरे रहने का कोई दूसरा ठिकाना नहीं हो सकता तब तक वह मुझे अपने 'शेड' के एक किनारे पर पड़े रहने दे। मैंने उसे रुपया खोये जाने की कोई बात नहीं बतायी। पहले तो वह आनाकानी करने लगा, पर बाद में मेरे बहुत रोने-धोने पर वह राजी हो गया। इतनी रातें मैंने उसी शेड में बितायी हैं।''

(5)

मैंने घण्टी बजाकर नौकर को बुलाया और उसे दो आदमियों के लिए पूरा खाना ले आने का आदेश दिया। जब खाना आया तो मनिया का मुरझाया हुआ मुख जैसे बरबस खिल उठा। भोजन के प्रति उसके भूखे प्राण किसी प्रकार भी उदासीनता प्रकट न कर

सके। उसकी अभिमानी प्रकृति भूख के आगे पराजित हो उठी। यह स्पष्ट था कि मजूर के यहाँ उसे भरपेट भोजन नहीं मिला था। मेज पर परोसा लगते ही उसने एक बार ललकती हुई आँखों से विविध व्यंजनों की ओर देखा और फिर मेरी ओर देखने लगी। मैंने जब कहा—''शुरू करो!'' तब वह तश्तरियों पर टूट पड़ी। मैं उसका साथ अन्त तक देते रहने के लिए थोड़ा-थोड़ा करके खाता रहा। होटल के नौकर को मैंने आदेश दिया कि जितनी भी चीजें बनी हों नमूने के लिए थोड़ा-थोड़ा सभी में से ले आवे। मैं भोजन के लिए मनिया का उत्साह बढ़ाता हुआ प्रत्येक नयी चीज को चखते रहने के लिए उससे आग्रह करता जाता था। जब मुझे पूरा विश्वास हो गया कि उसे भरपूर तृप्ति हो चुकी है, और उसका निषेध आन्तरिक है, तब मैंने आग्रह करना छोड़ दिया। पानी की अन्तिम घूँट पीकर हाथ धो चुकने के बाद मनिया सोफा पर अधलेटी अवस्था में बैठ गयी। बोली—''आज उस दिन से भी ज्यादा पेट भर गया है जिस दिन मैंने पहले-पहल यहाँ खाना खाया था। क्या करती, भूख जो लगी थी! इतने दिनों तक एक जून चना और गुड़ खाकर पानी पीती रही हूँ। कल से मैं तुम्हारे इस होटल में नहीं आऊँगी। यहाँ शैतान का डेरा है। क्या सोचकर मैं यहाँ आयी थी, पर शैतान ने मुझे सब-कुछ भुला दिया। मैंने सोचा था कि तुम्हें खूब कसकर गालियाँ दूँगी, कड़ी-कड़ी बातें सुनाऊँगी, और धिक्कारकर लौट चलूँगी। पर पहले तो तुम्हारी चाय ने और तुम्हारे खाने ने मुझे ललचाकर मेरी मति ही फेर दी है, और अब मुझे कुछ याद ही नहीं आता कि तुमने मेरा क्या बिगाड़ा था। लाओ, एक सिगरेट भी मुझे दो। अब यही क्यों बाकी रह जाय! इसे पीने से शायद पेट कुछ हलका हो जाय!'' मुझे सिगरेट जलाते हुए देखकर वह उठ बैठी।

मुझे यद्यपि आश्चर्य नहीं होना चाहिए था, क्योंकि जिप्सी लड़कियों को बीड़ी-सिगरेट पीते हुए मैंने कई बार देखा था, फिर भी मनिया ने जब सिगरेट माँगी तब मेरे मन को एक हलकी-सी ठेस पहुँची। मैंने उसे सिगरेट दी और एक दियासलाई जलाकर उसके मुँह के पास ले गया। जब सिगरेट जल गयी तब एक लम्बी कश खींचकर वह फिर सोफा पर आधा लेट गयी।

कुछ देर तक हम दोनों मौन भाव से धुआँ निकालते रहे। केवल दोनों के भीतर अलक्ष्य में उठनेवाली चिन्ता-तरंगें कमरे के बद्ध वातावरण में अलक्ष्य ही रूप से एक-दूसरे से टकराती हुई एक वर्णनातीत अभौतिक स्पन्दन उत्पन्न कर रही थीं। उस मनोतरंगजाल के मार्मिक प्रभाव से छुटकारा पाने के लिए मैंने मौन भंग किया। एक बात की जिज्ञासा पिछले कई दिनों से मेरे मन में थी। मैंने पूछा—''तुमने बताया था कि तुम्हारा बाप तिब्बती था और तुम्हारी माँ यहीं की थी। यह कैसे सम्भव हुआ? तिब्बती लोग तो अपनी ही जाति-बिरादरी में शादी-ब्याह किया करते हैं...''

''यह ठीक है। पर सभी तिब्बती ईश्वर के यहाँ लेखा करके नहीं आते कि वे दूसरी जातिवालों के साथ शादी-ब्याह करेंगे ही नहीं। जो भी हो, जिस तिब्बती के घर माँ गयी

थी, उसका स्वभाव कुछ दूसरी ही तरह का था। जब वह अपनी जाति-बिरादरीवालों के साथ रहता था तब भी उसका हेलमेल बाहर के लोगों के साथ ही ज्यादा रहता था—ऐसा मेरी माँ ने मुझे बताया था। हर साल जाड़े के दिनों में जब वह तिब्बत से आता था तब वह राजपुर में भी 'जीबू' (सुगन्धित घास), 'गन्धरायणी', चँवर गाय के दूध का सुखाया हुआ पनीर आदि चीजें बेचने लाया करता था। माँ भी उससे 'जीबू' खरीदा करती थी। माँ का कहना था कि वह जवान था और बड़ा रँगीला। उस पर खास मेहरबानी करके कम दामों पर औरों से ज्यादा 'जीबू' दे दिया करता था। माँ भी तब जवान थी, विधवा थी, अकेली थी। जो तीन-चार छोटे-छोटे पहाड़ी खेत पति के बाद उसके हिस्से में आये थे, उन्हीं में खेती करके वह अपना गुजर किया करती थी। पास-पड़ोसवाले माँ के स्वभाव के सीधेपन की बड़ी तारीफ किया करते थे। न उनका किसी से वैर था न किसी से नाता। केवल अपने काम से मतलब रखती थी। पर उस रँगीले तिब्बती ने उस पर खास मेहरबानी दिखा-दिखाकर अपनी मीठी-मीठी बातों से उस पर न जाने क्या जादू फेर दिया कि एक दिन माँ गाँव छोड़कर उसके साथ भाग निकली। पहले वर्ष वह उसे अपने साथ तिब्बत ले गया। वहीं मैं पैदा हुई। माँ का कहना था कि तिब्बती लामाओं के बीच रहकर कुछ महीनों तक वह दिन-रात रोती रही। पर बाद में उसने अपना जी कड़ा कर लिया। दूसरे वर्ष जाड़ों में जब मेरे माँ-बाप लौटकर गढ़वाल आये तब मैं दो महीने की बच्ची थी। मैं ठण्ड से अकड़कर रास्ते में ही क्यों न मर गयी इस बात का माँ को बड़ा आश्चर्य था! मेरा बाप मसूरी जाना चाहता था, पर माँ ने इसलिए मना कर दिया कि वहाँ अपने पहचान के लोगों के बीच में वह नहीं रहना चाहती थी। गरमियों में बाप माँ को और मुझे साथ लेकर तिब्बत को लौट जाना चाहता था। पर माँ ने कहा कि वह वहाँ जाने से गले में फाँसी लगाकर मर जाना पसन्द करेगी। बाप ने बहुत हठ किया, डराया-धमकाया, पर माँ टस-से-मस न हुई। आखिर बाप को भी श्रीनगर—गढ़वाल—ही बस जाना पड़ा। दूसरे घुमक्कड़ तिब्बतियों से थोक भाव पर तिब्बती चीजें खरीदकर उसने श्रीनगर में एक छोटी-सी दुकान खोल दी। पर उन चीजों से कुछ विशेष आय नहीं हुई। इसलिए उसने धीरे-धीरे परचून की दुकान खोल ली। छह वर्ष तक हम लोग श्रीनगर में रहे। मुझे वहाँ की बहुत ही धुमैली-सी याद है। उसके बाद फिर मसूरी चले आये। तब तक माँ के मन से अपने जान-पहचानी आदमियों का संकोच दूर हो चुका था। मसूरी में भी मेरे बाप ने परचून की ही दुकान खोली, और वहाँ आय श्रीनगर से चौगुनी बढ़ गयी। माँ का कहना था कि मसूरी आने पर हम लोग बड़े सुख के दिन बिताने लगे थे। केवल एक ही भारी दुःख माँ को था। मेरे बाद दो बच्चे हुए थे और वे दोनों ही पैदा होने के कुछ ही महीने बाद जाते रहे। और फिर कोई बच्चा नहीं हुआ। मैं माँ-बाप की इकलौती लड़की थी, इसलिए बड़ी दुलारी थी। बाप मुझे बहुत प्यार करता था। मैं उसे 'बब्बा' कहा करती थी। दुकान से छुट्टी पाते ही वह कभी मुझे अपने सिर पर चढ़ाकर नचाता था, कभी

अपनी पीठ पर रखकर अनोखी तर्ज में तिब्बती गाना गाकर खुद नाचने लगता था। कभी लामा लोगों की एक ऊँची तिब्बती टोपी सिर पर डालकर एक डमरू बजाता हुआ नाचता और गाता था। मैं हँसते-हँसते लोट-पोट हो जाती। वह मुझे भी तिब्बती नाच-गाना सिखाने लगा। रात में वह मुझे तिब्बती किस्से सुनाया करता था। माँ को यह सब अच्छा नहीं लगता था। वह नहीं चाहती थी कि मुझमें तिब्बतीपन की बू भी आवे। इसलिए उसने मुझे आर्य कन्या पाठशाला में भरती करा दिया। पर मेरा मन पढ़ने में बिलकुल नहीं लगता था और दिनभर बब्बा से खेलते रहने की इच्छा होती थी। अक्सर मैं पाठशाला से भागकर बब्बा के पास दुकान चली जाती। भरसक माँ को मालूम न होने देती। पर जब कभी माँ को पता चल जाता कि मैं पाठशाला से भाग आयी हूँ तब मुझ पर बड़ी मार पड़ती। पाठशाला के पूरे दो वर्ष बीतने पर मुझे अक्षरों का ज्ञान न हो पाया। पर बाद में मेरा जी स्कूल की पढ़ाई में लगने लगा और पाँचवीं कक्षा तक मैं बराबर पास होती चली गयी। छठी कक्षा में मैंने पाँव रखा ही था कि एक ऐसी बात घट गयी जिसने मुझे कहीं का न रखा...''

मैं तन्मय होकर एकान्त मन से उसके विगत जीवन की स्मृतियाँ सुन रहा था। जब वह रुकी तब मेरे मुँह से बरबस एक लम्बी साँस निकल गयी। मैं चाहता था कि वह उसी मनःस्थिति में और कुछ समय तक अपने को भूली रहे। उसकी सिगरेट खतम हो चुकी थी और शेष टुकड़ा उसने फेंक दिया था। मैंने तत्काल एक दूसरी सिगरेट उसकी ओर बढ़ायी। वह बोली—''बस, अब मैं न पीऊँगी।''

मैंने अपनी सिगरेट जलायी। ''हाँ, तो फिर क्या हुआ? वह क्या घटना थी जिसका जिक्र तुमने अभी किया?'' एक कश खींचते हुए मैंने कहा।

वह ठीक से बैठ गयी। उसके मुख पर एक अँधेरी-सी छाया घिर आयी थी। कहने लगी—''बब्बा के पास जाड़ों में अक्सर बहुत-से तिब्बती आकर अड्डा जमाया करते थे। बब्बा उनसे थोक भाव में तिब्बती चीजें खरीदता था। तिब्बती भाषा में न जाने क्या बातें वे लोग करते। मैं देखती थी कि माँ को उन तिब्बतियों का आना तनिक भी नहीं भाता था। मेरे आगे वह बड़बड़ाती थी और कहती थी—'इन भूतों से न मालूम किस जनम में मेरा पिण्ड छूटेगा।' पर बब्बा के आगे वह उन लोगों के खिलाफ एक शब्द भी नहीं बोलती थी। उस वर्ष बब्बा से मिलनेवाले तिब्बतियों के दल में एक जवान तिब्बती लड़की भी आयी। मैं देखती थी कि बब्बा बड़े प्यार से बड़ी मीठी-मीठी बातें उससे करता था। लड़की भी उसकी बातों के उत्तर में कभी लजाती हुई मुस्कराती थी और कभी खिलखिला उठती थी। बब्बा क्या कहता और लड़की क्या उत्तर देती, यह मैं नहीं जानती, क्योंकि मैं तिब्बती भाषा नहीं समझती थी। पर दोनों के हाव-भावों पर मैं बड़ी दिलचस्पी से ध्यान देती रहती। तब मैं करीब बारह वर्ष की हो चुकी थी, और दुनिया की बातों को थोड़ा-थोड़ा समझने लगी थी। पर उस लड़की के साथ बब्बा की मीठी-मीठी बातों का कोई दूसरा अर्थ मैं नहीं लगा पायी। मैं सोचती थी कि जिस तरह

बब्बा मेरे साथ दुलार-भरी बातें करता है वैसे ही उस लड़की से भी करता होगा। उस लड़की की उम्र सत्रह-अठारह वर्ष के करीब रही होगी। जो भी हो, उन दोनों के बीच इस कदर हेलमेल बढ़ गया कि वह लड़की समय-समय पर अकेले ही बब्बा के पास आने लगी। यहाँ तक कि उसने न सिर्फ दुकान ही में, बल्कि हमारे घर के भीतर भी आना शुरू कर दिया। हमारा मकान दुकान से ही मिला हुआ था। नीचे दुकान थी और ऊपर मकान। माँ निश्चय ही ऊपर से लड़की का दुकान पर आना और खास ढंग से मुस्कराना देखती रही होगी। उसके लिए वह बब्बा को बीच-बीच में मुस्कराते हुए ताना देती थी। बब्बा भी हँस देता था। पर जब लड़की ने हमारे घर के भीतर भी सुबह-शाम, मौके-बेमौके आना शुरू कर दिया, और बब्बा के साथ तिब्बती भाषा में उसकी खुसुर-फुसुर चलने लगी, और दोनों के मुस्कराने, खिलखिलाने और ठठाकर हँसने का नियम-सा बन गया, तब माँ के मन में उस बात का दूसरा ही असर पड़ा। माँ तिब्बती भाषा के कुछ शब्द समझती भी थी। पता नहीं, उसने क्या देखा, क्या सुना और क्या समझा। पर मैं देखती थी कि तब से उस लड़की को लेकर नित्य माँ और बब्बा के बीच चख-चख चलने लगी। माँ के ताने से बात शुरू होती। बब्बा हँसी में बात को टालने की कोशिश करता। माँ की खीझ और बढ़ जाती। बब्बा तब बड़े धैर्य के साथ उसे समझाने-बुझाने लगता। पर बढ़ते-बढ़ते बात यहाँ तक बढ़ जाती कि दोनों के बीच गालीगलौज और कभी-कभी हाथापाई तक होने लग जाती। रोज शाम को यही सिलसिला रहता। पर इन सब बातों का कोई फल देखने में न आता, क्योंकि लड़की का घर में आना-जाना उसी तरह जारी रहा। लड़की के आने पर बब्बा पिछले दिन की सारी बातें भूल जाता और दोनों के बीच फिर हँसी-खुशी की बातें शुरू हो जातीं। उस लड़की को देखते ही मेरा कलेजा धक से रह जाता, क्योंकि मैं माँ और बब्बा के बीच होनेवाली कोई भी बात भूल न पाती थी।

"एक दिन माँ ने साफ लफ्जों में बब्बा से कह दिया कि 'अगर अब दूसरे दिन से वह लड़की फिर आयी तो या तो मैं खुद छुरी से अपना गला काट डालूँगी या उस लड़की का ही गला काटकर उसका काम तमाम कर डालूँगी।' माँ की वह प्रतिज्ञा सुनकर बब्बा पर क्या असर पड़ा, मैं कह नहीं सकती, पर मैं दहल उठी। बब्बा के पाँवों पर गिड़गिड़ाकर मैंने रोते हुए कहा—"कल से उस लड़की को घर में आने के लिए मना कर दो, बब्बा!" 'अच्छा, अच्छा,' कहकर बब्बा ने लड़की को दरवाजे से भीतर नहीं आने दिया। उसका हाथ पकड़कर उसे सड़क पर कुछ दूर तक पहुँचा आया, फिर वापस चला आया।

"उस दिन से वह लड़की फिर न दुकान में आयी न मकान में। पर एक नयी बात पैदा हो गयी। तब से बब्बा घण्टों बाहर रहने लगा। रात में बारह-एक बजे के पहले कभी घर न लौटता। कभी-कभी दिन में भी दुकान से गायब रहता। ऐसा पहले कभी नहीं देखा गया। माँ की बेचैनी बहुत बढ़ गयी। उसका स्वभाव एकदम बदल गया और

उसमें चिड़चिड़ापन आ गया था। वह अब मुझसे भी सब समय झिड़ककर बोलती थी। दिनभर या तो रोती रहती, या अपने-आप बड़बड़ाया करती, या खटिया पर लेटे-लेटे न जाने क्या सोचा करती। बब्बा के घर आने पर दोनों में नित्य चखचख और गालीगलौज होती रहती थी। दोनों ऐसी विकट गालियाँ मुँह से निकालते थे कि मुझे कान बन्द कर लेने की इच्छा होती थी।

(6)

''एक दिन तंग आकर बब्बा ने यह धमकी दी कि 'मैं तिब्बत चला जाऊँगा और मनिया को भी अपने साथ लेता जाऊँगा।' इस बात से माँ आगबबूला हो गयी। बोली—'तू अभी चला जा, मुझे तेरी इतनी भी परवा नहीं है। पर मनिया को तू कैसे ले जाता है, यह मैं देख लूँगी। मनिया तेरी कुछ भी नहीं लगती! उसे घर से बाहर ले जाने का कोई अख्तियार तुझे नहीं है। तेरे जैसे भकुओं की मर्दानगी मैं बहुत देख चुकी हूँ।' उसकी आँखों से आग के शोले निकल रहे थे और वह दाँतों को किटकिटा रही थी। उसका वैसा भयावना रूप मैंने पहले कभी नहीं देखा था। बब्बा पहले तो सचमुच डरकर दो कदम पीछे हट गया, पर बाद में उसके सिर पर न जाने क्या भूत सवार हुआ, उसने माँ के झोंटे पकड़-पकड़कर उसे बुरी तरह पीटना शुरू कर दिया। माँ भी पलटे में उसके हाथों को दाँतों से काटने की कोशिश करती हुई उसके मुँह को अपने तेज नाखूनों से उधेड़ती गयी। मैं असहाय-सी रोती हुई दोनों के पाँव पकड़कर शान्त होने की प्रार्थना करती रही। बड़ी मुश्किल से दोनों एक-दूसरे से अलग हुए।

''उसी रात की बात है। मैं बिना कुछ खाये-पिये सोयी हुई थी और बड़े-बड़े भयानक सपने देख रही थी। अचानक एक चीख सुनकर मैं नींद से चौंक उठी। वैसा भयंकर शब्द मैंने कभी नहीं सुना था। जब घबराकर मैं रोती हुई उठ बैठी तो बब्बा के कमरे से पहली चीख से भी विकट कराह सुनने में आयी। 'क्या हुआ बब्बा, क्या?' कहती हुई मैं धाड़े मार-मारकर रोने लगी। पर बब्बा ने मेरी बात का कोई जवाब दिया न माँ ही कुछ बोली। मैं घबराकर और भी ऊँची आवाज में रोने लगी। चीखना एकदम बन्द हो गया था और मेरे रोने की आवाज ही चारों ओर गूँजकर मुझे डरा रही थी। इतने में मैंने अपने कमरे के घुप अँधेरे में अपनी खटिया के पास किसी फुसफुसाने की आवाज सुनी। मुझे लगा कि निश्चय ही कोई भूत आ गया है। मैंने बड़े जोर की चीख मारी। जिसे मैं भूत समझे बैठी थी उसने तत्काल अपने हाथ से मेरा मुँह बन्द करके फुसफुसाते हुए कहा—'चुप कर! चुप कर! कोई सुन लेगा। मैंने तेरे बब्बा के पेट में छुरा भोंककर उसका काम तमाम कर डाला है। अब चल, हम दोनों रात-ही-रात कहीं निकल पड़ें, नहीं तो सुबह होते-होते पुलिस हमें घेर लेगी। चल जल्दी कर!'

'सच मानो, माँ की वह बात सुनकर मुझे कुछ आश्चर्य नहीं हुआ। पर मेरी घबराहट सौगुना बढ़ गयी। मैंने उसका हाथ पकड़कर कहा—'माँ, माँ, क्या तुम सचमुच माँ हो! कोई भूत तो नहीं हो?'

'चुप! चुप!' माँ ने फिर मेरा मुँह बन्द करते हुए फुसफुसाकर कहा—'चलो! अभी निकल चलो!'

''मेरा रोना न जाने कहाँ गायब हो गया था। सिर से लेकर पाँवों तक सिहरती हुई मैं भी फुस-फुस करके बोली—'इस अँधेरी रात में हम लोग घर छोड़कर कहाँ जायेंगे! मुझसे मारे जाड़े और डर के बिस्तर छोड़ते नहीं बनता!' और सचमुच मेरे दाँत अपने-आप किटकिटा रहे थे—जाड़े से या डर से मैं कह नहीं सकती।

''माँ ने मेरा हाथ खींचकर बिस्तर से मुझे बरजोरी उठाया और मेरे कानों में बोली—'पगली, पुलिसवाले आवेंगे तो तू कहीं की नहीं रह जायगी। मुझे अपने लिये तनिक भी डर नहीं है, पर तेरी क्या दुर्गति होगी, तू नहीं जानती। चल उठ। एक चादर सिर पर डाल ले बस!' मैंने कठपुतली की तरह, बिना कुछ सोचे-समझे, एक चादर सिर पर डाल ली। माँ मेरा हाथ पकड़कर बाहर ले जाने लगी। जब मैं बब्बा के कमरे के पास पहुँची तब अँधेरे में ही उस ओर झाँकती हुई धीरे से माँ से बोली—'क्या बब्बा सचमुच मर गया है, माँ?' माँ खीझकर एकदम दबी हुई आवाज में बोली—'हाँ, हाँ, पगली, चली चल! बात करने का समय नहीं है।' और मुझे वह सीढ़ियों के नीचे घसीटती हुई-सी ले गयी।

''बाहर आकर मैंने चुपके से कहा—'क्या मकान पर बाहर से ताला नहीं लगाओगी? कोई चोर आकर सब-कुछ चुरा ले जायगा!' अपने उस भोले प्रश्न पर आज मुझे हँसी आती है।'' और मनिया इतना कहकर हँसती हुई भी रो पड़ी।

भरी दुपहरी में वह प्रत्यक्ष-अनुभूत जीवन का जो लोमहर्षक विवरण सुना रही थी, वह मुझे आधी रात में कही गयी भूत की कहानी की तरह लग रहा था। मेरे पाँवों का सारा खून सचमुच जम गया था। लगता था कि वे पाँव मेरे नहीं हैं, बल्कि मेरे असली पाँवों से बँधे हुए एक-एक मन के दो पत्थर हैं। चार-पाँच झटके जमीन पर मारने के बाद तब जमे हुए रक्त का संचार आरम्भ हुआ।

मनिया जब अपनी आँखें पोंछ चुकी तब मैंने पूछा—''उस आधी रात में तब तुम्हारी माँ तुम्हें कहाँ ले गयी?''

अपने दाहिने हाथ को सोफा की दाहिनी बाँह पर ठीक तरह से अड़ाकर वह अपने विगत जीवन के रोमांचकर अध्याय का छूटा हुआ सूत्र फिर से पकड़कर कहने लगी—

''बिजली की रोशनीवाली सड़कों को छोड़कर माँ मेरा हाथ पकड़कर पिछवाड़े के रास्ते से एक कच्ची सड़क पर ले गयी, जहाँ तारों की रोशनी के सिवा और कोई रोशनी न थी। कुछ दूर जाने के बाद वह मुझे पश्चिम की ओर नीचे जानेवाली एक ऊबड़-खाबड़ पगडण्डी में ले गयी। वह ऐसा विकट रास्ता था कि तनिक भी पाँव फिसलने पर कम-से-कम तीन सौ गज नीचे खड्ड में जाकर ही कोई रुक सकता था, जहाँ चकनाचूर हुई हड्डी-पसलियों का कहीं नाम-निशान मिलना भी मुश्किल था। पर वह बन्दरों की-सी सफाई से सँभलकर चल रही थी और वैसी ही फुर्ती से। वह कसकर मेरा हाथ

पकड़े थी और मैं उसी के सहारे कठपुतली की तरह चली जा रही थी। क्या अनर्थ हो चुका है और आगे क्या होनेवाला है, इसकी कोई चिन्ता उस भाग-दौड़ में मेरे मन में नहीं उठ रही थी।

''तीन सौ गज की उतराई पार कर चुकने के बाद जब हम नीचे की कच्ची सड़क पर पहुँचे तब माँ दक्षिण की ओर मुझे खींच ले गयी थी। चारों ओर सन्नाटा छाया हुआ था। कोई कुत्ता तक कहीं नहीं भूँक रहा था। हम लोग बेतहाशा चले जा रहे थे और तन-बदन की सुध हमें नहीं थी। चलते-चलते जब हम लोग एक पहाड़ी गाँव के पास पहुँचे तब माँ धीरे से बोली—'अब चिन्ता की कोई बात नहीं। अब हमने मसूरी का अहाता पार कर लिया है।'

''माँ के मुँह से यह सुनकर कि अब चिन्ता की कोई बात नहीं है, मैंने एक लम्बी साँस ली। कंकड़-पत्थरों पर बड़ी तेजी से चलते रहने से मेरे पाँव छिल गये थे। मैंने माँ से कुछ देर आराम करने के लिए कहा। एक स्थान पर चीड़ के तीन-चार पेड़ पास-पास खड़े थे। उन्हीं के नीचे मैं धम्म से बैठ गयी। माँ कुछ देर अनमनी-सी खड़ी रही। मैंने उसका हाथ खींचकर उसे भी बिठाया। मैं बहुत थक गयी थी। जब माँ बैठ गयी तो मैंने उसकी गोद में अपना मुँह छिपा लिया। तब तक मैं भागने की हड़बड़ी में बब्बा की बात एकदम भूली हुई थी; माँ की गोद में मुँह छिपाते ही जब फिर उसकी याद आयी तब मैं आधी रात के उस सन्नाटे में बरबस गुहार मारकर रो पड़ी—'बब्बा! बब्बा! माँ, तुमने क्या कर डाला! मेरे बब्बा के पास मुझे पहुँचा दो! अब मैं कैसे अपने बब्बा का मुँह देखूँगी! बब्बा! बब्बा!' माँ बहुत घबराकर 'चुप! चुप!' कहती रही, पर मैं किसी तरह भी चुप न हो पाती थी। माँ ने अपने सिर का कपड़ा उतारकर मेरे मुँह में उसे ठूँसकर मुझे चुप किया। मैं बहुत देर तक फफकती रही। उसके बाद न जाने कब सो गयी।

''जब माँ ने धक्का देकर मुझे जगाया तो मैंने देखा कि पौ फट चुकी थी। माँ ने मेरा हाथ खींचकर हड़बड़ायी हुई आवाज में पीछे से कहा—'उठ! उजाला होने के पहले ही दूसरे गाँव में पहुँच जाना है।' दोनों फिर चल पड़े। कुछ दूर चलने पर हम मोटर की सड़क पर पहुँच गये, जो सीधी चकराता की ओर गयी है। उसी रास्ते से होकर ऊपर की ओर चलते रहे। दोपहर से कुछ पहले एक गाँव में पहुँचे। मालूम हुआ कि वहाँ माँ की पहचान के कुछ लोग रहते हैं। जिस आदमी के घर माँ मुझे ले गयी उसने और उसके परिवारवालों ने हम लोगों की बड़ी खातिर की। दिनभर और रातभर हम वहीं पड़े रहे। मुझे वहाँ भी सब समय यह चिन्ता लगी रही कि न जाने पुलिसवाले किस समय सीधे वहाँ पहुँच जायँ।

''दूसरे दिन एक मोटर-बस पर सवार हो गये, जो चकराता जा रही थी। माँ अपने साथ काफी रुपया बाँध लायी थी। इतने वर्षों से उसने जो कुछ जमा कर रखा था वह सब साथ ले आयी थी। मोटर का किराया देते हुए मैंने और माँ ने भी मिलिटरी की-सी

वर्दी पहने हुए एक आदमी को बड़े गौर से देखा–कहीं वह बदले हुए भेस में पुलिस का आदमी तो नहीं है? चकराता पहुँचने तक मेरा कलेजा धक-धक करता रहा। माँ का भी निश्चय ही वही हाल था।

''चकराते में माँ के एक सगे भाई रहते थे। वह जंगलात में चौकीदारी के काम पर नौकर थे। उन्हीं के यहाँ हम लोग रहने लगे। माँ ने अपने भाई को बताया कि किसी आदमी ने बब्बा का खून कर दिया है, इसीलिए वह भाग आयी है।''

''माँ बहुत ही अनमनी और उदास रहती थी और रात में अक्सर भयानक सपना देखकर नींद में ही चिल्लाने लगती थी। मैं बार-बार 'माँ! माँ!' कहकर उसे जगाती रहती थी। हमें चकराता पहुँचे करीब दो हफ्ते हुए होंगे। एक दिन माँ ने मामा को रुपयों की सारी पोटली सहेज दी और बोली–'भैया मैं बहुत बीमार हूँ, और मेरी जिन्दगी का कोई ठिकाना नहीं है। न जाने किस क्षण दम बन्द होकर मेरा काम तमाम हो जाय। यह छोकरी अब तुम्हारी ही शरण में है। इसकी देखभाल करते रहना।' और वह फूट-फूटकर रो पड़ी। उसके बाद मुझे गले लगाती हुई बोली–'तू बड़ी अभागिन है, मैं क्या करूँ, मैं कभी एक दिन के लिए भी तुझसे प्यार से न बोली। रोज झिड़कती रही। मुझे माफ करना, बिटिया!' और फिर रो पड़ी। मुझसे भी रहा न गया और मैं भी फूट पड़ी। 'माँ! माँ!' के सिवा और कोई बात मेरे मुँह से नहीं निकलती थी। मुझे फिर किसी दुर्घटना की शंका होने लगी थी।

''शाम को मामी ने मुझसे आटा सानने के लिए कहा। माँ कुछ देर से दिखायी नहीं दे रही थी। सोचा कि पानी लाने या और किसी काम से गयी होगी। मैं आटा सानकर हाथ धो रही थी कि अचानक मामा घबराये हुए आये और मामी से बोले–'अनर्थ हो गया–भवानी मोटर से दब गयी...' मेरी माँ का नाम भवानी था। मेरे हाथ से लोटा झन्न से नीचे गिर पड़ा और मैं 'माँ! माँ!' कहती हुई पागलों की तरह बाहर को दौड़ पड़ी। मामा ने मुझे रोकना चाहा, पर मैं धक्का देकर आगे बढ़ गयी। मामा और मामी भी मेरे पीछे दौड़े आये। सारे गाँव में शोर मच गया था और लोग सड़क की ओर दौड़े चले जा रहे थे।

''भीड़ को चीरकर लाश के पास जाकर मैंने देखा–न आँख की जगह पर आँख थी न नाक की जगह पर नाक। खोपड़ी से गूदा बाहर निकल गया था, और पेट से अँतड़ियाँ भी। मैं कुछ देर तक पागलों की तरह एकटक लाश की ओर देखती रही। उसके बाद मुझे चक्कर आने लगा और मैं वहीं पर बेहोशी की हालत में गिर पड़ी।

''बाद में पता चला कि माँ सड़क के किनारे एक पेड़ की ओट में छिपी हुई खड़ी थी। जब मोटर पूरी रफ्तार में मसूरी की तरफ से चली आ रही थी तब माँ ने अचानक ठीक इंजिन के सामने अपने को गिरा दिया।

''माँ के मरने के बाद मैं करीब तीन वर्ष चकराते में मामा के साथ ही रही। मामी का व्यवहार अच्छा नहीं था। दिनभर वह मुझे किसी-न-किसी काम में जोते रहती। कभी

मैं चक्की पीसती, कभी धान कूटती, कभी दूर से पानी लाती, कभी लकड़ी काटती, कभी खेत में काम करती। पर खाने को आधा पेट भी मुझे नहीं मिलता था। मामा कभी चोरी-छिपे थोड़ा-सा चना और गुड़ मुझे दे जाते थे, मामी अगर देख पाती तो एक काण्ड मच जाता। सब समय वह मुझे डाँटती-फटकारती रहती।

''तीसरे वर्ष मैं एक दिन भागकर मसूरी चली आयी। वहाँ कुछ महीने मैंने सड़कों की मरम्मत के काम में लगे हुए मजदूरों के साथ काम करके किसी तरह गुजर की। पेट काटकर मैं कुछ-कुछ पैसे बचाती रही। जब कुछ रुपये जमा हो गये तब मैंने बिसाती की दुकान खोलने का विचार किया। तब से मैं यही काम करती आ रही थी, और...अब वह भी खतम हो गया...लाइये, अब एक सिगरेट दीजिये...!''

(7)

मैंने उसे एक सिगरेट दी। मैं उसे जलाने जा रहा था, पर उसने मेज पर से दियासलाई उठाकर स्वयं जला लिया। उसके बाद वह सोफा के बगलवाले कौच पर जाकर, उसकी बाँह पर सिर रखकर लेट गयी और अत्यन्त उदासीन भाव से पीने लगी, जैसे उसने अभी एक बहुत ही साधारण किस्सा मुझे सुनाया हो। पर मेरी आँखों के आगे एक समूची दुनिया का नक्शा घूम गया था। जैसे एक सम्पूर्ण ग्रह-पिण्ड मेरे आगे प्रत्यक्ष रूप से अपने समस्त हलके और गहरे रंगों के साथ अपने धुरे पर एक बार पूरा चक्कर लगा गया हो। एक अपूर्व-कल्पित रोमांचकर अनुभूति मेरी समस्त ज्ञानेन्द्रियों में सुरसुरा रही थी, और अर्द्धरात्रि का-सा एक दुःस्वप्न मेरी विस्मय-विभ्रान्त आँखों (शारीरिक और मानसिक दोनों) में घनीभूत हो उठा था। कुछ देर तक स्तब्ध दृष्टि से सामने कौच पर लेटी हुई उस रहस्यमयी नारी को सहज-स्वाभाविक मुद्रा में सिगरेट पीते हुए देखता रहा, जो जीवन के भयंकर-से-भयंकर, असाधारण-से-असाधारण और जटिल-से-जटिल अनुभवों को भी अत्यन्त सहज और सीधे रूप में, निश्चिन्त और निर्विकार भाव से, परिपूर्ण आत्म-विश्वास के साथ ग्रहण करने की आदी हो चुकी थी। कुछ ही समय पहले उसे सिगरेट पीने की इच्छुक देखकर मेरे मन को ठेस पहुँची थी; पर अब उसकी जीवन-कथा सुनने के बाद मुझे लगा कि जिस लड़की का जीवन ऐसी विकट और अस्वाभाविक परिस्थितियों से होकर गुजरा हो, और जो जीवन की सारी अस्वाभाविकता अथवा असाधारणता को सम्पूर्ण स्वाभाविक और साधारण रूप से स्वीकार कर चुकी हो, वह चाहे सिगरेट पीये, चाहे शराब, चाहे सड़कों पर भीख माँगे, चाहे महलों में राजरानी होकर रहे—उसके तीव्र धारा-धौत स्फटिक की चट्टान के समान स्वच्छ तथापि दृढ़ स्वभाव पर न तो किसी भी 'अच्छी' या 'बुरी' आदत का और न किसी सम्भव या असम्भव परिस्थिति का कोई स्थायी प्रभाव पड़ सकता है।

जब मैं किसी दूसरी दुनिया के धरातल से एक दूसरे ही परिप्रेक्षण में उसे देख रहा था तब वह भी अपनी पार्थिव आँखों को मेरी ओर एकटक गड़ाये हुए न जाने किस निराले लोक की मार्मिकता-भरी तीव्र अन्तर्भेदिनी दृष्टि से मुझे देख रही थी।

कुछ समय के लिए एक अलौकिक रूप से रहस्यमय सन्नाटा मेरे चारों ओर के पार्थिव वातावरण में छा गया। समस्त पार्थिवता, चेतना के एक अपूर्व-अनुभूत स्तर के अतल से ऊपर उठ आने पर, उसके नीचे तत्काल के लिए जैसे एकदम दब गयी थी। वह नयी अनुभूति भयावह थी या सुखद, इसका कोई भान न मुझे उस समय हो रहा था, न इस समय याद करने पर ही उसका कुछ अनुमान लगाने में मैं समर्थ हूँ। सम्भवतः वह इन दोनों प्रकार की अनुभूतियों के परे थी।

मैं चेतना के उस असाधारण स्तर की अपार्थिव अनुभूति में डूबा ही हुआ था कि सहसा मनिया उठ बैठी और अधजली सिगरेट को राखदानी में फेंककर बोली—"अब मैं चलती हूँ। तुम्हारे साथ बैठे-बैठे सारा दिन गपशप में ही बीत गया..."

गपशप! अपने जीवन के मर्मान्तक अनुभवों को पूरी चमक से दहकते हुए अंगारों की तरह मेरे आगे रखने पर—जिनकी आँच से अभी तक मेरी आत्मा झुलस रही थी—उन्हें वह केवल 'गपशप' बता रही थी।

मेरी पार्थिवता तत्काल लौट आयी। मुझे याद आया कि मैंने उसे निस्सम्बल कर दिया है—जैसी कि उसकी धारणा है, और वह धारणा बद्धमूल हो चुकी है, यह भी निश्चित है। "तुम दो सौ क्या, दो हजार रुपया भी मुझे दो तो भी मैं अब दुकान नहीं खोल सकती।" उसने कहा था। तब क्या उसके इस विचित्र हठ के प्रति आत्मसमर्पण करके मैं उसे छोड़ दूँ। "बाबा, कोई गरीब, लाचार को एक पैसा दे दो! भगवान् तुम्हारा भला करे!" और क्षण-भर के लिए मेरी भीतरी आँखों के आगे उसका वह निस्सम्बल, निस्सहाय रूप, वह मर्म-विदारक दयनीयता और निपट दीनता-भरी म्लान मुख-छवि प्रत्यक्षवत् नाच गयी। अतलव्यापी वेदना की एक तीव्र हिलोर से मेरा हृदय सिहर उठा। "न! न यह सम्भव नहीं हो सकता! चाहे मुझे उसके हठ के निवारण के लिए अपने प्राण ही क्यों न देने पड़ें, मैं कभी उसे इस अकिंचन अवस्था में और आत्म-निपीड़क मानसिक स्थिति में नहीं जाने दूँगा," अपने मन से मैंने कहा। और तत्काल, जाने कहाँ से, एक ऐसा अद्भुत आत्मिक बल, एक उदात्त स्फूर्ति मेरे भीतर जाग पड़ी, जिसने इतनी देर तक की मेरी उस मानसिक जड़ता को पल में विलीन कर दिया जो मुझे उसके प्रबल हठ के आगे एकदम निःशक्त बना रही थी और जिसके कारण अपने विरोध में सफल होने का आत्मविश्वास ही मुझ में नहीं जग पा रहा था।

वह नयी स्फूर्ति पाने पर मैं कुछ देर तक स्थिर और गम्भीर दृष्टि से उसकी ओर देखता रहा। उसके बाद सहसा अत्यन्त दृढ़ता के साथ बोला—"देखो मनिया, तुम अब कहीं नहीं जा सकतीं!" यह कहने के बाद भी मैं परिपूर्ण आत्मविश्वास-भरी और आभ्यन्तरिक आदेश से प्रेरित दृष्टि को उसी सुगम्भीर निश्चलता के साथ एकटक उसकी ओर गड़ाये रहा।

मनिया कौच पर से उठने जा रही थी, सहसा मेरी वह असाधारण मुद्रा देखकर और असाधारण ही आदेश सुनकर वह कठपुतली की तरह बैठ गयी, और स्कूल में गुरु के कठोर आदेश से त्रस्त भोली बालिका की तरह तन्मय भाव से मेरी ओर देखती रह गयी। उसने एक शब्द भी मुँह से नहीं निकाला। न ''क्यों?'' कहा न ''किसलिए?'' केवल जैसे मेरे अगले आदेश की प्रतीक्षा करती हुई वह अपनी समस्त ज्ञानेन्द्रियों को मेरी ओर केन्द्रित किये, स्तब्ध सम्भ्रम से मौन बैठी रही।

आज उस दिन की उस घटना पर जब मैं एकान्त भाव से विचार करता हूँ तब मुझे ऐसा लगता है कि हिप्नोटिज्म की जो कला वास्तविक रूप से प्रभावोत्पादक सिद्ध होती है वह किसी के सिखाये से आयत्ताधीन नहीं होती; कुछ विशिष्ट बाह्य नियमों के यथारूप पालन से वह सच्चे रूप में फलित नहीं होती। प्रत्येक व्यक्ति के जीवन में कुछ विशेष, असाधारण क्षण ऐसे आते हैं जब अन्तश्चेतना का कोई विशेष सुप्त भाग सहसा स्वतः जागरित हो उठता है, और उस उदात्त अवस्था में वह इच्छित व्यक्ति पर जैसा भी प्रभाव डालना चाहता है उसमें निश्चित रूप से सफल होता है; तब जो भी आदेश उसके भीतर से निकलता है उसे अमान्य करने की शक्ति किसी बिरले ही योगनिष्ठ व्यक्ति में हो तो हो।

कुछ देर बाद जब मुझे यह विश्वास हो गया कि मेरी सद्यःजाग्रत अन्तरशक्ति का परिपूर्ण प्रभाव उस पर पड़ चुका है तब मैंने और अधिक दृढ़ता-भरे शब्दों में कहा—''तुम आज से यह न सोचना कि तुम अपनी इच्छा से जहाँ चाहो जा सकती हो। तुम्हारा मन इस समय से एकदम मेरे वश में हो चुका है, यह जान लो। मैं तुमसे जैसा करने को कहूँगा वैसा तुम्हें करना होगा। मेरा साथ छोड़कर अब तुम तब तक नहीं जा सकती जब तक मैं स्वयं तुमसे जाने को न कहूँ। मैं तुम्हें विश्वास दिलाता हूँ कि मेरे साथ तुम्हारा कोई अनिष्ट नहीं होगा और तुम सुख से रहोगी।''

वह उसी स्तब्ध, विस्मित और भ्रान्त दृष्टि से मेरी ओर टकटकी बाँधे हुए थी, जैसे मेरे सम्बन्ध में उसे कोई एक नया अलहाम—एक नये ज्ञान की प्रेरणा हुई हो। आज तक वह मुझे जिस दृष्टि से देखती जा रही थी, वह इस समय जैसे मूलतः बदल गयी थी। स्पष्ट ही मेरे व्यक्तित्व के सतेज रूप की कोई कल्पना ही इतने दिनों तक उसने नहीं की थी।

हम दोनों की आँखें लड़ रही थीं, जैसे इस बात की होड़ लगी हो कि कौन किसको, कितनी गहराई से जानने की अन्तरीण समर्थता रखता है। मैं निश्चित आत्मविश्वासपूर्वक यह जानता था कि उस लड़ाई में अन्ततः मेरी विजय निश्चित है—बल्कि मैं विजय पा चुका हूँ।

कुछ देर बाद मनिया की आँखें मृदु-मन्द और स्निग्ध हासाभास से उज्ज्वल हो उठीं। जैसे अमावस्या की गाढ़ अन्धकारमयी कालरात्रि के बाद—जिसके सम्बन्ध में निद्राविहीन आँखों को यह विश्वास ही नहीं होता कि वह कभी बीतेगी—पूर्व दिशा में उषा की

नवोज्ज्वल रेखा का प्रथम प्रभास फूट पड़ा हो। उसकी पुलकित पलकें झुक गयीं और आधी मुँद गयीं। वह सहसा मेरे पास आकर बैठ गयी और मेरे कन्धे पर बेतकल्लुफी के साथ अपना दायाँ हाथ रखकर पुचकार-भरे स्वर में बोली—

"क्या तुम सचमुच यह सोच रहे थे कि मैं तुम्हें छोड़कर चली जाऊँगी? मैं अगर इस समय चली भी गयी होती तो भी तुम्हें न छोड़ती। तुमसे निश्चय ही मेरा पूर्व-जन्म का कोई नाता है, यह मैं पहली बार तुम्हें देखते ही समझ गयी थी। तुम अगर मुझे छोड़ना भी चाहो तो भी मैं तुम्हें नहीं छोड़ सकती..." उसकी आँखें प्रायः पूरी मुँद गयीं और उसने मेरे बायें कन्धे पर अपना सिर रख लिया। कैसे सहज सुखद, स्निग्ध स्नेहरस से सन्दीप्त उसका वह सहज समर्पणशील स्पर्श था—अपने मृदुमन्द ताप से बर्फ की तरह जमे हुए हृदय को भी पिघला देनेवाला!

मेरे मन में उसी के मुँह से सुनी हुई उस घटना का चित्र सजीव हो रहा था जब वह अपनी हत्यारी माँ के साथ आधी रात में भागने के बाद अत्यन्त थकित अवस्था में माँ की गोद में लेटकर सो गयी थी। क्या आज भी वह उसी तरह की थकान का अनुभव कर रही थी? उस दिन तो निश्चय ही उसके बब्बा की हत्यावाली घटना ने केवल उसके शरीर या मन को ही नहीं, बल्कि उसकी आत्मा को भी थका दिया होगा। क्या आज भी उसका शरीर, मन और आत्मा तीनों थकित हैं? उस दिन उसके बब्बा की हत्या हुई थी, तब क्या आज भी किसी की हत्या हुई है? ठीक है! आज भी निश्चय ही किसी की हत्या हुई पिछले व्यक्तित्व की हत्या नहीं हुई है? पर बब्बा की हत्या के बाद एक विभीषिकामयी, भयानक अनुभूति से उसका जीवन विषमय बन गया था, और आज? आज क्या उसका जीवन अमृतमय बनने जा रहा है? संगमरमर की सुन्दर मूर्ति की तरह उसकी सुप्त छवि की ओर देखता हुआ मैं कुछ समय तक इसी तरह के विचारों में मग्न रहा।

सहसा मेरा ध्यान इस बात की ओर गया कि वह सचमुच सो गयी है। मैंने सोचा, क्या वह वही सुषुप्तावस्था है जिसे अँगरेजी में कहते हैं हिप्नोटिक स्लीप? मैंने उसे हिलाया-डुलाया पर वह नहीं जगी। दोनों हाथों से उसे सहारा देते हुए मैं कौच पर से उठा और उसके बाद मैंने उसे धीरे से उसी कौच पर चित अवस्था में लिटा दिया। उसके बाद अपनी समस्त गुप्त यौगिक शक्तियों को पूर्ण प्रयत्न से जगाकर मैंने अत्यन्त दृढ़ और गम्भीर वाणी में, आदेश के स्वर में पुकारा—"मनिया!"

वह उसी सोयी हुई अवस्था में बोल उठी—"हाँ!"

"मैं कौन हूँ?"

"रंजन बाबू!"

और कोई समय होता, तो इस बात पर मेरे आश्चर्य का ठिकाना न रहता कि उसने मेरा नाम कैसे जान लिया। पर चूँकि उस समय मेरी मानसिक स्थिति असाधारण स्तर पर पहुँची हुई थी, इसलिए मैंने अत्यन्त सहज रूप से उसके उत्तर को ग्रहण किया, और उसी गम्भीरता के साथ प्रश्न करता चला गया—

"सच बताना मनिया, तुम क्या मुझे चाहने लगी हो?"

"मैं तुमसे बहुत डर गयी हूँ। तुम मुझे साक्षात् काल की तरह लगते हो। मेरी रूह तुम्हें देखकर काँप उठी है। मैं तुमसे छुटकारा चाहती हूँ, पर छूटने का कोई उपाय खोज नहीं पाती। मुझे बचाओ! मुझे बचाओ!" और वह उसी सम्मोहन की निद्रावस्था में ही फफक-फफककर रोने लगी।

उसका यह उत्तर ऐसा था जिसे सुनकर साधारण अवस्था में मैं हतबुद्धि हो गया होता। पर मैं पहले ही कह चुका हूँ कि मैं उस समय मन के असाधारण स्तर पर पहुँचा हुआ था।

मैंने अपने मन को एकमात्र भावना की ओर केन्द्रित करके अपने स्वर में और अधिक दृढ़ता और गम्भीरता भरते हुए आदेशपूर्वक कहा—"तुम्हें छुटकारा तभी मिलेगा जब मैं चाहूँगा। मैं चाहे तुम्हारा काल हूँ चाहे और कुछ, पर हर हालत में मैं तुम्हारा प्यार चाहता हूँ। आज से यह जान लो कि मुझे प्यार करने के सिवा तुम्हारे जीवन की और कोई सार्थकता नहीं है। मुझे प्यार करो, उसी में डूब जाओ और उसी में अपनी सारी जिन्दगी को खपा दो, बस! बोलो, करोगी मुझे प्यार?"

"हाँ!"

"फिर बोली कि मुझे प्यार करोगी और खुश रहोगी?"

"हाँ प्यार करूँगी और खुश रहूँगी।"

"अब तो मैं काल की तरह नहीं लगता हूँ?"

"नहीं।"

"तब नींद से उठ बैठो।"

और वह सचमुच तत्काल उठ बैठी—आँखें मलती हुई। आँखें मल चुकने के बाद उसने मेरी ओर देखा—कैसी निश्छल प्यार-भरी मृदु-मुस्कान उसकी अलसायी आँखों में, उसके ओंठों पर, उसके गालों के इर्द-गिर्द, उसकी ठुड्डी की पेशियों में खिल उठी थी! फिर एक बार उसने आँखें मलीं और उसके बाद अँगड़ाई लेने लगी। रातभर की नींद के बाद की सहज स्वाभाविक शिथिलता की-सी वह अँगड़ाई बड़ी ही मादक, बड़ी ही मोहक लग रही थी। जम्हाई लेती हुई वह बोली—"मैं क्या कई घण्टों से सोयी हुई थी? आपने मुझे जगा भी नहीं दिया! अच्छी गँवार निकली मैं जो इतनी देर तक यहाँ सोयी रह गयी।" और फिर एक बार प्यार से लबालब छलकती हुई आँखों से मेरी ओर देखकर वह खिल-खिल करके हँस पड़ी। कैसी कोमल, कैसी तरल हँसी थी वह! मेरे पुलकित हृदय में एक अपूर्व हर्ष-हिलोर उमड़ उठी। तत्काल मैं कौच पर उसकी बगल में जाकर बैठ गया। वह अपने दोनों प्यारे-प्यारे हाथों से मेरे सिर के बाल सहलाने लगी। उसके बाद दायें हाथ से मेरी ठुड्डी पकड़कर मेरी आँखों में इस तरह देखने लगी जैसे शीशे में अपना मुँह देख रही हो। कुछ देर तक एकटक देखते रहने के बाद पुचकार-भरे स्वर

में बोली—"तुम बहुत ही भले हो! बड़े प्यारे! मुझसे नाराज तो नहीं हो न?" और फिर मेरी भौंहों के ऊपर अपनी कोमल-कोमल उँगलियाँ फेरने लगी।

मैं उसकी पीठ पर हाथ फेरने लगा, जैसे अज्ञात में उसे दिलासा देता होऊँ, घबराहट की मनोदशा में उसको ढाढ़स बँधाता होऊँ; हालाँकि उस समय उसकी किसी भी बात से या हाव-भाव से किसी भी प्रकार की घबराहट का लेशमात्र चिह्न प्रकट नहीं हो रहा था।

पीठ पर हाथ फेरते हुए मैंने मृदु-मन्द मुस्कराते हुए कहा—"इस समय तो तुम मुझे बहुत भला आदमी बता रही हो, पर अभी कुछ ही समय पहले, नींद की हालत में तुम क्या कह रही थीं, जानती हो?"

अत्यन्त उत्सुकता और कुछ-कुछ उत्कण्ठा से उसने पूछा—"क्या?"

"तुम मुझसे कह रही थीं कि "मैं तुमसे बहुत डर गयी हूँ—तुम मुझे साक्षात् काल की तरह लगते हो!"

वह खिलखिला उठी—एक हलके विस्फोट के-से स्वर में—ठीक जिस प्रकार दियासलाई के डिब्बे में दियासलाई जलाने पर शब्द होता है। खिलखिलाती हुई वह बोली—"आप क्या सच कहते हैं? हँसी तो नहीं करते? क्या सचमुच मैंने नींद में इस तरह की बात कही थी?"

"विश्वास मानो, मैं सही बात कह रहा हूँ।"

"अच्छा! यह खूब रही!" और वह फिर खिलखिला उठी।

"तुम्हें क्या बिलकुल याद नहीं आता कि तुमने नीद में क्या-क्या कहा?" मैंने पूछा।

"नहीं। मैं तो ऐसी गाढ़ी नींद में सोयी थी कि मैंने नींद में कुछ भी कहा होगा, इस बात पर मुझे विश्वास ही नहीं होता।"

"तुम्हें क्या किसी प्रकार का सपना देखने की-सी भी याद नहीं है?"

"नही, मैंने कोई सपना नहीं देखा। मैं तो बेखबर सो गयी थी। इधर कई दिनों से रात में अच्छी तरह नींद नहीं आयी, इसलिए शायद यहाँ मुझे ऐसी गहरी नींद आ गयी।"

ऐसे भोले भाव से उसने यह बात कही कि मुझे उसके ऊपर तरस आने लगा। मैंने कहा—"अच्छा, एक काम करो। मुझे लगता है कि तुम्हें सचमुच नींद की बड़ी जरूरत है। चलो, उस कमरे में चलकर मैं तुम्हारे आराम से सोने का प्रबन्ध किये देता हूँ।"

मेरे कन्धे पर अपना सिर रखकर वह बोली—नहीं, मैं सो चुकी हूँ, अब नहीं सोऊँगी।"

"मेरी बात मान लो। तुम्हारे लिये इस समय आराम बहुत जरूरी है। कुछ देर भीतर पलँग पर आराम से सो जाओ। तुम्हारी इतने दिनों की सारी थकावट हवा हो जायगी।" और मैं उसका हाथ पकड़कर हौले से खींचने लगा। बच्चों की तरह एक बार "न!"

कहने पर भी वह उठ खड़ी हुई। मैं उसे दूसरे कमरे में ले गया जो उस कमरे से मिला हुआ था जहाँ हम लोग अभी तक बैठे हुए थे।

(8)

मेरे पलँग पर रेशमी गद्दा बिछा था, जिसके भीतर रुई के स्थान पर किसी चिड़िया के बहुत मुलायम और धुने हुए पर भरे हुए थे। चादर भी रेशमी ही थी, और परों से ही भरे हुए तकिये का झालरदार गिलाफ भी रेशमी ही था। उस पर मैंने धीरे से मनिया को लिटा दिया। ऊपर से साटिन का लिहाफ ओढ़ाता हुआ बोला—"अब तुम दो-तीन घण्टे एकदम निश्चिन्त होकर सो जाओ।"

मैं देख रहा था, उसकी आँखें फिर से अलसाने लगी थीं। उसने कहा—"तुम खड़े क्यों हो? तुम मेरे सिरहाने बैठकर मेरे सिर पर हाथ रखे रहो, तब मुझे नींद आयेगी।"

मैं बैठ गया और उसके सिर पर हाथ रखकर उसके कई दिनों से रूखे पड़े हुए बालों पर धीरे से अपनी उँगलियाँ फेरने लगा। कुछ ही देर बाद वह गाढ़ी नींद में सो गयी। गहरी साँस लेने के कारण उसका सारा शरीर जैसे हिल रहा था। मैं कुछ देर तक गौर से प्रायः चुम्बक के-से आकर्षण से, उसके मुख की वह शान्त सुप्त छवि देखता रहा। मैंने 'शान्त' कहा? पर निर्मम निपीड़न की-सी जो अँधेरी छाया उसके निद्रित, मौन, म्लान और करुण मुख पर पड़ी हुई थी उससे शान्ति की सम्भावना का अनुमान कैसे किया जा सकता था! मेरे आँसू निकल आये। वह निदारुण रूप से म्लान छाया बता रही थी कि निखिल संसार अकेली वह निपट अनाथ और असहाय लड़की जिन घोर आतंककारी और लोमहर्षक अनुभवों के बीच में अग्रसर हुई है वे कुछ ऐसी वज्र की-सी लकीरें उसके जीवन में खींच गये हैं जो कभी मिट नहीं सकतीं। चाहे वह रेशमी गद्दों और मखमली तकियों पर ही क्यों न लेटी रहे, उन वज्र-रेखाओं से वह सदा बँधी रहेगी और उन्हें बाँधकर उस पारवाले आनन्द और प्रकाशमय जीवन की अनुभूतियों को वह कभी छू तक नहीं सकती—ऐसे वज्र-अभिशाप से वह घिरी हुई है। उसके मुख की उस सुप्त अभिव्यक्ति को देखकर ऐसा अनुमान मेरी अन्तःप्रज्ञा ने क्यों लगाया, मैं कह नहीं सकता। पर उस समय मुझे यह बात वज्रमणि के प्रकाश की तरह सुस्पष्ट लगी।

मैं वहाँ से उठ नहीं पाता था। उसके मुख पर से मेरी आँखें हट नहीं पाती थीं। वह प्रगाढ़ निद्रा में मग्न थी, किन्तु उसके कपाल की नसें, पलकों का स्नायु-तन्त्र, ओंठों की त्वचा जैसे किसी अशान्त अनुभूति से प्रतिपल नयी-नयी चेष्टाओं के साथ चालित हो रहे थे। कभी वह अपनी भौंहों को सिकोड़ती थी, जैसे किसी निर्मम पीड़ा से कराहना चाहती हो, कभी उसके कपाल की नसें एक त्रिकोण के रूप में उभर उठती थीं। कभी उसके ओंठों के इर्द-गिर्द घृणा की-सी रेखा घिर आती थी, और कभी समस्त मुख पर

भय और आतंक की अनुभूति अभिव्यक्त हो उठती थी। स्पष्ट ही उसके मन के अतल में, और उस अतल के भी नीचे, ऊपर और अगल-बगल के स्तरों में दबी हुई भूत, वर्तमान और भविष्य की सहस्रों भावनाएँ स्वप्नों के रूप में उभर-उभरकर उसके समस्त सुप्त अथवा अति-चेतनशील व्यक्तित्व को तीव्र रूप से आन्दोलित कर रही थीं। पर उन असंख्य स्वप्नानुभूतियों में से एक भी अनुभूति ऐसी नहीं थी जो कभी एक क्षण के लिए भी उसके मुख पर हास्य की झलक ला देती! मैं उसी झलक की आशा में एकटक उसकी ओर देख रहा था, पर उसका कोई सूक्ष्मतम चिह्न भी मुझे नहीं दिखायी देता था। सोने के पहले वह किस कदर खिलखिलाती रही थी! कैसी स्निग्ध मुस्कान उसके मुख पर छायी हुई थी! पर सोने के बाद वह न जाने कपूर की तरह कहाँ विलीन हो गयी थी; एक लघुतम क्षण के लिए भी उसका कोई नाम-निशान मुझे नहीं दिखायी देता था। उसके निद्रित जीवन की जो अस्फुट अभिव्यक्ति उसके मुखपट पर प्रतिपल बदलते हुए रूपों में प्रतिफलित होती चली जा रही थी उसे देखकर मैं पहले तो आतंक की अनुभूति से सिहरता रहा। पर बाद में एक निस्सीम करुणा की भावना मेरे प्राणों के एक छोर से दूसरे छोर तक उमड़ उठी और मेरी रूखी आँखों में बरबस आँसू छलक आये। उन आँसुओं को पोंछे बिना ही, मैं और कुछ देर तक निपट अन्यमनस्क भाव से उसके सिरहाने बैठा-बैठा न जाने क्या सोचता रहा। उसके बाद उठकर बाहर के कमरे में चला आया और कौच पर लेटे-लेटे मानवीय अतिचेतना से सम्बन्धित कोई एक अँगरेजी पुस्तक पढ़ने का प्रयत्न करने लगा। पर एक-आध परिच्छेद पढ़ते-न-पढ़ते मेरे आगे यह बात स्पष्ट हो गयी कि उस पुस्तक में अति-चेतना के सम्बन्ध में खोज की चाहे कितनी भी बड़ी-बड़ी, भारी-भरकम बातें विद्वान् लेखक ने लिखी हों, वे मेरे उस प्रत्यक्ष अनुभव के आगे एकदम फीकी और निस्सार पड़ जाती हैं जो मैंने अति-चेतना, उप-चेतना अथवा अवचेतना के सम्बन्ध में उस दिन मनिया के विगत जीवन की असाधारण घटनाओं का विवरण सुनकर और उसका असाधारण व्यवहार और आचरण देखकर प्राप्त किया है।

पुस्तक के कुछ ही पन्ने पढ़ने के बाद मेरा जी ऊब गया। आज के सारे घटनाचक्र के कारण मैं यों ही थकावट मालूम करने लगा था। उस पुस्तक की नीरस बातों ने मुझे और अधिक थका दिया। मेरी आँखे झपने लगीं। केवल दो मिनट के लिए मैं सोया हूँगा कि मुझे लगा जैसे कोई गला फाड़-फाड़कर अत्यन्त आर्त्त स्वर में मुझे पुकार रहा है। तत्काल मेरी आँखें खुल गयीं और मैं हड़बड़ाता हुआ उठा। उठते ही सीधे भीतर के कमरे में गया, जहाँ मनिया सोयी थी। देखा वह अभी तक बेखबर सोयी हुई है। उसके मुख पर वही मौन म्लान छाया घिरी हुई थी। मैं फिर एक बार चुपचाप उसके सिरहाने बैठ गया। मेरी आँखें उसके मुख की उस करुण छाया की ओर से हटना ही नहीं चाहती थीं। बीच-बीच में वह नींद ही में कभी सिसक उठती थी और कभी धीमे स्वर में एक कराह उसके मुँह से निकल पड़ती थी।

प्रायः आधा घण्टा मुझे उसी अवस्था में बैठे हुए हो गया होगा। सहसा उसने एक चीख मारी, और उसके बाद दूसरी, और फिर तीसरी। मैं उसका हाथ हिलाते हुए उसका नाम ले-लेकर पुकारने लगा। तब वह जगी। क्षण-भर के लिए बहुत ही डरी हुई आँखों से उसने मेरी ओर देखा। मैंने कहा—"मनिया, कोई सपना देखा था क्या? इस तरह चीख क्यों रही थी?"

"तो क्या वह सपना था?" प्रायः फुसफुसाती हुई मनिया बोली।

"हाँ, मनिया वह सपना था। क्या देखा तुमने सपने में?"

लेटे-ही-लेटे तनिक मेरी ओर सरकती हुई मनिया केवल बोली—"उफ!" और मेरा दाहिना हाथ अपने हाथ से धीरे से पकड़ती हुई मेरी ओर बड़े गौर से देखने लगी—जैसे किसी भूले हुए आदमी को फिर से पहचानने की कोशिश कर रही हो। उसके माथे पर चमकनेवाली पसीने की बूँदों पर पश्चिम की ओर की खिड़की के लाल शीशे से होकर सूर्य का प्रकाश पड़ रहा था, जिससे ऐसा मालूम होता था जैसे रक्त की बूँदें टपक रही हों। उस प्रकाश में उसकी भ्रान्त आँखों की दृष्टि और अधिक भयावनी लग रही थी। क्षण-भर के लिए मुझे लगा कि मेरी सारी हिप्नोटिक कला उलटे मेरे ही ऊपर आक्रमण कर बैठी हो। मारे घबराहट के मैं बोल उठा—"मनिया, तुम इस तरह से मेरी ओर क्या देख रही हो? तुमने क्या सपना देखा, बताती क्यों नहीं?"

"नहीं, तुम वह नहीं थे!" एक दीर्घ निःश्वास फेंकती हुई वह बोली—"तुम वह हो ही नहीं सकते! तुम इतने प्यारे हो! और मैं भी तुम्हारे साथ ऐसी बेरहमी का बर्ताव नहीं कर सकती! तुम तनिक और इधर सरक आओ।"

मैंने वैसा ही किया और मनिया ने मेरे घुटने पर अपना सिर रख दिया। उसके बाद मेरा हाथ अपने माथे पर रखती हुई बोली—"तुम क्या राजा हो?"

उसके इस विचित्र प्रश्न से प्रायः चौंककर मैंने कहा—"नहीं तो! मैं एक मामूली आदमी हूँ। पर तुमने ऐसा क्यों पूछा?"

"नहीं, तुम जरूर राजा हो!" अपनी रहस्यमयी दृष्टि को मेरी ओर गड़ाये हुए वह बोली—"एक ज्योतिषी लामा ने एक बार मेरा हाथ देखकर मुझसे कहा था—"तुम्हें जिन्दगी में एक-न-एक बार एक राजा मिलेगा, जो तुम्हारे ऊपर बड़ी दया दिखायेगा, पर—पर—"

"पर क्या मैं यद्यपि ज्योतिषियों की बातों को महत्त्व देना मूर्खों का काम समझता था, तथापि यह जानने के लिए मैं अत्यन्त अधीर हो उठा कि मनिया के ज्योतिषी ने उससे पूरी बात क्या कही थी। उसकी अधूरी बात से मैं अत्यन्त अधीर हो उठा था।

"कुछ नहीं। वह एक अनपढ़ ज्योतिषी था। पर उसने कहा था कि—कि 'उस राजा से तुम्हारा ब्याह होगा'।" कहते ही वह एक विचित्र ढंग से खिलखिला उठी। और फिर बोली—"बड़ा मूर्ख ज्योतिषी था वह। मैं तब भी उसकी बात सुनकर खिलखिला उठी थी। तब मैं बहुत छोटी थी।"

मुझे लगा कि उस अज्ञात और अदृष्ट ज्योतिषी की आत्मा जैसे तत्काल ही मेरे भीतर प्रविष्ट हो गयी। जैसे उस ज्योतिषी की प्रेरणा से ही मेरे मुँह से उसी क्षण यह निकल पड़ा—"उस ज्योतिषी की ही बात सच होगी मनिया, मैं तुम्हारे साथ ब्याह करूँगा!" और कहते ही मुझे अपनी आवाज किसी दूसरे की-सी लगी।

मनिया तत्काल हड़बड़ाती हुई उठ बैठी। खिड़की के शीशे से आनेवाला लाल प्रकाश इस समय परिपूर्ण रूप से चमक रहा था। निश्चय ही स्वयं उसके भी मुख की लालिमा उस रक्ताभा के साथ घुल-मिल गयी थी। पर उसकी वह अपनी लालिमा क्या प्रकट करती थी? नववधू की-सी लज्जा? क्रोध? या प्रतिहिंसा? मैं कह नहीं सकता।

"तुम क्या सच कह रहे हो? तुम क्या सचमुच मुझसे ब्याह करोगे?" एक अनोखे स्वर में उसने प्रश्न किया।

पर उसके प्रश्न का उत्तर देने के पहले मैं सहसा पलँग पर से उठा और पीछे पश्चिम की ओर की उस खिड़की को मैंने खोल दिया, जिसकी लाल किरणों का प्रकाश मेरे मन में एक अजीब घबराहट और भ्रान्ति का भाव उत्पन्न कर रहा था। खिड़की खोलते ही सारा वातावरण ही बदल गया और हम दोनों के बीच की अब तक की सारी बातें एक सहज-स्वाभाविक रूप में मेरे सामने आयीं। लाल प्रकाश के हट जाने से मनिया के मुख की रक्त-रंजित आभा भी विलीन हो गयी, और उसके जिस रूप के सम्बन्ध में एक क्षण पहले मेरे मन में यह शंका होने लगी थी कि कहीं वह प्रतिहिंसात्मक तो नहीं है, उसके सम्बन्ध में मेरी भ्रान्ति पल में मिट गयी। अपने शंकित मन के उस अकारण भ्रम पर मुझे मन-ही-मन हँसी आयी। मैंने देखा, मनिया की किशोरी-कुमारी की-सी निष्पाप मुख-छवि एक अकृत्रिम विस्मय की भावना से विमुग्ध हो उठी है। उसकी धनुष की-सी भौंहें अवश्य कुछ अधिक टेढ़ी हो गयी थीं और उसकी काली बरौनियाँ तनकर कुछ खड़ी-सी हो गयी थीं। पर कुल मिलाकर उसके विस्मित मुख की तत्कालीन अभिव्यक्ति से क्रोध या प्रतिहिंसा की अपेक्षा दीनता की ही भावना अधिक प्रकट होती थी।

जब मैं आश्वस्त हो गया, तब बोला—"मैं सच कह रहा हूँ, मनिया।" और उसके मन की प्रतिक्रिया जानने के लिए मैं अधीर हो उठा।

वह कुछ देर तक मौन दृष्टि से मेरी ओर देखती रही। धीरे—बहुत धीरे—उसके मुख पर से वह दीनता-भरी भ्रान्ति के बादल हटे और तब फिर एक बार उसका चेहरा सहज स्निग्ध-मुस्कान के साथ खिल उठा—वह प्यारी मुस्कान जिसके लिए मैं इतनी देर तक अपना सर्वस्व निछावर करने की प्रतीक्षा में बैठा हुआ था।

उसी मुस्कान को और अधिक परिस्फुट करती हुई वह प्रायः किलकते हुए स्वर में बोली—"अब मैं समझी कि क्यों तुमने मेरी सारी दुकान लूट ली, क्यों मेरा इतने बरसों से जमाया हुआ कारोबार उजाड़ दिया! तुम बड़े दुष्ट हो!" और उसने अपनी दोनों बाँहें मेरे गले पर डाल दीं।

इतने में किसी ने दरवाजा खटखटाया। होटल के नौकर ने बाहर से चिल्लाकर कहा—'बाबू जी, चाय आयेगी?''

मैंने पलँग पर ही से कहा—''जरूर आयेगी, जायेगी कहाँ?''

मेरा उत्तर सुनकर मनिया खिलखिला पड़ी और हँसते-हँसते लोट-पोट हो गयी।

मैं भी हँसता हुआ धीरे-से उठा और बाहरवाले कमरे में जाकर दरवाजा खोल दिया। 'ब्वाय' को आर्डर दिया कि चाय के साथ कुछ टोस्ट और आमलेट भी लेता आवे।

(9)

उस दिन रात में बड़ी देर तक मुझे यह शंका बनी रही कि मनिया न जाने किस क्षण अपना रूप बदल डाले और सनक में आकर फिर कहीं चल देने का हठ न कर बैठे—हालाँकि इस प्रकार की शंका बहुत देर पहले ही निर्मूल सिद्ध हो चुकी थी। प्रायः बारह बजे तक मैं उसे इधर-उधर की बातों में भुलाने की कोशिश करता रहा। जब मैंने देखा कि वह काफी थक चुकी है, तब उससे उसी पलँग पर लेट जाने के लिए आग्रह किया जिस पर वह दिन में सो चुकी थी। वह बिना रंचमात्र आपत्ति के वहीं जाकर आराम से लेट गयी और मेरे आश्चर्य का ठिकाना न रहा जब मैंने देखा कि लेटने के कुछ ही देर बाद वह सो गयी। दिन में काफी देर तक सोते रहने के बाद भी उसकी नींद में तनिक भी कमी नहीं आयी थी! मैंने सोचा कि इसके पहले न जाने कितनी रातें निद्राहीन अवस्था में बितायी होंगी।

उस कमरे की बत्ती को जलता हुआ छोड़कर मैं चुपचाप बाहर के कमरे में चला गया और वहीं गरम ड्रेसिंग-गाउन के ऊपर एक कम्बल लपेटकर एक कौच पर लेट गया। मैं भी बड़ी थकावट महसूस कर रहा था। मनिया की नींद का छूत का-सा प्रभाव मुझ पर भी पड़ा और मैं भी बहुत जल्दी सो गया।

दूसरे दिन मनिया कुछ देर से उठी। पर जब उठी तब वह तरोताजा दिखायी दी। उसके मुख की रसमयता बहुत बढ़ गयी थी और साथ ही रक्त और मांस में भी जैसे पहले से कुछ वृद्धि हो गयी थी। एक सहज-सुन्दर स्निग्धता और सलोनापन उसकी आँखों में, गालों पर और ओंठों पर छाया हुआ था। उठते ही सहज सरस स्वर में बोली—''मैं कहती न थी कि तुम्हारे इस कमरे में शैतान का डेरा है! उसी शैतान ने मुझे यहाँ इस कदर बाँध लिया है कि अब यहाँ से हटने की इच्छा ही नहीं होती। और तुम्हारे इस पलँग पर तो शैतान ने खास तौर से अपना जाल बिछा रखा है। इसे छोड़ने का जी ही नहीं करता। कल दिन से मैंने इस पर सोना शुरू किया था, अभी तक यहीं पड़ी हुई हूँ। खाना भी तुमने मुझे यहीं बैठाकर खिलाया। सचमुच यह एक अच्छा तमाशा है! अच्छा, तुम्हारा क्या खयाल है? शैतान अपने जाल में लोगों को फँसाता है या नहीं?''

ऐसे भोले ढंग से उसने यह प्रश्न किया कि मुझे उस पर तरस आने लगा। पर तत्काल वह भाव खीझ में बदल गया। मन-ही-मन कड़वी घूँट की तरह अपनी उत्तेजना

को पी जाने की चेष्टा करते हुए मैंने कहा—''तब तुम क्या सचमुच केवल शैतान के बन्धन से अपने को न छुड़ा पाने के कारण ही यहाँ टिकी हुई हो? मेरी ममता क्या कोई चीज नहीं है? क्या तुम सचमुच मुझसे घृणा करती हो, और मुझे अपना 'काल' समझती हो, जैसा कि तुमने कल दिन में नींद की हालत में कहा?''

निश्चय ही मेरे भीतर की वेदना मेरे मुख पर झलक आयी होगी। मनिया तत्काल उठ खड़ी हुई और मेरे कपाल पर हाथ फेरती हुई परम स्नेह भाव से बोली—''अगर तुम्हारी ममता मुझे खींच न लायी होती तो एक क्या सौ शैतान भी मुझे नहीं बाँध सकते थे। जिन्दगी-भर मैं शैतान की बड़ी काली और कुटिल कारस्तानियों का सामना करती आयी हूँ। शैतान अपना काम करता चला गया और मैं अपना। इसलिए सच जानो, मैं उससे तनिक भी नहीं घबराती हूँ। मैं तो यों ही बक रही थी। उठो, बाहर के कमरे में चलें। तुमने चाय मँगायी या नहीं?'' और वह बच्चों की तरह पुचकारती हुई मेरा हाथ पकड़कर मुझे बाहर ले गयी।

उस दिन भी मैं बाहर न निकल सका। दोपहर का खाना खा चुकने के बाद मनिया अलसाने लगी, और उसी मुलायम गद्‌देदार पलँग पर लेट गयी, और लेटने के कुछ देर बाद सो गयी। मैं भी कोई चारा न देखकर बाहर के कमरे में कौच पर लेटे-लेटे एक पुस्तक पढ़ता रहा। मुझे एक जरूरी काम से बाहर जाना था। मनिया के लिए मैं कुछ कपड़े खरीदना चाहता था। पर उसे छोड़कर जाने का साहस मुझे नहीं हुआ। कहीं जंगल की वह चिड़िया क्षणिक अवकाश पाते ही फिर उड़कर जंगल ही में न चली जाय! फिर दूसरी बार उसे बाँधा न जा सकेगा, यह निश्चित धारणा मेरे मन में जम चुकी थी। फिर मेरे मन में यह तर्क उठा—''यदि वह स्वेच्छा से बँधे रहना नहीं चाहेगी तो उसे बलपूर्वक बाँधकर ही मैं क्या करूँगा?'' पर मेरा अन्तर्मन जानता था कि वह अब कहीं जायेगी नहीं, भले ही कैसी ही आशंका मेरे मन में क्यों न उठे।

तीसरे दिन जब हम लोग सुबह का नाश्ता कर चुके तब मैंने अपने भीतर की सारी कमजोरी झाड़कर उससे कहा—''मैं कुछ समय के लिए बाजार जाता हूँ। तुम इसी पलँग पर आराम करना!'' और मैं सचमुच बाहर निकल पड़ा। कपड़े की प्रायः सभी फैशनेबुल दुकानों की खाक छान चुकने के बाद मैंने चार साड़ियाँ चुनकर खरीदीं। उनमें एक साड़ी आसमानी रंग की, बनारसी रेशम की—काम की हुई थी,—एक शान्तिपुरी, एक ढाका की और एक मद्रासी थी। साथ ही कुछ 'रेडीमेड' ब्लाउज और 'जम्पर', पेटीकोट और अण्डरवियर खरीदे। दो जोड़े सबसे नये फैशन के 'लेडीज सैण्डिल' और चार जोड़े मोजे भी खरीदे। रूज, पाउडर, क्रीम, 'लिपस्टिक', 'हेयरपिन्स', 'रिबन', तेल, एसेन्स, कंघी आदि शृंगार-प्रसाधन की प्रायः सभी आवश्यक और अनावश्यक चीजें खरीदकर मैं होटल को लौट चला। होटल में अपने कमरे के दरवाजे पर पहुँचने तक मेरे मन में यही खटका बना था कि कहीं मनिया भाग न गयी हो। जब उसने खटखटाने पर दरवाजा खोला तब मेरे जी में जी आया। उसकी सजल मुस्कान-भरी आँखों में मैंने देखा कि वह भी उतनी ही—बल्कि शायद अधिक—उत्सुकता से मेरी बाट जोह रही थी।

मैंने जब छोटे-बड़े सभी बण्डल उसके हाथों में दे दिये तब वह कौतूहल से उन्हें देखने लगी। ''इनमें क्या है?'' उसने पूछा।

मैंने कहा—''खोलकर देखो!''

और उसने एक-एक करके सभी बण्डलों को खोलना आरम्भ कर दिया। उसके आश्चर्य की सीमा न रही, जब उसने देखा कि साड़ी, ब्लाउज से लेकर हेयरपिन्स और 'रिबन' तक की विविध वस्तुएँ उनमें भरी पड़ी हैं। पहले तो उसने परिहास के स्वर में कहा—''आज भी तुम क्या किसी की पूरी दुकान ही खरीद लाये हो?'' पर यह प्रश्न करते ही तत्काल उसका मुख अत्यन्त गम्भीर हो आया। वह स्तब्ध, किन्तु प्रश्न-भरी, दृष्टि से मेरी ओर देखती रह गयी।

मैं उस दृष्टि से घबरा उठा। बोला—''क्या हुआ? तुम अचानक इस तरह गम्भीर क्यों हो उठी हो?''

उसने फिर भी मेरे प्रश्न का कोई उत्तर नहीं दिया और उसी निश्चल दृष्टि से निर्निमेष मेरी ओर देखती रही।

''तुम किस सोच में पड़ गयीं मनिया? बताती क्यों नहीं?''

''मैं समझ गयी कि तुम ये सब चीजें क्यों लाये हो!'' और वह धीरे-से अपने पाँवों को पीछे की ओर सरकाकर धम से कौच पर बैठ गयी।

''क्या समझी तुम?''

मेरी दुकान की चीजों का बदला चुकाने के लिए तुम ये चीजें लाये हो!''

मैं ''हो! हो!'' करके ठट्ठा मारकर हँस पड़ा।

''तुम क्या पागल हुई हो, मनिया?'' मैंने कहा—''मैं तुम्हारी तरह पैनी सूझवाला आदमी नहीं हूँ कि इतनी दूर तक की बातें सोच सकूँ। ये चीजें मैं तुम्हारे इस्तेमाल के लिए लाया हूँ। तुम क्या यह सोचती हो कि मेरे साथ रहने पर भी अब तुम यही तिब्बती लहँगा और यही मैला कुरता पहने रहोगी और यही झाड़न सिर पर डाले रहोगी? अब तुम्हें मसूरी की फैशनेबुल लेडियों की तरह रहना होगा। शाम को हम-तुम साथ-साथ हवाखोरी के लिए निकलेंगे। तब तुम्हें देखकर लोग आपस में कानाफूसी करेंगे—'यह देखो, नेपाल की महारानी चली आ रही हैं, और उनके साथ उनका प्राइवेट सेक्रेटरी है!' हा-हा-हा! अच्छा मजाक रहेगा।''

मनिया भी बरबस हँस पड़ी। पर तत्काल ही मुँह फुलाती हुई बोली—''तब तुम इस 'अच्छे मजाक' के लिए ही मुझे फैशनेबुल पहनावे में देखना चाहते हो न?''

मैंने पहली बार उसकी मार्मिक दृष्टि में एक ऐसे तीखे व्यंग्य का आभास पाया जिसने मुझे यह सुझाया कि केवल तीन ही दिन के भीतर एक मूलगत परिवर्तन उसके स्वभाव में आ गया है। जिस काल्पनिक या वास्तविक शैतान की बात वह हँसी में कह

रही थी तब क्या उसी ने उसके भोले हृदय में इस तरह के दाँव-पेंच भर दिये हैं? क्या यह सम्भव है कि 'प्रेम' या उसी से मिलती-जुलती कोई प्रवृत्ति इतनी जल्दी असांसारिक व्यक्तियों को सांसारिकता का पाठ पढ़ा सकती है।

प्रकट में मैंने कहा—"क्या तुम यह विश्वास करती हो कि मैं किसी भी हालत में तुम्हें एक तमाशा बनाना पसन्द करूँगा? तुम तो आज बाल की खाल निकालने लगी हो! चलो, उठो। जरा एक बार पहनकर देखो तो सही, तुम्हें यह आसमानी रंग की बनारसी साड़ी कैसी जँचती है।" और मैंने बण्डल में से साड़ी निकालकर उससे उसे लपेटना आरम्भ कर दिया।

वह खिल-खिल करके हँसने लगी और छटपटाती हुई बोली—"हटो, मैं नहीं पहनूँगी। मुझे शरम लगती है।"

"पगली! शरम किस बात की? तुम क्या कोई चोरी कर रही हो या डकैती? शाम को इतनी औरतें फैशन के न्यारे-न्यारे रंगों में रँगी हुई आती हैं, उनके बीच में शरम के लिए गुंजाइश कहाँ रह जाती है? आज मैं तुम्हें बिना साड़ी-सैण्डिल पहनाये और अपने साथ घुमाये मानूँगा नहीं। उठो, मैं एक बार देख लूँ कि तुम्हें साड़ी फबती है या नहीं।" कहकर मैंने बलपूर्वक उसे खड़ा किया और उसके सिर से झाड़न हटाकर उसके कुरते और लहँगे के ऊपर ही साड़ी पहनाने लगा। वह बार-बार इस तरह खिलखिलाती और छटपटाती थी जैसे उसे कोई गुदगुदा रहा हो। अन्त में जब मैं किसी तरह उसे साड़ी पहना चुका तब मैंने आश्चर्य से देखा कि वह सचमुच रानी की तरह लगने लगी। केवल एक साड़ी किसी के व्यक्तित्व में इस कदर कायापलट करने की समर्थता रखती है, इस जानकारी से मैं चकित रह गया। मैं उसे एक पूरे आकारवाले शीशे के पास ले गया। उसने जब उसमें अपना प्रतिबिम्ब देखा तो अपना बदला हुआ रूप देखकर हँसते-हँसते लोट-पोट हो गयी। जब हँसी का दौर समाप्त हुआ तो वह सहसा अपेक्षाकृत गम्भीर स्वर में बोली—"लो रखो अपनी साड़ी, मैं नहीं पहनूँगी।" और सचमुच उसने उसे उतारकर मेरे आगे पटक दिया। मैंने देखा कि उसके दुराग्रह ने नया रूप धारण कर लिया है। मैं अपना-सा मुँह लेकर रह गया। स्पष्ट ही मेरे मुख के भाव मेरी पीड़ा उससे छिपी न रही। अपने स्वर में यथासम्भव कोमलता भरकर वह बोली—"अभी जल्दी क्या है! शाम को एक बार फिर पहनकर देखूँगी। अभी इसे सँभालकर रख दो।"

मैं बड़ी अधीरता से सन्ध्या की प्रतीक्षा करता रहा। जब समय आया तब मैंने फिर उससे आग्रह किया। पर उसने फिर अपना पिछला रूप दिखाना आरम्भ कर दिया और उसके दुराग्रह के आगे मेरी एक न चली। मैं हार मानकर, और मुँह लटकाकर एक कुर्सी पर बैठ गया। मेरे मुख का वह भाव देखकर वह भी मेरे पास आकर बैठ गयी और अनुनय के स्वर में बोली—"मैं तुम्हारे पाँवों पड़ती हूँ, मुझसे साड़ी पहनने के लिए न कहो! और इसके लिए कुछ बुरा भी न मानो!"

स्पष्ट ही वह मेरी पीड़ा को खूब समझ रही थी, पर अपने रूढ़िगत संस्कार को इतनी जल्दी भंग करने में वह, चाहने पर भी, अपने को असमर्थ पा रही थी।

मैंने रुखाई के साथ कहा—"मैंने कुछ बुरा नहीं माना है। पर तुम्हारा हठ सचमुच बड़ा अनोखा है। यदि तुम मेरे कहने पर एक बार पहन ही लेतीं तो इससे तुम्हारी—इ—तुम्हारा क्या बिगड़ता मेरी समझ में नहीं आता।" मैं कहने जा रहा था—"इससे तुम्हारी इज्जत में बट्टा नहीं आता।" पर तत्काल मैं यह सोचकर सँभल गया कि इस व्यंग्य की मार्मिकता वह सहन न कर पावेगी।

"मैं जानती हूँ मेरा कुछ नहीं बिगड़ सकता, पर साड़ी पहनते ही न जाने मुझे कैसा लगने लगता है! जैसे मेरे सारे बदन में केंचुए सुरसुरा रहे हों!" और वह मुस्करा दी। पर उस मुस्कान में अकथनीय करुणा भरी थी।

मैंने उस दिन फिर आग्रह नहीं किया, पर मेरे मन का भाव बहुत बिगड़ चुका था, और चाहने पर भी मैं उससे सहज प्रसन्नता से नहीं बोल पाया।

दूसरे दिन भी उसके प्रति मेरा व्यवहार रूखा-रूखा-सा रहा—हालाँकि मैं अपने दुःख पर प्रसन्नता और आवाज में मीठापन लाने की बहुत कोशिश कर रहा था।

शाम को चाय पी चुकने के बाद जब मैं अनमने भाव से सोफा पर बैठकर एक संवाद-पत्र उठाकर पढ़ रहा था तब वह भीतर चली गयी। जब काफी देर हो चुकी तब मैं यों ही भीतर गया। पर मनिया कमरे में नहीं थी। गुसलखाना खुला था। मैंने तनिक शंकित मन से कुतूहलवश भीतर की ओर झाँका। मेरे आश्चर्य और हर्ष की सीमा न रही जब मैंने देखा कि वह गुसलखाने के बड़े शीशे के सामने वही साड़ी पहने खड़ी है जिसे मैंने पिछले दिन उसे पहनाया था, और एकान्त मन से अपना प्रतिबिम्ब देख रही है। मैंने एक बार सोचा कि चुपचाप लौट चलूँ; पर मेरे भीतर की दुष्टता की विजय हुई और मैं धीरे से दबे पाँवों, गुसलखाने पहुँचकर सहसा उसके पीछे खड़ा हो गया। मुझे देखते ही वह ऐसी चौंकी जैसे किसी महान् अपराध में पकड़ ली गयी हो। एक अस्फुट शब्द मुँह से निकालकर उसने बिजली की-सी फुर्ती से अपना मुँह साड़ी के अंचल से ढँक लिया। उस समय वह ठीक ठेठ मारवाड़ प्रदेश की महिलाओं की तरह लग रही थी। उस दृश्य से मेरी प्रकृति की इतने दिनों तक दबी हुई चपलता उभर आयी। मैंने कहा—"सच मानो, लहँगे के ऊपर तुम्हारा यह ओढ़ना और यह घूँघट बहुत जँच रहा है। तुम चाहो तो इसी वेष में तुम्हें माल पर घुमा लाऊँ!"

"जाओ!" कहकर उसने मुझे एक हलका-सा धक्का दिया और उसी घूँघट की अवस्था में दौड़ती हुई भाग निकली। पलँग पर जाकर वह लोट-पोट हो गयी और मारे हँसी की फुरेरियों के उसका यह हाल था कि मुझे लगा जैसे घूँघट के भीतर उसका दम ही घुट जायगा।

वह दिन भी यों ही—परिहास में—बीता, और मैं उसे साड़ी और सैण्डिल में घूमने चलने के लिए राजी न कर सका। पर मैं देख रहा था कि उसके भीतर बड़ी गहराई में नींव डाले हुए संस्कारों के पाषाण ढहने लगे हैं।

अन्त में जल्दी ही एक दिन ऐसा आया जब मैं उसे नये वेष में, पूरे साज-शृंगार के साथ अपने साथ बाहर निकलने के लिए राजी कर सका। वह मेरे लिये कितने उत्साह और उल्लास का दिन था! यह ठीक है कि वह सैण्डिलों को ठीक से न चला सकने के कारण कई बार गिरते-गिरते बची थी, पर उसने सारी बात को एक अच्छे विनोद के रूप में ग्रहण किया था।

(10)

एक दिन मैं दोपहर का खाना खा चुकने के बाद आराम करने की तैयारी कर रहा था। मनिया भी भीतर के कमरे में आराम कर रही थी। सहसा किसी ने "ठक्! ठक् ! ठक्" करके बाहर से दरवाजे का शीशा खटखटाया।

"कौन है!" मैंने लेटे-ही-लेटे खीझ के साथ कहा।

बड़ी शिष्ट और धीमी आवाज में किसी ने कहा—"जरा खोलिये! एक जरूरी काम है!"

मैंने उठकर दरवाजा खोला तो देखा कि होटल के मैनेजर मिस्टर थड्डानी खड़े हैं। थड्डानी साहब बोलचाल में बहुत सभ्य और शिष्ट थे। चश्मा लगाये हुए वह बड़े सयाने, गम्भीर स्वभाव के और भले आदमी लगते थे। उनके शिष्ट व्यवहार के कारण ही उनका होटल मुझे बहुत पसन्द आया था। पर आज उन्हें आकस्मिक रूप से, असमय में, स्वयं आकर मेरा दरवाजा खटखटाने की नौबत क्यों आयी, वह कौन-सा ऐसा 'जरूरी' काम आ पड़ा जिसकी सूचना होटल के नौकर द्वारा नहीं दी जा सकती थी, यह सोचकर मेरा मन कुछ शंकित हो उठा।

"कहिये, आपने कैसे कष्ट किया?" मैंने पूछा।

वह बहुत ही धीरे, बड़ी ही मीठी आवाज में, अत्यन्त शालीनता के साथ बोले—"आपसे कुछ प्राइवेट बातें करनी हैं। क्या आप मेरे साथ मेरे कमरे में चलने का कष्ट कर सकेंगे?"

मैंने कहा—"आइये, भीतर चले आइये। मेरा कमरा एकान्त है। आपको जो कुछ कहना हो यहीं कह लीजिये। आपके कमरे में जाने की क्या आवश्यकता है?"

वह प्रेमपूर्वक मुस्कराये—कुछ रहस्यमय रूप से। बोले—"क्षमा कीजिये। जिस विषय पर मैं बातें करना चाहता हूँ, उसकी चर्चा आपके कमरे में नहीं चलायी जा सकती। आप तनिक कष्ट करें—सिर्फ दो मिनट के लिए।"

मैंने देखा कि मेरी आशंका निर्मूल नहीं थी। मैं बाहर चला आया; थड्डानी साहब मुझे अपने कमरे में ले गये। भीतर से किवाड़ फेरकर उन्होंने बड़ी आवभगत के साथ बिठाया। मेरी ओर सिगरेट और दियासलाई बढ़ाते हुए स्वयं भी बैठ गये।

मैंने सिगरेट जलाते हुए कहा—"आपको क्या कहना है, कहिये?"

"मुझे आपसे केवल एक प्रार्थना करनी है," बड़ी ही नम्रता से थड्डानी साहब बोले—"बात यह है कि—आप बुरा न मानियेगा—जिस लड़की को आपने अपने साथ रखा है उसकी वजह से मेरे दूसरे किरायेदार बहुत भड़क उठे हैं...'

मेरे सिर से लेकर पाँव तक जैसे आग लग गयी। मैंने काफी उत्तेजित स्वर में कहा—"आपके किरायेदार जायँ जहन्नुम में—मुझे उनसे क्या करना है। मेरी 'प्राइवेट' बातों में किसी तरह का भी हस्तक्षेप करने का कोई अधिकार न आपको है न आपके किरायेदारों को, समझे मिस्टर थड्डानी?"

मैं क्रोध से काँपने लगा था।

"अरे! अरे! आप तो उत्तेजित हो उठे हैं! अभी आपने पूरी बात सुनी तक नहीं! मेरा मतलब वह नहीं था जो आप समझे हैं!"

"तब क्या था आपका मतलब?" बड़े रूखे स्वर में मैंने पूछा।

"मैं आपको यह बता देना चाहता हूँ कि जिस लड़की को आपने अपने साथ रखा है, वह तमाम मसूरी में बदनाम है।"

"बदनाम है?" दाँतों को प्रायः पीसते हुए मैंने कहा।

"जी हाँ! माफ कीजियेगा, अभी आपको उसकी पूरी 'हिस्ट्री' मालूम नहीं है। उसकी माँ भी एक बदचलन औरत थी। यहाँ तक कि अपने एक प्रेमी की खातिर उसने अपने 'हजबैण्ड' तक का खून कर डाला..."

मैं स्तब्ध था। तब क्या मनिया ने मुझसे हत्या का जो कारण बताया था वह एकदम झूठा था? असली बात उसने जान-बूझकर मुझसे छिपायी होगी! पर जब उसने मेरे बिना पूछे ही इतना बता दिया कि उसकी माँ ने उसके बब्बा की हत्या की थी तब इतनी बात ही वह क्यों छिपाती? निश्चय ही उसे अपनी माँ के व्यभिचार का कोई हाल मालूम नहीं था, नहीं तो वह अवश्य ही, बिना किसी दुराव के सब-कुछ बता देती। यह हो सकता है कि उसकी माँ का कोई गुप्त प्रेमी रहा हो जिसके बारे में स्वयं मनिया भी कुछ नहीं जानती।

मैंने पूछा—"आपको कैसे मालूम है कि उसकी माँ का कोई प्रेमी था?"

"हँ! हँ! हँ!"—एक विचित्र ढंग से मुस्कराते हुए थड्डानी साहब बोले—मुझे मसूरी में प्रायः तीस साल गुजर चुके हैं। मैं यहाँ के एक-एक बाशिन्दे का हाल राई-रत्ती जानता हूँ। किसके घर गेहूँ के कै दाने हैं, इसकी खबर मुझे रहती है। उसका वह प्रेमी मेरा मित्र था। उसका नाम ध्यानसिंह है, वह अभी जिन्दा है।"

मेरा कलेजा धक से रह गया। तब क्या सचमुच मैंने एक ऐसी लड़की से घनिष्ठता बढ़ायी है जिसकी माँ हत्यारी होने के अतिरिक्त व्यभिचारिणी भी थी? तब क्या वास्तव में उसने अपने प्रेमी के कारण अपने पति की हत्या की? सोच-सोचकर मेरा माथा खराब होने लगा। अपनी खीझ और क्रोध मुझे किसी-न-किसी पर उतारना था। मैं मैनेजर पर

ही बरस पड़ा था। वही मुझे अपना सबसे बड़ा शत्रु जान पड़ा, क्योंकि उसी ने मेरे आगे वह अप्रिय सत्य—यदि वह वास्तव में सत्य था तो—उद्घाटित किया था।

मैंने गरजकर कहा—"देखिये मिस्टर थड्डानी, उसकी माँ चाहे कैसी ही क्यों न रही हो, उसे लेकर लड़की पर छींटे कसने का कोई हक आपको नहीं है। लड़की के सम्बन्ध में जिस तरह की बात आपने कही है उसे मैं व्यक्तिगत अपमान समझता हूँ। मैं हर महीने नियमित रूप से आपका बिल चुका दिया करता हूँ। आपको केवल इतने ही से मतलब रखना चाहिए। इसके सिवा भी दूसरे विषय पर मुझसे कहने की गुस्ताखी आपको नहीं करनी चाहिए। समझे?"

"जी, मैं समझ गया हूँ", तनिक भी विचलित न होकर थड्डानी साहब बोले—"पर आपको इस बात का ध्यान रखना चाहिए कि केवल आप ही मेरे किरायेदार नहीं हैं। एक किरायेदार के लिए मैं अपने बाकी सभी किरायेदारों को नाराज नहीं कर सकता। मैं एक 'बिजनेसमैन' हूँ। इस होटल की बदौलत ही दो रोटियाँ कमाकर मैं अपना और अपने घरवालों का पेट पालता हूँ। अगर मेरा होटल बदनाम हो जाय, किरायेदार होटल छोड़कर चल दें, और दूसरे किरायेदार होटल की बदनामी सुनकर यहाँ आना बन्द कर दें, तो मेरा क्या हाल होगा, क्या इस बात पर आपने कभी सोचा है?"

"किसी किरायेदार ने आपसे कुछ कहा है?"

"आपके अगल-बगलवाले कमरों में रहनेवाले किरायेदारों की यह शिकायत है कि आप दिन-रात एक आवारा लड़की को उन लोगों ने तो 'वेश्या' कहा है। अपने कमरे में बन्द रखते हैं, और समय-असमय उससे हँसी-मजाक की बातें करते रहते हैं, जिससे उनकी शान्ति में बाधा पहुँचती है।"

मैं झल्ला उठा—"आप और आपके किरायेदार बड़े कमीने हैं। ऐसे नीच व्यक्तियों के साथ रहना पाप है। अब आप रहने को भी कहें तो मैं नहीं रहूँगा। आज आप अपना बिल भेज दें। मैं आज ही चला जाऊँगा।" और मैं तमककर उठ खड़ा हुआ।

"नहीं, नहीं, मैं तो आपके समान खरे स्वभाव का किरायेदार पाकर अपने को धन्य मानता हूँ। आप बड़े शौक से रहें। पर उस लड़की के सम्बन्ध में चूँकि मुझे बहुत-सी बातें नित्य सुनने को मिलती हैं, इसलिए मैंने आपको आगाही दे दी। इसके अलावा मेरे भी दो जवान लड़कियाँ हैं, जिन पर इस तरह की आवारा लड़की का बुरा प्रभाव पड़ सकने की सम्भावना है। चाहे कितना ही बुरा क्यों न मानें, मैं साफ लफ्जों में आपसे कहूँगा कि आपने एक बदकार और धूर्त लड़की को अंपने साथ रखा है जो किसी भी दिन आपके साथ विश्वासघात कर सकती है।"

"शट अप!" मैंने अत्यन्त उत्तेजित स्वर में कहा—"अगर अब तुमने जबान हिलायी तो उसे खींच लूँगा!" और मैं दरवाजे की तरफ मुड़ गया। दरवाजे का हैण्डल पूरी तरह से पकड़कर मैंने उसे खोला और बाहर निकल गया। एक अत्यन्त विरस अनुभूति से मेरी सारी आत्मा तिक्त हो उठी थी।

अपने कमरे में जाकर मैंने जानना चाहा कि मनिया जग गयी है या नहीं। मैं सीधे भीतर चला गया। वह अभी सोयी थी। एक सौम्य, शान्त और करुण भाव उसके निद्रित मुख पर छाया हुआ था। उसे देखते ही पल में मेरे मन की सारी तिक्तता विलीन हो गयी। मैं सोचने लगा कि यदि मैं कोई चित्रकार होता और उसके मुख पर जो भोलापन उस समय विभासित हो रहा था उसे रेखाओं और रंगों में आँक पाता तो दुनिया को दिखाकर पूछता–''ऐ दुनियावालो! सच बताओ, क्या ऐसा भाव कभी किसी बदकार और धूर्त लड़की के मुख पर खिल सकता है?'' मुझे मैनेजर की नीचता पर रह-रहकर क्रोध आ रहा था। मैंने निश्चय किया कि जितनी जल्दी हो सकेगा उस होटल को छोड़ दूँगा।

(11)

जब मनिया सोकर उठी तब मैंने उसे रंचमात्र संकेत भी नहीं दिया कि मैनेजर से मेरी किस तरह की बातें हुईं। बल्कि मैं स्वयं भी उन बातों को भूल जाने का प्रबल प्रयत्न करने लगा। मैनेजर की बातों से मेरे मन में जितना-कुछ भी खटका पैदा हुआ था, उसके प्रायश्चित्त की भावना भी मेरे भीतर जोर मारने लगी, मैंने निश्चय किया कि जल्दी-से-जल्दी मैं उससे विवाह कर लूँगा।

सन्ध्या को मैं उसे घुमाने ले गया। मुझे लगा कि धीरे-धीरे मनिया नये पहनावे की आदी होती चली जा रही है, और शाम को टहलना उसे अच्छा लगने लगा है। लौटकर कपड़े बदलकर खाना खाकर जब हम दोनों इधर-उधर की बातें करते हुए भोजन पचा रहे थे, तब मैंने सहसा विवाह की चर्चा छेड़ दी। मैंने स्पष्ट शब्दों में कहा–''मनिया, अब हम दोनों का विवाह जल्दी ही हो जाना चाहिए।''

''कब?'' सहज भाव से अलसाये हुए स्वर में उसने कहा।

''जब तुम कहो।''

''मैं तो चाहती हूँ कि कल ही हो जाय।''

''पर इसके पहले यह तय कर लेना चाहिए कि किस विधि से, किस प्रथा के अनुसार विवाह करना ठीक रहेगा।''

''विधि और प्रथा मैं कुछ नहीं समझती। पर हिन्दू लोग जिस तरह से ब्याह करते हैं उस तरह से मैं पसन्द नहीं करूँगी।''

''क्यों?'' अत्यन्त आश्चर्य से मैंने पूछा।

''मैं बौद्ध हूँ। मैं चाहूँगी कि कोई बौद्ध पुरोहित आकर हम लोगों के ब्याह के मन्त्र पढ़े।''

''तुम बौद्ध हो? यह कैसे?''

''कैसे क्या? मेरा बाप बौद्ध था, इसलिए मैं भी बौद्ध हूँ।''

''पर तुम्हारी माँ तो हिन्दू थी?''

"इससे क्या हुआ। मैं अपने बाप का ही धर्म मानती हूँ।"

"पर तुम्हारी माँ से तुम्हारे बाप का ब्याह तो नहीं हुआ!"

"यह तुमसे किसने कहा?"

"तुम्हीं ने तो कहा था कि वह विधवा थी और भागकर तुम्हारे बाप के साथ चली गयी थी।"

"तो इससे क्या हुआ? मेरा बब्बा धर्म के मामले में बड़ा कट्टर था। उसने तिब्बत जाकर एक लामा को बुलाया। उसने मन्त्र पढ़कर दोनों का ब्याह किया था। मेरी माँ ने ही मुझे यह बताया था। मेरा बब्बा नित्य हाथ में माला लेकर 'मनि पैमै हुम्—मनि पैमै हुम्!' जपा करता था। मेरा नाम मनिया उसने इसी मन्त्र के पहले शब्द की याद पर रखा था।"

"अच्छा, यह बात थी! पर तुमने मुझे बड़ी कठिनाई में डाल दिया।"

"कैसे?"

"मैं बौद्ध पुरोहित कहाँ से लाऊँ? इसके अलावा तब मुझे भी बौद्ध बनना पड़ेगा।"

"तो हर्ज क्या है?" अत्यन्त सरल भाव से मनिया ने कहा।

"हर्ज कुछ नहीं है। पर क्यों हम लोग इन धार्मिक पचड़ों में पड़ें? क्यों एक सीधे तरीके से शादी न कर लें?"

"वह कौन तरीका है?"

"सिविल मैरिज। ब्याह का यह तरीका बहुत आसान है। तुम भी यह मान लो कि तुम कोई धर्म नहीं मानती हो और मैं भी। बस, ब्याह की रजिस्ट्री करा लें। उसके बाद अपने मित्रों को दावत देकर खुशी मनावें।"

मैंने देखा कि मेरे इस प्रस्ताव से मनिया का चेहरा एकदम फीका पड़ गया। अत्यन्त दुखित भाव से वह बोली—"यह तुम कैसी बात कर रहे हो? क्या कागजी लिखा-पढ़ी से कभी ब्याह हो सकता है! इतने पढ़े-लिखे और समझदार होने पर भी तुम इस तरह की बातें कर रहे हो!"

उत्तर में मैं कुछ नहीं बोला और हताश भाव से कौच पर लेटकर एक सिगरेट जलाकर पीने लगा। विवाह के लिए जो उत्साह मेरे प्रायश्चित्त की भावना से विकल, भावुक हृदय में जोर मारने लगा था वह एकदम ठण्डा पड़ गया।

दूसरे दिन सुबह होते ही मैं मकान की तलाश में निकल पड़ा। बहुत खोजने पर भी कहीं खाली मकान का पता न लग सका। अन्त में एक भले आदमी ने बताया कि अमुक नाम से एक स्थानीय साप्ताहिक-पत्र अँगरेजी में निकलता है, उसमें खाली मकानों के विज्ञापन छपे रहते हैं। मैंने वह पत्र खरीदा। 'टु लेट' वाले सभी विज्ञापनों को पढ़ चुकने के बाद केवल तीन मकान अपनी सुविधा की दृष्टि से मुझे जँचे। होटल वापस जाकर मैंने खाना खाया, और आधा घण्टा आराम किया। उसके बाद मनिया को साथ लेकर मकान देखने निकल पड़ा। तीनों मकान देखने के बाद मनिया को जो

बँगला पसन्द आया वह शहर के केन्द्र से दूर, एकान्त स्थान में—बालीगंज के पास—था। बँगला काफी अच्छा था, और कमरे भी उसमें काफी थे। मुझे भी उसकी एकान्त स्थिति पसन्द ही आयी।

वैसे जगह एकदम एकान्त भी नहीं थी, हमारे बँगले के पास ही एक दूसरा बँगला था, जिसमें एक ऐंग्लो-इण्डियन महिला रहती थीं। उन्हें जब मालूम हुआ कि खाली बँगले में कोई किरायेदार आये हैं तब वह पड़ोसी का धर्म निभाने के नाते हम लोगों के पास चली आयीं। वह अधेड़ थीं और आँखों में चश्मा लगाये हुए थीं। सिर के बाल आधे पक गये थे। उन्होंने मुझसे पूछा कि 'बँगला कैसा पसन्द आया।' मैंने कहा कि 'बँगला बहुत अच्छा है, पर एक ही खराबी यह है कि शहर से दूर है।'

उन्होंने कहा—"कुछ विशेष दूर भी नहीं है। और एकान्त स्थान तो अच्छा ही रहता है। शहर की भीड़ के बीच में रहना आपको क्या अच्छा लगता है? मुझे तो अच्छा नहीं लगता। आपके पास एक नौकर तो होगा ही!"

"जी नहीं, अभी तक तो कोई नौकर नहीं है। मैं एक होटल में रहता था। वहीं के नौकरों से काम चला लेता था।"

"तब तो सबसे पहले आपको एक नौकर की तलाश करनी पड़ेगी, क्योंकि उसके बिना आपका काम एक मिनट नहीं चलेगा—खासकर जब बाजार यहाँ से दूर है।"

मैंने उनके सुझाव के लिए उन्हें धन्यवाद दिया, और पूछा कि वह कबसे उस बँगले में रहती हैं। उन्होंने बताया कि उन्हें वहाँ रहते प्रायः सात वर्ष हो चुके हैं। यह भी पता लगा कि वह उनका निजी 'काटेज' है। उनके पति मि. रालिन्सन की नैनीताल जिले में—भीमताल के पास—एक 'इस्टेट' थी। उनकी मृत्यु के बाद मिसेज रालिन्सन को वहाँ अच्छा नहीं लगा और वह 'इस्टेट' उन्होंने बेच डाली। दलालों के हाथ से बचकर जितना कुछ रुपया उन्हें मिला उसे लेकर अपनी दो लड़कियों के साथ मलेरी चली आयीं। बालीगंज में जमीन का एक टुकड़ा खरीदकर उन्होंने अपना एक निजी 'काटेज' बना लिया।

वह अपना किस्सा सुना ही रही थीं कि इतने में पीछे से किसी ने तीखी आवाज में कहा—"म—मी!"

मैंने घूमकर देखा, एक प्रायः बीस वर्षीय सुन्दरी ऐंग्लो-इण्डियन लड़की कत्थई रंग का घुटनों तक गाउन पहने खड़ी थी। मिसेज रालिन्सन ने कहा—"यह मेरी छोटी लड़की सिल्विया है। सिल्विया, आप इस बँगले के नये किरायेदार मिस्टर रंजन हैं!"

मैंने सिल्विया के आगे अपना हाथ बढ़ा दिया। उसने भी ससंकोच अपना दाहिना हाथ बढ़ाया। मैंने सरगर्मी से उसका हाथ पकड़कर हिलाते हुए सूचित किया कि उसका परिचय पाकर मुझे बड़ी प्रसन्नता हुई है। सिल्विया भी कुछ गुनगुनायी।

मिसेज रालिन्सन ने मनिया की ओर इशारा करते हुए मुस्कराकर कहा—"और यह हैं मिसेज रंजन!"

मनिया सम्भवतः मिसेज का अर्थ समझ गयी थी और यह भी जान गयी थी कि सिल्विया से उसका परिचय कराया जा रहा था। उसने तत्काल सिल्विया की ओर प्रेमपूर्वक मुस्कराते हुए हाथ जोड़ दिये। मुझे यह जानकर अत्यन्त आश्चर्य हुआ—और साथ ही प्रसन्नता भी—कि वह दो-ही-चार दिन सभ्य समाज के बीच घूमने-फिरने से शिष्टाचार सीख गयी है। सिल्विया ने भी स्नेहभरी मुस्कान मुख पर झलकाते हुए पलटे में हाथ जोड़े।

मिसेज रालिन्सन को धन्यवाद देकर मैं मनिया के साथ अपने होटल को वापस चला गया। उसी दिन मैंने होटल के एक नौकर को कुछ पैसा देने का प्रलोभन दिखाकर उससे एक नौकर का प्रबन्ध कर देने की प्रार्थना की।

दूसरे दिन वह प्रायः बीस वर्ष का एक पहाड़ी लड़का ले आया। उस लड़के को साथ लेकर मैंने वह सारा दिन प्रारम्भिक रूप से आवश्यक चीजें खरीदने में बिता दिया। जब पूरी तैयारियाँ कर चुका तब मैनेजर का बिल चुकाकर पूरे सामान के साथ मैं नये आवास में चला गया।

(12)

नये आवास में आने पर जब पहले दिन मनिया ने खाना बनाकर मुझे खिलाया तब मुझे यह जानने में देर न लगी कि इस कला का कोई ज्ञान उसे नहीं है। उसने स्पष्ट स्वीकार किया कि इतने दिनों तक वह बराबर अपने लिये या तो केवल चावल और दाल उबालकर पेट भरती रही है या मोटी-मोटी रोटियाँ पकाकर एक-आध उबली हुई तरकारी या दाल से गुजारा करती रही है। कभी-कभी तो केवल नमक पीसकर उसके साथ रोटी खाकर काम चलाती रही है। इसके अलावा और कोई भी विशेष व्यंजन पकाना वह नहीं जानती।

फलतः मैंने पाकशास्त्र की एक अँगरेजी पुस्तक के सहारे से स्वयं भोजन बनाने में सहायता देने का नियम बना लिया। रोटियाँ नौकर बना लेता था, पर विशेष व्यंजन, हम दो जने मिलकर बनाते थे। भला हो मिसेज रालिन्सन का कि वह बेचारी हमारे यहाँ आकर कभी तो विशेष व्यंजनों के नुस्खे बता जाती थीं और कभी स्वयं नमूने के तौर पर अपने हाथ से पकाकर खिला जाती थीं। कोई अँगरेजी महिला अपने हाथ से खाना बनाने को तैयार हो सकती है, यह कल्पना स्पष्ट ही मनिया ने नहीं की थी। वह आश्चर्य और सम्भ्रम के साथ मिसेज रालिन्सन की पाककला देखती रहती थी।

एक दिन जब हम दोनों खाना खा रहे थे तब मनिया ने मुझसे पूछा—"क्या मिसेज रालिन्सन अपने घर पर भी अपने ही हाथ से खाना बनाती है?"

"जरूर बनाती होगी। क्यों?"

"मेम होकर भी वह ऐसा करती है? क्या कोई नौकर उसके यहाँ नहीं है?"

मैं हँसी न रोक सका, मैंने कहा—''मेम होने से क्या हुआ? क्या तुम यह समझती हो कि उसके पेट की और हमारे पेट की बनावट में भी कोई अन्तर है? भूख उसे भी लगती है और हमें भी। अच्छा खाना खाने की शौकीन वह भी है और हम भी। तब जब हम अपने हाथ से बनाना पसन्द करते हैं, वह क्यों नहीं बना सकती? उसमें और हममें सिर्फ इतना ही तो अन्तर है कि उसका चमड़ा अधिक गोरा है और वह अँगरेजी बोलती है, जबकि हमारा चमड़ा कम गोरा है और हम हिन्दी बोलते हैं।''

''बस, सिर्फ इतना ही अन्तर है?'' मनिया ने प्रश्न किया। उसे मेरी बात पर जैसे विश्वास ही नहीं होना चाहता था।

मैंने कहा—''नहीं तो और क्या!''

''पर उन्हें देखते ही मुझे डर क्यों मालूम होने लगता है? सिल्विया को देखते ही मैं इस कदर क्यों सकुचा जाती हूँ? उसकी बड़ी बहन जूलिया को देखते ही मेरा कलेजा क्यों धड़कने लगता है? मुझे लगता है कि वे लोग हमसे बहुत ऊँचे पर हैं। तभी तो वे हम हिन्दुस्तानियों पर राज करते हैं!''

''वे बड़े नहीं हैं।'' मनिया के बचकाने प्रश्न का उत्तर कुछ गम्भीरता के साथ देते हुए मैंने कहा—''यह ठीक है कि हम हिन्दुस्तानियों ने अपने कार्यों और विचारों से अपने को छोटा बना रखा था, पर अब समय ने पलटा खाया है। अब हम लोग समझने लगे हैं कि अपने को उनसे नीचा समझना हमारी कितनी बड़ी मूर्खता थी। और यह समझने का फल यह हुआ है कि अँगरेजों के मन में यह विश्वास जम गया है कि वे अब अधिक इस देश में नहीं रह सकते।''

''उनके चले जाने पर कौन राज करेगा?'' चम्मच से चावल मुँह में डालते हुए मनिया ने पूछा। वह अभी तक काँटे का प्रयोग ठीक से नहीं सीख पायी थी, पर चम्मच से चावल खाना सीख गयी थी।

''तब हमारे नेता लोग राज करेंगे।''

''तब लाट साहब कौन होंगे?''

''हमारे नेता।''

''तो क्या हमारे नेता लोग अँगरेजों को देखकर बिलकुल नहीं घबराते?''

''बिलकुल ही नहीं घबराते होंगे ऐसा तो मैं नहीं समझता। क्योंकि अब भी जब कांग्रेसियों के बीच में कोई अँगरेज चला जाता है तो उसी की आवभगत वे लोग सबसे ज्यादा करते हैं। और जब वे लोग विलायत जाते हैं तो विलायती पोशाक पहने बिना उन्हें चैन ही नहीं मिलता—वे अभी तक यह सोचते हैं कि विलायत में हिन्दुस्तानी पोशाक में उन्हें देखकर वहाँ के लोग गँवार समझेंगे। अँगरेजी खूब अच्छी बोल और लिख सकना वे अपनी सारी विद्या और बुद्धि का चरम फल मानते हैं।''

''तब तुमने क्यों कहा कि अँगरेज लोग हिन्दुस्तानियों से बड़े नहीं हैं?''

"पर सभी नेता तो ऐसे नहीं हैं। महात्मा गाँधी जब विलायत गये थे तब भी लँगोट पहने रहते थे। उनके पास सिर्फ अँगरेजी ही नहीं बल्कि दुनिया भर के नामी गोरे आते रहते थे। पर वह उनसे उसी तरह पेश आते थे जिस तरह एक साधारण हिन्दुस्तानी से। और वे नामी गोरे उनके दर्शनों से अपने को कृतार्थ समझकर वापस जाते थे।"

"अच्छा अँगरेजी पोशाक पहनने में तुम कोई दोष मानते हो?"

"यह हमारी गुलामी की निशानी है।"

"तब तुम क्यों अँगरेजी पोशाक पहनकर बाहर निकलते हो?"

इतनी देर तक मुझे याद ही नहीं था कि मैं स्वयं अँगरेजी पोशाक पहनने का आदी हूँ—अपनी तार्किकता में मैं इस कदर डूब गया था।

पर मैं लज्जित नहीं हुआ और बोला—"मैंने कब कहा कि मुझसे गुलामी छूट गयी है। मैं भी तो उन्हीं हिन्दुस्तानी में से हूँ, जिनकी गुलामी आजादी की प्रतिज्ञा के बाद भी अभी तक छूट नहीं पायी!"

मनिया मेरी इस स्वीकृति को एक अच्छा मजाक समझकर खिलखिलाकर हँस पड़ी।

कुछ ही देर बाद अपेक्षाकृत गम्भीर भाव में बोली—"कुछ भी हो, तुम्हारी यह सिल्विया बड़ी प्यारी लड़की है। जूलिया के लाल-लाल बाल, लम्बा-सा मुँह और बीच में उभरी हुई नाक देखकर तो सचमुच डर लगता है, पर सिल्विया को देखकर गले लगाकर, जी भरकर प्यार कर लेने की इच्छा हांती है। क्यों, होती है या नहीं?"

मैं एकान्त दृष्टि से उसकी ओर देखने लगा—कहीं वह व्यंग्य में या शरारत में ऐसा नहीं कह रही है? बहुत गौर से देखते रहने पर भी मुझे उसके मुख के भाव में व्यंग्य या शरारत का लेश नहीं दिखायी दिया। सहज भोलापन अपने विशुद्धतम रूप में उसकी आँखों में झलक रहा था!

उसके उस सीधे प्रश्न को टालते हुए मैंने कहा—"उसमें कौन-सा ऐसा विशेष गुण तुमने पाया है, जिससे तुम उस पर इस कदर लट्टू हो गयी हो?

"उसमें मुझे सभी गुण-ही-गुण दीखते हैं। एक तो वह देखने में बहुत सुन्दर लगती है। उसकी आँखें नीली और कंजी, हमीं लोगों की तरह सफेद और काली हैं। उसके सिर के बाल भी हमारी ही तरह काले हैं—लाल, भूरे या सुनहरे नहीं। उसके चेहरे का रंग भी बहुत चटकता हुआ गोरा नहीं है। वह बहुत कम बोलती है, और जितना कुछ भी बोलती है, बहुत ही धीमी और मीठी आवाज में, और उसका मुस्कराना कितना अच्छा लगता है! वह जूलिया की तरह ढीठ और बेहया नहीं है। तुमने खयाल नहीं किया कि तुम्हारे सामने वह किस कदर लजाने लगती है? और जब तुम नहीं होते तब वह मुझसे कैसे प्रेम से बातें करती है, जैसे मैं उसकी कोई सहेली होऊँ! हिन्दी भी बहुत अच्छी बोलती है—अपनी माँ की तरह 'टुम-टुम' नहीं करती। सचमुच बड़ी ही प्यारी लड़की है यह सिल्विया!"

उसकी आँखें पुलकोच्छ्वास से सजल हो आयीं। मैंने उसकी उमड़ती हुई भावुकता के प्रति अपनी समवेदना प्रकट करने के इरादे से कहा—"हाँ, तुम ठीक कहती हो। सचमुच वह बहुत अच्छी लड़की है!"

कुछ देर तक वह खाना बन्द करके उसी रोमांचित भाव से, शून्य दृष्टि से मेरी ओर देखती रही। फिर, जैसे अपने-ही-आप से, बोली—"कभी-कभी मेरे मन में यह इच्छा उठने लगती है कि मैं उसी के यहाँ नौकर हो जाऊँ और चौबीसों घण्टे उसी की सेवा करती रहूँ...ऐसी इच्छा क्यों मेरे मन में उठती है, मैं नहीं जानती, क्योंकि मैं तुम्हें भी एक मिनट के लिए नहीं छोड़ना चाहती—छोड़ ही नहीं सकती, यह मैं तुमसे सच कह रही हूँ..."

"यह मैं जानता हूँ मनिया, कि तुम अब मुझे छोड़ नहीं सकतीं।" मैंने उसकी भावमग्नता दूर करने के उद्‌देश्य से कुछ ऊँची आवाज में कहा।

"तब क्यों मेरे मन में इस तरह की बेवकूफी जगती है?" प्रायः अर्द्धचेतनावस्था में मनिया बोली।

"किस तरह की बेवकूफी?"

"यही—चौबीसों घण्टे सिल्विया की नौकरी करने की इच्छा?"

"वह कुछ नहीं, वह तुम्हारा मोह है। वह जल्दी ही हट जायगा।

शायद यह उसी गुलामी की शेष निशानी है, जिसके जादू से इतने वर्षों तक हिन्दुस्तानियों ने अँगरेजों की अधीनता खुशी-खुशी स्वीकार की है। और यह भी सम्भव है कि इस जादू में गोरे चमड़े और विदेशी बोलों का भी बहुत-कुछ हाथ हो..."

"जाओ, तुमको सभी बातों में हँसी की सूझती है।" पूरे होश में आकर, और शायद अपनी 'बेवकूफी' पर मुस्करा कर मनिया बोली।

"नहीं, मैं हँसी नहीं करता," मैंने कहा "पर मैं तुमसे यह कहना चाहता हूँ कि तुम्हारा वह मोह आसानी से दूर हो सकता है। तुम सिल्विया की नौकरी करने की बात इसलिए सोचती हो कि तुम उसे सब समय अपने पास देखना चाहती हो। एक उपाय हो सकता है, जिससे सब समय तो नहीं, पर दिन में कम-से-कम दो-तीन घण्टा वह तुम्हारे पास रह सकती है।"

"वह किस तरह?"

"तुमने बताया कि तुम्हारे मन में उसकी नौकरी करने की इच्छा या बेवकूफी उत्पन्न हुई है। पर अगर उलटे वह तुम्हारी नौकरी करने को राजी हो जाय तब तुम्हारी इच्छा पूरी होगी या नहीं?"

"यह देखो, तुम फिर हँसी करने लगे!" अपनी प्लेट को सामने से हटाती हुई वह बोली।

मैंने कहा—"मैं सच कहता हूँ, मनिया। अब तुम भगवान् की कृपा से इस स्थिति में हो कि सिल्विया को आसानी से अपने यहाँ नौकर रख सकती हो—अगर तुम चाहो

तो। तुम अभी तक अपने को एक अनाथ, खानाबदोश लड़की समझने की आदी हो। इस विचार को अपने मन से जड़ से उखाड़कर फेंक दो। मैंने एक दिन तुमसे खेल में कहा था कि तुम्हें लोग नेपाली रानी समझने लगेंगे। अब तुम सचमुच अपने को रानी समझा करो!"

वह खिलखिला उठी। हँसते-हँसते बोली—"मैं अपने को रानी समझूँ। मैं—रानी! हिः हिः हिः। सिल्विया मेरी सेवा करेगी...हिः हिः हिः!"

मुझ पर भी उसकी उस रोके-न-रुकनेवाली हँसी का छुतहा प्रभाव पड़े बिना न रहा। मैं भी बरबस हँस दिया। इस प्रकार जो बात मनिया के मन की बहुत गहराई से भावाद्वेग के रूप में बाहर निकली थी उसे स्वयं उसी ने हँसी में टाल दिया।

पर मैं हँसी में न टाल सका।

(13)

उस दिन मैंने उस बात की कोई चर्चा फिर नहीं चलायी। पर तब से मैं अपने अवसर की प्रतीक्षा में रहने लगा। एक दिन जब मैं गपशप के इरादे से मिसेज रालिन्सन के यहाँ गया तब बात-ही-बात में उन्होंने बताया कि उनकी दोनों लड़कियाँ "मार्केटिंग' के लिए शहर गयी हैं। मिसेज रालिन्सन बड़े ही सीधे और सहृदय स्वभाव की महिला थीं। अपने घर का राई-रत्ती हाल मुझे बताने में उनके मन को जैसे बड़ी तसल्ली मिलती थी। उस दिन एकान्त पाकर उन्होंने मुझसे अपनी गरीबी का रोना आरम्भ कर दिया। बोलीं—"मिस्टर रालिन्सन मुझे बड़े संकट में छोड़ गये हैं। जितना रुपया बचा था वह सब इस निगोड़े 'काटेज' में लग गया। 'काटेज' न बनवाती तो क्या करती, आखिर रहने को एक जगह चाहिए या नहीं? किराये पर रहना पड़ता। कम-से-कम उतने पैसे तो मैंने बचा ही लिये। पर खाने-पीने और कपड़े-लत्ते के लिए भी तो कुछ चाहिए! इतने वर्षों तक मैं निहायत कंजूसी से रहकर किसी तरह काम चलाती रही। लड़कियों को भी पढ़ाया-लिखाया। पर अब आगे नहीं चल पाता। खर्च की तंगी से मैंने सिल्विया की पढ़ाई अधूरी ही रहने दी। क्या करती! अपने समाज के लोगों से भी मैंने मिलना-जुलना छोड़ रखा है। इसीलिए मैंने यह एकान्त जगह पसन्द भी की थी। तुम देखते ही हो, मैं अपने घर से कभी बाहर नहीं निकलती। तुम भले आदमी हो, इसलिए कभी-कभी तुमसे मिल लेती हूँ। मेरी समझ में नहीं आता कि अब आगे मेरे दिन कैसे कटेंगे। गरीबी की वजह से कहीं लड़कियों की शादी नहीं हो पाती। जब लड़कियाँ अपने समाजवालों के साथ हेलमेल बढ़ायें तभी तो कहीं शादी का तुक बैठ सकता है। पर समाज में हेलमेल बढ़ाने के लिए पैसा चाहिए—अच्छे-अच्छे कपड़े पहने रहें, दिन में कम-से-कम दो-दो जोड़ी कपड़े बदलती रहें, पूरे साज-श्रृंगार के साथ अप-टू-डेट फैशन में रहें, तभी तो मर्दों की निगाह में जँच सकती हैं। और मर्द भी ऐसा-वैसा नहीं चाहिए। कई लोफर जूलिया और सिल्विया के साथ शादी का प्रस्ताव कर चुके हैं, पर मैंने उन

सबको दुतकार दिया है। ऐरों-गैरों से शादी होने से न होना ही अच्छा। जूलिया तो अब 'ओल्ड मेड' बनने जा रही है। शादी नहीं हुई, पर अभी से बुड्ढी लगने लगी है। लड़कियाँ चाहती हैं मसूरी से बाहर—किसी बड़े शहर में—कलकत्ता या बम्बई में—जायँ और वहाँ कहीं-न-कहीं नौकरी मिल ही जायगी। जूलिया तार का काम सीखना चाहती थी, पर मैं इस बुढ़ापे में अब न तो लड़कियों का साथ एक दिन के लिए भी छोड़ सकती हूँ, न स्वयं अपना यह काटेज छोड़कर मसूरी से बाहर जाना चाहती हूँ। मेरे मन में यह अन्धविश्वास घर कर चुका है कि मसूरी से बाहर पाँव रखते ही मेरी मृत्यु हो जायगी। और मैं अभी मरना नहीं चाहती—जीवन के प्रति अभी तक इतना बड़ा मोह मेरे मन में बना हुआ है, हालाँकि मेरी उम्र पचास से ज्यादा हो चुकी है। अजीब हालत है मेरी, मि. रंजन, मैं क्या बताऊँ। बेचारी लड़कियाँ मेरे कारण परेशान हैं। वे मुझे बहुत चाहती रही हैं, पर अब मैं देखती हूँ कि धीरे-धीरे उनके मन में मेरे प्रति विद्रोह जगने लगा है। और यह स्वाभाविक भी है। मैं अपने मूर्खतापूर्ण हठ से उनका रास्ता रोके बैठी हूँ। जवान लड़कियाँ हैं, उन्हें जिन्दगी में आगे बढ़ना चाहिए। पर मेरी वजह से बेचारियाँ विवश हैं, धीरे-धीरे अब हम लोगों के भूखों मरने तक की नौबत आ रही है, पर अब भी मैं अपने घर-घुस्सू स्वभाव के कारण उन्हें छुट्टी नहीं दे पाती। कभी-कभी जी चाहता है कि 'काटेज' बेच डालूँ और कहीं सस्ते किराये के मकान में जाकर रहूँ। इस आय से कम-से-कम कुछ वर्ष मेरी जिन्दगी के कट ही जायँगे। फिर भगवान् मालिक हैं। तब तक शायद मैं मर भी जाऊँ, हालाँकि मैं मरने से डरती हूँ। पर यह भी जानती हूँ कि मेरे शरीर की जो हालत इधर चल रही है, उससे अधिक दिन मैं नहीं जी पाऊँगी। मेरे मरने के बाद ही मेरी लड़कियों को पूरी स्वतन्त्रता मिल सकती है—बेचारी लड़कियाँ!"

और उनकी आँखों से टपाटप आँसू निकलने लगे। चश्मा उतारकर वह अपने गाउन से उन्हें पोंछने लगी।

उन्हें किस तरह सान्त्वना दी जाय, मेरी समझ में नहीं आया। सहसा मुझे एक प्रेरणा हुई। मैंने पूछा—"आपका कितना रुपया इस 'काटेज' को बनाने में लगा?"

उन्होंने कहा—"जब मैंने इसे बनवाया था तब सस्ती का जमाना था। फिर भी करीब बारह हजार रुपया मेरा इसमें लग गया था।"

"आज अगर आप इसे बेचना चाहें तो कम-से-कम कितना रुपया आप चाहेंगी?"

"पचीस हजार से कम पर इसे बेचने का कोई अर्थ ही नहीं रह जाता।" उन दिनों का भाव देखते हुए उस काटेज के लिए पचीस हजार रुपया अधिक था, यह मैं जानता था। पर उस समय न जाने किस प्रेरणा से, मेरे मन पर आर्थिक त्याग का भूत सवार हो गया था। मिसेज रालिन्सन की करुणा-भरी रामकहानी ने मुझे बहुत प्रभावित किया था सन्देह नहीं, पर केवल वही एक कारण नहीं था। जो भी हो, मैं बोल उठा—"देखिये मिसेज रालिन्सन, आप पहले अच्छी तरह सोच-विचार लीजिये कि आप काटेज को

बेचना पसन्द करेंगी या नहीं। यदि आप चाहें तो मैं इसे उतने ही दामों पर खरीदने को तैयार हूँ जितना आपने चाहा है...''

स्पष्ट ही मिसेज रालिन्सन इसके लिए तैयार नहीं थीं। वह मुझे एक बहुत ही साधारण स्थिति का आदमी समझे बैठी थीं, और शायद उनकी यह धारणा थी कि किराये के सस्तेपन के कारण ही मैंने शहर का मोह त्यागकर बालीगंज में मकान लिया है। इसीलिए जब उन्होंने मेरे मुँह से इस तरह की बात सुनी तो उनके आश्चर्य का ठिकाना न रहा। विस्मय से आँखें फाड़-फाड़कर मेरी ओर देखती हुई बोलीं—''क्या तुम सचमुच काटेज खरीदने को तैयार हो? परिहास तो नहीं कर रहे हो?''

मैंने कहा—''मैं कभी यों भी किसी से परिहास नहीं करता, फिर आपके समान सयानी महिला के साथ परिहास करने की बात मैं कैसे सोच सकता हूँ? मैंने जो कुछ कहा है उसे आप पक्की बात समझ लीजिये। आप पहले अपना मन टटोल लीजिये। इसके अलावा, इस सम्बन्ध में मैं एक सुविधा आपको और दे सकता हूँ। मेरे मकान खरीदने के बाद भी इसके एक हिस्से में आप अपनी लड़कियों सहित बिना किराये के रह सकती हैं...''

मिसेज रालिन्सन अत्यन्त मनोनिवेशपूर्वक मेरी बातें सुन रही थीं। सहसा एक उच्छ्वास उनके मुँह से निकल पड़ा। उन्होंने कहा—''ओः मि. रंजन, तुम सचमुच बड़े ही उदार आदमी हो। मैं इस बात पर लड़कियों से सलाह करूँगी और शीघ्र ही तुम्हें बताऊँगी। यदि लड़कियाँ राजी हो जायँ तो फिलहाल के लिए मेरा एक बहुत बड़ा संकट टल जाय...''

इसके बाद वह मेरी प्रशंसा के पुल बाँधती चली गयीं। मैंने उनकी ओर से आँखें हटाकर, पास ही काटेज के एक गमले पर खिले हुए पेटूनिया पर दृष्टि गड़ाये, चुप बैठा रहा।

जब वह चुप हो गयीं तब मैंने साहस बटोरकर कहा—''आज मैं एक विशेष प्रार्थना के लिए आपके पास आया था।''

''क्या बात है, कहते क्यों नहीं?''

''मैं इधर कुछ दिनों से सोच रहा था कि यदि सिल्विया मनिया को अंग्रेजी लिखना, पढ़ना और बोलना सिखाने के लिए राजी हो जाती तो मैं बड़ा उपकार मानता। यदि वह तीन घण्टा रोज पढ़ा सके तो मैं उसे 100 रुपया महीना देने को तैयार हूँ।''

मिसेज रालिन्सन के लिए वह दूसरा महाविस्मय था। भ्रान्त दृष्टि से मेरी ओर देखती हुई वह बोलीं—''क्यों नहीं! वह जरूर पढ़ायेगी। वह ज्यों ही आयेगी त्यों ही मैं उसे इस काम के लिए राजी कराऊँगी। यह तो बहुत अच्छा काम है। तुम बड़े ही सज्जन और दयालु हो, मि. रंजन। भगवान् निश्चय ही तुम्हारा भला करेंगे।'' उनकी आँखें कृतज्ञता से डबडबा आयीं।

(14)

उस दिन मिसेज रालिन्सन के यहाँ से चले आने के बाद मैं यही सोचता कि ताव में आकर मैंने जो प्रस्ताव उनके आगे रखे हैं, वे कहाँ तक उचित हैं, और जो सौदा मैंने करना चाहा है उसमें मुझे क्या लाभ है। पचीस हजार रुपये की कोई बात नहीं थी। इतना रुपया मैं आसानी से दे सकता था। मेरी इस्टेट की वार्षिक आय का वह एक चौथाई हिस्सा भी नहीं था। पर एक जरा-सी बात पर पचीस हजार रुपया भावुकतावश पानी में फेंक देने की बात मुझे उस भावुकता का आवेग समाप्त हो जाने के बाद कुछ जँच नहीं रही थी, क्योंकि यह निश्चित था मिसेज रालिन्सन का वह काटेज मेरे किसी काम का न था। मैं जानता था कि पचीस हजार रुपया उस पर खर्च करने की अपेक्षा उतना ही रुपया और लगाकर किसी अच्छी जगह कोई नया बँगला बनवा लेना अधिक लाभकर था। उन दिनों की स्थिति को देखते हुए वह बँगला दस हजार से अधिक के योग्य नहीं था। तब मैंने जान-बूझकर क्यों मिसेज रालिन्सन को मुँहमाँगा दाम देने का वचन दे दिया? भावुकता की भी एक सीमा होनी चाहिए! मैं सोचने लगा कि ये ऐंग्लो-इण्डियन महिलाएँ कितनी बड़ी मायाविनी होती है! मुझे एकान्त में पाकर मिसेज रालिन्सन ने किस प्रकार रोना-धोना आरम्भ कर दिया था! वह निश्चय ही पहले ही ताड़ गयी होगी कि एक मोटा असामी उसके पड़ोस में आ फँसा है! मेरे प्रस्ताव से उसने जो आश्चर्य प्रकट किया था वह निश्चय ही कृत्रिम था! उसने अपने परिवार का जो कच्चा चिट्ठा मेरे आगे खोल दिया था उसमें भी निश्चय ही उसकी चाल थी। कैसे भोलेपन के साथ उसने मेरी दया उभाड़कर मुझे बेवकूफ बनाया! इसी तरह के तर्क मेरे मन में उठने लगे।

दूसरे दिन मैं यह सोचकर मिसेज रालिन्सन के यहाँ दोपहर को गया कि उनसे यह कह दूँगा कि पिछले दिन मैंने काटेज खरीदने की जो बात कही थी वह यों ही ताव में आकर कह दी थी, और असल में खरीदने लायक मेरी स्थिति है नहीं।

जब मैं काटेज के दरवाजे पर पहुँचा तब सिल्विया बरामदे में खड़ी थी। मुझे देखकर वह सलज्ज भाव से मुस्करायी। उसे देखते ही मैं अपने सारे तर्कों को भूल गया जो काटेज न खरीदने के पक्ष में मेरे मन में उठे थे। बल्कि मुझे इस बात पर मन-ही-मन गर्व होने लगा कि मैंने मिसेज रालिन्सन के आगे एक उदार प्रस्ताव रखकर बहुत ही सराहनीय कार्य किया है। सिल्विया ने उसी संकोच-भरी मुस्कान के साथ बहुत धीमी आवाज में कहा—"गुड मार्निंग!" और फिर भीतर चली गयी। उसके भीतर जाने के बाद ही मिसेज रालिन्सन बाहर चली आयीं और अत्यन्त प्रसन्न भाव से उन्होंने मेरा स्वागत किया। जूलिया भीतर से ही अपनी स्वाभाविक रूखी दृष्टि से झाँक रही थी।

जब हम लोग भीतर गये तब मिसेज रालिन्सन ने बड़े आदर से मुझे बिठाया। स्वयं भी बैठती हुई वह बोलीं—''मैंने सिल्विया को तुम्हारे 'आफर' की बात बतायी थी। वह राजी है। क्यों सिल्विया, तुम मिसेज रंजन को पढ़ाओगी न?''

सिल्विया सिर हिलाती हुई बहुत धीमी आवाज में बोली—''हाँ।''

मैंने कहा—''तब तो बड़ी प्रसन्नता की बात है। आज ही से पढ़ाना शुरू कर दीजिये!''

''आज ही तो इसने अपना विचार इस सम्बन्ध में स्थिर किया है। अब कल से पढ़ायेगी।''

सिल्विया उसी कमरे के एक कोने में बाँस की एक कुर्सी पर चुपचाप बैठ गयी थी। पर जूलिया दूसरे कमरे के दरवाजे के पास खड़ी थी, और एक विचित्र दृष्टि से मेरी ओर देख रही थी। उसकी उस दृष्टि से जासूसों के-से परीक्षण का भाव व्यक्त होता था। और उसकी आँखों का वह रूखापन! उसकी ओर दृष्टि पड़ते ही एक अत्यन्त अप्रिय अनुभूति से मेरा सारा मन तिक्त हो उठा।

''मैंने भी अपना माइण्ड मेक-अप कर लिया है, मि. रंजन!'' मिसेज रालिन्सन ने कहा।

''किस विषय पर?'' मैंने जूलिया की ओर से दृष्टि हटाकर अनमने भाव से पूछा।

''काटेज की बिक्री के सम्बन्ध में।''

मेरी सारी अन्यमनस्कता पल में भंग हो गयी। जूलिया की ओर दृष्टि पड़ने से काटेज खरीदने के सम्बन्ध में मेरा सारा उत्साह जाता रहा था।

उस दिन की अपनी मूर्खतापूर्ण भावुकता को फिर मन-ही-मन बुरी तरह कोसने लगा। पर अपनी बात को पलटने का न तो मुझे साहस ही हुआ न ऐसा मेरा स्वभाव था।

अपनी अनिच्छा को भीतर-ही-भीतर दबाते हुए मैंने कहा—''यह भी बहुत अच्छी बात आपने बतायी। तब आप काटेज बेचने के लिए तैयार हैं?''

''हाँ! मैंने खूब सोचकर देखा है, इसके सिवा मेरे लिये और कोई दूसरा चारा नहीं है।''

''तब ठीक है। मैं एक हफ्ते के भीतर ही कानूनी लिखा-पढ़ी हो जाने के बाद रुपये दे दूँगा।''

इसके बाद कुछ ही देर मैं वहाँ और रहा। घर लौटने पर मैंने मनिया को सब बातें बता दीं। और यह भी सूचित कर दिया कि सिल्विया कल से उसे पढ़ाने आयेगी और प्रतिदिन प्रायः तीन घण्टा उसके साथ रहेगी। यह सुनकर वह बहुत खुश हुई। पर जब मैंने उसे बताया कि सिल्विया को मैंने 100 रुपये महीने पर तय किया है तब पहले तो उसे बड़ा विस्मय हुआ और बाद में वह कुछ सोच में पड़ गयी।

मैंने पूछा—"तुम क्या सोच रही हो?"

"मैं सोच रही हूँ कि मेरे लिये तुमने जो 100 रुपये माहवार खर्च करने की बात सोची है उतना सब रुपया तुम पानी में फेंकने जा रहे हो!"

"तुम ऐसा क्यों सोच रही हो?"

"मैं आखिर कितना पढ़ पाऊँगी? और मेरे पढ़ने से लाभ क्या होगा?"

"लाभ क्या होगा यह अभी से न तुम समझ पाओगी, न मैं ही बता पाऊँगा। मान लिया जाय कि तुम कुछ भी न पढ़ पायीं तो भी सिल्विया प्रतिदिन तीन घण्टे तुम्हारा साथ देगी, इसका मूल्य क्या कुछ नहीं है? तुम्हारी इच्छा सिल्विया के साथ रहने की थी, मैंने ऐसा प्रबन्ध कर दिया है, जिससे वह काफी समय तक तुम्हारे साथ रह सकेगी, इसके लिए अगर महीने में 100 रुपये खर्च करना पड़े तो क्या अधिक है! सिल्विया एक गरीब माँ की लड़की है, अगर उसे सौ रुपये माहवार मिल जाता है तो वह तुम्हें क्यों खल रहा है?"

"क्या सचमुच सिल्विया की माँ गरीब है?" अकृत्रिम आश्चर्य से मनिया ने कहा—"बँगला तो उनका बहुत बढ़िया है। जिसके पास अपना निजी बँगला हो—और वह भी इतना सुन्दर—वह कैसे गरीब हो सकती है? और उन लोगों का रहन-सहन भी तो ठाठदार है।"

मैं मुस्कराया—"गरीब-से-गरीब अँगरेज—या ऐंग्लो-इण्डियन भी 'ठाठ' से रहना जानता है। रही उनके निजी बँगले की बात। अभी तक मैंने तुम्हें बताया नहीं, पर यह बात तय हो चुकी है कि वह अपना बँगला मेरे हाथ बेच देगी!"

"क्यों?" उसी विस्मित भाव से मनिया ने पूछा।

इसलिए कि उनके पास अपने गुजारे के लिए और कोई जरिया रह नहीं गया है।"

"कितने रुपये पर वह बेच रही हैं?"

"पचीस हजार।"

"पचीस हजार!"—आँखें फाड़कर मेरी ओर देखती हुई मनिया बोली—"और तुम इतना रुपया देकर उसे खरीदने जा रहे हो? क्या तुम्हारे पास इतना रुपया है?"

"न होता तो मैं खरीदने को तैयार ही क्यों होता?"

"पचीस हजार! तब तो तुम बहुत बड़े सेठ हो! मैंने तो कभी ऐसा सोचा नहीं था। पर उस मकान को लेकर तुम करोगे क्या?"

मुझे उसका आश्चर्य और कुतूहल देखकर बड़ा रस मिल रहा था। मैंने कहा—"किराया देकर रहने से क्या यह अच्छा नहीं है कि अपने निजी बँगले में रहा जाय?"

"हाँ, हाँ, यह तो अच्छा ही है," मन-ही-मन कुछ सोचती हुई वह बोली—"पर पचीस हजार रुपया! कितना होता है पचीस हजार रुपया? एक कमरा पूरा भर जाता होगा उतने रुपये से, क्यों?"

मेरी हँसी रोके नहीं रुकती थी। मैंने कहा–"पचीस हजार रुपया जरूर कुछ ज्यादा होता है। पर इतने से एक कमरा नहीं भरता। एक बड़े बक्स के भीतर उतने सब रुपये समा सकते हैं–अगर एक-एक रुपये के हिसाब से उन्हें रखा जाय। नहीं तो बड़े-बड़े नोटों में वे एक बटुवे के भीतर आ सकते हैं। और मैं तो मिसेज रालिन्सन को न नोट दूँगा न रुपये, मैं तो दूँगा चेक।"

"वह कैसा होता है?" स्पष्ट ही उसका कुतूहल बढ़ता चला जा रहा था।

"वह एक कागज का टुकड़ा होता है जिसे बैंकवाले छपाये रहते हैं।"

"पचीस हजार रुपये से और उस कागज के टुकड़े से क्या सम्बन्ध?"

"मैं उस पर लिख दूँगा कि मिसेज रालिन्सन को पचीस हजार रुपये दे दिये जायँ।"

"तो इससे क्या हुआ? मिसेज रालिन्सन क्या इतने से मान जायगी?"

"मान क्यों नहीं जायगी? वह कागज का टुकड़ा बैंक में दिखाने से उसे पचीस हजार रुपया मिल जायगा।"

इतनी देर बाद मनिया यह समझी कि मैं उसके साथ परिहास कर रहा हूँ, और अभी तक मैंने जितनी भी बातें उसे बतायी हैं वे सब अवास्तविक हैं। हँसती हुई बोली–"हटो, तुम्हारी हँसी करने की आदत कभी छूटेगी भी या नहीं? मैं अपने सीधे स्वभाव से इतनी देर तक तुम्हारी सब बातों को सच मानती आ रही थी! बैंक में क्या सब समय दानखाता खुला रहता है जो तुम्हारे कागज के टुकड़े पर लिख देने से मिसेज रालिन्सन को वहाँ पचीस हजार रुपया मिल जायगा। हँसी छोड़ो, सच बताओ तुमने पचीस हजार में बँगला खरीदने की जो बात अभी बतायी है वह क्या सही है?"

मैंने अपने मुख पर से परिहास और कृत्रिमता का आवरण पूरे तौर से हटाने का प्रयत्न करते हुए कहा–"मैंने बिलकुल सच बात तुम्हें बतायी है, मनिया, मैं बँगला खरीद रहा हूँ–पचीस ही हजार में। इतना रुपया तुम इसलिए ज्यादा समझे बैठी हो कि तुम्हारे पास सौ रुपये की भी पूँजी कभी नहीं रही। मैंने जो दो सौ रुपये तुम्हें दिया था वही तुम्हारे लिये इतनी भारी रकम हो गयी थी कि तुम उसे सँभाल ही न पायीं। पर दुनिया में सभी लोग तुम्हारी तरह नहीं हैं। ऐसे लोग हैं जो लाखों रुपया रोज कमाते हैं और उनका खर्चा भी उसी हिसाब से होता है...अगर वे एक-एक रुपया गिन करके खर्च करें तो सारा दिन गिनते-गिनते बीत जायगा। इसलिए होता यह है कि बैंकों में उनके रुपये जमा रहते हैं। बैंकवाले अपने नाम से खास तरह की बनी हुई छोटी-छोटी कापियाँ छपाये रहते हैं। उन्हें चेक-बुक कहा जाता है। जिसका रुपया बैंक में जमा रहता है उसे जितने रुपयों की जरूरत होती है वह उसी कापी में से एक पन्ना फाड़कर उसमें लिखकर अपना दस्तखत कर देता है। बैंक में उसके दस्तखत का नमूना रहता है जिससे कोई दूसरा आदमी दस्तखत बनाकर रुपया न खींच ले जाय। उस पन्ने को–जिस चेक कहते हैं–देखकर बैंकवाले उतने ही रुपये उस आदमी को दे देते हैं या उसके नाम जमा कर देते हैं जिसका नाम रुपया पानेवाले की जगह पर लिखा रहता है। मैं अभी तुम्हें दिखाता हूँ–कि चेक किस तरह का होता है।"

मैं उठा और अपने बक्स से चेकबुक निकालकर उसे दिखायी। वह भ्रान्तभाव से उसे देखती रही, कुछ समझी नहीं। मैंने कहा—"अब देखो, मैं इसमें मिसेज रालिन्सन का नाम लिखकर यह भी लिख देता हूँ कि उन्हें पचीस हजार रुपये दे दिये जायँ।" और मैंने लिखकर उसे दिखा दिया।

मैंने कहा—"अब अगर यह चेक मैं मिसेज रालिन्सन को दे दूँ तो उसे उस बैंक से पचीस हजार रुपये मिल जायगा जहाँ से यह चेक छपा है।"

वह उसी स्तब्ध दृष्टि से मेरी ओर देखती रही। कुछ देर बाद एक लम्बी साँस लेकर बोली—"तुम्हारा कितना रुपया बैंक में जमा है?"

"मुझे ठीक याद नहीं है। पर कई लाख रुपये होंगे।"

"इतना रुपया तुम्हारे पास कहाँ से आ गया?"

"मेरे पिता जी बहुत बड़े जमींदार थे। उन्हें लोग राजा कहते थे और मुझे और मेरे भाई को कुँवर। मैंने अपने नाम के आगे से कुँवर शब्द हटा दिया है, पर हमारी जमींदारी के लोग अब भी मुझे कुँवर ही कहते हैं। पिता जी के मरने पर हम दो भाइयों के बीच उनकी जायदाद बँट गयी। मेरे भाई ने, जो मुझसे बड़े हैं, अपने हिस्से की सारी सम्पत्ति उड़ा डाली। जो नकदी उनके हिस्से में आयी थी उसे खर्च कर डालने के बाद जमीन-जायदाद भी बेचकर खतम कर दी। पर मुझे जो कुछ मिला अभी तक वैसा ही रखा हुआ है। हर साल मुझे जो लाख-सवा-लाख रुपया जमींदारी से मिलता रहा है उसे भी जोड़ता चला गया हूँ।"

इस बार मनिया को जैसे कोई भ्रान्ति नहीं हुई—जैसे मेरी सारी स्थिति उसके आगे साफ हो गयी। तत्काल बोल उठी—"तब तुम भी अपने भाई की तरह उसे खर्च क्यों नहीं कर डालते? तुम्हीं तो कह रहे थे कि जिन लोगों के पास बहुत रुपया होता है उनका खर्च भी उसी हिसाब से होता है। पर तुम्हारा खर्चा बहुत कम है। जब लाखों रुपया तुम्हारे पास जमा है तब तुम इस तरह हाथ बाँधे क्यों बैठे हो?"

चकित होने की बारी अब मेरी थी। उसके प्रश्न का आशय मैं ठीक-ठीक समझा नहीं। यह नहीं जान पाया कि वह व्यंग्य में कह रही है या स्वाभाविक सरल भाव से।

मैंने कहा—"अभी तो तुम इस बात के लिए नाराज हो रही थीं कि मैं सिल्विया को जो सौ रुपया महीने देने जा रहा हूँ वह पानी में फेंकने के बराबर है। और मिसेज रालिन्सन को पचीस हजार रुपया देकर काटेज खरीदने की बात जब मैंने तुमसे कही तब तुम्हारे जैसे रोंगटे खड़े हो गये। अब तुम इस तरह की बात क्यों कह रही हो?"

"तब मुझे पता नहीं था कि तुमने लाखों रुपये जोड़ रखे हैं। उतने रुपयों से तुम करोगे क्या? तुमने अभी बताया कि हर साल तुम्हें लाख-सवा-लाख रुपये की आमदनी होती है। लाख रुपया वजन में कितना होता है और उससे कितने बोरे भरे जा सकते हैं यह मैं नहीं जानती। पर इतना जरूर जानती हूँ—जब मैं स्कूल में पढ़ती थी तभी

मुझे बताया गया था—कि सौ हजार का एक लाख होता है। इतना रुपया हर साल तुम्हारे नाम बैंक में अलग जमा होता रहता होगा। उसे छोड़कर पहले ही से जो रुपया तुम्हारे नाम है वह क्या सदा के लिए जमा ही रहेगा? उससे बैंकवालों का फायदा भले हो, पर तुम्हें क्या लाभ होगा मैं नहीं समझी। मैं यह भी नहीं समझ पाती कि कोई आदमी केवल यह सोचकर ही खुश कैसे रह सकता है कि उसके पास बैंक में इतना रुपया जमा है—जब तक कि उसे खर्च न किया जाय।" इस बार उसकी आँखों में गम्भीरता परिपूर्ण मात्रा में छायी हुई थी।

मैंने कहा—"तुम ठीक कहती हो, मनिया, पर रुपया कैसे खर्च किया जाय इस बात का कोई अन्दाज ही मुझे नहीं है! मैं मानता हूँ कि मेरे इस उत्तर में भोलापन भरा हुआ था, पर उस समय मैंने बनकर नहीं, बल्कि अपने जान सहज भाव से ही वैसा कहा था।

पर मनिया मेरा वह उत्तर सुनकर खीझ उठी। बोली—"तुम्हें खर्च करने का अन्दाज नहीं है, यह बड़ी अनोखी बात तुमने बतायी। अरे, इसमें भी कुछ सोचने-समझने की जरूरत है! बड़ी सीधी-सी बात है कि जितना फाजिल रुपया तुम्हारे पास बचा है उसे गरीबों में बाँट दो। तुम्हारे अकेले के पास जितना रुपया बिना किसी काम के जमा पड़ा है उतने से न जाने कितने गरीबों का पेट अच्छी तरह भर सकता है। और गरीबी क्या चीज है, दो-जून के लिए रोटी जुटाना कितना कठिन काम है, यह मैं आज तुम्हारे साथ रहने पर समझ पाती हूँ। तुम्हारे पास आने के पहले तक मैं समझती थी कि सुबह-शाम का खाना जुटाने के लिए गरीबों को जो परेशानी उठानी पड़ती है वह कोई दुःख की नहीं बल्कि सुख की ही बात है, और अगर उस परेशानी में आदमी उलझा न रहे तो जीना ही दूभर हो जाय। मेरे मन में कोई खटका नहीं था, पैसेवालों से कोई डाह नहीं थी। माँ और बब्बा का सहारा न रहने पर भी मेरे मन में सुख था, सन्तोष था। पर तुम्हारे पास आने के बाद ही मुझे पहली बार मालूम हुआ कि आराम क्या चीज है, और यह भी मैंने जाना कि इसके पहले के दिन मैं कैसे कष्ट में बिता रही थी, मेरे साथ की दूसरी लड़कियाँ आज भी कैसे कष्ट के दिन काट रही हैं, यह बात पहली बार मैंने जानी। और आज जब तुमने बताया कि रुपयेवाले किस तरह लाखों रुपया बैंक में जमा रखते हैं और उन्हें खर्च करने की कोई जरूरत ही उन्हें नहीं पड़ती तब मेरी आँखें और खुल गयी हैं। मेरी बुद्धि यह सोचकर चकरा रही है कि क्यों इन पैसेवालों में इतनी समझ नहीं है कि अपनी जरूरत से फाज़िल रूपया सब गरीबों में बाँट दें। तुम अपने ही को देखो। तुम पढ़े-लिखे हो और विद्वान् हो। सब समय मुझे ऐसी-ऐसी बातें बताते रहते हो जिनमें दुनिया-भर का ज्ञान भरा रहता है। पर अभी तुमने बताया कि जो लाखों रुपया तुम्हारे पास जमा है उसे कैसे खर्च किया जाय यह तुम जानते ही नहीं। वह रुपया जरूरतमन्दों में बाँटा जा सकता है, इतनी भी बात तुम्हारे दिमाग में समायी ही नहीं! तुमसे तो तुम्हारे भाई बहुत अच्छे रहे जिन्होंने अपने हिस्से का सारा

रुपया खर्च कर डाला, सारी जमीन-जायदाद बेचकर उसे भी खतम कर डाला। किस तरह खर्च किया था उन्होंने?''

मैं दंग था उसका वह आकस्मिक और अप्रत्याशित भाषण सुनकर इसलिए जब उसने अन्तिम प्रश्न किया तब मुझसे क्षण-भर के लिए कुछ, उत्तर ही न देते बना। दूसरे क्षण कुछ सँभला तब बोला—''उन्होंने ऐयाशी में सब रुपया फूँक दिया था—शराब में और औरतों में।''

''शराब में और औरतों में! हुम्!'' और वह गौर से मेरी ओर देखने लगी, जैसे मेरे मुख की अभिव्यक्ति से यह जानना चाहती हो कि मेरे भाई में और मुझमें अन्तर कहाँ पर और कितना हो सकता है। इसके बाद सहसा बोल उठी—''पर जो भी हो, तुमसे वह अच्छे रहे। कम-से-कम इतनी समझ तो उनमें रही कि उन्होंने तुम्हारी तरह रुपया बैंक में बन्द तो नहीं रहने दिया, किसी-न-किसी के काम वह रुपया आया तो सही!''

उसके इस दृष्टिकोण से मैं मर्माहत-सा हो गया। अपने शब्दों में काफी कटुता घोलते हुए मैंने कहा—''अगर मुझे मालूम हो जाय कि मेरे इस तरह के आचरण से तुम्हें सुख मिलेगा तो कल से मैं भी यही काम शुरू कर दूँ—इसमें कोई रुकावट मुझे न होगी। बोलो, तुम क्या यह चाहती हो कि मैं भी शराब में और औरतों में रुपया उड़ा दूँ?''

उसके मुख की मुद्रा ही एकदम बदल गयी थी। उसकी आँखों से बहुत दिन से सुप्त ज्वालामुखी के आकस्मिक विस्फोट की तरह एक ऐसी ज्वाला-सी निकलने लगी थी, जिसे देखकर मैं सहम गया। मेरे कटु प्रश्न का उत्तर कटुतर रूप में देने के इरादे से वह बोली—''उड़ाओ! उड़ाओ! अपना सर्वस्व फूँक डालो, चाहे किसी तरह हो! अगर गरीबों में तुम रुपया नहीं बाँट सकते हो तो गुण्डों, बदमाशों और धूर्तों में ही उसे बाँट दो। बैंक में जमा करके क्या करोगे? जब तुम्हारे जीते जी वह रुपया किसी काम न आ सका तो मरने पर कैसे काम आ सकेगा? इसलिए जैसे भी हो, जल्दी खर्च कर डालो!''

(15)

किस बात से किस बात की चर्चा आ पड़ी थी। न जाने आज मेरा कौन दुर्ग्रह जगा था, जिसने हम दोनों को अनावश्यक बातों की ओर प्रेरित कर स्निग्ध वातावरण को विषम बना दिया था। मुझे लगा कि उसके मन के अतल में प्रतिदिन के संघर्षमय जीवन की संचित राख के नीचे दबी हुई विद्वेष की चिनगारी, किसी प्रबल तूफानी धक्के के कारण सारी राख के उड़ जाने पर, तीव्रता से दहक उठी है। पर उस विद्वेष का मूल सूत्र कहाँ पर है? कुछ ही समय पूर्व उसने बताया था कि मेरे पास आने के पहले उसके मन में किसी तरह का खटका नहीं था, पैसेवालों के प्रति किसी तरह की डाह नहीं थी। इसका अर्थ स्पष्ट ही यह है कि मेरे निकट सम्पर्क में आने से उसके भीतर पैसेवालों के प्रति डाह की भावना जग उठी है, और उसी के कथनानुसार, आज

तो उसकी आँखें और भी खुल गयी हैं—अर्थात् वह विद्वेष-भावना और अधिक भड़क उठी है!

मैंने देखा कि अब इस सम्बन्ध में बात को अधिक बढ़ाने से ऐसी स्थिति उत्पन्न हो सकती है जो अत्यन्त अशिष्ट तथा अप्रिय होने के साथ ही न जाने किस तरह की घटना में परिणत हो बैठे! जितनी चर्चा चल चुकी उतनी ही काफी अप्रिय वातावरण की सृष्टि कर चुकी थी। अपनी खीझ को बलपूर्वक पी जाने की चेष्टा करते हुए बात को समाप्त करने के उद्देश्य से मैंने कहा—तो यह बात तय रही कि मिसेज रालिन्सन का काटेज पचीस हजार रुपये में खरीद लिया जाय और सिल्विया को सौ रुपये माहवार दे दिया जाय?"

"पचीस हजार रुपये उन्हें बँगला के लिए दो और बीस हजार खैरात में! सिल्विया को भी सौ क्या तीन सौ रुपये दो! अगर तुम्हारी समझ में वे लोग सचमुच गरीबी में दिन बिता रहे हैं तो जितने रुपये भी उन्हें दे सकोगे उतना ही अच्छा होगा!"

फिर क्या वह उसी व्यंग्य और विद्वेष से प्रेरित हो रही थी? उसकी आँखों में अभी तक उसी विचित्र प्रकार की ज्वाला दहक रही थी। उसका वह रूप मुझे अत्यन्त अप्रिय और अशान्तिकारक लग रहा था। अपने अन्तर की सारी शक्ति को बटोरकर अत्यन्त दृढ़ता के साथ मैंने कहा—"मनिया, तुम्हें हो क्या गया है! आज तुम इस तरह तीखेपन से बातें क्यों कर रही हो! जाओ, चुपचाप पलँग पर लेट जाओ! तुम्हारे भीतर आज जो एक भूत जग उठा हुआ है उसे सुला दो, नहीं तो तुम्हारी तबीयत बहुत खराब हो सकती है। जाओ!"

वह तत्काल कठपुतली की तरह उठ बैठी—मेरी ओर भय और भ्रान्तिपूर्ण दृष्टि से देखती हुई। और उसके बाद धीरे-धीरे पग रखती हुई पलँग के पास जाकर बरबस-सी लेट गयी। मैंने तत्काल उसके निकट जाकर उसके माथे पर अपना हाथ रख दिया और स्थिर तथा पहले से भी अधिक गम्भीर दृष्टि से उसकी ओर देखता रहा। एक मिनट भी बीतते-न-बीतते उसने आँखें बन्द कर लीं और वह गाढ़ निद्रा में मग्न हो गयी!

उसकी उसी नींद की अवस्था में दृढ़ स्वर में उसे सम्बोधित करते हुए मैंने कहा—"मनिया, सच बताना, यह जानकर कि मेरे पास बहुत-सा रुपया जमा है, तुम्हें बेचैनी क्यों हुई?"

नींद में ही मनिया बोली—"तुम्हारे पास इतना रुपया जमा क्यों है जब कि मैं, मेरे साथ की लड़कियाँ, मेरे जान-पहचान के नौकर-चाकर, कुली-मजदूर दो मोटी रोटियाँ जुटाने में खटते-खटते यह नहीं जान पाते कि कब सुबह हुई और कब शाम आयी!"

"पर असली बात यह नहीं है। तुम अपने भीतर की कोई बात छिपा रही हो। याद करो और मुझे बताओ!" मैंने दृढ़तर स्वर में आदेश देते हुए कहा।

क्षण-भर के लिए सन्नाटा रहा। उसके बाद मनिया बोली—"मेरी माँ के पास अगर इतना रुपया भी होता कि वह अपनी गुजर बिना किसी के सहारे कर सकती तो वह

न एक तिब्बती के घर जाती न बब्बा की हत्या की नौबत आती, न वह खुद मोटर से दबकर आत्मघात करती और न मैं इस दुनिया में अकेली मारी-मारी फिरती हुई बेबसी की जिन्दगी बिताती!"

एक ऐसा बिजली का-सा धक्का मुझे लगा कि मैं सचमुच आधा कदम पीछे की ओर खिसक गया। उसके अन्तर्मन में अभी तक अपनी अनाथ और असहाय अवस्था की कटु अनुभूति वर्तमान है और अभी तक वह अपने को 'अकेली मारी-मारी फिरती हुई, बेबसी की जिन्दगी बिताती हुई, समझती है। इस ज्ञान ने ऐसा काँटेदार कोड़ा मेरे इतने दिनों तक गर्व से फूले हुए मन पर मारा कि मैं उस वेदना से भीतर-ही-भीतर कराह उठा। फिर भी अपनी उस मनोवैज्ञानिक पराजय में मैं हताश नहीं हुआ। अपनी सारी भीतरी शक्ति को फिर नये सिरे से बटोरकर मैंने कहा—"देखो मनिया, आज से तुम अपने मन में यह गाँठ बाँध लो कि तुम न अकेली हो, न बेबसी की जिन्दगी बिताती हुई मारी-मारी फिर रही हो, बल्कि तुम्हारे साथ एक और आदमी भी है जो जिन्दगी-भर तुम्हारा साथ देने की प्रतिज्ञा कर चुका है। तुम अनाथ नहीं हो, तुम्हारे लिये अब किसी बात की भी कोई कसर नहीं रह सकती, क्योंकि मेरे रहते रुपये-पैसे की कोई चिन्ता तुम्हारे लिये नहीं रह सकती। मेरा सब-कुछ तुम्हारा है।"

"पर मेरा सब-कुछ तब कैसे हो सकता है," उसी नींद की हालत में मनिया बोली, "जब तक वे गरीब लड़कियाँ भी आराम की जिन्दगी बिताने लायक नहीं हो जातीं जिनके साथ बैठकर मैं दुकान किया करती थी; जब तक आदमियों को बोझ ढोनेवाले गरीब रिक्शा-कुली भी दो जून भरपेट रोटियाँ पाने और जिन्दगी की कुछ घड़ियाँ सुख से बिताने लायक नहीं हो जाते...मैं चाहती हूँ कि अपने को सुखी मानूँ और अनाथ और अकेली न समझूँ। पर क्यों कोई मुझे ऐसा समझने से रोकता है? मेरी क्या दशा होगी? कौन मुझे उबारेगा? मैं क्या करूँ, कहाँ जाऊँ?..."

और वह सिसकने लगी। यह स्पष्ट था कि मेरे हिप्नोटिज्म का केवल आधा ही प्रभाव उसके अन्तर्मन पर पड़ा था, और उसका सचेत मन आधा जाग्रत था। मैंने सोचा कि इस समय यदि मैं उसके अवचेतन मन पर पूर्ण प्रभाव डालने में असमर्थ रहा तो फिर दूसरा ऐसा अवसर आसानी से और जल्दी नहीं मिल सकेगा। इसलिए मैंने ध्यानावस्थित होकर अपनी समस्त चित्तवृत्तियों को एकाग्र करके, आँखें प्रायः मूँदे हुए दृढ़तर शब्दों में कहा—"मनिया, तुम्हारा छटपटाना अब बेकार है, तुम मेरे पास से अब कहीं जा नहीं सकतीं। और किसी दूसरे की चिन्ता तुम्हें खा जायगी—तुम्हारे तन को, मन को और आत्मा को ही समूचा निगल जायगी। इसलिए तुम केवल अपनी चिन्ता करो और मेरी। आज तक तुम्हारे ऊपर जो कुछ बीती है वह सब सपना था। उसे भूल जाओ। मैं तुम्हारे साथ हूँ और हर घड़ी रहूँगा। मैं ही अब तुम्हारा सब-कुछ हूँ। इसलिए अब से चौबीसों घण्टे तुम मेरा ही ध्यान करती हुई सुख से रहा करो। तुम मेरी हो! मेरी हो! मेरी हो! मैं तुम्हारा हूँ! मैं तुम्हारा हूँ! तुम्हारा हूँ! देखो, अब भूल न जाना। समझीं?"

हिप्नोटिक निद्रा के भीतर से मनिया बोली—"हाँ, समझी।"

"क्या?"

"मैं तुम्हारी हूँ और तुम्हीं मेरे सब-कुछ हो।"

"अच्छा अब उठ बैठो!"

और वह सचमुच उठ बैठी। आँखें मलती हुई बोली—"कितनी देर हुई मुझे सोये? तुमसे बातें करते-करते मैं ऐसी सोयी कि दिन और रात की कोई खबर ही मुझे नहीं रही। तुम तब से यहीं बैठे हो क्या? कै घण्टे हो गये मुझे सोये! चार-पाँच घण्टे तो मैं कम-से-कम सोयी हूँगी! तुमने मुझे अब तक जगा भी नहीं दिया! उसकी ललकती हुई आँखों में परिपूर्ण प्रेम का मादक रस जैसे छलक रहा था। "आओ, मेरे पास आकर बैठ जाओ, वहाँ क्या खड़े हो?" मद-विह्वल दृष्टि से मेरी ओर देखती हुई वह बोली।

मैं चुपचाप उसके पास जाकर बैठ गया। उसने अपनी अलसायी हुई बाँहों को मेरे गले में डाल दिया और अपना सिर मेरे कन्धे में रखती हुई बोली—"तुम बहुत ही भले हो, बड़े ही नेक हो! मुझे बहुत ही अच्छे लगते हो!"

मैं चुप रहा। अपनी हिप्नोटिक कला की एक अजीब-सी प्रतिक्रिया मेरे भीतर होने लगी थी। उसका आलिंगन मुझे बहुत सुखद मालूम हो रहा था सन्देह नहीं, पर साथ ही इस बात की अनुभूति मेरे हृदय को कचोटने लगी थी कि उसका वह सारा प्रेम विवशताजनित है—भले ही वह विवशता स्वयं उससे अज्ञात हो। यदि हिप्नोटिज्म के प्रभाव से उसे पूर्णतया मुक्त कर दिया जाय तो वह क्या उस हालत में भी, स्वेच्छा से मुझसे प्रेम करेगी? अपने पिछले जीवन के असाधारण अनुभवों से जो विचित्र मनोग्रन्थियाँ उसके भीतर पड़ी हुई हैं वे तब निश्चय ही उसके मुक्त प्रेम में भयंकर रुकावट डालतीं। तब इस प्रेम का क्या मूल्य है जो हिप्नोटिज्म के प्रभाव से कुछ समय के लिए—कुछ दिनों के लिए ही सही—उसकी उन मनोग्रन्थियों के कृत्रिम उपाय से दबाये जाने से, उभर उठा है? इसी तरह के विचारों से मेरा मन उलझ गया था, जब कि वह मुझे प्यार करने और मेरा प्यार पाने के लिए मचल रही थी!

जब मैं काफी देर तक चिन्तामग्न अवस्था में मौन और निश्चल बैठा रहा तब उसने मेरे कन्धे से अपना सिर हटा लिया और मेरी ओर देखने लगी। कुछ देर तक एकटक देखते रहने के बाद चिन्तित स्वर में बोली—"तुम चुप क्यों बैठे हो? तुम्हारा चेहरा उदास क्यों है? क्या बात हो गयी, बताओ?"

उसके आगे यह प्रकट हो जाना कि मैं चिन्तामग्न और उदास हूँ, मुझे अच्छा नहीं लगा। अपने भीतर कृत्रिम उमंग भरने का प्रयत्न करते हुए मैंने कहा—"कुछ भी नहीं हुआ। तुम्हें खुश देखकर मैं भी बहुत खुशी हूँ, मनिया। सिर्फ यही सोचता हूँ कि तुम मेरे साथ बराबर सुखी रह सकोगी या नहीं!"

"क्यों तुम्हारे मन में इस तरह की फजूल की बात उठती है?"

''फजूल की बात? तुमने ठीक ही कहा है। अब से इस तरह की बात मैं नहीं सोचा करूँगा। अच्छा, तुम अब उठो। हाथ-मुँह धो लो। कपड़े बदल लो। आज शहर चलें। कई दिनों से शहर न जा पाने के कारण भी शायद मेरे दिमाग में इस तरह की खुराफात पैदा हो रही है।''

मनिया तत्काल उठ खड़ी हुई और गुसलखाने में चली गयी। मैंने उस दिन उसे इस बात का तनिक भी संकेत नहीं किया कि हिप्नोटिक निद्रा की अवस्था में उसने किस तरह की बातें कही थीं और यह तो स्पष्ट था कि उसे स्वयं उनमें से एक भी बात याद नहीं थी।

(16)

दूसरे दिन दोपहर में सिल्विया संकोच के झीने पर्दे के नीचे मृदु-मन्द मुस्कराती हुई आ पहुँची। उसके हाथ में एक छोटा-सा बैग था। हम दोनों का अभिवादन करने के बाद वह मनिया के पास बैठ गयी। मैं दूसरे कमरे में चला गया और एक कुर्सी पर बैठकर, एक पुस्तक हाथ में लेकर पढ़ने की चेष्टा करने लगा। पर मेरे कान बाहर की ओर ही लगे थे। पहले ही क्षण से दोनों के बीच घनिष्ठ सौहार्द की बातें होने लगीं, जैसे दोनों बचपन से ही एक-दूसरे से परिचित सहेलियाँ हों। शीघ्र ही दोनों यथाशक्ति धीमे स्वर में बोलने लगीं और धीमे ही स्वर में बात-बात में खिलखिलाने भी लगीं।

प्रायः आधे घण्टे तक यही क्रम चलता रहा। उसके बाद सिल्विया ने कहा–''अच्छा, अब मैं तुम्हें अँगरेजी के अक्षर सिखाती हूँ। मैं एक किताब लायी हूँ। इसे जरा गौर से देखो। यह देखो, यह अँगरेजी का पहला अक्षर 'ए' है–फोटो के कैमरा के स्टैण्ड की तरह, यह 'बी' है,–तिरछे तराजू की तरह, यह 'सी' है–बीचो-बीचो में आधा कटे हुए कद्दू की तरह, यह 'डी' है–डब्बे की तरह, यह 'ई' है–अलमारी की तरह, यह 'एफ' है–झण्डे की तरह, यह 'जी' है–कढ़ाई की तरह, यह 'एच' है–सीढ़ी की तरह, यह 'आई' है–डण्डे की तरह, यह 'जे' है–उल्टी छड़ी की तरह...''

अक्षरों की शक्ल बनाने का जो तरीका उसने अख्तियार किया था उससे मेरी हँसी रोके नहीं रुकना चाहती थी। मनिया तो बार-बार खिलखिला उठती थी। मुझे लगा कि मनिया का जी अब किसी नयी भाषा के सीखने में नहीं लग सकता और सिल्विया को सौ रुपया महीना भले ही वैसे ही दे दिया जाय, पर अब उससे यह आशा करना कि वह मनिया को कुछ सिखा सकेगी व्यर्थ है।

पर कुछ ही देर बाद मैंने पर्दे की ओट से देखा कि मनिया हँसना छोड़कर अत्यन्त गम्भीर भाव से उन अक्षरों को पेन्सिल से एक कागज पर उतारने का प्रयत्न कर रही है। मुश्किल से चार-पाँच अक्षर उसने लिखे होंगे कि फिर हँसी के दौरे ने उसे धर दबाया और अपने प्रयत्न की खिल्ली स्वयं ही उड़ाते हुए उसने लिखना छोड़कर जो हँसना शुरू किया वह जैसे बन्द ही नहीं होना चाहता था। कुछ देर बाद हँसी के कारण निकले

हुए अपने आँसू पोंछती हुई वह बोली ''यह लो अपनी किताब और अपनी कापी। मुझसे यह सब-कुछ न होगा।''

''वाह बीबी, तुम यह क्या कर रही हो,'' अत्यन्त घबरायी हुई दृष्टि से मनिया की ओर देखती हुई सिल्विया बोली—''तुमसे क्यों नहीं होगा? एक ही बार के देखने से तुमने जो अक्षर उतारे हैं वे ऐसे अच्छे हैं कि मुझे पूरा विश्वास है, तुम एक हफ्ते के भीतर लिखना और पढ़ना सीख जाओगी!''

''न, न, न! मुझसे यह खेल न होगा। मुझे लिखाने-पढ़ाने के फेर में तुम न पड़ो। मैं समझ गयी हूँ कि सब बेकार है!'' कापी को उठाकर दूर फेंकती हुई मनिया बोली।

मैंने सिल्विया के मुख की ओर देखा। ऐसा हताश भाव उसके मुख पर अंकित हो गया था कि मुझे लगा कि जैसे वह अभी रो देगी। यह अनुमान लगाने में मुझे देर न लगी कि सौ रुपये की नौकरी हाथ से छूट जाने की आशंका ने उसे भयंकर रूप से त्रस्त कर दिया है। कुछ विशेष संकट की घड़ियों में भय की भावना मनुष्य के रूढ़िगत स्वभाव पर तीव्र आघात करके उसे किस प्रकार बदल देती है यह देखकर आश्चर्य होता है। सिल्विया ने घबराये हुए स्वर में कहा—''तुम बहुत जल्दी लिख-पढ़ लोगी। तुम्हारी बुद्धि बहुत तेज है। तुमने एक ही बार बताने पर ऐसे अच्छे अक्षर लिखे हैं कि देखकर मैं दंग हूँ। मैं अभी बाबू जी को दिखाती हूँ।'' और वह सचमुच कापी उठाकर भीतर मेरे कमरे में चली आयी। इसके पहले मैं कभी कल्पना भी नहीं कर सकता था कि सिल्विया कभी संकोच त्यागकर स्वतः मेरे पास आकर बातें करने का साहस कर सकती है।

कमरे में आते ही कापी दिखाती हुई वह बोली—''देखिये मिस्टर रंजन, कैसे 'लवली' अक्षर लिखे हैं आपकी बीवी ने!'' शंकित और कम्पित स्वर में बोलती हुई वह जो उत्साह प्रकट कर रही थी उसमें अस्वाभाविकता स्पष्ट परिस्फुट हो रही थी। मैंने अक्षर देखे। वास्तव में अक्षर सही और सुन्दर बन पड़े थे।

मैंने उत्साहित होकर कहा—''निश्चय ही ये बहुत अच्छे हैं।''

''पर आपकी बीवी कहती हैं कि उनके किये ये सब-कुछ न होगा, और उन्होंने पढ़ने-लिखने से कतई इनकार कर दिया है!'' सिर्फ आँसू निकलने की कसर थी—बाकी रोने में और सिल्विया के बोलने में कोई अन्तर मुझे नहीं दिखायी देता था।

मैंने दुगना उत्साह प्रकट करते हुए, उसे दिलासा देने के इरादे से कहा—''वह जरूर लिखेगी और पढ़ेगी भी। आप चिन्ता न करें मिस रालिन्सन। मैं अभी उसे समझाता हूँ।'' और मैं मनिया के पास चला गया। सिल्विया भी चुपके से मेरे पीछे-पीछे हो ली।

मैंने कहा—''मनिया, मुझे पता नहीं था कि तुम्हें सचमुच इतनी जल्दी अक्षरों का ज्ञान हो जायगा, और एक ही बार के बताने से तुम इतने अच्छे अक्षर लिख लोगी। अब अगर तुम सीखना बन्द कर दोगी तो इससे बड़ी भूल तुमसे और कोई न होगी।''

"न, न, मुझसे यह नहीं होगा। मुझे माफ कर दो..." प्रायः गिड़गिड़ाते हुए उसने कहा।

उसका हठ देखकर मैं मन-ही-मन खीझ उठा। सिल्विया पूर्ववत् रोनी-सी सूरत बनाये मेरे पीछे चुपचाप खड़ी थी। मैंने उससे कहा–"मिस रालिन्सन, अभी आप जायें। मैं इसे समझाता हूँ। कल आप अवश्य आवें। यह अगर पढ़ना भी न चाहे, आप प्रतिदिन नियमित रूप से इसके पास आया करें।" सिल्विया अत्यन्त उदास भाव से चली गयी।

उसके चले जाने पर मैंने मनिया से कहा–"तुम्हारी जिद मेरी समझ में बिल्कुल नहीं आयी। तुमने देखा नहीं, बेचारी सिल्विया रोती हुई चली गयी।"

"क्यों!" आश्चर्य से मनिया ने पूछा। उसने स्पष्ट ही सिल्विया के मुख के भाव पर ध्यान नहीं दिया था।

मैंने कहा–"इसलिए कि तुम्हारे न पढ़ने से उसकी रोजी चली जायगी। सौ रुपये महीने का सीधा-सीधा नुकसान होते देखकर वह बेचारी रोयेगी नहीं तो क्या करेगी!"

"ओह, यह बात है!" अत्यन्त गम्भीर भाव से–प्रायः चिन्तामग्न-सी–मनिया बोली–"तब तो सचमुच मुझसे बड़ी भूल हुई। अगर बात ऐसी है तो कल से मैं निश्चय ही लिखना-पढ़ना सीखूँगी। तब तो सचमुच ये लोग बहुत गरीब हैं–तुमने ठीक ही कहा था!" और वह गाल पर हाथ रखकर सोच में पड़ गयी।

"इतनी चिन्ता की बात नहीं है," मैंने कहा–"तुम और मैं भले ही भूखों मरने लगें, पर ये लोग कभी भूखों नहीं मर सकते, पेट पालने का ढंग अच्छी तरह जानते हैं–एक उपाय में सफल न हुए तो तत्काल दूसरा उपाय खोज निकालते हैं। फिर भी यह जरूरी है कि सिल्विया से तुम पढ़ो–ऐसा करने से हम लोगों की तरफ से कुछ सहायता उसे, उसके परिवारवालों को मिल जायगी।"

"अच्छा, ऐसा क्यों नहीं करते कि मेरे बिना पढ़े ही उसे योंही सौ रुपये माहवार दे दिया करो?"

"पर वह इस तरह के दान को स्वीकार नहीं करेगी। अँगरेजी परम्परा में पली हुई लड़की है। कोई-न-कोई बहाना इस दान के लिए चाहिए।"

मनिया ने मेरे प्रस्ताव के प्रति अपनी मौन सम्मति प्रकट की।

दूसरे दिन दोपहर को सिल्विया फिर आयी। उसके सुन्दर मुख पर वही मौन उदास छाया घिरी हुई थी। मैंने प्रसन्न भाव से कहा–"आइये मिस रालिन्सन! अब आप जितना भी पढ़ायेंगी, मनिया को कोई आपत्ति न होगी।"

एक सलज्ज मुस्कान ने उसके मुख की सारी उदासी जैसे धो दी।

उस दिन मनिया पूरी लगन से अपना पाठ सीखने में जुट गयी। उसने पूरी वर्णमाला छापे की बड़ी लिखावट में लिख डाली। उसके बाद सिल्विया ने उसी दिन उसे छोटी लिखावट भी सिखाना आरम्भ कर दिया। मनिया की दिलचस्पी बढ़ने लगी। उसने

सोचा होगा कि हिन्दी की तरह अँगरेजी में भी वर्णमाला एक ही तरह की होगी। पर जब उसने छोटी लिखावट में चित्र रूप देखा तो उससे घबराने के बजाय उसका कुतूहल उस नयी भाषा के प्रति जैसे और बढ़ गया। वह उसे भी जल्दी-से-जल्दी सीख डालने के अभ्यास में जुट गयी। उसके बाद सिल्विया ने जब उसे बताया कि वह छापे की लिखावट है, हाथ की लिखावट का रूप उससे बदला हुआ होता है तो यह उसे एक अच्छा विनोद मालूम हुआ और वह लगे हाथों उस नये रूप से भी परिचित होने का अभ्यास करने लगी।

उस दिन से मनिया की दिलचस्पी बढ़ती ही चली गयी और वह प्रतिदिन पूरे तीन घण्टे एकान्त मनोयोग के साथ अँगरेजी भाषा का ज्ञान प्राप्त करने के उद्देश्य से जुटी रहती। मुझे लगा कि जैसे वह उस रहस्यमयी भाषा को जल्दी-से-जल्दी सीख डालने के लिए बेहद उत्सुक हो उठी है जिसमें सिल्विया मुझसे, अपनी माँ से और अपनी बहन से बातें किया करती हैं। एक ही हफ्ते के भीतर वह दो-एक छोटे-मोटे वाक्य टूटी-फूटी अँगरेजी में सिल्विया से बोलने भी लग गयी। सिल्विया का उत्साह भी बहुत बढ़ गया था और वह भी मनिया का अँगरेजी-ज्ञान जल्दी-से-जल्दी बढ़ाने के उद्देश्य में अपनी सारी शक्ति लगा रही थी।

मनिया को एक नये शगल में तल्लीन देखकर मुझे बड़ी प्रसन्नता हुई। मैंने सोचा कि अपने दुःखी जीवन में जो असाधारण रूप से भयावह अनुभव उसे हुए हैं उनके कारण उसके अन्तर्मन में विचित्र मनोभावों का आल-जाल फैलकर उलझ गया है। उस उलझन से वह सब समय परेशान रहती है और उसे भूलना चाहने पर भी भूल नहीं पाती। पर इस नये शगल में व्यस्त रहने पर वह निश्चय ही मन के मार्मिक घावों को भूल सकेगी।

जब सिल्विया पढ़ाने आती तब मैं बाहर निकल जाता था। या तो मिसेज रालिन्सन से गपशप करने चला जाता या शहर की ओर निरुद्देश्य टहलने निकल पड़ता।

सुबह के समय मैंने उसे एक या दो घण्टा नियमित रूप से हिन्दी पढ़ाना आरम्भ कर दिया। हिन्दी वह अँगरेजी से भी दुगनी तेजी से सीखने लगी। बीच-बीच में आनेवाले संस्कृत के कठिन शब्दों का अर्थ वह मन-ही-मन जैसे रटती जा रही थी। एक बार एक शब्द का अर्थ मालूम हो जाने पर दुबारा बताने की जरूरत मुझे कभी नहीं पड़ी।

मई का महीना बीत ही चुका था। जून का महीना भी पूरा बीत गया। वर्षा बड़ी तेजी से शुरू हो गयी। धीरे-धीरे जुलाई भी बीत चला। बाहरी विश्व के घनान्धकार में भीतरी विश्व के प्रकाश को और अधिक तीव्रता से चमकाने की आवश्यकता आ पड़ी। और मनिया इसका पूरा-पूरा लाभ उठाकर अध्ययन में और अधिक मनोयोग से जुट गयी।

(17)

मेरे मन में अब केवल एक ही बात की चिन्ता रह गयी थी। मैं चाहता था कि मनिया से मेरा वैवाहिक सम्बन्ध घर लौटने के पहले ही हो जाय। पर इसमें सबसे बड़ी रुकावट मेरे सामने यह आ गयी थी कि मनिया अपने को बौद्ध मानती थी और स्वेच्छा से हिन्दू धर्म में दीक्षित होना नहीं चाहती थी। सिविल मैरिज के लिए तो वह किसी भी हालत में तैयार नहीं हो सकती थी। एक दिन मैंने उसके आगे फिर यह प्रस्ताव रखा कि वह हिन्दू धर्म स्वीकार कर ले। मैंने कहा—''अगर आर्यसमाज में तुम्हारी शुद्धि हो जाती है तो फिर हम दोनों के विवाह में किसी तरह की भी कोई बाधा नहीं रह जाती।''

पर 'शुद्धि' शब्द पर उसने आपत्ति प्रकट की। उसने कहा—''मुझे तुम 'अशुद्ध' क्यों मानते हो, जो मेरी 'शुद्धि' की बात चलाते हो? बौद्ध लोग हिन्दुओं से किस रूप में गिरे हुए हैं?''

''तुम मेरी बात का गलत अर्थ लगा रही हो'', मैंने कहा। ''मेरा तात्पर्य यह कतई नहीं है कि बौद्ध लोग अशुद्ध हैं। पर जब किसी व्यक्ति को दूसरे धर्म में ले लिया जाता है तब उसके लिए यह कहा जाता है कि उसकी 'शुद्धि' हो गयी है। बोलचाल में बहुत-से शब्द ऐसे चल जाते हैं जिनका मूल अर्थ से कोई सम्बन्ध नहीं रहता। 'शुद्धि' शब्द भी आजकल एक विशेष अर्थ रखता है, जो मूल अर्थ से भिन्न है।''

''पर तुम इस बात के लिए इतना हठ क्यों पकड़े बैठे हो कि मैं हिन्दू बन जाऊँ?''

''मैंने हिन्दू धर्म का ठीका नहीं ले रखा है, और न मेरी यही इच्छा है कि हिन्दू धर्म को माननेवालों की संख्या बढ़ती चली जाय। मैं तुमसे जो कहता हूँ वह सिर्फ इसलिए कि तुम्हारे हिन्दू धर्म स्वीकार कर लेने से हम दोनों के विवाह में सुविधा हो जायगी। नहीं तो हम दोनों के लिए 'सिविल मैरिज' ही एकमात्र उपाय रह जाता है। सिविल मैरिज में वर और वधू दोनों को यह स्वीकार करना पड़ता है कि वे कोई धर्म नहीं मानते। तुम यह स्वीकार कभी नहीं करोगी, यह मैं जानता हूँ।''

मनिया मेरी इस बात से बड़े सोच में पड़ गयी। कुछ देर बाद बोली—''अगर मुझे धर्म बदलना ही होगा तो मैं ईसाई बन जाऊँगी—हिन्दू किसी भी हालत में नहीं...''

''क्यों, हिन्दू धर्म के प्रति तुम्हारे मन में इस कदर घृणा क्यों है?'' मैंने आश्चर्य से पूछा।

'घृणा नहीं है, एक तरह का डर है। मेरे मन के भीतर से जैसे कोई कहता है कि हिन्दू धर्म को अपनाते ही मैं इस दुनिया में कहीं भी नहीं रह जाऊँगी।''

मैंने देखा कि उसके भीतर जो भाव-छायाएँ दबी हुई पड़ी हैं उनमें से यह आशंका भी एक है। मैं बड़े सोच में पड़ गया। कुछ देर बाद मैंने पूछा–

"तो ईसाई धर्म तुम्हें पसन्द है? क्यों? उसमें कोई खास बात है क्या?"

"हाँ। सिल्विया ने बताया है कि अगर सच्चे मन से भगवान् ईसा से प्रार्थना की जाय तो मनुष्य के सब पाप कट जाते हैं। उसने कहा कि अगर मैं अपनी माँ के लिए भी प्रार्थना करूँ तो उसने जो हत्या और आत्महत्या की है उसका सारा पाप धुल जायगा और परलोक में उसकी आत्मा शान्ति से रह पायेगी।" अपनी सुन्दर, छोटी-सी आँखों में एक पारलौकिक आभा-सी झलकाती हुई मनिया बोली।

"तो तुमने अपनी माँ का किस्सा सिल्विया से भी कह सुनाया है?" धीमे स्वर में मैंने कहा।

"हाँ। क्या इसमें कोई हानि है? सिल्विया इतनी अच्छी है कि मैं उससे अपने मन की कोई बात छिपा ही नहीं पाती। इसके अलावा उसने मुझे यह समझाया है कि जितने भी आदमियों से मेरी जान-पहचान है, उन सबके आगे अगर मैं अपनी माँ का किस्सा सुनाऊँ तो इससे मेरे मन का बोझ बहुत हलका हो जायगा, और साथ ही परलोक में माँ की आत्मा को भी शान्ति मिलेगी!"

सिल्विया के स्वभाव के इस नये पहलू से परिचित होकर मेरे आश्चर्य का ठिकाना नहीं था। तो क्या वह कोई मिशनरी लड़की है? मनिया को पढ़ाना क्या उसने इसीलिए स्वीकार किया है कि वह उसे ईसाई धर्म की विशेषता का पाठ पढ़ाकर उसे अपने धर्म में खींच लेगी? रह-रहकर मेरे भीतर क्रोध की भावना जगने लगी।

मैंने कहा–"अगर सिल्विया ने तुमसे ऐसा कहा है तब तो वह बड़ी खतरनाक लड़की मालूम पड़ती है। तुम हर्गिज अपनी माँ की चर्चा किसी से न चलाना। इससे तुम्हें कभी लाभ नहीं हो सकता, बल्कि परेशानी ही बढ़ेगी।"

मेरी बात सुनकर मनिया अत्यन्त शान्त भाव से मुस्करायी, जैसे किसी बच्चे की नादानी से भरी बात सुनकर प्रेम से हँस रही हो। बोली–"तुम बिलकुल चिन्ता न करो। मेरी परेशानी बिलकुल भी नहीं बढ़ेगी। सिल्विया को तुम अभी नहीं जानते। वह बड़ी ही समझदार, दूसरों पर दया करनेवाली और सबकी भलाई चाहनेवाली लड़की है। वह कभी गलत सलाह मुझे नहीं दे सकती।"

मनिया के दृढ़ विश्वास पर मैं दंग रह गया। मैं यह सोचकर हैरान था कि सिल्विया ने कुछ ही सप्ताहों के भीतर कौन-सा जादू उस पर फेर दिया? क्या मेरी ही तरह वह भी किसी हिप्नोटिक कला की जानकारी रखती है? और मनिया के सरल और अनुभूतिशील स्वभाव से परिचित होकर उसका अनुचित लाभ उठाने का प्रयत्न कर रही है?

फिर मेरे मन में यह तर्क उठा कि मुझे यह कहने का क्या अधिकार है कि सिल्विया अपनी हिप्नोटिक कला के प्रयोग से नाजायज फायदा उठा रही है, जब कि मैं स्वयं

इस अपराध का अपराधी हूँ? पर दूसरे ही क्षण मुझे याद आया कि मैंने केवल इस उद्देश्य से मनिया को अपने वश में करने का प्रयास नहीं किया है कि वह मेरी आत्मतुष्टि के लिए मुझसे प्रेम करे, बल्कि इसलिए कि मैं उसके भटके हुए, जीवन-संघर्ष में पिसे हुए और पारिवारिक दुर्घटनाओं की ग्लानि से पीड़ित मन को ठीक रास्ते पर लाना चाहता हूँ। और सिल्विया? वह केवल इस उद्देश्य से उसे बहकाना चाहती है कि ईसाई संसार में एक ईसाई की संख्या और बढ़ जाय। ईसाई पादरियों को इस तरह की बातों से कितना सुख मिलता है, इसके कई उदाहरण मेरे सामने थे।

पर इस तरह के तर्क से मेरे मन को तनिक भी शान्ति नहीं मिलती थी और मैं रह-रहकर अपने-आपसे खीझ उठता था। सिल्विया को एक बहुत ही भयंकर रूप से धूर्त नारी मानने की इच्छा उठने पर भी मेरा यह विश्वास अधिक देर तक ठहर नहीं पाता था।

एक लम्बी साँस खींचते हुए हताश स्वर में मैंने कहा—''मैं जिस उलझन को सुलझाना चाहता था उसे तुमने और अधिक उलझा दिया, मनिया!''

''कैसे?''

''मैं चाहता था कि जल्दी ही कोई ऐसा हल निकल आवे जिससे ब्याह में कोई झंझट न रह जाय। पर अब तुमने ईसाई धर्म को अपनाने की बात बताकर नयी परेशानी मेरे लिये पैदा कर दी!''

''इसमें परेशानी की कौन-सी बात है?'' सहज भाव से मनिया बोली—''जब किसी एक धर्म को अपनाना है ही तो ऐसे धर्म को क्यों न अपनाया जाय जो मन को ज्यादा सन्तोष दे सके?''

''पर यह तुमने कैसे मान लिया कि किसी एक धर्म को मानना जरूरी है? क्यों न हम लोग सब धर्मों को लात मारकर सिविल मैरिज कर लें?'' मैंने पूरी गम्भीरता के साथ कहा।

मनिया अपने दाँतों से जीभ काटती हुई भयभीत भाव से बोली—''अरे बाप रे! ऐसी बात भूलकर भी न कहना! किसी भी धर्म का सहारा जब नहीं रहेगा तब जीकर ही हम लोग क्या करेंगे? यह लोक तो मेरा बिगड़ ही चुका है, पर परलोक के लिए तो कोई सहारा रहने दो!''

ऐसी दयनीयता से उसने यह बात कही कि मुझे लगा कि जैसे किसी ने मेरे मर्म को एक झलझलाती हुई छुरी की नोक से छू दिया।

मैंने देखा कि मनिया के मन के भीतर की जो मिट्टी है वह तल से सतह तक एकमात्र धार्मिक उत्पादन के लिए ही उपयुक्त है। चाहे उसमें भूत, प्रेत, यक्ष, दानव आदि की पूजा की भावना भर दी जाय, चाहे अवतारी पुरुषों की, चाहे देवों की। किसी-न-किसी रूप में उस भावना का अस्तित्व होना ही चाहिए। उस भावना के अभाव में उसका सारा मनोक्षेत्र एकदम बंजर और उजाड़ हो जाने की आशंका है।

पर इस जानकारी से उस समस्या का कोई समाधान नहीं हो सकता था जो मेरे सिर पर सवार थी। क्योंकि यह निश्चित था कि अब अधिक समय तक विवाह को नहीं टाला जा सकता था। मेरे सामने केवल दो रास्ते थे। या तो जल्दी ही मनिया से मेरा विवाह हो जाय, या फिर मैं उसका साथ सदा के लिए त्याग दूँ। क्योंकि बिना किसी धार्मिक बन्धन के मनिया मेरे साथ किसी प्रकार का निश्चित और घनिष्ठ सम्बन्ध स्थापित करने के लिए तैयार न थी, यह मैं पहले ही जान चुका था।

उस समय मैं चुप हो रहा। पर जो तीखा काँटा मेरे मस्तिष्क में गड़ गया था वह मुझे चैन नहीं लेने देता था। तब से चौबीसों घण्टे मेरे मन में इसी बात को लेकर उधेड़-बुन चलने लगी कि ऐसे संकट से उबरने का क्या रास्ता हो सकता है। यह तर्क पहली बार मेरे मन में उठा कि यदि मैं ईसाई धर्म को स्वीकार कर ही लूँ तो इसमें क्या हानि है? उस हालत में आसानी से झंझट मिट सकती है, क्योंकि मनिया तो उस धर्म को अपनाने के लिए तैयार बैठी ही है। पर जिस धर्म पर मेरी तनिक भी आस्था न हो उसे आडम्बर के साथ अपनाना और अपने सगे-सम्बन्धियों और इष्ट-मित्रों को सफाई देते फिरना या उसकी सम्मिलित निन्दा का शिकार बनना, इसमें कौन-सा तुक है? एक अच्छे-खासे तमाशे का पात्र बनकर परिहास और व्यंग्यवाणियों को सहन करने का साहस क्या मुझमें है? हिन्दू धर्म पर भी मेरा विश्वास नहीं था, पर मैं उसे बाहरी तौर से यह सोचकर अपनाये हुए था कि एक चीज जब परम्परा से चली आती है तो उसे चलने दो, कौन उसे अस्वीकार करके सामाजिक झंझट अपने सिर पर मोल ले! अर्थात् किसी भी संघर्ष में पड़ने और किसी भी प्रकार के सामूहिक विरोध या प्रतिरोध का सामना करने की प्रवृत्ति मुझमें कभी नहीं रही। अब यदि मैं एक परम्परागत धर्म का बिल्ला त्यागकर किसी ऐसे धर्म के बिल्ले को अपनाऊँ, जिसमें मेरी और भी कम श्रद्धा हो, और उस अवांछित परिवर्तन के लिए मैं जग-हँसाई का पात्र बनूँ तो इससे बड़ी मूर्खता दूसरी क्या हो सकती है? एक दूसरा रास्ता यह हो सकता है कि मैं बौद्ध धर्म को अपनाता, पर जैसा एक धर्म वैसा ही दूसरा धर्म!

(18)

एक दिन दोपहर को सिल्विया के आने पर जो बाहर निकला तो शाम को ही घर लौटा। माल में एक परिचित सज्जन मिल गये थे, उन्होंने व्यर्थ की बातों में मुझे उलझा दिया और बलपूर्वक अपने यहाँ पकड़कर मुझे ले गये। उनकी खातिरदारी से मुक्त होने में देर हो गयी। किसी तरह उनसे पिण्ड छुड़ाकर घर पहुँचा। दरवाजा खुला था, मैं सीधे अपने कमरे में गया। मनिया वहाँ नहीं थी। मैं उसके कमरे की ओर बढ़ा। कमरा आधा खुला हुआ था। मैं ज्यों ही भीतर प्रवेश करने लगा त्यों ही ठिठककर खड़ा हो गया। मैंने देखा, सिल्विया और वह एक-दूसरे के गले से लिपटी हुई हैं और दोनों मुँदी आँखों से टपाटप आँसू गिरा रही हैं। जैसे न जाने कितने जन्मों के बाद दो बिछुड़ी हुई

प्रेमिकाओं के बीच भाग्य के किसी अज्ञात चक्र से पुनर्मिलन हो पाया हो! उन दोनों की उस तद्गत और एकान्त अवस्था में किसी प्रकार का विघ्न डालने का साहस मुझे नहीं हुआ। मैं तत्काल दबे पाँव अपने कमरे की ओर लौट चला।

प्रायः पन्द्रह मिनट तक मैं चुपचाप बैठा रहा। उसके बाद मैंने खाँसना शुरू कर दिया। खाँसी सुनने के बाद भी कुछ देर तक मनिया नहीं आयी। जब आयी, तब वह अपनी आँखें पोंछ चुकी थी। सहज स्निग्ध मुस्कान से मेरा स्वागत करती हुई बोली—"आज तुम बड़ी देर से लौटे!"

"हाँ, एक मित्र मिल गये थे। उन्होंने रोक लिया। तुम्हारी तबीयत तो ठीक है? चेहरा कुछ उदास-सा लगता है।"

"तबीयत बिलकुल ठीक है। उदासी का कोई कारण नहीं है।" बहुत ही कोमल और बहुत ही मधुर स्वर में मनिया बोली। उसके कण्ठ-स्वर में कर्कशता कभी नहीं रही, पर आज की-सी कोमलता और मिठास भी पहले कभी नहीं रही।

"सिल्विया चली गयी?"

"नहीं, आज वह अभी तक यहीं बैठी रह गयी।"

"तब तो आज खूब पढ़ाई हुई होगी!"

"नहीं," उसी सहज स्निग्ध मुस्कान से और उसी कोमल स्वर में मनिया बोली—"पढ़ाई तो ज्यादा नहीं हुई। पर बहुत-सी बातें हुईं।"

इतने में सिल्विया मेरे कमरे में आकर, एक बार मेरी ओर सलज्ज मुस्कान-भरी दृष्टि से देखकर, बिना कुछ कहे-सुने बाहर चली गयी।

"क्या बातें हुईं?"

"उसने बताया कि आदमी से प्रेम करने में जो कुछ सुख है उससे लाख गुना सुख है भगवान् से प्रेम करने में।"

"तब क्या वह तुम्हें यह बता गयी है कि किसी आदमी से प्रेम कभी न करना?" मैंने शंकित भाव से पूछा।

"नहीं, उसका कहना है कि आदमी से प्रेम करो, पर आदमी के भीतर पहले भगवान् को देख लो और उसे अच्छी तरह पहचान लो, तब तुम्हारा प्रेम भगवान् के चरणों में ही अर्पित होगा।" उसके मुख पर वही स्थिर, शान्त मुस्कान विराज रही थी। उसके मुख पर एक ऐसी सौम्य शान्ति झलक रही थी जैसी मैंने पहले कभी नहीं देखी थी। एक उद्दीप्त भाव से उसका चेहरा जगमगा उठा था। मैं जन्म से ही नास्तिक रहा हूँ। किसी धार्मिक कारण से उत्पन्न भावुकता के प्रति मेरे मन में कभी श्रद्धा नहीं रही है। पर आज मनिया की भावुकता ने उसके शारीरिक सौन्दर्य में एक अभूतपूर्व चेतना भरकर उसका जो उदात्त रूप मेरे आगे रख दिया था उसकी उपेक्षा मैं तनिक भी नहीं कर पाता था। उस अज्ञात रहस्यमयी चेतना की 'कास्मिक' किरणें जैसे मेरे प्राणों के ऊपर छाये

हुए जड़ अवरोध के अणु-परमाणु को ध्वस्त करके सीधे भीतर प्रवेश करती हुई एक मूलतः नयी अनुभूति को उभारने लगी थीं। मनुष्य के भीतर भगवान् के निवास की बात मेरे लिये कोई नयी जानकारी नहीं थी। इस तरह की बातें मैं कई बार पहले भी सुन और पढ़ चुका था। पर मनिया की भावुकता कोरी सिद्धान्तवादिता से बहुत ऊपर उठी हुई और बहुत गहराई में डूबी हुई-सी मुझे लगी।

फिर भी मेरे मन में एक बार यह व्यंग्य करने की इच्छा उठी कि "तुम्हारे और सिल्विया के बीच अभी कुछ ही देर पहले जो प्रेमभाव चल रहा था वह भगवान् का प्रेम भगवान् के प्रति था या मनुष्य का मनुष्य के प्रति?" अपनी इस नीच प्रवृत्ति को दबाने में मैं बड़ी कठिनाई में सफल हो पाया। फिर भी परिहास करने में मैं न चूका—"मेरे भीतर तुमने भगवान् पा लिया है या नहीं?"

मेरे परिहासात्मक ढंग से तनिक भी विचलित न होकर मनिया उसी शान्त भाव से बोली—"मुझे विश्वास है कि मैं जल्दी ही पा लूँगी। सिल्विया ने जो कुंजी मुझे बतायी है उससे कठिनाई नहीं पड़ेगी..."

"वह कौन-सी कुञ्जी है?"

"वह तुम्हें बताने की नहीं है..."

"पर मेरे भगवान् से तुम कोई बात छिपा नहीं पाओगी, यह तुम जान लो!"

मैंने सोचा था कि अब की निश्चय ही मनिया के भीतर हँसी फूट पड़ेगी। मर मैंने आश्चर्य से देखा, मेरी इतनी बड़ी परिहासिकता का भी प्रभाव उस पर नहीं पड़ा। सहज गम्भीर भाव से उसने कहा—"यह मैं जानती हूँ, और भगवान् से छिपाने की कोई बात मेरे भीतर है भी नहीं।"

मैं सन्न था। कुछ क्षणों तक एकान्त दृष्टि से उसकी ओर देखता रहा, उसके बाद बोला—"तुम अभी तक खड़ी क्यों हो? बैठ जाओ।"

वह बैठ गयी। मैंने नौकर को आवाज दी और चाय ले आने को कहा।

उस रात मैं पलँग पर बहुत देर तक करवटें बदलता हुआ सोचता रहा कि सिल्विया का संसर्ग मनिया के लिए हितकारी है या नहीं। मैं स्पष्ट ही देख रहा था कि उसने मनिया के मन की बड़ी गहराई पर कब्जा पा लिया था। मैंने सोचा—"वह मनिया की भावुकता से पूरा लाभ उठाकर, उसके मन की मिट्टी को बड़े गहरे में खोदकर उसमें अपनी इच्छा के अनुसार बीज बोती चली जा रही है। और एक दिन जब वे बीज पनपकर बड़े-बड़े पौधों के रूप में मनिया के सारे मन को छा देंगे तब फिर कोई युक्ति उन बीजों को साफ करने की नहीं रह जायगी। इसलिए अभी से सावधान होकर वर्तमान वातावरण को छोड़कर कहीं दूसरी जगह चले जाने में ही भलाई है।" मैंने निश्चय किया कि मैं दूसरे ही दिन किसी दूसरे स्थान में एक नये बँगले की खोज करूँगा।

यह निश्चय कर लेने के बाद मैंने निश्चिन्त होकर सो जाने के इरादे से अपने शरीर में कम्बल अच्छी तरह लपेट लिया। थोड़ी ही देर बाद सचमुच नींद आ गयी। प्रायः

ढाई-तीन घण्टे तक मैं एक करवट सोया रहा। उसके बाद कोई एक विचित्र सपना देखने के बाद मेरी नींद उचट गयी। सपना कुछ डरावना था, पर ठीक क्या देखा था यह मैं नींद उचटते ही तत्काल भूल गया। आँख खुलते ही मैंने देखा कि मनिया के कमरे में बत्ती जली हुई है। यह जानने के लिए कि उसकी तबीयत तो ठीक है, मैं उठा। उसके कमरे के दरवाजे के किवाड़ यों ही फेर दिये गये थे। उन दोनों के बीच में शून्य शेष रह गया था। उसी से झाँकते हुए मैंने देखा मनिया नीचे फर्श पर एक दरी बिछाकर घुटने टेककर बैठी हुई है। उसके सामने एक छोटा-सा 'क्रास' रखा हुआ था, जो संगमरमर का बना हुआ-सा लगता था। उसकी आँखें मुँदी हुई थीं और उनसे निरन्तर आँसुओं की धारा बह रही थी। मैं उस दृश्य के लिए कतई तैयार नहीं था, हालाँकि पिछले कुछ दिनों से सिल्विया के संसर्ग में रहने से उसकी मानसिक प्रगति के जो दृष्टान्त मेरे सामने थे उन्हें देखते हुए वह दृश्य मुझे आश्चर्यजनक नहीं लगना चाहिए था। मैं दरवाजे के बाहर ही पत्थर की मूर्ति-सा खड़ा रह गया और निर्निमेष दृष्टि से उसके उस अपूर्व कल्पित रूप को देखता रहा। खड़े-खड़े मुझे पाँच मिनट, दस मिनट, पन्द्रह मिनट, बीस मिनट और उसके बाद आध घण्टा हो गया, पर वह नहीं उठी। अतीन्द्रिय पुलक से विह्वल, अलौकिक प्रेम से गद्‌गद अवस्था में एकान्त ध्यान में मग्न बैठी रही। मैं भी वैसे ही खड़ा रहा, टस-से-मस न हुआ, जैसे किसी ने मेरे पाँवों को कीलों से ठोककर वहीं पर जमा दिया हो। पाँवों में झुन्नी चढ़ गयी, पर उसकी कुछ भी परवाह मुझे नहीं थी। उसी अवस्था में मुझे जब प्रायः आधा घण्टा और बीत गया, और उसकी तद्‌गत अवस्था के भंग होने का कोई लक्षण मुझे नहीं दिखायी दिया, तब मैं प्रायः अनिच्छा से चुपचाप दबे पाँव लौट चला।

पलँग पर लेटे-लेटे सोचने लगा कि मनिया कहाँ-से-कहाँ चली जा रही है, और दिन-पर-दिन मुझसे कितनी दूर होती जा रही है! यदि तुरन्त ही उसे उस नये मार्ग से लौटाया नहीं जाता, जहाँ वह आत्मविस्मृत होकर किसी अपार्थिव शक्ति के प्रबल आकर्षण से बड़ी तेजी से अग्रसर होती चली जा रही है, तो यह निश्चित है कि बहुत जल्दी फिर उसके और मेरे बीच में एक दुर्लंघ्य व्यवधान खड़ा हो जायगा। किस उपाय से उसे लौटाया जाय, मैं यही चिन्ता करने लगा। कुछ देर तक एकान्त मन से सोचने पर एक उपाय मुझे सूझ गया। मैंने निश्चय किया कि सुबह होते ही उस उपाय को काम में लाऊँगा।

प्रायः दो घण्टे बाद मनिया ने अपने कमरे की बत्ती बुझायी, और लेटे-ही-लेटे, आवाज से मैंने अनुमान लगाया कि वह अपने पलँग पर जाकर लेट गयी है। उसके कुछ ही देर बाद मेरी भी आँखें लग गयी।

दूसरे दिन मैं कुछ देर से उठा। मनिया पहले से ही नहा-धोकर ड्राइंगरूम में बैठ गयी थी और चाय के लिए मेरा इन्तजार कर रही थी। मैं बिना हाथ-मुँह धोये ही बैठ गया। मैंने देखा, मनिया के मुँह पर रात्रि-जागरणजनित थकान का लेश भी वर्तमान

नहीं है, बल्कि वह पहले की अपेक्षा कई गुना अधिक स्वस्थ और सुन्दर दिखायी देती थी। एक ऐसी अपूर्व ताजगी उसके चेहरे पर झलक रही थी जिसका कोई आभास मुझे इसके पहले कभी नहीं मिला था। जब से वह संसर्ग में आयी थी तब से मैं बराबर उसके मुख पर विषाद और ग्लानि की एक स्थिर छाया देखता आ रहा था। यह ठीक है कि कुछ विशेष अवसरों पर उस स्थिर छाया के ऊपर साँझ की पीली धूप का एक झीना आवरण झलक उठता था, पर वह आवरण सन्ध्या के आलोक की तरह शीघ्र ही अस्तंगत हो जाया करता था। किन्तु आज मैंने देखा कि स्थिर विषाद की वह छाया स्थिर शान्ति में बदल गयी है और उसकी आत्मा की सारी ग्लानि जैसे धुलकर एक तरल, अमल, स्फटिकोज्ज्वल आलोक में बदल गयी है। क्षण-भर के दृष्टिपात से मेरे मन में उसके उस नये रूप के प्रतिबिम्ब की यह प्रतिक्रिया हुई और तुरन्त ही मेरे मन में बिजली की-सी चमक से यह तर्क उठा—जिस कारण से मनिया के व्यक्तित्व के बाहरी और भीतरी रूपों में इतना बड़ा और ऐसा स्वस्थ परिवर्तन हुआ है वह चाहे कुछ भी हो, उपेक्षणीय कदापि नहीं हो सकता। उसका प्रेरक चाहे कोई भी हो, उसे तिरस्कार का भाजन मानना कदापि न्यायोचित न होगा। और इस तर्क के उठते ही मेरे मन में उस अस्त्र के प्रयोग की इच्छा ढीली पड़ गयी जिसके सम्बन्ध में मैंने पिछली रात निश्चय किया था।

(19)

मनिया मुझे बिना हाथ धोये ही चाय के लिए बैठते देखकर मुस्करायी। एक दिन था जब मैं उसे दयनीय मानता था और इस बात की चेष्टा में रहता था कि मेरे बड़प्पन के आगे उसके भीतर आत्मलघुता की भावना बढ़ने न पाये। पर आज उसकी जो मुस्कान परिपूर्ण आत्मविश्वास से प्रेरित होकर व्यक्त हो रही थी उसके आगे मैं स्वयं अपने को लघु अनुभव करने लगा था और संकुचित-सा हो उठा। आज वह दयावती थी और मैं दयनीय था।

"रात में तुम्हें नींद नहीं आयी थी?" मेरे प्याले में चाय डालते हुए उसी दयापूर्ण—तथापि अहंभाव से शून्य—मुस्कान को मुख पर झलकाते हुए उसने पूछा।

मैं अपनी प्रकृति की दृष्टता को चाहने पर भी दबा न सका। बोला—"तुम्हारा अनुमान ठीक ही है। कल रात तुम्हारे कमरे की बत्ती बहुत देर तक जलते देखकर मुझे देर से नींद नहीं आयी।"

"अच्छा!" अत्यन्त चिन्तित भाव से वह बोली—"तब मैं आज से पिछवाड़े के कमरे में चली जाऊँगी। रात में मुझे अक्सर बत्ती देर तक जलानी होगी, जिससे तुम्हारी नींद फिर खराब हो सकती है!" यह कहकर उसने अपने प्याले में चाय डाली।

"क्यों? बत्ती देर तक क्यों जलानी होगी?" बनते हुए मैंने पूछा।

"मुझे भी आजकल नींद कम ही आती है, इसलिए बीच-बीच में भगवान् का ध्यान क़रने की इच्छा होती है।"

"बुद्ध भगवान् का ध्यान?" यह प्रश्न करते हुए मैं जान रहा था कि मेरी दुष्टता नीचता की ओर बढ़ रही है।

"नहीं, प्रभु ईसा का।" अत्यन्त सरल भाव से उसने उत्तर दिया।

"तब क्या बौद्ध धर्म से तुम्हें विरक्ति हो गयी है?"

"नहीं तो? ऐसा तुम क्यों सोचते हो?"

"इसलिए कि तुम भगवान् बुद्ध का ध्यान करना छोड़कर ईसा का ध्यान करने लगी हो! मैं तो समझता था कि बौद्ध धर्म पर तुम्हारी बड़ी आस्था है। तुमने मुझसे कहा था कि तुम बौद्ध धर्म त्यागकर हिन्दू धर्म कभी स्वीकार नहीं करोगी। साथ ही तुमने यह जरूर कहा था कि यदि तुम्हें धर्म बदलना ही पड़ेगा तो तुम ईसाई धर्म स्वीकार करोगी। 'यदि बदलना ही पड़ेगा' का अर्थ स्पष्ट ही यह है कि यदि तुम्हें बाध्य न किया जाय तो तुम बौद्ध धर्म को त्यागने के लिए कतई तैयार नहीं हो और इसका आशय मैंने यही समझा था कि बुद्ध भगवान् के प्रति तुम्हारे मन में जितनी बड़ी भक्ति है उतनी दूसरे किसी के प्रति नहीं। पर आज यह जानकर कि तुम आधी रात में जागकर बहुत देर तक एकान्त में प्रभु ईसा का ध्यान किया करती हो, मेरे आश्चर्य की सीमा नहीं।" यह कहते हुए मैंने अपने और उसके प्याले में दूध डाला और चम्मच से चीनी मिलाने लगा।

मैंने सोचा था कि मेरी इस बात से मनिया निरुत्तर हो जायगी और झेंप जायगी।

पर वह तनिक भी विचलित नहीं हुई। उसने अत्यन्त सरल भाव से मेरी उस व्यंग्योक्ति को ग्रहण किया। सहज स्निग्ध भाव से मन्द-मन्द मुस्कराती हुई बहुत धीरे से, बड़े ही मीठे और कोमल स्वर में बोली—"तुम ठीक कहते हो! बौद्ध धर्म के प्रति मेरे मन में बड़ी आस्था रही है, और भगवान् बुद्ध के प्रति भी..." मनिया धीरे-धीरे संस्कृत शब्दों को समझने और उनका प्रयोग भी करने लगी थी, जो मेरे लिये वास्तव में एक बहुत बड़े हर्ष का कारण था।

"तब?..." एक घूँट चाय पीते हुए मैंने कहा।

"पर सच्ची बात यह है कि बौद्ध धर्म के सम्बन्ध में मेरी जानकारी कभी कुछ भी नहीं रही और बुद्ध भगवान् की केवल कागजी मूर्ति ही मैंने देखी है जो बब्बा के पास थी और जिसके पास बैठकर वह 'मनि पैमै हुम्!' यह मन्त्र जपा करता था। बौद्ध धर्म के प्रति मेरी आस्था का कारण मुझे केवल यही लगता है कि बब्बा उस धर्म के सम्बन्ध में बड़ा कट्टर था। अपने पैतृक धर्म के प्रति मोह बिलकुल स्वाभाविक है। हिन्दू धर्म से मेरा कभी कुछ भी सम्बन्ध नहीं रहा है, इसलिए उसके प्रति मैं उदासीन हूँ..."

''तुम गलत कहती हो, मनिया'', बीच में टोकते हुए मैंने कहा—''तुम हिन्दू धर्म के प्रति उदासीन नहीं हो, बल्कि उससे भागती हो। उस धर्म के प्रति तुम्हारे मन में —मैं विशेष तो नहीं कहूँगा—पर विरक्ति का भाव अवश्य है।''

इस बार मनिया के मुख से सहज शान्त भाव के ऊपर सहसा एक अँधेरी छाया फिर आयी।

''मैं हिन्दू धर्म से भागती हूँ!'' प्रायः फुसफुसाते हुए उसने कहा। उसके बाद एक विचित्र अनमनी-सी दृष्टि से मेरी ओर देखती हुई बोली—''हाँ, तुम ठीक कहते हो! मैं जरूर भागती हूँ हिन्दू धर्म से! याद आ गया। मैंने ही तो कहा था तुमसे! पर क्यों भागती हूँ? इसका कारण क्या हो सकता है? यह मैं स्वयं नहीं जानती। किसी भी हिन्दू से मेरा कभी कोई वैर नहीं रहा। हाँ, बब्बा जरूर कहा करता था कि 'हिन्दुओं के चक्कर में कभी मत पड़ना। वह तुम्हारी जिन्दगी खराब कर डालेंगे।' पर उसकी इस बात का कोई असर मुझ पर कभी नहीं हुआ। मैं सुनकर केवल हँस दिया करती थी! तब क्या कारण हो सकता है?'' वह जैसे किसी भूली हुई बात को याद करने की चेष्टा करने लगी।

मैंने धूर्ततावश कहा—''अपने माथे पर हाथ रखकर कुछ देर गौर से सोचो तो शायद आ जाय।''

उसने सचमुच ऐसा ही किया और आश्चर्य की बात यह है कि वह कुछ ही देर बाद दबी हुई जबान से बोल उठी—''हाँ, मुझे याद आ गया!''

''क्या?''

''मेरी माँ हिन्दू थी—एक हिन्दू परिवार में उसका जन्म हुआ, हिन्दू संस्कारों के बीच में ही वह बड़ी हुई और अन्त तक उसने अपने हृदय से कभी बौद्ध धर्म को नहीं अपनाया...''

''पर तुम्हारी माँ हिन्दू थी तो इससे तुम्हारे मन पर क्यों बुरा प्रभाव पड़ा?''

''पर इस चर्चा को छोड़ो, मैं तुम्हारे पाँवों पड़ती हूँ।'' अत्यन्त गिड़गिड़ाती हुई आवाज में उसने कहा। उसकी आँखों में विषाद की छाया बहुत सघन हो आयी थी।

मैं चुप हो गया। अपने प्याले में जब दुबारा चाय डालने लगा तब मेरा ध्यान इस बात की ओर गया कि मनिया का प्याला वैसे-का-वैसा ही रखा हुआ ठण्डा हो गया है। मैंने कहा—''इस ठण्डी चाय को गिरा दो। मैं गरम चाय डालता हूँ।''

''तुम पीयो। मुझे तनिक भी इच्छा नहीं है।'' फिर एक बार उसके मुख पर शान्त प्रसन्न भाव झलक उठा। विषाद और ग्लानि की कड़वी घूँट को वह जैसे नीलकण्ठ की तरह गी गयी थी।

मैंने फिर कोई आग्रह नहीं किया। जल्दी से यह प्याला समाप्त कर मैं वहाँ से उठकर चला गया। दोपहर को खाना खाने के बाद जब मैंने देखा कि मनिया का चित्त प्रसन्न है, तब फिर मैंने कौच पर लेटे-लेटे सिगरेट फूँकते हुए वही चर्चा छेड़ दी जो सुबह

अधूरी रह गयी थी। मैंने कहा—"तुमने फिर यह बताया नहीं कि भगवान् बुद्ध के स्थान पर तुमने भगवान् ईसा की आराधना क्यों आरम्भ की?"

"मैं बता चुकी हूँ कि भगवान् बुद्ध के धर्म के सम्बन्ध में मेरी जानकारी कुछ भी नहीं है। केवल अन्धविश्वास से मैं उस धर्म को मानती रही हूँ—इस विश्वास से कि बब्बा की श्रद्धा जिस धर्म में है वह निश्चय ही श्रेष्ठ होगा। पर प्रभु ईसा के धर्म को समझने में मैं अपनी बुद्धि से काम लेने लगी हूँ। सिल्विया से मुझे इस सम्बन्ध में जो मदद मिली उसके लिए मैं उसकी सदा ऋणी रहूँगी। मैं अँधेरे में भटक रही थी, उसने मेरी आँखें खोल दी हैं—सचमुच मेरी आँखें खुल गयी हैं!" और यह कहते ही उसने अपनी आँखें बन्द कर लीं। जैसे यह जताना चाहती हो कि आँखें बन्द कर लेने का अर्थ ही आँखें खुलना है! और कोई अवसर होता तो मुझे इस बात पर शायद हँसी आती। पर उस समय तनिक भी हँसी नहीं आयी। जिस सघन अतीन्द्रिय छाया के भीतर से निकली हुई उद्दाम ज्योति से उसका मुख प्रभावित हो उठा था उसके आगे हँसी की कोई कल्पना ही मेरे मन में नहीं उठ सकती थी।

मैं कौच पर से उठकर पासवाली एक कुर्सी पर बैठ गया और सिगरेट राखदान में फेंककर उसकी उस भावमग्न छवि को देखता रह गया। मैं देख रहा था कि मूल बात टलती चली जा रही है, और उसके समाधान में जितनी ही देर हो रही है, मनिया का दूरत्व भी उतना ही बढ़ता चला जा रहा है। "यदि जल्दी-से-जल्दी उसका निबटारा नहीं होता तो मनिया तुम्हारे हाथ से सदा के लिए चली जायगी।" मुझे धक्का देते हुए किसी की अज्ञात वाणी मेरे कानों में कह रही थी।

कुछ देर बाद जब मनिया ने आँखें खोलीं तब मैं अपने भीतर सारा अवशिष्ट साहस बटोरते हुए बोल उठा—"देखो मनिया, विवाह की बात दिन-पर-दिन टलती चली जा रही है, अब उसे अधिक टालना किसी हालत में भी उचित नहीं है। इसलिए मैंने निश्चय कर लिया है कि इस सम्बन्ध में मैं तुम्हारी ही बात मान लूँ। तुम अगर हिन्दू धर्म के अनुसार विवाह के लिए राजी नहीं हो, तो परवाह नहीं। मैं बौद्ध मत के अनुसार ही विवाह करने के लिए तैयार हूँ। किसी बौद्ध पुरोहित को पकड़कर मैं जल्दी ही बौद्ध धर्म स्वीकार कर लूँगा। बौद्ध धर्म को मैं हिन्दू धर्म की ही एक शाखा मानता हूँ।"

मनिया जैसे स्वप्न से चौंक उठी। "तुम यह क्या कहते हो?" आश्चर्य का भाव जताती हुई बोली—"मैंने कब तुमसे कहा कि तुम बौद्ध...ठीक है, कभी शायद मैंने कहा होगा। पर तब मैं नहीं जानती थी कि किस धर्म में क्या विशेषता है। आज भी मुझे बौद्ध धर्म की कोई जानकारी नहीं है। इसलिए मैं उसी धर्म को अपनाना पसन्द करूँगी जिसके बारे में मुझे कुछ सोचने-समझने का मौका मिला है। अभी मैंने ईसाई धर्म स्वीकार नहीं किया है। पर यह निश्चय जान लो कि अब मैं अपने मन और प्राण प्रभु ईसा को सौंप चुकी हूँ..."

"और शरीर?..." बिजली के वेग से मैंने प्रश्न किया।

मनिया ने जैसे ठिठककर एक बार बड़े गौर से मेरी ओर देखा। उसके बाद शान्त भाव से, धीमे स्वर में बोली—''मेरे शरीर से प्रभु को कोई मोह नहीं है!''

''तो तुमने यह दृढ़ संकल्प कर लिया है कि तुम विवाह तभी करोगी जब मैं ईसाई धर्म स्वीकार करूँ?''

''मैंने विवाह के सम्बन्ध में अभी कुछ भी निश्चय नहीं किया है!'' शान्त स्वर में मनिया ने कहा।

मुझे ऐसा अप्रत्याशित धक्का लगा कि मैं कुर्सी पर से गिरते-गिरते रह गया। तब क्या मेरी इतने दिनों की प्रतीक्षा, इतने दिनों का धैर्य, इतने दिनों का संयम सब निष्फल सिद्ध होगा? मैंने अपने से यह प्रश्न किया। यदि मेरे सारे त्याग और सेवा का यही मूल्य उसे चुकाना था तो उसने पहले ही क्यों स्पष्ट शब्दों में यह सूचित नहीं कर दिया? इतने दिनों तक मैं अच्छे चकल्लस में फँसा रह गया। मुश्किल यह थी कि अपने उस छोटे से, किन्तु निश्चित, उत्तर के बाद उसने मेरे लिये कोई बात ही कहने के लिए नहीं रख छोड़ी। मैं खिसियाकर चुप रह गया और एक नयी सिगरेट जलाने लगा।

मेरे मुख का भाव उस समय निश्चय ही अत्यन्त दयनीय हो उठा होगा, क्योंकि मैं इस कदर मर्माहत हो उठा था कि चाहने पर भी अपने मनोभाव की बाहरी अभिव्यक्ति को दबाने में अपने को नितान्त असमर्थ पा रहा था। सिगरेट जलाकर मैंने दियासलाई फर्राटे से दायीं ओर फेंक दी, और बायीं ओर की दीवार की ओर मुँह करके बड़ी तेजी से धुआँ उड़ाने लगा। मनिया की ओर मैंने देखा ही नहीं—देखने का साहस ही मुझमें नहीं रह गया था।

(20)

कमरे में एकदम सन्नाटा छा गया था। न मनिया ही कुछ बोलती थी न मैं। कुछ देर बाद परिपूर्ण मौन की वह स्थिति अत्यन्त अशोभन हो उठी, इसलिए मैं सहसा उठकर अपने कमरे में चला गया। वहाँ एक आरामकुर्सी पर बैठकर सिगरेट पीता हुआ ठण्डे मस्तिष्क से सारी स्थिति पर एकान्त भाव से विचार करने का प्रयत्न करने लगा। उस दिन की और कुछ महीने पूर्व की स्थिति में कितना परिवर्तन हो गया था; सबसे बड़ा दुःख और आश्चर्य की बात जो मुझे लग रही थी वह यह थी कि आज मनिया की तेजस्विता के आगे मेरा सारा मनोबल क्षीण पड़ गया था। मुझे वे दिन याद आये जब मैंने अपनी दृढ़ इच्छाशक्ति के प्रयोग से मनिया को 'हिप्नोटाइज' करके उसके प्रत्येक मनोभाव पूर्णतः अपनी इच्छानुसार परिचालित करने में सफलता पायी थी। आज भी मैं उसी हिप्नोटिक अस्त्र का प्रयोग करना चाहता था पर आज मैं अपने को इस कदर पस्त और पराजित अनुभव कर रहा था कि उसके प्रयोग का उत्साह ही मुझे नहीं मिल रहा था। मैंने सोचा कि वही एकमात्र अस्त्र ऐसा हो सकता है जो मनिया को मेरे अनुकूल पथ की ओर लौटा सकता है। इसलिए मैं पूरे बल से अपनी मनःशक्ति

को फिर से केन्द्रित करने के प्रयास में जुट गया। जब अपने भीतर मुझे काफी बल का अनुभव होने लगा, तब उस समय मार्मिक पीड़ा की अवज्ञा करने में मुझे सफलता मिल गयी जो मनिया के रूढ़ किन्तु निश्चित उत्तर से प्राप्त हुई थी। कुछ देर बाद सिल्विया मनिया को पढ़ाने आ पहुँची। मैंने देखा कि उसके मुख के भाव में इधर काफी परिवर्तन हो गया है। पहले मुझे देखते ही संकोच की जो जड़ता उसे घेर लेती थी उसका लेश भी अब नहीं दिखायी देता था। वह एक स्थिर गम्भीर दृष्टि से परिपूर्ण आत्म-विश्वास के साथ मेरी ओर देखकर दूसरे कमरे में चली गयी। मैं बाहर टहलने निकल गया, और निरन्तर परिस्थितियों के ऊपर—और ऊपर—उठने का प्रयास करता चला गया। यह मानसिक प्रयोग मुझे बहुत जँचा और लाभदायक मालूम हुआ।

सन्ध्या को जब मैं घर लौटा तब मेरे मन में ग्लानि की भावना तनिक भी शेष नहीं रह गयी थी। मनिया से मैं सहज शान्त और प्रसन्न भाव से मिला। मनिया ने जब मेरा यह बदला हुआ रूप देखा तब निश्चय ही उसे आश्चर्य हुआ होगा। उसकी आँखें भी यह बताती थीं। जब हम लोग खाना खाने बैठे तब मैं उसे बाहरी दुनिया की मनोरंजक घटनाओं का हाल हँस-हँसकर सुनाता रहा। न मैंने विवाह की कोई चर्चा चलायी न सिल्विया की; न भूत की और न भविष्य की। मनिया भी मेरी बातों से अच्छे विनोद का अनुभव करती हुई-सी जान पड़ी।

जब मेरा विनोदात्मक मनोभाव समाप्त हो गया और कमरे में कुछ समय के लिए मौन छा गया तब मनिया ने बहुत धीरे से, अत्यन्त शान्त स्वर में कहा—"तुमने आज दोपहर को जो बात मुझसे पूछी थी उसके सम्बन्ध में मैंने सोच लिया है..."

मर्म में गड़े हुए जिस काँटे को बड़े प्रयत्नों के बाद भूल पाया था उसे मनिया ने फिर कुरेद दिया। मैं बोला कुछ नहीं, केवल आहत भाव से, व्याकुल उत्सुकता-भरी दृष्टि से उसकी ओर देखता रहा। मुँह से मैंने इतना भी नहीं पूछा कि "तुमने क्या सोचा है?" पूछने का साहस या प्रवृत्ति ही मुझे नहीं हुई।

मुझे मौन देखकर मनिया स्वयं बोली—"मैं विवाह के लिए तैयार हूँ, पर शर्त वही है—कि हम दोनों नियमित रूप से ईसाई धर्म स्वीकार कर लें!"

मेरे मन का सारा सन्तुलन उलट गया और संयम ढह गया। मेज पर जोर से हाथ पटकते हुए मैंने झल्लायी हुई आवाज में कहा—"ऐसा हर्गिज नहीं हो सकता, मनिया! मैं ईसाई धर्म स्वीकार करने को कतई तैयार नहीं हूँ—विशेषकर उस हालत में जब कि उसकी कोई आवश्यकता नहीं है।"

तुम्हें आवश्यकता नहीं है, पर मुझे तो है!" शान्त किन्तु दृढ़ स्वर में वह बोली।

"तुम्हें क्या आवश्यकता है?" रूढ़ स्वर में मैंने कहा—"तुम बौद्ध हो और बौद्ध धर्म में ही तुम्हें डटे रहना चाहिए। मैं तुम्हारी खातिर बौद्ध धर्म स्वीकार करने को तैयार हूँ, क्योंकि, जैसा कि मैं कह चुका हूँ, उसे मैं हिन्दू संस्कृति का ही एक अंग समझता हूँ।"

"पर अब यह सम्भव नहीं है। मैं तुम्हें बता चुकी हूँ कि मैं प्रभु ईसा के चरणों में अपना मन-प्राण अर्पित कर चुकी हूँ। अब केवल एक ही रास्ता तुम्हारे और मेरे बीच शारीरिक और मानसिक सम्बन्ध स्थापित हो सकने का रह गया है। तुम चाहो तो उसे अपना सकते हो, और न चाहो तो न सही। जिस तरह इतने दिनों तक हम दोनों इतने निकट रहने पर भी एक-दूसरे से एकदम दूर और अलग रहे हैं वही क्रम आगे भी चल सकता है। तुमने मेरे लिये बहुत-कुछ किया है, और तुम्हारे ही कारण सिल्विया से मैं मिल पायी, इसके लिए बराबर तुम्हारी ऋणी रहूँगी। साथ ही मैं तुम्हें यह भी बता दूँ कि जब तक तुम अपने से मुझे छोड़कर नहीं चले जाओगे तब तक मैं कभी तुम्हारा सहसा साथ नहीं छोड़ूँगी। पर जो निश्चय मैं कर चुकी हूँ उससे हटना सम्भव नहीं है..."

सहसा मेरे भीतर की सम्मोहन-शक्ति जाग्रत हो उठी जो इधर कुछ दिनों से एकदम सो-सी गयी थी। मैंने स्थिर दृष्टि से मनिया की ओर देखते हुए दृढ़ स्वर में कहा—"देखो मनिया, तुम्हारा निश्चय भ्रमपूर्ण है। उससे तुम अपने-आपको धोखा दे रही हो। तुम्हें ईसाई धर्म की ओर से मुँह मोड़ना होगा, और जिस रास्ते पर मैं चलने को कहता हूँ उधर ही चलना होगा। सिल्विया तुम्हारी घोर शत्रु है, उसका साथ तुम्हें छोड़ना होगा, और उसी धर्म में रहना होगा जिसे तुम्हारा बब्बा..."

सहसा एक विचित्र ठहाका सुनकर मैं जैसे स्वप्न से उचक उठा। पहले क्षण तो मैं इस चक्कर में रहा कि अट्टहास का वह शब्द आया किधर से। दूसरे ही क्षण मैंने देखा, मनिया एक ऐसे विचित्र स्वर में हँस रही है जैसा मैंने पहले कभी उसके मुँह से नहीं सुना था। हास्य के उस विस्फोट से मेरी 'सम्मोहन-शक्ति' बिखरकर चूर-चूर हो गयी। और तब मैंने जाना कि जिस शब्द को मैं अट्टहास समझे बैठा था वह वास्तव में मनिया की वही खिलखिलाहट थी, जिसे मैं कई बार पहले सुन चुका था। मेरे मन की उस समय की अपेक्षाकृत असाधारण स्थिति में वह खिलखिलाहट मुझे किसी के अट्टहास की तरह ही लगी थी।

उस खिलखिलाहट से मैं अत्यन्त लज्जित होकर अपनी पीठ कुर्सी की पीठ से अड़ाकर अपने दोनों हाथों से कुर्सी की दोनों बाँहों को पकड़ता हुआ हताश भाव से मनिया की ओर देखता रह गया! आज पहली बार सम्मोहन-कला में अपनी इतनी बड़ी असफलता देखकर मेरा ध्यान अपनी नीचता की ओर गया। मुझे यह अनुभव होने लगा कि एक ऐसी ठगी में रँगे हाथों पकड़ा गया हूँ जो इतने दिनों तक मनिया से छिपी थी और आज जिसकी पोल मेरी चरम हीनता के कारण खुल गयी है। मैं सोचने लगा कि मेरी उस 'अप्रत्याशित' असफलता का कारण क्या हो सकता है? क्या मनिया ने इस बीच सचमुच अपने भीतर इतनी बड़ी शक्ति जगा ली है कि मेरी इच्छाशक्ति का कोई प्रभाव अब उस पर नहीं पड़ सकता? या मेरे ही भीतर इतनी कमजोरी आ गयी है कि उस परिपूर्ण आत्मविश्वास, उस दृढ़ इच्छाशक्ति का अब मुझमें अभाव हो गया

है जो इतने दिनों तक मनिया को इधर-उधर भटकने से रोककर अपनी ओर खींच लायी थी? अथवा दोनों ही कारणों की सम्मिलित प्रतिक्रिया से ऐसा सम्भव हुआ है?

(21)

मनिया का खिलखिलाना अभी बन्द नहीं हुआ था। मेरा अपराधी मन अपनी हीनता के बोझ से अधिकाधिक संकुचित हुआ चला जा रहा था। मैं लज्जा से गड़ा जा रहा था और उससे आँखें मिलाने का साहस मुझमें नहीं रह गया था। आत्मलघुता की इतनी विकट अनुभूति मुझे पहले कभी नहीं हुई थी।

जब उसका कहकहा कुछ थमा तो अपनी आँखें पोंछती हुई वह बोली—"तुम्हारी हँसी करने की आदत से मैं परिचित थी, पर यह नहीं जानती थी कि तुम इतने बड़े नाटकी भी हो! अरे बाप रे! तुमने तो आज वह रूप दिखा दिया कि पहले तो मैं सचमुच डर गयी थी। पर बाद में जब मैं समझ गयी कि तुम नाटक कर रहे हो तब मेरी हँसी रोके नहीं रुकी! ओफ!" और फिर एक बार उसने हँसी के कारण निकले हुए आँसू अपने आँचल से पोछ डाले।

खिसियानी बिल्ली खम्भा नोचती है और मैं भी मूर्खों की तरह मुस्कराने की चेष्टा करता हुआ कुर्सी कि बाँह को अपने नाखून से खुरचने लगा। एक बार मेरे मन में इच्छा हुई कि अपनी सफाई में उसकी धारणा का समर्थन करता हुआ कह दूँ कि मैंने सचमुच उसे हँसाने के उद्देश्य से नाटक ही रचा था। पर अपनी अन्तःशक्ति के पूर्ण प्रयोग के बाद जो मार्मिक असफलता मुझे मिली थी उसने मुझे इस कदर पराजित कर दिया था कि अब बनने की भी स्फूर्ति मुझमें नहीं रह गयी थी। अपनी दीनता पर मुझे स्वयं तरस आ रहा था और यह आशंका होने लगी थी कि मैं प्रतिक्रियास्वरूप कहीं सचमुच मनिया के आगे ही रो न पड़ूँ। कुछ देर तक सिर झुकाये, कुर्सी की बाँह को खुरचता हुआ मौन बैठा रहा, उसके बाद सहसा उठ खड़ा हुआ, और यह कहकर कि—"मुझे बहुत थकान मालूम हो रही है, इसलिए मैं सो जाना चाहता हूँ।" अपने कमरे में चला गया।

बत्ती बुझाकर जब मैं पलँग पर लेट गया तब देर तक तो मैं कुछ सोच ही न पाया। एक अत्यन्त तीखी वेदना केवल मेरे मन को ही नहीं, बल्कि मेरे शरीर की भी नस-नस को मरोड़ रही थी, जिसके कारण ऐसी टीस-सी उठती थी कि जोर से कराह उठने को जी कर रहा था। मैं सचमुच कराह उठता यदि मुझे यह डर न होता कि मनिया मुझे कराहते सुनकर मेरा हाल पूछने के लिए मेरे कमरे में न चली आवे। मेरे मन की जैसी दशा उस समय चल रही थी उसमें मनिया की उपस्थिति मेरे लिये घातक सिद्ध होती।

धीरे-धीरे मेरा चित्त जब कुछ स्थिर हुआ और पीड़ा कुछ कम हुई तब मैं सारी परिस्थिति को सोचने-समझने का प्रयत्न करने लगा। मैं सोचने लगा कि यह सब क्या काण्ड आज हो गया! कितनी बड़ी मूर्खता मुझसे हो गयी! मेरी सारी कलई मनिया के आगे कैसे हास्यापद रूप में खुल गयी! मनिया के मन में उसकी क्या प्रतिक्रिया होगी?

अभी तो उसने इंगित के रूप में केवल इतना ही कहा है कि मैं कितना बड़ा 'नाटकी' हूँ। पर 'नाटकी' शब्द का अर्थ उसके मन में निश्चित रूप से काफी व्यापक होगा। यह सम्पूर्ण सम्भव है कि 'नाटकी' शब्द का अर्थ वह इस रूप में करती होगी—"तुम कितने बड़े धूर्त हो आज मैं यह जान गयी हूँ। आज तक मुझसे तुम्हारा यह रूप छिपा जरूर था, पर इतना तो मैं पहले ही से जान गयी थी कि तुम कोई साधारण कलाबाज नहीं हो। मेरी दुकान से एक-एक करके बेकाम की चीजें खरीदते रहने के बाद एक दिन तुमने मेरा पूरा टाट ही उलट डाला और फिर धीरे-धीरे जिस धूर्तता-भरी कला से तुमने मुझे अपने जाल में फाँसा उसकी पोल आज खुल गयी है। आज आईने की तरह तुम्हारा सारा भीतरी हुलिया मेरे आगे स्पष्ट हो गया है। अब तुम्हारी कोई चाल भविष्य में नहीं चल सकेगी!..." मुझे लगा कि मनिया जैसे प्रत्यक्षवत् मेरे पास आकर मेरे कान में यह बात कह रही है! सोच-सोचकर ऐसी उत्कट आत्मग्लानि मेरे मर्म को पीड़ित करने लगी कि रह-रहकर मुझे अपना सिर पीटने की इच्छा होने लगी।

"पर मेरी मनःशक्ति का आज जो इतना बड़ा पतन सम्भव हुआ उसका वास्तविक कारण क्या हो सकता है?"—मैंने अपने-आपसे यह प्रश्न किया इसके पहले मनिया के ऊपर मैंने सम्मोहन के जितने भी प्रयोग किये वे कभी व्यर्थ नहीं गये। मेरे मन में यह दृढ़ धारणा जम चुकी थी कि सम्मोहन के प्रयोग के लिए उससे अच्छा पात्र कोई नहीं मिल सकता। जितनी आसानी से वह सम्मोहन के अस्त्र से प्रभावित हो उठती थी उतनी आसानी से किसी दूसरे पर प्रभाव डाल सकना मैं सम्भव नहीं समझता था। तब आज क्या बात हो गयी? माना कि इधर उसने 'प्रभु ईसा के चरणों में अपना मन-प्राण अर्पित करने' के फलस्वरूप यथेष्ट मनोबल प्राप्त कर लिया है, पर उसकी प्रकृति की भावुकता तो अब भी कुछ कम नहीं हुई, बल्कि पहले से बढ़ ही गयी है। जिस भावमग्नता से वह आधी रात में क्रास के आगे माथा नवाकर आँसू गिरा रही थी उसे मैं प्रत्यक्ष देख चुका हूँ। कायदे से ऐसे भावुक व्यक्तियों पर हिप्नोटिज्म का प्रभाव आसानी से पड़ना चाहिए। और यह भी बहुत सम्भव है कि किसी के हिप्नोटिज्म के प्रभाव से वह अपना हृदय 'प्रभु ईसा' को दे चुकी है। तब क्या सिल्विया भी हिप्नोटिज्म की कला में प्रवीण है? निश्चय ही यही बात है। केवल इतना ही नहीं, उसका अभ्यास इस कला में इतना अधिक बढ़ा हुआ है कि उसने मनिया के अन्तर्मन में बहुत गहरी खुदाई करके अपना अभीष्ट बीज बोया है। मैं उतने गहरे तक न पहुँच सका, इसलिए आज मेरी सारी कला का तीर उसके सचेत मन के कुछ ही नीचे तक पहुँचकर छिटककर बाहर लौट आया!"

मैं उस दिन की याद करने लगा जब मनिया ने निश्चित शब्दों में मुझे बताया कि मैं दो सौ क्या हजार-दो हजार रुपया भी उसे दूँ तो अब दुबारा वह दुकान नहीं खोलेगी और 'बाबा, कोई इस गरीब लाचार को एक पैसा दे दो, भगवान् तुम्हारा भला करे!' कहती हुई दर-दर भीख माँगती फिरेगी। और फिर अपने पिछले जीवन की मार्मिक

कहानी और अपनी हत्यारी माँ के जीवन का लोमहर्षक वृत्तान्त सुना चुकने के बाद वह जाने लगी थी तब उसकी निपट निराश्रयावस्था और अनिश्चित भविष्य का विचार करके मेरा हृदय आशंका से किस कदर हिल उठा था, और अन्तर के उस मार्मिक आन्दोलन के ही फलस्वरूप सहसा एक अपूर्व आत्मिक बल, एक उदात्त स्फूर्ति मेरे भीतर जग उठी थी। उसी उदात्त मानसिक स्थिति में मैंने मनिया की ओर स्थिर दृष्टि से देखते हुए परिपूर्ण आत्मविश्वास के साथ अत्यन्त गम्भीर और दृढ़ स्वर में कहा था—''देखो मनिया, तुम अब कहीं नहीं जा सकती...तुम्हारा मन इस समय से एकदम मेरे वश में हो चुका है, यह जान लो! मैं तुमसे जैसा करने को कहूँगा वैसा तुम्हें करना होगा।'' और तब मेरी आत्मा के भीतर से निकले हुए उस आदेश को उसकी विद्रोही आत्मा ने शान्त भाव से, बिना तनिक भी संघर्ष के पूर्णतः स्वीकार कर लिया था। वह भी एक दिन था और आज भी एक दिन है जब मेरे उसी ढंग के हिप्नोटिक आदेश को मनिया ने अट्टहास के साथ ठुकरा दिया है। ऐसा कैसे सम्भव हुआ? ''ठीक है!'' सहसा एक बिजली का-सा प्रकाश मेरे भीतर जागते ही मैंने अपने-आपसे कहा—''इसका मूल कारण मैं स्वयं हूँ, दूसरा कोई नहीं।'' तब मेरी सफलता का कारण यह था कि तब मैं मनिया की सच्ची मंगल-कामना से प्रेरित होकर, उसकी दयनीय परिस्थिति को देखते हुए आन्तरिक करुणा से सच्चा आत्मिक बल पाकर उसके मन को प्रभावित करने को उद्यत हुआ था। पर आज मैं उसकी वास्तविक कल्याण-कामना से प्रेरित न होकर अपनी स्वार्थहानि की आशंका से ईर्ष्या-दग्ध होकर कृत्रिम मानसिक बल के प्रयोग से उसे 'हिप्नोटाइज' करने चला था। इसलिए आज यदि मैं अत्यन्त हास्यास्पद रूप से असफल हुआ हूँ तो इसमें आश्चर्य की बात नहीं है। यह अच्छा ही हुआ कि आज मेरे लुच्चेपन की पोल उसके आगे खुल गयी, नहीं तो मेरे भीतर जो अत्यन्त नीच प्रवृत्ति इतने दिनों तक दबी पड़ी थी वह न जाने कब पूरे वेग से उभरकर क्या नंगा रूप उसे दिखा बैठती! आज तक उसके आगे मैं मेमने का जो रूप धारण किये हुए था वह एक-न-एक दिन उघड़ता ही। मेरे सचेत मन में न सही, मेरे अज्ञात मन में यह धड़का सब समय लगा हुआ था कि न जाने कब, किस असावधानी के क्षण में मनिया के आगे मेरा पर्दाफाश हो जाय। आज वह धड़का समाप्त हो गया। अब मैं निश्चिन्त हूँ। अब मेरी वास्तविकता से परिचित होने के बाद वह चाहे मुझे फाँसी दे दे, चाहे अपने अन्तर की सहज, सरल उदारतावश मुझे क्षमा कर दे। मेरे लिये समस्त अन्तर्ग्लानि के मुक्त होने का अब केवल एक ही रास्ता है—मैं अपने को पूर्णतः उसी की दया पर छोड़ दूँ। दाता के तीन गुण—दे, न दे, छीन ले। इन तीनों में से किसी भी स्थिति को यथारूप स्वीकार कर लेने के लिए मुझे तैयार हो जाना चाहिए। आज तक मैं उसके मन पर अपना आदेश लादने के फेर में रहता था, अब मेरे लिये प्रायश्चित्त का केवल यही उपाय है कि मैं उलटे उसके प्रत्येक आदेश—प्रत्येक इंगित—के अनुसार चलूँ। हाँ, इसके सिवा और कोई दूसरी गति मेरे लिये नहीं रह गयी है—तभी मैं अपने

भीतर की अपराध-भावना के बोझ से छुटकारा पा सकता हूँ। ठीक है, कल ही मैं मनिया से क्षमा माँगता हुआ उसके चरणों में आत्मसमर्पण कर दूँगा..."

इस तरह के भावुकता-भरे विचार तत्कालीन मानसिक हिस्टीरिया से ग्रस्त दशा में मेरे भीतर उमड़ते चले गये। सारी रात मैं इसी सन्निपात-की सी अवस्था में मन-ही-मन बड़बड़ाता रहा। बीच में कुछ देर के लिए जब झपकी आयी तब स्वप्न की अवस्था में भी उसी तरह की विचारधारा कायम रही। पर जब सुबह हुई तब न जाने मेरी सारी भावुकता कहाँ काफूर हो गयी। रात में मनिया से क्षमा माँगने का जो निश्चय मैंने किया था अब उसके लिए तनिक भी प्रेरणा मुझे नहीं मिलती थी। उठकर हाथ-मुँह धोकर मैंने अपने लिये चाय अपने ही कमरे में मँगा ली। नवम्बर का महीना था। सर्दी काफी पड़ने लगी थी। मेरे आदेशानुसार मेरा नौकर किशनसिंह मेरे कमरे की दीवार से लगी अँगीठी में पत्थर के कोयले सुलगा गया था। मैं गरम ड्रेसिंग-गाउन से अपने को अच्छी तरह लपेटकर अँगीठी के पास एक कुर्सी पर बैठकर धीरे-धीरे चाय पीने लगा।

मनिया सम्भवतः ड्राइंग-रूम में मेरा इन्तजार कर रही थी। जब काफी देर हो गयी और मैं अपने ही कमरे में बैठा रह गया तब वह मेरे कमरे में चली आयी। उसका मुख अत्यन्त गम्भीर किन्तु उतना ही प्रशान्त भी था।

"आज क्या तुम्हारी तबीयत खराब है?" उसने अपनी सहज कोमल वाणी में पूछा।

मैंने उसकी ओर बिना देखे ही धीमे और अस्पष्ट स्वर में उत्तर दिया—"ठीक है।"

"पर आज चाय पीने तुम ड्राइंग-रूम में नहीं आये?"

"तबीयत ठीक नहीं थी!" उसी अस्पष्ट और धीमे स्वर में मैंने कहा।

"अभी तुमने बताया कि तबीयत ठीक है, और अब कह रहे हो कि तबीयत ठीक नहीं है। कुछ समझ में नहीं आता!" स्वाभाविक भोलेपन के साथ मनिया ने कहा। पर तत्काल व्यंग्य का हलका छींटा कसती हुई बोली—"मालूम होता है इन दोनों के बीच की कोई बात है। किशनसिंह!"

"हाँ जी!" भीतर से किशनसिंह बोला।

"मेरी चाय भी इसी कमरे में ले आओ।"

"बहुत अच्छा जी!" कहकर किशनसिंह चाय लाने ड्राइंग-रूम की तरफ गया।

मैं संकोच की एक अजीब, अस्वाभाविक अनुभूति से गड़ा जा रहा था। पर उस संकोच के साथ अभिमान का भी मिश्रण काफी था, यह शायद मनिया के आगे भी स्पष्ट हो चुका था।

मनिया स्वयं ही एक कुर्सी उठाकर मेरी बगल में, अँगीठी के सामने बैठ गयी।

"हाथ देखूँ, कहीं बुखार तो नहीं आ गया।" कहकर सहसा मनिया ने अप्रत्याशित रूप से मेरा बायाँ हाथ पकड़ लिया और कुशल और अनुभवी डॉक्टर की तरह मेरी नब्ज देखने लगी। वह पहला स्पर्श था जो उसने अपनी शान्त, स्वस्थ और स्वाभाविक मनोदशा

में स्वेच्छा से मुझे प्रदान किया था। मेरे सारे संकोच और अभिमान के बावजूद वह स्पर्श मुझे बहुत ही प्रिय लग रहा था।

कुछ देर तक वह मेरे हाथ की नाड़ी पकड़े रही। फिर बोली—''हरारत है। अभी गोल मिर्च और तुलसी की पत्ती की चाय बनवा दूँगी। आधे घण्टे में सारी हरारत जाती रहेगी।''

अपनी उस समय की तूफानी मानसिक स्थिति में भी मुझे उसकी बात के ढंग से मन-ही-मन हँसी आने लगी। पर मैं न हँसा, न कुछ बोला। चाय का प्याला ख़तम कर चुकने के बाद मैंने उसे चुपचाप नीचे रख दिया और दोनों हाथों की हथेलियों को अँगीठी की ओर फैलाकर आग तापने लगा।

किशनसिंह मनिया की चाय ले आया था, और गरम-गरम 'टोस्ट' भी। एक टोस्ट मेरी ओर बढ़ाती हुई मनिया आग्रह के साथ बोली—''लो, तुम भी खाओ। गरम टोस्ट तुम्हें लाभ पहुँचायेगा।''

''मुझे इच्छा नहीं है।'' उसकी ओर बिना देखे ही, मरी हुई जबान से मैंने कहा।

''आज तुम मुझसे बहुत नाराज हो!'' टोस्ट को अपने दाँतों से काटती हुई वह बोली।

''मैं किसी से नाराज नहीं हूँ?'' पहले से भी धीमे और अस्पष्ट स्वर में मैंने कहा।

''यह देखो, तुम्हारी आवाज ही बताती है कि तुम नाराज हो!'' प्रायः हँसते हुए और टोस्ट को चबाते हुए मनिया ने कहा।

''कोई अगर ऐसा ही समझने का हठ करे तो उसका क्या इलाज है!''

''पर कल तुम्हारा नाटक बड़े मजे का रहा!'' प्रायः ठहाका मारती हुई वह बोली। वह जब कमरे में आयी थी तब उसके स्वर में गम्भीरता थी, करुणा थी और थी सहज-स्निग्ध भाव से उस अशोभन वातावरण को दूर करने की भावना, जिसे मैंने अपने मूर्खतापूर्ण दुराग्रहवश कल रात से ही उत्पन्न कर रखा था। पर मेरे रुख में कुछ भी परिवर्तन न देखकर स्पष्ट ही मेरे हठ की प्रतिक्रिया मनिया के मन पर भी हुई थी। उसी का यह फल था कि उसने हास्य और व्यंग्य का हलका-सा छिड़काव आरम्भ कर दिया था। उसके अन्तिम छींटे से मैं तिलमिला उठा। मेरी सारी ग्लानि और सारा संकोच पल में काफूर हो गया, और मेरी निर्लज्जता धृष्टता लौट आयी। मैं सीधा बैठ गया और निस्संकोच भाव से मनिया की ओर देखता हुआ बोला—''नाटकीय व्यक्तियों के साथ नाटकीय कला का ही प्रयोग किया जा सकता है।''

''तो क्या मैं 'नाटकीय व्यक्ति' हूँ?'' अत्यन्त मधुरता से खिलखिलाते हुए उसने कहा, और फिर एक दूसरा टोस्ट हाथ में लेकर उसे भी दाँतों से काटने लगी।

''तुम नाटकीय नहीं तो क्या हो! जिस व्यक्ति के मन में अकस्मात् दूसरे के धर्म के प्रति इस हद तक आसक्ति हो जाय कि आधी रात में एक क्रास के आगे माथा झुकाकर आँसू गिराती रहे उसे 'नाटकीय' नहीं तो और क्या कहा जाय!''

अकस्मात् उसकी हास्यप्रियता लुप्त हो गयी और उसका मुख असाधारण रूप से गम्भीर हो आया। कुछ देर तक मेरी ओर एकटक देखती हुई वह बोली—"तो तुमने आधी रात में मुझे प्रार्थना करते हुए देख लिया है? पर इसमें 'नाटकीयता' की कौन-सी बात है? मैं तुम्हें विश्वास दिलाती हूँ कि मैं कोई पाखण्ड रचने के इरादे से प्रार्थना नहीं करती हूँ। मन में न जाने कहाँ से एक लहर-सी उठती है और मैं प्रभु के ध्यान में मग्न हो जाती हूँ। जब प्रभु को काँटों का ताज पहनाकर सूली पर चढ़ाया गया था, उनके दोनों हाथों और दोनों पाँवों पर बड़ी-बड़ी कीलें ठोंककर सूली से बाँध दिया गया था, काँटों से बिंधे हुए उनके माथे से खून की धारा बह रही थी और दुष्ट लोग उनके प्रेम और शान्ति के सन्देश के बदले में उन्हें वह दण्ड देकर, उन्हें देखकर राक्षसों की तरह ठहाका मार रहे थे तब उन्होंने मरते-मरते भगवान् से प्रार्थना की थी—'हे प्रभु, इन लोगों को क्षमा करना, क्योंकि वे नहीं जानते कि वे क्या कर रहे हैं!' उन नीचों के प्रति तनिक भी वैर का भाव उनके मन में नहीं जगा और न अपने भाग्य को ही उन्होंने कोसा। सबको क्षमा करते हुए, सारी पीड़ा को प्रेमपूर्वक सहन करते हुए वह दिव्य ज्योति में लीन हो गये। उनके उस समय के उस स्वर्गीय रूप का ध्यान करके मेरी आत्मा से, मेरे भीतर की सारी ग्लानि पिघल-पिघलकर आँसुओं के रूप में बाहर निकल जाती है और एक पवित्र, निर्मल भावना मेरे दुःखी और पापी प्राणों में छा जाती है। ध्यान की उस अवस्था में मेरी माँ की मूर्ति भी मेरे आगे प्रकट हो जाती है—हत्यारी के रूप में नहीं, बल्कि प्रभु के पुनीत स्पर्श से पवित्र अपार स्नेहमयी जगन्माता के रूप में...उस अपूर्व अनुभूति के क्षणों में मेरी आत्मा जिस स्वर्गीय सुख की भावना से गद्‌गद हो जाती है उसे मैं किसी को कैसे समझाऊँ! सच मानो, मैंने एक भी बात तुमसे बढ़ाकर नहीं कही है। तुम मुझ पर जो आरोप लगा रहे हो, उसके लिए मैं तुम्हें दोष नहीं देती हूँ, पर यह जान लो कि वह गलत है और उससे मेरे प्राणों को भारी पीड़ा पहुँची है..."

उसके जो आँसू पहले ही से उमड़ने लगे थे वे अब पूरे वेग से बहने लगे। उनकी अविरल धारा किसी तरह रुकना ही नहीं चाहती थी।

वह निरन्तर आँसू गिराती और बार-बार दोनों हाथों से उन्हें पोंछती जाती थी। वह रोती हुई कहती गयी—"मैं देख रही हूँ कि इधर कुछ दिनों से मेरे प्रति तुम्हारे बर्ताव में बहुत अन्तर आ गया है। फिर भी मैं तुम्हारी रुखाई को, तुम्हारे तानों को चुपचाप सहती चली जा रही हूँ। आज मैं जब तुम्हारे पास आयी तब मैंने अपने मन में यह निश्चय कर रखा था कि तुम चाहे कैसी ही कड़ी और कड़वी बात क्यों न कहो, मैं शान्त रहूँगी और भरसक उन्हें हँसी में टालती जाऊँगी। पर तुम तो जैसे इस बात पर तुले हो कि प्रतिक्षण मेरे मर्म पर चोट पहुँचाये बिना न रहोगे। तुम्हें यह कतई पसन्द नहीं है कि मैं एकान्त उपासना के सहारे अपने मन के गहरे घावों को भुलाये रहूँ, अपने भीतर की अशान्ति को, जलन को एक क्षण के लिए भी ठण्डा कर पाऊँ। मेरी धार्मिक भावुकता, मेरी भक्ति-भावना तुम्हें जैसे काटे खाती है। तुम साफ कह क्यों नहीं देते

कि तुम्हारे यहाँ अब मेरे लिये जगह नहीं है! मैं उसी क्षण चली जाऊँगी...'' वह आँसू पोंछती जाती थी, पोंछते-पोंछते उसकी दोनों आँखें लाल हो आयी थीं, तथापि आँसू थमते नहीं थे। न जाने अन्तर के किस अदृश्य और अक्षय 'रिजर्वायर' से वह अविरल धारा प्रवाहित होती चली जाती थी! उसके हृदय का बाँध आज पूरे विस्फोट के साथ एक छोर से दूसरे छोर तक टूट पड़ा था। वह परिपूर्ण भावोद्वेलन, भावुकता की वह सीमाहीन बाढ़ मेरे हृदय को भी दुर्दमनीय वेग से छाकर उसे डुबो देने के लिए पागलों की तरह पछाड़ खाती हुई उछलती चली गयी।

मैं रह न सका। मेरे आगे से पूर्व संस्कारों का सारा अवरोध, और बौद्धिक तर्कों की सारी रुकावटें उस महाप्लावन में ढहकर लुप्त हो गयीं। मेरी आँखें भी प्रायः भर आयीं। मैंने भर्रायी हुई आवाज में कहा—''मनिया, मैं तुम्हारे पैरों पड़ता हूँ। अपनी सभी गलतियों के लिए तुमसे आन्तरिक क्षमा चाहता हूँ। मैं तुम्हें विश्वास दिलाऊँ कि मेरा उद्देश्य वैसा नहीं था जैसा तुम समझे बैठी हो। पर यह मैं अब मानता हूँ कि मेरे अनजान में मुझसे भारी भूलें हुई हैं। अब से मैं कभी तुम्हारी उपासना में कोई विघ्न नहीं डालूँगा। तुम्हें अपने विश्वास और श्रद्धा के अनुसार चलने की पूरी स्वतन्त्रता है। मुझे क्षमा कर दो मनिया, और अब शान्त हो जाओ!''

बड़ी मुश्किल से उसे समझा-बुझाकर किसी हद तक शान्त कर पाया।

(22)

मेरे मन में कई दिनों से एक बार सिल्विया से एकान्त में बातें करने का विचार उठ रहा था। जिस रहस्यमयी नारी ने मनिया की भावनाओं में ऐसा आमूल परिवर्तन उत्पन्न कर दिया था, और उसे अपने प्राणों की गहरी पीड़ा को भूलने का एक अचूक उपाय बता दिया था, धार्मिक विश्वास की एक ऐसी सफेद आग उसके मन में सुलगा दी थी जिसके ताप से उसके प्राणों की बर्फ की तरह जमी हुई सारी जड़ता पिघलकर सहस्रों छोटी-बड़ी नदियों की धाराओं से पुष्ट, विशाल नद की तरह फैल गयी थी, उससे मिलकर मैं यह जानना चाहता था कि अपने भीतर की किस शक्ति के प्रयोग से उसने इतनी बड़ी सफलता पायी है। पर उससे एकान्त में मिलने का कोई सुयोग ही मुझे नहीं मिल रहा था। मुझे देखते ही वह कतराकर अलग हट जाती थी। मेरी उपस्थिति में उसकी संकोचशीलता असाधारण रूप से बढ़ जाती थी। उसके घर पर तो कोई सुविधा हो ही नहीं सकती थी, क्योंकि वहाँ वह चौबीसों घण्टे अपनी माँ और बहन से घिरी रहती थी, और मेरे यहाँ भी यह सम्भव नहीं था, क्योंकि मनिया की उपस्थिति में मैं सिल्विया से यह नहीं कह सकता था कि ''तुमने क्यों और कैसे उसे बहकाया है?'' इसलिए इस समस्या का समाधान तभी हो सकता था जब कहीं तीसरी ही जगह एकान्त में उससे मेरी बातें हो पातीं। पर ऐसा अवसर मिलता ही नहीं था, और साथ ही निश्चित था कि बिना सिल्विया से बातें हुए मैं कोई भी नया कदम उठा नहीं सकता था। जिस

दिन मनिया की भावुकता का बाँध पूरे वेग से टूट पड़ा था उस दिन से मैं सिल्विया से बातें करने की आवश्यकता को और अधिक तीव्रता से अनुभव करने लगा था।

मैं सुयोग की ताक में रहने लगा। अन्त में एक दिन मुझे वह सुयोग मिल ही गया। उस दिन सुबह की चाय पी चुकने के बाद जब मनिया अपने कमरे में बैठी हुई किसी ईसाई सन्त की जीवनी अंग्रेजी में पढ़ रही थी, मैं उसे सूचित करके टहलने के इरादे से बाहर निकल गया। कुछ ही दूर तक मैंने चढ़ाई पार की होगी कि मैंने देखा मुझसे प्रायः दस कदम आगे सिल्विया अकेली चली जा रही है। उसके एक हाथ में बड़ा-सा झोला था, दूसरे हाथ में मनीबैग। इससे अच्छा अवसर फिर दूसरा नहीं मिल सकता, यह सोचकर मैं बड़ी फुर्ती से तेज कदम रखता हुआ आगे बढ़ा। जब मैं केवल दो ही कदम पीछे रह गया तो मैंने कहा—"गुड मार्निंग, मिस रालिन्सन!"

उसने चौंककर पीछे की ओर देखा। मैं मुस्करा दिया। वह अत्यन्त संकुचित भाव से, बहुत धीमी आवाज में बोली—"गुड मार्निंग!"

"मिस रालिन्सन, जरा ठहर जाइये, आपसे कुछ जरूरी बातें करनी हैं।" मैंने कहा।

वह खड़ी हो गयी, पर उसके पाँव काँप रहे थे। मुझे भय हुआ, कहीं वह गिर न पड़े। उसके पास पहुँचकर मैंने कहा—"चलिये, हम लोग धीरे-धीरे चलते रहें और बातें भी करते रहें। आप आज इतने सवेरे अकेले कहाँ जा रही हैं? आज जूलिया आपके साथ नहीं है!"

"आज माँ की तबीयत ठीक नहीं है। पाँवों में वात हो गया है, इसलिए खाना जूलिया ही बना रही है।"

"ओह, मुझे दुःख हुआ यह सुनकर। मैं उनके पास जाऊँगा! मेरे पास वात की एक अचूक दवा है, उसे ले जाऊँगा। अच्छा मिस रालिन्सन, यह तो बताइये कि मनिया की पढ़ाई आजकल कैसी चल रही है?"

"वह तो अब धड़ल्ले से अँगरेजी बोल लेती हैं। कठिन-कठिन पुस्तकों के पढ़ने में उनका जी लगने लगा है..." धीमे स्वर में, संकुचित भाव से सिल्विया बोली।

वह अभी तक हिन्दी में ही मुझसे बातें कर रही थी। मैं भी हिन्दी में ही बोल रहा था। पर सहसा मैंने अँगरेजी शुरू कर दी।

"हाँ, उस रोज वह फ्रान्सिस टामसन की एक किताब पढ़ रही थी—शायद 'इमिटेशन आफ क्राइस्ट' उसका नाम था। एक दिन सेण्ट आगास्टिन की स्वीकारोक्तियाँ पढ़ रही थी; कल सेण्ट टेरेसा की गाथा पढ़ रही थी..."

सिल्विया का चेहरा गर्व के भाव से दीप्त होने लगा था।

मैं कहता चला गया—"मैं आपसे पूछता हूँ कि उसका जी केवल धार्मिक पुस्तकों में ही—विशेषकर ईसाई मत से सम्बन्धित धार्मिक पुस्तकों में—क्यों लगता है? दूसरे विषयों की पुस्तकें वह क्यों नहीं पढ़ना चाहती है? मैं केवल जानकारी के लिए आपसे पूछ रहा हूँ, किसी और दृष्टि से नहीं।"

सिल्विया ने इस बार पूरी दृष्टि से मेरी ओर देखा—शायद मेरे मुख के भाव से यह जानने के लिए कि वास्तव में मेरा उद्‌देश्य क्या है। उसके बाद उसने अँगरेजी में कहा—"तो क्या धार्मिक पुस्तकों का पठन आप अच्छा नहीं समझते?"

"नहीं, नहीं, मेरी बात को गलत न समझें, मिस रालिन्सन," अपने स्वर में आश्वासन का भाव भरने का प्रयत्न करते हुए मैंने कहा—"मेरा भाव यह कदापि नहीं है। धार्मिक पुस्तकों का पाठ बुरा कैसे माना जा सकता है! मैं केवल इतना ही जानना चाहता था कि चौबीसों घण्टे केवल धार्मिक पुस्तकों को ही पढ़ते रहना, धार्मिक चर्चा में ही व्यस्त रहना और धार्मिक चिन्तन में ही मग्न रहना, यह क्या एक सांसारिक नारी के लिए कुछ अधिक नहीं हो जाता?"

सहसा मैंने देखा कि सिल्विया के मुख पर संकोच और झिझक का लेश भी वर्तमान नहीं रह गया था। एक सुदृढ़ गाम्भीर्य और निश्चित आत्मविश्वास की भावना उसमें स्पष्ट झलक उठी थी।

धीरे और दृढ़ स्वर में बोली—"धार्मिक भावना को चाहे कितना ही क्यों न बढ़ाया जाय, वह कभी हानिकर नहीं हो सकती। यदि कोई सांसारिक व्यक्ति धार्मिक भावना में अधिक-से-अधिक तन्मय होकर अपने जीवन के अधिक-से-अधिक क्षण धार्मिक चिन्तन में लगा सके तो इससे अच्छी बात और क्या हो सकती है!"

"यह आप ठीक कहती हैं, मिस रालिन्सन, पर आपने कभी इस बात पर भी विचार किया है कि मनिया की इस धार्मिक तन्मयता के कारण मेरे उस सारे उद्‌देश्य की व्यर्थता सिद्ध हुई जा रही है जिसको सामने रखकर मैंने उसे पढ़ाने-लिखाने और यथासम्भव उच्च शिक्षा प्राप्त कराने की बात सोची थी?

"आपका वह उद्‌देश्य क्या था?" तीक्ष्ण दृष्टि से मेरी ओर देखती हुई सिल्विया बोली।

"मैं चाहता था कि वह पढ़-लिखकर मेरे ही मानसिक स्तर पर आ जाये, ताकि उससे मेरा विवाह हो जाने के बाद हम दोनों पति-पत्नी के बीच अधिक वैषम्य न रहे और हम दोनों सुख और शान्तिपूर्वक अपना विवाहित जीवन बिता सकें। पर जब से उसके दिमाग में धार्मिक भावनाओं का कीड़ा घुस गया है तब से हम दोनों एक-दूसरे को समझकर एक-दूसरे के अधिक निकट आने के बजाय हमारे बीच विरोध और वैमनस्य बढ़ा है। बीच में ऐसे दुर्लंघ्य अवरोध खड़े हो गये हैं कि विवाह कभी हो सकेगा, इसकी कोई सम्भावना मुझे नहीं दिखायी देती...आइये, इसी बेंच पर कुछ देर हम लोग बैठ जायें..."

हम लोग जिस अपेक्षाकृत निर्जन सड़क से होकर, धीरे-धीरे चढ़ाई में चले जा रहे थे, वह अब समाप्त होने पर थी। पास ही एक बेंच देखकर मैंने कुछ देर वहीं रहकर तनिक सुस्ता लेने का प्रस्ताव किया। जब हम दोनों बेंच पर बैठ चुके तब मैं अपनी

बात का सूत्र फिर से पकड़ते हुए कहने लगा—"देखिये मिस रालिन्सन, माफ कीजियेगा, मैंने आपको इसलिए नहीं नियुक्त किया कि आप अपने धार्मिक विचारों से उसे प्रभावित करके हम दोनों के बीच ऐसा व्यवधान उत्पन्न कर दें...मुझे भय है कि मुझे मनिया की पढ़ाई स्थगित कर देनी होगी..."

सिल्विया का मुँह इतना-सा हो गया था। उसकी सारी गम्भीरता और दृढ़ता पल में काफूर हो गयी थी। अत्यन्त दीन भाव से, प्रायः गिड़गिड़ाती हुई वह बोली—"मैं आपको विश्वास दिलाती हूँ, मिस्टर रंजन कि मेरा उद्देश्य कदापि इस तरह का नहीं रहा है और न मुझे अभी तक इस बात का पता था कि आप दोनों के बीच वैमनस्य उत्पन्न हो गया है। मनिया ने मुझे कभी इसका कोई संकेत नहीं दिया। मेरा तो यह विश्वास है कि वह शायद जानती ही न रही होगी कि धार्मिकता की ओर उसकी रुचि बढ़ने से वह आपसे इस हद तक दूर चली जा रही है। मेरा तो यही विश्वास था कि धार्मिक भावना आप दोनों को एक-दूसरे की ओर अधिक निकट खींच लायेगी। मुझे आपकी बातें सुनकर आश्चर्य हो रहा है। विवाह के सम्बन्ध में जिस 'दुर्लंघ्य अवरोध' की बात आपने कही, उसे मैं कुछ भी नहीं समझ पायी हूँ..."

"मनिया का कहना है कि विवाह तभी हो सकता है जब हम दोनों ईसाई धर्म को स्वीकार कर लें..."

"तब इसमें आपको क्या आपत्ति हो सकती है?' अत्यन्त आश्चर्य का भाव जताती हुई सिल्विया बोली—"विवाह की इमारत यदि किसी धार्मिक आधार पर खड़ी हो तो उसके अधिक दृढ़ और स्थायी रहने की सम्भावना है। आप क्या यह बात नहीं मानते?"

"मान सकता हूँ, पर वह 'धार्मिक आधार' केवल ईसाई मत से ही सम्बद्ध हो यह क्या जरूरी है?"

"जरूरी नहीं है। पर जब एक पक्ष ज्ञान से या अज्ञान से किसी एक विशेष धर्ममत को अपनाने पर ही तुला हो, उसी में उसे शान्ति मिल रही हो, तब दूसरे पक्ष के लिए क्या यह उचित नहीं है कि वह अपना हठ छोड़कर समझौता कर ले? यदि केवल ईसाई मत को अपनाने का हठ करना आप दोष मानते हैं तो ईसाई मत को किसी भी हालत में न अपनाने का हठ करने वाला भी उतना ही दोषी माना जाना चाहिए। इसके अलावा, जैसा कि मैं बता चुकी हूँ, मनिया अज्ञान से इस बात पर अड़ी हुई है कि वह ईसाई मत को ही अपनावेगी, पर आप जानबूझकर इस बात का हठ किये बैठे हैं कि आप ईसाई धर्म को स्वीकार नहीं करेंगे, भले ही बौद्ध धर्म को अपना लें। एक बार तनिक एकान्त मन से, ठण्डे मस्तिष्क से इस बात पर विचार करें कि आप दोनों में कौन अधिक दोषी है। आप धर्म-परिवर्तन के लिए राजी हैं, पर ईसाई धर्म के प्रति आपका अकारण विद्वेष किसी प्रकार हटना नहीं चाहता। माफ कीजियेगा। आपके समान पढ़े-लिखे और सुसंस्कृत व्यक्ति से मैं इस तरह की आशा नहीं करती थी..."

उसकी तर्कशैली ऐसी चतुराई से भरी थी कि मुझसे उसका कोई उत्तर ही देते न बना। जब मैंने पहले दिन उसे देखा था तब मेरे मस्तिष्क के किसी कोने में स्थित लघुतम कोष में भी यह कल्पना नहीं जगी थी कि सांसारिक ज्ञान और धर्म के क्षेत्र में उसका अनुभव इसी उम्र में इस हद तक गहराई को पहुँच चुका है। उसका वह तर्क-कौशल! वह वास्तव में मुझे एक नये आश्चर्य से भरा हुआ लगने लगा था।

वह कहती गयी—''व्यक्तिगत रूप से मैं इस बात को तनिक भी महत्त्व नहीं देती हूँ कि कौन व्यक्ति किस धर्म को अपनाये हुए है। यदि विभिन्न धर्मावलम्बियों का विवाह आसानी से हो जाय तो अच्छा ही है। पर जब उन दो में से कोई यह हठ करे कि विवाह कोरे सिविल मैरिज का रूप धारण न कर किसी धार्मिक आधार पर, धार्मिक विधि से ही हो, तब ऐसी स्थिति में यही अच्छा है कि दोनों एक ही धर्म को स्वीकार करें। वह एक ही धर्म क्या हो, इस बात को लेकर झगड़ना मेरी समझ में तनिक भी बुद्धिमानी का काम नहीं है। क्योंकि यह तो स्पष्ट ही है कि आप—तथा साधारणतः सभी सामाजिक व्यक्ति—धर्म को जिस अर्थ में ग्रहण करते हैं उसके अनुसार धर्म एक सामाजिक लिबास के अतिरिक्त और कुछ नहीं है। ऐसे आदमी संसार में कितने हैं जो चाहे कोई भी धर्म स्वीकार क्यों न करें उसके मर्मगत सत्य को ही आन्तरिक निष्ठा से अपनाये रहना चाहते हों? कुछ भी हो, आप लोगों के बीच झगड़ा केवल इस बात को लेकर चल रहा है कि वह लिबास लाल हो, हरा हो, पीला हो, नीला हो, सफेद हो या काला। पर वह सामाजिक लिबास चाहे किसी भी रंग का हो, होना चाहिए दोनों के लिए समान ही। यह नहीं हो सकता कि पति एक रंग का लिबास पहने और पत्नी दूसरे रंग का। इसलिए यदि आप यह मान लेते हैं कि साधारणतः सांसारिक प्राणियों के लिए धर्म एक सामाजिक लिबास है तब आपको इसमें क्या आपत्ति होना चाहिए कि आप गार्हस्थिक शान्ति और सुख के उद्देश्य से इस सम्बन्ध में दूसरे पक्ष (अर्थात् मनिया) की ही इच्छा के अनुसार अपना लिबास बदल लें? विशेषकर उस हालत में जबकि मनिया आपकी तरह धर्म को एक साधारण सामाजिक लिबास नहीं मानती बल्कि अपने प्राणों की गति से उसका घनिष्ठ सम्बन्ध माने बैठी है!''

सिल्विया को इतने दिनों तक मैंने जिस हद तक मितभाषी पाया था, आज उसी अनुपात में वाणी का स्रोत खुल गया था।

मैंने एक लम्बी साँस लेते हुए कहा—''आपके तर्क में बहुत-कुछ सार है, मिस रालिन्सन। मैं एकान्त में आपकी बातों पर विचार करूँगा तब अपने निश्चय की सूचना आपको दूँगा। पर एक बात मैं आपसे पूछना चाहता हूँ। आपने अभी कहा कि मनिया अज्ञान से इस बात पर अड़ी है कि वह ईसाई धर्म को ही अपनावेगी। मैं यह जानना चाहती हूँ कि चाहे वह अज्ञान ही हो, पर क्या उसका बीज आपही ने जानबूझकर उसके मन में नहीं बोया?''

मेरे इस प्रश्न से सिल्विया कुछ कट-सी गयी। तनिक तीखे स्वर में बोली–''मैं आपको विश्वास दिलाती हूँ, मि. रंजन, कि मैंने कभी जान-बूझकर उसके भीतर किसी भी प्रकार के अज्ञान के बीज बोने का प्रयन्त नहीं किया। यह ठीक है कि मैंने प्रभु ईसा के आदर्श चरित्र की महिमा से उसे परिचित कराने का पूरा प्रयत्न किया; उनकी ज्ञानामृत से भरी वाणी उसे सुनायी, उनकी जीवनी आदि से अन्त तक उसे सुनायी और उस महान् जीवन की महत्ता को जिस रूप में मैं समझ पायी हूँ उसी रूप में मैंने उसे समझाया। मैंने उसे बताया कि रोग-शोक, दुःख-दारिद्र्य पाप-सन्ताप से पीड़ित मानव-समाज के उद्धार और कल्याण के लिए प्रभु ने कितना महान् व्रत स्वीकार किया था, उस व्रत की पूर्ति में वह किस प्रकार हँसते-हँसते सूली पर चढ़ गये थे और किस प्रकार अपने प्राणहन्ता नीचों और दुष्टों को आन्तरिक रूप से क्षमा करते हुए वह दिव्य ज्योति में विलीन हो गये थे...मैंने उसे बहकाने के लिए कोई बनावटी या अपनी गढ़ी हुई बात नहीं बतायी। वही बात बतायी जिस पर मेरा आन्तरिक विश्वास है। और मेरी धारणा है कि मेरी बातों का उस पर अच्छा ही प्रभाव पड़ा है। वह भीतर-ही-भीतर अपने अनजान में अपनी हत्यारी माँ के दुःखमय जीवन की याद से जिस दबी हुई पीड़ा से घुलती चली जा रही थी, उसके लिए उसे केवल प्रभु के महान् पीड़न की अनुभूति से ही सान्त्वना मिल सकती थी और उनके चिर-मंगलमय, विश्व-कल्याणमय और निखिलक्षमामय स्वर्गीय रूप के चिन्तन से ही शान्ति प्राप्त हो सकती थी। इसी विचार से मैंने उसके भीतर प्रभु के प्रेम का बीज बोने का प्रयत्न अवश्य किया। यदि यह अपराध है तो मैं अपने को अपराधिनी स्वीकार करती हूँ और उसके लिए कुछ भी दण्ड स्वीकार करने को तैयार हूँ। मैंने मनिया के अज्ञान की बात केवल इस दृष्टि से कही है कि उसने प्रभु के प्रेममय रूप के चिन्तन के लिए ईसाई धर्म को स्वीकार करना अनिवार्य मान लिया है। मैंने उसे बताया कि प्रभु ने जिस अनन्त प्रेम, अनन्त दया और अनन्त क्षमा का उदाहरण मानव-जाति के आगे रखा था वह किसी एक विशेष धर्म और सम्प्रदाय तक कदापि सीमित नहीं हो सकता, और वह चाहे किसी भी धर्म को स्वीकार करे प्रभु की कृपा उस पर समान भाव से बनी रहेगी, बशर्ते वह सच्ची लगन से उनका चिन्तन करती रहे और उनके बताये मार्ग पर चलती रहे। पर उसका हृदय ऐसा भोला, सरल और निष्कपट है कि वह किसी धर्म के बाहरी रूप को उसके भीतरी रूप से अलग देख ही नहीं पाती, और उसका यह विश्वास सहजात है कि किसी धर्म की भीतरी आत्मा को अपनाने में उसके बाहरी चोले को भी हर हालत में अपनाना ही होगा। मैं लाख प्रयत्न करने पर भी उसे इस विश्वास से डिगाने में अपने को असमर्थ पाती हूँ। सच बात यह है कि मि. रंजन, कि मनिया की आत्मा प्रकृति से इस हद तक तादात्म्य स्थापित किये हुए है कि वह किसी भी विषय पर मस्तिष्क से विचार कर ही नहीं पाती। प्रकृति-प्रदत्त अनुभूति ही उसके लिए सब-कुछ है। और उस अनुभूति की सुई सब समय प्रकृति की चुम्बक-तरंग के अनुसार चलती रहती है। आज

प्रकृति का जो शान्त रूप है कल उसी के तूफानी रूप के प्रकोप से ध्वस्त-विध्वस्त हो सकता है। ऊपरी दृष्टि से देखनेवाला यह सोच सकता है कि प्रकृति के भीतर कोई नियम नहीं है। पर अन्तर्दृष्टि रखनेवाला जानता है कि उसके अपने कुछ निश्चित नियम हैं। उसका जो शान्त रूप हम देखते हैं उसके पीछे जो निश्चित नियम काम कर रहा है वही उसके तूफानी रूप का भी मूल विधायक है। मनिया की अन्तःप्रकृति के नियम भी बाह्य प्रकृति के उन्हीं नियमों से मिलते-जुलते हैं। यही कारण है कि वह जितनी ही सीधी है उतनी ही हठी भी, जितनी ही भोली है उतनी ही क्रोधी भी, जितना ही अधिक प्रेम कर सकती है उतना ही घृणा भी, जितनी ही शान्त है उतनी ही तूफानी भी। प्रकृति की जब इच्छा होती है प्रातः-सन्ध्या सूर्य की स्निग्ध किरणों के रूप में और चाँदनी के तरलित प्रकाश में हँस देती है; जब रोने की इच्छा होती है तो वर्षा के रूप में रो देती है; जब क्रोध करना चाहती है तब वज्र के रूप में कड़ककर तूफानों के रूप में गरजकर और भूकम्पों के रूप में घहरकर अपना रोष प्रकट कर देती है। दुराव और छिपाव की कोई गुंजाइश उसके भीतर नहीं है। मनिया के सम्बन्ध में यही बात कही जा सकती है। ऐसी हालत में उसे यह आशा करना कि वह अपने या दूसरे के किसी भी स्वार्थ के लिए अपना हठ त्याग देगी, भूल है। इसलिए मैं आपसे प्रार्थना करती हूँ, मि. रंजन, कि यदि आप चाहते हैं कि आप दोनों का जीवन सुदृढ़ वैवाहिक बन्धन में बँध जाये और दोनों सच्चे गार्हस्थिक सुख का अनुभव करें तो आप ही मनिया की बात मान लें। मैं आपको विश्वास दिलाती हूँ कि ईसाई धर्म को अपनाने से आपको कभी हानि नहीं उठानी पड़ेगी। यदि आप भी धर्ममात्र को सामाजिक लिबास माननेवाले व्यक्तियों में से हों, तब तो हानि का प्रश्न ही नहीं उठ सकता है, और यदि आप धर्म के भीतरी महत्त्व पर जोर देते हों तो भी ईसाई धर्म स्वीकार करने से आप ठगे नहीं जायेंगे, क्योंकि जड़ प्राणों में दिव्य ज्ञान की पुनीत ज्योति जलाने में ईसाई धर्म संसार के किसी भी धर्म से पिछड़ा हुआ नहीं है...''

मैं एकाग्र चित्त से सिल्विया के उस धाराप्रवाही भाषण को सुन रहा था। वह ऐसी एकान्त लगन से अपने विचारों को प्रकट किये चली जा रही थी कि बीच में कहीं पर भी उसे टोकने, उसकी किसी भी बात से अपना विरोध प्रकट करने का साहस ही मुझे नहीं होता था। जब वह पूरी बात कर चुकने के बाद चुप हो गयी तब मैंने कहा—''आज आपने बड़ी कुशल तार्किकता से ईसाई धर्म का पक्ष-समर्थन किया। मैं आपकी बातों से बहुत प्रभावित हुआ हूँ। किस हद तक प्रभावित हुआ हूँ, यह मैं स्वयं नहीं जानता, पर इतना अवश्य जानता हूँ कि जिस द्विविधा में मैं पड़ा हुआ था वह आपकी बातों से बहुत-कुछ साफ हो गयी है। इसके लिए मैं आपको धन्यवाद देता हूँ। अब मैं जल्दी ही अपना मत निश्चित कर सकूँगा, ऐसी आशा है।''

सिल्विया के मुख पर फिर संकोच की वही लालिमा छा गयी जो बीच में धार्मिक उत्तेजना से दब गयी थी। मैंने कहा—''इस समय मुझे आज्ञा दीजिये, मिस रालिन्सन।

मैं आपसे फिर मिलूँगा और जल्दी से आपको अपने निर्णय की सूचना दूँगा। मैंने आज आपका बहुत समय लिया है। अच्छा गुड बाई!" कहकर मैं उठ खड़ा हुआ और उसकी ओर अपना हाथ बढ़ा दिया।

उसके संकोच का दौरा बेतरह बढ़ गया था। आँखें प्रायः नीची करके उसने भी धीरे से अपना हाथ बढ़ाया। उसे पकड़कर एक हलका-सा झटका देकर मैं चला गया।

(23)

घर लौटकर मैंने मनिया को सूचित किया कि मैंने ईसाई मत स्वीकार करने का निश्चय कर लिया है। मनिया कुछ देर तक पुलक-भरे आश्चर्य से मेरी ओर ताकती रही, उसके बाद मेरे दोनों गालों पर हाथ फेरती हुई बोली–"तुम बहुत ही भले आदमी हो!"

दूसरे ही दिन मैंने सिल्विया को भी सूचित किया कि हम दोनों ने ईसाई धर्म में दीक्षित होने का विचार पक्का कर लिया है। सिल्विया के मुख की चमक उस समय देखने ही योग्य थी। जैसे उसे अपनी जीवनव्यापी साधना में सिद्धि प्राप्त हो गयी हो।

हर्ष-गद्गद स्वर में उसने कहा–"चलिये, मैं अभी आप दोनों को गिर्जे में फादर के पास ले जाती हूँ। आज ही बप्तिस्मा हो जायगा?"

जब हम तीनों गिर्जे में पहुँचे तब सिल्विया ने सफेद अचकन और नीले मखमल की टोपी पहने हुए एक अधेड़ अवस्था के पादरी से मेरा परिचय कराया और हम लोगों के आने का उद्देश्य बताया। एक रूखी हँसी हँसते हुए पादरी महोदय बोले–"बड़ी प्रसन्नता की बात है।" उनका रंग गेहुँआ था। हिन्दुस्तानियों की तरह चौड़ा माथा, तीखी नाक और पैनी आँखें उनके असाधारण रूप से चिन्तनशील व्यक्तित्व का परिचय देती थीं। वह अपनी धर्म-पुस्तक लेकर मंच पर जाकर खड़े हो गये। हम दोनों को उन्होंने अपने सामने नीचे खड़ा कराया, उसके बाद उन्होंने कुछ मन्त्र पढ़ने शुरू किये। बीच-बीच में कुछ मन्त्रों की आवृत्ति उन्होंने हमसे भी करायी! अन्त में 'पवित्र जल' से उन्होंने हम दोनों को अभिषिक्त किया। सारा विधि-विधान समाप्त हो चुकने के बाद उन्होंने हम दोनों के ऊपर अपना हाथ रखकर आशीर्वाद दिया। मनिया ने आज पहली बार गिर्जा देखा था और सूली पर चढ़े हुए ईसा का चित्र भी पहली ही बार। वह तन्मय होकर उस चित्र को देख रही थी। और उसके मुख पर एक अनिर्वचनीय भाव-निमग्नता व्यक्त हो रही थी।

जब हम लोग नये धर्म की दीक्षा ले चुकने के बाद घर लौटने लगे तब सिल्विया की प्रसन्नता का ठिकाना नहीं था। उसकी सारी संकोचशीलता आज फिर न जाने कहाँ गायब हो गयी थी। रास्ते भर वह चिड़िया की तरह फुदकती और चहकती हुई कभी 'फादर' के आशीर्वाद के महत्त्व से हमें परिचित कराने का प्रयास करती थी और कभी हम दोनों के 'उज्ज्वल भविष्य' का चित्र खींचती हुई हमें अधिकाधिक उत्साहित करने

का प्रयत्न करती जाती थी। मनिया यों ही उत्साहित हो रही थी, इसलिए वह सिल्विया की बातों में पूरा योग दे रही थी। पर मैं कुछ दूसरी ही चिन्ताओं में मग्न हो गया था। वे चिन्ताएँ ठीक किस तरह की थीं यह मुझे इस समय याद नहीं है।

सिल्विया अपने घर न जाकर हम लोगों के साथ मेरे ही बँगले में चली आयी। बोली—"आज तो आप लोगों से बिना दावत लिये मैं नहीं छोड़ूँगी। आज इतनी बड़ी खुशी का दिन है कि उसे साधारण दिनों की तरह बिताना अच्छा नहीं होगा।"

उसके उत्साह को देखकर मैं विचार करने लगा कि कुछ नारियाँ कैसी तेजी से अपने स्वभाव का ऊपरी मुखड़ा उतारकर फेंक देती हैं और चाहने पर कितनी फुर्ती से फिर उसी मुखड़े को पहन लेती हैं। पर चाहे जो भी हो, उसका आज का रूप मुझे बहुत ही प्रिय लग रहा था। वह आज सोलह वर्ष की लड़की की तरह लग रही थी। उसे इतना स्वस्थ, चंचल और प्रसन्न इसके पहले मैंने नहीं देखा था।

नौकर ने बताया कि चाय तैयार है। हम तीनो-ड्राइंग-रूम में चले गये। जब चाय आयी तब मनिया ने तीनों प्यालों में चीनी डालना शुरू किया। जब वह दूध डालने लगी तब इत्तफाक से और प्यालों की अपेक्षा मेरे प्याले में कुछ अधिक दूध गिर पड़ा। सिल्विया झट बोल उठी—"अभी से तुम अपने भावी पति के साथ इस कदर पक्षपात करने लगी हो! मैं तो सोचती थी कि कम-से-कम विवाह होने के पहले तक तो हम लोगों को न भूलोगी!"

मनिया बेचारी उस साधारण परिहास को भी यथार्थोक्ति मानकर अत्यन्त संकुचित हो उठी। सिल्विया के प्याले में दुबारा दूध डालती हुई बोली—"माफ करना, आज मैं बहुत 'नर्वस' हो गयी हूँ। उनके प्याले में दूध डालते समय न जाने कैसे मेरा हाथ ही काँप गया!"

"यह लो, मैंने कहा न था!" कहकर सिल्विया ठहाका मारकर हँस पड़ी।

वास्तव में उसके स्वभाव में मुझे एक विचित्र परिवर्तन दिखायी दे रहा था। वह जैसे किसी अवर्णनीय नशे में चूर थी। उसकी उस असाधारण प्रसन्नता का छुतहा प्रभाव मेरे बहुत दिनों से अवसादग्रस्त—बल्कि जड़ता-प्राप्त—प्राणों में एक अपूर्व हर्ष-हिलोर का संचार करने लगा था। वह बात-बात में मनिया से चुटकियाँ ले रही थी। मनिया कभी प्रसन्न हो उठती, कभी सकुचाती थी और कभी खीझ उठती थी।

जब सिल्विया का हास्य-गुंजन कुछ ठण्डा पड़ा, तब वह शान्त भाव से स्वाभाविक स्वर में बोली—अब हम लोगों को यह तय कर लेना चाहिए कि विवाह के लिए कौन तिथि निश्चित की जाय। यह शुभ कार्य जल्दी-से-जल्दी सम्पन्न हो जाना चाहिए। इसमें अब अधिक देर करना किसी रूप से भी उचित नहीं है। विवाह की खुशियाँ किस रूप में मनानी होंगी, इस सम्बन्ध में, आप यदि चाहें, मेरी माँ की भी राय ले सकते हैं। माँ को इन सब बातों का बहुत अच्छा तजरबा है।

मैंने कहा—"मैं भी चाहता हूँ कि विवाह जल्दी-से-जल्दी हो जाय। मैं आपकी माँ से अवश्य राय लूँगा। केवल एक बात मैं आपसे पूछना चाहता हूँ, मिस रालिन्सन। फादर एन्थोनी ने हम दोनों के नाम बदल दिये हैं, यह तो आपको मालूम ही है। पर मैं किसी भी हालत में अपना नाम बदलने को तैयार नहीं हूँ। मैं बराबर नृपेन्द्र रंजन ही रहना चाहूँगा। नेपियर रंजन नहीं। उसी प्रकार मैं चाहूँगा, कि मनिया को सब लोग बराबर मनिया ही कहें, मेडलीन नहीं। यदि आप यह समझती हैं कि धर्म बदलने के साथ-साथ नाम बदलना अनिवार्य है तब तो मैं फिर अपने पूर्व धर्म को ही अपना लूँगा। क्योंकि ईसाई धर्म स्वीकार करने के लिए मुझे चाहे कितनी बड़ी प्रेरणा क्यों न मिली हो, पर नाम बदलने की प्रेरणा मुझे संसार की कोई शक्ति नहीं दे सकती, इसे आप निश्चित जानिये।"

"नाम बदलने की कोई आवश्यकता नहीं है, मि. रंजन। फादर ने तो एक परम्परा का पालन करते हुए, मन्त्र पढ़ाते समय आप लोगों के नाम बदल दिये थे। पर व्यावहारिक क्षेत्र में नाम बदलना बिलकुल ठीक नहीं है।"

"तब ठीक है!" चैन की साँस लेते हुए मैंने कहा। क्योंकि सारा धर्म गँवा चुकने पर मेरे मन में उतनी ग्लानि नहीं हुई थी, पर नाम बदले जाने पर मुझे लगा कि नये चक्कर में पड़कर मैं अपना सर्वस्व खो चुका हूँ।

"तो विवाह के सम्बन्ध में आपने क्या सोचा? मेरी राय में अगले इतवार को ही विवाह-कार्य सम्पन्न हो जाय तो क्या हर्ज है? आज सोमवार है। अभी छह दिन बाकी हैं। इस बीच हम लोग सब तैयारियाँ कर लेंगे। मैं फादर से पूछ लूँगी कि अगले इतवार का दिन शुभ है या नहीं। अशुभ होने का कोई कारण नहीं है। न्योता आप किन-किन लोगों को देना चाहेंगे? आपके कौन-कौन से मित्र यहाँ रहते हैं?"

मैंने कहा—"यहाँ तो मेरे मित्र आप ही लोग हैं।"

"और देश में?"

"देश में जो मित्र हैं वे नहीं आ पायेंगे।"

"अच्छा तो मैं अपने कुछ मित्रों को निमन्त्रण दूँगी। आपके मित्र न सही, आपके मित्रों के मित्र तो आ सकेंगे!"

मनिया बोली—"मैं भी अपने मित्रों को बुलाऊँगी।"

मुझे हँसी आने लगी। मैंने कहा—"मुझे बड़ी खुशी होगी। तुम अवश्य बुलाना। अच्छी चहल-पहल रहेगी।"

"चलिये, हम लोग माँ के पास चलें," सिल्विया बोली—"उसकी भी राय ले लें।"

जब हम लोग मिसेज रालिन्सन के पास गये तब सिल्विया ने उन्हें बताया कि हम दोनों ने ईसाई धर्म स्वीकार कर लिया है और ईसाई धर्म के अनुसार ही अगले रविवार को हम दोनों का विवाह होगा। मिसेज रालिन्सन तो जैसे सातवें आसमान पर चढ़ गयीं। उनका हर्ष इस सीमा को पहुँच गया कि वह मेरे गले से प्रायः लिपट गयीं। उसके

बाद हम दोनों के सिरों पर हाथ फेरती हुई आशीर्वाद देने लगीं और दो-एक स्नेहजनित आँसू भी उनकी आँखों से टपक पड़े।

जब वह कुछ शान्त हुईं और हम सब लोग इतमीनान से बैठ गये तब उन्होंने बिना पूछे ही यह बताना आरम्भ किया कि कितने प्रकार के कपड़े बनवाने पड़ेंगे, 'वेडिंग केक' किस डिजाइन का कितने बड़े आकार का और किसके यहाँ से बनवाना ठीक रहेगा, भोज का प्रबन्ध किस रूप में होगा और विशेष-विशेष 'डिशें' क्या-क्या रहेंगी, हँसी-खुशी के क्या-क्या 'प्रोग्राम' रखे जा सकते हैं, आदि-आदि। जूलिया भी ड्राइंग-रूम में आ गयी थी, पर वह एक कोने में खड़ी थी। पता नहीं क्यों, वह मेरे आने पर कभी इतमीनान से कुर्सी पर बैठती न थी। क्या वह मेरे साथ एक ही कमरे में बैठना अपमानजनक समझती थी? या किसी एक ऐसी मनोग्रन्थि से वह परेशान थी जिसके कारण वह किसी बाहरी व्यक्ति की उपस्थिति में अपना सारा आत्मविश्वास खो बैठती थी? जो भी हो, मेरे आने पर वह एक बार ड्राइंग-रूम में अवश्य आ जाती थी और एक कोने में प्रायः दीवार के सहारे खड़ी होकर एक विचित्र दृष्टि से मेरी ओर देखती थी। उस दृष्टि में कुतूहल रहता था, स्वागत-भरी मुस्कान भी रहती थी और खीझ भी। वह खीझ स्वयं अपने प्रति थी या मेरे प्रति, मैं कह नहीं सकता। उसने स्पष्ट ही सब बातें सुन ली थीं, इसलिए आज की उसकी मुखमुद्रा में विचित्रता का पुट और अधिक आ गया था। वह धूप से चिलमिलायी हुई-सी आँखों से हम लोगों की ओर देख रही थी। उसकी लम्बी और कुछ उभरी हुई-सी नाक के नीचे एक अजीब सिकुड़न-सी पड़ गयी थी। वह क्या सोच रही है और किस दृष्टि से हमें देख रही है, मैं कुछ भी समझ नहीं पाता था।

मिसेज रालिन्सन ने कहा—"जूलिया, तुमने सुना, मि. रंजन का विवाह अगले रविवार को ईसाई धर्म के अनुसार होगा?"

"हाँ, मैंने सुन लिया है।" अपने दोनों हाथों को अपनी पीठ के पीछे ले जाती हुई जूलिया बोली, और फिर उसी निराली दृष्टि से हम लोगों की ओर देखने लगी।

मिसेज रालिन्सन ने एक बार फिर जूलिया की ओर देखा और लम्बी साँस लेती हुई मुझसे बोलीं—"ओह, मि. रंजन, तुमने मुझसे कभी नहीं बताया कि तुम ईसाई धर्म स्वीकार करने जा रहे हो! आज अचानक यह सुनकर..." वह अचानक सिल्विया की ओर देखकर और उसकी आँखों से न मालूम क्या संकेत पाकर रुक गयीं। फिर एक लम्बी साँस उन्होंने ली और बोलीं—"कुछ भी हो, मुझे बड़ी प्रसन्नता है...प्रभु तुम दोनों का मंगल करेंगे..."

(24)

जब यह अन्तिम रूप से तय हो गया कि विवाह अगले रविवार को होगा तब बड़े जोरों से तैयारियाँ होने लगीं। मैंने श्रीमती रालिन्सन से निवेदन किया कि सारा कार्य

उन्हीं को निभाना होगा, क्योंकि मैं और मनिया दोनों इन सब मामलों में नौसिखिया हैं। मैंने उसी दिन बैंक से रुपया निकालकर एक लम्बी रकम, उन्हें सौंप दी। तीनों माँ-बेटियों ने ही बाजार से कुल सौदा खरीदा और अपने जिन-जिन मित्रों को निमन्त्रण देना उचित समझा, दिया। मनिया भी एक दिन रिक्शा में चक्कर लगाती हुई अपनी संगिनियों को न्योता दे आयी।

मनिया के उल्लास का ठिकाना नहीं था। विवाह के ठीक एक दिन पूर्व सिल्विया सन्ध्या को अँधेरा होने पर उसके पास आयी। उसके कमरे में दोनों सहेलियाँ आपस में न जाने क्या खुसुर-फुसुर करने लगीं। मैं अपने कमरे में बैठा हुआ था। बीच में दोनों खिलखिला उठती थीं। कुछ देर बाद सिल्विया ने आवाज कुछ ऊँची करके उसे यह बताना आरम्भ कर दिया कि विवाह के समय उसे किस ढंग से पेश आना चाहिए, क्या करना चाहिए और क्या नहीं। बहुत देर तक दोनों में खूब घुटती रही। उस रात सिल्विया ने हम दोनों के आग्रह से खाना भी वहीं खाया।

दूसरे दिन मैंने देखा, मनिया के मुख पर एक अपूर्व, स्निग्ध और कमनीय कान्ति छायी हुई है। उसकी मन्द-मधुर मुस्कान से जैसे स्नेह-रस चू रहा था। यथासमय श्रीमती रालिन्सन और उनके मित्रगण—गोरे युवक और युवतियाँ, वृद्ध-वृद्धाएँ और बच्चे भी—मेरे बँगले के बाहर इकट्ठा हो गये। सिल्विया ने मनिया को एक नये ही वेष में सजा दिया था। श्रीमती रालिन्सन की यह राय थी कि वह अँगरेज युवतियों की तरह सफेद रेशम का गाउन और जाली से ढकी हुई टोपी पहने। पर इस पर मनिया ने आपत्ति की थी और मैंने भी। सिल्विया ने सफेद रेशम की एक साड़ी उसे पहना दी थी, जिस पर इन्द्रधनुषी लहरें लहरा रही थीं। उसके नंगे सिर पर सफेद फूलों को एक सुन्दर मुकुट की तरह सजा दिया था और उसके जूड़े पर सात रंगों के सात फूलों का हार बाँध दिया था। जो-जो कीमती गहने मैं लाया था उन्हें भी गले में, कानों में और हाथों में अपने ढंग से पहना दिया था। कुल मिलाकर मनिया का एक विचित्र ही रूप बन गया था। जब वह मेरे पास आयी तो मैं हँसी न रोक सका। मनिया भी झेंपती हुई, मेरी ओर से आँखें फेरकर हँसने लगी। मैं एक कीमती किन्तु सादा ऊनी सूट पहने था।

जब हम लोग गिर्जे पहुँचे तो सफेद वर्दी पहने हुए कुछ ईसाई संन्यासिनियाँ हमारे स्वागत के लिए खड़ी थीं। भीतर मंच पर वही पादरी महाशय मन्द-मन्द मुस्करा रहे थे जिन्होंने हमें ईसाई धर्म की दीक्षा दी थी। पूरा एक घण्टा स्वस्तिवाचन, प्रार्थना, वैवाहिक मन्त्र-पाठ, अभिषेक तथा दूसरे कैथालिक विधि-विधानों में बीत गया। पुरोहित महाशय शान्त किन्तु गम्भीर स्वर में जो मन्त्र-पाठ कर रहे थे उसके एक-एक शब्द का अर्थ मैं एकाग्र मन से समझने का प्रयत्न कर रहा था। और मैं स्वीकार करता हूँ कि मेरे मन पर उन मन्त्रों का एक अपूर्व रहस्यात्मक प्रभाव पड़ रहा था। गिर्जे के सीधे, तिरछे ऊँचे और गोल घेरे में जब वे शब्द कुछ निश्चित छन्द, ताल और लय में बँधी हुई लहरियों में प्रतिध्वनित होते थे तब वे मेरे कानों में अपने अर्थ-सहित उदात्त वेदवाणी

की तरह लगते थे और एक जादू का-सा प्रभाव डालने में समर्थ होते थे। उस दिन पहली बार मेरी समझ में यह बात आयी कि गिर्जे की भीतरी बनावट विशेष प्रकार की क्यों होती है—क्यों उसे इस ढंग से निर्मित किया जाता है कि पुरोहित की वाणी गम्भीर स्वर-लहरियों से तरंगित होती हुई निश्चित गति में प्रतिध्वनित होती रहे। मुझे ऐसा लग रहा था कि उन तरंग-समान मन्त्रों के प्रभाव से मैं मनिया के साथ एक रहस्यमय बन्धन में बँधा जा रहा हूँ। अन्त में पुरोहित महाशय का आशीर्वाद प्राप्त कर जब हम दोनों बाहर निकले तो चारों ओर से बधाइयों की झड़ी लग गयी। युवतियाँ प्रायः किलकारियाँ मारकर हमारा स्वागत करने और बधाइयाँ देने लगीं। बच्चे खुशी में उछल-कूद मचाने लगे। वृद्धा महिलाएँ आन्तरिक हृदय से मंगल-आशीर्वाद बरसाने लगीं। एक अपूर्व उल्लास और उत्साह से सारा वातावरण गुंजित हो उठा था। मैंने मनिया की ओर देखा। नववधू की पुलक-भरी मृदु-मृदु लज्जाभा उसके मुख पर प्रभासित होकर उसे ऐसी कमनीय नमनीयता प्रदान कर रही थी जो मेरे प्रति रक्तकण को एक अनिर्वचनीय हर्ष की अनुभूति से तरंगित करती थी। सिल्विया ने बड़ी फुर्ती से आकर मनिया का बायाँ हाथ पकड़ लिया था। एक ऐसा अपूर्व गद्‌गद-विह्वल भाव सिल्विया की आँखों में चमक रहा था कि लगता था जैसे स्नेह-हर्ष के कारण उनकी आँखों से आँसू निकलने ही को हैं।

कुछ दूर आगे बढ़ने पर मैंने देखा, मनिया की संगिनियाँ अपने बाल-बच्चों के साथ एक किनारे पर क़तार बाँधे खड़ी हैं। उनमें से अधिकांश पूरे आस्तीनवाला, घुटनों से नीचे तक का फ्राक पहने और सिर पर एक कपड़ा बाँधे थीं। दो-एक ऐसी भी थीं, जो जीर्ण लहँगा पहने और फटा-पुराना ओढ़ना ओढ़े हुए थीं। कुछ देर तक वे शायद मनिया को पहचान भी न पायीं। परिपूर्ण विस्मय से भरी अवाक् दृष्टि से कभी वे मेरी ओर देखती थीं कभी मनिया की ओर। जब उन्होंने मनिया को पहचान लिया तब उनका विस्मय अकपट स्नेह, श्रद्धा और हर्ष में बदल गया। वे अछूतों की तरह दूर ही खड़ी थीं। उस सफेदपोश समाज के बीच में उन्हें आगे बढ़ने का साहस ही नहीं होता था। जब मनिया की अन्यमनस्कता भंग हुई तब उसने उन लोगों की ओर देखा। देखते ही वह मुझे छोड़कर बेसुध-सी उनकी ओर दौड़ी गयी और "झल्लो जीजी! नगीना बहन! सनोवरिया चाची! चिनारिया मामी!..." कहकर नाम ले-लेकर प्रत्येक से इस तरह लिपटने लगी जैसे सुबह के बिछुड़े हुए बच्चे शाम को अपनी माँ को पाकर उससे लिपट जाते हैं। चिनारिया मामी की तो उसने अपनी दोनों बाँहों से इस तरह पकड़ लिया कि फिर छोड़ा ही नहीं, 'मामी' की आँखों से बहती हुई आँसुओं की धारा मनिया के बालों को भिगो रही थी। मैं मन-ही-मन सोचने लगा कि जिस 'पवित्र जल' से 'फादर' ने हमें गिर्जे में अभिषिक्त किया था वह अधिक पवित्र था या जिस जल से 'मामी' मनिया के बालों को अभिषिक्त कर रही है वह अधिक पवित्र है।

पर वह दृश्य मेरे मन में भले ही भावोद्वेलन उत्पन्न कर रहा हो, उपस्थित मण्डली के लिए वह अत्यन्त अशोभन सिद्ध हो रहा था। सफेदपोश गोरी महिलाएँ देखकर नाक-भौंह सिकोड़ने लगी थीं, और कुछ एक-दूसरे की ओर देखकर मुँह फेरकर हँस रही थीं। पुरुषों ने यद्यपि इस प्रकार 'शिष्ट' अभद्रता का परिचय नहीं दिया, तथापि उनके मुखों के भाव से मुझे यह स्पष्ट दिखायी दे रहा था कि उन्हें भी मनिया का वह 'अछूत-प्रेम-प्रदर्शन' लग रहा था। श्रीमती रालिन्सन का चेहरा एकदम उतर गया था। उन्हें शायद ऐसा लग रहा था कि मनिया ने जान-बूझकर उन्हें उनके 'प्रतिष्ठित' मित्रों के आगे अपमानित करने के इरादे से सबके सामने उन गन्दी जिप्सी लड़कियों से 'लगाव-लिपटाव' आरम्भ कर दिया है। जूलिया उपस्थित मण्डली की खीझ और मेरी परेशानी—जो मेरे चेहरे से स्पष्ट ही व्यक्त हो रही होगी—देखकर अत्यन्त प्रसन्न लगने लगी थी। कुछ ही समय पहले तक उसकी सूरत रोनी-सी हो रही थी। उसकी कंजी आँखों की व्यंग्यात्मक दृष्टि जैसे सबसे यह कहना चाहती थी—"देखो, इस व्यक्ति ने जिस लड़की से विवाह किया है उसे यह समाज के जिस कूड़ेखाने से उठाकर ले आया है, उसका नमूना देख लो!"

पर मुश्किल यह थी कि मनिया उपस्थित अधीर जनता के मनोभाव के प्रति वज्र-उदासीन होकर अपनी पूर्व संगिनियों के साथ सुख-दुःख की बातों में ऐसी व्यस्त हो गयी थी कि वहाँ से हटने का नाम ही नहीं लेती थी। सब लोग इस इन्तजार में खड़े थे कि वह लौट आवे और वर-वधू के साथ सभी दावत खाने चलें। पर मनिया के लिए जैसे उन सबका कोई अस्तित्व ही नहीं था। मेरी अधीरता भी पराकाष्ठा को पहुँचने जा रही थी। एक बार मेरी इच्छा हुई कि स्वयं जाकर उसका हाथ पकड़कर ले आऊँ। पर 'वर' होने के नाते मुझे अपनी 'मर्यादा' की रक्षा पूरी गम्भीरता से करनी चाहिए, यह सोचकर मैं फिर रह गया। सिल्विया इस बीच न जाने कहाँ गायब हो गयी थी। श्रीमती रालिन्सन भी उत्कण्ठित दृष्टि से सम्भवतः उसी को खोज रही थीं। कुछ देर बाद सिल्विया उस भीड़ के बीच में से ऐसे बाहर निकल आयी जैसे काले बदल को भेदकर चाँद। फादर जेरेमिया भी उसके साथ थे। सम्भवतः वह अभी तक 'फादर' से ही कुछ विशेष बातें करने में व्यस्त थी। उसे देखते ही श्रीमती रालिन्सन उसके पास प्रायः दौड़ी गयीं, और मनिया की ओर इशारा करती हुई कुछ कहने लगीं। सिल्विया अपनी माँ की दृष्टि का अनुसरण करती हुई मनिया के पास गयी। मनिया अपनी जीजी, चाची, मामी, मौसी से इस तरह मग्नमन होकर बातें कर रही थी कि उसे और कहीं की सुधि ही नहीं थी। सिल्विया को भी उसने नहीं देखा। पर सिल्विया भी एक चतुर थी। उसने एक-एक करके मनिया द्वारा निमन्त्रित सभी स्त्रियों को सलाम करना शुरू किया और उसके बाद बड़े प्रेम से मुस्कराकर न जाने उन लोगों से क्या कहा, मैंने कुछ सुना नहीं, क्योंकि मैं काफी दूर खड़ा था। उसके बाद मनिया के कान में कुछ कहकर

वह उसका हाथ पकड़कर ले आयी। मनिया के लौट आने पर फिर सब लोगों ने धीर, मन्थर गति से चलना आरम्भ किया। वरयात्रा फिर आरम्भ हुई।

श्रीमती रालिन्सन के प्रबन्ध में किसी प्रकार की कोई त्रुटि नहीं थी। विवाह से सम्बन्धित केक उन्होंने बहुत बड़े आकार का तैयार करवा रखा था और उस केक की सजावट भी देखने ही योग्य थी। मैं और मनिया केक काटने लगे। इस कला में हम दोनों ही नौसिखिया थे। हमारे काटने के ढंग से चारों ओर कहकहा मच गया। सिल्विया ने हम लोगों की सहायता की तब उस संकट से प्राण छूटे। श्रीमती रालिन्सन ने कुछ विशेष भोज्य-पदार्थ स्वयं अपनी देख-रेख में घर ही पर तैयार करा रखे थे, शेष सभी चीजों का प्रबन्ध एक होटल के द्वारा कराया गया था। 'लंच' का प्रबन्ध बाहर लॉन पर किया गया था। मनिया के विशेष आदेशानुसार नरंगिया बहन, गुलबिया भौजी, चिनारिया मामी, सनोवरिया चाची आदि सभी के लिए भी निमन्त्रित 'सभ्य जनता' के साथ ही मेजें लगायी गयीं और उन्हें भी ठीक उसी तरह 'सर्व' किया गया जिस प्रकार दूसरे मान्य अतिथियों को। कहना न होगा कि मनिया के विचित्र आदेश—और उस आदेश के पूर्ण पालन के सम्बन्ध में वज्र-हठ—से उपस्थित जनता तनिक भी प्रसन्न नहीं थी। पर मनिया ने इस सम्बन्ध में न श्रीमती रालिन्सन के आग्रह पर तनिक ध्यान दिया न सिल्विया के इस सुझाव पर कि उसकी संगनियों को भीतर आराम से खिलाया जाय।

"यह हर्गिज नहीं हो सकता!" मनिया ने ताव के साथ कहा—"वे मेरी विशेष अतिथि हैं। उन्हें अछूतों की तरह अलग बिठाकर मैं उनका अपमान किसी भी हालत में नहीं होने दूँगी।"

इसके बाद फिर किसी को कुछ बोलने का साहस नहीं हुआ। मनिया की संगिनियों के छोटे-छोटे बच्चों ने ऐसा ऊधम मचाना शुरू कर दिया कि कुर्सी के ऊपर चढ-चढ़कर मेज पर से कई तश्तरियाँ तोड़ डालीं, कई चीजें उलट डालीं। यह काण्ड भी श्रीमती रालिन्सन तथा उसके दृष्टिकोण के दूसरे व्यक्तियों को अच्छा नहीं लगा। उन्होंने बड़बड़ाना शुरू कर दिया। मनिया ने अपनी संगिनियों की घबराहट देखकर उन्हें दिलासा देते हुए कहा कि बच्चे ऐसा करते ही हैं। और फिर स्वयं बच्चों को ठीक से बिठाकर उनके हाथ में उसने केक-मिठाइयाँ आदि रख दीं।

जब सब लोग खा-पी चुके, और पुरुषगण सिगरेट अथवा सिगार पीते हुए खाना पचा रहे थे और स्त्रियाँ गप्पाष्टक द्वारा, तब सहसा मनिया की जीजी, चाची, मामी, मौसी आदि ने सहसा एक विचित्र स्वर में विचित्र ही ताल और लय में कोरस में गाना आरम्भ कर दिया—

ऐसो रतन दिन होवे मुबारक
ऐसी खुशी में मनाओ रँगरलियाँ मनाओ रे!

सब लोगों का ध्यान उसी ओर केन्द्रित हो गया। स्त्रियाँ गप्पाष्टक भूल गयीं और पुरुष सिगार पीना। जिप्सी स्त्रियों का सम्मिलित स्वर निरन्तर ऊँचा उठता हुआ पंचम

से धैवत और धैवत से निखाद पर पहुँच गया था। पहले अन्तरा तक तो वे बैठी रहीं, फिर उसके बाद सहसा उठ खड़ी हुईं और एक गोल घेरा बाँधकर उन्होंने नृत्य और गीत एक साथ आरम्भ कर दिया। उनके मुखों पर एक अपूर्व उल्लास चमक रहा था, आँखों में एक निराली मदभरी उमंग छलक रही थी। धीरे-धीरे वे सब अपने नाच और गाने में ऐसी रम गयीं कि फिर बैठकर आराम करने का नाम ही उन्होंने नहीं लिया। 'शिष्ट जनता' पहले तो कुतूहल से देखने लगी, फिर धीरे-धीरे दबे हुए कहकहे लगने लगे। उसके बाद लोगों ने उकताकर धीरे-धीरे अपनी जगहों पर से उठकर चलना शुरू कर दिया। पर उन गायिकाओं पर किसी भी बात का कोई असर नहीं पड़ रहा था। वे अपने नाचने और गाने में ऐसी तल्लीन थीं कि इन सब बातों की ओर ध्यान देने का अवकाश उन्हें नहीं था। उन्होंने न किसी की राय से गाना शुरू किया था, और न उसे बन्द करने में दूसरों के संकेतों का कोई प्रभाव उन पर पड़ सकता था। अपनी उमंग से वे गा रही थीं और अपनी मौज से ही बन्द कर सकती थीं। चूँकि स्पष्ट ही मनिया के विवाह की खुशी से उनका मन अभूतपूर्व रूप से विभोर हो रहा था, इसलिए उसे जल्दी खतम करने का कोई सवाल ही उनके मन में पैदा नहीं होता था। मनिया दूर ही से देख-देखकर पुलक-विह्वल हो रही थी। उसके लिए भी सम्भवतः खुशियाँ मनाने का इससे अच्छा ढंग दूसरा नहीं हो सकता था। पर श्रीमती रालिन्सन की मुद्रा से स्पष्ट ही यह प्रकट हो रहा था कि वह मन-ही-मन उस अद्भुत नृत्य-गीत से बुरी तरह खीझ उठी हैं। वह अपनी खीझ के कारण कभी नौकरों को बात-बात पर डाँटती थीं, कभी सिल्विया से झिड़ककर बातें करती थीं और कभी जूलिया पर बरस पड़ती थीं। जूलिया माँ को खीझते देखकर और सिल्विया की परेशानी देखकर बहुत प्रसन्न हो रही थी। सिल्विया काफी देर तक मनिया के साथ बाहर बैठकर धैर्यपूर्वक सुनने का ढोंग रचती रही। पर दीर्घ धैर्य के बाद भी जब गाना समाप्त न हुआ तो वह उकताकर वहाँ से उठकर भीतर चली गयी और वहाँ रेडियो बजाने लगी। मैं मनिया के पास ही चुपचाप बैठा हुआ अत्यन्त विनोदपूर्वक यह सब तमाशा देख रहा था।

काफी देर बाद जब मनिया की जीजी-चाची-मौसी-मामी का दल तनिक विश्राम लेने के उद्देश्य से बैठ गया तब मनिया ने उन सबको भीतर चलकर रेडियो सुनने के उद्देश्य से निमन्त्रित किया। हम लोग सब भीतर चले गये। बच्चों को स्पष्ट ही पहली बार किसी सजे हुए बँगले के भीतर खुली छूट मिली थी। वे वहाँ भी तोड़-फोड़ तथा उछल-कूद की कार्रवाइयों में जुट गये। उनकी माताएँ उन्हें विरत करने के प्रयत्न में बहुत परेशान हो रही थीं। मना किये जाने पर कुछ देर के लिए शान्त होकर बच्चे फिर उपद्रव मचाना शुरू कर देते थे। नौकर-चाकर भी उन्हें टोक रहे थे। मनिया ने यह आदेश जारी कर दिया कि बच्चों को किसी भी बात के लिए निषेध न किया जाय। केवल पन्द्रह मिनट के भीतर सारे कमरे का रूप ऐसा अस्तव्यस्त हो गया कि मैं स्वयं हौलदिल हो उठा। पर मैंने एकदम निष्क्रिय रूप धारण कर लिया। विवाह के पहले

ही दिन के शुभतम अवसर को मैं छोटे-छोटे कारणों से आपसी मनमुटाव में परिणत नहीं होने देना चाहता था। रेडिया से गाने पर गाने चल रहे थे। मनिया अपनी जीजी-चाची-मौसी-मामी से सुख-दुःख की बातें करती जाती और तरह-तरह के प्रश्नों द्वारा उनके जीवन की नवीनतम स्थिति के सम्बन्ध में जानकारी प्राप्त करती चली जाती थी। मुझे थकावट मालूम होने लगी थी। मैं भीतर अपने कमरे में जाकर एक कौच पर आराम से लेट गया।

लेटे-लेटे मैं नयी स्थिति के महत्त्व पर विचार करने लगा। सहसा मेरे कानों में किसी के बोलने की आवाज आयी। मनिया की अतिथियों में से एक बोल रही थी—"बिटिया, तुमने तो बड़ा कारोबार जोड़ लिया है! तुम्हें बहुत बड़ा आदमी मिल गया है!"

"चाची, यह सब तुम लोगों का आशीर्वाद है!" मनिया कह रही थी।

"तुम्हारा आदमी सिर्फ बड़ा ही नहीं है, बहुत भोला और भला भी है!" यह एक दूसरी स्त्री की आवाज थी।

"हाँ मौसी, प्रभु की कृपा से ऐसा ही है!"

"सुना है तुम किरण्ट बन गयी हो?" एक तीसरी आवाज सुनायी दे रही थी।

"हाँ जीजी, अब प्रभु मुझे पूरे तौर से अपनी शरण में ले लेंगे।"

"किरण्ट बनने के लिए पादरी ने तुम्हें कितना रुपया दिया! सुनते हैं ये पादरी जिसे किरण्ट बनाते हैं उसे बहुत रुपया देते हैं। क्या यह सच है?"

"अभी तक तो कुछ नहीं दिया मौसी, आगे की प्रभु जाने। कुछ रुपया अगर वह देंगे तो मैं सब तुम्हें दे दूँगी।" और फिर बड़े ही कोमल स्वर में मनिया का हँसना सुनायी दिया।

"सच्ची, अपने पादरी से पूछना। अगर वह रुपया दे तो मैं भी बाल-बच्चों के साथ किरण्ट बन जाऊँ। मेरी जिन्दगी भर के लिए मेरी और बाल-बच्चों की रोटियों का ठिकाना लगा दे तो बस, फिर क्या है!"

"मैं उससे पूछूँगी।"

"जरूर पूछना!"

"पर मौसा नाराज तो नहीं होगा, मौसी?" यह मनिया बोल रही थी।

"भाड़ में जाय तुम्हारा मौसा! बस मर्दुए को तो अब गाँजे-भाँग के सिवा और किसी भी बात की फिकिर थोड़े ही रह गयी है! बच्चों तक को एक घड़ी नहीं देखना चाहता। मैं दुकान भी करूँ, उसका पेट भी जलाऊँ, उसके लिए गाँजा-भाँग का पैसा भी जुटाऊँ, घर का काम भी करूँ और बच्चों को भी देखूँ! यह सब अब मेरे किये नहीं होगा, मनिया! जहन्नुम में जाय वह नकारा! मैं कहाँ तक उसके साथ अपना गला बाँध सकती हूँ!"

"तो क्या किरण्ट बनने पर किसी दूसरे का घर करने की बात सोच रही हो, नानी?" एक बीस-बाईस वर्ष की नवयुवती का-सा वह स्वर था।

''तो इसमें हर्ज ही क्या है? सारी जवानी उस भकुवे के साथ मौत के दिन काटकर बरबाद कर डाली। अब अगर इस बुढ़ौती में कोई सुख-दुख का साथी इस जले-दिल को दिलासा देनेवाला मिल जाय तो क्यों न उसका घर करूँगी!''

सम्मिलित अट्टहास से सारा कमरा गूँज उठा।

''मिल जायगा, मिल जायगा! अभी तुममें बुढ़ापा कहाँ आया है? जवानी तो अब आ रही है! यह कलजुग है कलजुग। इसमें उलटी रीति चलती है। घबराओ मत!'' यह न जाने कौन सान्त्वना के स्वर में कह रही थी।

इतने में किसी ने गाना शुरू कर दिया। शायद सात-आठ साल की कोई लड़की रही होगी। वह ताली पीट-पीटकर गाने लगी–

ए रँगीली बुढ़िया! जवानी तुझे आ गयी,
ओ रँगीली बुढ़िया!
दाँत तो तेरे टूट गये, ए रँगीली बुढ़िया!
मिस्सी का तुझे शौक है, ओ रँगीली बुढ़िया!
आँख तो तेरी फूट गयी, ए रँगीली बुढ़िया!
सुरमे का तुझे शौक है, ओ रँगीली बुढ़िया!

''मर छोकरी! मेरा मजाक उड़ानेवाली आयी कही की!'' फिर ठहाका मचा।

मेरी आँखें झँपने लगी थीं। पिछली रात अच्छी तरह नींद नहीं आयी थी। कुछ देर बाद मैं कौच ही पर सो गया।

जब आँखें खुलीं तो देखा, मनिया मुस्कुराती हुई खड़ी थी। शायद उसी के पुकारने पर मैं जगा था। मनिया बोली–''अब तो अँधेरा होने लगा। कब तक सोये रहोगे? मिसेज रालिन्सन बेचारी 'डिनर' का सारा इन्तजाम अकेली कर रही हैं। अभी थोड़ी देर में लोग आ जायँगे। उठो, हाथ-मुँह धोकर तैयार हो जाओ!''

उठते-उठते मैंने कहा–''तुम्हारी 'स्पेशल गेस्ट्स' की टोली क्या चली गयी?''

''वाह, बिना 'डिनर' खाये वे कैसे जा सकती हैं?'' सहज प्रसन्नभाव से मनिया बोली।

''तब ठीक है, चलो 'डिनर' में भी 'लंच' की तरह अच्छी रौनक आ जायगी!''

मैं कह नहीं सकता, मैंने यह व्यंग्य में कहा था सहज भाव से, पर मनिया ने उसे व्यंग्य में नहीं लिया, यह जानकर मुझे प्रसन्नता ही हुई। मनिया बोली–''सचमुच वे सब बड़ी खुशदिल हैं। और बहुत भली भी हैं, मुझे अपनी ही लड़की की तरह प्यार करती हैं!''

(25)

जब मैं हाथ-मुँह धोकर कपड़े बदलकर तैयार हुआ, तब तक बाहर शामियाने के नीचे बत्तियाँ जगमगाने लगी थीं। श्रीमती रालिन्सन ने मेजों पर नये कपड़े बिछवाकर

ताजा गुलदस्ते रखवा दिये थे। वह और सिल्विया अतिथियों के स्वागत की तैयारियाँ पूरी व्यस्तता से कर रही थीं। एक-एक, दो-दो करके अतिथियों ने आना भी शुरू कर दिया था। रात में बिजली की जगमगाहट में केवल फैशनेबुल युवक-युवतियों की सुसज्जित वेषभूषा ही नहीं, अधेड़ और वृद्ध स्त्री-पुरुषों तक की व्यक्तिगत सजावट दिन की अपेक्षा अधिक खिल रही थी। इस बार कई नये अतिथि भी दिखायी दिये। उदाहरण के लिए, फादर एन्थोनी दिन में नहीं आये थे। इस समय वह भी अपने साथ दूसरे पादरियों का एक पूरा दल लेकर पधारे थे। सिल्विया फाटक से ही उनका स्वागत करती हुई उन्हें शामियाने के नीचे लिवा ले आयी थी। उन लोगों को अच्छी तरह बिठाकर वह फादर जेरेमिया के साथ परम प्रसन्न भाव से बातें कर रही थी।

मनिया की 'स्पेशल गेस्ट्स' भी बाल-बच्चों के साथ उत्तर-पूर्व में स्थित सीटों पर कब्जा किये बैठी थीं। इस मजबूत मोर्चे को भेदकर आगे बढ़ने का साहस किसी को नहीं होता था, बल्कि उसके आस-पास की दो-चार सीटें छोड़कर ही लोग बैठते थे। मुझे और मनिया को बीच में एक अत्यन्त सुन्दर रूप से सुसज्जित गोल और काफी चौड़ी मेज के पास श्रीमती रालिन्सन ने बिठा दिया था। हम दोनों के सिरों के ठीक ऊपर शामियाने पर तीन-चार रंगीन फानूस लटक रहे थे और उनके बीचों-बीच एक बहुत बड़े कैण्डल पावरवाला बिजली का लट्टू जल रहा था। मनिया हलके गुलाबी रंग की रेशमी साड़ी के ऊपर काले रंग का गरम कोट पहने थी। सिल्विया ने उसके गले में रंग-बिरंगे विलायती फूलों की एक माला डाल दी थी। मैं नीले रंग का एक गरम सूट पहने था। मेरे कोट के बटन-होल पर सिल्विया ने पत्तों सहित एक लाल फूल लगा दिया था। हम दोनों सारे आकर्षण का केन्द्र बने हुए थे।

पर मेरे आकर्षण का केन्द्र थी मनिया की विशेष अतिथि मण्डली। ज्यों ही पहला 'कोर्स' आया, त्यों ही वे सब ऐसी तेजी से उस पर टूट पड़ीं जैसे चूहे पर बिल्ली। और बच्चों ने चीखते-चिल्लाते हुए जो छीना-झपटी मचानी शुरू कर दी वह भी देखने ही योग्य थीं। 'सूप' के गिरने से सारे टेबिल-क्लाथ खराब हो गये और शीशे का एक गिलास और एक तश्तरी सँभालते-सँभालते गिर ही पड़ी। मनिया दूर ही से देखती हुई स्नेहपूर्वक मुस्करा रही थी। पर मैं देख रहा था अपने पास ही बैठी हुई श्रीमती रालिन्सन की मुद्रा। वह ऐसी दृष्टि से उनकी ओर देख रही थीं जैसे आँखों के जरिये आग उगलकर उन्हें जलाकर भस्म कर देना चाहती हों। उनका यदि वश चलता तो वह उसी दम सबको फाटक से बाहर खदेड़ देतीं। मनिया का रुख जानती हुई वह जी मसोसकर चुप्पी साध ले रही थीं। अतिथियों का अच्छा विनोद हो रहा था। फादर एन्थोनी का दल भी उन विशेष अतिथियों में बड़ी दिलचस्पी ले रहा था। पर कुछ सभ्यताभिमानी गोरी ऐंग्लो-इण्डियन युवतियाँ स्पष्ट ही उस 'असभ्य' दल की ओर दृष्टि पड़ने पर नाकभौंह सिकोड़ रही थीं और ऐसा लगता था कि वे वास्तव में अपने को अपमानित अनुभव कर रही हैं।

कोर्स-पर-कोर्स 'सर्व' होते चले गये और मनिया द्वारा निमन्त्रित विशेष अतिथि-मण्डली उन पर बड़ी तेजी से हाथ साफ करती चली गयी।

किसी तरह 'डिनर' भी समाप्त हुआ। जब सभी अतिथि चले गये, और केवल विशेष अतिथि ही रह गये, तब श्रीमती रालिन्सन मुझे एकान्त में बुला ले गयी। बोलीं—"मिस्टर रंजन, मुझे बड़ी प्रसन्नता है कि सारा कार्य बड़े ही अच्छे ढंग से निभ गया।"

मैंने हार्दिक कृतज्ञता का भाव प्रकट करते हुए कहा—"यह सब आप ही के कारण सम्भव हो सका है, मिसेज रालिन्सन, नहीं तो यह मेरे और मनिया की बूते की बात नहीं थी। मैं सच कहता हूँ, अगर आज मेरी माँ जीवित होती तो वह भी अपने सारे स्नेह के बावजूद न तो इस लगन से जुट पाती न इतने बड़े कार्य को सँभाल पाती। आपने आज सच्चे अर्थों में मेरी माँ का स्थान ग्रहण कर लिया।"

मेरे आन्तरिक आवेग से श्रीमती रालिन्सन की भावुकता आँसुओं के रूप में उमड़ आयी। मेरे सिर पर अपना स्नेह-कोमल हाथ फेरती हुई, गद्‌गद स्वर में बोली—"बेटा, तुम्हारा स्वभाव सचमुच ही बड़ा प्यारा है। और तुम्हारी—तुम्हें पत्नी भी अच्छी ही मिली है। भगवान् निश्चय ही तुम दोनों का मंगल करेंगे। केवल एक बात है। मनिया में सब गुण अच्छे हैं, पर—पर कभी-कभी वह विचित्र हठ कर बैठती है। और उसकी यह खामखयाली मेरी समझ में तनिक भी नहीं आयी—जो उसने इन जिप्सी औरतों को न्योता देकर मेरे सभी मान्य अतिथियों के साथ ही उन्हें बिठाकर प्रकट की है। फिर भी वह बड़ी अच्छी लड़की है।...मेरा उससे कोई द्वेष नहीं है, तुम जानते हो मैं...स्वयं बड़ी दुःखी हूँ, तुम जानते हो..."

उसकी भावुकता फिर नये सिरे से उमड़ चली। अपनी कोट की जेब से रूमाल निकालकर आँसू पोंछने के बाद उन्होंने फिर कहना शुरू किया—"मेरी एक इच्छा जरूर थी। तुमने जूलिया को देखा है। उसके गुणों की प्रशंसा अगर मैं करूँ तो ठीक नहीं लगता। इतने दिनों तक तुम स्वयं ही उसकी योग्यता से परिचित हो चुके होगे। मेरी इच्छा थी—मैंने संकोचवश आज तक तुमसे कहा नहीं—कि वह तुम्हारे साथ वैवाहिक बन्धन में बँध जाती। मैं किसी और दृष्टि से यह बात नहीं कह रही हूँ। मनिया के खिलाफ मुझे कोई शिकायत नहीं है। तुम जानते हो। पर माँ का हृदय मोहवश कभी-कभी ऐसी बातें भी सोच बैठता है जो दूसरों को अनुचित लग सकती है। मैं अपने मन के भाव को तुमसे छिपा नहीं पाती हूँ, इसलिए क्षमा करना—अगर मेरे मुँह से कोई अनुचित बात निकल गयी हो तो। पहले ही दिन से तुम्हारे प्रति मेरे मन में अनायास ही पुत्र के समान स्नेह भाव जग उठा था। इसी कारण मैं आज तुम्हारे आगे अपना हृदय खोले बिना न रह सकी। अब मैं चैन से रात में सो सकूँगी। अपने मन की जो बात मैंने तुमसे कही है उसे तुम भी अपने मन तक रखना, यदि सिल्विया के कानों में इस बात की भनक भी पड़ गयी तो वह मुझे कच्चा ही खा डालेगी। जूलिया तो बेचारी बड़ी सीधी है, पर सिल्विया बाहर से सीधी बनी रहने पर भी भीतर से बड़ी तेज है। जो भी

हो, आज मेरे लिये बड़ी ही प्रसन्नता का दिन है। अब तुम जाओ। दिनभर के थके हो, ज़ाकर आराम करो। केवल एक बात का खयाल रखना, ये जिप्सी औरतें बड़ी चोर होती हैं। उनसे सावधान रहना...''

मैं श्रीमती रालिन्सन की स्पष्टोक्ति और छलरहित व्यवहार से बहुत प्रसन्न हुआ। उनसे विदा होकर जब मैं मनिया के पास पहुँचा तब वह अपनी जीजी-चाची-मामी-मौसी के पास चली गयी थी।

वह अपनी 'मौसी' से पूछ रही थी—''मौसी, तुम्हारा पेट भरा या नहीं?''

''खूब भर गया बिटिया, इतना खा लिया कि दो दिन के लिए बेफिक्री हो गयी।''

मैंने मनिया के पास खड़े होकर उसके कान में कहा—''इन लोगों के लिए क्या रिक्शा मँगवा दिये जायें?''

''नहीं, इतनी रात घर लौटकर ये क्या करेंगी। आज यहीं सो जायँगी। क्यों सनोवरिया चाची!''

''हाँ, क्या कहा तुमने?'' सनोवरिया चाची अपने प्रायः पाँच साल के बच्चे से उलझ रही थीं, जो जमीन पर पड़े कटलेट के एक टुकड़े को उठाकर मुँह में डालने के लिए छटपटा रहा था। उन्होंने पूरी बात सुनी नहीं थी।

''मैं कह रही थी,'' मनिया बोली—''आज तुम लोग इतनी रात गये घर लौटकर क्या करोगी? आज यहीं सो रहो, कल दोपहर में खाना खाकर चली जाना।''

''हाँ, हाँ, तुम ठीक कहती हो,'' मौसी ने सनोवरिया चाची की ओर से उत्तर दिया—''पेट इतना भर गया है कि अब उठने को जी नहीं करता। फिर आज बिटिया की शादी का दिन है। रोज-रोज शादी थोड़ी होती है। आज हम सब लोग उसी के साथ रहें, कल चले चलेंगे, क्यों चिनारिया भौजी?''

पर चिनारिया भौजी को यह प्रस्ताव कतई पसन्द नहीं आया। वह बोलीं—''यहीं रह जाने की तुमने अच्छी कही! तुमने तो जमाई के घर ऐसा धरना दे दिया जैसे शादी मनिया की नहीं तुम्हारी हुई हो! अरे, तुम लोग सब मनिया को घेर यहीं बैठ जाओगी तो जमाई क्या तुम्हारा मुँह ताकता रहेगा? चलो उठो! खुशी मना ली, खा-पी लिया, नाच-गा लिया, अब बैठकर क्या करना है? तुम्हें रहना है तो रहो, मैं तो चल दी!'' और वह सचमुच उठ खड़ी हुई।

उसके उठते ही चारों ओर से आवाजें आने लगीं—''ओ भाभी! मैं भी चलती हूँ!'' ''ओ भौजी, मैं भी आयी! ठहर जा!'' ''नानी, यह लो मैं भी उठी!'' उसके बाद मनिया के आग्रह पर भी कोई ठहरने को राजी न हुई। मनिया ने प्रत्येक से हाथ जोड़कर कहा—''कम-से-कम रिक्शा आ जाने तक तो ठहर जाओ, नहीं तो मैं बहुत बुरा मानूँगी।'' फलतः सब रुक गयीं। रिक्शा लाने को आदमी भेजा गया। प्रायः 20 मिनट बाद छह रिक्शा आ पहुँचे। मनिया एक-एक करके सबसे गले मिली, और बच्चों के-से निष्कपट आग्रह-भरे स्वर में कहने लगी—''भाभी, भूल न जाना, फिर आना!'' ''मौसी,

मैं जल्दी ही तुम्हें बुलाने के लिए आदमी भेजूँगी!'' ''गुलाबिया बहन, तुम तो कम-से-कम आज रह ही जातीं!'' ''सितारिया जीजी! फिर कब आओगी!'' उसकी आँखें छलछला आयी थीं और उसकी अतिथियों में भी कोई ऐसा नहीं बचा जिसकी आँखों से दो बूँद आँसू न टपक पड़े हों। मेरी आँखें भी न जाने कब डबडबा आयी थीं, मुझे पता नहीं चला।

अपनी-अपनी ओर से मनिया को दिलासा देकर अन्त में वे सब रिक्शा में बैठ गयीं। उनमें से अधिकांश शायद जीवन में पहली बार रिक्शा में बैठी होंगी। सभी रिक्शावालों को, मनिया के आदेशानुसार भाड़ा पहले ही चुका दिया गया था। जब तक अन्तिम रिक्शा आँखों से ओझल न हो गया, मनिया एकटक उसी ओर देखती रही। उसके बाद एक लम्बी साँस लेकर आँखें पोंछती हुई भीतर की ओर चली। मेरी ओर उसने एक बार लाज और संकोच-भरी तिरछी दृष्टि से देखा, और फिर भीता हरिणी की तरह मुँह फेरकर जैसे भाग चली।

आज वह सुबह से ही मुझसे लजा रही थी, और भरसक कतराती थी। पर उसका वह लजाना और कतराना मेरे भीतर ऐसी स्निग्ध और मधुर अनुभूति को उभाड़ रहा था, जिसकी कल्पना तक मैं पहले नहीं कर सकता था। अपने जीजी-चाची-मामी-मौसी के दल को जो वह रात में भी अपने पास रह जाने के लिए आग्रह कर रही थी उसके कई कारणों में से एक प्रमुख कारण मुझको यह भी लग रहा था कि वह जैसे उन सबको मेरे और अपने बीच में दीवार की तरह ओट बनाना चाहती थी। जैसे उसकी कोई अन्ध अन्तःप्रज्ञा उसे सचेत कर रही थी कि जिस पुरुष से उसका विवाह हुआ है वह आज उसका सर्वस्व हरण करने पर उतारू हो जायगा। प्रथम मिलन की रात्रि में नववधू के भीतर सहज आत्मरक्षा का जो संस्कार पूरे प्रतिरोध के लिए सजग हो उठता है, मनिया भी मुझे उसी संस्कार से प्रेरित लग रही थी। इतने दिनों से उससे जो मेरा परिचय था उसे वह जैसे एकदम भूल गयी थी। आज उससे मेरा पूर्णतः नया परिचय हुआ हो।

उसका अनुसरण करता हुआ मैं भी भीतर गया। अपने कमरे में पहुँचते ही मैंने जो उसका बदला हुआ रूप देखा उससे मैं चकित रह गया। सारे कमरे की सफाई नये सिरे से की गयी थी और सजावट भी एकदम नये ढंग की थी। फर्श पर आर-पार एक हरे रंग का नया कालीन बिछवा दिया गया था जो लॉन पर अच्छी तरह से कटी हुई घनी और मुलायम दूब की तरह लगता था। पलँग भी बदला हुआ था। मेरी अपेक्षाकृत छोटी चारपाई के स्थान पर एक लम्बा-चौड़ा पलँग दिखायी दिया जिस पर सफेद साटिन के दो झालरदार तकिये झलझलाती हुई चादर के ऊपर करीने से रखे हुए थे। पलँग के ऊपर चारों तरफ चार डण्डे पड़े हुए थे, जिन पर गुलाबी रंग के खूबसूरत पर्दे सर्पाकृति में मुड़े हुए थे। डण्डों के ऊपर ही चार कोनों में चार गुलदस्ते बाँध दिये गये थे। पैताने पर इन्द्रधनुषी लहरियों से चमचमाता हुआ एक नया लिहाफ तहाकर रख दिया गया था। पलँग के ठीक ऊपर गहरे नीचे 'शेड' से ढकी हुई एक बत्ती मन्द प्रकाश से जल

रही थी। कमरे में नितान्त रूप से आवश्यक वस्तुओं को छोड़कर एक भी फालूत चीज कहीं नहीं थी। जो-कुछ भी था सब व्यवस्थित, सजा और सुलझा हुआ।

"क्या मनिया की रुचि में इतना परिवर्तन हो गया है?" मैंने मन-ही-मन सोचा। और एक पुलकानुभूति मेरे शरीर, मन और प्राण को गुदगुदाने लगी। पाँवपोश पर सावधानी से जूते पोंछकर मैंने सूट उतार डाला और सोने के कपड़े पहने। बगलवाले कमरे में दो व्यक्तियों के बहुत ही धीमे स्वर में बोलने—प्रायः फुसफुसाने—की आवाज आ रही थी। यदि उस समय मैं चौकन्ना न होता तो शायद वह आवाज मुझे सुनायी न देती। उनमें निश्चय ही एक मनिया होगी और दूसरी सम्भवतः सिल्विया, इतना अनुमान मैंने लगा लिया। पर उन दोनों के बीच क्या बातें हो रही थीं, यह मैं न सुन सका।

मैं लेटने की तैयारी कर ही रहा था कि सहसा मैंने देखा, सिल्विया मनिया का हाथ पकड़कर उसे प्रायः खींचती हुई-सी मेरे कमरे की ओर ले आयी। दरवाजे के पास पहुँचते ही सिल्विया ने प्रायः एक धक्के से मनिया को मेरे कमरे के भीतर ढकेल दिया और मनिया के कमरे की तरफ से दरवाजा बन्द करके, उस पर कुण्डी चढ़ाकर वह भीतर से खि़लखिलाकर हँसने लगी।

मनिया लजाती और मुस्कराती हुई दरवाजे पर हलके दस्तक देती हुई स्कूली लड़कियों की तरह शिकायत-भरे स्वर में कहने लगी—"खोलो, सिल्विया, खोलो!" साथ ही बीच में एक बार वह कनखियों में मेरी ओर भी देख लेती थी। वह जितना ही कहती जाती थी, सिल्विया उतना ही खिलखिला उठती थी। मैं पलँग पर स्थिर भाव से बैठा हुआ कुछ देर तक यह नाटक देखता रहा। उसके बाद उठकर मैंने धीरे से मनिया का हाथ पकड़ा और अपने स्वर में यथाशक्ति कोमलता भरते हुए कहा—"मनिया, कुछ देर मेरे साथ बैठकर सुस्ता लो। तब तक सिल्विया अपने-आप ही दरवाजा खोल देगी।" और मैंने धीरे-से उसे अपनी ओर खींचा—यह सोचकर कि यदि वह तनिक भी प्रतिरोध करेगी तो हाथ छोड़ दूँगा। पर मनिया ने प्रतिरोध नहीं किया और धीरे-से मेरे साथ चली आयी। ज्यों ही मैंने उसे पलँग पर अपनी बगल में बिठाया, त्यों ही भीतर से सिल्विया बोल उठी—"टा-टा! विश यू ए लकी नाइट!" और यह कहकर वह चली गयी—सम्भवतः मेरी नौकरानी रमिया को कुछ हिदायत देकर।

मैंने पीठ पर हाथ फेरते हुए उसे दिलासा देते हुए कहा—"मुझे बहुत दुःख है मनिया, तुम्हारी सनोवरिया चाची, चिनारिया मामी और साथ की दूसरी स्त्रियाँ चली गयीं। वे रात में तुम्हारे ही साथ रह जातीं, बड़ी चहल-पहल रहती। उन लोगों की वजह से विवाह में बड़ी रौनक आ गयी थी।"

"मुझे मौसी के चले जाने का दुःख है," सिर नीचा किये हुए और अपने पाँव के अँगूठे से कालीन को खुरचने की चेष्टा करती हुई मनिया बोली—"बेचारी बड़ी दुःखी है। मौसा चौबीसों घण्टे नशे-पानी में चूर रहता है, न बाल-बच्चों की ओर देखता है,

न मौसी की सुध लेता है। मौसी बिसाती की दुकान खोलकर जो-कुछ पाती है उतने से परिवार को भी खिलाती है और मौसा के नशे-पानी का भी खर्च जुटाती है। अगर किसी दिन मौसी बीमार हो जाय तो घर के सब लोग भूखे रहें। मैंने सोचा था, मौसी से कहूँ कि बराबर के लिए मेरे ही पास रह जाय...''

''तक कहा क्यों नहीं?''

''फिर सोचा कि मौसी यहाँ रहेगी तो मौसा कहाँ जायगा!''

''वह भी यहीं रह जायगा।''

''सच?'' इस बार मनिया ने आँख उठाकर उत्साहित दृष्टि से मेरी ओर देखा।

''हर्ज क्या है?''

''पर वह जो चौबीसों घण्टे नशे में चूर रहता है, वह अच्छा आदमी नहीं है।''

''उसे सुधारने की कोशिश की जायगी।''

''सच कहते हो?'' उल्लास-भरी आँखों से मेरी ओर देखती हुई वह बोली।

''जहाँ तक मुझे याद है, मैंने आज तक तुमसे कोई ऐसी बात कभी नहीं कही, मनिया, जो बाद में गलत साबित हुई हो। तुम्हें धोखा देने या झूठी प्रतिज्ञा करने का कोई उदाहरण तुम्हारे पास है तो कहो!'' मेरे स्वर में अभिमान-भरी शिकायत थी।

''न, न, न, मेरा मतलब यह कभी नहीं था। मैं तुम्हें जानती हूँ। मैंने यों ही जानना चाहा था...'' और सब दिलासा देने की उसकी बारी थी। वह मेरी पीठ पर हाथ रखकर थपथपाने लगी—जैसे किसी बच्चे को सुलाना चाहती हो।

इस प्रकार हम दोनों के बीच नयी सन्धि और नयी घनिष्ठता स्थापित होने के पर्व का आरम्भ हुआ।

(26)

दूसरे ही दिन से मनिया की बातों से और व्यवहार से मुझे लगा कि उसमें अपनी गार्हस्थिक योग्यता के सम्बन्ध में परिपूर्ण आत्मविश्वास का भाव जग उठा है। इतने दिनों तक वह नौकरों को भी पूरे अधिकार के साथ आदेश देने में जैसे हिचकती थी। उसकी प्रत्येक गतिविधि में शंका और अपने ऊपर विश्वास का अभाव-सा प्रकट होता था। पर विवाह के बाद से—और विशेषकर विवाह के दूसरे दिन से—वह पूरे अधिकार के साथ सब विषयों पर अपनी सत्ता कायम रखने लगी थी और गृहस्थी की व्यवस्था उसने पूर्णतः अपने हाथों में ले ली थी। घर के प्रबन्ध से सम्बन्धित किसी भी विषय पर मेरी राय लेने की कोई आवश्यकता ही जैसे उसे नहीं जान पड़ती थी। मैंने घर के खर्च के लिए एक काफी बड़ी रकम उसके हाथों में सौंप दी थी। वह मुक्तहस्त होकर खर्च करने लगी। घर में यदि पाँच आदमी खानेवाले होते तो वह दस आदमियों के लिए खाना तैयार करवाती। विवाह के पहले जितने प्रकार के व्यंजन मेरे यहाँ बनते थे, विवाह के बाद उनकी संख्या दुगनी हो गयी थी। जो खाना बचता था उसे नौकर-चाकर मनिया

की आज्ञा से पास-पड़ोस के कुली-मजदूरों के परिवारों में बाँट देते थे। हमारे बँगले के कमरों में जो फर्नीचर था वह मनिया को सहसा अपर्याप्त मालूम हुआ। उसे बढ़ाने के लिए वह अत्यन्त चिन्तित हो उठी।

एक दिन सुबह उठते ही उसने मुझसे कहा—"देहरादून चलना होगा।"

उसके उस अप्रत्याशित आदेश का उद्देश्य न समझकर मैंने पूछा—"किसलिए!"

"बहुत-सा नया फर्नीचर खरीदना है। बँगले में जो फर्नीचर है वह एक तो पुराना है, दूसरे काफी नहीं है। नाश्ता अच्छी तरह कर लो। उसके बाद अभी देहरादून चले चलेंगे। शाम को लौट आयेंगे।"

मुझे यद्यपि देहरादून जाने का उत्साह तनिक भी नहीं हो रहा था, फिर भी उसकी आज्ञा को मैं टाल न सका। एक किराये की 'कार' पर हम दोनों एक नौकर को साथ लेकर देहरादून पहुँचे। वहाँ फर्नीचर की जितनी भी बड़ी-बड़ी दुकानें थीं सब मनिया ने छान डाली। प्रत्येक दुकान में से कुछ-न-कुछ सामान अवश्य खरीदा गया। शाम को जब सोफा सेटों, कुर्सियों, मेजों, पलँगों, पेग-टेबिलों, आलमारियों आदि का तूमार खड़ा हो गया। इन सब चीजों के अलावा बिजली की बत्तियों के विविध प्रकार और विभिन्न वर्णों के शेड, विचित्र-विचित्र आकृतियों के टेबिल-लैम्प, चीनी मिट्टी के चित्र-विचित्र गमले, रंग-बिरंगे पर्दे, कीमती साड़ियाँ, नौकर-चाकरों के लिए तथा और भी न मालूम किन-किन वास्तविक अथवा काल्पनिक व्यक्तियों के लिए खरीदे गये कपड़े आदि का ढेर हम लोगों ने अपने साथ कार में लादा। सब-कुछ लद चुकने के बाद जब हम मसूरी के लिए रवाना हुए तब मनिया के मुख पर एक अवर्णनीय उल्लास की दीप्ति छायी हुई थी। जब वह मनमाने ढंग से चीजें खरीद रही थी तब भी मैंने उसे एक बार भी नहीं टोका था और बाद में भी एक शब्द द्वारा यह इंगित नहीं किया कि उतनी सब चीजें बेकार हैं, उनमें व्यर्थ पैसा नष्ट किया जा रहा है।

जब उतनी सब चीजें लेकर घर पहुँचे तब श्रीमती रालिन्सन उन्हें देखकर अकृत्रिम आश्चर्य से प्रायः हाँफती हुई-सी बोल उठीं—"ओ-ने-ने-ने!"

सिल्विया अपनी माँ का वह आश्चर्य देखकर हँस पड़ी। मुझे भी हँसी आये बिना न रही।

सिल्विया सस्नेह मुस्कराती हुई बोली—"आपको अच्छी गृहिणी मिल गयी है, मि. रंजन! आपकी आज तक की सारी कंजूसी का बदला वह दो ही दिन में चुका डालेगी!"

"पर इतनी सब चीजों का होगा क्या?" श्रीमती रालिन्सन ने उसी परेशानी के साथ कहा।

"जो होगा वह आप भी देखेंगी और मैं भी देखूँगा।" मैं रूखी हँसी हँसता हुआ बोला।

"और इतनी चीजों के लिए जगह भी आपके बँगले में कहाँ है?" पास ही खड़ी जूलिया भी बोल उठी।

मनिया बेचारी इन सब मन्तव्यों से विचलित हो उठी। उतनी देर तक उसके मन में सम्भवतः यह निश्चित विश्वास जमा हुआ था कि उसने कोई बहुत बड़ा काम कर डाला है, जो उसकी गार्हस्थ्य-कला सम्बन्धी निपुणता का अकाट्य प्रमाण सब लोगों के आगे उपस्थित कर देगा। पर जब उस पर चारों ओर से व्यंग्य-बौछारें होने लगीं तब उसका मुख इतना-सा हो गया। मैं उसे भीतर ले गया। भीतर पाँव रखते ही वह प्रायः रोनी-सी सूरत बनाती हुई बोली—"क्या सचमुच समान अधिक हो गया? तब तुमने मुझे टोका क्यों नहीं?"

"नहीं मनिया, कुछ भी अधिक नहीं हुआ, उन लोगों को कहने दो। और अगर अधिकार हो भी गया तो वह कहीं-न-कहीं अवश्य ही खप जायगा, तुम तनिक भी चिन्ता न करो।"

"नहीं, नहीं, तुम मुझे दिलासा देने के लिए इस तरह की बात कह रहे हो!" रोने की तैयारी करती हुई मनिया बोली—"तुम बहुत ही भले हो, और मेरे ऊपर तुम्हारी दया का अन्त नहीं है। पर तुमने कभी इस बात पर भी ध्यान दिया है कि मेरे ऊपर तुम्हारी इतनी अधिक दया के कारण मेरी आदतें बहुत बिगड़ रही हैं? तुमने मुझे इतना अधिक रुपया क्यों सौंप दिया? इतना रुपया लेकर मैं क्या करूँ, मेरी समझ में नहीं आता। इसलिए मैं चाहती हूँ कि वह जल्दी-से-जल्दी खतम हो जाय, और खतम करने का दूसरा तरीका मुझे जल्दी में नहीं सूझ पड़ा। कल से यह सब रुपया तुम ही रखना, मैं इसमें हाथ नहीं लगाऊँगी।" और वह पलँग पर प्रायः पछाड़ खाकर लेट गयी और दोनों हाथों से उसने अपना मुँह ढक लिया।

उसे मनाने में मुझे पूरा आधा घण्टा लग गया।

दूसरे दिन मनिया ने फिर यह नहीं कहा कि "यह सब रुपया तुम ही रखो" मैं अब से इसमें हाथ नहीं लगाऊँगी।" उसने पिछले दिनों की तरह ही ऐसे धड़ल्ले से खर्च करना आरम्भ कर दिया कि इस तरह की बात उसने कभी कही है; यह शायद उसे याद दिलाये जाने पर भी मुश्किल से याद आ पाती।

एक दिन उसने मुझे सूचित किया कि वह मौसी के यहाँ जाकर उसे अपने पास ले आना चाहती है। उसने मुझसे भी चलने के लिए कहा पर मैंने सिर दर्द का बहाना बनाकर टाल दिया। वह नौकरानी को साथ लेकर चली गयी। सन्ध्या को निराश लौट आयी, मैंने पूछा तो पता चला कि मौसी आना तो चाहती है, पर अपने 'नाकारे' की राय लिये बिना नहीं। और वह 'नाकारा' सुबह से बाहर निकला अभी तक लौटा नहीं था। जब मनिया इन्तजार करते-करते थक गयी तब निराश लौट आयी। उसने कहा कि वह फिर किसी दूसरे दिन जायगी।

(27)

सर्दी दिन-पर-दिन बढ़ती चली जा रही थी। श्रीमती रालिन्सन ने राय दी कि हम लोग जाड़ों में किसी गरम स्थान में जाकर रहें। उन्होंने कहा कि विवाह के बाद लोग 'हनीमून' मनाने के लिए लम्बी यात्रा के लिए निकल जाते हैं। और हम लोग यदि जाड़ों में भी मसूरी-जैसे ठण्डे स्थान में पड़े रहें तो यह बुद्धिमानी न होगी। मैंने उन्हें सूचित किया कि मसूरी के प्रति मेरे मन में कुछ ऐसा मोह उत्पन्न हो गया है कि अब उसे एक दिन के लिए भी छोड़ने से जी उदास हो जाता है। श्रीमती रालिन्सन स्नेहपूर्वक मुस्कराने लगी।

नवम्बर का महीना बीत चुका था और दिसम्बर का पहला सप्ताह चल रहा था। दिन में यदि धूप रहती और हवा न चलती तो बाहर बैठकर धूप खाते हुए अगल-बगल की हरी-भरी पहाड़ियों का एकान्त दृश्य बहुत सुहावना लगता था, और जब बीच-बीच में उस एकान्त को चीरती हुई सुदूर आकाश में चक्कर लगानेवाली चील तीखी आवाज में चीख उठती तो उसका वह मर्मभेदी स्वर प्राणों को एक अजीब-सी मीठी उदासी से छा देता था। ऐसा अनुभव होने लगता था कि जीवन में कहीं कोई संघर्ष नहीं है, कहीं किंचिन्मात्र भी अव्यवस्था या अशान्ति नहीं है; और यदि अनन्तकाल के लिए वही मीठी धूप रहे, वही एकान्त वातावरण रहे और बगल में मनिया बैठी हुई उसी तरह गरम बनियाइन बुनती रहे, तो सारे अनन्त को एक सुखद स्वप्नमय मुहूर्त्त की तरह बड़ी आसानी से बिताया जा सकता है।

पर जिस दिन तेज हवा चलने लगती उस दिन जी बुरी तरह घबरा उठता। जीवन के जिन संघर्षों की अनुभूति को भुलाये या अपने भीतर दबाये रहता, वे हवा की उस तीव्रता के वेग से उभरकर चारों ओर से जैसे मेरा गला पकड़ने लगते। ऐसे दिन मैं भीतर किवाड़ बन्द किये लेटा रहता। या तो लेटे-लेटे कुछ पढ़ता, या मनिया से किसी नयी गार्हस्थिक योजना के सम्बन्ध में सलाह-मशविरा करता।

मनिया को कुछ दिनों से बँगले को बाहर और भीतर से अधिकाधिक सुसज्जित करने की धुन सवार हो गयी थी। जो फर्नीचर वह लायी थी उसे सभी कमरों में, बरामदे में और नौकरों के आवास में यथास्थान स्थापित करने के बाद जितना बचा रह गया उसे उसने श्रीमती रालिन्सन को दे दिया। बहुत-से गमले मँगाकर उसने श्रीमती रालिन्सन की सहायता से उसमें ऋतु के योग्य फूल, बेल तथा पत्तियाँ लगाकर बरामदे में चारों ओर सजाकर रख दिये। एक अनुभवी माली को नियुक्त करके बाहर दालान में भी क्यारियाँ खुदवायी और फूल लगवा दिये।

रालिन्सन परिवार को वह अक्सर चाय के लिए निमन्त्रित करती रहती थी। श्रीमती रालिन्सन से उसने विशेष-विशेष पकवान—केक, सैण्डविच, सलाद आदि षट्रसमय

भोज्य-पदार्थ तैयार करने सीखे थे, उनमें अपनी रुचि के अनुसार नये-नये परिवर्तन करने का ढंग भी वह सीख गयी थी। अपनी छोटी-सी गृहस्थी को भरसक सुखमय, वैचित्र्यपूर्ण और व्यवस्थित बनाने के उद्‌देश्य से उसके उत्साह में तनिक भी कमी नहीं पायी जाती थी।

सिल्विया अब भी नियमित रूप से उसे पढ़ाने के उद्‌देश्य से आती थी। मनिया का अँगरेजी भाषा सम्बन्धी ज्ञान दिन-पर-दिन बड़ी तेजी से बढ़ता चला जा रहा था और वह रालिन्सन-परिवार के व्यक्तियों के साथ धड़ल्ले से अँगरेजी में बातें करना सीख गयी थी। साथ ही हिन्दी भाषा का ज्ञान बढ़ाने की ओर भी उसके प्रयत्नों में कुछ कमी नहीं आयी थी। मैं इस सम्बन्ध में यथासम्भव उसकी सहायता कर दिया करता था। बाहर से हिन्दी की अच्छी-अच्छी ज्ञानवर्द्धक पुस्तकें मैं उसके लिए मँगा दिया करता था। एक बार मेरी इच्छा हुई कि मैं उसके लिए धार्मिक पुस्तकें, जैसे तुलसीकृत रामायण, हिन्दी महाभारत, भागवत की कथा, गीता तथा उपनिषदों के अनुवाद आदि मँगाऊँ। पर—फिर यह सोचकर रह गया कि अभी उसके भीतर की कोमल मिट्टी में ईसाई धर्म का जो कच्चा ज्ञान भरा पड़ा है वह जब तक पक्का नहीं हो जाता, उस धर्म के सभी अंगों और सभी पहलुओं से वह जब तक भली भाँति परिचित नहीं हो जाती और वास्तविक जीवन के अनुभवों से उन सभी पहलुओं का मेल कहाँ तक बैठता है, इसका ज्ञान स्वयं नहीं प्राप्त कर लेती, तब तक किसी दूसरे धर्म से सम्बन्धित चक्रों में उसे उलझना उचित नहीं होगा। फिर भी मैं भारतीय सन्तों की जीवनियों और वाणियों से उसे परिचित कराता रहा। मुझे यह देखकर आश्चर्य हुआ कि भारतीय सन्तों और ईसाई सन्तों की जीवनियों में जो समता थी वह तत्काल उसकी कल्मषरहित दृष्टि की पकड़ में आ गयी। ऊपरी प्रभेद जो-कुछ था उसे उसने तनिक भी महत्त्व नहीं दिया। मैंने जब उसे रामकृष्ण परमहंस की जीवनी पढ़ने को दी और उसने यह जाना कि वह एक बार ईसाई धर्म में प्रविष्ट हुए थे और ईसा के भक्त वह बराबर बने रहे तब उसकी प्रसन्नता का ठिकाना न रहा। स्वामी रामकृष्ण के प्रति और भी कई कारणों से उसकी श्रद्धा जग गयी थी। उनके उपदेशों की सूक्ष्मता को समझने में उसने अपने को असमर्थ पाया, पर मोटे तौर से वह जितना भी समझ पायी उससे बहुत प्रभावित हुई। काली के प्रति उनकी भक्ति से उसने मरियम के प्रति अपनी भक्ति के रूप की तुलना की और दोनों भावनाओं में कोई विशेष अन्तर उसे नहीं मिला। गरज यह कि भारतीय सन्तों की जीवनियों में जो कुछ भी विशेषता वह पाती थी, जिस किसी भी बात से वह प्रभावित होती थी उससे 'प्रभु ईसा' और माता 'मरियम' के प्रति उसकी भक्ति-भावना को और अधिक पुष्टि मिलती थी। क्रास पर लटकते हुए ईसा और स्वर्ग की आभा से दीप्त मरियम के दो सुन्दर चित्र उसे सिल्विया से प्राप्त हो गये थे। उन दोनों को अपने कमरे में पूरब की ओर, फर्श से कुछ ही ऊपर दीवार पर टाँगकर वह रात में सोने के पहले और सुबह उठने पर नियमित रूप से उनकी उपासना किया करती थी। यह ठीक है

कि पहले की तरह अब वह आधी रात के बाद कई घण्टों तक जगकर एकान्त रूप से, गद्‌गद विह्वल भाव से आँसू गिराती हुई नहीं दिखायी देती थी, पर अब भी उसके ध्यान में काफी तन्मयता वर्तमान थी। विवाह के बाद गार्हस्थिक धन्धों की ओर उसका ध्यान काफी बँट जाने पर भी अपने एकान्त के क्षणों में वह प्रभु ईसा और माता मरियम के चरणों में अपने को पूर्णतया अर्पित करने का मनोबल अभी तक रखती थी, यह मैं स्पष्ट देख रहा था।

(28)

इधर कुछ समय से रालिन्सन-परिवार में फादर जेरेमिया का यातायात बढ़ गया था। मैं जब भी सन्ध्या को श्रीमती रालिन्सन के पास जाता तभी प्रायः अनिवार्य रूप से सिल्विया के साथ फादर जेरेमिया को बैठा हुआ पाता। फादर का लम्बा और नुकीला चेहरा, तीखी नाक, तीव्र भावात्मक दृष्टि उनके व्यक्तित्व को एक गहरा प्रभावोत्पादक रंग दे देती थीं। पचास के करीब की उम्र होने पर भी वह काफी युवा लगते थे। और उनकी गति में जो स्फूर्ति और चंचलता थी वह तो पूर्ण नवयुवक का ही रूप उन्हें प्रदान करती थी।

मुझे देखते ही वह स्नेहपूर्वक मुस्कराने लगते थे और मनिया की कुशल पूछते हुए यह आशा करना नहीं भूलते थे कि हम दोनों का गार्हस्थिक जीवन पूर्ण सुख और शान्ति के साथ बीत रहा होगा। सिल्विया के और उनके बीच में बैठकर दोनों के एकान्त वार्त्तालाप में किसी प्रकार का विघ्न डालने का साहस मुझे नहीं होता था, इसलिए देखते ही मैं अभिवादन और कुशन-प्रश्नादि के बाद सीधे श्रीमती रालिन्सन के पास चला जाता था। फादर जेरेमिया की दृष्टि से कभी-कभी मुझे सन्देह होने लगता था कि वह मुझसे कुछ विशेष बातें करने की इच्छा रखते हैं। पर बाद में उसे अपना भ्रम समझकर मैं उनकी ओर से मुँह फेर लेता। सिल्विया उन्हें एक क्षण के लिए भी नहीं छोड़ती थी। वह एक गरम बनियाइन बिनती हुई, एक विशेष प्रकार की संकोच-भरी मुस्कान सब समय मुख पर झलकाती हुई, फादर के पास जमकर बैठी रहती थी। बीच-बीच में जब फादर किसी विषय पर अपना मन्तव्य प्रकट करते तब वह अपना सिर ऊपर उठाकर उनकी ओर सलज्ज भाव से देखती हुई अपनी मुस्कान को और अधिक सुस्पष्ट रूप में व्यक्त कर देती थी, और दो-चार अर्द्ध स्पष्ट शब्द मुँह से निकालती थी। मैं जब हालनुमा-रूम के दूसरे छोर पर श्रीमती रालिन्सन के साथ बैठा होता तब भी बीच-बीच में उन दोनों की ओर देख लिया करता। वह एक विचित्र नाटक था जो फादर और सिल्विया के बीच कुछ समय से चल रहा था। मैंने इसके पहले कभी कल्पना नहीं की थी कि फादर कभी अपने भीतर की किसी रोमाण्टिक भावना को इस निस्संकोच भाव से और सहज-स्वाभाविक रूप से व्यक्त करने में पटु होंगे।

पिछले कुछ दिनों में आकाश में बादल मँडरा रहे थे। कभी वे सघन रूप धारण कर लेते, कभी फटकर बिखर जाते, कभी तीतर के पखों का-सा रूप धारण कर लेते और कभी एकदम लुप्त हो जाते थे। दिनभर बादल रहते और रात में आकाश प्रायः साफ रहता, इस कारण पाला बहुत अधिक पड़ता था। पाले के जम जाने से सुबह चारों ओर सफेदी दिखायी देती और सर्दी भी बड़ी विकट पड़ती थी।

उस दिन इतवार था। इतवार को मनिया की प्रातःकाल की उपासना कुछ लम्बा रूप धारण करती थी। उसे पूर्ण एकान्त वातावरण में छोड़कर मैं सुबह टहलने निकल गया था। लौटकर जब आया तब थका हुआ था। भूख लगी थी। मैंने मनिया से खाना मँगाने को कहा। पता चला कि अभी खाना पूरा तैयार नहीं है। मैंने कहा—"जितना कुछ भी तैयार है, मँगवा लो, मुझे बड़ी भूख लगी है।" मनिया मुस्करायी। भीतर जाकर स्वयं एक ट्रे में दो-चार तश्तरियाँ रखकर ले आयी। वह मेज पर उन्हें लगाने लगी। मैंने उससे भी बैठने को कहा। उसने बताया कि चूँकि उसका एक जगह निमन्त्रण है, इसलिए वह नहीं खायगी। मैंने आश्चर्य से पूछा—"किसके यहाँ है निमन्त्रण?"

"सिल्विया की एक सहेली है लीला। वह हिन्दू है, तुमने देखा होगा उसे। वह घुँघराले बालोंवाली लड़की जो अक्सर काले गाउनवाली 'नन्स' के साथ जाती हुई दिखायी देती है।"

"उससे तुम्हारा परिचय कैसे हुआ?"

"वह सिल्विया के यहाँ आती-जाती रहती है। दोनों एक ही स्कूल में एक ही दरजे में साथ-साथ पढ़ती रही हैं। एक दिन सिल्विया उसे यहाँ भी ले आयी थी। तब तुम घर पर नहीं थे..."

"ओह! ठीक!" कहकर मैं खाने लगा।

खाना खा चुकने के बाद मैं हाथ में एक पुस्तक लेकर लिहाफ ओढ़कर पलँग पर चित लेटकर पढ़ने लगा। पढ़ते-पढ़ते न जाने कब आँखें लग गयीं। जब आँखें खुलीं तो मैंने घण्टी का बटन दबाकर नौकर को बुलाया। उससे एक ग्लास पानी लाने को कहा। पानी पीकर मैं उठ बैठा। यद्यपि दोपहर का समय था, तथापि बाहर एकदम घना अन्धकार दिखायी दिया। बादलों का गम्भीर गर्जन सुनकर मैं समझ गया कि मामला कुछ गहरा है। बरामदे की ओर किवाड़ खोलते ही बरफ से भी ठण्डी हवा का एक झोंका सारे शरीर में तीव्र सिहरन पैदा कर गया। मैंने तत्काल किवाड़ बन्द कर दिया। नौकर से पूछने पर मालूम हुआ कि जब मैं सोया था तभी मनिया सिल्विया के साथ बाहर निकल गयी थी। मैंने अकेले ही काफी पीने का विचार करके नौकर को उसके लिए आदेश दे दिया। पर उसके पहले कमरे की दीवार से लगी हुई अँगीठी में कोयला सुलगा जाने के लिए कहा। किशनसिंह कोयले ले आया और पाँच मिनट के अन्दर उसने उन्हें सुलगा दिया। उसके बाद वह काफी तैयार करने चला गया। बत्ती जलाकर मैं पलँग पर फिर लिहाफ ओढ़कर लेट गया और कहानियों की एक पुस्तक उठाकर पढ़ने लगा।

यद्यपि सभी किवाड़ और खिड़कियाँ बन्द थीं, तथापि बाहर हवा के तीव्र से सनसनाने की आवाज शीशों का आवरण भेदकर कमरे में स्पष्ट सुनायी दे रही थी। कहानी पढ़ते-पढ़ते मेरी दिलचस्पी उसमें बढ़ने लगी थी। मैं मग्न भाव से पढ़ रहा था। सहसा भीतर से किवाड़ खुलने का शब्द सुनकर मेरा ध्यान भंग हुआ। नौकर एक ट्रे में काफी ले आया था। पलँग की बगलवाली मेज पर उसने काफी रख दी। मैं उठ बैठा। खिड़की के शीशों से होकर नजर पड़ते ही मैंने देखा, एक काली-सी छायामूर्ति–'सिलहेट' की तरह–बरामदे में खड़ी है। बाहर बिना पानी पड़े ही सीधे-सीधे बरफ गिरनी शुरू हो गयी थी, यह भी मैंने पलँग पर बैठे-बैठे देख लिया। पर वह काले आवरण से ढकी हुई छायामूर्ति कौन हो सकती है? मेरा कुतूहल बढ़ा। मैंने किशनसिंह से किवाड़ खोलकर देखने को कहा। किशनसिंह ने किवाड़ खोला, खोलकर देखा और फिर लौटकर चुपके से मुझे बताया कि फादर जेरेमिया खड़े हैं।

मैं आलस त्यागकर तत्काल पलँग पर से कूदकर बाहर गया और "हल्लो फादर!" कहकर उनका अभिवादन किया। फादर ने मेरी ओर देखा और प्रेमपूर्वक मुस्कराते हुए बोले–"कैसा सुहावना मौसम है आज का! जरा आगे बढ़कर देखो!"

विकट सर्दी के कारण मेरे दाँत किटकिटाने लगे थे। अनिच्छा से कुछ आगे बढ़कर मैंने देखा असंख्य श्वेत पुष्पों की तरह रुई से भी कोमल असंख्य हिमकण अविरत रूप से बरसते चले जा रहे थे और धीरे-धीरे जमीन पर और पेड़ों पर जमने लगे थे। मैंने कहा–"बहुत सुन्दर है!" पर मेरे मुख से निकले शब्द भी जैसे बरफ की तरह जम गये थे। फादर ने कहा–"तुम्हें सचमुच बड़ी सर्दी मालूम हो रही है!"

मैंने कहा..."आप बाहर क्यों खड़े हैं, चलिये भीतर चलें!"

फादर ने अपना काला लबादा उतारा और उसे दोनों हाथों से फटकारकर उसमें जमी हुई बरफ को झाड़ दिया। उसके बाद मेरे साथ वह भीतर चले आये। भीतर से किवाड़ बन्द करके जब मैं अँगीठी के पास कुर्सी लगाकर बैठा तब मेरे जी में जी आया। किशनसिंह ने फादर के लिए भी एक कुर्सी अँगीठी के पास ही रख दी। काफी की ट्रे भी पास ही एक छोटी-सी मेज पर रखकर उसने दो प्यालों में काफी डाली। दूध-चीनी मिलाकर उसने एक प्याला फादर की ओर बढ़ाया और एक मुझे दिया।

फादर प्याले को हाथ में लेते हुए बोले–"मैं बड़ा भाग्यशाली रहा। बहुत अच्छी साइत में बाहर निकला था। तुम्हारे यहाँ आते ही काफी मिल गयी, यह मेरा बहुत ही प्रिय पेय है।"

"पर आप न जाने कितनी देर से बरामदे में खड़े थे, मुझे कुछ पता ही न चला। आपको चाहिए था कि किवाड़ खटखटाते! इतनी देर तक आप व्यर्थ में बाहर ठण्ड में खड़े रहे।"

"मुझे कतई जाड़ा नहीं मालूम हो रहा था," स्नेहपूर्वक मुस्कराते हुए फादर ने कहा–"मैं तो उस सुहावने दृश्य का पूरा उपभोग कर रहा था। घर से जब निकला तब

इस बात की कोई सम्भावना ही मुझे नहीं दिखायी दी थी कि इतनी जल्दी बरफ पड़ने लगेगी। पर आपके बँगले के पास पहुँचते ही ऐसी बर्फानी आँधी चलने लगी कि मैंने कुछ देर यहाँ ठहर जाना उचित समझा।''

''आपने बड़ी कृपा की!''

फादर ने काफी पीते हुए एक बार अपनी पैनी दृष्टि सरसरी तौर से कमरे में चारों ओर—ऊपर-नीचे—दौड़ायी। मनिया ने तीन ही चार दिन पूर्व क्राइस्ट के जीवन से सम्बन्धित कुछ बड़े-बड़े चित्र फ्रेम करवा के मेरे कमरे में टँगवा दिये थे। सूली पर चढ़े हुए ईसा के सामने ही एक चित्र स्वर्ग से दिव्य ज्योति की आनन्दमयी किरणें बरसाने वाले ईसा का भी था।

''स्वर्ग और मर्त्य!'' फादर ने कहा। और फिर एक घूँट काफी की पी।

वह जैसे अपने-आपसे ही कुछ कह रहे थे। पर मैं जानता था कि वह कभी कोई भी बात बिना किसी विशेष उद्देश्य के नहीं कहते। मैंने कहा—''मैं आपका आशय या संकेत कुछ समझा नहीं। बड़ी कृपा हो, यदि आप अपने सूत्र को तनिक व्याख्या के साथ समझाने का कष्ट करें।''

''मेरा कोई विशेष आशय नहीं था। यों ही एक बात मेरे मुँह से निकल आयी। आपके चित्रों को देखकर यह विचार मेरे मन में जगा कि स्वर्ग-सम्बन्धी कल्पना एक चीज है और मर्त्य का सत्य दूसरी चीज। ईसा को सूली पर चढ़ाया गया, यह मर्त्यलोक के जीवन का जीवित सत्य है। पर यह धारणा कि वह स्वर्ग में पहुँचकर पापी-तापी मर्त्य-वासियों पर अपार प्रेम, क्षमा और करुणा की अमृतमयी किरणें बरसा रहे हैं, यह कवियों की स्वर्गीय कल्पना है, जो उनकी सभी कल्पनाओं की तरह सुन्दर है...''

मेरे आश्चर्य का ठिकाना नहीं था। मैंने कहा—''तो क्या आप यह स्वीकार करते हैं कि ईसा किसी दिव्यलोक से, ईश्वर की दिव्य शक्ति लेकर नहीं अवतरे थे, और न मरने के बाद वह किसी दिव्य धाम को ही पधारे?''

''इसमें स्वीकार करने की कौन-सी बात है!'' सम्भवतः कुछ अपमानित-सा अनुभव करते हुए फादर ने कहा—''यह तो एक साधारण सत्य है, जिसे किसी भी साधारण व्यक्ति की साधारण बुद्धि समझने में समर्थ है!''

''आपका आशय मैं क्या यह समझूँ कि ईसा साधारण मनुष्यों के बीच में उत्पन्न एक साधारण ही मनुष्य थे?''

''बिलकुल यही—केवल एक अन्तर के साथ, वह साधारण मनुष्यों के बीच में उत्पन्न साधारण ही मनुष्य थे, सन्देह नहीं, पर उनकी भावनाएँ साधारण स्तर के मनुष्य से बहुत ऊपर उठी हुई थीं, और साथ ही मन की असाधारण गहराइयों तक पहुँची हुई थीं।''

''तो उनके देवत्व का जो प्रचार बाद में किया गया उसे आप झूठा मानते हैं?''

"झूठा तो मैं नहीं कहूँगा, पर इतना अवश्य कहूँगा कि वह भ्रमात्मक था। झूठा इसलिए नहीं था कि जिन लोगों ने उनके देवत्व का प्रचार किया था वे ईसा की असाधारण भावना-शक्ति द्वारा इस हद तक प्रभावित हो चुके थे कि ईश्वरत्व के अतिरिक्त दूसरी कल्पना ही वह उनके लिए नहीं कर सकते थे। और तो और, स्वयं ईसा अपनी शक्ति के सम्बन्ध में भ्रम में पड़े हुए थे। कभी-कभी स्वयं उन्हें यह भ्रम होने लगता था कि वह ईश्वर द्वारा प्रेरित ओर प्रेषित हैं। इसके कारण थे..."

फादर के मुख के भाव में एक तीव्रता आ गयी थी और मुस्कान एकदम तिरोहित हो चली थी। अन्तिम घूँट समाप्त करके उन्होंने प्याला नीचे रख दिया था। किशनसिंह ने उसे दुबारा भर दिया और दूध-चीनी मिलाकर फिर उसे फादर के हाथ में दे दिया। फादर ने अन्यमनस्क भाव से एक बार किशनसिंह की ओर देखा फिर प्याला मुँह से लगा लिया। मैं उनके प्रत्येक हावभाव और प्रत्येक चेष्टा में बड़ी गहरी दिलचस्पी ले रहा था। आज़ उनका बिलकुल एक नया ही रूप मेरे आगे प्रकट हो रहा था। मैं तब तक सोचता था कि वह भी सभी पादरियों की तरह कट्टर और हठधर्मी होंगे।

मैंने कहा—"क्या आप यह बताने की कृपा करेंगे कि उनके उस भ्रम के क्या कारण थे?"

"अभी बताता हूँ।" कहकर उन्होंने शेष काफी को, जो ठण्डी हो चली थी, दो घूँट में समाप्त कर डाला। मैं अपनी काफी पहले ही समाप्त कर चुका था।

प्याले को नीचे रखकर, रूमाल से मुँह पोंछकर फादर ने कहना शुरू किया—"ईसा ने जब जन्म लिया तब उनका देश असाधारण परिस्थितियों से होकर गुजर रहा था। एक ओर रोमन शासकों के लौह-चक्र के नीचे साधारण यहूदी जनता बुरी तरह कुचली हुई थी, दूसरी ओर पुरोहितवर्ग की अधिकार-प्राप्ति की भावना राजनीतिक क्षेत्र में अपने को पराजित पाकर धार्मिक क्षेत्र में दुगनी तीव्रता से विकसित हो उठी थी और वह जनता के मन में पारलौकिक भीति की भावना जगाकर उससे अधिक-से-अधिक लाभ उठाकर अपने अहंभाव की पूर्ति करने में संलग्न था। तीसरी ओर महाजनवर्ग अपने स्वार्थ-साधन में पूरे प्रयत्नों से जुटा हुआ था। इन विविध शक्तियों के निपीड़न से दीन-दुःखी, अशिक्षित और असहाय जनता निर्मम रूप से पिसी चली जा रही थी। उसके भीतर का दमित हाहाकार सारे वातावरण को भाराक्रान्त किये हुए था और धीरे-धीरे अदृश्य रूप से सामूहिक चेतना-लोक में कुछ विचित्र रासायनिक परिवर्तन उत्पन्न करने लगा था। सामूहिक अन्तश्चेतना के इन्हीं सूक्ष्म परिवर्तनों की चरम परिणति ईसा के जन्म में हुई, जिसके फलस्वरूप एक विशेष प्रकार की दार्शनिकता की उत्पत्ति हुई। इस नयी दार्शनिकता ने जनसाधारण की जड़ चेतना के भीतर विस्फोट उत्पन्न कर दिया। इस दार्शनिकता का साधन था दरिद्र-नारायण के सहज आत्म-समर्पणशील भीरु मन के भीतर अहं का स्फुटन और आत्मविश्वास का जागरण और साध्य था सभी शोषक वर्गों के विरुद्ध शोषितों का विद्रोह..."

उनकी सतेज आँखें बत्ती के प्रकाश में और अधिक तीक्ष्णता से चमकने लगी थीं और उनके ओंठों के साथ ही उनकी तीखी नाक का सिरा भी जैसे हिलने लगा था।

मैंने कहा—"सभी धार्मिक नेता जनता को बराबर अपने अहं को विलीन करने का उपदेश देते रहे हैं। स्वयं ईसा ने स्थान-स्थान पर इसी तरह का उपदेश दिया है। इसलिए आपकी इस बात में संगति कहाँ पर रह जाती है कि ईसा की दार्शनिकता का साधन था जनता के अहं का स्फुटन?"

फादर मुस्कराये। वह एक विचित्र व्यंग्य-भरी मुस्कान थी जिसमें सम्भवतः मेरी अज्ञता के प्रति तरस की भावना भी भरी हुई थी। बोले—"यही तो उस रहस्य का मूल है जिसने सारे युग को—बल्कि युगों को—एक आश्चर्यजनक भ्रम के फेर में डाल दिया। इसमें ईसा का कोई दोष नहीं था, दोष था समझानेवालों का। ईसा ने अवश्य समय-समय पर अपने उपदेशों में विनय, नम्रता, अहंभावशून्यता और आत्मसमर्पणशीलता पर जोर दिया है, पर मनोवैज्ञानिक दृष्टि से वह विनय, वह नम्रता, वह अहंभावशून्यता, वह आत्मसमर्पणशीलता दमित अहं का ही परिपूर्ण परिस्फुटन है—यद्यपि उलटी दिशा में। वह अधिकार-प्राप्ति की भावना या सत्ताकांक्षा का ही दूसरा रूप है। रोमनों के पास राजनीतिक और शास्त्रास्त्र का बल था, पुरोहितवर्ग के पास लौकिक धर्माधिकार का बल था, और यहूदी महाजनवर्ग के पास आर्थिक बल था। इन तीनों बलों की सम्मिलित सत्ता के विरुद्ध संगठित विद्रोह के लिए एक ऐसे अस्त्र की आवश्यकता थी जो सारी भौतिक दीवार को कास्मिक किरणों की अदृश्य किन्तु अन्तर्भेदिनी शक्ति से भेदकर उसे ध्वस्त कर सके। और वह अस्त्र क्या हो सकता है, यह जानने में ईसा के समान तीव्र अन्तर्दृष्टि रखनेवाले महापुरुष को देर न लगी। वह समझ गये कि निरीह जनता को कुचलनेवाली वे भौतिक शक्तियाँ तभी छिन्न-भिन्न हो सकती हैं जब जनता के भीतर की आध्यात्मिक अणु-शक्ति को जगाया जाय। और उस अणु-शक्ति को जगाने का एकमात्र उपाय यही था कि अधिक-से-अधिक विनय, अधिक-से-अधिक आत्मत्याग और सांसारिक विषयों के प्रति अधिक-से-अधिक विराग के आदर्श को व्यावहारिक रूप देकर जनता के मन में यह विश्वास जमा दिया जाता कि उसके भीतर एक ऐसी शक्ति निहित है जो सभी सांसारिक शक्तियों को तुच्छ कर सकती है। सीधे शब्दों में यह कहा जा सकता है कि ईसा एक धार्मिक नेता उतने नहीं थे जितने राजनीतिक, धार्मिक और आर्थिक चक्रों से पीड़ित और असन्तुष्ट जनता के संगठित विद्रोह के नेता। उन्होंने स्पष्ट शब्दों में कहा था—'मैं संसार में शान्ति स्थापित करने नहीं आया हूँ, बल्कि पिता और पुत्र के बीच, भाई-भाई के बीच विरोध और विद्रोह खड़ा करने के लिए आया हूँ।' उन्होंने यह भी कहा था कि 'वेंजेन्स इज माइन, आई शैल रिपे!' 'प्रतिहिंसा का मूल सूत्रधार मैं हूँ और मैं बिना बदला चुकाये रहूँगा नहीं।' इसका अर्थ भले ही कुछ लोग यह लगायें कि ईसा ने साधारण जनता से बदला चुकाने की भावना के विरत रहने का

उपदेश देते हुए कहा था कि 'बदला चुकाने का अधिकार केवल मुझे है', पर इससे मूल बात में कोई अन्तर नहीं आता। वह यह कि बदले की भावना ईसा को अभीष्ट थी उनके भीतर का अहं अपने युग के सत्ताधिकारियों से लोहा लेने के लिए बेचैन था। पर बदला चुकाने का अस्त्र उनका अपना निजी था। अतिशय विनय, परिपूर्ण आत्मत्याग, दूसरों की बुराई के प्रति क्षमा-भावना आदि अहिंसात्मक उपायों से निष्क्रिय प्रतिरोध द्वारा सत्ताधिकारियों के अत्याचारों और अन्यायाचरणों का सामना करते हुए, हिंसात्मक प्रवृत्तियों की सारी चोट अपने ऊपर लेकर जनता के अवचेतन मन की गहराई में अन्याय के प्रति क्षोभ और असन्तोष उभाड़ना—यह था उनका उद्देश्य और अपने इस उद्देश्य में वह कुछ तो अपने जीवन-काल में और अधिकांशतः अपनी मृत्यु के बाद सफल हुए, इतिहास इसका साक्षी है। उनकी मृत्यु अत्यन्त दुर्गति के साथ हुई—उन्हें काँटों का ताज पहनाया गया, पुरोहित और रोमन शासकों की गुलामी के कारण पतित जनता ने तालियाँ पीटकर मुँह चिढ़ाकर उनका मजाक उड़ाया, और उनके ऊपर थूका, उनके ऊपर पत्थर फेंके गये और तब सूली पर लटकाया गया। 'देखो! देखो! अपने को जननायक बतानेवाले इस व्यंक्ति को देखो!' काँटों से तथा कीलों से छिदे हुए शरीर से बहनेवाली रक्त की धारा से नहाते हुए उस शान्त और अहिंसात्मक—तथापि आत्मा की अतलता में अशान्ति की आग भड़कानेवाले—उस विद्रोही महापुरुष की ओर लक्ष्य करके दास मनोवृत्ति से प्रेरित जो जनता उपहास कर रही थी उसे पता नहीं था कि उस महामृत्यु का कैसा जीवित प्रभाव युग-युग तक विश्व की व्यापक जनता पर पड़ेगा। 'हे प्रभु! इन सबको क्षमा करना, क्योंकि वे नहीं जानते कि वे क्या कर रहे हैं!' इस आन्तरिक प्रार्थना नें उनके उस पुंजीभूत पीड़न को चरम मार्मिकता का रूप दे दिया। यह सब जैसे उस महाविद्रोही आत्मा की निश्चित योजना के अनुसार हुआ। वह जैसे अपने जीवन की सारी साधना उसी घोर अवमाननापूर्ण—और साथ ही निदारुण रूप से कारुणिक—मृत्यु की सिद्धि के लिए नियोजित किये चले जा रहे थे, क्योंकि उन्हें यह निश्चित विश्वास था 'Vengeance is mine : I shall repay.' 'प्रतिहिंसा मेरी है : मैं बदला चुकाऊँगा।' और यह बदला तभी व्यापक और स्थायी रूप से चुका सकते थे जब वह अपने जीवन में ऐसी परिस्थितियाँ उत्पन्न कर सकें जिनके कारण उनकी मृत्यु अत्याचारियों के हाथों से हो, और साथ ही अधिक-से-अधिक हृदय-विदारक और अधिक-से-अधिक मर्मघाती रूप में हो। अपनी घोर आतंकोत्पादक और लोमहर्षक मृत्यु को वह एक ऐसे महास्त्र के रूप में अपने शिष्यों के पास छोड़ जाना चाहते थे जो समय आने पर भौतिक मद से मत्त अधिशासकों तथा शोषकों और उनके पोषकों की जड़ सत्ता को नींव से हिला सके और एक नये आदर्शराज्य को—जनसत्ता की—प्रतिष्ठा संसार के एक बड़े भूभाग में कर सके।

(29)

"इन सब तथ्यों से यह प्रमाणित होता है कि ईसा एक धार्मिक नेता उतने नहीं थे जितने कि जनसत्ता के पोषक, महान् क्रान्तिकारी नेता। 'नम्र—दीन-हीन—जन धन्य हैं, क्योंकि भविष्य में इस पृथ्वी पर वे ही राज्य करेंगे।' यह भविष्यवाणी वह अपने जीवन-काल में कर चुके थे। उनकी मृत्यु के बाद उनकी यह भविष्यवाणी इस अर्थ में सफल हुई कि उन 'दीन-हीन' जनों—अपने देश से प्रताड़ित दीन-दरिद्र ईसाइयों—ने समग्र रोमराज्य धीरे-धीरे भूगर्भस्थ उपायों से, जनसाधारण के भीतर रोमन शासकों और उनके पोषक सामन्तों के विरुद्ध ऐसे भयंकर असन्तोष के बीज बो दिये जिन्होंने पनपकर विशाल रोमन साम्राज्य को तहस-नहस कर दिया। ईसा ने जिस प्रतिहिंसा की बात कही थी वह सफल होकर रही। उस युग में रोमन शासकों का जैसा दबदबा था, जैसी सुदृढ़ भित्ति पर उनका साम्राज्य प्रतिष्ठित था उसे देखते हुए इस बात की कल्पना नहीं की जा सकती थी कि ईसा के कुछ मुट्ठी-भर अकिंचन शिष्य निःसम्बल और निराश्रय अवस्था में उन्हीं रोमनों की राजधानी में पहुँचकर, जिन्होंने उनके महागुरु को सूली पर चढ़ाये जाने का आदेश दिया था, धीरे-धीरे पत्थर के कीड़े की-सी लगन से, उस सुदृढ़ साम्राज्य की वज्र-दीवार में दरार पैदा कर देंगे, और बाद में उसकी नींव को ही खोखला कर डालेंगे। यह असम्भव इसलिए सम्भव हुआ कि ईसा ने अपने लिये अत्यन्त पीड़क मृत्यु बुलाकर अपनी महाप्राण-शक्ति द्वारा उसे अत्यन्त मार्मिक रूप देने में सफलता प्राप्त की। उस मृत्यु के लोमहर्षक दृश्य ने उनके शिष्यों की आत्मा में प्रतिहिंसा की एक ऐसी अजेय मन्त्र-शक्ति भर दी जो उद्धत सामन्तवर्ग के उच्छेद के बिना विराम नहीं ले सकती थी..."

मैं कह नहीं सकता कि फादर की आँखें अँगीठी में दहकते हुए अंगारों की प्रतिच्छाया से चमक रही थीं या अपने असाधारण उद्गारों के आवेश से। मैं आज उनको बिलकुल ही नया और अप्रत्याशित रूप से देख रहा था। वह एक विचित्र अनमने भाव से, असाधारण दृष्टि से मेरी ओर देख रहे थे। ऐसा लगता था जैसे वह मुझसे नहीं, बल्कि स्वगत कहे चले जा रहे हों—

"ईसा और ईसाई धर्म को लेकर केवल पादरी-पुरोहितों ने ही नहीं, बल्कि कवियों और रहस्यवादियों ने भी निराली भावुकतापूर्ण धारणाएँ जनसाधारण के मन में भरने में कोई बात उठा नहीं रखी। उन्हें अत्यन्त सरल, शान्त, विनयी, विनम्र, दीन, करुण और धर्मप्राण महात्मा के रूप में प्रचारित किया गया है। पर वास्तविकता इसके विपरीत थी। उनके अहिंसक रूप के भीतर एक योद्धा की आत्मा छिपी हुई थी। उन्हें अकेले इस युग की नाना विरोधी भौतिक और राजनीतिक शक्तियों से मोर्चा लेना था और अहिंसा ही एकमात्र ऐसा अस्त्र हो सकता था जिसके द्वारा वह विकट रूप से हिंसक शक्तियों

से मोर्चा ले सकते थे। वह बड़े ही कूटनीतिज्ञ थे और नेतृत्व की प्रचण्ड महत्त्वाकांक्षा लिये रहने पर भी घोर यथार्थवादी थे। उन्होंने तत्कालीन शासक-शक्तियों से कभी सीधा मोर्चा नहीं लिया। दुखियों और रोग-पीड़ितों की निरन्तर सेवा करते हुए वह धीरे-धीरे धार्मिक क्षेत्र में अपने विद्रोही और क्रान्तिकारी विचारों को जनता में प्रचारित करते रहे। जब उन्होंने देख लिया कि जनता का एक बहुत बड़ा भाग उन पर विश्वास कर चुका है तब उन्होंने अपना मसीहाई रूप प्रकट किया और उस युग के भ्रष्टाचारी, ढोंगी नेताओं के विरुद्ध आवाजें कसते हुए उन्हें उनके मुख पर अत्यन्त कड़े शब्दों में फटकारना आरम्भ कर दिया। जब वह यहूदी नेताओं से खुला मोर्चा लेने के लिए जेरूसलेम की यात्रा कर रहे थे तब चारों ओर से श्रद्धापरायण जनता की अपार भीड़ 'होसाना! होसाना!' (जय हो! जय हो!) का नारा लगाती हुई उनका स्वागत कर रही थी।

''जेरूसलेम उस समय धार्मिक और अर्द्ध-पार्थिव यहूदी अधिकारियों, रोमन शासकों के 'जी-हजूर' पन्थी चाटुकारों और महाजनों के भ्रष्टाचार का मूल केन्द्र था। वहाँ जाकर ईसा ने पूरे आत्मविश्वास के साथ उन लोगों को धिक्कारना शुरू कर दिया। वहाँ के प्रसिद्ध मन्दिर का विशाल अहाता फिलस्तीन के प्रमुख व्यापारियों और महाजनों का केन्द्र बना हुआ था। ईसा ने वहाँ पहुँचते ही उन्हें तत्काल बाहर निकल जाने और अपनी भ्रष्टाचारिता से मन्दिर को कलुषित न करने का आदेश दिया। मोहाच्छन्न व्यक्तियों की तरह सब व्यापारी बाहर चले आये। उसके बाद उन्होंने धर्मध्वजियों को फटकारना शुरू किया—'यहूदी कर्मचारियों और कट्टरपन्थी फरीसियो! पाखण्डियो! तुम्हें धिक्कार है। घृणित साँपो! विषैले कीटो! तुम लोग बाहर से कट्टर धार्मिक और नीतिनिष्ठ बने रहते हो, पर तुम्हारे भीतर पाखण्ड रूपी कालकूट भरा हुआ है। तुम लोग कब्र के उस श्वेत गुम्बद की तरह हो जो बाहर से देखने में सुन्दर लगता है, पर जिसके भीतर मनुष्य के कंकाल भरे पड़े रहते हैं...'

''उन्होंने अपने शिष्यों से स्पष्ट शब्दों में कहा कि 'मैं पृथ्वी पर आग उगलने आया हूँ, काश मेरे जीवन-काल में ही यह आग पूरे जोरों से भड़क उठती!' जब यहूदी पण्डों को (जो रोमन गवर्नर के अधीन रहकर जनता पर किसी हद तक राजनीतिक शासन भी किया करते थे) जी-भरकर गालियाँ देकर वह मन्दिर में लौट रहे थे, तब उनके एक शिष्य ने उस इमारत की विशालता की ओर उनका ध्यान आकर्षित करना चाहा। उन्होंने एक बार जलती हुई दृष्टि से सरसरी नजर फेरी और तब धीरे से कहा—'इसकी एक भी ईंट बची नहीं रहेगी, देख लेना।'

''पृथ्वी पर उनके अवतरण के फलस्वरूप भविष्य में सर्वत्र युद्ध और विग्रहजनित अशान्ति मचती रहेगी, इस बात का निश्चित विश्वास उन्हें था। उन्होंने अपने शिष्यों से कहा था—'और तुम लोग युद्ध के समाचार सुनोगे या युद्ध सम्बन्धी अफवाहें सुनते रहोगे। पर घबराना मत। एक राष्ट्र दूसरे राष्ट्र के विरुद्ध लड़ेगा, एक राज्य दूसरे राज्य

पर आक्रमण करेगा। चारों ओर से अकाल और महामारियाँ फैलने की खबरें आयेंगी और भूकम्पों से पृथ्वी हिल उठेगी। पर इन चिह्नों का अन्त न समझना। इन्हें एक नये जीवन की उत्पत्ति की प्रसव-वेदना के रूप में ग्रहण करना!'

''इतनी बड़ी दूरदर्शिता जिस व्यक्ति में विद्यमान थी वह राजनीतिक समस्याओं की ओर से विमुख रहा होगा ऐसा जो लोग सोचते हैं वे निपट अज्ञातावश ही ऐसा सोचते हैं। मेरे मन में दिन-पर-दिन यह विश्वास जमता चला जा रहा है कि संसार में कम्युनिज्म का सबसे बड़ा और सबसे पहला प्रचारक और बीज-वपनकारक व्यक्ति प्रायः दो हजार वर्ष पूर्व फिलस्तीन में पैदा हुआ था। कार्ल मार्क्स ईसा से बड़ा कम्युनिस्ट किसी भी हालत में नहीं था। रोग-शोक और दुःख-दारिद्र्य से पीड़ित जनता में असन्तोष की भावना भरना कम्युनिस्टों की विशेषता है, ईसा ने वही किया। उन्होंने दीन-दरिद्रों और पापी-तापियों के प्रति आन्तरिक सहानुभूति प्रदर्शित करते हुए उनके भीतर निहित आत्म-शक्ति को जगाया और उनके चारों ओर की परिस्थितियों के प्रति—शासकों और शोषकों की अत्याचारपरायणता और भ्रष्टाचार के प्रति—असन्तोष और विद्रोह की भावना जगायी। ईसा ने कहा था—'मैं तुम लोगों से कहता हूँ कि एक ऊँट सुई के छेद के भीतर भले ही घुस जाये, पर कोई धनी व्यक्ति स्वर्गीय राज्य में प्रवेश नहीं पा सकता।' पर वेश्याएँ, अनाथ विधवाएँ, लूले, लँगड़े, कोढ़ी, दरिद्र और निर्यातित श्रमिक स्वर्ग पा सकते हैं, यह विश्वास उन्होंने दिलाया था। राष्ट्रीय भावना की चहारदीवारी लाँघकर अन्तरराष्ट्रीय क्षेत्र को अपनाना कम्युनिज्म से प्रधान लक्ष्यों में से है। ईसा ने यही किया। इजराइलियों ने अपने छोटे-से राष्ट्र के चारों ओर जो एक वज्र की-सी अभेद्य दीवार खड़ी कर रखी थी उसके भीतर किसी भी परराष्ट्रीय तत्त्व का प्रवेश एकदम निषिद्ध था। 'इजराइली जनता की विशिष्ट रूप से चुनी हुई जनता है', यह विश्वास यहूदियों के भीतर कूट-कूटकर भरा हुआ था। अन्य सभी जातियों के लोगों को वे अत्यन्त घृणा की दृष्टि से देखते थे और उन्हें अछूत समझकर उनसे अलग रहते थे। उनके सभी धार्मिक नेता केवल इजराइली राष्ट्र के ह्रास और विकास, उत्थान और पतन पर अपने उद्गार प्रकट किया करते थे और केवल उसी को विश्व की केन्द्रीय मानव-शक्ति मानकर अपने प्रवचन सुनाया करते थे। पर ईसा ने समस्त गैर इजराइली जनता में और इजराइलियों में कभी कोई भेद नहीं माना और पिछले सभी इजराइली नेताओं के संकीर्ण दृष्टिकोण को ठुकराकर अपने शिष्यों को यह उपदेश दिया कि वे समग्र अन्तरराष्ट्रीय मानवता के उद्धार का बीड़ा उठाये और उनकी वाणी का प्रचार दूसरे देशों में जाकर सभी जातियों के मनुष्यों में करें। उस युग में, और विशेषकर यहूदियों के देश में, इस प्रकार के व्यापक दृष्टिकोण को अपनाना एक ऐसा मूलतः विद्रोहात्मक कदम था जिसे कट्टर यहूदी जनता कभी सहन नहीं कर सकती थी।

''इन सब दृष्टियों से विचार करने पर यह स्पष्ट हो जाता है कि प्रारम्भ ही से ईसा का उद्देश्य एक सामूहिक जन-क्रान्ति मचाने का था जो समस्त विश्व की दलित और

निर्यातित जनता के भीतर ऐसी आग फूँक सके जिससे उस युग की समस्त शोषणशील सत्ताएँ—चाहे वे धार्मिक क्षेत्र से सम्बन्धित हों, चाहे राजनतिक क्षेत्र से और चाहे आर्थिक क्षेत्र से—ध्वस्त हो जायें, और यह महावाणी सत्य हो जाये कि 'दीन और विनम्र जनता धन्य है, क्योंकि एक दिन पृथ्वी पर उसी का अधिकार हो जायगा!''

''पर ईसा द्वारा प्रचारित कम्युनिज्म में और मार्क्स द्वारा प्रचारित प्रोलतेरियन क्रान्ति के स्वरूपों में बहुत अन्तर था। दोनों में मूलगत अन्तर यह था कि ईसा ने अहिंसा, आत्मत्याग और आत्मपीड़न के सिद्धान्त को क्रान्ति के प्रचार का प्रमुख अस्त्र बनाया था, जब कि मार्क्स ने हिंसात्मक उपायों के अतिरिक्त दूसरा कोई साधन कम्युनिस्टिक सिद्धान्तों की सिद्धि के लिए नहीं बताया। ईसा ने दलित जनता की विश्वव्यापी विजय के उद्देश्य से जो आग भड़कायी वह केवल आत्म-साधना द्वारा, जनता की भीतरी प्रवृत्तियों की चीरफाड़ द्वारा ही सम्भव हुई, जब कि मार्क्स ने केवल आर्थिक और राजनीतिक चक्रों की बाहरी प्रतिक्रियाओं को अस्त्र बनाकर उनसे पूरा लाभ उठाने का उपदेश दिया। सफलता दोनों को मिली—प्रत्येक की मृत्यु के बाद। पर जहाँ ईसा की सफलता—मध्ययुगी ईसाइयों की भ्रष्टाचारिता और आज के युग की धर्मविरोधी प्रवृत्तियों के बावजूद—एक सुदृढ़ चट्टानी, आध्यात्मिक नींव पर स्थिर रहने के कारण अभी तक प्रत्यक्ष या परोक्ष में स्थायी शान्ति की सम्भावना का मूल उपादान बनी हुई हैं, वहाँ मार्क्सीय सफलता आज संसार के बाहरी राजनीतिक और आर्थिक क्षेत्रों में व्यापक प्रभाव डालते रहने पर भी भीतरी आधार की अनिश्चितता के कारण अभी तक स्थायित्व के उपादानों को खोज रही है।

''आश्चर्य है कि मार्क्सवादियों ने उस वज्रवत् दृढ़ आधार को एकदम अस्वीकृत कर दिया, बल्कि ठुकरा दिया, जो जनता के भीतर युग-युग में नित्य नया बल और नयी स्फूर्ति उत्पन्न करने में समर्थ है, जो स्थायी शक्ति का अक्षय 'रिजर्वायर' है। वह आधार है मानवीय अवचेतना का अगाध अतल लोक। अवचेतना की उस अतलता को जितना ही खोदा जाय उतने ही अधिक शक्ति-स्रोत उससे फट पड़ते हैं। ईसा ने वहीं खनन और बीजवपन की क्रिया आरम्भ की थी, यही कारण है कि आज भी उनका वह शक्ति-स्रोत समाप्त नहीं हो पाया है, आज भी उसके द्वारा निर्देशित साधन—गाँधी के माध्यम से—आर्थिक और राजनीतिक विकृतियों से अस्त-व्यस्त विश्व के जड़ प्राणों में नयी संजीवनी चेतना फूँकने में समर्थ हैं। पर मार्क्स ने इस मूल शक्ति-स्रोत की एकदम अवहेलना की, और उसके अनुयायियों ने उसे सुखा देने तक के असम्भव और अस्वाभाविक प्रयास किये। फिर भी आज मार्क्सवाद ईसा के मूल सिद्धान्तों के बदले हुए प्रतीक के रूप में हमारे सामने आता है। जनचेतना की ऊपरी सतह पर मार्क्सवादी सिद्धान्तों का विश्वव्यापी प्रभाव सुस्पष्ट है। यद्यपि वह प्रभाव एक ऐसे कुहरे की तरह लगता है जो प्रकट में समस्त वातावरण को ढँककर तत्काल के लिए उसे जैसे पूर्णतया मिटा देता है, पर दूसरे ही क्षण वह कुहरा फटकर साफ हो जाता है और पृथ्वी और

आकाश अपने सच्चे और स्वाभाविक रूप में हमारे सामने आते हैं। इसलिए आंज की परिस्थितियों में मार्क्सवाद का महत्त्व तनिक भी उपेक्षणीय नहीं है।

"ईसा और मार्क्स दोनों संसार के आर्थिक वैषम्य दूर करने और पृथ्वी पर सर्वहारा वर्ग का स्वर्ग स्थापित करने के पक्ष में रहे हैं, दोनों धार्मिक पाखण्ड के निराकरण के उद्‌देश्य से प्रयत्न करते रहे हैं, दोनों ने युग की बाहरी परिस्थितियों से लाभ उठाया है, और दोनों अपने-अपने उद्‌देश्यों में अपेक्षित रूप से सफल हुए हैं। पर जैसा कि मैं बता चुका हूँ, एक ने सुदृढ़ भीतरी नींव को अपनाया है और दूसरे ने केवल बाहरी परिस्थितियों के बदलते हुए चक्रों को ही अपना साधन माना है।

"दोनों ने एक मूल सिद्धान्त के दो बदले हुए रूपों को अपनाया है। एक ने उत्कट आत्म-पीड़न द्वारा विश्व के जनबल को अपनी ओर खींचने का प्रयास किया है, दूसरे ने युग-धर्म के अनुसार आत्म-पीड़न के साथ-साथ शोषकों के दमन को भी सर्वहारा वर्ग की विश्वव्यापी विजय का प्रमुख साधन माना है। एक ने अहिंसा और शत्रु के प्रति प्रेम-भावना के पोषण को अपना अस्त्र माना है। दूसरे ने सामूहिक उपायों द्वारा शत्रु के दलन की भावना को सफलता की मूल कुंजी बताया है। इन दोनों में किसका मनवाद अधिक महत्त्वपूर्ण है इस सम्बन्ध में कोई भी राय निष्पक्ष रूप से नहीं दी जा सकती, फिर भी इतना निश्चित है कि जो मतवाद सामूहिक जन-हित को ध्यान में रखते हुए यथार्थवादी दृष्टिकोण को अपनाता हुआ चलेगा, वर्तमान अस्त-व्यस्त आर्थिक या राजनीतिक परिस्थितियों में दलित देशों की जनता में उसकी सफलता स्वाभाविक है। अगले महायुद्ध में उसकी विजय की बहुत बड़ी सम्भावना है। पर यह सब होने पर भी वह संसार में तब तक कभी अपना स्थायित्व कायम नहीं कर सकता जब तक वह केवल हिंसा और भय-प्रदर्शन द्वारा नहीं, अहिंसा और प्रेम द्वारा भी जन-जन पर अपना अधिकार नहीं जमा लेता, और जब तक उसके नायकगण विश्व जनता के आर्थिक पुनरुद्धार के साथ ही सांस्कृतिक चेतना के भी व्यापक विकास की ओर अपनी शक्तियों को पूरे प्रयत्नों से नियोजित नहीं करते।"

(30)

बाहर अविराम गति से घन-घन हिमवर्षा हो रही थी। किवाड़ों पर लगे हुए शीशों से मैं बीच-बीच में बिना किसी इच्छित प्रयास के बाहर की ओर देखता जाता था। ऐसा लगता था जैसे सारे विश्व का सम्पूर्ण पार्थिव तत्त्व बरफ के रूप में परिणत होकर समस्त पृथ्वी पर जम जायगा। बर्फ के चारों ओर जम जाने से जो सफेदी छा गयी थी उसमें सघन बादलों के घटाटोप के बावजूद एक उज्ज्वल प्रकाश की अदृश्य किरणें जैसे चारों ओर बिखर गयी थीं। सर्वत्र मृत्यु का-सा सन्नाटा छाया हुआ था—ऐसा सन्नाटा जिसमें कहीं एक झींगुर तक नहीं बोल रहा था।

फादर जेरेमिया के अप्रत्याशित धारावाही भाषण के लिए इससे उपयुक्त समय जैसे कोई दूसरा हो ही नहीं सकता था। सचमुच मैं एक पादरी के मुख से इस तरह की बातें सुनने के लिए तैयार नहीं था। मैंने घण्टी का बटन दबाकर नौकर को बुलाया। जब वह आया तब उससे फिर काफी तैयार करने को कहा।

अँगीठी से जो आँच आ रही थी वह अत्यन्त प्रिय और सुखद लग रही थी। फादर जेरेमिया अपने दीर्घ भाषण पर जैसे स्वयं एकान्तपूर्वक विचार कर रहे हों, ऐसा लगता था। अपने दोनों हाथों को अँगीठी की ओर बढ़ाकर आग तापते हुए वह जैसे स्वयं अपने ही अन्तर के साथ वार्त्तालाप करने लगे थे। कुछ देर तक हम दोनों चारों ओर की प्रकृति की स्तब्धता के साथ एकप्राण होकर मौन बैठे रहे।

उसके बाद पहले मैंने ही मौन भंग करते हुए कहा—"आपके इस रूप से मैं न तो परिचित ही था न इसकी कभी आशा ही करता था। पादरियों के सम्बन्ध में मेरी जो धारणा थी आज उसे आपने खण्डित कर दिया।"

फादर के मुख पर एक अत्यन्त गम्भीरतापूर्ण मुस्कान झलक उठी। अपनी सुन्दर, कलात्मक दाढ़ी पर हाथ फेरते हुए वह बोले—"जहाँ पर मैं पादरी हूँ वहाँ किसी भी दूसरे पादरी से आप मुझे भिन्न न समझें। पर इस समय मैं एक पादरी की हैसियत से आपसे बात नहीं कर रहा हूँ। दीर्घ काल तक मैंने अपने भीतर और बाहर एकाकी जीवन बिताया है। अपने उस भीषण एकाकीपन को भूलने के लिए मैं जीवन और जगत् के सम्बन्ध में विचित्र-विचित्र दृष्टिकोणों से विचार करता रहा हूँ। मेरे उसी एकान्त चिन्तन की एक झलक आज आपके आगे जैसे बरबस प्रकट हो गयी। कभी-कभी अचानक किसी अप्रत्याशित क्षण में व्यक्ति के भीतर का बहुत सावधानी से रुद्ध किया गया द्वार खुल पड़ता है और तब अन्तर में पाले हुए विचारों की ऐसी अटूट झड़ी बाहर को फूट पड़ती है कि स्वयं आश्चर्य होने लगता है..."

"जो भी हो, यह तो स्पष्ट ही हो गया है," मैंने कहा, "कि आप कट्टर ईसाई नहीं है।"

"कट्टर ईसाई से आपका क्या आशय है, मैं ठीक समझा नहीं। जहाँ तक ईसा के व्यक्तित्व और उनके भीतरी विश्वासों का प्रश्न है, मैं उनका बहुत बड़ा प्रशंसक हूँ। पर उनकी मृत्यु के बाद उनके प्रवचनों के ऊपरी रूपों को मनमाने ढंग से तोड़-मरोड़कर, उनका मनमाना अर्थ लगाकर उनके शिष्यों और प्रशिष्यों ने जो एक धर्मवाद खड़ा किया और फिर एक शती से दूसरी शती में उस धर्मवाद के जो रूप बदलते चले गये, और आज भी वह जिस रूप में वर्तमान है उन सबसे मेरे विचारों का कोई मेल नहीं बैठता। मैं न आज के ईसाई धर्म में प्रचलित रीति-रिवाजों के महत्त्व को स्वीकार करता हूँ, न इस बात पर विश्वास करता हूँ कि तथाकथित ईसाई धर्म के प्रचार द्वारा संसार की अधिक-से-अधिक जनसंख्या को ईसाई धर्म के बाड़े के भीतर ले आने में किसी भी पक्ष का कोई हित है।"

"यदि यही बात है," एक हलका-सा छींटा कसने के इरादे से मैंने कहा—"तो जब मनिया ने और मैंने ईसाई धर्म को अपनाया तब आपने प्रसन्नता क्यों प्रकट की?"

फादर जेरेमिया के शान्त और गम्भीर मुख पर अविश्वास की एक हलकी-सी मुस्कान झलक उठी। सहज शान्त स्वर में वह बोले—"क्षमा कीजियेगा, आपको किसी कारण से गलतफहमी हुई है। मैंने कभी आपके और श्रीमती रंजन के ईसाई धर्म को अपनाने की बात पर प्रसन्नता प्रकट नहीं की। यह ठीक है कि मैंने आपके आगे कभी यह भी प्रकट नहीं किया कि मुझे आपके धर्म-परिवर्तन से दुःख हुआ है। पर ऐसा प्रकट न करने का अर्थ यदि आपने यह लगाया है कि मैं ईसाई संसार में दो नये व्यक्तियों की भरती देखकर प्रसन्न हुआ हूँ तो आप भूल कर रहे हैं। सच पूछिये तो मुझे दुःख ही हुआ।"

मैं दंग रह गया। ईसा को सबसे पहला कम्युनिस्ट बताते हुए उन्होंने जो लम्बा भाषण दिया था उसे सुनने के बाद भी मैंने उनके मुख से इस प्रकार की बात सुनने की कल्पना कभी नहीं की थी। मेरे सिर के भीतर की किसी एक विशेष नस में ऐसी ऐंठन होने लगी कि मैं वहाँ पर हाथ रखकर उसे दबाने लगा। धर्म-परिवर्तन के बाद आज पहली बार मुझे ग्लानि का अनुभव होने लगा। साथ ही फादर जेरेमिया के विरुद्ध एक उत्कट खीझ की भावना मेरे भीतर जग उठी।

कुछ देर तक मैं भ्रान्त भाव से उनकी ओर देखता रहा, उसके बाद अत्यन्त हताश स्वर में बोला—"आपने मेरे साथ बड़ा ही अन्याय किया है फादर! जब आप समझे हुए थे कि मैं अपना धर्म बदलकर ईसाई धर्म को अपनाकर गलती कर रहा हूँ, तब आपने क्यों उसी समय मुझे एकान्त में बुलाकर अपने विचार से परिचित नहीं कराया? आपको पता नहीं है कि धर्म-परिवर्तन करने के पहले मैं कैसी विकट मानसिक स्थिति से होकर गुजर रहा था। कोई निश्चित निर्णय न कर सकने के कारण रात-रात भर मुझे नींद नहीं आती थी। मैंने कभी खुशी से ईसाई धर्म को स्वीकार नहीं किया। मैं बुरी तरह छटपटाता हुआ किसी ऐसे व्यक्ति को खोज रहा था जो मुझे धर्म-परिवर्तन न करने की सलाह देता। ऐसा होने से अपने मन की उस बेबसी की स्थिति में मुझ डूबते हुए को तिनके का सहारा मिल जाता। सलाह मुझे अवश्य मिली, पर ऐसी जिससे धर्म-परिवर्तन के पक्ष में मेरी सही-सही हिचक भी जाती रही..."

"क्या मैं जान सकता हूँ, आपका वह सलाहकार कौन था?" फादर जेरेमिया ने उत्सुक भाव से प्रश्न किया।

"सिल्विया। वह प्रारम्भ ही से मनिया को ईसाई मत की ओर झुकाने का प्रयत्न करती आ रही थी। मनिया के मन पर उसने ऐसा जबर्दस्त प्रभाव डाल दिया था कि वह केवल एक ही शर्त पर मुझसे विवाह करने को तैयार हुई—वह यह कि हम दोनों ईसाई धर्म स्वीकार कर लें। मैंने सिल्विया को जब अपने संकट से परिचित कराया तब उसने भी मुझे यह समझाया कि मेरा कल्याण इसी में है कि मैं ईसाई धर्म स्वीकार कर लूँ। अपनी उस समय की अव्यवस्थित मनोदशा में मैंने उसकी बात मान ली..."

फादर जेरेमिया के मुख पर एक असाधारण रूप से गम्भीर चिन्ता की छाप पड़ गयी थी। कुछ देर तक वह अनमने भाव से कुछ सोचते अँगीठी में दहकते हुए लाल-लाल अंगारों की ओर देखते रहे, उसके बाद एक लम्बी साँस को बलपूर्वक दबाने का प्रयत्न करते हुए बोले—"सिल्विया एक बहुत उत्साहित धार्मिक महिला है। यदि परिस्थितियाँ उसके अनुकूल होतीं तो वह पृथ्वी के एक सिरे से दूसरे सिरे तक प्रत्येक मंच से ईसाई धर्म का प्रचार उसी लगन और सक्रियता के साथ करती जिस प्रकार एनी बेसेण्ट थियोसोफी का प्रचार करती रही हैं। जब तक संसार का प्रत्येक व्यक्ति ईसाई धर्म स्वीकार न कर लेता तब तक वह कभी चैन न लेती। उसकी आत्मा का एक-एक अणु इस विश्वास से ओत-प्रोत है कि संसार के सभी दीन-दुःखी, पापी-तापी और कर्म-भारग्रस्त मनुष्यों का उद्धार तभी हो सकता है जब वह ईसाई धर्म को अपनायें। इसी सिलसिले में मैं आज आपको एक बात यह बता दूँ कि मैं आज भी जो पादरी का जामा पहने हूँ उसका एकमात्र कारण सिल्विया ही है!"

यह मेरे लिये एकदम नया आश्चर्य था, यद्यपि मैं जानता था कि फादर जेरेमिया और सिल्विया में बड़ी घुटा करती है और दोनों अक्सर एक-दूसरे के निकट-सम्पर्क में दिखायी देते थे। तब तक इन दोनों के इस नैकट्य और घनिष्ठता के ऊपर एक ऐसा कठिन पर्दा पड़ा हुआ था कि उत्सुकता रहने पर भी कभी मुझे इस सम्बन्ध में कोई प्रश्न करने का साहस नहीं हो सकता था। रहस्यमयता का एक ऐसा कठिन, कठोर आवरण उन दोनों के पारस्परिक सम्बन्धों के ऊपर पड़ा हुआ था कि उस आवरण को भेदने क्या छूने तक की बात मैं सोच नहीं सकता था। पर आज फादर जब स्वयं ही उसे तोड़ने की ओर प्रवृत्त हुए तब स्वभावतः मेरी ढिठाई बढ़ी।

मैंने कहा—"क्या मैं जान सकता हूँ सिल्विया इसका एकमात्र कारण किस रूप में है।"

फादर जेरेमिया एक बार अपनी कुर्सी पर कुछ हिले, जैसे अपना आसन बदलना चाहते हों, उसके बाद फिर जमकर बैठ गये और बोले—"आप चूँकि रालिन्सन-परिवार के इतने निकट आ चुके हैं, इसलिए आपके आगे यह एकान्त गोपनीय बात प्रकट करने में कोई हानि मैं नहीं देखता। बात स्पष्ट यह है कि मैं सिल्विया को चाहता हूँ। काफी लम्बे अर्से तक मैंने संन्यासी का जीवन बिताया है। इस समय मेरे जीवन का बावनवाँ वर्ष चल रहा है। यदि मैं इस अतिरिक्त विश्वास से संन्यास ग्रहण किये होता कि मेरे इस आचरण से प्रभु ईसा की आत्मा तृप्त होगी और इस उपाय से मैं निश्चय ही स्वर्ग के राज्य में प्रवेश पा जाऊँगा तब दूसरी बात थी। उस हालत में प्रथम तो मेरे भीतर पार्थिव प्रेम की भावना कभी सचेत रूप से घर ही न करती और यदि करने भी लगती तो मैं निश्चय ही उसे अपने भीतर इस तरह गाड़ देता कि वह फिर कभी सिर न उठा पाती। पर मेरे मन में इस तरह का कोई विश्वास कभी नहीं रहा। मेरे मन में न कभी ईसा की आत्मा को प्रसन्न करने की इच्छा रही न स्वर्ग के अस्तित्व के

सम्बन्ध में ही कोई विश्वास रहा। कुछ विशेष पारिवारिक परिस्थितियों और मानसिक उलझनों के फेर में पड़कर मैंने पादरी बनना स्वीकार किया। आज एक ओर मेरी बौद्धिकता मुझे पादरी-समाज से बहुत दूर ले गयी है और दूसरी ओर स्नेह-प्रेममय सांसारिक जीवन बिताने की इच्छा मेरे मन में प्रबल हो उठी है। सिल्विया की धार्मिक प्रवृत्ति से मैं तनिक भी प्रभावित नहीं हुआ हूँ। पर उसके स्वभाव में एक ऐसी जीवनी शक्ति दिखायी दी है जो बरबस मुझे अपनी ओर खींच ले गयी है। उसके भीतर जो धार्मिक उत्साह पाया जाता है वह भी उसी जीवनी-शक्ति का ही एक अंग है। और वह जो मेरे प्रति आकर्षित हुई है उसके दो कारण मुझे लगते हैं। एक कारण तो स्पष्ट ही यह है कि मैं पादरी हूँ, और फलतः (उसकी आँखों में) पृथ्वी पर ईसा के प्रतिनिधियों में से एक हूँ! दूसरा कारण सम्भवतः यह है कि दीर्घ अध्ययन और चिन्तन के फलस्वरूप मुझे धार्मिक और पार्थिव क्षेत्रों में जो अनुभव हुए हैं, उसके तरुण प्राणों के लिए उनका बड़ा मूल्य है। पर कारण चाहे जो भी है, इसमें सन्देह नहीं है कि मेरे प्रति वह सहृदय और स्नेहशील है और मेरे मन का भाव भी उसके प्रति कुछ ऐसा ही है।

''पर हम दोनों का एक-दूसरे के प्रति यह जो खिंचाव है उसकी परिणति में सामाजिक और धार्मिक दृष्टियों से बड़ी भयंकर बाधाएँ उठ खड़ी होंगी, इसका अनुमान सहज में लगाया जा सकता है। सिल्विया ने शायद अभी इस प्रश्न पर सर्वाङ्गीण दृष्टि से विचार नहीं किया है। वह उसे एक सहज और साधारण बात समझे बैठी है। वह यह नहीं सोच पा रही है कि एक स्त्री और एक पुरुष के बीच में जहाँ एक बार पारस्परिक खिंचाव आरम्भ हो जाता है, दोनों के भीतर एक-दूसरे के प्रति प्रेम का बीजाणु जहाँ एक बार घर कर लेता है, फिर बड़ी-से-बड़ी चट्टानी शक्ति भी उसके विकास को नहीं रोक सकती, और उस विकास की चरम परिणति जब होने आयेगी, तब न समाज हमारा साथ देगा न संसार। मैं आज यदि सिल्विया से सामाजिक बन्धन में बँधना चाहूँ तो धर्मसंघ मुझे उसी क्षण बहिष्कृत कर देगा और चारों ओर से व्यंग्य, अट्टहास और धिक्कार-भरी आवाजें कसी जायेंगी, पर सामाजिक बन्धन के बिना किसी प्रेम की कोई सार्थकता मैं नहीं मानता। सिल्विया प्रश्न के इस गम्भीर पहलू पर विचार करने को प्रवृत्त नहीं जान पड़ती। उसने अपनी अन्तश्चेतना को टटोलने की कोई चेष्टा कभी नहीं की है, और न मैंने ही कभी उसे इस ओर प्रवृत्त करना उचित समझा है। मेरा ऐसा अनुमान है कि वह हम दोनों के पारस्परिक आकर्षण को दो समानधर्मा व्यक्तियों के बीच उत्पन्न होनेवाले सहज सौहार्द या घनिष्ठ मैत्री से अधिक कुछ नहीं मानती। यदि किसी दिन उसके सचेत गन गें भीतरी वास्तविकता के सम्बन्ध में थोड़ा-बहुत प्रकाश पड़े भी, और यह चेतना उसके मन में जलने लगे कि जो भावना हम दोनों को एक-दूसरे के निकट खींच लायी है वह साधारण मैत्री नहीं बल्कि निगूढ़ प्रेम है, तो भी वह उसके आध्यात्मिक रूप को ही स्वीकार करेगी, सामाजिक रूप को नहीं, उसके स्वभाव को देखते हुए मुझे ऐसा लगता है। वैसे कब,

किस कारण से और किस रूप में किसी मनुष्य के स्वभाव में क्या परिवर्तन हो जाये, यह कोई नहीं कह सकता...''

नौकर कॉफी ले आया था। बाहर अविराम गति से बरफ गिरती चली जा रही थी; जैसे इस पाप-ताप तप्त भूलोक पर स्वर्गिक फूलों की अविरत दृष्टि हो रही हो।

कॉफी का प्याला हाथ में लेते हुए मैंने पूछा—''क्या सिल्विया आपके इन स्वतन्त्र विचारों से परिचित हो चुकी है जिन्हें आज आपने मेरे आगे प्रकट किया है?''

''नहीं, मैंने कभी इस तरह की एक भी बात का आभास तक उसे नहीं दिया है। जिस दिन वह यह जान लेगी कि मैं भीतर से एक पादरी नहीं, बल्कि स्वतन्त्र विचारक हूँ, उस दिन से मेरे सम्बन्ध में उसकी क्या धारणा हो जायगी, मैं कह नहीं सकता। यही कारण है कि मैं इच्छा होने पर भी अपना पादरी का चोला उतारकर फेंकने में अभी असमर्थ हूँ। पर साथ ही यह भी ठीक है कि अधिक समय तक उसके आगे मैं अपना असली रूप छिपा नहीं पाऊँगा और उसके प्रति मेरे मन का भाव भी एक-न-एक दिन अपनी वास्तविकता प्रकट किये बिना नहीं रहेगा। तब उसका परिणाम क्या होगा, उसके मन पर कैसा प्रभाव पड़ेगा, यह मुझे देखना है। उसी क्षण की प्रतीक्षा में मेरे जीवन की घड़ियाँ बीती चली जा रही हैं।'' यह कहकर फादर ने एक घूँट कॉफी ली और फिर अपनी मूँछें, जो कॉफी से कुछ भींग गयी थीं, हाथ से पोंछने लगे।

(31)

दो-तीन घूँट पीने तक हम दोनों चुप रहे, उसके बाद मेरे मन में एक प्रश्न जगा। मैंने कहा—''मान लीजिये कि सिल्विया आपके स्वतन्त्र विचारों से परिचित होने पर भी आपसे विमुख न हुई और आपसे सामाजिक सम्बन्ध स्थापित करने में कोई आपत्ति उसने न जतायी, तब आपकी क्या स्थिति रहेगी? तब आप जीवन के किस रूप को अपनाना चाहेंगे?''

''यह तो स्पष्ट ही है कि तब ईसाई धर्मसंघ से मेरा कोई सम्बन्ध नहीं रह सकता, तब मुझे कोई दूसरा ही पेशा अपनी जीविका के लिए अपनाना होगा। इस सम्बन्ध में भी मैं पहले ही से निश्चय कर चुका हूँ। तब मैं एक स्वतन्त्र सांसारिक व्यक्ति की हैसियत से सिल्विया को लेकर अमेरिका चला जाऊँगा। वहाँ पत्रकारिता द्वारा और पुस्तकें लिखकर अपना गुजर कर सकूँगा, ऐसा मेरा विश्वास है।''

''किस तरह की पुस्तकें लिखने का विचार आपका है?'' कॉफ़ी के अन्तिम घूँट को निःशेष करते हुए मैंने पूछा।

फादर जेरेमिया भी प्याला समाप्त कर चुके थे। प्याले को नीचे रखते हुए उन्होंने कहा—''मैं विभिन्न विषयों पर पुस्तक लिख सकता हूँ। ईसा और ईसाई मत के सम्बन्ध में जो विचार मैंने अभी आपके आगे प्रकट किये हैं उन्हें भी एक पुस्तक के रूप में विस्तार के साथ लिपिबद्ध किया जा सकता है। इसके अतिरिक्त...''

"पर क्या आपकी यह धारणा है," बीच ही में उनकी बात काटते हुए मैंने कहा—"कि अमेरिका की जनता इस प्रकार के विचारों का स्वागत करेगी?"

"जाहिर है कि मेरे विचारों का वहाँ घोर विरोध होगा," फादर ने काफी से भरा हुआ दूसरा प्याला उठाते हुए कहा—"वहाँ के पूँजीपति और पादरी बौखला उठेंगे। पर इसी कारण इस बात की आवश्यकता है कि सौ-सौ विरोधों और अपराधों के बावजूद वहाँ इस तरह के विचारों का निरन्तर प्रचार किया जाय। वहाँ की साधारण जनता असलियत जानने के लिए उत्सुक है, इसलिए विघ्नों के भय से कर्त्तव्य से हाथ खींच लेना उचित नहीं। इसके अतिरिक्त एक बात और ध्यान देने योग्य है। मेरे विचारों का विरोध अवश्य होगा, पर इसका यह अर्थ नहीं कि मेरा मुँह ही एकदम बन्द कर दिया जायगा। अपनी राजनीतिक और आर्थिक व्यवस्था के औचित्य और स्थायित्व के सम्बन्ध में अमेरिका नायक इतने अधिक आश्वस्त हैं कि किसी भी विपरीत मत के प्रचार और प्रकाशन से वे अधिक भयभीत नहीं होते।"

"यह आपने बहुत बड़ी प्रशंसा की बात अमेरिकनों के लिए कही है। क्या आप सचमुच उन्हें इतना उदार मानते हैं?"

"मुझे भय है कि आप मेरी बात का गलत अर्थ लगा रहे हैं," फादर ने कहा, "मेरे कहने का तात्पर्य केवल यह था कि अमेरिका का नायकवर्ग इतने बड़े भ्रम में है कि विरोधी विचारों का कोई महत्त्वपूर्ण प्रभाव अमेरिका की प्रचलित व्यवस्था पर पड़ सकता है, ऐसा मानने को वह तैयार नहीं है। यह उसकी उदारता नहीं, भ्रम है। इस भ्रम का पूरा लाभ हमें उठाना चाहिए।"

"क्या आपकी यह धारणा नहीं", विषय को कुछ बदलते हुए मैंने कहा—"कि संसार की वर्तमान आर्थिक विषमता और राजनीतिक अशान्ति के मूल में अमेरिकी पूँजीवादी व्यवस्था ही है, जिसने एक सहस्र हस्तपदीय दानव की तरह अपने अत्यधिक विकसित आर्थिक और राजनीतिक चक्रजाल से आज की सम्पूर्ण विश्व-व्यवस्था को छा लिया है?"

फादर ने काफी का एक गहरा घूँट लिया और दूसरे घूँट में उसे समाप्त करके प्याले को रख दिया। रूमाल से मुँह और मूँछें पोंछ चुकने के बाद उन्होंने कहा—"आज की विश्वव्यापी अशान्ति के मूल में जो प्रमुख कारण है उनमें अमेरिकी सभ्यता भी एक है, इसमें सन्देह के लिए कोई गुंजाइश नहीं है। पर उस अशान्ति का एकमात्र कारण वही है ऐसा मानने को मैं तैयार नहीं। पर युगों से मानवता संसार के दूसरे प्राणियों पर अपना भौतिक आधिपत्य कायम करने के बाद स्वयं अपनी ही जाति के अपेक्षाकृत दुर्बल वर्गों को दबाने के उद्देश्य से अपने मस्तिष्क के जिन विशेष कोषों का विकास सुनिश्चित गति से करती चली आ रही थी वे अमेरिका की अनुकूल मिट्टी को पाकर इतने अधिक फूल उठे हैं कि अब उन्हें दबाना असम्भव-सा हो गया है। वे अब भी निरन्तर अधिकाधिक फूलते चले जा रहे हैं। और अब उनका विकास अपने-आप,

यन्त्रवत्, ऐसे विराट् दानवीय रूप से हो रहा है कि लाख चाहने और सिर पटकने पर भी मानवता स्वयं अपने-आपको पीसनेवाली उस भीषण यान्त्रिक प्रगति को रोकने में अपने को असमर्थ पा रही है। उसे नियन्त्रण में रखना अब उसके वश की बात ही नहीं रह गयी है और उसके असंख्य चक्रजालों में उसने अपने को इस कदर उलझा लिया है कि अब वह जितना ही उस उलझन को सुलझाने का प्रयत्न करती जाती है उतना ही अधिक अपने को उलझाती चली जा रही है। विडम्बना यह है कि आज विश्वव्यापी अशान्ति और अव्यवस्था, वैषम्य और वैपरीत्य, दुःख और दारिद्र्य के लिए वह इस प्रकृति-विरोधी प्रगति को दोषी न ठहराकर दूसरों शक्तियों को—जनजागरण की विश्वव्यापी प्राकृतिक प्रवृत्तियों को—उसके लिए दोषी ठहराना चाहती है।''

''तब क्या आपके इस मत का अर्थ यह लगाया जाय कि आप उस राष्ट्र-समूह की प्रगति को स्वाभाविक मानते हैं जिसने अपनी शक्ति जन-स्रोत से खींची है?'' मैंने प्रश्न किया।

''उस प्रगति को मैं स्वाभाविक अवश्य मानता हूँ, पर उसमें जो खामियाँ रह गयी हैं उनके प्रति उदासीन नहीं हूँ। मानवता का यह घोर दुर्भाग्य है कि जो जनशक्तियाँ इस युग में संसार के विभिन्न क्षेत्रों में उभरी हैं उन्होंने भी उसी यान्त्रिक विकास से प्रेरणा पायी है जो दानवीय शक्तियों के उत्थान के फलस्वरूप विश्व के समस्त मूलगत और केन्द्रीय सांस्कृतिक तत्त्वों को अत्यन्त निर्ममता से कुचलने का बीड़ा उठाये हुए है। इस युग में आवश्यकता से अत्यन्त अधिक यान्त्रिक उन्नति के फलस्वरूप, साधारण जनता के निर्मम निपीड़न की जो भौतिक क्रियाएँ चल रही हैं, उनका निराकरण तभी हो सकता है जब आध्यात्मिक शक्तियों के अधिकाधिक विकास द्वारा उनका नियन्त्रण किया जाय। पर आज संसार के दोनों प्रधान पक्ष आध्यात्मिक शक्तियों के विकास का परिहास उड़ाने पर तुले हुए हैं, और इस बात की होड़ चल रही है कि कौन पक्ष विश्वविघाती यान्त्रिक और भौतिक शक्तियों के आर्थिक और कूटनीतिक प्रतिरूपों को कितने कम समय में कितने अधिक परिमाण में विकसित कर सकता है। कहना न होगा कि इन उपायों से विश्व-शान्ति और मानवता के व्यापक कल्याण की समस्याएँ हल होने के बजाय नयी-नयी जटिलताएँ और नयी-नयी उलझनें पैदा होती चली जायेंगी, जो तभी विरत होंगी जब सम्पूर्ण मानवता पिछले युगों में विकास-प्राप्त अपने दाम्भिक यन्त्रबल के दो-एक और भीषण सामूहिक विस्फोटों द्वारा, भौतिक दृष्टि से, पूर्णतया ध्वस्त-विध्वस्त हो जाय। तभी उस ध्वंस की रक्तसिंचित मिट्टी पर भौतिक और आध्यात्मिक समता के नये बीजों का वपन हो सकेगा।''

''और उन नये बीजों का रूप क्या हो सकता है, क्या आप अपनी इस बात को स्पष्ट करने की कृपा करेंगे?''

मेरा प्रश्न सुनकर फादर जेरेमिया कुर्सी की पीठ पर अपनी पीठ अच्छी तरह जमाकर आराम से बैठ गये, और तब बोले—''आज पिछली ईसाइयत मर चुकी है और उस मृत

शक्ति को नये सिरे से उभारने से कोई लाभ न होगा। वह अपना काम बहुत पहले पूरा कर चुकी थी। आर्थिक स्वार्थ, राजनीतिक मोह और साम्राज्यवादी लोभ से मदमत्त और अन्धी दुनिया के जड़ प्राणों के भीतर आध्यात्मिक विद्रोह जगाकर और रहस्यवादात्मक क्रान्ति मचाकर ईसा एक सिरे से लेकर दूसरे सिरे तक जनजागरण की बाढ़ उत्पन्न करके एक नयी मंगलकारी चेतना की जो लहर जगा दी थी उसके उद्‌देश्य की पूर्ति सदियों पहले हो चुकी थी। बाद में उस बाढ़ की और उस लहर की सूक्ष्म गतिशीलता एकदम रुद्ध हो गयी थी और उसका पानी वैटिकन में एकदम जम जाने के कारण गँदला हो गया था और विषैले कीटाणुओं से भर गया था। धीरे-धीरे वह धारा भी सूखती चली गयी और आज एकदम सूख चुकी है—केवल बालू-ही-बालू शेष रह गयी है। आज आवश्यकता इसकी है कि उस मृत शक्ति की बंजर मिट्टी को एकदम साफ करके उसके स्थान पर पिछले युगों की वैज्ञानिक प्रगति और आर्थिक और राजनीतिक क्षेत्रों के व्यापक अन्तरराष्ट्रीय संघर्ष से ज्ञान की उपजाऊ मिट्टी पर एक नयी संस्कृति का उत्पादन किया जाय, जो विश्व को एक नया सन्देश देकर, उसे एक नये प्रगतिशील प्रकाश की ओर आकर्षित कर सके। 'ईसाई धर्म खतरे में,' 'इस्लाम खतरे में,' इस तरह के नारे लगानेवाले राजनीतिक नेताओं की धूर्तता आज किसी के आगे नहीं छिपी है। ईसाई धर्म के ये तथाकथित ठीकेदार जिन विश्वविनाशी योजनाओं को प्रोत्साहन दे रहे हैं वे आज सबके आगे स्पष्ट हैं। ईसाई धर्म के मेमने की खाल की ओट में छिपे हुए ये भेड़िये ही ईसाई सभ्यता के मूलहन्ता हैं। इसलिए उनके वास्तविक विश्व-कल्याण के किसी नये आदर्श की आशा नहीं करनी होगी। आज संसार के जो-जो महान्‌ चिन्तक राजनीतिक प्रभावों से मुक्त हैं, साथ ही सभी आर्थिक और राजनीतिक चक्रों से भली-भाँति परिचित हैं उन्हीं के संगठित प्रयत्नों से नयी 'ईसाइयत' या इनसानियत जन्म लेगी। संसार में आज तक मानवता के सामूहिक कल्याण के जितने भी महान्‌ प्रयत्न हुए हैं उन सबका समन्वय इस नये धर्म में होगा। गाँधी और मार्क्स के आधुनिक मतवाद भी अपना साम्प्रदायिक और राजनीतिक चोला त्याग देंगे और उनके मूलगत तत्त्व अपने आप इस महामानवीय धर्म में मिलकर एकरूप हो जायेंगे। सभी आदर्शों और मानवोद्धार के उद्‌देश्य से प्रेरित वादों के परिमार्जित और परिशोधित तत्त्वों का जो रासायनिक मेल उस नव-विकसित महाधर्म में होगा उसे किसी विशेष साम्प्रदायिक धर्म के भीतर बाँधा नहीं जा सकेगा। उसका नाम महामानव धर्म या इसी ढंग का कुछ होगा। उसी के विकसित रूप की प्रतीक्षा आनेवाली पीढ़ी से करनी है...''

(32)

बाहर से किसी के दरवाजा खटखटाने का शब्द सुनकर मेरी तन्मयता भंग हुई। दरवाजे के शीशे के पार मुझे मनिया और सिल्विया खड़ी दिखायी दीं। मैंने तुरन्त उठकर

दरवाजा खोल दिया। एक ठण्डी हवा का झोंका मुझे कँपा गया। मनिया और सिल्विया दाँत किटकिटाती हुई उसी दम भीतर चली आयीं। मैंने भीतर से दरवाजा बन्द कर दिया। फादर ने और मैंने उन दोनों के अग्नि-सेवन के लिए जगह खाली कर दी। हम दोनों पीछे की ओर हटकर बैठ गये; और वे दोनों अँगीठी के पास जा बैठीं। सिल्विया बीच-बीच में फादर की ओर एक झलक देख लेती थी। उसके मुख पर एक ऐसी चमक, आँखों में उल्लास की ऐसी दीप्ति आ गयी थी जिसकी आशा नहीं की जा सकती थी। स्पष्ट ही उसे फादर को उस समय मेरे यहाँ देखने की आशा नहीं थी। फादर के भी गम्भीर दार्शनिक रूप में सरल स्निग्धता आ गयी थी।

"इस हिम-वर्षा में बाहर निकलकर तुम लोगों ने निश्चय ही बहुत बड़े साहस का काम किया है।" मैंने उन लोगों को बातचीत में घसीट लाने के उद्देश्य से कहा।

"मैं तो राजी नहीं थी," सिल्विया बोली—"पर इन्होंने बड़ी जिद की!"

मनिया ने कहा—"मुझे बड़ी भूख लग रही थी, और वहाँ कुछ अच्छा नहीं लग रहा था।"

"क्या निमन्त्रण में आधा ही पेट खाने को मिला?" मैंने परिहास में कहा।

"बात बिलकुल यही है!" सिल्विया मुस्कराती हुई बोली—"इन्होंने वहाँ कुछ खाया ही नहीं, केवल कुछ चुगकर रह गयीं!"

'चुगने' की बात सुनकर फादर जेरेमिया और मैं दोनों हँस पड़े। पर मनिया तनिक भी नहीं हँसी, बल्कि खीझ के स्पष्ट चिह्न उसके मुख पर प्रकट हो रहे थे। बिना कुछ बोले वह भीतर चली गयी। थोड़ी देर बाद जब लौटी तो वह कपड़ा बदले हुए थी और ऊपर से एक काला गरम ओवरकोट उसने पहन लिया था। एक कोट वह सिल्विया के लिए भी ले आयी थी। सिल्विया ने बिना किसी आपत्ति के परम प्रसन्न भाव से उसे पहन लिया। उसके बाद दोनों फिर अँगीठी के पास बैठ गयीं।

"क्यों? क्या बात हो गयी थी, मनिया?" मैंने अपने स्वर को कुछ गम्भीर रूप देकर सान्त्वना के तौर पर कहा।

"मुझसे वहाँ कुछ खाया नहीं गया। बड़ा अजीब-सा वातावरण लगा मुझे। लीला बेचारी तो बड़ी भली लड़की है, पर उसके घर के दूसरे लोग हमारी छूत मान रहे थे, और हमारे आने से तनिक भी प्रसन्न नहीं हो रहे थे। हम तीनों को अलग एक कमरे में खाना खिलाया जाने लगा। घर के दूसरे लोग—लीला की माँ, दूसरी बहनें, बच्चे और बूढ़े सब—हम लोगों के पास फटकते तक नहीं थे। केवल दूर से देख रहे थे, जैसे हम कोई तमाशे की चीज हों। बच्चे हमारे पास आना चाहते थे, पर उन्हें बुरी तरह फटकारा जा रहा था। मुझे अगर पहले से यह मालूम होता तो मैं हर्गिज न जाती..." और वह सिल्विया की ओर शिकायत-भरी दृष्टि से देखने लगी।

सिल्विया अत्यन्त शान्त भाव से बोली—"पर इस तरह की छोटी-मोटी बातों को बहुत महत्त्व देने से कैसे काम चलेगा। यह तो जानी हुई बात है कि कट्टर

हिन्दू-परिवार ईसाइयों को छूत मानते हैं। हालाँकि अब यह कट्टरता बहुत कम परिवारों में रह गयी है, पर कहीं-कहीं अब भी शेष है। ज्यों-ज्यों देश में शिक्षा और संस्कृति बढ़ती चली जायगी, त्यों-त्यों यह रही-सही कट्टरता भी अपने-आप नष्ट होती जायगी। उस पर रुष्ट होना बेकार है, बल्कि उन लोगों की अज्ञानता पर दया करनी चाहिए...''

''पर केवल धर्म भिन्न होने के कारण ही मनुष्यों का एक वर्ग दूसरे वर्ग को इस कदर हेय समझे यह तो बड़ी विचित्र बात है!''

''इसमें आश्चर्य की कुछ भी बात नहीं है,'' अत्यन्त शान्त भाव से फादर ने कहा—''यह मानव-स्वभाव है। स्वयं ईसाई लोग गैर-ईसाइयों को बराबर काफिर समझते रहे हैं। आदिम मानव जब जंगली जीवन बिताता था तब उसे छोटे-छोटे गुट बाँधकर रहना पड़ता था। जीवन की ऐसी कठिन परिस्थितियों में उसे रहना पड़ता था कि जब कभी जंगली जानवरों का शिकार प्राप्त न हुआ तब किसी अपने ही स्वजातीय जीव—अर्थात् मनुष्य—को मारकर उसे अपना पेट भरना पड़ता था। यह इस प्रकार होता था कि किसी एक गुट के मनुष्य मिलकर किसी दूसरे गुट के मनुष्य की टोह में रहते थे और उसे पकड़कर मारकर उत्सव मनाकर उसे खा जाते थे। केवल अपने गुट के मनुष्य को नहीं मारते थे। अपने-अपने गुट को सभी भिन्न गुटों से उन्नत और पवित्र मानते थे, और अपने से दूसरे किसी भी गुट के विरुद्ध उनके मन में सहज ही घोर घृणात्मक और हिंसक भावना वर्तमान रहती थी। पारस्परिक घृणा और हिंसा की जो यह भावना उस समय छोटे-छोटे गुटों के बीच वर्तमान थी वही सभ्य युग में बड़े-बड़े गुटों के बीच पायी जाने लगी, क्योंकि सभ्यता के साथ-साथ छोटी-छोटी गुटबन्दियाँ बड़ी गुटबन्दियों में परिणत हो गयीं। ये गुट कभी तो किसी बड़े धार्मिक घेरे के भीतर बँधे हुए पाये जाते रहे हैं और कभी वर्ण अथवा जाति के घेरे के भीतर। आर्य जाति का एक बहुत बड़ा परिवार या गुट था। पर उस बड़े परिवार के बाहरवाले किसी भी गुट के प्रति उनकी घृणा और हिंसा का ठिकाना नहीं था। इसी हिन्दुस्तान में जब आर्य लोग आये तब उन्होंने यहाँ भी अपने से भिन्न सभ्य जाति को ध्वस्त करने का बीड़ा उठा लिया और उन्हें दास समझने लगे। आज तक काली और गोरी जातियों के बीच जो पारस्परिक विद्वेष-भावना संसार में पायी जाती है उसका भी मूल कारण वही आदिम प्रवृत्ति है। यहूदियों का गुट यद्यपि बहुत छोटा था, तथापि वे संसार भर की अन्य सभी जातियों को अत्यन्त घृणित, पतित और हेय समझते रहे हैं। केवल इतना ही नहीं, एक बड़े गुट के भीतर जो बहुत-से छोटे गुट होते हैं, उनमें भी आपस में एक-दूसरे को छोटा समझने की प्रवृत्ति पायी जाती है। इसी देश में अभी तक हिन्दुओं के बीच ब्राह्मण, क्षत्रिय, वैश्य, शूद्र इन चारों के भीतर एक-दूसरे के प्रति विद्वेष-भावना पायी जाती है। ब्राह्मणों में भी कई उपजातियाँ हैं जो एक-दूसरे को अपने से हीन समझती रहती हैं। केवल भारत में ही नहीं, पश्चिमी देशों में भी लोग इस वैज्ञानिक सभ्यता के युग में भी, अभी तक कुछ विभिन्न सामाजिक स्तरों में रहकर सामाजिक असमानता का जीवन

बिताते हैं। यही प्रवृत्ति संसार के विभिन्न राजनीतिक और आर्थिक गुटों के बीच पायी जाती है। पूँजीवाले वर्ग और मजदूर वर्ग के बीच पारस्परिक हिंसा-प्रतिहिंसा के जो दाँव पेंच चलते हैं वे किसी से छिपे नहीं हैं। साम्राज्यवादियों और पराधीन जातियों के बीच अलग संघर्ष चलता रहता है। मार्क्सवादियों और पश्चिमी यूरोपियन और अमेरिकन राष्ट्रों के बीच जो तनातनी बार-बार चलती रहती है उसका भी यही कारण है। इसी देश में गाँधीवादियों, कम्युनिस्टों और समाजवादियों के बीच एक-दूसरे के प्रति विरोधी भावना बराबर पायी जाती रही है। और तो और, सांस्कृतिक क्षेत्र में भी यही गुटबन्दी चला करती है। एक विशेष कोटि के साहित्य या कला के उपासक दूसरी कोटि के साहित्य और कला के अनुयायियों की निन्दा किया करते हैं। एक विशेष दार्शनिक दृष्टिकोण रखनेवाले किसी दूसरे दार्शनिक मतवाद के माननेवालों के प्रति अत्यन्त असहनशील रहते हैं। इन सबके मूल में वही गिरोह-भावना काम करती है जो आदिम मानव को अपने अनिश्चित जीवन की अनियमित परिस्थितियों के कारण पालनी पड़ती थी।''

आज फादर स्पष्ट ही लम्बे-लम्बे भाषण देने की मनःस्थिति में थे। हम सब लोग एकान्त मन से उनकी बातें सुन रहे थे। सिल्विया तो जैसे अपने भीतर की सारी शक्ति बटोरकर अपने कानों में केन्द्रित किये हुए थी। फादर जेरेमिया की धारावाहिकता जब रुकी तब मनिया ने प्रश्न किया—''तब क्या आपका यह खयाल है कि गुटबन्दी की यह अत्यन्त हीन और संकीर्ण भावना मानव-स्वभाव में सदा किसी-न-किसी रूप में वर्तमान रहेगी?''

''नहीं, मैं ऐसा कदापि नहीं समझता।'' पूरी गम्भीरता के साथ फादर ने कहा—''इस भावना ने आज सारे संसार को एक छोर से लेकर दूसरे छोर तक किस कदर अशान्त और अव्यवस्थित बना रखा है, उसके भार-केन्द्र को ही अपने मूल स्थान से च्युत करके समस्त आर्थिक, राजनीतिक, सामाजिक और सांस्कृतिक व्यवस्था को अस्त-व्यस्त और डाँवाँडोल कर दिया है, यह किसी से छिपा नहीं है। दो बृहत्—पूर्वी और पश्चिमी—गुटों की पारस्परिक तनातनी इस विश्वव्यापी अस्तव्यस्तता के मूल में है। इन दो बृहत् गुटों के भीतर कई छोटे-मोटे गुट और हैं जो आपस में एक-दूसरे से जूझने में अपनी सारी शक्तियों का अपव्यय कर रहे हैं। पर इन्हीं सब कारणों की जो प्रतिक्रिया आज के मानव की अन्तश्चेतना में हो रही है वह एक-न-एक दिन निश्चय ही उसके आपस के तुच्छ व्यवधानों और अवरोधों को हटाकर ही रहेगी। मानव को आज महाविश्व के बीच में अपने परिवार की लघुता का बोध होने लगा है। उसका अन्तर्मन यह महसूस करने लगा है कि समस्त पृथ्वी में मानवता की केवल एक ही इकाई शेष रह सकती है। शेष सब इकाइयाँ उसके तुच्छ अहं से निकले हुए निस्सार बुलबुले हैं। आज का मानव पृथ्वी के चेतन-विकास के सबसे अधिक महत्त्वपूर्ण मील के पत्थर पर पहुँचने जा रहा है, जहाँ से उसके पिछले युगों से जमे हुए अन्ध-संस्कार प्रचण्ड अन्तःविस्फोटों के फलस्वरूप ध्वस्त होने को हैं...''

फादर जेरेमिया की आँखें किसी क्रान्तद्रष्टा ऋषि की अन्तर्भेदिनी मनोकिरणों से जैसे प्रज्वलित हो रही थीं। मनिया उनकी गम्भीर वाणी का महत्त्व किस हद तक समझ पायी थी, मैं कह नहीं सकता, विस्मयभरी श्रद्धा उसकी आँखों में स्पष्ट व्यक्त हो रही थी। सिल्विया तो जैसे समाधिमग्न हो गयी थी। वह आत्मविस्मृत-सी होकर अधमुँदी आँखों से फादर की ओर देख रही थी।

मनिया ने घण्टी का बटन दबाकर किशनसिंह को बुलवाया और उसे टोस्ट, आलू चाप और कॉफी तैयार करने को कहा।

(33)

कमरे में फिर एक बार स्तब्ध शान्ति छा गयी थी। दरवाजे पर लगे हुए शीशों से बाहर की ओर देखने पर हिमकणों की असंख्य फुलझड़ियों की अविरत बौछार दिखायी दे रही थी। मैंने सब लोगों की आज्ञा लेकर फिर एक बार दरवाजा खोला। तीखी किन्तु मीठी ठण्डी हवा शरीर में और प्राणों में पुलक की-सी सिरहन पैदा कर रही थी। ठण्ड के कारण सिसकारी भरता हुआ मैं भी बरामदे से बाहर का दृश्य देखने लगा। प्रायः 6 इंच बरफ जम चुकी थी। सभी दिशाएँ बादल और कुहरे से इस तरह ढक गयी थीं जैसे एक अत्यन्त सीमित खण्ड के सिवा विश्व का और कोई भाग कहीं शेष नहीं था। प्रकृति जैसे अपने अहं की कुहेलिका से स्वयं अपने को चारों ओर से ढँककर उस संकीर्णता में ही परिपूर्ण आत्मतुष्टि पाकर शान्त थी। कुहरे के बावजूद एक विचित्र प्रकाश भी उस अहं से उद्‌भासित हो रहा था।

मेरे बाहर निकलने पर फादर जेरेमिया, सिल्विया और मनिया तीनों बाहर निकल आये। मनिया तो सिसकारियाँ भरने के साथ-ही-साथ बच्चों की तरह आनन्द की किलकारियाँ भी मारने लगी थीं; सहसा वह बरामदे से बाहर, खुले मैदान में जमीन पर बिछी हुई बरफ के ऊपर कूद पड़ी। ऊपर से हिमकणों की जो पुष्पवर्षा उस पर हो रही थी वह उसके काले कोट पर जमकर उसे एक विचित्र अलंकारिता प्रदान कर रही थी। उसकी देखादेखी सिल्विया भी किलकती हुई बाहर कूद पड़ी। मनिया ने नीचे से थोड़ी-सी बरफ उठाकर सिल्विया पर फेंकी। सिल्विया ने भी पलटे में ऐसा ही किया। दोनों की किलकारियों में सारा वातावरण आनन्द-स्फुटित पटाखों की आवाज से गूँज उठा। फादर जेरेमिया और मैं बरामदे में ही खड़े थे और प्रसन्न भाव से तमाशा देख रहे थे। केवल एक बात की चिन्ता मुझे हो रही थी—कहीं मनिया को ठण्ढ न पकड़ ले और वह बीमार न पड़ जाय।

फादर जेरेमिया भी न रह सके और थोड़ी देर बाद वह भी कूद पड़े। ऊपर आकाश की ओर मुँह करते हुए वह बोले—"वाह! बहुत सुन्दर! चले आइये मि. रंजन, आप भी! ऐसा सुखद, स्वास्थ्यकर और आनन्दमय वातावरण सदा नहीं मिला करता। ग्रैण्ड!"

पर मुझे तनिक भी साहस नहीं होता था। जीवन में पहली बार मैं हिमपात का दृश्य देख रहा था। न जाने उसका कब क्या प्रभाव मेरे शरीर पर पड़े इस आशंका से मैं यथाशक्ति सावधान चलना चाहता था।

मैंने कहा—"मुझे क्षमा कीजिये, फादर, मैं यहीं से सौन्दर्य का पूरा-पूरा उपभोग कर रहा हूँ!"

फादर निपट बच्चों की तरह अपनी जीभ बाहर निकालकर ऊपर को मुँह किये हुए थे, और हिम के जो कण उनकी जीभ पर बैठ जाते थे उन्हें चटखारभरे शब्द के साथ निगल जाते थे।

सहसा पीछे से मनिया की आवाज आयी—"फादर, फादर!"

फादर लौटकर देखना चाहते थे। पर तब तक सिल्विया शरारत कर चुकी थी। फादर ने "आह!" कहकर अपना सारा मुँह और शरीर सिकोड़ लिया। सिल्विया और मनिया खिलखिलाकर हँस पड़ीं। बात यह हुई थी कि सिल्विया ने चुपके से पीछे से थोड़ी सी बरफ फादर की गर्दन के नीचे कोट के भीतर डाल दी थी। वह बरफ जब फादर की रीढ़ से होकर नीचे सुरसुराती हुई गयी होगी तब जो 'पुलक' भरी कँटीली सिहरन उनके सारे शरीर में दौड़ी होगी वह निश्चय ही बड़ी कौतुकप्रद रही होगी।

कुछ देर तक फादर बच्चों की तरह मुँह बनाये हुए कमर झुकाये खड़े रहे, उसके बाद उन्हें भी लड़कपन सूझा और पलटे में उन्होंने भी थोड़ी-सी धुनी हुई रुई की तरह कोमल बरफ जमीन पर से उठायी और सिल्विया की ओर दौड़े। सिल्विया किलकारियाँ भरती हुई वहाँ से भागी। फादर भी उसके पीछे-पीछे दौड़ने लगे। अन्त में या तो सिल्विया जान-बूझकर स्वयं पकड़ में आ गयी या फादर ने ही उससे अधिक फुर्ती दिखाकर उसे पकड़ लिया और पकड़कर उन्होंने छटपटाती हुई और रेल के इंजन की सीटी की तरह कूकती हुई सिल्विया की गर्दन के नीचे, कोट—और सम्भवतः फ्राक के भी—भीतर वह बरफ डाल ही दी। सिल्विया, सम्भवतः तीखी सिहरन के कारण, दुगनी तीव्रता से कूकने लगी! मनिया यह दृश्य देख-देखकर आनन्द से निकलती हुई तालियाँ पीटने लगी। मुझे भी यह हास-परिहास अत्यन्त सुखद प्रतीत हो रहा था।

जब काफी कौतुक हो चुका तब सब लोग भीतर के बरामदे में चले आये। अपना-अपना कोट उतारकर सबने उसे झाड़ा। मेरे आश्चर्य की सीमा न रही जब मैंने देखा कि बरफ के झाड़े जाने के बाद कोट में किसी प्रकार की नमी का लेश न रहा।

उसके बाद भीतर अँगीठी के पास बैठकर सब लोग सिसकारियाँ भरते हुए अपने ठण्ड से अकड़े हुए हाथ गरम करने लगे। कुछ देर बाद किशनसिंह टोस्ट, चाप, आमलेट आदि कई चीजें तैयार करके ले आया। सबके आगे छोटे-छोटे टेबिल लगाकर अलग-अलग प्लेटों में सजाकर उन्हें रख दिया गया। छोटी-छोटी शीशियों में पिसा हुआ नमक और पिसी हुई काली मिर्च भी लाकर उसने रख दी। उसके बाद ही कॉफी आयी।

मनिया को वास्तव में बड़ी भूख लगी हुई थी और वह बड़ी फुर्ती से टोस्ट, चाप आदि पर हाथ साफ करती जाती थी। सिल्विया सबके प्यालों पर कॉफी डाल चुकने के बाद बड़ी ही शालीनता के साथ धीरे-धीरे टोस्ट कुतरने लगी।

फादर ने सिल्विया से कहा—''मेरी राय में तुम्हें केवल हवा खाकर रह जाना चाहिए। तुम्हारी जैसी, ईथर की तरह सूक्ष्म, हवाई प्राणियों को स्थूल पदार्थों का भोजन कुछ शोभा नहीं देता!''

मनिया का मुँह दाँत से पिसे हुए खाद्य से भरा होने पर भी वह बीच ही में बरबस खिलखिला उठी।

सिल्विया पहले तो कुछ सकुचायी, पर फिर उससे चुप न रहा गया। बोली—''मेरी समझ में नहीं आता कि आप जैसे ईश्वर के प्रेमामृत-पान से तृप्त धर्मज्ञ लोग क्यों सांसारिक मनुष्यों की तरह खाने-पीने की चीजों में दिलचस्पी लेते हैं।''

''जल्दी ही समझ में आ जायगा!'' अपनी बात को सघन रहस्यमयता के आवरण में लपेटकर फादर ने कहा।

मनिया बोली—''आप दोनों आपस में न जाने किस भेदभरी भाषा में बातें करते हैं!''

''आप लोगों के आगे भी जल्दी ही सारा भेद खुल जायगा, इसलिए आप भी अधीर न हों!''

''ऐसा कहकर आपने अपनी बात पर भेद की दुहरी चादर डाल दी है!'' और वह दुष्टतापूर्वक मुस्कराती हुई सिल्विया की ओर देखने लगी।

सिल्विया के मुख की लालिमा पर और अधिक गहरा लाल रंग चढ़ गया था। आज फादर के बात और व्यवहार में उसे जैसे कोई नयापन लग रहा था। यह मेरा अनुमानमात्र था, क्योंकि उनके मन की यथार्थ बात जानने का कोई साधन मेरे पास नहीं था।

फादर ने ज्यों ही कॉफी का एक घूँट गले के नीचे उतारा त्यों ही उनका हास्यात्मक व्यंग्य और अधिक खिल उठा। सिल्विया की ओर देखते हुए बहुत धीरे से बोले—''तुमने ठीक ही सोचा था कि तुम्हारे मीठे हाथों से बिना चीनी के भी कॉफी अपने-आप मीठी हो जायगी। पर अफसोस कि आज के नीरस युग की कॉफी भी बड़ी बेहया हो उठी है!''

''क्या सचमुच आपकी कॉफी में चीनी नहीं पड़ी है?'' सिल्विया संकोच को बरबस झाड़ती हुई-सी बोली और उसने दो चम्मच चीनी उनके प्याले में डाल दी। प्याले में चम्मच चलाती हुई मनिया की ओर मुँह करके बोली—''पादरी लोग बहुत अधिक मीठा पसन्द करते हैं। पता नहीं इसका क्या कारण है! यदि फादर इस रहस्य पर तनिक प्रकाश डालने की कृपा करें तो अच्छा हो।'' और फिर कटीली मुस्कान-भरी तिरछी नजर से फादर की ओर देखने लगी। सिल्विया के समान ठण्डे मस्तिष्क और ठण्डे हृदयवाली लड़की में इस कदर चंचलता पायी जा सकती है, इसकी कल्पना मैंने पहले नहीं की थी।

फादर ने कहा—"यह कोई अस्वाभाविक बात नहीं है। मीठा ही एकमात्र ऐसा रस है जो जीवन के समस्त कटु और दाहक रसों की तीखी अनुभूति को तत्काल मिटाने में समर्थ है। कवियों को जो शब्द सबसे अधिक प्रिय है वह 'मधुर' ही है। निष्कपट बालकों को सबसे प्रिय मिठाई ही लगती है। उसी प्रकार कोई भी शान्तिवादी दार्शनिक या धर्मज्ञ मीठे के प्रति सबसे अधिक आकर्षित होगा, यह स्वाभाविक ही है।

"पर बहुत-से शान्तिप्रेमियों को नमकीन और चटपटा भोजन पसन्द करते देखा गया है, इसका क्या कारण हो सकता है?" सिल्विया ने पूछा।

"ऐसे लोग बाहर से भले ही शान्तिकामी लगते हों, पर यदि मनोवैज्ञानिक 'एक्स' किरणों से उनके भीतर देखा जाय तो मालूम होगा कि उनके भीतर घोर अशान्ति की ज्वालाएँ धधक रही हैं। ऐसे लोग भीतर से रक्तमय क्रान्ति के उपासक होते हैं, उसी की कल्पना में अपनी भीतरी अशान्तिप्रियता को डुबाना चाहते हैं, यद्यपि वे स्वयं कभी ऐसी क्रान्ति में भाग लेने का साहस नहीं रखते। मनुष्य का भोजन निर्भ्रान्त रूप से बता देता है कि उसकी भीतरी प्रवृत्तियाँ कैसी होंगी..."

"यदि ऐसी ही बात है," सिल्विया ने कहा—"तो मिष्टान्न-प्रेमी व्यक्तियों के बारे में यह कल्पना की जा सकती है कि वे जीवन की यथार्थता से भागकर अपने मन की स्निग्ध-मधुर कल्पनाओं के शान्तिलोक में डूबे रहना चाहते हैं। ऐसे लोग न तो किसी कठोर त्याग-व्रत को ही दीर्घकाल तक निभा पाते हैं न जीवन के ऐसे बन्धनों को ही स्वीकार करने का साहस रखते हैं जो उन्हें कठोर संघर्षों में घसीटें..."

इस बार फादर ने बड़े गौर से सिल्विया की ओर देखा। स्पष्ट ही उसकी बात में उन्हें एक विशेष अर्थ की ध्वनि छिपी हुई-सी लगी। कुछ सोचकर उन्होंने कहा—"मधुर-रस का जो सच्चा प्रेमी होगा, उसकी शान्ति-कामना कभी किसी कच्ची नींव पर आधारित नहीं हो सकती। उसका शान्तिवाद कभी छुई-मुई नहीं हो सकता, जो यथार्थ जीवन के तनिक से स्पर्श से मुरझा जाय। भीतर और बाहर के लाख आघातों और प्रत्याघातों के बीच में भी उसका विश्वास अडिग रहेगा। ऐसा व्यक्ति यथार्थ की गन्दगी को कभी अपनाता नहीं, यह ठीक है, पर यथार्थ की कठोरता से वह कभी कतराता भी नहीं।"

"पादरी जन्मजात तार्किक होते हैं, इसलिए उनसे तर्क में जीत पाना सम्भव नहीं है।" कहकर सिल्विया एक बार कटीली दृष्टि से फादर की ओर देखकर पलकों के भीतर मुस्कराने लगी।

फादर जेरेमिया यह मन्तव्य सुनकर अट्टहास कर उठे।

जब सब लोग कॉफी पी चुके तब अँधेरा हो चला था। कमरे की बत्ती जला दी गयी थी। फादर मुझे धन्यवाद देते हुए उठ खड़े हुए। बोले—"आज का दिन आपके यहाँ बहुत सुख में कटा। आपकी अँगीठी की मीठी गरमी को छोड़कर जाने की इच्छा नहीं

होती, पर अँधेरा हो चला और समय बहुत हो गया है, इसलिए अब चलता हूँ।'' कहकर उन्होंने हिन्दू ढंग से मेरी और मनिया की ओर दोनों हाथ जोड़े।

मनिया ने कहा–''अगर आप जा ही रहे हैं तो कृपया मिस रालिन्सन को भी उनके घर तक पहुँचा दें। बर्फ के कारण रास्ते में बड़ी फिसलन है।''

''मुझे इसमें क्या आपत्ति हो सकती है।'' सिल्विया की ओर अर्थ-भरी दृष्टि से देखते और मन्द-मन्द मुस्कराते हुए फादर ने कहा।

मनिया ने सिल्विया को सम्बोधित करते हुए कहा–''मिस रालिन्सन शाम हो गयी है। अँधेरा होने लगा है। इस बर्फानी मौसम में तुम्हारा अकेले जाना ठीक नहीं है। इसलिए मेरी राय में तुम फादर के साथ चली जाओ।''

सिल्विया धीरे से खड़ी हुई। लाज का एक बहुत ही झीना आवरण उसके मुख पर छाया हुआ था। आज फादर की बातें सुन चुकने के बाद मैं चूँकि उसकी छोटी-से-छोटी हरकत पर गौर कर रहा था, इसलिए उसके मुख पर पढ़नेवाला हलका-से-हलका रंग भी मेरी दृष्टि से बचने नहीं पाता था।

मैं सोचने लगा कि क्या मनिया भी इन दोनों की भीतरी भावना से परिचित है? जो उसने यह प्रस्ताव रखा कि फादर जेरेमिया सिल्विया को उसके घर तक पहुँचा दें, वह क्या दुष्टतावश रखा गया था या सिल्विया की वास्तविक कठिनाई का अनुभव करते हुए?

फादर और सिल्विया के साथ जब हम लोग बरामदे तक गये तब बरफ उसी रफ्तार से, अविराम गति से गिरती चली जा रही थी।

''अच्छा नमस्ते!'' फादर ने हिन्दी में कहा। मनिया और मैं सुनकर खूब जोर से हँस पड़े। सिल्विया हम लोगों की ओर देखती हुई बोली–''सलाम!'' फिर एक बार सब लोग अकारण ही ठहाका मारकर हँस पड़े। अकारण हँसी की लहर का अर्थ स्पष्ट ही यह था कि सबका मनोवातावरण आज एक अज्ञात रंगीनी से भर गया था।

(34)

फादर और सिल्विया के चले जाने के बाद अब मैं मनिया के साथ कमरे के भीतर गया और किवाड़ बन्द करके फिर अँगीठी के पास बैठ गया तब मनिया सीधे पलँग पर जाकर मेरी ओर मुँह करके दायीं करवट लेट गयी।

''आज फादर इतने खुश क्यों थे, जानते हो?'' मनिया ने कहा।

''अनुमान लगा सकता हूँ।''

''क्या अनुमान तुमने लगाया बताओ?''

''पहले तुम बताओ कि तुम क्या जानती हो? तुम्हारी समझ में इसका कारण क्या हो सकता है?''

''बात यह है कि फादर ईसा के सच्चे भक्त हैं। इसलिए जब कभी उन्हें अन्धकार के बीच में प्रकाश दिखायी देता है तब उनकी आत्मा में इस भावना से उल्लास छा जाता है कि वह प्रकाश जीवन के अन्धकार के बीच में ईसा की ही पुण्य आत्मा की अमर ज्योति है। आज बरफ पड़ने से चारों ओर के घने अँधेरे के बीच में जो सफेदी बिना किसी बाहरी प्रकाश के अपने-आप चमक रही है वह निश्चय ही उनके प्राणों को गुदगुदा रही होगी। उनकी खुशी का कारण मैं तो यही समझती हूँ।''

मैंने मृदु-मन्द मुस्कराते हुए उसकी ओर देखा। उसकी स्वच्छ तरल आँखों में व्यंग्य का लेश भी नहीं था। वे सरल विश्वास से टिमटिमा रही थीं।

मैंने कहा—''तुम्हारा अनुमान ठीक हो सकता है। मेरा भी यह अनुमान है कि आज की हिमवर्षा उनकी प्रसन्नता का एक महत्त्वपूर्ण कारण है। पर मूल कारण केवल यही है, ऐसा मैं नहीं मानता...''

''वह दूसरा कारण तुम्हारी राय में क्या हो सकता है?''

मैंने जेब से सिगरेट का पैकेट निकाला और उसमें से एक सिगरेट निकालकर जलाकर आराम से पीने लगा। उसके बाद बोला—''क्या तुमने इधर फादर और सिल्विया की घनिष्ठता पर ध्यान नहीं दिया है?''

मनिया सहसा उठ बैठी और पलँग के नीचे पाँव लटकाकर बोली—''तो इससे क्या हुआ? इसमें कौन-सा नया रहस्य छिपा हुआ है? सिल्विया का झुकाव धर्म की ओर किस हद तक है यह तुम भी जानते हो और मैं भी। एक धर्मप्राण व्यक्ति की घनिष्ठता दूसरे धर्मप्राण व्यक्ति से होगी, इसमें आश्चर्य की क्या बात है।''

''यह ठीक है। पर दो धर्मप्राण व्यक्ति आपस में एक-दूसरे के प्रति मीठे व्यंग्य कसें, एक-दूसरे के साथ बच्चों की-सी शरारत करें, बीच-बीच में एक-दूसरे को देखकर लजाने लगें, यह बात क्या तुम्हें कुछ विशेष अर्थ-भरी नहीं मालूम होती?''

''तुमने इस बात का क्या अर्थ लगाया है, जरा सुनूँ।''

''मुझे तो स्पष्ट ही यह लगता है कि दोनों एक-दूसरे को चाहते हैं। हो सकता है, अभी यह चाहना केवल आध्यात्मिक क्षेत्र तक ही सीमित हो, पर यह धीरे-धीरे दो प्राणियों को कहाँ तक खींच ले जा सकता है इसकी कोई सीमा निर्धारित नहीं की जा सकती?''

मनिया अपनी विस्मित आँखों को मेरी ओर गड़ाकर जैसे अपने ही भीतर की किसी गम्भीर समस्या पर विचार करने लगी।

उसके बाद बोली—''क्या यह सम्भव है?''

''संसार में असम्भव कुछ नहीं है, इस स्वयंसिद्ध सूत्र को गाँठ बाँधकर तुम चलो तो जीवन में कभी ठगी नहीं जाओगी।''

''पर फादर—और सिल्विया। खासकर फादर तो अपने धर्म-कर्म और चिन्तन और अध्ययन से ही कभी छुट्टी नहीं पाते। उनके दिमाग में भी कभी सांसारिक प्रेम का

कीड़ा घुस सकता है, यह कल्पना मैं नहीं कर सकती। पर—पर तुम्हारे सुझाव से मुझे भी कुछ ऐसा लगने लगा है कि कहीं कुछ बात अवश्य है। पर ठीक किसी रूप में यह जानना कठिन है।''

मेरे मन में एक बार यह तरंग उठी कि फादर ने आज मुझसे अपने धार्मिक विचारों के सम्बन्ध में और सिल्विया के विषय में जो-जो बातें कही थीं उन्हें मनिया के आगे प्रकट कर दूँ। पर तत्काल ही मैं यह सोचकर रह गया कि जब फादर जेरेमिया ने स्वयं सिल्विया के आगे सारा रहस्य यथारूप खोलने में उनके प्रति घोर विश्वासघात होगा। इसलिए मैंने उस चर्चा को आगे बढ़ाना उचित नहीं समझा। विषय को बदलने के विचार से मैंने कहा—''मसूरी में तो अब बड़ी कड़ी सर्दी पड़ने लगी है, और यह भी निश्चित है कि दिन-पर-दिन सर्दी बढ़ती ही चली जायेगी। तुम्हारा तो सारा जीवन पहाड़ में बीता है, इसलिए तुम कड़ी-से-कड़ी सर्दी सहन करने की आदी हो, पर मैं पहली बार जाड़ों में पहाड़ की सर्दी खा रहा हूँ। इसमें सन्देह नहीं कि बरफ गिरने का दृश्य मुझे भी बहुत अच्छा लग रहा है, पर जब जाड़ों भर सुबह-शाम इसी तरह की सर्दी होगी तब तो बड़ी कठिनाई होगी।''

मनिया खिलखिला पड़ी। बोली—''तुम क्या यह समझे बैठे हो कि प्रतिदिन सुबह-शाम इसी तरह बर्फ गिरती ही रहेगी? ऐसा उसी दिन सम्भव होगा जिस दिन प्रलय होने को आयेगा। अभी दो ही तीन दिन बाद मौसम साफ हो जायगा और धूप निकल आवेगी। पर हाँ, यह ठीक है कि अब सर्दी बढ़ती चली जायगी और तुम्हारे लिये तो निश्चय ही यह बात बड़े कष्ट की होगी...''

''एक काम अगर किया जाय तो कैसा रहे?''

''क्या काम?''

''मैं सोच रहा हूँ कि सर्दी के दिन हम लोग कहीं नीचे जाकर काट आवें।''

''कहाँ जाने का विचार है?''

''बम्बई, कलकत्ता या और किसी बड़े शहर में जाने की बात सोच रहा हूँ। जाना तो मुझे घर भी था। मैनेजर साहब की कई चिट्ठियाँ आ चुकी हैं, मैंने अभी एक का भी उत्तर नहीं दिया है...''

''कौन मैनेजर साहब?''

''जो मेरी जमींदारी का प्रबन्ध करते हैं।''

''ओह! तब तो तुम्हें जरूर जाना चाहिए। घरवालों से बिछुड़े तुम्हें बहुत दिन हो गये...'' उसने बहुत धीरे से, बिना किसी उत्साह के, जिज्ञासा-भरी गम्भीर दृष्टि से मेरी ओर देखते हुए कहा।

''पर अभी घर जाना मेरे लिये न तो उचित ही होगा और न मेरे मन में ही कोई उत्सुकता है।''

"क्यों, उचित क्यों न होगा?" अत्यन्त उत्कण्ठित भाव से मनिया बोली। न चाहने पर भी, न जाने मेरे मुँह से इस तरह की बात क्यों निकल आयी थी, मैं कह नहीं सकता। लीपापोती करने के उद्देश्य से मैंने कहा—"कोई खास कारण नहीं है..."

"पर कुछ कारण तो अवश्य ही है। तुमने निश्चय ही इस सम्बन्ध में कुछ सोचा होगा कि वहाँ जाना क्यों उचित है और क्यों अनुचित! तभी तो तुमने इस तरह की बात कही है। वह कारण क्या है, मैं तनिक जानना चाहती हूँ।"

मैंने देखा कि अपनी व्यर्थ की बात से मैंने अपने को बुरा फँसा लिया है। उसका निराकरण कैसे हो, इस सम्बन्ध में मेरी बुद्धि ठीक से जग नहीं रही थी।

"कारण और कुछ नहीं है, असल में मुझे देहात कभी पसन्द नहीं रहा। मैं देहाती वातावरण से इस कदर ऊब गया हूँ कि जहाँ तक सम्भव हो सके उससे छुटकारा पाना चाहता हूँ। देहाती जनता किस हद तक मूर्ख होती है, इसकी कल्पना तुम नहीं कर सकोगी। उसकी मूर्खता से मैं उकता उठा हूँ, इसी कारण टले रहना चाहता हूँ..."

"साफ शब्दों में यह क्यों नहीं कहते," अपने स्वर में कुछ तीखापन भरती हुई मनिया बोली—"कि तुम्हारे घर और गाँववाले मेरे साथ तुम्हारे विवाह की बात से बहुत भड़क उठेंगे, यह तुम जानते हो और इसीलिए उनके पास जाने से डरते हो। गाँववाले जब यह जान लेंगे कि तुमने एक ईसाई लड़की से विवाह किया है और तुम स्वयं भी ईसाई बन गये हो तो तुम्हारा केवल बहिष्कार ही नहीं करेंगे, बल्कि कटु व्यंग्यों की बौछार से तुम्हारा जीना मुश्किल कर देंगे। यह मैं जानती हूँ। मुझे दुःख है कि मेरे कारण तुमने अपने को इतनी बड़ी परेशानी में डाल दिया है..."

और वह पलँग पर उठकर मेरे पास चली आयी। फर्श पर घुटनों के बल बैठकर उसने अपने दोनों हाथ मेरे कन्धों पर डाल दिये। अपनी दो प्यारी-प्यारी छोटी आँखों को मेरी आँखों के एकदम निकट ले जाकर वह विस्मय-विमुग्ध और साथ ही स्नेह-विह्वल दृष्टि से मुझे देखती हुई जैसे मेरी आँखों के जरिये मेरे अन्तस्तल की थाह नापने लगी। धीरे-धीरे उसकी आँखें जैसे कृतज्ञता से छलछला आयीं। मेरे सिर पर अपना सिर रखते हुए वह बायें हाथ से धीरे—मेरी पीठ थपथपाने लगी, जैसे किसी बच्चे को सुलाना चाहती हो। उसी स्थिति में बोली—"तुमने मेरे लिये कितना बड़ा त्याग किया है, यह बात मैं मरते दम तक नहीं भूलूँगी—शायद मरने के बाद भी नहीं। मैं तुम्हें बात-बात में अपने मूर्खतापूर्ण हठ से परेशान करती रही हूँ, पर तुमने बिना तनिक भी विरोध के मेरा प्रत्येक हठ पूरा किया। मेरी बेवकूफियों को तुमने अपने स्नेह और करुणा से बार-बार दुलराया है। न कभी तुमने मुझे मेरे किसी दुराग्रह के लिए डाँटा न छोटी-से-छोटी भी माँग की अवज्ञा की। तुम महान् आत्मा हो। मैं तुम्हारे योग्य कदापि नहीं हूँ। मुझे क्षमा करना..."

और टपाटप गरम आँसुओं की बूँदों से उसने मेरा कन्धा भिगो दिया। मेरी समझ में नहीं आता था कि मैं उसे किन शब्दों में सान्त्वना दूँ। उसकी भावुकता का बाँध बड़े बुरे समय में टूटा था, और मेरी ही मूर्खता के कारण।

मैंने भी पलटे में उसकी पीठ को थपथपाना आरम्भ कर दिया। अपने स्वर में यथासाध्य कोमलता भरकर बोला–"मनिया, शान्त हो जाओ, इस तरह का लड़कपन क्यों करती हो! तुम ऐसा क्यों सोचती हो कि मैंने तुम्हारे साथ कोई दया की है? ऐसा क्यों नहीं सोचती कि मैंने जो कुछ भी किया वह केवल इसलिए कि मैं तुम्हारी दया पाने का अधिकारी बन सकूँ? तुम स्वयं नहीं जानती हो कि तुम्हारी दया का क्या मूल्य है। जो व्यक्ति आत्मा की अतल गहराई से उभरी हुई उस दया की मांगलिक छाया के नीचे एक बार भी विश्राम कर चुका है वही जान सकता है कि उसका कितना बड़ा महत्त्व है। तुम्हारे ऊपर मेरा तनिक भी अहसान नहीं है। उलटे तुम्हारी भरपूर दया के स्नेह-संसार से मैं दब गया हूँ। मेरे जिस 'त्याग' की बात तुम कहती हो उसके फटे आवरण के भीतर मेरा बनियापन साफ झलक उठेगा–यदि तुम गौर से देखो तो। उस तुच्छ 'त्याग' के सस्ते दामों पर मैंने कैसा अमूल्य रत्न मोल लिया है यह मैं ही जानता हूँ..."

मनिया ने मेरे कोट पर अपनी आँखें रगड़कर उन्हें पोंछा और काफी देर तक उसी अवस्था में बैठी रही। उस मौन घड़ी में आत्मा के अतल में उठनेवाली क्या अतीन्द्रिय अनुभूति मेरे भीतर स्पन्दित हो रही थी और क्या भाव-तरंगें उसके रहस्यमय मानस में लहरा रही थीं, इसका अनुमान लगाना सम्भव नहीं है। जब बाहर के कमरे से किशनसिंह ने खाँसा तब मनिया बिजली के वेग से हड़बड़ाकर उठ बैठी।

"खाना क्या बनेगा, हुजूर?" किशनसिंह ने पूछा।

मैंने मनिया की ओर देखा। उसने पलटे में मुझसे पूछा–"तुम क्या खाओगे?"

मैंने कहा–"मैं तो इस समय भी टोस्ट और कॉफी से काम चला लूँगा।"

"तब ठीक है। मेरे लिये भी कुछ टोस्ट और चाय तैयार कर लो। अपने लिये तुम जो भी कुछ चाहो बना लेना।"

किशनसिंह के चले जाने पर मैंने कहा–"मैंने जो बात तुमसे पूछी थी उसका कोई उत्तर तुमने अभी तक नहीं दिया।"

"कौन-सी बात?"

"यही कि जाड़ों में कहाँ जाया जाय?"

"ओह, ठीक है, पर इसके बारे में मुझसे पूछने की जरूरत क्या है?"

"तुम्हें कौन जगह पसन्द है–बम्बई या कलकत्ता या मद्रास?"

मनिया बड़े स्निग्ध और मन्द स्वर में 'खिल्ल!' करके हँस पड़ी। बोली–मैंने न तो कभी बम्बई देखा है न कलकत्ता, न मद्रास। मैं क्या जानूँ कि कौन शहर भ्रमण की दृष्टि से अच्छा रहेगा। मसूरी, चकराता और देहरादून को छोड़कर मैंने अपने जीवन में कभी चौथी जगह देखी नहीं है।"

"पर तुम कम-से-कम इतना तो तय कर लो कि तुम्हें जाड़ों में मसूरी छोड़ना पसन्द है या नहीं।"

"सच पूछो तो मुझे मसूरी छोड़कर कहीं भी जाने की इच्छा नहीं है। पर अगर तुम चाहो तो मुझे कोई एतराज भी न होगा।"

उसका उत्तर सुनकर मेरा जी खराब हो गया। सारा उत्साह जाता रहा। एक ही स्थान में बैठे-बैठे मैं ऊबने लगा था। कुछ समय के लिए स्थान-परिवर्तन करने से मन को कुछ आराम मिल सकेगा, ऐसा मैंने सोचा था। पर मनिया की उदासीनता से मुझे बड़ा धक्का पहुँचा।

मरे मन से मैंने कहा—"तब ठीक है। मैं भी कहीं नहीं जाऊँगा।"

"पर तुम्हें जरूर जाना चाहिए। तुम यहाँ की सर्दी बर्दाश्त नहीं कर सकोगे।"

"मुझे जरूर जाना चाहिए, तुम्हारी जाने की इच्छा नहीं है, वैसे तुम्हें मेरे साथ चलने में कोई एतराज भी नहीं है। इन तीनों बातों में मेल कहाँ पर है मेरी समझ में नहीं आता। कभी-कभी तुम बड़ी विचित्र पहेलियों में बातें करने लगती हो मनिया!" मैंने कुछ खीझकर कहा।

"अरे तो नाराज क्यों होती हो? अभी कोई बात आखिरी तौर पर तय थोड़े ही हुई है!" कहकर मनिया फिर पलँग पर लेट गयी। मुझे खीझ में भी हँसी आ गयी। मैंने कहा—"आखिरी तौर पर तय होने के लिए क्या बाजे-गाजे की जरूरत है? छोटी-सी बात है, सीधा-सा प्रश्न है—जाड़ों में मसूरी में रहना है या कहीं बाहर जाने की योजना बनायी जाय। जब तुम्हें मसूरी छोड़ना पसन्द नहीं है, तब बात वहीं पर समाप्त हो गयी, बस!"

"पर तुम क्या यहाँ का जाड़ा सहन कर सकोगे?"

"कोशिश करूँगा, आखिर जो लोग जाड़ों में यहाँ रहते हैं वे भी तो मनुष्य हैं!"

"पर सहन करने की आवश्यकता क्या है!"

"आवश्यकता कुछ भी नहीं है, इसलिए तो मैंने यहाँ से जाने का प्रस्ताव रखा था। पर जब तुम्हारी इच्छा ही नहीं है..."

"पर मैंने तो कहा है कि मुझे कोई आपत्ति न होगी!"

"यह मैं जानता हूँ, पर किसी पर दबाव डालने का स्वभाव मेरा कभी नहीं रहा!"

"तुम गलत बात कहते हो!"

मैंने आश्चर्य से देखा, उसके मुख पर एक अँधेरी छाया घिर आयी थी।

मर्माहत होकर मैंने कहा—"मैंने क्या गलत कहा?"

"यही कि किसी पर दबाव डालने का स्वभाव तुम्हारा नहीं रहा। याद करो, जब मैं पहले-पहल तुमसे मिली थी, तब मैं तुम्हारे होटल से लौट जाना चाहती थी। पर तुमने सहसा अत्यन्त गम्भीर वाणी में आदेश के स्वर में मुझसे कहा—"तुम कहीं नहीं जा सकतीं। तुम आज से यह न सोचना कि तुम अपनी इच्छा से जहाँ चाहो जा सकती हो। तुम्हारा मन इस समय से एकदम मेरे वश में हो चुका है याद आता है तुम्हें कि

नहीं?" और वह फिर उठ बैठी। उसके मुख से ठीक क्या भाव व्यक्त हो रहा था, मैं सह नहीं सकता। क्या प्रतिहिंसा या क्रोध या खीझ, इन तीनों में से किसी की छाया वर्तमान थी? मैं निश्चित रूप से कुछ भी जान न पाया। पर इतना मुझे याद है कि उस समय उसके मुख की अभिव्यक्ति अत्यन्त असाधारण हो उठी थी और वह असाधारण अभिव्यक्ति आश्चर्य की अपेक्षा भय ही अधिक उत्पन्न कर रही थी। पर दूसरे ही क्षण व्यंग्यात्मक हास की एक बहुत ही हलकी रेखा उसके ओठों के दोनों ओर फूट निकली।

कुछ देर के लिए मैं स्तम्भित रह गया और हतप्रभ होकर काठ के पुतले की तरह उसकी ओर ताकता रह गया। जब कुछ सँभला तब कुर्सी पर जमकर बैठ गया और बोला—"हाँ, याद आता है।"

"तब क्या उसे तुम 'दबाव डालना' नहीं मानते।"

"मानता भी हूँ और नहीं भी मानता।"

"इसका मतलब?"

"मतलब यह कि ऊपर दृष्टि से देखने पर उस समय मैंने तुम पर दबाव अवश्य डाला था। पर यदि सूक्ष्म दृष्टि से विचार करो तो वह दबाव नहीं, बल्कि एक सुझाव ही था। तनिक याद करो कि जब तुम होटल छोड़कर जाना चाहती थी तब उस समय तुम्हारे मन की स्थिति क्या थी। तुम चाहती थीं कि भाग्य ने तुम्हारे विरुद्ध जो षड्यन्त्र रचा है, तुम्हें एकदम असहाय, अनाथ और निःसबल बनाकर वृहत् संसार के बीच में अकेले भटकने के लिए छोड़ दिया है, उसका बदला अपने को और भी अधिक असहाय और भी अधिक करुण परिस्थितियों में घसीटकर चुकाया जाय। बाबा, कोई इस गरीब को दो पैसा दे.दो।' की रट लगाते हुए दर-दर भीख माँगकर, ठोकरें खाकर अवमानना की चरम सीमा तक अपने को पहुँचाकर तुम समाज के अपेक्षाकृत व्यवस्थित और सुखी व्यक्तियों के भीतर मार्मिक पीड़ा जगाकर एक प्रकार का विकृत प्रतिहिंसात्मक आत्म-सन्तोष प्राप्त करना चाहती थीं। समाज के विरुद्ध विद्रोह का वह विकृत रूप था। मैं जानता था कि इस प्रकार का नकारात्मक विद्रोह स्वयं तुम्हीं को दुर्गति की चरम सीमा तक पहुँचाकर रहेगा। उससे समाज की व्यवस्था में कोई परिवर्तन नहीं आ सकता। इसलिए मैं चाहता था कि तुम्हारा विद्रोह स्वस्थ, सक्रिय और सकारात्मक रूप धारण करे। यह तभी सम्भव हो सकता था जब तुम्हारी सारी आत्मघाती प्रवृत्ति को दूसरी दिशाओं की ओर बरबस मोड़ दिया जाय। सब-कुछ जानने के बाद यह मेरा कर्त्तव्य हो गया कि मैं किसी भी उपाय से तुम्हें उस पथ की ओर भटकने से रोकूँ, जिसकी ओर तुम्हारा चोट खाया हुआ मन, सामने की खाई को बिना देखे ही बड़ी तीव्रता से उन्मुख हो रहा था..."

(35)

मनिया एकान्त भाव से, व्यंग्यलेश शून्य दृष्टि से पूरी तन्मयता के साथ मेरी बातें सुन रही थी। मेरा उद्‌गार समाप्त होने के बाद भी वह कुछ क्षणों तक मौन रही। मेरी ओर अपनी विस्मित और उत्सुक आँखें गड़ाये न जाने क्या सोचती रही, उसके बाद सहसा बोली—"पर क्या तुम्हारा यह निश्चित विश्वास है कि केवल मुझे उस विकृत आत्मघाती पथ से मोड़ने के उद्‌देश्य से ही तब तुमने मुझे रोका था? क्या केवल करुणावश ही तुमने मुझे विवाह के बन्धन में बाँधने की बात सोची थी? क्या और कोई दूसरी भावना तुम्हारे उस कार्य के पीछे छिपी नहीं थी?"

"दूसी भावना जो थी वह इतनी स्पष्ट थी कि मैंने न तो कभी उसे छिपाने का कोई प्रयत्न किया, न करूँगा", मैंने कुछ पीड़ित होकर कहा—"तुम्हारी सारी गतिविधि में प्रारम्भ ही से किस कारण दिलचस्पी ले रहा था, यह कम-से-कम तुमसे तो छिपा रह ही नहीं सकता था, यह मैं जानता था, इसलिए मैं स्वयं भी पहले ही से तुम्हें जता देना चाहता था, पर तुमने स्पष्टीकरण के लिए मौका दिया ही नहीं। पहले ही दिन से मैं तुम्हें किस कदर चाहने लगा था, यदि तुम एक-एक करके पिछली सब बातें याद करो तो तुम्हारा रहा-सहा सन्देह भी दूर हो जायगा। तुम्हारे प्रति केवल दया की भावना से मैंने तुम्हारे साथ इतना घनिष्ठ सम्बन्ध जोड़ा है, ऐसा सोचना मेरे साथ कितना बड़ा अन्याय होगा, यह तनिक गहराई से सोचकर देखो! दया तुमने मेरे मन में अवश्य उभाड़ी है, पर वह बाद में। सबसे पहले जिस प्रवृत्ति ने मुझे तुम्हारी ओर पूरी शक्ति से खींचा था वह था प्रेम—वह प्रेम जो कभी इस बात पर विचार नहीं करता कि दूसरे व्यक्ति की सामाजिक स्थिति क्या है और जो अपने प्रिय पात्र की स्वतन्त्र सत्ता का पूरा सम्मान करना है। मैंने तुम्हें बराबर अपने से कई दृष्टियों से ऊँचा पाया है। और सच पूछो तो उस ऊँचाई के कारण ही मैं तुम्हारे प्रति आकर्षित हुआ हूँ..."

मनिया पुलकित दृष्टि से मेरी ओर देख रही थी, लगता था जैसे वह मेरे एक-एक शब्द को पी जाना चाहती हो। उसके बाद एक लम्बी-सी साँस लेती हुई बोली—"मैं जानती हूँ कि तुम मुझे सच्चे मन से चाहते हो। पर जानने पर भी मेरे मन में कभी-कभी जो शंका उत्पन्न हो जाती है वह मेरे मन की चंचलता का ही परिणाम है। मैं कई बार प्रभु से एकान्त में यह प्रार्थना कर चुकी हूँ कि मेरे मन में तुम्हारे प्रति अकपट प्रेम, अखण्ड श्रद्धा और अटूट विश्वास का भाव बना रहे। पर उसका भी कोई फल नहीं होता, और बीच-बीच में न जाने कहाँ से अकारण, सन्देह की भावना मेरे शान्त मन के ऊपर एक हलकी-सी लहर की तरह तैरने लगती है और सारी शान्ति को हिला-डुलाकर अस्थिर और अशान्त कर देती है। अपने मन की इस विकृति को मैं क्या करूँ, मेरी समझ में नहीं आता। अभी कुछ ही देर पहले मेरे मन में तुम्हारे गुणों की याद से ऐसा

उच्छ्वास उमड़ आया था कि उसे रोकना मेरे लिये कठिन हो गया था, और उसके बाद ही एक साधारण-सी बात से कुछ दूसरी ही प्रतिक्रिया मेरे भीतर हो गयी, मैं कहना चाहती थी कुछ और कह गयी क्या! मेरे भीतर इस तरह के मूर्खतापूर्ण दौरे चलते रहते हैं। मुझे पूरी आशा है कि तुम अपनी उदारता से मुझे बराबर क्षमा करते रहोगे...''

फिर उसका भावावेग उमड़ आया था और उसके आँसुओं के रूप में आँखों के कोनों पर चमक रहा था। मैं चुप हो रहा और अनमने भाव से अँगीठी की ओर दोनों हाथ फैलाकर आग तापने लगा।

वह कहती चली गयी—''आज जब मैं सोचती हूँ कि तुमने अपने स्नेह और दया से मुझ-जैसी अकिंचन को क्या-से-क्या बना दिया तब कभी तो मेरे प्राणों के भीतर से कृतज्ञता सौ-सौ धाराओं में फूट पड़ती है और कभी अपने पिछले स्वतन्त्र जीवन को सदा के लिए खो चुकने के कारण मैं भीतर-ही-भीतर बुरी तरह खीझ उठती हूँ। तब मुझे अपने ऊपर भी क्रोध आने लगता है और दूसरों के प्रति भी। मैं सचमुच दया के योग्य हूँ। मेरी तुमसे प्रार्थना है कि मैं पागलपन के क्षण में चाहे कैसी भी अनुचित बात तुमसे कह बैठूँ, मुझे अन्तर से क्षमा कर देना!'' और उसने पलँग से उठकर मेरे दोनों पाँव पकड़ लिये।

मैंने हडबड़ाकर अपने दोनों पाँव हटा लिये और उसके दोनों हाथ पकड़कर उसे उठाया अपनी बगलवाली कुर्सी पर बैठने के लिए उससे आग्रह किया।

वह धीरे से उठ बैठी। उसकी आँखों में सरस स्निग्धता झलक रही थी और आन्तरिक कृतज्ञता छलक रही थी। अपने अन्तर का सारा स्नेह अपनी आँखों द्वारा उँडेलती हुई वह बोली—''सचमुच जब मैं अपने उन दिनों की याद करती हूँ जब मैं पहले-पहल तुमसे मिली थी, और आज की अपनी स्थिति से उस समय की स्थिति का मिलान करती हूँ तब कभी-कभी मैं बड़े भय में पड़ जाती हूँ। मैं यह निर्णय नहीं कर पाती कि मेरा पिछला जीवन एक डरावना सपना था या आज का जीवन केवल एक सुख-स्वप्न है। कभी-कभी इससे भी भयंकर भ्रम के चक्कर में पड़ जाती हूँ। तब मुझे ऐसा लगता है कि मनिया नाम की जो लड़की तुम्हारे साथ बँगले में रहती है, उठती है, बैठती है, बोलती है, कभी प्रसन्न होकर प्रेम-भरी बातें करती है और कभी खीझकर उलटी-सीधी बातें सुनाने लगती है, कभी फर्नीचर में, कपड़ों में और दूसरी चीजों में सैकड़ों रुपया बर्बाद करके शौकीन लड़कियों की तरह रहना चाहती है और कभी केवल प्रभु ईसा के चरणों में सब-कुछ सौंपने के लिए उत्सुक होकर सांसारिक सुखों के प्रति विरक्ति हो उठती है और अकिंचनों का-सा जीवन बिताने की इच्छा करने लगती है—वह मुझसे कोई भिन्न लड़की है। तब मैं प्रत्यक्ष मनिया से अपने को अलग देखने लगती हूँ। मैं कुछ नहीं करती, मुझे केवल उसे डाँटने की इच्छा होती है, कभी उसे प्यार करने को जी चाहता है। और मैं यह सोचने लगती हूँ कि यह मनिया मेरी होती कौन है जिसके साथ मेरा जीवन सदा के लिए बँध गया है और मैं चाहने पर भी उससे अलग

नहीं हो पाती। और ऐसे अवसरों पर इस तरह की बात सोचते-सोचते मुझे चक्कर आने लगता है। तब मैं चुपचाप बैठ जाना चाहती हूँ। बताओ तो सही, मेरे भीतर यह सब क्या हो रहा है। कहीं मैं एक दिन पागल न हो जाऊँ!''

वह शून्य दृष्टि से मेरी ओर देखते हुए भी जैसे मुझे नहीं देख रही थी। उसकी बातों ने और उसकी उस विचित्र और भ्रान्त दृष्टि ने मुझे डरा दिया। मैंने उसके दोनों हाथ पकड़ लिये, और फिर बायाँ हाथ उसकी पीठ पर फेरता हुआ मैं उसे बच्चों की तरह पुचकारने लगा।

कुछ देर तक हम दोनों मौन ही रहे। मैं अपने प्राणों में उसके शरीर और मन की अत्यन्त निकटता का अनुभव कर रहा था। कुछ देर बाद यह विश्वास करके कि मेरा स्नेह-स्पर्श पाकर उसके मन की भ्रान्त अवस्था दूर हो गयी होगी, मैंने धीरे से, अत्यन्त कोमल स्वर में कहा—''मनिया!'' वह भी बहुत ही धीमे स्वर में बोली—''हाँ!''

''तुम्हें इस तरह नहीं सोचना चाहिए। तुम बहुत ही भली, सरल और शान्त स्वभाव की लड़की हो, और अपने स्वभाव की उस सरलता और शान्ति को व्यर्थ की कल्पनाओं के चक्कर में पड़कर खोना तुम्हारे लिये किसी प्रकार भी उचित नहीं है। अपने पिछले जीवन में तुम्हें जरूर बड़े ही कड़वे और असाधारण अनुभव हुए हैं, पर उस जीवन को तुम दुःस्वप्न की तरह ही एकदम भूल जाओ। यह विश्वास कर लो कि तुम्हारा जो आज का जीवन है वही सत्य और स्वाभाविक है। पिछले जीवन की स्मृतियों के व्यर्थ के भार से अपनी निष्कलंक आत्मा को ग्रस्त न होने दो। तुम चाहे प्रभु ईसा के चरणों का ध्यान करो चाहे अपने वास्तविक गार्हस्थिक जीवन का, दोनों ही तुम्हारे अस्त-व्यस्त मन में सन्तुलन ला सकते हैं। पर बेकार की कल्पनाओं के भँवर में मत पड़ो। इस प्रकार के चक्कर में पड़ने से न तो तुम इस दुनिया में पाँव जमा पाओगी न दूसरे किसी निश्चित संसार के लिए कदम बढ़ा पाओगी। इसलिए अभी से सावधान हो जाओ। मनिया नाम की जिस लड़की को तुम अपने से अलग पाती हो वह तुमसे भिन्न नहीं है। भिन्नता जो है केवल तुम्हारे द्विधा विभक्त मन में है। इसलिए ऐसी आदत डालो जिससे तुम्हारे अपने अलग व्यक्तित्व में, और मनिया के व्यक्तित्व में तनिक-सी भी दीवार न रहने पावे।''

मनिया ध्यानपूर्वक सुन रही थी। जब मैं अपना वक्तव्य समाप्त कर चुका तब उसने एक लम्बी साँस ली, फिर बोली—''मैं बार-बार इसके लिए चेष्टा करती हूँ, अक्सर सफल भी हो जाती हूँ। पर किसी एकान्त क्षण में फिर इस तरह की अनोखी अनुभूति मुझे धर दबाती है। कभी-कभी मुझे ऐसा भय भी होने लगता है जैसे मैं ''मैं'' नहीं रह गयी हूँ और किसी दूसरे व्यक्ति की आत्मा मेरे भीतर प्रवेश पा गयी है। जैसे मेरा शरीर और मेरा नाम—केवल ये ही दो चीजें शेष रह गयी हैं। शेष मेरा कुछ भी नहीं है—उसी आत्मा का है।''

"भूल जाओ! एकदम भूल जाओ! इस तरह की बात क्षण-भर के लिए भी मत सोचो मनिया! भूलने की आदत पड़ जाने से एक दिन इस तरह की भ्रान्त कल्पनाएँ तुम्हारे मन में जड़ से उखड़ जायेंगी, जैसे उनका कभी कोई अस्तित्व ही न रहा हो।" कहकर मैंने उसकी पीठ पर धीरे से हाथ फेरते हुए उसे फिर बच्चों की तरह चुमकारना शुरू कर दिया।

जब किशनसिंह खाना तैयार करके लाया तब तक मनिया की आँखों में उसका स्वाभाविक रूप झलक आया था।

उस दिन मनिया रात में बहुत देर तक छटपटाती और करवटें बदलती रही। मैं उसे भरसक शान्त करने का प्रयत्न करता रहा और तरह-तरह की बातों से उसे सान्त्वना देता रहा। प्रायः तीन बजे उसकी आँखें लगीं, और तब वह बेखबर सो गयी। मैं उसके बाद भी ईसाई-दर्शन सम्बन्धी एक पुस्तक में मन लगाने की व्यर्थ चेष्टा करता रहा। वह पुस्तक मनिया कहीं से ले आयी थी—सम्भवतः सिल्विया से। पुस्तक हाथ में लेने के कुछ ही देर बाद मेरी पलकें भारी हो आयीं और मैं पुस्तक हाथ में लिये ही सो गया।

(36)

सुबह जब आँखें खुलीं तो मैंने देखा कि पुस्तक मेरे हाथ में है और बत्ती वैसी ही जल रही है। मनिया पहले ही से जगी हुई थी और लिहाफ ओढ़े हुए पलँग पर बैठी हुई मेरी ओर अत्यन्त स्निग्ध-मधुर दृष्टि से देखती हुई मन्द-मन्द मुस्करा रही थी। मैं भी हड़बड़ाता हुआ उठ बैठा और पुस्तक बगलवाली छोटी-सी मेज पर रख दी।

मनिया अपनी वाणी में मधु घोलती हुई-सी बोली—"इस पुस्तक का कम-से-कम एक गुण तो तुमने स्वीकार किया!"

"वह क्या?"

"तुम्हारे लिये यह 'स्लीपिंग डोज' का काम करेगी यह तुमने जान लिया!"

मैं "होः होः!" करके अट्टहास कर उठा। वह भी मन्द-मन्द मुस्कराने लगी।

कुछ देर बाद बोली—"आज नींद खुलने के पहले मैंने एक अनोखा सपना देखा।"

"वह क्या?"

"मैंने देखा कि बिजली की तरह चमकते हुए आकाश में माता मरियम एक छोटे-से सुन्दर बच्चे को दोनों हाथों में लिये हुए आकाश में उड़ती हुई नीचे उतर रही हैं। वह प्रकाश उनके और बच्चे के सिर के चारों ओर गोल चक्र बनाता हुआ उनके साथ-साथ चल रहा है। मैं भक्ति-भाव से गद्गद उनकी ओर हाथ जोड़े हुए अधमुँदी आँखों से उन्हें देख रही थी। नीचे उतरकर माता मरियम ठीक मेरे आगे खड़ी हो गयीं और उस प्यारे-प्यारे बच्चे को मेरी ओर बढ़ाती हुई स्नेहपूर्वक मुस्कराने लगीं। ऐसा सुन्दर और ऐसा प्यारा बच्चा मैंने कभी उन चित्रों में भी नहीं देखा जो मरियम से सम्बन्धित हैं। मुझे लगा कि प्रभु ईसा बचपन में निश्चय ही ऐसे ही रहे होंगे। मैंने बड़ी अधीरता के

साथ दोनों हाथ बढ़ाकर बच्चे को गोद में ले लिया और गोद में लेते ही उसका मुँह चूम लिया। बच्चा भी प्रसन्न होकर मुझसे खेलने लगा। कभी वह मेरे गालों पर अपनी कोमल-कोमल उँगलियाँ फेरता था, कभी चुटकी काटता था और कभी मीठी देता था। उसका प्यारा-प्यारा मुखड़ा ऐसा चमक रहा था जैसे हजारों हीरे एक साथ चमक रहे हों। मैं उसे प्यार करते-करते थकती ही न थी। बार-बार उसका मुँह चूमती, बार-बार उसे कलेजे से लगाती, बार-बार उसके सिर पर हाथ फेरती। मेरी छाती दूध से भर आयी, सहसा उस दुलारे बच्चे ने मेरे कपड़े हटाकर मेरा दूध अपने मुँह से लगा लिया और गटागट पीने लगा। कब तक वह पीता रहा, मुझे याद नहीं है। माता मरियम भी कब तक स्नेह से मुस्काती हुई मेरे पास खड़ी रहीं यह भी मुझे ठीक याद नहीं है। कभी लगता था, दस मिनट, कभी दस दिन और कभी दस महीने। मैं बच्चे को छोड़ना नहीं चाहती थी, पर सहसा माता मरियम की आवाज मेरे कानों में आयी—'बहुत देर हो गयी, अब तुम्हें यह बच्चा छोड़ देना होगा।' और यह कहकर वह बच्चे को पकड़ने लगीं। मैं बहुत गिड़गिड़ायी कि बच्चे को मेरे पास ही रहने दो, अभी न छीनो, अभी-अभी तो मैंने इसका प्यार पाया है! अब यह मुझसे बिछुड़ जायगा तो मैं कैसे जीऊँगी।' पर मरियम ने एक बात न सुनी, कहने लगीं—'नहीं, ऐसा नहीं हो सकता। ईसा पृथ्वी पर फिर दूसरी बार सूली पर चढ़ने के लिए नहीं उतरा है! तुम्हारे स्नेह ने उसे फिर खींच लिया था, अब वह फिर सीधे मेरे साथ स्वर्ग को चला जायेगा।' और यह कहकर वह बरबस बच्चे को मुझसे छीनकर अन्तर्धान हो गयी, मैं बिलबिलाने लगी, जब नींद खुली तो देखती हूँ कि सचमुच मेरी आँखें भीगी हुई हैं और छाती से दूध की धारा बह रही है...''

मैं चौंककर हड़बड़ाता हुआ पलँग पर उठ बैठा। अत्यन्त आश्चर्य से मैंने कहा—''यह कैसे सम्भव हो सकता है। तुम्हें ठीक मालूम है, वह दूध ही था?''

मनिया मुस्कराने लगी। बोली—''इसमें भ्रम की कोई बात नहीं है। मैं तब से इस इन्तजार में बैठी हूँ कि तुम्हारी आँखें खुलें तो तुम्हें इस विचित्र स्वप्न का हाल सुनाऊँ।''

''हाल सुनाकर तुमने उचित ही किया,'' मैंने चिन्तित भाव से कहा—''मेरी तो यह राय है कि तुम किसी योग्य लेडी डॉक्टर से अपनी परीक्षा करवा लो। मुझे तो ये कुछ दूसरे ही लक्षण जान पड़ते हैं!''

''किस तरह के लक्षण?'' तनिक गम्भीर भाव से मनिया ने पूछा।

''मुझे शक है कि तुम्हारे पेट में बच्चा है।''

''यह शक तो मुझे भी है। मैंने तुमसे आज तक संकोचवश कुछ कहा नहीं।''

''तब जल्दी ही किसी मेटरनिटी डॉक्टर को बुलाकर तुम्हें दिखाने की आवश्यकता है। मैं आज ही जाकर किसी को बुला लाता हूँ।''

''डॉक्टर क्या करेगी? मैं कुछ बीमार थोड़े ही हूँ।''

''वह देखकर बतायेगी कि पेट में बच्चे को ठीक कै महीने हो चुके हैं, तुम्हें किस तरह हिफाजत और परहेज से रहना होगा, क्या-क्या दवाइयाँ खानी पड़ेंगी, ऐसी हालत में यात्रा करने से कोई खराबी तो नहीं होगी, आदि-आदि।''

"अगर तुम्हारी यही इच्छा है तो मुझे कोई आपत्ति नहीं। पर आज नहीं। आज सर्दी बहुत अधिक है। दो-एक दिन बाद जब मौसम कुछ ठीक हो जायगा तब जाना।"

पर मैं यह सोचकर चिन्तित हो उठा था कि कहीं मनिया अपनी अनुभवहीनता के कारण इस बीच अपने खान-पान और रहन-सहन में कोई ऐसी गड़बड़ न कर बैठे जिससे पेट के बच्चे को भी हानि पहुँचे और उसका भी स्वास्थ्य खराब हो उठे।

किशनसिंह ने हम लोगों को बिस्तर पर ही चाय पिलायी। चाय पीने के बाद उठकर, आवश्यक क्रियाओं से निवृत्त होकर, गरम पानी से बन्द कमरे में नहा-धोकर जब मैंने गरम कपड़ों से अपने को लाद लिया, तब बाहर की तरफ का किवाड़ खोलकर क्या देखता हूँ कि प्रायः डेढ़ फिट ऊँची बरफ जमी हुई है। जूते से ठोकर मारकर देखा बरफ आज पिछले दिन की तरह रुई-सी कोमल नहीं रह गयी थी, बल्कि पत्थर की तरह सख्त हो गयी थी। बाद में मैंने जाना कि रात में आकाश कुछ समय के लिए साफ हो गया था और बरफ के ऊपर पाला जम गया था, जिसके फलस्वरूप बरफ इस कदर सख्त हो गयी थी।

आज सर्दी भी पिछले दिन की अपेक्षा बहुत अधिक थी। हाथ-पाँव एकदम ठिठुरे जा रहे थे। मैं ऊपर से काफी मोटा ओवरकोट पहने था। सिर पर कण्टोप, हाथों में दस्ताने और पाँवों में गरम मोजे। पर उन सब के बावजूद सर्दी जैसे प्रत्येक हड्डी के भीतर के प्रत्येक छिद्र में घुसी जा रही थी। ऐसी हालत में बाहर निकलने का साहस करना मूर्खतापूर्ण दुस्साहस के अतिरिक्त और कुछ नहीं था। मैं तत्काल भीतर लौट चला और अन्दर से किवाड़ बन्द करके अँगीठी के पास बैठ गया। किशनसिंह अँगीठी में आग सुलगा चुका था। मनिया अभी भीतर से स्नानादि से निवृत्त होकर नहीं आयी थी।

जाड़े के उस प्रातःकाल, अकेला अँगीठी के पास बैठा हुआ मैं आकाश-पाताल की बातें सोचने लगा। मनिया ने स्वप्न में जो ईसामसीह को शिशु-रूप में प्राप्त किया था, यदि वह उसे केवल कोरा स्वप्न न समझकर वास्तविकता का पूर्वसूचक समझ बैठे तब इन भावुकतापूर्ण विश्वास की क्या प्रतिक्रिया उसके मन पर होगी? यदि उसने बच्चे को जन्म दिया तो उसे सचमुच का ईसामसीह मानकर न जाने उसकी क्या गत कर डालेगी! 'ईसा दूसरी बार सूली पर चढ़ने के लिए पृथ्वी पर नहीं उतरा है, केवल तुम्हारा स्नेह इसे यहाँ खींच लाया है!' वास्तव में बड़ा ही रहस्यमय स्वप्न था वह। मैंने तो उसका अर्थ यही लगाया था कि मनिया के लिए बच्चे का महत्त्व तभी है जब वह ईसा का प्रतीक—नहीं अवतार बनकर आये। किसी साधारण बच्चे का साधारण ही नारियों की तरह पालन कर केवल मातृत्व की स्वाभाविक प्रवृत्ति के पालन में संलग्न रहना जैसे उसकी असाधारण स्नेह-क्षुधा के लिए पर्याप्त नहीं था। वह ईसा को गर्भ में धारण करने की विचित्र 'फैण्टेसी' को अपने भीतर पालकर उसके द्वारा जैसे समग्र पीड़ित मानव-जाति के पुनरुद्धार की कल्पना अपने अन्तस्तल के एक अत्यन्त अस्पष्ट, छायात्मक स्वप्न के अनुसार कर रही थी।

मेरे आगे मनिया के स्वभाव का एक छिपा हुआ पहलू कुछ समय से जैसे स्पष्ट होता चला जा रहा था। वह जैसे अपने निजी जीवन के उलटे-सीधे चक्रों—बाहरी और भीतरी उलझनों—में बुरी तरह उलझी हुई होने पर भी, अपने अनजान ही में उनसे ऊपर उठकर, अपने चारों ओर के—बल्कि अपनी सीमित कल्पना की परिधि के अनुसार समग्र संघर्षरत मानवता के—युग-युग की पीड़ा और निर्यातन के प्रश्न पर अपने ढंग से विचार करने के लिए छटपटा रही थी। यह ठीक है कि उसके व्यक्तित्व के केवल स्वप्न-सम्बन्धी स्तर को ही यह व्यापक प्रश्न अज्ञात और अस्पष्ट रूप से आन्दोलित कर जाता था, पर वह स्वप्न-स्थिति उसके जाग्रत मन को भी बीच-बीच में हिलाये बिना स्वभावतः नहीं रह सकती थी। इसीलिए मुझे लगा कि ईसा को गर्भ में धारण करने का स्वप्न केवल उसकी आत्मोद्धार की स्वप्नाकांक्षा का ही परिणाम नहीं है। 'ईसा दूसरी बार सूली पर चढ़ने के लिए पृथ्वी पर नहीं उतरा है,' यह स्वप्न-कल्पना बिना व्यापक मानवता की समस्या के समाधान की प्रेरणा के नहीं जग सकती थी, पर इस सारी व्यापकता को व्यक्तिगत 'फैण्टेसी' किस कदर छाये हुए थी इसका अनुमान स्वप्न में आनेवाली मरियम के वाक्य के शेषांक से स्पष्ट लग जाता है—''केवल तुम्हारा स्नेह इसे यहाँ खींच लाया है!''

(37)

दो दिन बाद जब मौसम कुछ साफ हुआ तब मैंने एक लेडी डॉक्टर को बुलाया। परीक्षा करने पर मेरा ही अनुमान ठीक निकला। पेट में ढाई महीने का बच्चा था। डॉक्टरनी के चले जाने पर जब मनिया मेरे पास आयी तब उसके मुख पर ऐसा अपूर्व स्निग्ध-सरस शान्त मधुर हास दिप रहा था जो मुझे वास्तव में क्षण-भर के लिए एक अलौकिक स्वर्गीय महिमा से मण्डित-सा लगा। मैं रोमांच का अनुभव करता हुआ, निर्निमेष दृष्टि से, विह्वल, गद्‌गद भावुकता से उसकी ओर देखता रह गया।

''तुम सचमुच आश्चर्यजनक तत्त्वदर्शी हो!'' सुकोमल, संगीत मधुर झनकार से मेरे स्तब्ध, रोमांचित कानों के पर्दों को गुँजाती हुई वह बोली, और बोलते हुए उसकी आँखें, उसका सारा मुख और अधिक दीप्त हो उठा।

उसके उस आकस्मिक वीणा-विनिन्दक स्वर से चौंकते हुए मैंने कहा—''क्यों, तुम्हें आज अचानक ऐसा लगा?''

''तुमने कैसे जान लिया कि मेरे पेट में—?''

''ओह यह! इसे जानने के लिए तत्त्वदर्शिता की क्या आवश्यकता है?''

''केवल मेरे स्वप्न से तुमने ठीक अनुमान लगा लिया, यह सचमुच बड़े आश्चर्य की बात है!''

उसके आश्चर्य को मिटाने की कोई आवश्यकता मैंने नहीं समझी, इसलिए इस सम्बन्ध में मौन रहा। पर इस बात पर गौर किये बिना मैं न रहा कि केवल इस

साधारण-सी जानकारी से कि उसके पेट में बच्चा है, उसके सौन्दर्य में ऐसे अविश्वसनीय रूप से आश्चर्यजनक निखार आ गया था जैसे अन्तर की सारी स्निग्धता, सम्पूर्ण रस, विह्वलता, समय माधुर्य ने तल-प्रदेश से उमड़कर उसकी आँखों को—सारे मुखमण्डल को पूर्ण रूप से परिप्लावित कर दिया हो।

मैं उसी पुलक-भरी दृष्टि से उसकी ओर देखता हुआ अपने स्वर में किंचित् परिहास का पुट लाते हुए बोला—"मुझे बड़ी प्रसन्नता है कि तुम्हें किसी कारण से भी हो मेरी तत्त्वदर्शिता का पता लग गया। पर यह तो हुई गौण बात। मुख्य बात यह है कि अबसे तुम्हें बड़े जतन से रहना होगा। खाने-पीने के सम्बन्ध में विशेष नियमों का पालन करना होगा। ऐसा कोई काम नहीं करना होगा जिसमें तनिक भी श्रम आवश्यक हो। और, सबसे बड़ी समस्या जो इस जानकारी ने खड़ी कर दी है वह यह है कि अब हम मूसरी छोड़कर कहीं जा नहीं सकते!"

"क्यों?" अकृत्रिम आश्चर्य से मनिया ने पूछा।

"इसलिए कि नीचे की यात्रा में—मोटर से पहाड़ी रास्ते से नीचे उतराई में जाने में और उसके बाद रेल की यात्रा में भी तुम्हारे शरीर पर जो जोर पड़ेगा वह तुम्हारी इस स्थिति में हानि पहुँचा सकता है।"

"ओह, यह बात है!" उसने कुछ आश्वस्त होते हुए कहा। "मैं समझी कि कुछ नया ही कारण उत्पन्न हो गया। इसके लिए कोई चिन्ता न करो। मैं लेडी डॉक्टर से इसके बार में पहले ही पूछ चुकी हूँ। उसका कहना है कि अभी मैं बिना किसी आशंका के मोटर और रेलयात्रा कर सकती हूँ। अभी चार महीने तक कोई भय नहीं है। इसलिए हम लोग इसी हफ्ते के भीतर चल दें तो अच्छा होगा।"

"तुम मसूरी छोड़ने के लिए सहसा इस कदर उत्सुक क्यों हो उठीं?"

"मैं कह नहीं सकती। पर जब से तुमने जाड़ों में पहाड़ छोड़ने की चर्चा चलायी, तब से, न मालूम क्यों, मेरे मन में भी कहीं चलने के लिए बेचैनी-सी उठने लगी है। लगता है जैसे एक ही स्थान में बैठे-बैठे दम घुट जायगा। इसलिए अब जल्दी तैयारी करो!"

मैं उसी दिन से तैयारी में जुट गया। मुझे अपने लिये कोई विशेष तैयारी नहीं करनी थी और मैं कम-से-कम सामान—जितना अनिवार्यतः आवश्यक हो—ले जाने के पक्ष में था, पर मनिया की आवश्यकताओं की पूर्ति हो ही नहीं पाती थी। चमड़े के कई बड़े-बड़े बक्सों को अपने और मेरे कपड़ों से ठूँस-ठूँसकर भरने पर भी उसे सन्तोष नहीं हो पाता था। सिगरेट और मक्खन के अनकटे हुए टिनों से उसने एक पूरा बक्स भर दिया। बिस्कुट के टिनों से दो बक्स भर डाले। प्यालों और तश्तरियों के सेटों से एक और काफी बड़ा बक्स भर दिया गया। मैं लाख उसे यह समझाने का प्रयत्न करता रहा कि ये सब चीजें व्यर्थ हैं, जहाँ जायेंगे वहाँ खरीद ली जायँगी—और सम्भवतः खरीदने की भी जरूरत नहीं पड़ेगी, क्योंकि सम्भावना यही अधिक है कि हमें होटलों का आश्रय

लेना पड़े, क्योंकि सुविधा की दृष्टि से वही ठीक पेड़ेंगे, पर वह मेरी एक भी बात नहीं सुनना चाहती थी। या तो उपेक्षा-भरी मुस्कान से टाल जाती थी या हठपूर्वक कहती थी—"तुम्हें गिरस्ती के कामों से कभी वास्ता पड़ा नहीं, इसलिए 'इसकी क्या आवश्यकता है! उसकी क्या जरूरत है!' की रट लगाये चले जाते हो। इन सब विषयों पर मुझे मर्दों की राय नहीं चाहिए। मुझे सब अनुभव है। परदेस में न मालूम कब किस चीज की कमी पड़ जाय!" मेरे पास इसका कोई जवाब नहीं था। इसलिए मन मारकर, उसके वज्र हठ के आगे हार मानकर, मौन हो रहा। पर साथ ही मनिया की बात के ढंग से मैं मन-ही-मन अच्छा कौतुक अनुभव कर रहा था। सोच रहा था कि गिरस्ती के अनुभवों के सम्बन्ध में उसके मन में इतना बड़ा आत्मविश्बास कहाँ से आ जमा? इतने लम्बे अर्से तक निर्द्वन्द्व, उत्तरदायित्वहीन जिप्सी-जीवन बिताने पर भी कुछ ही अर्से के गार्हस्थ्य जीवन के अत्यन्त साधारण अनुभवों का परिणाम तो यह नहीं हो सकता। तब क्या नारीमात्र के भीतर घर-गिरस्ती की आवश्यकताओं के सम्बन्ध में यही अनुभवाधिकार गुप्त अवस्था में वर्तमान रहता है, और अनुकूल परिस्थितियाँ पाने पर एक क्षण में पूर्णतया जागरित हो उठता है?

भीतर सूती और ऊनी दोनों प्रकार के कपड़ों के ढेर पड़े हुए थे। बिस्तर से सम्बन्धित उपकरणों की भी कोई कमी नहीं थी। पर मनिया का जी उतने से नहीं भरा। उसने अपने मन का सामान जुटाने के लिए फिर एक दिन देहरादून चलने का प्रस्ताव किया। यह सोचकर कि उसकी खामखयाली के आवेग को रूँधना उसके निश्छल उल्लास का स्रोत ही सुखा देने के बराबर होगा, और किसी प्रकार का कोई तर्क इस सम्बन्ध में उस पर असर नहीं करेगा, मैंने उसकी किसी भी बात पर तनिक भी आपत्ति नहीं जतायी।

देहरादून जाकर उसने पहनने के कपड़ों और ओढ़ने-बिछाने की चीजों से लेकर सूखे मेवों तक इतना अधिक सामान खरीद डाला कि उन्हें मसूरी ले चलने की समस्या पिछली बार से भी अधिक विकट हो उठी।

मैंने कलकत्ते जाने का निश्चय किया था। उस शहर से मैं थोड़ा-बहुत परिचित था, इसलिए वहीं चलने में मुझे अधिक सुविधा मालूम हुई। जिस दिन जाने की बात तय हो चुकी थी उसके ठीक एक दिन पहले फादर जेरेमिया, सिल्विया और श्रीमती रालिन्सन के साथ हमारे यहाँ आ धमके। बक्सों का अम्बार लगा देखकर सबके आश्चर्य का ठिकाना न रहा। क्षण-भर के लिए तीनों एक-दूसरे का मुँह ताकते रह गये। प्रत्येक की आँखों में कौतुक और व्यंग्य का भाव वर्तमान था, यह बात मेरी दृष्टि से छिपी न रही। पर मनिया का ध्यान उन लोगों की आँखों की उस अभिव्यक्ति की ओर नहीं गया।

फादर जेरेमिया ने अपने व्यंग्य और कौतुक के भाव को शालीनता से दबाकर उसे सुमधुर कुतूहल में परिणत करते हुए अपने स्वाभाविक कोमल स्वर में कहा—"जान

पड़ता है, आप लोग बड़ी लम्बी यात्रा करके बड़े लम्बे अर्से के लिए जाने की तैयारी कर रहे हैं!''

मैंने कहा—''यात्रा लम्बी तो जरूर है, पर अर्सा बहुत लम्बा होगा ऐसा मैं नहीं सोचता!''

''मैं सोचता हूँ ये सब बक्स आप अपने साथ ही ले चलने का विचार कर रहे हैं। मेरा अनुमान ठीक है न?''

''जी हाँ, आपके अनुमान में तनिक भी त्रुटि नहीं है!'' मैंने यथासाध्य पूरी गम्भीरता कायम रखने का प्रयत्न करते हुए उत्तर दिया।

''पर इतने बक्सों को लेकर आप लोग करेंगे क्या?'' श्रीमती रालिन्सन अपने को न रोक सकने के कारण बरबस बोल उठीं।

उनकी खीझ देखकर मेरे इतनी देर तक बरबस कायम रखे हुए कृत्रिम गाम्भीर्य का मुखड़ा खिसक पड़ा और मैं ''फुः!'' करके हँस पड़ा। और हँसी का रुद्ध स्रोत एक बार खुलते ही अट्टहास के निर्झर के रूप में फूट पड़ा। हँसी में भी इस कदर मुक्त आनन्द निहित रहता है इसका अनुभव मुझे जैसे पहली बार हुआ। अट्टहास की उसी उद्दाम लहर के बीच ही में मैं श्रीमती रालिन्सन के प्रश्न का उत्तर देते हुए मनिया की ओर कटाक्ष-पात करता हुआ बोला—''आप अपनी बहू से पूछकर जान लीजिये कि इन सब बक्सों को ले जाकर वह क्या करेगी। मैं तो बार-बार पूछकर हार गया; आपको शायद समझा सके!''

सम्भवतः इस बात से कि मैंने मनिया को उनकी बहू माना है, और फलतः उन्हें माँ के तुल्य स्नेह-सम्मान दिया है, श्रीमती रालिन्सन का चेहरा खिल उठा। वह भी उस सारे चक्कर को अच्छा परिहास मानकर अत्यन्त स्नेहपूर्ण हास्य में मनिया से बोलीं—''बेटी, क्या तुम सचमुच इतने सब बक्सों को कलकत्ते तक की लम्बी यात्रा में अपने साथ ले जा रही हो?''

फादर जेरेमिया और सिल्विया भी मनिया की ओर देखकर मन्द-मधुर हँस रहे थे। अपने को चारों ओर से हँसी का लक्ष्य पाकर मनिया बेचारी हतप्रभ हो गयी थी। बच्चों की तरह मचलती हुई वह बोली—''मेरी समझ में नहीं आता, आप सब लोग इन बक्सों के पीछे क्यों पड़े हुए हैं। अगर मैं अपने आराम के लिए इन्हें साथ ले जाना चाहती हूँ तो इसमें आप लोगों को आपत्ति किस बात की है? इस सम्बन्ध में मैंने जो निश्चय किया है उसमें मैं कभी पीछे नहीं हटूँगी, यह मैं कह देती हूँ। बाद में कोई बुरा न माने!'' और वह मटक के साथ सब की ओर पीठ करके बड़ी तेजी से दूसरे कमरे में चली गयी।

अचानक, अप्रत्याशित रूप में, सारा वातावरण ही बदल गया। जिस विशुद्ध, मुक्त, प्रेमपूर्ण हास्य के आनन्द का स्वाद मैंने जीवन में बहुत वर्षों बाद—शायद पहली बार—पाया था उसका परिणाम इस कदर कड़वा निकलेगा, यह मैंने नहीं सोचा था। बेचारी श्रीमती रालिन्सन भी खिसिया गयीं। फादर जेरेमिया और सिल्विया के चेहरे भी गम्भीर

हो आये। मनिया के स्वभाव का वह विचित्र रूप देखकर किसी को उसे मनाने के लिए भीतर जाने का साहस नहीं हुआ—मुझे भी नहीं।

सिल्विया इस मामले में अग्रणी बनी। कुछ देर तक वह सभी लोगों की तरह स्थिर खड़ी रही, उसके बाद तेज कदम रखती हुई उस कमरे में चली गयी जहाँ मनिया गयी थी। मैं भी सहारा पाकर चुपके से उसके पीछे-पीछे हो लिया।

मनिया एक बड़े पलँग के पर्देवाले डण्डे के सहारे, सिर झुकाये हम लोगों की ओर पीठ किये खड़ी थी।

सिल्विया ने बड़े ही दुलार-भरे स्वर में अँगरेजी में कहा—"मनिया, तुम क्या सचमुच नाराज हो गयीं—एक साधारण-से परिहास से?" और उसके कन्धे पर अपना चमड़े के दस्ताने से ढका हाथ रखा। सिल्विया मनिया से कभी अँगरेजी में बोलती थी कभी हिन्दी में। जब कोई गम्भीर या मार्मिक बात कहनी होती थी तो वह अँगरेजी का सहारा लेती थी, अन्यथा साधारण विषयों पर वह अपरिस्फुट हिन्दी में ही उससे बोलती थी।

मनिया उसकी ओर मुँह किये बिना ही अँगरेजी में ही बोली—"क्यों तब वह मुझे सब समय चिढ़ाते रहते हैं? दूसरों के सामने भी मेरी हँसी उड़ाया करते हैं? मैं हर्गिज नहीं जाऊँगी कलकत्ते!"

"ओह, मनिया डार्लिंग, ईश्वर के लिए यह सब क्रोध त्याग दो। तनिक-सी बात पर इस कदर नाराज न होओ! आओ! चलो! देखो, सब लोग तुमसे स्नेहवश मिलने आये हैं। घर आये हुए मित्रों के साथ भी क्या इस तरह का बर्ताव किया जाता है? चलो, तुम बड़ी अच्छी लड़की हो!" कहती हुई सिल्विया उसकी पीठ बहुत ही धीरे से थपथपाती हुई चुमकारने लगी, जैसे मनिया एक नादान बच्ची हो।

मनिया उसी तरह पीठ किये हुए दोनों हाथों से चुपचाप आँसू पोंछ रही थी। मैं चुपके से बाहर निकल गया।

(38)

थोड़ी देर बाद सिल्विया के साथ मनिया बाहर आयी। इस बार उसकी प्यारी आँखें स्निग्ध, सलज्ज मुस्कान से चमक रही थीं, यद्यपि आँसू के चिह्न अच्छी तरह पोंछे जाने के बाद भी स्पष्ट झलक रहे थे। उसने एक-एक करके सब की ओर बारी-बारी से अपनी स्निग्ध-सरस, सजल-उज्ज्वल दृष्टि से देखा। स्पष्ट ही वह अपने आकस्मिक रूप से अशोभन व्यवहार से लज्जित जान पड़ी।

सबसे पहले श्रीमती रालिन्सन के प्रति दोनों हाथ जोड़ते हुए उसने कहा—"मैं आशा करती हूँ मेरे बचकाने व्यवहार को आप क्षमा करेंगी।" ईसाई धर्म ग्रहण करने पर भी उसने दोनों हाथ जोड़ने की 'नेटिव' आदत नहीं छोड़ी थी। भगवान् की प्रार्थना और मनुष्य से क्षमा-याचना, दोनों के लिए वह अब भी एक ही तरीका काम में लाती थी।

श्रीमती रालिन्सन गद्‌गद हो गयीं। उनकी आँखें स्नेह-विह्वलता से प्रायः सजल हो आयीं। मनिया के एकदम निकट जाकर उन्होंने उसे गले से लगा लिया। मनिया ने भी परम विश्वास तथा परिपूर्ण आत्मसमर्पण के साथ उनके कन्धे पर अपना सिर स्थापित कर दिया। निश्चय ही उसे अपनी उस माता की याद आ रही होगी जिसका प्राणघाती स्नेह उसने पाया था; जो अपने उत्कट प्रेम के दान के साथ ही ऐसा मर्म-पीड़क माहुर मनिया के लिए छोड़ गयी थी जिसके प्रभाव से उसका परवर्ती जीवन तिक्त हो उठा था। श्रीमती रालिन्सन बहुत ही धीरे से उसकी पीठ सहलाती हुई स्नेह-घुले स्वर में बोलीं—"नादान बच्ची कहीं की! क्षमा माँगने की इसमें कौन-सी बात है! जरा देखो इसका ढंग! अपनी माँ से भी क्षमा माँगी जाती है!" और उसकी ठुड्डी ऊपर को करके उत्कट दुलार से उसका मुँह चूमने लगीं। मौन आँसुओं की धाराएँ उनकी दोनों आँखों से अविरल बहती हुई मनिया को अभिषिक्त कर रही थीं।

वह ऐसा अपूर्व दृश्य था कि हम सब लोग—फादर जेरेमिया, सिल्विया, मैं और मेरा नौकर किशनसिंह भी, जो किसी काम से दो ही मिनट पूर्व आया था—गद्‌गद भाव से, प्रायः श्रद्धावनत होकर, वह मधुर दृश्य देखते रह गये।

दोनों 'माँ-बेटी' का वह आच्छन्न भाव जब कुछ उतर गया तब मनिया ने धीरे से सिर ऊपर उठाकर फिर एक बार अपनी सहज-स्वाभाविक स्नेहोज्ज्वल दृष्टि से सब की ओर देखा। इस बार उसकी दृष्टि में संकोच या ग्लानि का लेश भी नहीं था। ओस से धुले कमल की तरह उसकी आँखें, उसका सारा मुखमण्डल एक निराली ताजगी से निखर रहा था।

सहज हास से (जिसमें शायद तनिक परिहास का भी अव्यक्त पुट वर्तमान था) वह फादर जेरेमिया की ओर देखती हुई बोली—"आपको निश्चय ही यह सारा दृश्य एक अच्छा स्वाँग लगा होगा। आप निश्चय ही यह सोचते होंगे कि यह जैसे अनोखे स्वभाव की मूर्ख लड़की है। मैं आशा करती हूँ आप भी निश्चय ही मेरी इस मूर्खता को क्षमा कर देंगे।"

"यह लो, फिर इस नटखट लड़की ने क्षमा-याचना का पर्व प्रारम्भ कर दिया।" कहकर श्रीमती रालिन्सन ने उसकी पीठ पर हाथ से एक हलका-सा आघात किया। हम सब लोग एक साथ ठठाकर हँस पड़े। मनिया भी खुलकर खिलखिला उठी।

इस प्रकार उस दिन अप्रत्याशित रूप से सहसा उमड़े हुए घने बादल घिरकर अचानक ही बरस पड़े और उसके बाद फिर अचानक ही विलीन भी हो गये, और उस सारे अभिषिक्त वातावरण पर निर्मल सूर्य की स्निग्ध किरणें भी चमकने लगीं।

दूसरे दिन सारा रालिन्सन-परिवार फादर जेरेमिया के साथ हम लोगों को पहुँचाने देहरादून तक गया। पहले दर्जे के दो टिकट खरीदने के बाद सारा सामान—जिसमें मनिया ने पिछले दिन के परिहासात्मक छींटों के बावजूद तनिक भी कमी नहीं की थी—बुक करा लिया। अपने साथ डिब्बे में केवल एकान्त रूप से आवश्यक सामान

ही रखा—हालाँकि वह 'एकान्त आवश्यकता' भी, मनिया की गणना के अनुसार होने से, कुछ सामान्य नहीं थी।

जब गाड़ी छूटने का समय आया तब मनिया डिब्बे के भीतर ही श्रीमती रालिन्सन के गले लगकर खूब रोयी। श्रीमती रालिन्सन स्वयं भी रोती हुई उसे धैर्य देती हुई बोलीं—"जल्दी लौटकर आ जाना बेटी, अपनी इस बूढ़ी माँ को भूल न जाना। और दोनों अपने स्वास्थ्य का ध्यान बराबर रखना। बीच-बीच में बिना जरूरत के भी किसी अच्छी लेडी डॉक्टर को बुला लेना।" यह कहकर उन्होंने उसका मुँह चूम लिया। उसके बाद मनिया सिल्विया से गले मिली। दोनों सहेलियों की आँखों में धूप-छाँह का खेल चल रहा था। दोनों की आँखें आँसुओं से चमक रही थीं, पर दोनों साथ-साथ प्रेमपूर्वक मुस्कराती भी जाती थी। फादर जेरेमिया और मैं खड़े-खड़े मौन-मुग्ध भाव से वह अत्यन्त मार्मिक रूप से मधुर दृश्य देख रहे थे। अब इंजिन ने सीटी दी तब दोनों ने अधमुँदी आँखों से एक-दूसरे का मुँह चूमना शुरू कर दिया। पूरे एक मिनट तक दोनों गाढ़ालिंगन की अवस्था में खड़ी रहीं। श्रीमती रालिन्सन बाहर उतर गयी थीं। खिड़की से भीतर को झाँककर उन्होंने उतरने का आग्रह करते हुए कहा—"सिल्विया, गाड़ी छूटने को है। जल्दी नीचे आओ!" तब दोनों की तन्मय अवस्था भंग हुई। जब सिल्विया उतरने लगी तब मनिया डिब्बे में ही उसे एक कोने में ले गयी और उसके कानों में कुछ फुसफुसायी। सिल्विया के प्रसन्न मुख पर हलकी-सी लाली छा गयी। जब वह नीचे उतर गयी तब मनिया ने नटखट लड़की की तरह तर्जनी से इशारा करते हुए कहा—"देखना इसमें कोई चूक न रहने पावे! जब मैं लौटकर आऊँगी तब अपने मन की बात पूरी हुई न पाऊँगी तो तुमसे बहुत गुस्सा हूँगी!"

सिल्विया के मुख पर यद्यपि स्निग्ध-मधुर मुस्कान छायी हुई थी, तथापि उसके मुख की लालिमा गाढ़ से गाढ़तर हो चली थी। उसकी उस लालिमा से मुझे यह समझने में देर न लगी कि उसका इंगित किस ओर है। निश्चय ही फादर जेरेमिया को भी समझने में कोई भ्रम नहीं हुआ होगा। फादर जेरेमिया ने जब गुड-बाई कहने के लिए मनिया की ओर हाथ बढ़ाया तब मनिया ने अपना भी हाथ बढ़ाकर अत्यन्त दुष्टतापूर्ण कटाक्ष से उनकी ओर देखते हुए कहा—"मैं आशा करती हूँ जब मैं लौटकर आऊँगी तब आपको बदले हुए रूप में पाऊँगी।"

बेचारा भला आदमी अकचकाकर रह गया। मैं देख रहा था कि उनका कान तक लाल हो आया था। मुझे मनिया की वह दुष्टता तनिक भी पसन्द नहीं आयी। मैंने आँखें तरेरते हुए उसे आगे और कोई दुष्टता की बात कहने के लिए मना किया।

अपने को उस संकोचपूर्ण स्थिति से मुक्त करने का प्रयत्न करते हुए फादर जेरेमिया ने कहा—"अच्छा, अब चलता हूँ। मैं आशा करता हूँ तुम लोगों की यात्रा बहुत सुखद रहेगी।" यह कहकर वह मेरी ओर बढ़े और मुझसे हाथ मिलाकर नीचे उतर गये।

गाड़ी धीरे से चलने लगी। बाहर तीनों ने 'चियरियो!' कहकर हम लोगों की ओर रूमाल हिलाना आरम्भ कर दिया। मनिया सजल उज्ज्वल आँखों से तीनों की ओर हाथ जोड़े रही। मैं मुख पर प्रेमपूर्ण मुस्कान झलकाने की चेष्टा करता हुआ केवल उन लोगों की ओर देखता रहा। जब गाड़ी प्लेटफार्म छोड़कर आगे निकल गयी तब वह दोनों एक ही सीट पर बैठकर खिड़की से बाहर क्षण-क्षण बदलनेवाली दुनिया का दृश्य देखने लगे।

(39)

दो दिन और दो रात के चक्कर से बहुत थक जाने के बाद जब तीसरे दिन हमारी गाड़ी हावड़ा स्टेशन पहुँची तब चारों ओर से कोलाहल सुनकर मनिया के अनभ्यस्त कान जैसे चौंक उठे। उसके चेहरे से पता चलता था कि वह घबरा उठी है। मैंने मीठी-मीठी बातों से भरसक उसे आश्वस्त करने का प्रयत्न किया। ब्रेक से सब सामान निकलवाकर ठेले में लदवाकर ठेलेवालों को होटल का पता बतलाकर मैं मनिया का हाथ पकड़कर, धीरे से भीड़ के बीच में से उसे बाहर ले गया, जहाँ टैक्सियों की कतार लगी थी। अगल-बगल से "बाबू जी, कुली चाहिए?" "साहब, रिक्शा चाहिए?" "बाबू जी, गाड़ी चाहिए?" आदि प्रश्नों की झड़ी लग गयी थी। पास ही बसवालों ने अलग शोर मचा रखा था। एक टैक्सी बुलाकर मैंने मनिया को उसके भीतर बिठा दिया और फिर स्वयं भी उसकी बगल में बैठ गया। अपने डिब्बे में जो तत्काल आवश्यक सामान रखा था। उसे मैंने कुलियों के द्वारा मँगवा लिया था। उसे टैक्सी के पीछे रख दिया गया। टैक्सीवाले से मैंने कहा कि सीधे ग्रेट ईस्टर्न होटल ले चले।

होटल के दरवाजे पर जब मोटर ठहरी तब हम दोनों उतर गये। 'इनक्वायरी' क्लर्क से पूछने पर पता चला कि हम लोगों के सौभाग्य से ऊपर एक अच्छा-सा कमरा खाली है। अपना नाम-धाम लिखाकर हम एक वर्दीधारी नौकर के साथ लिफ्ट पर चढ़कर ऊपर गये। कमरा खुलने पर हमने भीतर प्रवेश किया। कमरा वास्तव में साफ-सुथरा और सौष्ठवपूर्ण था। रोशनी और हवा की कोई कमी वहाँ नहीं थी। कमरा दक्षिण की तरफ खुला था और काफी अच्छी हवा आ रही थी। दो स्प्रिंगदार पलँगों पर मोटे गद्दे बिछे थे। फर्श पर कार्पेट बिछा हुआ था। पूर्व की ओर एक किनारे पर नीले लहरदार कपड़े से मढ़ी हुई दो गद्देदार आरामकुर्सियाँ और एक कौच करीने से रखे थे। उनके अलावा दो-तीन आफिस-चेयर तीन कोनों में रखे थे। पश्चिम की ओर एक ड्रेसिंग टेबिल पर एक बहुत बड़ा शीशा लगा हुआ था। स्थान-स्थान पर छोटे-छोटे पेग-टेबिलों पर जालीदार कपड़ा बिछा था।

मनिया स्पष्ट ही बहुत थकी हुई थी। जूते और साड़ी उतारकर और एक बार शीशे में अपना मुरझाया हुआ चेहरा देखकर वह कौच पर लेट गयी। मैं भी उसकी बगल में एक सोफा पर बैठ गया और एक सिगरेट जलाकर धुआँ उड़ाने लगा। बाहर से मोटरों के भोंपुओं की आवाज, बसों की घड़घड़ाहट, गाड़ियों की खड़खड़ाहट और कुछ दूर से

ट्रामों की गड़गड़ाहट और पाँव-घण्टियों का शब्द निरन्तर बिना तनिक भी विराम के कानों में गूँज रहा था। मनिया तो ऐसी पस्त पड़ गयी थी कि उसने दोनों आँखें मूँद ली थीं। वह कुछ भी बोल सकने की शारीरिक और मानसिक स्थिति में नहीं थी।

मैंने धीमे से कहा—"क्या कुछ चाय-वाय पियोगी?"

वह उत्तर में कुछ नहीं बोली। मैं जानता था कि उसे नींद नहीं आयी है, क्योंकि रात में वह काफी सो चुकी थी। पर उसका मौन स्वाभाविक था। सामान भीतर रखवा दिया गया था। एक बार इच्छा हुई कि कपड़े बदलकर नहा लिया जाय, जिससे शरीर में कुछ फुर्ती आ जाय। मैं भी दो दिन और दो रात की यात्रा से कुछ कम थका हुआ नहीं था। इसलिए आलस्यवश बैठा ही रहा।

थोड़ी देर बाद एक बैरा आया। बोला—"साहब के लिए चाय लाऊँ?"

यह मनचाहा प्रश्न उसने पूछा था। मैंने कहा—"हाँ, ले आओ, दो आदमियों के लिए।"

मनिया ने करवट बदली। मैंने अनुमान लगा लिया कि चाय के नाम से ही उसमें करवट बदलने की फुरती आयी है। मैं मन-ही-मन हँसा, पर बोला कुछ नहीं।

चाय आयी। एकदम चाँदी-से चमकते हुए एक चौड़े ट्रे पर काम किया हुआ चीनी सेट बड़े करीने से रखा हुआ था। दो तश्तरियों में टोस्ट भी रखे थे और एक कटोरे में मक्खन अलग। बैरा ने बड़ी सफाई से उसे एक मेज पर रख दिया और फिर दो कुर्सियाँ भी मेज के सामने लाकर रख दीं।

"चाय के साथ और कुछ लाऊँ सरकार? आमलेट, फ्रेंच कटलेट या और कोई चीज?"

मैंने केवल सिर हिलाकर जता दिया कि और कुछ नहीं चाहिए। धनुष टंकार रोग से ग्रस्त व्यक्ति की तरह शरीर झुकाकर उसने सलाम किया और कहा—"जो हुकुम!"

उसके चले जाने पर मैंने जान-बूझकर कुछ जोर से प्याली को खनकाना शुरू किया और दोनों में 'पाट' से चाय उँडेलकर दूध डालकर चम्मच से चीनी मिलाने लगा। चम्मच भी मैंने कुछ जोर से खनकाया। मनिया ने फिर करवट बदली। मैं फिर भी कुछ नहीं बोला। मुझे बड़ा रस मिल रहा था। मैं जब कुछ नहीं बोला तब उसने कसकर अँगड़ाई ली और कृत्रिम जम्हाई लेने की आवाज मुँह से निकाली। मेरे लिये हास्य को अधिक दबाना असम्भव हो गया और मैं "होः होः" करके हँस पड़ा।

मनिया उठ बैठी। बोली—"बड़ी हँसी आ रही है तुम्हें! कलकत्ता तुम्हारा बड़ा प्रिय शहर मालूम होता है, क्यों? इसलिए इतने मगन हो रहे हो!" कहकर वह मेरी बगल में कुर्सी पर आकर बैठ गयी।

"सचमुच कलकत्ता मुझे बहुत प्रिय है। यहाँ के जीवन की व्यस्तता, कोलाहल, भीड़-भभ्भड़, ठेलमठेला, ये सब जीवन के एक दूसरे ही—घोर यथार्थवादी—पहलू से

परिचित कराते हैं। आधुनिक युग के यथार्थवादी जीवन के दो सिरे—शोषक और शोषित—के बीच मुठभेड़ के अखाड़े कलकत्ते की ही तरह के बड़े शहर होते हैं। वह भी एक महान् दृश्य होता है। आकस्मिक मृत्यु की घटनाओं, अकारण और सकारण हत्याओं, जीवन-संघर्ष के अग्निकुण्ड में निर्द्वन्द्व कूदनेवाले अपराधियों, साहसी अथवा दुस्साहसिक व्यक्तियों, क्रान्तिकारियों, अपने और समाज के विरुद्ध विद्रोह करनेवालों का जो ताँता यहाँ प्रतिक्षण लगा रहता है, इस युग के जीवन का चरम विकसित रूप वही है।''

मनिया धीरे से चाय पीती हुई बड़े ध्यान से मेरी बातें सुन रही थी। मैंने सूत्रों में आज पहली बार जिस दुनिया की तस्वीर उसके आगे रखने का प्रयत्न किया था वह उसके लिए एक बिलकुल ही नये और अनाविष्कृत रहस्य का विषय था। जीवन की इस सामूहिक यथार्थता का असंख्य उन्मत्त लहरों से उच्छ्वसित महासागर उसके मसूरी अथवा उसके आस-पास के पहाड़ी वातावरण के भीतर सम्बद्ध और सीमित जीवन की क्षीण पहाड़ी धारा से किसी प्रकार का भी मेल नहीं खाता था। पर हावड़ा स्टेशन पर उतरने के समय से ही इस विराट्, तूफानी जीवन के अस्पष्ट गर्जन, चीत्कार और क्रन्दन का सम्मिलित उत्ताल महारव एक नयी भैरवी महामाया का महामन्त्र उसके सुकुमार प्राणों में अज्ञात ही रूप से फूँकने लगा था, ऐसा मुझे लगा। इसलिए उस अज्ञात किन्तु अनवरुद्ध जीवन का जो स्फुट परिचय मैंने उसे दो-चार विस्फोटात्मक वाक्यों द्वारा देने का प्रयत्न किया उसने जैसे उसके मन के उस स्तर पर कम्पन उत्पन्न कर दिया जो अभी तक न जाने कितने युगों से जड़ अवस्था में अछूता पड़ा था। स्पष्ट ही वह न तो मेरी बातों को ही कुछ ठीक से समझा पा रही थी, न अपने भीतर के उस कम्पन को ही। केवल एक सुगम्भीर कुतूहल-भरी मार्मिक दृष्टि से मेरी ओर देख रही थी।

मैंने आगे उस विषय की कोई चर्चा फिर नहीं चलायी। वह भी चुप हो रही। घूँट-घूँट करके चाय पीती हुई बीच-बीच में एक टुकड़ा टोस्ट का मुँह में डालती हुई, जैसे भीतर-ही-भीतर उस रहस्य को सुलझाने का असम्भव प्रयत्न कर रही थी जिसने सम्भवतः अपनी ओर-छोरहीन काली-काली कुण्डलियों से आज सुबह से ही उसके मन को सहस्र छाया-पाशों में लपेट-सा लिया था।

उस अप्रिय और अनचाहे मौन को कुछ देर बाद मैंने ही भंग किया। एक टोस्ट पर चाकू से मक्खन लगाते हुए मैंने कहा—''तुम अभी अपने पहाड़ी नीड़ के स्वप्न संसार से अचानक एक अंजाम तूफानी समुद्र के किनारे आ खड़ी हुई हो। इसलिए यह एकदम अपरिचित वातावरण अपनी दूसरी अशान्ति से अभी कुछ समय तक तुम्हारे मन को झकझोरता रहेगा। पर मेरा विश्वास है कि दो ही चार दिन बाद जब इस समुद्री किनारे से तुम्हारा नाममात्र का भी परिचय हो जायगा तब तुम भी मेरी ही तरह उसमें रस लेने लग जाओगी। उसकी अपार रहस्यमयता से एकदम अपरिचित रहने पर भी उस रस में कोई कमी नहीं आने पायेगी।''

मनिया पूर्ववत् मौन ही रही। केवल अपनी कुतूहली आँखों से जिज्ञासु दृष्टि से मेरी ओर देखती रही।

चाय पी चुकने के बाद मनिया गुसलखाने चली गयी। प्रायः बीस मिनट बाद नहा-धोकर कपड़े बदलकर जब आयी तब एक आश्चर्यजनक ताजगी उसके मुख पर चमक रही थी। न कहीं क्लान्ति का कोई लेश वर्तमान था, न चिन्ता और न भय की कोई रेखा। सहज-स्वाभाविक स्निग्ध मुस्कान से उसका चेहरा खिल गया था। बोली—"अब तुम भी जल्दी नहा-धो लो। रास्ते की सारी थकान दूर हो जायगी।"

मैं तत्काल उसकी आज्ञा का पालन करने के लिए उठ खड़ा हुआ। कपड़े उतारकर एक लुंगीनुमा बड़ा तौलिया पहनकर गुसलखाने में जाकर बन्द हो गया। नहाने के बाद मैंने सचमुच अपने को तरोताजा पाया। बाहर निकलकर देखा, मनिया कमरे में नहीं थी। कपड़े बदलकर बाहर बरामदे में गया। मनिया एक कुर्सी पर बैठी हुई बाहर सड़क का दृश्य देखने में तल्लीन थी।

मैंने परिहास के स्वर में कहा—"तुम्हारा जी तो यहाँ अभी से रमने लगा है!" वह सचमुच अन्यमनस्क हो गयी थी और न जाने किन स्वप्नों अथवा दुःस्वप्नों में मग्न थी। मेरी आवाज सुनकर चौंक-सी उठी, बोली—"सचमुच बड़ा ही विचित्र शहर है तुम्हारा यह कलकत्ता!"

"यह आविष्कार तुमने किस बात से किया?"

"इतनी मोटरें, बसें, लारियाँ और गाड़ियाँ उलटी दिशाओं को बहनेवाली दो धाराओं की तरह चली जा रही हैं पर रास्ते में पैदल चलनेवाले स्त्री-पुरुषों को उनसे कुछ भी भय मालूम नहीं होता। वे उन मोटरों की ओर से इस तरह उदासीन लगते हैं कि एक बार आँख उठाकर भी उनकी ओर देखने की चेष्टा अपनी तरफ से नहीं करते। अपने-आप वे उनकी आँखों के सामने आ जायँ तो पल भर के लिए अत्यन्त उपेक्षा से उनकी ओर देखकर तत्काल आँखें फेर लेते हैं। उनके एकदम पीछे से और बगल से भोंपुओं की कानों के पर्दे फाड़ डालनेवाली, मन को दहला देनेवाली आवाज गूँजती रहती है, पर वे कभी एक क्षण के लिए भी न तो लौटकर उनकी ओर देखते हैं, न भीत होते हैं। बड़े धैर्य से बायीं ओर एक-आध कदम बेमालूम हटकर चलते ही रहते हैं। और कितने व्यस्त लगते हैं। पैदल चलनेवाले ये सब लोग! उन्हें न तो अगल-बगल और अपने सामने का कोई दृश्य देखने की फुर्सत है, न किसी से एक सेकेण्ड के लिए भी बात करने की। केवल किसी अज्ञात लक्ष्य की ओर बढ़े चलना ही जैसे उनके जीवन का एकमात्र ध्येय है!..."

उसकी बातों के ढंग से मुझे काफी आश्चर्य हुआ, पर प्रकट में उसे भी परिहास के रूप में ग्रहण करता हुआ मैं बोला—"इतनी ही देर में तुम्हें कलकत्ते की एक सड़क के इस साधारण-से दृश्य ने इतना बड़ा दार्शनिक बना डाला अब तो मनोगी कि कलकत्ते का कितना बड़ा प्रताप है!"

''तुम मेरी बात को कैसी ही हँसी में क्यों न उड़ाओ, उससे उसका महत्त्व कभी नष्ट नहीं होता।'' और वह फिर सड़क की ओर देखने लगी।

मैंने कहा—''इस बरामदे से सड़क का दृश्य देखते रहने से कलकत्ते की विशेषताओं का कणमात्र ज्ञान भी तुम्हें नहीं हो पायेगा। चलो, बाहर निकलें। कुछ घूमने से सम्भव है थोड़ा-सा अन्दाज तुम लगा पाओ।''

''मुझे इस समय कहीं जाने की इच्छा नहीं है। तुम चाहो तो घूम आओ, मैं यहीं बैठे-बैठे देखती रहूँगी।''

मैं कुछ खीझ उठा—बोला—''तुम पागल हो। हम लोग क्या कलकत्ते इस तरह बैठे रहने के लिए आये हैं? चलो उठो। जल्दी करो।''

मेरे हठ करने पर वह उठी। सहसा बगलवाले कमरे से एक फैशनेबुल भारतीय महिला—जिनकी आयु तीस-पैंतीस के करीब होगी—बाहर निकल आयी और बड़े कुतूहल से हम लोगों की ओर देखने लगीं। मनिया की ओर देखकर वह विचित्र ढंग से मुस्कराने लगी। स्पष्ट ही उसकी वेशभूषा उन्हें 'अप-टु-डेट' नहीं लग रही थी। सम्भवतः कलकत्ते के ग्रेट ईस्टर्न होटल में ठरहनेवालों की तरह न तो उसका हाव-भाव ही उन्हें लग रहा था और न शायद बातचीत का ढंग ही। मनिया ने भी कुतूहली दृष्टि से उनकी ओर देखा। वह भी उस फैशनवाली महिला को किसी 'जू' में रखे गये एक विचित्र जीव की अपेक्षा अधिक महत्त्व नहीं दे पा रही थी। महिला ने बरामदे से ही अपने कमरे की ओर एक इंगित-भरी मुस्कान से देखा। तत्काल सूट-बूट और हैट-धारी एक हिन्दुस्तानी साहब बाहर निकल आये और महिला की व्यंग्य-भरी मुस्कान का अनुसरण करते हुए उन्होंने हम लोगों की ओर देखा। पैण्ट की दोनों जेबों में हाथ डाले हुए वह हलके नीले रंग के चश्मे से हम लोगों की ओर ऐसी विचित्र दृष्टि से देखने लगे कि जान पड़ता था जैसे केवल दृष्टि मात्र से जलाकर हमें भस्म कर देंगे। मैंने भी पलटे में उनकी ओर क्रुद्ध दृष्टि से देखा और फिर मनिया से कहा—''चलो, यहाँ बैठना बेकार है।''

(40)

भीतर जाकर मैंने फोन द्वारा क्लर्क को आदेश दिया कि हम लोगों के लिए एक टैक्सी मँगा दी जाय। प्रायः दस मिनट बाद बैरा ने सूचित किया कि टैक्सी खड़ी है। उसके बाद ही एक दूसरे बैरा ने आकर बताया कि ठेलेवाले सामान ले आये हैं। मनिया तैयार हो गयी थी। मैं पहले ही से तैयार बैठा था। नीचे जाकर मैंने क्लर्क को ठेले का सामान ऊपर हमारे कमरे में पहुँचाने का भार सौंप दिया और उसके पास एक सप्ताह के अग्रिम भाड़े के अलावा सौ रुपया अलग से जमा कर दिया। कह दिया कि ठेलेवालों को उचित मजदूरी दे दे।

उसके बाद हम दोनों टैक्सी पर जा बैठे। टैक्सीवाला एक पगड़ीधारी पंजाबी था। उसके प्रश्न के उत्तर में मैंने कहा—"हम लोग सैर करने के इरादे से आये हैं, तुम्हारा जिधर जी चाहे ले चलो।"

उसने फिर कोई प्रश्न नहीं किया। उसने चौरंगी की ओर टैक्सी मोड़ दी। चौरंगी से भवानीपुर होता हुआ वह बालीगंज की ओर ले गया। वहाँ झील के पास ले जाकर टैक्सी एक जगह खड़ी कर दी। बोला—"आप लोग कुछ देर झील की सैर करना चाहें तो कर लीजिये। हम दोनों उतर गये। मनिया ने इसके पहले शायद कोई झील नहीं देखी थी। देखकर वह मुग्ध हो गयी। बच्चों की तरह उल्लसित होकर बोली—"एक बार पैदल चलकर पूरी झील का चक्कर लगाया जाय।" मैंने कोई आपत्ति नहीं उठायी, यद्यपि मैं पैदल चक्कर लगाने की स्थिति में अपने को नहीं पा रहा था। दो-एक जगह कुमुद और कल्हार के फलों को देखकर उसकी प्रसन्नता का ठिकाना न रहा। बोली—"पानी में कमल खिलते हैं यह मैंने सुन-भर रखा था, आँखों से आज देख रही हूँ।" शहर के कोलाहल से यहाँ का अपेक्षाकृत एकान्त वातावरण उसे स्वभावतः प्रिय लग रहा था। काव्यमय वातावरण के प्रेमी जो युवक-युवतियाँ वहाँ भ्रमणार्थ आये हुए थे वे बड़े गौर से उसकी ओर देख रहे थे। यद्यपि उसके पोशाक-पहनावे में कोई अनोखापन या विजातीयता नहीं थी, तथापि उसकी आकृति और ऊपरी प्रकृति सबको, न जाने क्यों, विशेष कौतूहलवर्द्धक लग रही थी।

कुछ दूर तक चक्कर लगाने के बाद मैंने झील के किनारे एक बेंच पर विश्राम करने का प्रस्ताव किया। मनिया ने मेरी बात मान ली। जब हम लोग बैठ गये तब वह झील की ओर अनमनी आँखों से देखती हुई बोली—"क्या यहीं आस-पास में कोई मकान किराये पर नहीं मिल सकता! शहर में, पता नहीं क्यों मेरा जी घबराने लगता है।"

मैंने कहा—"बिना पता लगाये मैं कुछ बता नहीं सकता। पर आजकल जैसी स्थिति है उसे देखते हुए ऐसी आशा नहीं होती कि कोई मकान खाली मिलेगा।"

"कोशिश करके देखना चाहिए, हो सकता है, भाग्य से मिल जाय।"

"मैं कोशिश में कोई कमी नहीं करूँगा, विश्वास रखो।" मैंने कहा।

मुझे एक ही स्थान पर बैठे रहने में कोई विशेष सुख नहीं मिल रहा था। कुछ देर तक मौन बैठे रहने के बाद मैंने चलने का प्रस्ताव किया। मनिया अनिच्छा से, बहुत धीरे से उठी। हम आगे बढ़ना ही चाहते थे कि एक आलीशान रोल्स रॉइस कार को रास्ता देने के लिए हमें एक किनारे खड़े हो जाना पड़ा। 'कार' सहसा ठीक हमारे सामने खड़ी हो गयी और भीतर से किसी ने आवाज दी—"हलो नृपेन्द्र!"

मेरे आश्चर्य का ठिकाना न रहा। कलकत्ते आकर बालीगंज की झील के पास किसी परिचित व्यक्ति से भेंट होने की कल्पना मैं स्वप्न में भी नहीं कर सकता था। मैं अत्यन्त आतुरता से उस व्यक्ति के उतरने की प्रतीक्षा कर रहा था, जिसका चेहरा भी मैंने अभी ठीक से नहीं देखा था।

कुछ ही देर बाद मैंने देखा, एक किंचित् स्थूलकाय गौरवपूर्ण युवक, गरम कुर्ता और बंगाली ढंग से धोती पहने परम प्रेमपूर्ण मुस्कान मुख पर झलकाते हुए मेरे सामने खड़ा हो गया और आते ही एकदम मेरे गले से ही लिपट गया! मैं तो दंग था। युवक बोला—"यार, तुम तो बहुत बदल गये हो! पर इतने वर्षों के बाद आज अचानक तुमसे भेंट होने पर भी मैंने तुम्हें पहचान लिया। शायद तुमने पहचाना नहीं? तुम्हारी आँखों से ऐसा ही लगता है!" फिर एक बार कनखियों से मनिया की ओर देखकर धीरे से उसने पूछा—"वह क्या तुम्हारी 'वाइफ' है?"

मैंने केवल सिर हिलाकर उसके इस प्रश्न का उत्तर दिया। मैं अपनी स्मृति पर यह जानने के लिए दबाव डाल रहा था कि आखिर वह युवक कौन हो सकता है। पहले तो मुझे उसका चेहरा एकदम अपरिचित लगा था, बाद में धीरे-धीरे यह अनुभव होने लगा कि ओठों के इर्द-गिर्द खेलनेवाली वह मुस्कान और बोलने का यह ढंग निश्चय ही पूर्व-परिचित है। पर उसका नाम क्या है? कब कहाँ उससे परिचय हुआ था?

वह ऐसा प्रश्न था कि उसकी आँखों के कोनों पर एक हलकी सजलता भी छा गयी थी। मेरे स्मृति-भ्रम से वह स्पष्ट ही अच्छे विनोद का अनुभव कर रहा था। बोला—"अभी तक पहचाना नहीं?"

मैंने कहा—"चेहरा पहचाना हुआ तो लगता है, पर..."

"पर नाम-धाम याद नहीं आता? अरे यार, अब तुम बड़े आदमी हो गये हो। आखिर हम गरीबों की स्मृति को कब तक अपने भीतर संचित किये रहते! फिर भी दिमाग को—माफ करना मस्तिष्क को—क्योंकि तुम उर्दू शब्दों से चिढ़ते हो—कुछ कष्ट देने की कृपा करो!"

सहसा बिजली के वेग से मेरी कुण्डलिनी जैसे जगी। "ओ होः! अब पहचान गया," मैं परम प्रसन्न होकर पूर्व आवेग के साथ बोल उठा। "पर मित्र, तुम यहाँ कहाँ!" कहकर मैंने उसके कन्धे पर हाथ रख दिया।

"अच्छा पहचान गये हो तो मेरा नाम बताओ!" उसने पुलकित होकर कहा।

"अरे भाई, अब अधिक न झेंपाओ! 'पासिंग शो' को भूलकर मैं यों ही काफी बड़ा अपराधी बन चुका हूँ।"

'पासिंग शो' के नाम से वह मुक्त हास्य कर उठा। अबकी उसकी दोनों आँखें प्रसन्नातिरेक से निकले हुए आँसुओं के कारण स्पष्ट चमकने लगीं।

वह था वीरेन्द्रकुमार। दुनिया के लिए वह कुँवर वीरेन्द्रकुमार सिंह था, पर मेरे लिये वह या तो केवल वीरेन्द्र था या 'पासिंग शो'—जिस प्रकार मैं उसके लिए केवल नृपेन्द्र था, कुँवर नृपेन्द्र रंजन सिंह नहीं। हम दोनों 'राजकुमार कॉलेज' में साथ ही पढ़ते थे। हम सब में उपद्रवी लड़का यही वीरेन्द्र था। दिन-रात वह हॉस्टल में ऊधम मचाया करता था। उसके ऊधम मचाने के तरीके भी विचित्र रहा करते थे। उसके 'व्यावहारिक परिहासों' के मारे सहपाठियों की नींद हराम हो गयी थी। कभी वह किसी लड़के की

अनुपस्थिति में उसके बगलवाले कमरे में दीवार के ऊपर 'स्काइ लाइट' वाली खिड़की या दरवाजा खोलकर वहाँ पर खुले मुँहवाला एक विशेष प्रकार का भोंपू रख देता था और उस पर रबर की नली का कनेक्शन जोड़कर आधी रात में, जब दूसरे कमरेवाला लड़का सोता होगा, बगलवाले कमरे में रबर की नली पर जोर से फूँक मारता। उसकी पांचजन्य शंख की-सी आवाज से लड़का चौंककर उठ बैठता। फिर दूसरी बार फूँक मारने पर निरीह लड़का ठीक अपने सिर के ऊपर वह भैरव घोष सुनकर हड़बड़ाता हुआ उठकर जब कमरे की बिजली जलाता और कहीं किसी को न पाता तब उसकी घबराहट की कल्पना आसानी से की जा सकती है। कभी उसी रबर की नली को पानी से भरी हुई एक चलती-फिरती टंकी ('सागर') के मुँह लगाकर आधी रात में पेच खोल देता और बगल के कमरे में अकस्मात् अप्रत्याशित रूप में जो प्रबल-प्रवाह होने लगता उसका प्रभाव भी अनुमानातीत नहीं है। एक बार उसने एक विचित्र पेंचदार कुर्सी तैयार करवायी थी। जब कभी किसी छात्र को परिहास पात्र बनाने की इच्छा उसे होती तब वह बड़े आदर से उसे उस कुर्सी पर बिठाता। उसके बाद पीछे जाकर चुपके से कुर्सी का एक विशेष पेंच ढीला कर देता। तत्काल कुर्सी बैठनेवाले को जीवित मनुष्य की तरह जकड़कर अपनी बाहों में ऐसा कस लेती कि फिर उस प्रेमालिंगन से छुटकारा पाना उसके लिए असम्भव हो उठता। चारों ओर से ठहाके लग जाते। केवल छात्रों को ही नहीं, अध्यापकों को भी बेवकूफ बनाने से वह बाज न आता। 'पासिंग शो' नाम उसका इसलिए पड़ा था कि स्त्रियों के प्रति वह विमुख-सा रहा करता था। जब कभी रास्ते में, पार्क में, सिनेमा में या मेले-ठेले में मित्रगण उसका ध्यान किसी सुन्दर युवती की ओर आकर्षित करते तो वह उपेक्षा का भाव जताते हुए कहता—"अरे म्यां, हटाओ भी, यह केवल पासिंग शो है! ऐसे न जाने कितने 'पासिंग शो' प्रतिदिन प्रतिपल गुजरते रहते हैं!" इस सम्बन्ध में सबसे मजे की बात यह थी कि वह 'पासिंग शो' सिगरेट का बड़ा प्रेमी था। उसका साथी 999 नम्बर की स्टेट एक्सप्रेस या उसी की कोटि का बढ़िया और कीमती सिगरेट पीते थे, पर वह भरसक 'पासिंग शो' के अतिरिक्त दूसरी कोई सिगरेट पीना पसन्द ही न करता।

मजाक-पसन्द वह भले ही हो, पर हृदय की जितनी बड़ी उदारता उसमें भरी हुई थी उतनी अपने कॉलेज के किसी दूसरे लड़के में मैंने नहीं पायी। किसी भी संकटग्रस्त व्यक्ति को—चाहे वह उसी श्रेणी का हो, चाहे नौकर हो, चाहे भंगी हो—मुँहमाँगी आर्थिक सहायता देने में उसका हाथ कभी पीछे नहीं हटता था। केवल आर्थिक सहायता ही नहीं, दूसरे के हित के लिए वह कोई भी श्रमसाध्य कार्य करने से भी नहीं हिचकता था। हमारे मेस के महाराज को हॉस्टल के अहाते में ही रसोईखाने की बगल में, दो कमरे रहने के लिए दे दिये गये थे, जिनमें वह अपने परिवार के साथ रहता था। एक दिन उसकी बारह साल की एक लड़की किसी एक विचित्र रोग से दो ही दिन के भीतर मर गयी। डॉक्टर ने कहा कि प्लेग से मरी है, हालाँकि मुझे पूरा विश्वास है कि वह

प्लेग नहीं था—मेनिंनजाइटिस या इसी तरह की कोई दूसरी बीमारी रही होगी। कोई आदमी उस लड़की को घाट पहुँचाने को तैयार नहीं हुआ। वीरेन्द्र ने जब सुना तो उसने अपने नौकर को अच्छा-सा आर्थिक प्रलोभन देकर राजी किया और उसको साथ लेकर स्वयं महाराज के यहाँ जा पहुँचा। वह अपनी कार पर लड़की को घाट पहुँचाकर उसकी दाह-क्रिया कर आना चाहता था। पर महाराज का संस्कारग्रस्त मन इस प्रस्ताव के लिए राजी नहीं हो पाता था। फलतः वीरेन्द्र ने सामान मँगाकर अर्थी तैयार करवायी। उसके बाद महाराज से और अपने नौकर से कहा कि वे आगे की तरफ अर्थी को कन्धे पर सँभाले रहें और स्वयं अकेले उसने पीछे का भार अपने कन्धे पर सँभाल लिया। उसके बाद राम-नाम की महिमा का नारा लगाते हुए श्मशान में लड़की की दाह-क्रिया शास्त्रीय विधि से करके हॉस्टल वापस आया। उसकी दानशीलता, उदारता और साहस की और भी बहुत-सी घटनाओं से मैं परिचित था।

कॉलेज में जब वह पढ़ता था तब वह तगड़ा जरूर था, पर इस कदर मोटा नहीं था। मैंने कहा—"यह तो बताओ मित्र, कि तुम किस खुशी में इस कदर फूल उठे हो? इतने मोटे तो तुम पहले नहीं थे!"

फिर एक बार वह मुक्त भाव से ठहाका मारकर हँस पड़ा। फिर धीरे से बोला—"पर यार, बात तुमने पते की कही है। सचमुच मेरा शरीर खुशी से ही फूला है। तुम्हें पता नहीं है, कॉलेज छोड़ने के बाद बीच में मैं बहुत दुबला हो गया था। डॉक्टरों ने मुझे 'थाइसिस' तक बता दिया था, हालाँकि ऐसी कोई बात नहीं थी। बाद में जब मेरी शादी हुई तब दिन-पर-दिन मैं मोटा होता चला गया। वास्तव में इट वाज वेरी हैप्पी मैरिज! इस शादी के पीछे भी एक किस्सा है, तुम्हें पीछे बताऊँगा। पहले चलो तुम्हारी बहू से तुम्हारा परिचय करा दूँ। वह मोटर में बैठी आश्चर्य में पड़ी होगी कि रास्ते में मोटर रोककर किस आवारागर्दी के चक्कर में मैं पड़ गया।"

मैंने कहा—"परिचय अवश्य कराओ, पर देखो, मेरे साथ चालाकी करने से तुम फिर बाज नहीं आ रहे हो! वह मेरी बहू कैसे हो गयी? भाभी क्यों नहीं हुई?"

इस बार वह इतने जोर से "होः होः!" करके हँसा कि अगल-बगल से होकर गुजरनेवाले भ्रमणार्थी स्त्री-पुरुष बड़े गौर से हम लोगों की ओर देखने लगे।

अट्टहास का 'फिट' हलका पड़ने पर वीरेन्द्र बोला—"पर यार, तुम हो बड़े धूर्त। मेरी कोई भी चालाकी तुमसे कभी छिपी न रही। अच्छा भाभी ही सही, अब चलो।"

मैं उसके साथ मोटर तक गया। मोटर के भीतर जो महिला बैठी थी उनकी ओर मैंने जब एक बार पूर्ण दृष्टि से देखा तब अप्रत्याशित आश्चर्य से मैं चकित रह गया। घुप अँधेरे में चलते हुए जब किसी सर्च लाइट की रोशनी ठीक आँखों पर आ टकराती है तब सहसा आँखों में चकाचौंध लगने के साथ ही एक हलका-सा धक्का भी लगता है। ठीक वही हाल उस महिला को निकट से देखते ही मेरा हुआ।

वीरेन्द्र ने मोटर के भीतर की ओर मुँह करते हुए कहा–''शोभना, यह देखो तुम्हारे लिये रास्ते में पड़ा हुआ एक देवर खोज लाया हूँ। इसका नाम है कुँवर नृपेन्द्ररंजन, मेरा कॉलेज का घनिष्ठतम साथी। रंजन, यह है शोभना, मेरी धर्मपत्नी और तुम्हारी भाभी।''

मैंने महिला की ओर हाथ जोड़े और उन्होंने भी प्रत्यभिवादन किया। अत्यन्त शालीनता से, सुसंयत मुस्कान मुख पर झलकाती हुई बोलीं–''बड़ी प्रसन्नता हुई आपसे मिलकर।''

''अरे भाई, बहू को भी तो ले आओ। उनसे हम लोगों का परिचय कराओ। मैं तो उन्हें भाभी ही बनाना चाहता था।, पर जीत तुम्हारी ही हो गयी!'' कहकर फिर एक ठहाका उसने लगाया। फिर बोला–''अच्छा जाओ उन्हें ले आओ!''

वीरेन्द्र के छुतहा ठहाकों के चक्कर में पड़कर मैं मनिया को जैसे भूल ही गया था। जाकर उसे लिवा लाया। जेठानी-देवरानी आपस में बड़े ही प्रेम से मिलीं। वीरेन्द्र से भी मैंने मनिया का परिचय करा दिया। वीरेन्द्र से अब तक मेरी जो बातें हुई थीं उनसे मनिया निश्चय ही यह समझ गयी होगी कि वह मेरा घनिष्ठतम सुहृद है। इसलिए उसके प्रति भी उसने आन्तरिक सहृदयतापूर्वक हाथ जोड़े।

पारस्परिक अभिवादन का पर्व जब समाप्त हो गया तब वीरेन्द्र ने गम्भीरतापूर्वक प्रश्न किया–''अच्छा, यह तो बताओ तुम कलकत्ते में कब से हो और कहाँ ठहरे हो?''

मैंने उसके प्रश्न का उत्तर देने के अतिरिक्त यह भी बता दिया कि बालीगंज की ओर जाने का हम लोगों का कोई विचार नहीं था और टैक्सीवाले को इस बात की पूरी छूट दे दी गयी कि वह जिधर चांहे उधर ले चले। यह काकताली ही थीं कि वह बालीगंज की झील दिखाने हमें ले आया और वहाँ सौभाग्य से वीरेन्द्र से भी भेंट हो गयी।

सब-कुछ सुन चुकने के बाद वीरेन्द्र की प्रसन्नता का ठिकाना नहीं था। उसने कहा–''यह सब अच्छे ही के लिए हुआ है। अब तुम दोनों मेरे घर चलो, पास ही है मेरा मकान–यही बालीगंज ही में। उसके बाद दोपहर में, होटल से तुम्हारा सामान यहीं उठा लायेंगे।''

मैं एक बार मनिया की ओर देखकर हँसा। वह भी मेरी हँसी का अर्थ समझकर ससंकोच मृदु-मन्द मुस्कराने लगी।

''तुम लोग क्यों हँस रहे हो!'' नटखट वीरेन्द्र ने पूछा।

मैंने कहा–''यों ही। पर सच बात बताऊँ? देखो भाई, अँगरेजी में जो यह कहावत है कि 'ट्रथ इज स्ट्रेंजर दैन फिक्शन' वह आज प्रत्यक्ष घटने जा रही है। अभी-अभी मनिया नें मुझसे कहा कि अगर इसी झील के आसपास कोई मकान किराये पर मिल जाता तो बड़ा अच्छा होता। उसे यहाँ का अपेक्षाकृत शान्त वातावरण बहुत पसन्द आया। शहर के कोलाहल से यह बहुत घबरायी हुई है। मैंने उत्तर में कहा कि आजकल जैसी स्थिति है उसमें कोई मकान खाली मिल सकेगा इसकी आशा मुझे नहीं है। इसने कहा कि कोशिश करके देखने में कोई हर्ज नहीं है। इस बातचीत के कुछ ही मिनटों

बाद तुम आ गये। और मजे की बात यह कि तुम्हारा मकान इसी 'एरिया' में है। अब बताओ, इसे 'कोइन्सिडेन्स' कहा जाय या सौभाग्य-चक्र?''

वीरेन्द्र की आँखों में परिपूर्ण पुलक छलक उठा। बोला—''तब तो अब तुम लोगों से इस सम्बन्ध में अधिक आग्रह करने की कोई आवश्यकता ही नहीं रही, क्योंकि कहीं अत्यधिक आग्रह करने से तुम अपनी इच्छा के विपरीत कोई बहानेबाजी न करने लगो! चलो, भीतर बैठो। भाभी माफ करना—बहू, भीतर अपनी जेठानी की बगल में बैठ जाओ।'' मनिया मेरी ओर देखने लगी।

वीरेन्द्र तत्काल बोल उठा—''अरे, अब उसकी ओर क्या देखती हो? बड़े भाई का कहना मानोगी या छोटे भाई का? उसकी अनुमति की अब कोई आवश्यकता नहीं रही।'' सब लोगों को हँसी आ गयी। मैंने देखा कि इतने बड़े प्रेमाधिकार की अवज्ञा करने की शक्ति स्वयं ब्रह्मा में भी नहीं हो सकती। आँखों के इशारे से मैंने भी मनिया से बैठ जाने के लिए कह दिया। वह भीतर जाकर शोभना भाभी की बगल में बैठ गयी। वीरेन्द्र ने मुझे भी पीछे बैठने का आदेश दिया। मैंने कहा कि मैं आगे बैठ जाऊँगा, पर वह जिद्दी आदमी, भला मेरी क्यों सुनता, बलपूर्वक मेरा हाथ पकड़ उसने धीरे से भीतर ढकेल दिया, और स्वयं आगे बैठ गया।

(41)

टैक्सीवाले के पास पहुँचकर मैंने उसे ड्योढ़ा भाड़ा देकर बिदा कर दिया। वीरेन्द्र का मकान सचमुच बहुत ही निकट था। मकान काफी बड़ा था। अहाता भी संकीर्ण नहीं था और चारों ओर रेलिंग से घिरा हुआ था। नीचे का बरामदा काफी चौड़ा था। उसके चारों ओर बड़े करीने से तरह-तरह के विलायती फूलों के गमले रखे हुए थे। कुर्सियाँ भी बड़े ढंग से रखी हुई थीं। जब हम लोग मोटर से उतरे तब मैं वीरेन्द्र और शोभना भाभी का अनुकरण करता हुआ बरामदे की ओर बढ़ने लगा। इतने में पीछे से किसी ने मेरा कोट पकड़कर हलका-सा झटका दिया। मैंने लौटकर देखा तो मनिया ने आँखों के इशारे से मुझे बुलाया! वह कुछ दूर हटकर एकान्त में जाकर खड़ी हो गयी। मैंने धीमे से पूछा—''क्या बात है?''

उसने उससे भी धीमे स्वर में उत्तर दिया—''तुमने इन लोगों के यहाँ ठहरने का निश्चय तो कर लिया है, पर इन लोगों को अभी तक सूचित भी किया है या नहीं कि हम लोग ईसाई हैं? इन लोगों के बीच तुम भले ही रह लो, मेरे लिये तो असम्भव होगा!''

उसकी यह शंका स्वाभाविक थी। मसूरी में एक हिन्दू लड़की के घर निमन्त्रित होकर वह अपने प्रति लड़की के परिवारवालों का घृणासूचक व्यवहार और उसके साथ बैठकर चाय तक न पीने की बात अभी तक नहीं भूली थी, और वह भूलने की बात भी नहीं थी। इसी कारण उसकी यह सावधानी थी। मैं अगर अकेला होता तो मेरे मन में कभी यह कल्पना ही न उठती। मैं वीरेन्द्र को जानता था और उसके सम्बन्ध में इसी तरह

की कोई शंका नहीं कर सकता था, इसलिए मैं मुस्कराने लगा। पर तत्काल मेरे ध्यान में यह बात आयी कि वीरेन्द्र के सम्बन्ध में मैं भले ही निश्चिन्त होऊँ, शोभना भाभी के सम्बन्ध में मुझे क्या जानकारी है? इस बात की पूरी सम्भावना है कि हमारी ईसाइयत की सूचना मिलने पर हमें अतिथि-रूप में अपने यहाँ रखने में उन्हें आपत्ति हो सकती है। इसलिए मैंने मन-ही-मन मनिया की सावधानी के लिए उसे धन्यवाद दिया। बोला–"अभी हमारे यहाँ रहने की बात पक्की नहीं हुई है। अभी तो मैं केवल शिष्टाचारवश वीरेन्द्र के साथ चला आया हूँ; इसलिए तुम निश्चिन्त रहो।"

"अरे, तुम लोग वहाँ खड़े-खड़े एकान्त में क्या परामर्श कर रहे हो? एक क्षण का और एक बालिश्त दूरी का भी बिछुड़ना तुम्हें स्वीकार नहीं?"

वीरेन्द्र के इस परिहास से मनिया संकुचित हो उठी, और एक बार सलज्ज मुस्कान से उसकी ओर देखकर उसने आँखें नीची कर लीं। मैं प्रेमपूर्वक मुस्कराने लगा।

"चलो नृपेन्द्र, चलो बहु, बरामदे में आकर बैठो, चाय आ रही है।"

मैं मुड़ा और वीरेन्द्र के साथ चुपचाप बरामदे में जाकर एक कुर्सी पर बैठ गया। मनिया भी सशंकित पगों से हम लोगों का अनुसरण करती हुई चली आयी, मुझसे एकदम अलग हटकर एक कोनेवाली कुर्सी पर बैठ गयी। शोभना भाभी भीतर गयी हुई थीं। कुछ ही देर बाद वह कपड़े बदलकर, एक चिट्टी-सी जरीदार साड़ी पहने हुए अत्यन्त स्निग्ध मुस्कान मुख पर झलकाती हुई, अपने चारों ओर एक अवर्णनीय माधुर्य बिखेरती हुई हम लोगों के बीच में चली आयीं, और धीरे से मनिया के पास जाकर बैठ गयीं। मनिया संकोच से जैसे अधिक सिमिट गयी थी। फिर भी उसने सलज्ज मुस्कान से उनका स्वागत किया।

मनिया का स्वाभाविक संकोच जिस कारण से कई गुना अधिक बढ़ गया उससे परिचित होने पर भी वीरेन्द्र के आगे स्थिति को स्पष्ट करने में मैं अपने भीतर उत्साह का अभाव पा रहा था।

चाय आयी। मनिया ने व्याकुल दृष्टि से मेरी ओर देखा। मुझसे रहा न गया। यथासम्भव अपनी बात को परिहास का रूप देने का प्रयत्न करते हुए मैंने वीरेन्द्र को लक्ष्य करके कहा–"मनिया मुझसे पूछ रही थी कि मैंने अपने ईसाई होने की सूचना तुम्हें दी है या नहीं।"

मैंने भय से मनिया की ओर देखा। निश्चय ही मेरा सूचना देने का ढंग अस्वाभाविक था। वह आँखें तरेरकर मेरी ओर देखने लगी।

वीरेन्द्र ने वास्तव में आश्चर्य-भरी दृष्टि से मेरी ओर देखते हुए कहा–"सच? तुम ईसाई कब से हुए?" और, जैसे अपने प्रश्न का उत्तर पाने के लिए, वह मनिया की ओर देखने लगा।

एक बार बात के मुँह से निकल जाने पर मेरा संकोच दूर हो गया था। मैंने स्वाभाविक स्वर में उत्तर दिया–"अपने विवाह के सिलसिले में।"

"ओह, यह बात है! मैं समझा! मुझे यह जानकर बड़ी प्रसन्नता हुई कि बहू का रौब तुम पर विवाह के पहले ही से गालिब रहा है!" और वह परम प्रेमपूर्वक खुलकर हँसने लगा।

वीरेन्द्र की तरफ से तो मैं पहले ही से निश्चिन्त था। मैं गौर कर रहा था शोभना भाभी की ओर। पर जब मैंने देखा कि वह वीरेन्द्र के परिहास से अत्यन्त प्रसन्न होकर कछुए की तरह दुबकी हुई मनिया की ओर पहले से भी अधिक स्निग्ध—बल्कि पुलकित—दृष्टि से देख रही हैं तब मेरी सारी व्यर्थ की दुश्चिन्ता जाती रही।

साहस पाकर मैंने भाभी जी की ओर देखकर कहा—"मनिया को यह शंका हो रही थी कि कहीं आप लोगों की चाय उसके छू जाने से भ्रष्ट न हो जाय!"

वीरेन्द्र "हाः हाः हाः!" करके सारे मकान को कँपाता हुआ अट्टहास कर उठा। मनिया ने एक बार क्रुद्ध दृष्टि से मेरी ओर देखा और फिर सिर नीचा करके कुर्सी पर नाखून से कुछ लिखने लगी।

भाभी जी का मौन पहली बार भंग हुआ। संकोचहीन, स्वाभाविक शालीनता-भरी दृष्टि से मेरी ओर देखते हुए उन्होंने कहा—"इस जमाने में तो कट्टर-से-कट्टर परिवारों में भी इस तरह की आपत्ति नहीं उठायी जाती, फिर हम लोग तो अपने विधर्मी आचार-व्यवहार के लिए यों ही बदनाम हैं!"

किसी सधे हुए वादक द्वारा अप्रत्याशित रूप से वीणा के तार जैसे सहसा झन्कार उठे हों—ऐसा लगा उनका सहज कण्ठस्वर। किसी प्रकार की जड़ता और झिझक का लेश भी उसमें नहीं था। मैं विस्मय-विमुग्ध होकर कुतूहल-भरी दृष्टि से उनकी ओर देखता रह गया। मनिया भी इस बार सिर उठाकर प्रश्न-भरी दृष्टि से उनकी ओर देखने लगी। उसके मुख के भाव से मुझे विश्वास हो गया कि वह उस नये और अपरिचित वातावरण में पूर्णतः आश्वस्त हो चुकी है।

भाभी जी की बात में पहेली का जो थोड़ा-बहुत आभास था उसे स्पष्ट करता हुआ वीरेन्द्र बोला—"तुम्हें मैंने अभी यह नहीं बताया कि शोभना ब्राह्म परिवार की लड़की है।"

मुझे सचमुच आश्चर्य हुआ। मैंने कहा—"ब्राह्म तो अधिकतर बंगाली ही हुआ करते हैं।"

"तो क्या तुम अभी तक शोभना को मद्रासी लड़की समझे हुए थे?"

कहकर वीरेन्द्र ने फिर ठहाका लगाया। "वह बंगाली ही तो है!"

"सच?" मैंने अकृत्रिम आश्चर्य से पूछा—"पर यह तो हिन्दी मनिया से भी अच्छी बोल लेती हैं।"

"भागलपुर में इसका जन्म हुआ था, और विवाह के पहले का जीवन इसका एक प्रकार से वहीं बीता।"

''तभी!'' और मैंने फिर एक बार गौर से शोभना भाभी की ओर देखा। वास्तव में आश्चर्यजनक था उनका वह सौन्दर्य—सूर्यास्त के समय सुदूर पश्चिम दिशा में जलते हुए मेघखण्ड की तरह! जितनी बार भी मैं उनकी ओर देखता था, उतनी ही बार उनकी उस अनिर्वचनीय रूप-छटा की ज्वलित आभा एकदम नयी और अपूर्व लगती थी। कुछ देर देखकर मैंने आँखें फेर लीं और मनिया की ओर देखने लगा। स्पष्ट ही वह नहीं समझ पायी थी कि ब्राह्म लोग किस जाति के मनुष्य होते हैं, और बड़े चक्कर में पड़ी हुई थी।

मैंने उसके कौतूहल-निवारण के उद्देश्य से उसे बताया कि ब्राह्मों को कट्टर हिन्दू लोग ईसाइयों की तरह ही विधर्मी समझते हैं। ब्राह्म लोग हिन्दुओं के देवी-देवताओं को नहीं मानते। वे एकमात्र ब्राह्म को ही अनन्त, अनादि और शाश्वत सत्ता स्वीकार करते हैं और केवल उसी की उपासना करते हैं। मनिया ने प्रश्न किया कि 'ब्राह्म' क्या चीज है। मैंने संक्षेप में उसे समझाने का प्रयत्न किया। मैं कह नहीं सकता कि वह अपनी बुद्धि और संस्कार के अनुसार कितना समझ पायी और कितना नहीं, पर इतना मैं अवश्य जान गया कि इस जानकारी से वह और अधिक आश्वस्त हो गयी कि शोभना भाभी हिन्दू नहीं हैं।

वीरेन्द्र ने चाय के प्याले का पहला घूँट गटकने के बाद एक बार मेरी ओर और फिर एक बार मनिया की ओर देखते हुए कहा—''यदि बहू मुझे बहुत कुतूहली न समझे तो मैं एक बात जानने के लिए उत्सुक हूँ।''

बहू की तरफ से मैंने ही उत्तर दिया—''बहू तो समझ चुकी है कि तुम मेरे बड़े भाई हो, इसलिए तुम्हारे किसी भी प्रश्न का कोई अन्यथा अर्थ वह नहीं लगायेगी इसका विश्वास मैं तुम्हें दिलाता हूँ।''

मनिया चाय का प्याला हाथ में लिये वीरेन्द्र की ओर लाज के एकदम झीने पर्दे से झाँकती हुई मन्द-मन्द मुस्कराने लगी। उसका संकोच का आवरण बहुत-कुछ हट चुका है यह जानकर मुझे बड़ी प्रसन्नता हुई।

वीरेन्द्र बोला—''मैं यह जानना चाहता था कि तुम्हें ईसाई होने की क्या जरूरत आ पड़ी? बहू ईसाई परिवार में पैदा हुई, तुम दोनों का एक-दूसरे से परिचय हुआ, दोनों एक-दूसरे को चाहने लगे, और अन्त में विवाह के बन्धन में बँधने की स्वाभाविक इच्छा तुम दोनों के मन में उत्पन्न हुई, यह सब ठीक है, इतना मैं बड़ी आसानी से समझ सकता हूँ। पर इसके लिए तुम्हारे ईसाई बनने की आवश्यकता कहाँ आ पड़ी? क्या तुम वास्तव में ईसाई धर्म में इस हद तक विश्वास करने लगे हो कि बिना ईसाई बने तुम्हारी आत्मा को तृप्ति न मिलती?''

मैंने देखा कि वीरेन्द्र के मुँह का भाव अत्यन्त गम्भीर हो आया है और सहज स्वाभाविक परिहास की मुद्रा एकदम लुप्त हो गयी है।

मैंने कहा—"सच बताऊँ?" और यह कहकर एक बार मनिया की ओर देखा। उसके चेहरे पर घबराहट का कोई चिह्न न दिखायी दिया, बल्कि एक निश्चित दृढ़ता उसकी आँखों में, उसकी सम्पूर्ण मुख-मुद्रा में आ गयी थी। मैंने अनुमान लगाया कि ईसाई धर्म की चर्चा-मात्र से जैसे उसने अपने भीतर का इतनी देर तक खोया हुआ बल फिर प्राप्त कर लिया है।

यह जानते हुए भी कि मनिया को मेरी स्पष्टोक्ति प्रिय नहीं लगेगी, मेरे लिये यह असम्भव था कि मैं स्पष्टवादी और अकपट-हृदय वीरेन्द्र के आगे कोई झूठी बात बनाकर कहता।

मैंने वीरेन्द्र की ओर देखकर कहा—"असलियत यह है कि किसी भी धर्म पर मेरा कोई विश्वास नहीं है। मेरे लिये जैसा हिन्दू धर्म है वैसा ही ईसाई धर्म, जैसा इस्लाम वैसा ही ब्राह्म। मैं ईसाई होने पर भी ईसाई नहीं हूँ (और न हिन्दू ही) इस बात का विश्वास तुम्हें दिलाने में देर न लगेगी, क्योंकि तुम एक तो छात्र-जीवन में मेरे स्वभाव से परिचित रहे हो (मेरे उस समय के स्वभाव से आज के स्वभाव में कोई भी विशेष अन्तर नहीं आया है); दूसरा कारण यह है कि तुम पुरुष हो और भावुकता तुम में बहुत अधिक नहीं है। पर यह सब होने पर भी मैंने ईसाई धर्म का पट्टा अपने सिर पर क्यों लिखा लिया, इसके पीछे एक लम्बा इतिहास है और कुछ रहस्य भी। वह इतिहास क्या है और वह रहस्य कैसा है, यह तुम्हें एक दिन तुम्हारी बहू स्वयं ही समझायेगी (यह कहते हुए मैंने एक बार फिर तिरछी दृष्टि से मनिया की ओर देखा—वह अविचलित भाव से ध्यानपूर्वक मेरी बातें सुन रही थी। उसकी आँखों में जैसे एक चुनौती का भाव भरा हुआ था।) मैं इस समय तुम्हें केवल इतना ही संकेत दे सकता हूँ कि बिना ईसाई धर्म को अपनाये मेरा विवाह नहीं हो सकता था..."

"सिविल मैरिज में आप लोगों को क्या आपत्ति थी?" सहसा शोभना भाभी, स्पष्ट ही अपना कौतूहल दमन न कर सकने के कारण, मुझसे पूछ बैठीं और मनिया की ओर प्रश्न-भरी दृष्टि से देखने लगीं।

मैंने कहा—"सिविल मैरिज तब सम्भव होती जब हम दोनों यह स्वीकार करने को तैयार होते कि हम किसी भी धर्म को नहीं मानते।"

"ओह, तब यह कहिये कि बहू कट्टर धार्मिक है!" शोभना भाभी ने स्नेहभरी दृष्टि से मनिया की ओर देखते हुए कहा।

मनिया का मुँह सहसा प्रगाढ़ रूप से गम्भीर हो आया था। उसका इतनी देर तक बरबस दबाया हुआ आवेग सहसा फूट पड़ा। किंचित् खीझ-भरे स्वर में वह बोली—"किसी धर्म को स्वीकार करने पर उस पर आस्था न रखने और उसके सिद्धान्तों का पालन कट्टरता से न करने की बात मेरी समझ में नहीं आती। भीतरी विश्वास न होने पर भी जो व्यक्ति अपना धर्म परिवर्तन करने को तैयार हो जाता है वह केवल अपने ही

प्रति विश्वासघात नहीं करता, बल्कि दूसरों को भी धोखे के जाल में फँसाने का अपराधी होता है।'' और उसने प्रायः फनफनाते हुए चाय का प्याला उठा लिया जिसे शोभना भाभी ने नये सिरे से भर दिया था।

उसका आज का रूप मेरे लिये भी एकदम नया था। मुझे पहले ही से आशंका थी कि मेरी आज की स्वीकारोक्ति की जो प्रतिक्रिया मनिया के मन पर होगी वह निश्चय ही प्रिय नहीं होगी। पर वह अप्रियता सहसा यह रूप धारण कर सकती है इसकी कल्पना मैंने नहीं की थी।

कुछ क्षणों के लिए सारे वातावरण में अत्यन्त अशोभन सन्नाटा छाया रहा। भीतर-ही-भीतर अत्यन्त भीत होने पर भी मैं बाहर से अपनी शान्त धीरता को कायम रखे रहा। अत्यन्त संयत स्वर में, अविचलित भाव से भाभी को लक्ष्य करके बोला—''आप लोगों को यह सुनकर आश्चर्य होगा कि हम दोनों ने साथ-साथ ईसाई धर्म स्वीकार किया।''

भाभी जी और वीरेन्द्र अकृत्रिम आश्चर्य से मेरी ओर देखते रह गये।

''वह तुमने बड़ी विचित्र बात सुनायी!'' वीरेन्द्र बोला।

''इसमें कोई विशेष विचित्रता भी नहीं है,'' मैंने कहा, ''मनिया को एक ऐसा वातावरण मिल गया था, जो उसकी भावुक और साथ ही जन्मजात धार्मिक प्रवृत्ति के विकास के लिए सर्वथा अनुकूल था। ईसा के निःस्वार्थ त्यागमय जीवन, दीन-दरिद्रों, पतितों और लांछितों के प्रति अकपट प्रेम, और सबसे अधिक उनके जीवन के कारुणिक अन्त से सम्बन्धित परिस्थितियों और घटनाओं ने इसके भीतर ऐसा गहरा प्रभाव डाल दिया कि अपने (और मेरे भी) जीवन के उच्चतम विकास की पहली सीढ़ी के रूप में उसे ईसाई मत का स्वीकरण अनिवार्य रूप से आवश्यक लगा। मैंने इसका विरोध भी किया था, और उसकी कोई आवश्यकता नहीं मानी थी। पर उसने अपना मत किसी भी हालत में नहीं बदला और बार-बार मुझे यह समझाती रही कि ईसाई मत को अपनाने में ही दोनों का कल्याण निहित है। स्थिति की अनिवार्यता देखकर मुझे ईसाई बनने के सिवाय दूसरा कोई चारा ही नहीं दिखायी दिया। पर मुझे इस बात की तनिक भी ग्लानि नहीं है कि मैंने अपना जन्मजात धर्म त्यागकर एक दूसरा धर्म ग्रहण कर लिया। मेरे लिये दोनों ही समान हैं।''

मनिया इस बार कुछ नहीं बोली। उसका वह क्षणिक आक्रोश अपने-आप विलीन हो गया था। ''भाई, अपनी-अपनी परिस्थितियाँ हैं और अपनी-अपनी धारणाएँ,'' वीरेन्द्र ने मन्द-मन्द मुस्कराते हुए कहा। ''हम दोनों ने तो स्पष्ट स्वीकार कर लिया था कि हम किसी भी धर्म पर विश्वास नहीं करते। न सिविल मैरिज में कोई रुकावट पड़ी न हमारे मन में।''

(42)

"तो क्या आप, सचमुच किसी धर्म पर विश्वास नहीं करतीं, भाभी?" मैंने पूछा। "वीरेन्द्र के बारे में तो मैं जानता हूँ, वह जन्म का नास्तिक है। एक बार कॉलेज में इस विषय पर डिबेट हुआ था कि 'क्या ईश्वर की कोई आवश्यकता है?' तब वीरेन्द्र ने अपने भाषण में कहा था—ईश्वर की कोई आवश्यकता नहीं है। यदि है तो केवल उतनी ही जितनी गंगा नहाने वालों को घाट के पण्डे की; जिसके पास नहाने के पूर्व अपने कपड़े सुरक्षित रखे जा सकें, नहाने के बाद कुछ देर आराम किया जा सके, और चन्दन के शृंगार से तृप्त होने के बाद जिसे कृतज्ञतास्वरूप कुछ दक्षिणा भेंट की जा सके। इसके अतिरिक्त उसकी और कोई भी आवश्यकता नहीं है।"

बहुत पुरानी बात की याद दिलाये जाने पर वीरेन्द्र अट्टहास कर उठा। भाभी भी खूब हँसीं, और मनिया भी खुलकर हँसने लगी।

मैंने भाभी जी को लक्ष्य करके कहा—"इसके घाटवाले दृष्टान्त का ठीक आशय क्या था यह तो मैं न तब समझ पाया न अब समझता हूँ, पर था वह बड़ा मजेदार इसमें शक नहीं। पर जितना नास्तिक यह अपने को बताता था उतना नास्तिक सचमुच में था नहीं। एक दिन मैंने अकस्मात् इसके कमरे की खिड़की से भीतर की ओर झाँककर उसे एकान्त में ध्यान करते हुए पकड़ लिया। अपनी चोरी पकड़े जाने से यह इस कदर लाज और संकोच से गड़ने लगा था कि मुझे अपनी जासूसी पर दुःख होने लगा। फिर भी इतना तो निश्चित ही है कि किसी धर्म-विशेष के नियमाचार के बन्धन को इसने कभी स्वीकार नहीं किया—न भीतर से न बाहर से। पर मैं पूछ रहा था आपसे। मुझे यह जानने की उत्सुकता है कि आप भी क्या सचमुच किसी धर्म पर विश्वास नहीं करतीं? और न ईश्वर पर?"

"मेरा तो यही विश्वास है कि किसी धर्म पर विश्वास न करने की बात स्वीकार करके मैंने कोई झूठ बात नहीं कही थी," भाभी जी ने सहज भाव से मेरी ओर देखते हुए कहा, "ब्राह्म परिवार में मेरा जन्म हुआ है, जहाँ धार्मिक आडम्बर बहुत अधिक नहीं रहता। ब्राह्म लोग एकमात्र ब्रह्म की सत्ता स्वीकार करते हैं, पर उस अद्वितीय ब्रह्म की उपासना वे लोग सामाजिक रूप से करना अधिक पसन्द करते हैं और वह भी बड़े आडम्बर के साथ। उपासना के इस सामाजिक और सामूहिक रूप से मुझे सदा चिढ़ रही है। पर एकान्त में भी कभी मेरे अन्तर में उस एकमेवाद्वितीयम् ब्रह्म के प्रति पूर्ण विश्वास के साथ भक्तिभाव उमड़ा हो, ऐसा मुझे याद नहीं आता। यह ठीक है कि जब कभी घोर संकट मेरे आगे खड़ा हो जाता है या मेरा मन किसी कारण से असहनीय पीड़ा का अनुभव करने लगता है तब किसी अज्ञात शक्ति से प्रार्थना करने को जी अवश्य चाहता है। पर उस अज्ञात शक्ति की न तो कुछ भी स्पष्ट या अस्पष्ट धारणा मैं कभी

कर पायी हूँ, न कभी उसके सम्बन्ध में एकान्त में चिन्तन करने की कोई प्रवृत्ति ही मेरे भीतर जगती है।''

शोभना भाभी की इस सरल, निश्छल स्वीकारोक्ति से मैं मन-ही-मन मुग्ध हो उठा पर मनिया इसे जैसे कुछ समझ ही नहीं पा रही थी। वह भरमायी आँखों से उनकी ओर देखती रह गयी, जैसे अपनी बात को और अधिक स्पष्ट करने की प्रार्थना कर रही हो।

शोभना भाभी ने स्निग्ध-मधुर मुस्कान मुख पर झलकाते हुए, बड़े ही मीठे स्वर में मनिया से कहा—''मुझे पूरा विश्वास है कि आपके भीतर तो निश्चय ही सचमुच का भक्ति-भाव जगता होगा! अनुभूति की वह विह्वलता निश्चय ही बड़ी मार्मिक होती होगी, जैसा कि भक्तों के चरित्रों से पता चलता है, पर मैं चाहने पर भी उसका अनुभव नहीं कर पाती।''

''आप एक बार प्रभु ईसा का चरित्र मन लगाकर पढ़िये'', मनिया बोली ''वह स्वर्गीय आत्मा आपके भीतर निश्चय ही भक्ति, श्रद्धा और विश्वास जगा देगी।''

''मैं पढ़ चुकी हूँ,'' अत्यन्त शान्त और संयत स्वर में भाभी जी ने कहा। ''मन लगाकर ही मैंने पढ़ा है। एक बार नहीं कई बार। पढ़कर उस महापुरुष के महान् प्रेम, महान् त्याग और अपार साहस का परिचय पाकर मेरे मन में उनके प्रति श्रद्धा और आदर का भाव अवश्य उत्पन्न हुआ है, पर इससे अधिक और कुछ नहीं।''

मनिया के मुख पर सहसा एक काली छाया घिर आयी, जिस पर प्रगाढ़ क्षोभ और निराशा के चिह्न स्पष्ट अंकित थे। बोली—''आप क्या प्रभु को केवल एक महापुरुष ही मानती हैं, इसके आगे और कुछ नहीं? यदि वह केवल पुरुष ही थे तब तो वह 'महा' भी नहीं थे, साधारण मनुष्यों के और उनके व्यवहार में कोई अन्तर नहीं था, बल्कि प्रत्यक्ष के कई मामलों में वह साधारण मनुष्य से भी अशक्त और दयनीय थे। पराक्रम का लेश भी उनमें नहीं था। न तो अपने साथ कोई जनबल ही वह एकत्रित कर पाये, न नीचों, दुष्टों और अत्याचारियों से अपनी रक्षा करने में समर्थ हुए। उनके सिर पर थूका गया, जानवरों की तरह उन्हें पीटा गया, काँटों का ताज पहनाकर उसके साथ निर्मम परिहास किया गया और निर्मम बर्बरता के साथ सूली पर चढ़ाया गया। मानवता के द्वारा किये गये इस चरम अपमान का न तो वह कोई प्रतिरोध कर सके न कोई उत्तर दे सके। एक अत्यन्त साधारण, दुर्बल, असमर्थ और असहाय व्यक्ति की तरह उनकी जीवन-लीला समाप्त हुई...''

उसके मुख से सहसा इस तरह की अविश्वसनीय बात और अनुमानातीत तर्क सुनकर मैं स्तब्ध था और भ्रान्त दृष्टि से उसकी ओर ताक रहा था। वीरेन्द्र और शोभना भाभी उसके आशय को कुछ ठीक से समझ न पा सकने के कारण प्रश्न-भरी दृष्टि से उसकी ओर देख रहे थे।

मनिया की मुद्रा अत्यन्त गम्भीर हो आयी थी। आँखों से जैसे चिनगारियाँ निकल रही थीं जो आँसुओं के रूप में पिघलने को ही थीं। उसकी वह प्रालेय मूर्ति सचमुच

मेरे लिये भी एकदम नयी और अपरिचित थी। स्पष्ट ही वह वीरेन्द्र या शोभना भाभी से किसी प्रश्न की प्रत्याशा कर रही थी। पर दोनों मौन थे और जिज्ञासु भाव से उसकी ओर देख रहे थे। मुझे स्थिति की गम्भीरता महसूस हुई। मुझे यह जानने में देर न लगी कि यदि मनिया के उस भावावेग को कोई विकास न मिला तो भीतर-ही-भीतर उसके विस्फोट का अच्छा परिणाम नहीं होगा। जो चर्चा चली थी उसके तार का एक क्षण के लिए भी टूटना खतरे से खाली नहीं था।

अतएव उन दोनों की ओर से मैंने उत्तर दिया–"ईसा ने जो घोर निरादर, अपमान और अत्याचार बिना किसी भी प्रतिरोध के शान्त भाव से सहन किया और बिना किसी शिकायत के सूली पर चढ़ गये, वही तो उनका महापुरुषत्व था। 'जो तुम्हारे एक गाल पर थप्पड़ मारे उसकी ओर अपना दूसरा गाल भी बढ़ा दो!' इस उपदेश को चरम संकट की परिस्थिति में कार्यान्वित करके उन्होंने एक महान् आदर्श संसार के आगे रखा है।"

"मनुष्य चाहे कितना ही लघु हो या महान् वह कभी मानवता को ठुकरानेवाले इतने बड़े अपमान को सहन नहीं कर सकता," मनिया ने कहा, "उसके विरोध की आवाज वह किसी-न-किसी रूप में अवश्य उठावेगा..." उसका एक-एक शब्द मशीनगन की गोली से भी अधिक कठिन, लचीला और दृढ़ था।

मैं हैरान था।

"तुम्हारा आशय यह तो किसी भी हालत में नहीं हो सकता," मैंने कहा, "कि महात्मा ईसा साधारण मनुष्य से भी गिरे हुए थे?"

"नहीं, इस तरह की कल्पना मैं कभी मन में ला ही नहीं सकती। मैं तो एक सीधी-सी स्पष्ट बात कहने जा रही थी। वह यह कि प्रभु ईसा मनुष्य नहीं थे। वह साक्षात् ईश्वर के अवतार थे–उसी अर्थ में जिसमें तुम्हारे कृष्ण अवतार माने जाते हैं। यही कारण था कि वह मानवता को कलंकित करनेवाले उस क्रूर अपमान की, उस अमानुषिक विष को चुपचाप पी गये, और उस बर्बर हत्या को अत्यन्त शान्त भाव से उन्होंने स्वीकार कर लिया। अपनी उस कारुणिक मृत्यु का नाटक उन्होंने स्वयं रचा था। यदि वह न चाहते तो मृत्युलोक में एक भी प्राणी ऐसा वर्तमान नहीं था जो उनका बाल भी बाँका कर सकता। अन्ध-संस्कारों से घिरी हुई, पापमग्न मानवता में अपने कठोर पीड़न, निर्यातन और मरण द्वारा वह प्रायश्चित्त का बीज बो जाना चाहते थे, जिसकी धीमी–किन्तु कभी न बुझनेवाली–आँच में वह परवर्ती कई पीढ़ियों तक दग्ध होता रहे। इसी एकमात्र अचूक उपाय से मनुष्य-जाति के भीतर के अमानुषिक विचार गल-पिघलकर साफ हो सकते थे और उसके भीतर का खरा सोना निखर सकता था।"

मैं इस बात पर गौर कर रहा था कि उसके मुख की प्रगाढ़ गम्भीर मुद्रा धीरे-धीरे एक अलौकिक रोमांच के अज्ञात स्पर्श से एक अपूर्व तेजोमय प्रकाश में बदलकर दिप-दिप करने लगी थी। शोभना भाभी और वीरेन्द्र विमूढ़ भाव से, विस्मित दृष्टि से उसकी ओर एकटक देख रहे थे। स्पष्ट ही उन दोनों के भीतर मेरी ही तरह यह धारणा

जम गयी थी कि अन्तर के जिस गहन और अदमनीय विश्वास से प्रेरित होकर मनिया ने अपना मत प्रकट किया है उसके सम्बन्ध में किसी तरह की बहस करके उसके मत को बदलने का प्रयत्न अशोभन के अतिरिक्त एकदम निरर्थक भी सिद्ध होगा।

कुछ देर तक सारे वातावरण में एक गम्भीर सन्नाटा छाया रहा। मनिया ने जिस मार्मिकता से अपने धार्मिक विश्वास को उघाड़कर रख दिया था उसके बाद फिर न तो किसी दूसरे विषय की चर्चा जम सकती थी, न उसी विषय को आगे बढ़ाने का साहस किसी में रह गया था।

प्रायः ढाई मिनट के अशोभन मौन के बाद सहसा शोभना भाभी ने मनिया का हाथ पकड़ते हुए कहा—"चलो बहन, भीतर चलें। तुमने तो अभी हमारा मकान भीतर से देखा ही नहीं। हम बंगालियों के यहाँ जब नयी बहू घर में आती है तब उसे घर की लक्ष्मी मानकर मकान की सब चीजें दिखायी जाती हैं और भण्डार की कुंजी उसे सौंप दी जाती है।" कहकर भाभी जी ने स्नेह-सिक्त कटाक्ष से मेरी ओर देखा। वास्तव में उनके कटाक्ष में भी एक ऐसी मोहक शालीनता थी जो किसी भी हालत में उपेक्षणीय नहीं हो सकती।

एक क्षण में मनिया का सहज रूप लौट आया। वह वास्तव में नववधू की तरह सकुचाती हुई लाज-मधुर मुस्कान के मारे मुख को रँगती हुई भाभी जी के साथ धीरे से उठ खड़ी हुई।

(43)

जब दोनों भीतर चली गयीं तब वीरेन्द्र की जबान खुली। तब तक वह स्तब्ध बैठा हुआ था। धीरे से बोला—"यार, तुम्हारी बहू सचमुच एक असाधारण नारी है। जितनी ही भावुक है उतनी ही दृढ़ भी। और उसकी बुद्धि भी कुछ कम साधारण नहीं लगती। ऐसा विचित्र, पर साथ ही प्रभावोत्पादक तर्क मैंने पहले कभी नहीं सुना। किसी धर्म-प्रवर्तक के देवत्व पर ऐसा आन्तरिक और अकपट विश्वास मैंने किसी भी धर्म के कट्टर-से-कट्टर अनुयायी में भी कभी नहीं पाया। यह ठीक है कि यह विश्वास जीवन की अस्वाभाविक परिस्थितियों और शिक्षा की एकांगीयता के कारण ही उत्पन्न होता है, पर है यह बड़ा ही मर्मस्पर्शी साथ ही घोर अविश्वासी और अधार्मिक के भी प्राणों को छूनेवाला!"

मैंने प्रसन्न होकर कहा—"अब तुम समझ गये मित्र, कि मैं क्यों ईसाई बना?"

"निस्सन्देह मैं मानता हूँ कि इस विभूति को किसी भी मूल्य पर प्राप्त करना, चाहे धर्म बदलकर हो या प्राणों की बाजी लगाकर, यह सौदा कभी घाटे का नहीं हो सकता।" भावुकता के आवेश में बड़ी गम्भीरता के साथ वीरेन्द्र ने कहा।

मैंने बहुत धीमी आवाज में मनिया के जीवन का सारा इतिहास कह सुनाया। वीरेन्द्र एकाग्र चित्त से सुनता रहा। उसके मुख पर विस्मय, करुणा और श्रद्धा के भाव एक

साथ झलक उठे थे। जब मैं पूरा किस्सा सुना चुका तब वह बोला—"इतने कम अर्से के भीतर जीवन के इतने अधिक उलट-फेर आश्चर्यजनक तो हैं ही पर सबसे अधिक आश्चर्यजनक है उसकी बुद्धि और मनोभावों का ऐसा द्रुत विकास। तुम्हारी बातों से ऐसा लगता है कि जैसे एक ही दिन में उसने विकट दुःस्वप्नों से भरे हुए अपने पिछले जीवन की सारी केंचुली उतारकर फेंक दी हो। यह बात केवल परिस्थितियों के बदलने के कारण सम्भव नहीं हो सकती। इसके लिए मन के बहुत भीतर छिपे हुए किन्हीं विशेष मूलगत संस्कारों का होना आवश्यक है।"

वीरेन्द्र का वह प्रशंसात्मक, श्रद्धामूलक मनोभाव ऐसा गम्भीर था कि उसके बाद फिर उस पर किसी तरह के विनोद या परिहासपूर्ण मन्तव्य की गुंजाइश नहीं रह गयी थी। इसलिए मैंने भी गम्भीर मुद्रा बना ली।

हम दोनों मौन बैठे थे। वीरेन्द्र न मालूम जीवन के किस रहस्य के सम्बन्ध में गम्भीर चिन्तन में डूब गया था, और मैं भी न जाने अपने भीतर की किस अस्पष्ट उलझन को सुलझाने में मग्न था। सहसा बाहर सड़क पर कुछ सम्मिलित कण्ठों का चीत्कार सुनकर हम दोनों का अन्तर-ध्यान भंग हो गया और बाहरी इन्द्रियाँ सजग हो उठीं। चीत्कार निकट-से-निकटतर होता जाता था और स्पष्ट से स्पष्टतर। कुछ क्षणों बाद हम लोगों ने देखा, सामने से होकर एक जुलूस चला जा रहा था। जुलूस के आगे-आगे कुछ लोग लाल झण्डियाँ लिये हुए थे। जनता अत्यन्त उत्तेजित जान पड़ती थी और सब लोग मिलकर पूरी ताकत से, कायरों को दहला देनेवाले सम्मिलित स्वर में नारे लगा रहे थे। उन नारों से केवल दो ही बातें सुनायी देती थीं—"नाश हो!" और "जिन्दाबाद!" लगता था जैसे एक प्रचण्ड आवेग की बिजली—हजारों वोल्टवाली—सारे जनसमूह की नसों में ऐसी तेजी से दौड़ रही है कि उनमें से किसी एक को भी छूते ही छूनेवाला तत्काल मृत अवस्था में गिर पड़ेगा। सबके मुँह झण्डियों की तरह लाल हो आये थे; जैसे एक चलती-फिरती आग की लाल-लाल लपटें सहस्रों लपलपाती हुई जीभों को बाहर निकालकर सारे युग को ग्रसकर चाट जाने के लिए अधीर हो उठी हों।

जुलूस हमारे सामने से होकर निकल गया। पर "नाश हो!" "जिन्दाबाद!" के नारे जुलूस के आँखों से ओझल हो जाने के बाद भी कुछ देर तक हमारे कानों से आकर टकराते रहे और आवाज विलीन हो जाने के बाद भी वे शब्द काफी देर तक मेरे बाहरी और भीतरी कानों में गूँजते रहे।

वीरेन्द्र बोला—"आनेवाले युग की जलती हुई निशानी देखी तुमने? इधर कुछ समय से कलकत्ते का वातावरण बहुत ही गरम हो उठा है। एक भी दिन ऐसा नहीं बीतता जब कहीं-न-कहीं उपद्रव खड़ा न होता हो। दस-पाँच व्यक्ति प्रायः प्रतिदिन घायल होते रहते हैं और दो-चार आदमी मर भी जाते हैं। चारों ओर अशान्ति और असन्तोष की लहर फैली हुई है जो किसी भी हालत में जल्दी दब सकेगी, ऐसी आशा मैं नहीं करता। केवल कलकत्ता ही तक यह लहर सीमित नहीं है, चारों ओर यह बड़ी तेजी से फैल

रही है। निकट-भविष्य में आनेवाली प्रबल बाढ़ को रोक सकने की शक्ति किसी व्यक्ति या समूह में है, ऐसा विश्वास मैं नहीं करता। कहीं बाढ़ और कहीं दावाग्नि—इन्हीं दो दुर्दमनीय प्राकृतिक उपद्रवों के ताण्डव से पिछले युगों की न जाने कितनी इमारतें ढहकर बह जायँगी, न जाने शताब्दियों से जमे हुए कितने प्रतिष्ठान राख हो जायेंगे। यह अच्छा होगा या बुरा, यह प्रश्न बिलकुल दूसरा है जो लोग इस प्रलय-परिवर्तन के लिए तैयार नहीं रहेंगे उनकी समाप्ति बड़े शोचनीय रूप से होगी, यह निश्चित है।''

''तुम क्या उस परिवर्तन के लिए तैयार हो?'' सहसा मेरे मुँह से निकल पड़ा।

''देखो रंजन, एक बात तुम्हें बता दूँ। सामन्त-वर्ग से मेरा जन्म हुआ है, यह ठीक है, पर मेरे भीतर के संस्कार जैसे जन्म से ही प्रोलेतेरियन रहे हैं। चूँकि तुम मेरे स्वभाव से भली-भाँति परिचित हो, इसलिए तुम्हें मेरी इस बात पर विश्वास करने में देर न लगेगी। ऐश्वर्य के बीच में पलने पर भी मैंने कभी ऐश्वर्य का उपभोग विलासिता की दृष्टि से नहीं किया। अपनी सांसारिक स्थिति को और न सांस्कृतिक सत्ता को ही कभी मैंने जनसाधारण की सत्ता से अलग महसूस किया। यह ठीक है कि मेरे पास ऐश्वर्य-भोग के सारे उपकरण वर्तमान हैं और बाहरी रूप से मैं उनका उपभोग भी किसी हद तक करता ही हूँ, पर वह उपभोग मेरे भीतरी व्यक्तिगत को कभी छू तक नहीं पाता। किसी भी क्षण मैं अपने उस बाहरी मुखड़े को उतारकर फेंक सकता हूँ—बिना लेशमात्र भी खेद या ग्लानि के।''

मैंने गौर से उसकी ओर देखा और मेरे मन में सचमुच इस सम्बन्ध में तनिक भी सन्देह न रहा कि वह अपने-आपको नहीं ठग रहा है, और एक भी बात बढ़ाकर नहीं कह रहा है।

''तब तो तुम किसी दिन सक्रिय रूप से जन-आन्दोलन में भाग लेने को भी तैयार हो सकते हो!'' मैंने कहा।

''मैं बहुत दिनों से इस तरह की बात सोच रहा हूँ। पर सच बात यह है कि मेरे भीतर के प्रोलेतेरियन संस्कार कैसे ही प्रबल क्यों न हों आखिर बुर्जुवा संस्कार किसी-न-किसी रूप में वर्तमान तो रहेंगे ही। जात की बछिया औकात का घोड़ा, बहुत नहीं तो थोड़ा-थोड़ा।'' कहकर वह हँसा, पर फिर तत्काल गम्भीर होकर कहने लगा—''इस लोकोक्ति में तनिक भी अत्युक्ति नहीं है। न चाहने पर भी मैं बहुत-सी ऐसी बाहरी सामाजिकता में फँसा हुआ हूँ जो मुझे मुक्तभाव से मैदान में कूद पड़ने के लिए रोकती रहती हैं। उन सुदृढ़ सामाजिक बन्धनों के विरुद्ध करने के लिए मेरे अन्तर्प्राण सब समय छटपटाते रहते हैं। इस द्वन्द्व से जो आग उत्पन्न होती है वह मुझे प्रतिक्षण दग्ध करती रहती है। ऊपर से मैं बड़ा ही निर्द्वन्द्व, हास्यप्रिय और छिछली प्रकृति का आदमी लगता हूँ, पर मेरे भीतर क्या तूफान मच रहा है, इसे मैं नहीं समझा पाऊँगा।''

मैं चुपचाप चकित भाव से उसकी ओर देख रहा था। जिस मार्मिक गम्भीरता से आज उसने अपने भीतर की अशान्ति का परिचय मुझे दिया था, उसके बाद कोई भी

साधारण प्रश्न व्यर्थ और बेमेल सिद्ध होगा, यह मैं जानता था। फिर भी कुतूहल न दबा सका।

''तुम किस तरह के सामाजिक बन्धनों की बातें कर रहे हो, क्या मैं जान सकता हूँ?'' मैंने पूछा।

''बताता हूँ। चलो जरा लान में टहला जाय।'' कहकर उसने मेरा हाथ पकड़ा। हम दोनों उठकर बाहर विस्तृत लान में टहलने लगे। उत्तर की ओर एक एकान्त कोने में स्थित एक बेंच पर मुझे बिठाकर वह स्वयं भी बैठ गया, उसके बाद उसने अन्तिम प्रश्न के सूत्र को पकड़ते हुए धीरे से कहा–

''उदाहरण के लिए मेरे वैवाहिक बन्धन को ही ले लो। मेरा विवाह किन परिस्थितियों में हुआ, पहले इसका संक्षिप्त इतिहास मैं सुनाता हूँ। शोभना एक बहुत बड़े घर की लड़की है। इसके पिता पटने के एक नामी बैरिस्टर थे और बँगला के एक प्रसिद्ध साहित्यकार भी। शोभना की शिक्षा-दीक्षा में किसी भी सांस्कृतिक पहलू से कोई कमी न रहने पाये, इसके लिए वह बराबर प्रयत्नशील रहे। दुर्भाग्य से जब यह बी.ए. में पढ़ रही थी तब अचानक एक दिन हार्ट फेल हो जाने से उनकी मृत्यु हो गयी। शोभना से मेरी घनिष्ठता उनके जीवनकाल में ही हो चुकी थी। मैं उनके यहाँ आया-जाया करता था। शोभना के पिता–अभयकुमार सरकार–से साहित्य-कला पर वाद-विवाद किया करता था। शोभना भी कभी-कभी विवाद में भाग लेती थी। पर वह बड़े अन्यमनस्क स्वभाव के आदमी थे। मुझे पूरा विश्वास है कि इस बात पर उनका ध्यान ही कभी नहीं गया कि शोभना के और मेरे बीच घनिष्ठता दिन-पर-दिन बढ़ती चली जा रही है। पहली शादी से उनका एक लड़का था जिसका नाम था शैलेन्द्रकुमार। शोभना की माँ उनकी द्वितीय पत्नी थीं। शोभना का जन्म होने के कुछ ही महीने बाद उसकी माँ भी चल बसी थी, फिर कोई विवाह अभय बाबू ने नहीं किया। हम दोनों की घनिष्ठता में शैलेन्द्रकुमार (जो स्वयं एक वकील थे) तनिक भी प्रसन्न नहीं थे। पर बाहर से मेरे साथ उनका प्रेम-व्यवहार बराबर बना रहा। शैलेन्द्र बाबू का रुख देखकर मैं कायरों की तरह सरकार-परिवार से कतराकर अलग हो जाना चाहता था, पर शोभना सब-कुछ जानते हुए भी बड़ी ढिठाई से जैसे बरबस मेरा हाथ पकड़कर अपने परिवार से मुझे बाँधे रही। मैंने बीच में कुछ दिनों के लिए उन लोगों के यहाँ जाना बन्द कर दिया था। शोभना एक दिन में मेरे यहाँ आ धमकी और भर्रायी हुई आवाज में बोली–'बाबू जी आपके साहचर्य के आदी इस हद तक हो चुके हैं कि एक दिन के लिए भी अगर आपसे साहित्यिक चर्चा बन्द हो जाती है तो उन्हें खाने की रुचि नहीं रह जाती। पर आप तो अचानक और अकारण हम लोगों से ऐसे नाराज हो उठे हैं कि आज चार दिन से एक बार भी आपने हम लोगों के यहाँ पधारने की कृपा नहीं की। हम लोगों से आप नाराज रहें, इसकी कोई शिकायत मैं कभी नहीं करूँगी, पर बाबू जी ने आपका क्या बिगाड़ा है?' और उसका अभिमान-भरा स्वर सहसा आँसुओं के रूप

में फूट पड़ा। तुम समझ सकते हो रंजन, उन आँसुओं की उपेक्षा सहज में सम्भव नहीं थी। तब तक मैंने उसके बाबू जी के साथ अपने हेलमेल को साधारण मैत्री के रूप में लिया था, जो मुझे प्रिय थी। पर उन आँसुओं ने उस मैत्री का जो मार्मिक रूप मेरे सामने रखा वह मेरे लिये एकदम नया था। मैंने फिर सरकार महाशय के यहाँ आना-जाना आरम्भ कर दिया। उसके बाद एक दिन जब सन्ध्या के समय हम सब लोग साथ बैठकर चाय पी रहे थे तब सहसा सरकार महाशय के शरीर में एक विचित्र प्रकार की ऐंठन-सी शुरू हुई और कुछ ही देर बाद वह मृत अवस्था में नीचे गिर पड़े। शोभना ने सिर पीट-पीटकर सारा मकान सर पर उठा लिया। मैं डॉक्टर लाने दौड़ा यह जानते हुए भी कि सब व्यर्थ है। डॉक्टर ने आकर क्षण-भर के लिए देखा और दुःख प्रकट करता हुआ बिना फीस लिये वापस चला गया।

"तब से उस मकान की सारी स्थिति ही मूलतः बदल गयी। वहाँ पाँव रखते ही एक निराला—श्मशान का-सा—सन्नाटा छाया हुआ मालूम होता। घर की सारी श्री ही जैसे नष्ट हो गयी थी। इतने दिनों तक केवल एक ही व्यक्ति के तेज से सारा मकान जगमगा रहा था। शोभना तो सूखकर एकदम काँटा हो गयी थी। मेरे दिलासा देने से कोई लाभ उसे नहीं हो रहा था। और सच बात यह थी कि शैलेन्द्र बाबू का रुख देखते हुए मैं उसे सच्चे हृदय से दिलासा भी नहीं दे पाता था।

"इसी प्रकार एक वर्ष बीत गया। एक दिन मुझे जाड़ा लगकर बड़े जोरों से ज्वर आ गया। टेम्परेचर 106 डिग्री तक चढ़ गया। रातभर मुझे होश नहीं रहा। सुबह आँख खुलने पर जब मैंने अपने को होश में पाया तब देखा कि शोभना मेरे सिरहाने बैठी हुई मेरे माथे पर अपना हाथ रखे हुए थी। मेरे आश्चर्य का ठिकाना नहीं था। मैंने पूछा—'तुम किस समय आयीं? तुम्हें कैसे खबर लग गयी?' ज्वर के खुमार में मैं उसे 'तुम' कहकर सम्बोधित कर बैठा था। वह मन्द-मन्द मुस्करायी। धीरे-से बोली—'चुपचाप आराम करो; आपको इतनी सब बातें जानने की जरूरत क्या है? डॉक्टर ने ज्यादा बोलने से मना किया है।' और वह तत्काल उठकर थर्मामीटर ले आयी। उसे धोकर, पोंछकर, झटकाकर दायें हाथ में लेती हुई बोली—'लो, जरा मुँह खोलो तो। मैंने मुँह खोला और उसने एक हाथ से मेरी ठुड्डी धीरे-से पकड़कर दूसरे हाथ से मेरे मुँह के भीतर थर्मामीटर का निचला भाग 'फिट' कर दिया। उसके बाद अपने बायें हाथ में घड़ी देखती रही। जब तक वह घड़ी देख रही थी तब तक मैं पूरी तन्मयता से उसकी ओर एकटक देखता रहा। एक अपूर्व स्निग्धता मेरे भीतर छा रही थी। अकलुष कृतज्ञता का एक मोह-मधुर भाव मेरे हृदय में छलक उठा। तुम तो जानते ही हो, मेरी माँ मेरे छुटपन में ही चल बसी थी और किसी बहन के स्नेह का भी सौभाग्य मुझे कभी प्राप्त नहीं रहा। पिता जी बहुत अधिक स्नेह करते थे, पर अपने स्वभाव के अनुरूप गुरु-गम्भीर ढंग से। जो भी हो, उस दिन ज्वर के कारण अपनी परास्त अवस्था में शोभना को देखकर मुझे ऐसा लग रहा था जैसे लाखों युगों के दीर्घ व्यवधान के बाद मेरे पिछले जन्मों के समस्त स्नेह-सम्बन्धियों की आत्माएँ शोभना के रूप में संयुक्त होकर मुझे नव-जीवन प्रदान

करने के लिए मेरे सिरहाने आ विराजी हैं। मेरी आँखें भर आयीं। जब शोभना थर्मामीटर निकालने के लिए नीचे झुकी तब मेरी सजल आँखें देखकर अत्यन्त करुण भाव से बोली—'आपको क्या बहुत दर्द मालूम हो रहा है?' मैंने केवल सिर हिला दिया—बोलने से मेरे रुँधे हुए गले से निकली हुई आवाज मेरी भीतरी कमजोरी को कहीं और स्पष्ट न कर दे, इस भय से।

''वह और अधिक उत्कण्ठित हो उठी। बोली—'दर्द कहाँ हो रहा है, सिर में?' मैंने फिर सिर हिलाकर बताया कि सिर ही में दर्द हो रहा है। उसने एक क्षण में थर्मामीटर देखकर उसे धोकर खोल में बन्द कर दिया और फिर मेरे सिरहाने बैठकर धीरे-धीरे अपनी स्निग्ध कोमल हथेलियों से मेरे कपाल पर हाथ फेरने लगी। वैसा सुख, वैसी शान्ति जीवन में मैंने और कभी पायी है, मुझे स्मरण नहीं आता। कुछ देर बाद वह बोली—'अब कुछ अच्छा हुआ दर्द?' मैंने फिर सिर हिलाकर जताया कि हाँ, अच्छा हो रहा है। उसके बाद धीरे—बहुत धीरे—से उसने मेरा सिर उठाकर अपनी गोद में रख लिया। बोली—'तुम्हारा तकिया भी तो ठीक से नहीं लगा हुआ है। सिर-दर्द का यह भी एक कारण हो सकता है। टेम्परेचर तो इस समय बिलकुल नहीं है।' और फिर धीरे-धीरे सिर पर, कपाल में और गालों में धीरे-धीरे अपना स्नेह-सुकोमल हाथ फेरती रही। जब मेरा विश्वस्त और पुराना नौकर लखन आया, तब भी उसने अपनी गोद पर से मेरा सिर नहीं हटाया। पूरे अधिकार के साथ बोली—'लखन, तुलसी और काली मिर्च डालकर बढ़िया-सी चाय बनाओ बाबू के लिए। दूध ज्यादा डालना।' दूध की ओर से मुझे एकदम अरुचि हो गयी थी। मेरी जबान बहुत देर बाद खुली। मैंने कहा—'नहीं, नहीं, दूध बिलकुल न डालना। सादी चाय।' वह बोली—'तुम चुपचाप लेटे रहो, तुम्हें बोलना मना है। जाओ लखन, दूध काफी रहे।' 'जो हुकुम सरकार!' कहकर लखन चला गया। मैं चुपचाप बिल्ली की तरह दुबका हुआ लेटा रहा। कुछ देर बाद जब चाय आयी तब शोभना ने धीरे-से अपने घुटने का सहारा देते हुए मुझे उठाया। मैं स्वयं उठ सकता था, पर उसके सहारे उठने में मुझे अधिक सुविधा मालूम हो रही थी। शीशे के ग्लास में एकदम सफेद 'चाय' जब मैंने देखी तो मेरा जी मितला उठा। मुँह बिचकाते हुए मैंने कहा—'इसे मैं नहीं पी सकूँगा।' 'वाह, यही तो आज तुम्हें पीना है, यह कैसे हो सकता है! तुम अपने-आप नहीं पियोगे तो तुम्हारे मुँह के भीतर चम्मच ठूँसकर जबर्दस्ती पिलाना होगा। बोलो, चम्मच ठूँसना पसन्द है कि सीधे-सीधे पियोगे?' सीधे-सीधे पीने के सिवा मेरे लिये दूसरा चारा नहीं था। जब मैं चाय पीकर लेट गया तब वह बोली—'तुम अब चुपचाप आराम करो, मैं अभी आती हूँ।' उसके जाने के बाद लखन कमरा साफ करने के लिए आया। मैंने धीरे से पूछा—'शोभना क्या चली गयी?' वह बोला—'नहीं, गुसलखाने गयी हैं।' मैंने फिर पूछा—'वह कब आयी थी?' वह सिर खुजलाने लगा। मैंने कहा—'बताता क्यों नहीं!' वह उसी तरह सिर खुजलाता हुआ बोला—''भैया, बिटिया रानी ने बताने से मना किया है।' 'बिटिया रानी को कुछ पता

न चलेगा, तू चुपचाप बता दे।' दाँत निपोड़ते हुए वह बोला—'भैया, कल शाम को जब तुम्हारी तबीयत बहुत खराब हो गयी और बुखार इतना चढ़ गया कि तुम एकदम बेहोश हो गये तब मैं घबरा उठा। उसी घबराहट में मैं और कोई उपाय न देखकर सीधे बिटिया रानी के पास चला गया। बिटिया रानी ने कहा—'मैं अभी तुम्हारे साथ चलती हूँ। और अपने नौकर को बताकर कि वह रात में शायद घर न लौट पावें, मेरे साथ चली आयीं।' मैंने पूछा—'बाबू क्या घर पर नहीं थे?' वह बोला—'थे, पर बिटिया रानी ने उनसे कुछ न कहा और नौकर को बता दिया कि वह कहाँ जा रही है।' मैंने कहा—'तुम बड़े गँवार हो, उन्हें जरा-सी बात के लिए तकलीफ देने की जरूरत क्या थी!' मेरी बात पूरी भी नहीं हो पायी थी कि सहसा शोभना भीतर प्रवेश करती हुई बोली—'क्या चर्चा हो रही है लखन के साथ? मैंने आराम करने के लिए कहा था, पर तुम आदत से लाचार मालूम होते हो। जाओ लखन, बार्ली बना लाओ।' मैं चुपचाप चादर के भीतर दुबककर लेट गया।

''दिन में डॉक्टर आया। बड़ी तीती दवा दे गया। शोभना के डर से मुझे उसे बरबस गटकना पड़ा। उस दिन शाम को फिर ज्वर आ गया—उसी तेजी के साथ। तीसरे दिन ज्वर एकदम उतर गया। शोभना दिन-रात मेरे पास बैठी रही। उसके घर से दो-तीन बार नौकर बुलाने के लिए आया, पर उसने साफ शब्दों में कहला दिया कि 'वीरेन्द्र बाबू की तबीयत खराब है, जब तक एकदम अच्छे नहीं हो जाते तब तक मैं न आ सकूँगी, भैया से कह देना।' मैं जानता था कि शैलेन्द्र बाबू पर इन सब बातों का क्या प्रभाव पड़ेगा। मैंने एक-आध बार उससे चले जाने के लिए अनुरोध भी किया, पर उसने मीठी डाँट बताते हुए मुझसे साफ कह दिया—'आपको हम लोगों के बीच में बोलने का कोई अधिकार नहीं है।' पिछले दो दिनों से वह सहज भाषण में मुझे 'तुम' कहने लगी थी और व्यंग्य या नाराजगी में 'आप'।

''शैलेन्द्र बाबू एक दिन के लिए भी मेरी तबीयत का हाल जानने के लिए नहीं आये। जब मैं स्वस्थ होकर उठने-बैठने लगा तब शोभना अपने यहाँ चली गयी। पर उसी शाम को फिर मेरे यहाँ चली आयी। उसका चेहरा इस कदर मुरझाया हुआ था कि लगता था जैसे किसी ने स्याही पोत दी हो। अपने आँचल से उसने निश्चय ही उस स्याही को पोंछने का बहुत प्रयत्न किया होगा, पर फिर भी उसके चिह्न स्पष्ट वर्तमान थे। आते ही चुपचाप मेरे कमरे में एक सोफा पर बैठ गयी—निश्चल पाषाण-मूर्ति की तरह। मैं जैसे पहले ही से उस स्थिति के लिए तैयार बैठा था। उसके एकदम निकट बैठकर मैंने कहा—'शोभना', तुम्हें क्या हो गया है? भैया ने कुछ कहा था?' उसने केवल सिर हिलाया और चुपचाप आँसू गिराने लगी। मैंने कहा—'देखो, आँसू गिराना बेकार है। तुम अब काफी सयानी और बालिग लड़की हो। अपने जीवन के निर्माण के सम्बन्ध में तुम जो कुछ भी कदम उठाना उचित समझती हो, उसके लिए तुम्हारे आगे खुला मार्ग है, तुम्हारी इस स्वतन्त्रता में रुकावट डाल सकने का न किसी को अधिकार

है न समर्थता...' वह सहसा सीधे बैठ गयी और कहने लगी—'पर कोई भाई किसी बहन के लिए इस तरह के हीनता-भरे शब्द कैसे काम में ला सकता है, मैं यही सोच रही हूँ, वीरेन्द्र बाबू। जब से पिता जी की मृत्यु हुई तब से मेरे प्रति उनका घोर उपेक्षा का व्यवहार चलता आ रहा था, पर उससे मैं कभी दुःखित नहीं हुई। उनके स्वभाव की इस विशेषता से मैं पहले ही से परिचित थी, और उसे सहने के लिए तैयार बैठी थी। पर आज उन्होंने जिस प्रकार की बाजारू भाषा में गन्दी-से-गन्दी, कटु-से-कटु और कठोर-से-कठोर बातें मेरे खिलाफ कहीं और अत्यन्त घृणित लांछन मुझ पर लगाये उन्हें सहन कर सकने की समर्थता मुझमें नहीं है। मैंने निश्चय कर लिया है कि चाहे मुझे अनाथालय में जीवन बिताना पड़े, चाहे उससे भी गन्दी जगह में, अपने भाई के यहाँ मैं अब किसी भी हालत में एक क्षण के लिए भी नहीं रह सकती...' नारीत्व के चरम अपमान से क्षुब्ध उसकी बड़ी-बड़ी आँखों से आँसुओं की बड़ी-बड़ी बूँदें निरन्तर मोती ढुलकाती चली जाती थीं। तब तक मेरे कायर मन ने कुछ भी निश्चय नहीं किया था। उसकी उस अन्तिम मर्मोक्ति से मेरी सारी कायरता और अनिश्चितता पल में छूमन्तर हो गयी और मैंने पूरे अधिकार-भरे स्वर में कहा—'तुम आज से इसी घर की मालकिन होकर रहोगी, शोभना। तुम्हें कहीं जाने की कोई आवश्यकता नहीं है।' वह आँचल से चुपचाप आँसू पोंछने लगी—बोली कुछ भी नहीं। पर उसके उस कुछ न बोलने से मुझे बहुत बड़ा बल मिल गया। दूसरे ही महीने हम दोनों का विवाह हो गया। यही संक्षेप में मेरे विवाह का इतिहास है।'' और वीरेन्द्र ने एक लम्बी साँस ली।

(44)

मैं स्तब्ध भाव से, पूरी तन्मयता से उसका वह भावुकता के रस में सराबोर विवरण सुन रहा था। उसके और शोभना भाभी के जीवन के कुछ नये ही पहलुओं से परिचित होने के कारण मैं एक नयी दृष्टि से उसे देखने लगा था। मेरी चिन्तन का तार तोड़ते हुए वह बोला—''किस बात से किस बात की चर्चा आ पड़ी, भावुकता के बहाव में मैं न जाने क्या-क्या कह गया, मुझे याद नहीं है। पर चर्चा चल रही थी बन्धनों को लेकर। अब तुम्हीं सोचो, जिस निधि को मैंने इतने यत्नों से ऐसी मार्मिक परिस्थितियों में प्राप्त किया है उसे भरपूर खतरे में डालकर केवल मात्र अपने दो अत्यन्त सुकुमार पैरों के बल पर खड़े होने के लिए, अचिन्तनीय संघर्षों और जटिल उलझनों के बीच दुर्गम पथ पर उसे अकेले छोड़कर कैसे इस युग की उलटी-सीधी राजनीति की चलती चक्की के बीच में कूद पड़ूँ!''

मैंने कहा—''तुम तो जन-आन्दोलन में भाग लेने की बात कह रहे थे। यह उलटी-सीधी राजनीति की चलती चक्की कहाँ से आ गयी?''

मुझे ऐसा लग रहा था कि जन-आन्दोलन में भाग लेने की इच्छा जताकर वह आज के युग की उसी फैशनेबुल मनोवृत्ति का परिचय दे रहा है, जो आजकल के नवयुवकों

में आमतौर से पायी जाती है। इसीलिए मैं कुछ खीझकर उससे उसके मन का भाव स्पष्ट स्वीकार करा लेना चाहता था। तब मुझे पता नहीं था कि कहीं कोई एक वास्तविक पीड़ा प्राणों को झकझोर रही है और अपने तत्कालीन बद्ध, सीमित जीवन के प्रतिदिन के वैचित्र्यहीन, घिसे-घिसाये कार्यक्रम से वह ऊब उठा है। तब तक मैं यह ताड़ नहीं पाया था कि सेवा और त्याग की जो प्रवृत्तियाँ उसमें छुटपन से परिस्फुट होने लगी थीं वे अब विकास के लिए चारों ओर का रास्ता बन्द पाकर जैसे किसी विद्रोहात्मक विस्फोट के लिए बेचैन हो उठी हैं। यह जानना अभी मेरे लिये शेष था कि उसका वह सारा सेवामूलक मनोभाव पिछले कुछ वर्षों से केवल एक ही व्यक्ति की सेवा और संरक्षण में केन्द्रीभूत और सीमाबद्ध हो उठा है। वह सीमाबद्धता प्रारम्भ में भले ही उसके परिपूर्ण आत्म-सौख्य का कारण बनी हो, अब वह प्रतिपल जैसे उसे कोंच रही थी; पर उसकी अन्तर्प्रकृति की वह अड़चन अत्यन्त संकीर्ण और सीमित होने पर भी हिमालय की भी अपेक्षा अधिक दुर्लंघ्य सिद्ध हो रही थी, यह अन्तर-रहस्य तब मेरी समझ में नहीं आया था—उस पर मेरा ध्यान ही नहीं गया था।

मेरा प्रश्न सुनकर वह भी जैसे कुछ तिलमिला उठा। ऐसे स्वर में बोला जैसे अपनी उत्तेजना को भरसक दबाने का प्रयत्न कर रहा हो—'जन-आन्दोलन में भाग लेना ही तो उलटी-सीधी राजनीति की चलती चक्की के बीच कूद पड़ना है। इतनी सीधी-सी बात तुम्हारी समझ में नहीं आ रही है, आश्चर्य है! इसका कारण शायद यह है कि तुम प्रत्यक्ष में इस युग में जीवन बिताने पर भी वास्तव में उन्नीसवीं सदी के स्वप्नों में डूबे रहते हो। अरे भाई, जन-आन्दोलन आज के युग में कोई सीधा-सा तथ्य नहीं है। पहली बात तो यह है कि जन-आन्दोलन के वास्तविक स्वरूप के सम्बन्ध में हमारे देश में एकमत नहीं है। कांग्रेसवाले कहते हैं कि चूँकि हम गाँधी जी के बताये मार्ग पर चल रहे हैं, और किसानों और मजदूरों के वास्तविक हित की चिन्तना हमारे प्रमुख ध्येयों में से एक है, इसलिए हमारा पिछला आन्दोलन ही जन-आन्दोलन था, और आज हम उसी आन्दोलन के पूरक रूप को अपनाये हुए हैं—अर्थात् राष्ट्र-संगठन को।' समाजवादी कांग्रेसियों की इस उक्ति को ढोंग से भरी और स्वयंभू देशनेताओं की चोचलेबाजी बताते हैं। कहते हैं कि यह उनकी आत्मरक्षा का एक हथकण्डा मात्र है। उनका यह विश्वास है कि देश की जनता का वास्तविक उद्धार यदि सच्चे अर्थों में किसी उपाय द्वारा हो सकता है तो वह केवल समाजवादी कार्यक्रम द्वारा। कम्युनिस्ट समाजवादियों को कांग्रेस की अपेक्षा भी अपना कट्टर शत्रु समझते हैं। दोनों अपने उद्देश्यों में ऊपरी दृष्टि से बहुत निकट दिखायी देने पर भी एक-दूसरे से कोसों दूर हैं। कम्युनिस्टों का यह विश्वास है कि कांग्रेसी और समाजवादी दोनों जनघाती हैं और वे दोनों जनता को केवल अपने नेतृत्व की नींव की ईंट बनाने के फेर में हैं, और बदली हुई दुनिया के नक्शे को जनता की आँखों से न देखकर अपनी ही महत्त्वाकांक्षी आँखों से देख रहे हैं।''

"तुम्हारा अपना क्या विश्वास है मैं यह जानना चाहता हूँ" मैंने कहा। "तुम जिस जन-आन्दोलन के बीच में कूदने की बात सोचा करते हो उसका क्या आदर्श तुम्हारे सामने है? तुम्हारे उस आदर्श आन्दोलन का अस्तित्व कहीं है भी या नहीं?"

वह मुस्कराया। बड़ी ही गम्भीर किन्तु स्निग्ध और करुण मुस्कान से वह बोला—"पहले मेरी बातें पूरी तो सुन लो। जहाँ तक कम्युनिस्टों का प्रश्न है, वे एक विश्वव्यापी संगठन हैं। यह ठीक है कि उनके भीतर व्यक्तिगत नेतृत्व या व्यक्तिगत महत्त्वाकांक्षा की भावना उस हद तक वर्तमान नहीं है जिस हद तक दूसरे दलों में। उनमें त्याग की भावना दूसरे दलवालों की अपेक्षा अधिक है। यह उनका सबसे बड़ा अस्त्र है। अपने उद्देश्य की उपलब्धि के लिए वे कोई भी उपाय काम में लाने को तैयार हैं—अपने प्राणों का बलिदान करने से लेकर दूसरों के प्राणों की बलि देने तक। पर राष्ट्रीयता से उनका कोई सम्बन्ध नहीं है। उन्होंने अपने उद्देश्य को तनिक भी छिपाया नहीं है। अन्तरराष्ट्रीय प्रोलेतेरियन राज्य की स्थापना में सहयोग देना ही उनका—हमारे भारतीय कम्युनिस्ट भाइयों का—प्राथमिक ध्येय है। दूसरे देशों के कम्युनिस्टों के ध्येय में और उनके ध्येय में धीरे-धीरे स्पष्ट अन्तर आता चला जा रहा है, और उनके ध्येय में भी एक-न-एक दिन अन्तर आयेगा, यह निश्चित है। दूसरे देशों के कम्युनिस्ट आर्थिक व्यवस्था के सम्बन्ध में मार्क्सीय सिद्धान्तों के अनुयायी होते हुए भी अन्तरराष्ट्रीय कम्युनिस्ट संघ के प्रति अपने को उस हद तक उत्तरदायी नहीं मानते जिस हद तक अपने राष्ट्र के प्रति। चीन इसका सुस्पष्ट उदाहरण है। चीनी कम्युनिस्टों ने मोटी बातों में मार्क्सीय सिद्धान्तों को अपनाया है, पर सूक्ष्म विषयों में राष्ट्रीय उन्नति का दृष्टिकोण ही उनके सामने प्रमुख रहा है। उनका यह राष्ट्रीय दृष्टिकोण उन्नीसवीं सदी की संकीर्ण बुर्जुवा राष्ट्रीयता से एकदम भिन्न है। व्यापक रूप से वह अन्तरराष्ट्रीय जन-आन्दोलन पर ही आधारित है—पर अपनी मिट्टी की विशिष्ट सत्ता को पूर्णतः कायम रखते हुए। जो सांस्कृतिक तत्त्व किसी वर्ग-विशेष से सम्बन्धित नहीं हैं, और मानव की विश्वव्यापी अन्तर और बाह्य प्रगति के मूल उत्पादनस्वरूप हैं, उन्हें अपनाकर उन्हें एक ऐसा नया प्रगतिशील रूप देने के लिए चीनी कम्युनिस्ट नेता उत्सुक जान पड़ते हैं, जो मानव-जाति को एक निश्चित और वास्तविक उन्नति के अग्रस्तर पर लाकर खड़ा कर सके। उनका उद्देश्य जनता को उच्चतम आर्थिक और सांस्कृतिक स्तर तक ऊपर उठाना है न कि उच्चतम आर्थिक और सांस्कृतिक स्तरों को जनता के स्तर तक नीचे घसीटना..."

मैं यह देखकर चकित था कि राष्ट्रीय और अन्तरराष्ट्रीय राजनीतिक, आर्थिक और सांस्कृतिक समस्याओं के सम्बन्ध में कैसे आत्मविश्वास के साथ वह बातें करने लगा था।

मैंने कहा—"उच्चतम आर्थिक स्तर से तुम्हारा आशय क्या है? उसका क्या आदर्श तुम्हारे सामने है? क्या तुम चाहते हो कि समाज का प्रत्येक व्यक्ति पूँजीपति बन जाय?"

वह फिर हँसा, बोला—"तुम्हारा यह प्रश्न बिलकुल बच्चों-जैसा है। पूँजी का संचय कहीं किसी भी रूप में हो वह समाज की सहज स्वाभाविक सरल डोर के बीच में उलझी हुई गाँठें उत्पन्न कर देता है। और, फिर, प्रत्येक व्यक्ति पूँजीपति हो ही नहीं सकता। एक पूँजीपति का भण्डार भरने के लिए हजारों—लाखों—पूँजीरहित व्यक्तियों की आवश्यकता है। मेरा आदर्श यह है कि राष्ट्र की—बल्कि विश्व की—उत्पादक शक्तियों का विकास अधिक-से-अधिक सम्भावना तक पहुँच जाय और उस परिपूर्ण उत्पादन का उपभोग समग्र जनता सम-भाव से करे। राष्ट्र की सामूहिक पूँजी का निमन्त्रण और सम-विभाजन राष्ट्र के सच्चे प्रतिनिधियों की एक विश्वसनीय संस्था करे। जिस दिन संसार के सभी राष्ट्रों की जनता इस आदर्श के महत्त्व से परिचित हो जायगी, उसकी एकान्त आवश्यकता का अनुभव करने लगेगी, उसकी प्राप्ति की ओर सच्ची लगन से प्रयत्नशील हो उठेगी, उस दिन उसकी उपलब्धि के लिए उपयुक्त, सहज और सीधे उपाय भी अपने-आप उसके आगे प्रकट हो जायेंगे, और फिर कोई भी प्रतिरोध उसके उस सामूहिक कल्याणकारी मार्ग में ठहर नहीं सकेगा..."

वीरेन्द्र ने बरबस मुझे राजनीतिक और आर्थिक समस्याओं से सम्बन्धित विवाद में जैसे घसीट लिया था। मैं उसकी बातों में, उसके तर्कों में पूरी दिलचस्पी लेने लगा था।

मैंने कहा—"जिन देशों में इस आदर्श की उपलब्धि हो चुकी है, वहाँ क्या, तुम्हारे दृष्टिकोण से, जनता की समस्त आवश्यकताओं की पूर्ति हो गयी है?"

"अभी तक किसी भी देश में इस आदर्श की उपलब्धि नहीं है," वीरेन्द्र ने दृढ़, गम्भीर स्वर में कहा, "जिन देशों में ऊपरी तौर से इसकी उपलब्धि हुई मालूम होती है वहाँ कई ऐसी भीतरी उलझनें उत्पन्न हो गयी हैं जो समग्र समाज को सम-सूत्र में बाँध नहीं पा रही हैं। समानाधिकार और सम-आर्थिक व्यवस्था के स्वप्न का सत्य होना तो दूर रहा, सम-भोजन-व्यवस्था की समस्या तक अभी तक कोई देश—किसी हद तक रूस को छोड़कर—सुलझ नहीं पाया है। यह विषमता अन्तरराष्ट्रीय संघर्ष का परिणाम है सन्देह नहीं, पर किसी भी कारण से हो, वह है। इस विकट समस्या का—आर्थिक-सम विभाजन का समाधान तभी हो सकता है जब सारे विश्व की जनता सम-व्यवस्था के यथार्थ महत्त्व को समझकर न्यायोचित, व्यावहारिक और सांस्कृतिक उपायों से उसकी उपलब्धि की ओर संलग्न हो। विश्व की वर्तमान अशान्ति के मूल में अन्तरराष्ट्रीय राजनीतिक और आर्थिक अव्यवस्था और विषमता ही है, इस ज्वलन्त तथ्य को स्वयं पूँजीपति भी किसी हद तक स्वीकार करते हैं। इसलिए इस विषमता का निराकरण भावी विश्वशान्ति और विश्व-मानवता के सामूहिक कल्याण का मूल-आधार सिद्ध होता। पर प्रश्न यह है कि किन उपायों से और किस नयी सामाजिक व्यवस्था के रूप में यह उद्देश्य सम्भव हो सकता है..."

मैंने कहा—"अगर इसी उपाय से मानवता का सामूहिक हित होने की सम्भावना है तो रूस में इस समस्या का समाधान हो चुका है। जो सामाजिक और आर्थिक व्यवस्था

वहाँ कायम हो चुकी है और परखी जा चुकी है, वही सभी राष्ट्रों के लिए अनुकरणीय होनी चाहिए।''

''मैं मानता हूँ कि यह बात बहुत-कुछ अंशों तक सही है। पर यदि यह पूर्णतया सही होती तो फिर परेशानी का कोई कारण न रह जाता। जनता का पक्ष लेनेवाले, उत्पादन के सम-विभाजन को अपना आदर्श माननेवाले दलों के बीच उस पारस्परिक वैमनस्य और मतभेद का लेश न रह जाता जो आज बड़े करारे रूप में पाया जाता है। वास्तविकता यह है कि रूस में जिस दिन गणतन्त्र की स्थापना हुई है तब से लेकर आज तक वहाँ सामाजिक और आर्थिक व्यवस्था-सम्बन्धी इतने विभिन्न प्रयोग किये जा चुके हैं कि उनमें कौन मार्ग समग्र विश्व की दलित, पीड़ित और शोषित मानवता के उद्धार के लिए यथार्थ में उपयुक्त है इसका निर्णय अभी तक कोई नहीं कर पाया है। रूस में गणतन्त्र की स्थापना हुए तीस वर्ष से अधिक हो चुके। इन तीस वर्षों के भीतर विभिन्न प्रयोगों के बाद आज रूस की वास्तविक स्थिति क्या है? आज भी वह बहुत-सी ऐसी भीतरी और बाहरी उलझनों में उलझा हुआ है जो उसके पृथ्वी पर स्वर्गीय राज्य की स्थापना के आदर्श को पूर्णतया सफल नहीं होने दे रही हैं। इन उलझनों के लिए रूसी जन-सरकार और जन-नेता दोषी हैं, ऐसा मैं नहीं मानता। इसके लिए भी विश्वव्यापी सामाजिक और आर्थिक विषमता ही उत्तरदायी है, जो उसे प्रगति के पथ पर योजनानुसार बढ़े चलने से रोक रही है। पर कारण चाहे जो भी हो, रूसी व्यवस्था भी अभी सामूहिक मानवीय उन्नति के अन्तिम सत्य तक नहीं पहुँच पायी है, मुझे ऐसा लगता है...हालाँकि उसका भविष्य बहुत उज्ज्वल है।''

वीरेन्द्र आवेग के साथ बोल रहा था जिससे उसका सारा शरीर हिल रहा था। वह बेंच पर बैठा-बैठा नीचे की ओर खिसक गया था। वह सीट पर से कुछ उठकर बेंच की पीठ पर अपनी पीठ ठीक से अड़ाकर सँभलकर बैठ गया। मैं इस सारी नीरस चर्चा से ऊब गया था और उत्सुकता से सामने बरामदे की ओर देखता हुआ मनिया और शोभना भाभी के नीचे आने की प्रतीक्षा कर रहा था। काफी देर हो चुकी थी, पर दोनों अभी तक भीतर ही जमी हुई थीं। यद्यपि यह सोचकर मुझे प्रसन्नता हो रही थी कि दोनों देवरानी-जेठानी में पहले ही दिन अच्छी घुटने लगी है, फिर भी मेरी अधीरता बढ़ती जाती थी। वीरेन्द्र की वाग्धारा जब कुछ रुकी तब मैंने कहा—''अभी तक मनिया और भाभी नीचे नहीं आयीं!''

वीरेन्द्र ने मेरा प्रश्न अत्यन्त अन्यमनस्क भाव से सुना। बोला—''अभी आती ही होंगी। लोगों को यह देखकर आश्चर्य होता है कि जिन देशों में जनक्रान्ति द्वारा प्रतिक्रियात्मक शक्तियाँ परास्त हो चुकी हैं और जन-शासन का आरम्भ हो चुका है वे गणतन्त्रीय सिद्धान्तों को अपनाते हुए भी अपनी राष्ट्रीय मिट्टी की विशिष्टता की नींव पर ही अपनी नयी शासन-व्यवस्था को आधारित कर रहे हैं। चीन इसका सबसे ताजा उदाहरण है। पर मुझे इसमें कुछ भी आश्चर्य नहीं लगता।...''

मैं इस हद तक ऊब चुका था कि सारी चर्चा को परिहास में टालने की इच्छा हो रही थी। इसके अतिरिक्त वीरेन्द्र किस प्रकार अन्तरराष्ट्रीय राजनीतिक प्रश्नों की उलझन में उलझता चला जा रहा है, यह देखकर मुझे सचमुच हँसी आ रही थी। मन्द-मन्द मुस्कराते हुए मैंने कहा—"तुम किन चक्करों में व्यर्थ के लिए उलझते चले जा रहे हो, मित्र, कुछ समझ में नहीं आता। सारा जीवन भी अगर इन जटिल गुत्थियों को सुलझाने के प्रयत्न में बिता दोगे तो भी अपने को वहीं पाओगे जहाँ से आगे बढ़े थे। इस भूलभुलैया के फेर में पड़कर क्यों फिजूल में परेशान होते हो! यह तुम्हारा क्षेत्र नहीं है, चलो भीतर चलें।" कहकर मैं उठने लगा।

वीरेन्द्र ने मेरा हाथ पकड़कर एक हलके झटके से मुझे फिर बिठा दिया। मेरी स्पष्टोक्ति से वह निश्चय ही प्रसन्न नहीं हुआ था। खीझ-भरे स्वर में बोला—"तुम तो हो अव्वल नम्बर के वो। बैठो जरा। इतने वर्षों बाद तुमसे भेंट हो पायी है। मन के भीतर प्रतिदिन न जाने कितने तरह-तरह के विचित्र प्रश्न, अनोखी समस्याएँ उठती रहती हैं! किसी के आगे उन्हें प्रकट करने का सुयोग नहीं मिलता। शोभना के आगे इन विषयों की चर्चा जम नहीं सकती, यह तुम मान ही लोगे। मेरी मित्र-मण्डली बहुत सीमित है। जिन लोगों से मिलना-जुलना होता है उनके आगे अपने मन के भीतर द्वन्द्व मचानेवाली बातों को स्पष्ट व्यक्त नहीं किया जा सकता। न उनमें इन सब विषयों को समझने की बुद्धि ही है, न रुचि। और न मेरे प्रति वे इतने सहानुभूतिशील हैं कि जी खोलकर उनके आगे अपने विचार प्रकट कर सकूँ। इसलिए आज तुम्हें पाकर इतने दिनों से मन के भीतर जमी हुई बातों का बाँध पूरा खोल देने की इच्छा होती है। आजकल मुझे न जाने क्या हो गया है, उठते-बैठते, सोते-जागते विश्व-व्यवस्था से सम्बन्धित इन्हीं सब विषयों पर सोचता रहता हूँ। एक अचल विचार भूत की तरह मेरे सिर पर सवार हो गया है। यह विचार अभी स्वयं मेरे ही आगे स्पष्ट नहीं हो पाया है, पर इतना निश्चित है कि मेरी वर्तमान सामाजिक और आर्थिक स्थिति एक विचित्र ग्लानि की कड़वी भावना से बिच्छुओं की तरह मुझे प्रतिपल डंक मारती है। लगता है जैसे मैं घोर अपराधी हूँ, लुटेरा हूँ, समाजघाती हूँ, और सैकड़ों मरभुखों के मुँह का कौर छीनकर मोटा बना हुआ हूँ। तर्क से इस तरह की बात कोई भी समझदार व्यक्ति अपने लिये सोच सकता है। पर यहाँ पर मेरे लिये तर्क या विचार का प्रश्न नहीं है। यह तो जैसे किसी अज्ञात और अदृश्य शक्ति का दबाव है, जो अपने रहस्यमय शिकंजे में केवल मेरे मन को ही नहीं, मेरे मस्तिष्क को, मेरे शरीर की नसों को भी जकड़ता चला जा रहा है। यह अदृश्य पीड़न कैसा निष्ठुर और कैसा मर्मघाती है, यह मैं तुम्हें कैसे समझाऊँ। जीवन में इसके पहले इस तरह की आतंकजनक ग्लानि का अनुभव मुझे कभी नहीं हुआ। तर्क और विवेक मुझे इस अनुभूति से छुटकारा देने के बजाय उसे और अधिक तीखा बनाते जाते हैं; जैसे वे भी उस अनुभूति के ही अविच्छिन्न अंग बन गये हों। मेरी उलझन को सुलझाने से मेरा विवेक तनिक भी सहायता नहीं करता। मैं

तुम्हारे उस मन्तव्य की ताईद करता हूँ जो तुमने अभी दिया था। मुझे भी लगता है कि अगर मैं अपना सारा जीवन भी इन जटिल गुत्थियों को सुलझाने के प्रयत्न में बिता दूँ तो और अधिक उलझता ही चला जाऊँगा, सुलझा कुछ भी नहीं पाऊँगा। पर चाहने पर भी अपनी इस वर्तमान मानसिक उलझन से छुटकारा पाना मेरे लिये असम्भव है, यह मैं जान गया हूँ। इसकी परिणति कब, कहाँ, किस रूप में होगी, यह मैं नहीं जान सकता। पर रह-रहकर एक आशंका मेरे मन में भूत की तरह सवार हो गयी है। वह यह कि मैं—चाहे पूरे पागलपन की स्थिति से अपने को बचाने के लिए, चाहे और किसी कारण से—एक-न-एक दिन निश्चय ही आग में कूद पड़ूँगा—ठण्डे मस्तिष्क से, शान्त विवेचना से नहीं, बल्कि किसी अनजान भावावेग के धक्के से। पर यह न मैं जानता हूँ, न कोई दूसरा व्यक्ति ही अनुमान लगा सकता है कि कौन ज्वाला अपनी किन लपटों के आलिंगन में मुझे खींच लेगी!''

(45)

उसकी दोनों आँखें जैसे दहक रही थीं। मुझे तत्काल बिजली के-से प्रकाश से ऐसा लगा कि आग के जिस कुण्ड की, जिस अज्ञात ज्वाला की बात उसने अभी कही है वह बाहर कहीं नहीं, स्वयं उसके भीतर वर्तमान है। कस्तूरीमृग जिस प्रकार भ्रमवश बाहर सुगन्धि की खोज में भटकने लगता है उसी प्रकार वीरेन्द्र भी सम्भवतः अपने भीतर की आग की खोज के लिए बाहर भटकने के लिए उतावला हो उठा है। कुछ भी हो, उसका उस समय का धधकता हुआ रूप देखकर मैं दहल उठा। सुबह बालीगंज की झील के किनारे जिस विनोदप्रिय वीरेन्द्र के अट्टहास से मेरे अपेक्षाकृत उदास मन की अँधेरी कन्दराएँ एक निराले आनन्द की अनुभूति के साथ गूँज उठी थीं उस वीरेन्द्र में और इस वीरेन्द्र में कितना अन्तर था! जिस चर्चा से मैं ऊब उठा था और जिसे परिहास में टालने का प्रयत्न करते हुए मनिया और शोभना भाभी के बाहर निकलने की प्रतीक्षा में अधीर हो उठा था, वह वीरेन्द्र के गहन गम्भीर रूप से मार्मिक और आन्तरिक भावोद्गार से दूसरे ही रूप में मेरे सामने आयी। यह जानकर कि उसके भीतर इधर भावों का जो नया तूफान उठा है, अपनी यथार्थ सामाजिक स्थिति और अपने भाव-जगत् के भीतर उत्पन्न नवचेतना प्राप्त युगादर्श के बीच जिस प्रचण्ड संघर्ष के घात-प्रतिघात उसके अन्तर में चल रहे हैं। उसका वह अन्तस्संघर्ष न तो ड्राइंग-रूम के वाद-विवाद से सम्बन्धित है न राजनीतिक मंचों से दिये जानेवाले, परस्पर छिद्रान्वेषी, महत्त्वाकांक्षी नेताओं के भाषणों से। वह एक दूसरा ही पागलपन है, जिसका सम्बन्ध युग-चेतना से होने के साथ ही किसी गहरे अन्तःस्फोट से भी है।

मैं सन्नाटा खींचे हुए उसके मुख की अभिव्यक्ति पर गौर करने लगा। कुछ देर अनमने भाव से मौन रहने के बाद वीरेन्द्र बोला—''तुमने भी तो इन युग-समस्याओं पर कुछ सोचा होगा। आखिर तुम्हारी अपनी यथार्थ धारणा का विश्वास इस सम्बन्ध में क्या

है? कुछ बताओ, शायद कोई रास्ता मेरे मन की गुत्थियों को सुलझाने का निकल आये?''

उस दृष्टि में ऐसी आन्तरिकता और ऐसी व्याकुलता भरी हुई थी कि मैं बड़ी भ्रान्ति के चक्कर में पड़ गया। पर अबकी बार उसके प्रश्न को किसी तरह टाला नहीं जा सकता था।

मैंने कहा—''मैं जन्म से ही घोर बुर्जुवा परम्परा के बीच में पला हूँ—तुम्हारी ही तरह। तुम्हारे अनुभूतिशील मन में युग-चेतना का गहरा प्रभाव पड़ा है और उन जन्मजात संस्कारों के विरुद्ध विद्रोह जगा है; पर मैं इतना अनुभूतिशील नहीं हूँ। युग-आदर्श के सम्बन्ध में मैं कभी विचार ही न करता होऊँ और युग-चेतना के प्रति एकदम उदासीन होऊँ, ऐसा सम्भव नहीं है। पर उसने तुम्हारी तरह मेरे मन को झकझोरकर द्विधा विभक्त नहीं किया है। मैं जब केवल तर्क की दृष्टि से इस प्रश्न पर विचार करता हूँ तब मैं भी तुम्हारी ही तरह अपने को ऐसी उलझन में फँसा हुआ पाता हूँ कि तंग आकर उस विषय की चिन्ता को त्याग देता हूँ। तर्क से मैं मानता हूँ कि सम्पत्ति का सम-विभाजन होना चाहिए और कुछ विशिष्ट सुविधा-प्राप्त व्यक्तियों को जीवन की साधारण आवश्यकताओं की पूर्ति के अतिरिक्त अर्थ-संचय का कोई अधिकार नहीं होना चाहिए, जबकि लाखों-करोड़ों व्यक्ति उन विशिष्ट व्यक्तियों का भण्डार भरते चले जाने के उद्देश्य से निरन्तर खटते रहने पर भी दो जून पेट-भर मोटा अनाज जुटाने की सुविधा भी न पा सकते हो। युग के साधारण-से-साधारण कवि और लेखक, साधारण-से-साधारण राजनीतिज्ञ, साधारण-से-साधारण छात्र और साधारण-से-साधारण किसान-मजूर तक इस सीधी-सी सचाई को महसूस करने लगे हैं। पर उलझन तब पैदा होती है जब इस सर्व-स्वीकृत महत्त्व को कार्यरूप में परिणत करने के उपायों के सम्बन्ध में तरह-तरह के व्यक्ति और समूह तरह-तरह के मार्ग सुझाने लगते हैं और प्रत्येक दल या वर्ग अपने निर्धारित उपाय का अनुकरण अनिवार्य रूप से आवश्यक मानकर दूसरे उपायावलम्बी व्यक्तियों या दलों को अपना और समाज का घोर शत्रु मानने लगता है। फल यह देखने में आता है कि संघर्ष दो विषम आर्थिक स्तरों के बीच उतना नहीं होता जितना दो विभिन्न उपायावलम्बी समाजवादियों के बीच। कम्युनिस्टों और समाजवादियों के बीच विरोध की जितनी बड़ी दीवार खड़ी है उतनी तो मजदूरों और मिल-मालिकों के बीच भी नहीं पायी जाती, यह बात तुम भी मान चुके हो। सर्वोदयवादी भी अपने को मानवों के समान अधिकार और सम्पत्ति के सम-विभाजन का पक्षपाती बताते हैं। पर इस आदर्श की उपलब्धि के लिए जो मार्ग वे सुझाते हैं उससे कम्युनिस्ट और समाजवादी दोनों का मूलगत विरोध है। इन सब दलों की सारी शक्तियाँ एक-दूसरे का अस्तित्व मिटाने के प्रयत्नों में खर्च हो रही है। यह पारस्परिक संघर्ष ही जैसे सभी दलों का मुख्य ध्येय बन गया है और जो मूल लक्ष्य था—अर्थ और सम्पत्ति का समविभाजन—वह गौण हो उठा है। और प्रत्येक दल अपनी महत्ता प्रमाणित करने

के उद्‌देश्य से जो प्रयत्न और प्रयोग करता है उसमें बलि होते हैं अज्ञ और भावुक जनसाधारण—चाहे वे निम्न मध्यवर्ग से सम्बन्धित हों चाहे प्रोलेतेरियन वर्ग से। यही कारण है कि आज सारे राष्ट्रीय (और अन्तरराष्ट्रीय) वातावरण में अन्तर्विरोध, अन्तरवैषम्य, अव्यवस्था, अशान्ति, असन्तोष और उलझनों का तूमार बँधा हुआ है! मानवीय समानाधिकार, आर्थिक सम-विभाजन, विश्व-शान्ति और विश्व-व्यवस्था की बड़ी-बड़ी, भारी-भरकम बातें सर्वत्र सुनने में आती हैं, पर साथ ही सर्वत्र मानव की दानवीय शक्तियों को जगाने के उद्‌देश्य से भेरियाँ भी बजायी जा रही हैं, और नये खून के संचार से उन्मत्त और उद्‌भ्रान्त वे नवोत्थित दानवीय शक्तियाँ बिना किसी स्पष्ट उद्‌देश्य के आत्मघाती और विश्व-विनाशी संघर्ष में कूदने-फाँदने के लिए पागल प्रवेग से छटपटा रही हैं। इस छोटी-सी दुनिया में निवास करनेवाली, महाविश्व की तुलना में अति-अल्पसंख्यक नगण्य मानवता अपने अत्यल्प ज्ञान, अति तुच्छ विज्ञान और अति विराट् अज्ञान के दम्भ से मतवाली होकर आपस में ही छिन्न-भिन्न होने के लिए उतावली हो उठी हैं। विभिन्न दलों की बिखरी हुई शक्तियों के संगठन और सहयोग से एक समान-कल्याणकारी लक्ष्य को सामने रखकर संगठित और सामंजस्यपूर्ण उपायों के समप्रयोग पथ को अपनाने की प्रेरणा देनेवाले महापुरुषों और महानेताओं का एकदम अभाव है। पूँजीवादी वर्ग अपने अत्यल्प संख्या के स्वार्थ को सर्वापरि महत्त्व देता हुआ अपनी जमीन के नीचे एकत्रित होनेवाली विस्फोटक भूकम्पी शक्तियों के प्रति एकदम आँखें बन्द किये बैठा है और अभी तक विश्व की प्रगति का अथ और इति केवल पूँजी को अधिकाधिक वृद्धि में ही मानता है। पूँजी-विरोधी वर्ग प्रतिहिंसात्मक प्रवृत्तियों से प्रेरित होकर 'ध्वंस केवल ध्वंस के लिए' इस नीति का अनुसरण करते हुए चल रहे हैं, और ध्वंस के साधनों और रूपों के सम्बन्ध में मतभेद होने के कारण आपस ही में लड़-झगड़ रहे हैं। सांस्कृतिक वर्ग इतने दुर्बल और क्षीण पड़ गये हैं कि विभिन्न राजनीतिक गुटों के नक्कारखाने के ऊपर अपनी आवाज उठाने में एकदम असमर्थ हैं, और किसी-न-किसी राजनीतिक या आर्थिक गुट के साथ अपने को सम्बद्ध किये रहते हैं। राष्ट्रवादी वर्गों का यह हाल है कि अपने-अपने राष्ट्र की संकीर्ण चहारदीवारी के सीमित कूप के बाहर देख सकने योग्य न तो उनकी दृष्टि है, न सामर्थ्य और न सुविधा। इस प्रकार संसार की समस्त राजनीतिक और आर्थिक परिस्थितियाँ अस्त-व्यस्त हैं और शक्तियाँ छिन्न-भिन्न। ऐसी हालत में कौन किसको क्या पथ सुझा सकता है? अन्धेनैव नीयमानाः यथन्धाः!"

वीरेन्द्र अत्यन्त मनोयोगपूर्वक मेरी बातें सुन रहा था। जब मैंने अपने व्याख्यान का तार स्वयं तोड़ दिया तब उसने एक लम्बी साँस ली। उसके बाद उसका भावावेग सहसा फिर एक बार उमड़ आया। बोला—"तब क्या तुम्हारी राय में भूख से सतायी हुई, त्रिविध ताप से पीड़ित, अन्याय-दलित और निर्यातित मानवता के उद्धार के सभी प्रयोग निरर्थक हैं? जड़ता की जिस स्थिति में वह पड़ी हुई है उसी में उसे डूबी रहने

दिया जाय? जो कर्मवीर अपना सर्वस्व त्यागकर अपने प्राणों को हथेली पर रखकर सदियों के शोषण से निःसत्त्व, रुग्ण और मुमूर्षु जनता में जीवनी-शक्ति का संचार करने के प्रयत्नों में जुटे हुए हैं, उनमें असहाय और अबोध अवस्था से लाभ उठानेवालों के विरुद्ध विद्रोह की आग भड़काकर नयी चेतना जगा रहे हैं, उनकी साधना का क्या कोई मूल्य नहीं? संसार-भर के जन-आन्दोलन जिस नयी शक्ति से पुष्ट, नयी संस्कृति के अभिषेक से निखरे हुए सार्वमांगलिक, सार्वभौमिक समाज की स्थापना का कठोर व्रत लिये हुए हैं और अपने व्यक्तिगत सुख-दुःखों को तिलांजलि देकर, शोणित-महासागर के उस पार—इस पृथ्वी पर—स्वर्ग की स्वप्नभूमि को सत्य बनाने का बीड़ा उठाये हुए हैं, वे सब क्या माया-मरीचिका से भटके हुए मूर्ख सेनानायक हैं, और अपने अनुयायियों को भेड़ों की तरह महाविनाश के अतल गह्वर की ओर ढकेले लिये जा रहे हैं? वे सब लोग क्या अन्ध मोह से ग्रस्त हैं और यदि निर्मल, अकलंकित दिव्य-दृष्टि रह गयी है तो वह केवल तुम्हारे और हमारे जैसे निकम्मे, आलसी, आत्ममग्न, आत्माराम और आरामकुर्सी पर जमे हुए बुर्जुवा विचारकों के पास?''

वीरेन्द्र की आँखें जैसे जल रही थीं। उस समय जैसे उसके सामने उसका मित्र नृपेन्द्ररंजन नहीं बैठा हुआ था। बैठा था मूर्तिमान् शोषक समाज—अपने विचारों की समस्त संकीर्ण स्वार्थपरायणता, गन्दगी और सड़न लिये हुए। और वह स्वयं जैसे वीरेन्द्र नहीं था। वह था सदियों से सताये और लौहचक्र में पिसे हुए दलित वर्गों की युग-युग संचित प्रतिहिंसा का पुंजीभूत प्रतीक!

मैं स्तब्ध था।

वीरेन्द्र कहता चला गया—''जैसा कि तुमने अभी स्वयं स्वीकार किया है, बुर्जुवा संस्कारों से तुम बुरी तरह घिरे हुए हो और उनसे छुटकारा पाना तुम्हारे लिये प्रायः असम्भव सिद्ध हो रहा है। इसलिए तुम्हारे जैसे बुद्धि-विलासी के तर्कों का कोई मूल्य नहीं हो सकता। अगर तुम्हें सचमुच कोई नया कल्याणकारी पथ सुझाने को है तो पहले अपनी सारी सम्पत्ति, झूठी मध्यवर्गीय और व्यक्तिगत सामाजिकता और व्यक्तिगत सम्बन्धों का मोह त्यागकर समस्त बन्धन काटकर मैदान में कूद पड़ो। जन-सम्पर्क में आकर, जनता के साथ एकप्राण होने का प्रयत्न करो। तब तुम जो भी सुझाव रखोगे उसका मूल्य होगा। याद रखो, आज नहीं तो कल, कल नहीं तो परसों—एक-न-एक दिन तुम्हें जनता से सम्पर्क स्थापित करना ही होगा। यदि अपने हठीले संस्कारों के कारण अपने वर्तमान भाव-जगत् से मुक्त होने में असमर्थ रहोगे तो तुम्हारी सारी सत्ता घोर अपमान और अवमानना के बाद बुरी तरह मिटा दी जायगी...''

''अरे ये दोनों तो लड़ने लगे!'' चौंककर मैंने देखा, पीछे शोभना भाभी और मनिया खड़ी थीं। सचमुच मैं वीरेन्द्र का वह ज्वालामय, विस्फोटक रूप देखकर इस कदर आत्म-विस्मृत हो गया था कि उन दोनों के आने की कोई चेतना ही मुझे नहीं थी। और वीरेन्द्र तो परिपूर्ण रूप से भावमग्न हो ही रहा था। शोभना भाभी के उक्त विनोदपूर्ण

छींटे ने जैसे वीरेन्द्र के गहन-गम्भीर, मर्मशोषी उद्‌गारों का जादू पल में भंग कर दिया। मैं मुक्त भाव से हँस पड़ा। वीरेन्द्र भी अपनी सहज-स्वाभाविक स्थिति में लौट आया और भावावेग में बहकर मुझे लक्ष्य करके वह जो कड़ी बातें कह गया था उसके कारण वह कुछ संकुचित-सा लगने लगा।

मैंने जैसे भारी सहारा पा लिया। वीरेन्द्र आज जिस मनःस्थिति में था उसके विस्फोट के धुएँ से मैं एक घुटन का-सा अनुभव करने लगा था। इसीलिए बहुत देर से मैं भाभी जी और मनिया की बाट ज़ोह रहा था। मैंने प्रसन्न होकर कहा—''आइये भाभी, बैठिये। आओ मनिया, तुम भी बैठ जाओ। जो लड़ाई हम दोनों के बीच चल रही है उसमें आप दोनों भी शरीक हो जायँ, तभी उसमें गहराई आयेगी।''

''पर बात क्या है? किस बात को लेकर झगड़ा चल रहा है?'' बगल में बैठते हुए भाभी जी ने पूछा। मनिया भी और कहीं स्थान न पाकर चुपचाप वीरेन्द्र की बगल में बैठ गयी। इस समय वह बहुत प्रसन्न दिखायी देती थी। मैंने मन-ही-मन अनुमान लगाया कि भाभी जी ने उसका अच्छा स्वागत किया होगा।

मैंने भाभी जी की ओर मुड़कर कहा—''बात यह है भाभी जी, कि वीरेन्द्र आजकल अपने जीवन की बुर्जुवा परिस्थितियों से बुरी तरह चिढ़ा हुआ है। उसके मन में यह विचार बड़ी गहराई से घर कर चुका है कि किसी भी व्यक्ति को इस बात का कोई अधिकार नहीं है कि वह शोषित वर्ग की अपेक्षा अधिक सुख और सुविधापूर्ण जीवन बिताये। कठोर वास्तविक जीवन की यह जटिल समस्या उसे परेशान किये हुए है कि संसार की अधिसंख्यक जनता जब भरपूर खटने पर भी भोजन और वस्त्र के अभाव से हाहाकारमय जीवन बिताने को बाध्य है तब मुट्‌ठी-भर लोग अपनी आवश्यकता से बहुत अधिक धन और सम्पत्ति बटोरकर मूँछों पर ताव देते फिरें—इस उलटी गति को, इस सामाजिक अन्याय को उसका पीड़ित मन सहन नहीं कर पा रहा है। इसलिए वह जन-आन्दोलन के बीच में कूदना चाहता है, अपनी सारी सम्पत्ति को जनता के हितार्थ बाँट देना चाहता है और मुझे भी यही सलाह दे रहा है। चूँकि आप दोनों की राय के बिना ऐसा करना बहुत उचित नहीं होगा, इसलिए आप दोनों की राय इस मामले में परम आवश्यक है।''

मेरा परिहासात्मक स्वर और ढंग निश्चय ही वीरेन्द्र को अच्छा नहीं लग रहा होगा। उसके गम्भीर मुख की निश्चल मुद्रा के ऊपर एक अपरिस्फुट-सी तीखी मुस्कान झलक रही थी। पर वह बोला कुछ नहीं।

शायद भाभी जी की ठीक समझ में नहीं आ रहा था कि मेरी बात में वास्तविकता कितनी है और परिहास का पुट कितना। इसलिए वह क्षण-भर के लिए प्रश्न-भरी दृष्टि से मेरी ओर देखती रही। उनके मुख का भाव भी धीरे-धीरे गम्भीरतर होता चला जाता था।

अत्यन्त शान्त और संयत भाव से वे बोलीं—''इनके इस विचार से मैं बहुत दिनों से परिचित हूँ। यह कोई नयी बात आज मैंने नहीं सुनी। मैं न सम्पत्ति के जनता में

बँट जाने के विरुद्ध हूँ, न जन-आन्दोलन के बीच में कूद पड़ने के। मैं स्वयं भी इनके साथ जन-आन्दोलन में सहयोग देने के लिए तैयार हूँ। मैं केवल एक बात के सम्बन्ध में आश्वस्त हो जाना चाहती हूँ। सम्पत्ति ऐसी संस्थाओं में बँटे जिनके विषय में यह निश्चित पता लग जाय कि उनके द्वारा जनता का सच्चा कल्याण होगा और जन-आन्दोलन के उस रूप को पकड़ा जाय जिसके सम्बन्ध में इस बात का निश्चित प्रमाण मिल जाय कि जनता के सच्चे और स्थायी उद्धार का वही सर्वोत्तम पथ है। पर जन-आन्दोलन के नाम पर विभिन्न दलों द्वारा जैसा घोटाला आज मचा हुआ है वह किसी से छिपा नहीं है। इस कलकत्ते में और उसके आस-पास घटनेवाली प्रतिदिन की घटनाओं से इस गोरखधन्धे के दृष्टान्त मिल सकते हैं। कम्युनिस्टों के छिटपुट प्रयोग अलग चल रहे हैं, समाजवादी अलग अपनी खिचड़ी पका रहे हैं, तथाकथित क्रान्तिकारी समाजवादी दल अपने कूटचक्रों का जाल अलग बिछा रहा है और कांग्रेस का चक्र अलग चल रहा है। कोई भी दल अपने निश्चित सिद्धान्तों के सम्बन्ध में कोई भी निश्चित धारणा जनता के मन में जमाने में असमर्थ है। प्रत्येक दल की अपनी-अपनी महत्त्वाकांक्षाएँ हैं। फल यह हुआ है कि सभी दलों के अनिश्चित असन्तोष और छिटपुट प्रयोगों की प्रतिक्रिया से जन-आन्दोलन का एक नया ही रूप सामने आया है और वह है आतंकवाद। इस आतंकवाद को अपनाये हुए हैं कुछ अनुभवहीन और उत्तरदायित्वशून्य नवयुवक। पटाखों और तेजाब-भरे बल्बों की सहायता से वे वर्तमान शासन-सत्ता को भयभीत करके जनसत्ता स्थापित करने का स्वप्न देख रहे हैं। फल हो रहा है उलटा। इन पटाखों और तेजाबी बल्बों से शासन-सत्ता नहीं, बल्कि स्वयं जनता आतंकित हो रही है, जो इन तथाकथित जन-आन्दोलकों से विमुख होती चली जा रही है। जिस आन्दोलन की परिणति भेदाभेद ज्ञान से रहित नवयुवकों की पटाखेबाजी और तेजाबी करामातों में हो वह स्वयं अपने ही ध्येय को पराजित करने के सिवा और क्या प्रगति कर सकेगी, मेरी समझ में नहीं आता। ऐसी हालत में, जबकि जन-आन्दोलन का कोई भी निश्चित रूप देश के सामने नहीं है, और जन-आन्दोलक स्वयं आपस ही में एक-दूसरे से कट्टर विरोधी बने हुए हैं, उसमें कूद पड़ने का अर्थ मेरी दृष्टि में केवल इतना ही है कि पटाखेबाजों और तेजाब-पन्थियों की संख्या बढ़ाना।''

(46)

मैंने देखा कि वीरेन्द्र के संसर्ग में आकर शोभना भाभी राजनीतिक विषयों में काफी गहरी दिलचस्पी लेने लगी हैं और सामयिक राजनीतिक घटनाओं का विश्लेषण करने में भी यथेष्ट पटुता प्राप्त कर चुकी हैं। यह उनका बिलकुल नया ही रूप मेरे सामने आया, जिसकी कोई कल्पना उनके प्रथम दर्शन से मैंने नहीं की थी।

पर वीरेन्द्र भाभी जी के इस विश्लेषण से तनिक भी प्रसन्न नहीं हुआ। बोला—कुछ नगण्य आतंकवादियों के कारण सारे आन्दोलन को दूषित ठहराना बहुत बड़ा अन्याय

है। प्रत्येक आन्दोलन में इस तरह की खामियाँ आ ही जाती हैं। सम्पूर्ण स्थिति को काबू में रख सकना किसी भी आन्दोलन के मूल नेताओं के वश की बात नहीं होती। गाँधी जी के अहिंसात्मक आन्दोलन को कलंकित करने का प्रयत्न करनेवाले हिंसकों की भी कमी नहीं रही, जिसके कारण गाँधी जी को बार-बार प्रायश्चित्त करना पड़ा था।''

मैंने कहा—''हिंसावादी कम्युनिस्ट आन्दोलन से गाँधी जी के अहिंसात्मक आन्दोलन की तुलना करना दोनों के प्रति अन्याय है।''

''मैं तुलना नहीं कर रहा हूँ,'' वीरेन्द्र ने कहा, ''मैं मानता हूँ कि कम्युनिस्टों की नीति हिंसात्मक है। पर पटाखों और तेजाब-भरे बल्बों के निर्विचार प्रयोग से कम्युनिस्टों की हिंसात्मक नीति उतनी ही कलंकित होती है जितना चौरीचौरा-काण्ड या दूसरी हिंसक घटनाओं से गाँधी जी का अहिंसात्मक आन्दोलन हुआ था। कोई भी समझदार कम्युनिस्ट इस तरह के कायरतापूर्ण और निरर्थक आतंकवाद को अपनाने के पक्ष में राय नहीं दे सकता।''

''राय न दे, पर आज का यह आतंकवाद हमारे कम्युनिस्टों की देश-काल के विचार से रहित असैद्धान्तिक कार्रवाइयों का ही फल है, यह तो तुम्हें मानना ही होगा।'' शोभना भाभी ने कहा।

वीरेन्द्र जैसे कट गया। प्रकट में शान्त किन्तु वास्तव में दबी हुई खीझ-भरे स्वर में बोला—''तुम्हारे मुँह से इस तरह की बातें शोभा नहीं देती शोभना, जब कि तुम्हारी ही तरह की बहुत-सी नारियाँ इस आन्दोलन में सच्ची लगन से भाग लेती हुई गोलियों की शिकार हुई हैं। क्या तुम्हें उनके प्रति तनिक भी हमदर्दी नहीं है?''

यह व्यंग्यात्मक मन्तव्य बड़ा ही चुटीला और मार्मिक था। शोभना भाभी का चेहरा एकदम लाल हो आया। उन्होंने कहा—''उनके प्रति मेरी सहानुभूति नहीं है, मुझ पर यह आरोप लगाकर तुम मेरे प्रति बड़ा भारी अन्याय कर रहे हो। यह मैंने न कभी कहा न सोचा कि उनमें सच्ची लगन नहीं है। यदि उनमें सच्ची लगन न होती तो वे कभी जान-बूझकर अपने प्राणों की बलि देने के लिए निर्भीकता से मौत के मुँह में न कूदतीं। उन पर गोली चलानेवालों की प्रशंसा उनके विरोधियों ने भी नहीं की है। पर प्रश्न यह नहीं है। प्रश्न तो यह है कि जिस आन्दोलन के सूत्रधार भारतीय परिस्थितियों की वास्तविकता पर गहरा विचार किये बिना ही, भारतीय जन-आन्दोलन की एक निश्चित और समन्वित रूप-रेखा और एक समन्वित ध्येय सामने रखे बिना ही केवल 'आन्दोलन आन्दोलन के लिए, क्रान्ति क्रान्ति के लिए, हिंसा हिंसा के लिए' इस नीति को अपनाते हुए उन भोले-भाले नवयुवकों और सरल विश्वासपरायण युवतियों को निरर्थक बलिदान के लिए आगे बढ़ा रहे हैं वे क्या सचमुच जनता के कल्याण का पथ प्रशस्त कर रहे हैं और जन-आन्दोलन के महत् ध्येय की ओर बढ़ रहे हैं?''

''निश्चित रूप से आगे बढ़ रहे हैं,'' वीरेन्द्र ने दृढ़ता के साथ कहा। ''मैं मानता हूँ कि हमारा जन-आन्दोलन आज बिखरा हुआ है, और जन-सत्तावादी विभिन्न दलों

के पारस्परिक संघर्ष का शिकार बना हुआ है। यह भी मैं मानता हूँ कि और भी कई भूलों और भ्रान्तियों को अपनाता हुआ वह बीच-बीच में पथभ्रष्ट भी हो रहा है। पर प्रगति का मार्ग बड़ा ऊबड़-खाबड़ होता है, यह बात हमें सदा ध्यान में रखनी चाहिए। इन्हीं भूलों और भ्रान्तियों से होकर हमारा जन-आन्दोलन निरन्तर आगे बढ़ता चला जायगा, और एक दिन निश्चय ही ऐसा आयेगा जब सभी परस्पर-विरोधी जनसत्तावादी दल एक महान् सम-लक्ष्य, एक ही विराट् सम-ध्येय को अपनाते हुए समान साधनों के प्रयोग द्वारा समान पथ से आगे बढ़ेंगे। और तब अपने संगठित और समन्वित प्रयत्नों से एक ऐसे स्वर्ग की स्थापना करने में वे समर्थ होंगे जहाँ मानव के इतने युगों के सारे उद्यम समभ्रान्ति को प्राप्त हो जायेंगे; जहाँ मानव-मानव में भेद नहीं रह जायगा, सब को सुख-उपभोग की समान सुविधाएँ प्राप्त होंगी। वहाँ सारा मानव-समाज विभिन्न वर्गों, दलों व गुटों में विभक्त न होकर एक अविच्छिन्न इकाई बन जायगा। प्रत्येक व्यक्ति के निजी सुख-दुःख समस्त मानव-समाज के सामूहिक सुख-दुखों से एकरूप मिल जायेंगे। बल्कि भौतिक दुःख तो तब रहेगा ही नहीं, सुख—केवल सुख—की अनुभूति समग्र मानवता के ऊपर समान रूप से छा जायगी। क्योंकि तब सब के सम-प्रयत्नों द्वारा भौतिक साधनों का विकास चरम सीमा तक पहुँच जायगा, जिसके फलस्वरूप रोग, शोक, दुःख-दारिद्र्य का कहीं लेश भी नहीं रह जायगा। मैं मानवता के इतिहास की उसी चरम परिणति की प्रतीक्षा में, उसी पुण्य दिन की ओर टकटकी लगाये हुए हूँ। मेरा यह महान् स्वप्न एक-न-एक दिन सफल होकर ही रहेगा, इस ध्रुव विश्वास के बल पर मैं जीता हूँ।" और वीरेन्द्र ने भावमग्न होकर अपनी आँखें क्षण-भर के लिए बन्द कर लीं।

इस भावावेग के बाद फिर कोई तर्क चल नहीं सकता था। शोभना भाभी, मनिया और मैं तीनों कुछ क्षणों तक स्तब्ध, मौन दृष्टि से उसकी ओर देखते रहे। यह स्पष्ट था कि वीरेन्द्र के भीतर पीड़ित, दलित और शोषित जनता के उद्धार की लगन भावगत हो चुकी थी, पर उसकी न तो कोई सुस्पष्ट और निश्चित रूप-रेखा उसके सामने थी और न उस सम्बन्ध में किसी बौद्धिक तर्क और विवेकपूर्ण विश्लेषण की कोई आवश्यकता ही वह महसूस कर रहा था। बल्कि इस तरह के तार्किक विश्लेषण से वह साफ कतराकर निकल जाना चाहता था—अपने उसी स्थिर भावजनित अडिग विश्वास में मग्न हो जाने के लिए।

शोभना भाभी के मुख पर एक विचित्र भय, एक अनोखी भ्रान्ति की-सी छाया घिर आयी थी। जैसे उन्होंने उस समय वीरेन्द्र का एक बिलकुल नया ही रूप देखा हो। साथ ही मुझे यह भी लगा कि वीरेन्द्र ने उनका जो परिचय मुझे दिया था वह पूरा नहीं था। उसने मुझसे यह बात छिपायी थी कि उन दोनों के बीच कुछ समय से एक विशेष द्वन्द्व चल रहा है—इसी जन-आन्दोलन के विषय को लेकर दोनों की तर्कशैली से मुझे इस बात का आभास मिल रहा था कि दाल में कहीं कुछ काला पड़ गया है।

सबसे अधिक भ्रान्त हो रही थी मनिया। उसके मुख के भाव से मैं स्पष्ट अनुभव कर रहा था कि वह अपने को एक बिलकुल ही विजातीय वातावरण में पाने लगी थी। सामयिक राजनीति सम्बन्धी किसी विषय को कोई मनुष्य ऐसे गहन-गम्भीर रूप में ग्रहण कर सकता है और उसमें अपनी सारी आत्मा को, सम्पूर्ण व्यक्तित्व को ऐसे परिपूर्ण रूप से निमज्जित कर सकता है, यह अनुभव उसके लिए एकदम नया था। वह निश्चय ही यह अनुभव भी कर रही होगी कि जिस विषय को लेकर पति-पत्नी एक-दूसरे से ऐसी सरगर्मी से बातें कर सकते हैं, और एक-दूसरे की भ्रान्ति प्रमाणित करते हुए कड़ा-से-कड़ा रुख अख्तियार कर सकते हैं, वह कोई साधारण विषय नहीं हो सकता। वह अत्यन्त एकाग्रता से वीरेन्द्र और भाभी की बातें सुन रही थी, पर स्पष्ट ही ठीक से कुछ समझ न पाने के कारण भ्रान्त दृष्टि से कभी वीरेन्द्र की ओर देख रही थी, कभी भाभी की ओर और कभी मेरी ओर।

हेमन्त काल की धूप कुछ समय पहले तक बड़ी मीठी लग रही थी, पर भाभी और वीरेन्द्र के बीच की गरम बहस के बाद वह अब, कम-से-कम मुझे, असह्य मालूम होने लगी थी। इसलिए मैंने प्रस्ताव किया कि भीतर बैठा जाय। सब लोग उठ खड़े हुए।

चलते हुए मैंने वीरेन्द्र से कहा—"तुमने भाभी को राजनीति-विद्या में इतना कुशल बना दिया है, यह बात मुझसे इतनी देर तक क्यों छिपायी, मैं समझ नहीं पाया।"

वीरेन्द्र 'होः होः' करके हँस उठा। उसके इस परिचित अट्टहास से मैं आश्वस्त हो उठा, नहीं तो उसका जो अत्यन्त गुरु-गम्भीर मनोभाव कुछ देर से चल रहा था, वह यदि और कुछ देर तक उसी रूप में कायम रहता तो मुझे शायद अपने को घुटने से बचाने के लिए भागना पड़ता।

वह उसी हँसी की तरंग में बोला—मैंने तुम्हारी भाभी को इस विद्या में कुशल नहीं बनाया है। मुझे लगता है कि वह अपनी माँ की कोख से ही राजनीति सीखकर आयी थी। इसमें छिपाने की कोई बात नहीं है। तुम कुछ दिन इसके सम्पर्क में रहो तो तुम्हें पता लगा जायगा कि इसके हर बोल में, हर चाल में, हर ढाल में, हर साँस में राजनीति भरी रहती है। यह ठीक है कि वह राजनीति को राजनीति के लिए नहीं अपनाती, कोई-न-कोई गूढ़ उद्देश्य उसके पीछे रहता है। पर वह उद्देश्य क्या होता है, यह वही समझती है, दूसरा कोई नहीं समझ सकता।"

मैंने भाभी की ओर देखा। उनका मुँह अस्वाभाविक रूप से लाल हो आया था।

मेरी समझ में यह बात नहीं आ रही थी कि अपने विवाह का जो संक्षिप्त इतिहास उसने सुनाया था उसमें भाभी जी का परिचय जिस रूप में दिया था उससे और उसकी इस समय की बातों से क्या सम्बन्ध हो सकता है। मुझे लगा कि उसके विवाह होने के बाद से लेकर वर्तमान समय तक वीरेन्द्र के अपने भीतर की और बाहर की दुनिया में बहुत-सी घटनाएँ घट चुकी हैं। मुझे याद आया कि उसने जन-आन्दोलन के बीच में कूद पड़ने में जिन विघ्नों और बाधाओं का उल्लेख किया था उनमें एक वैवाहिक

बन्धन भी बताया था। मेरे अनुमान से वही उसके लिए एक प्रमुख बन्धन सिद्ध हो रहा था। सम्भवतः यही कारण था कि उस बन्धन की सूत्रधारिणी के प्रति उसके मन के एक अलक्षित भाग में भयंकर विरोध और विद्रोह की भावना उत्पन्न होकर निरन्तर बढ़ती चली जा रही थी। मुझे यह भी याद आया कि अपने विवाह का किस्सा सुनाते हुए उसने अपने अन्तर के रस का सारा माधुर्य घोलकर भाभी जी के स्नेह-सरस और सेवा-परायण स्वभाव का वर्णन किया था। उस समय उसके स्वभाव में छिपी हुई 'राजनीति' की कोई बात ही उसे याद नहीं आयी थी। शायद तब वह उस मधुर स्मृति को एक बार जगाने के लिए अत्यन्त उत्सुक हो रहा था जिसमें आज के द्वन्द्व का लेश भी नहीं था—जो स्पष्ट ही दोनों के बीच कुछ समय से गहराता आ रहा था। विवाह के पूर्व की उस अकलुष स्नेह-स्मृति के जगने से वह अत्यन्त भाव विभोर हो उठा था। विवाह के बाद समय की गति से जो अनिवार्य परिवर्तन मास-प्रतिमास, वर्ष-प्रति-वर्ष दोनों की भावनाओं में आते चले गये होंगे उनके साथ यथार्थवादी दृष्टिकोण से अपने जीवन का सामंजस्य स्थापित कर सकने में वह स्पष्ट ही अपने को असमर्थ पा रहा था। उसके तत्कालीन अन्तर्द्वन्द्व का एक पहलू यह भी था। मैंने यह भी अनुमान लगाया कि जन-आन्दोलन को लेकर भाभी जी के और उसके बीच जो क्षणिक किन्तु तीखा विवाद आज चला था वह इसके पहले भी कई बार कई रूपों में चल चुका होगा। और उस विवाद के वे रूप चाहे कैसे ही क्यों न रहे हों, मीठे और प्रिय अवश्य ही नहीं रहे होंगे।

(47)

जब हम लोग नीचेवाले बरामदे के पास पहुँचे तब सहसा जैसे वीरेन्द्र को भूली हुई बात याद आ गयी। बोला—"चलो, यहाँ बैठने के पहले तुम्हारा सामान होटल से लेते आवें। तब तक देवरानी-जेठानी को कुछ देर के लिए और घनिष्ठता बढ़ाने का मौका दो। दोनों अपने-अपने पति के विरुद्ध अपनी-अपनी शिकायतें एक-दूसरे से एकान्त में कहकर अपना जी हलका कर लें।" और वह अपने परिहास पर स्वयं ठठाकर हँस पड़ा।

मैं यह देखकर चकित था कि वह कितनी जल्दी एक मानसिक स्थिति से दूसरी—एकदम विपरीत—मनःस्थिति को अपना लेता था। कुछ ही समय पहले तक जो भयावह रूप से गम्भीर भावुकतापूर्ण रुख वह अख्तियार किये हुए था—जन-आन्दोलन की तूफानी लहरों के बीच कूद पड़ने की अपनी जिस मार्मिक व्याकुलता का परिचय दे रहा था और अपने स्वप्न-कल्पित भावी जन-राज्य के जिस अपूर्ण आदर्श का वर्णन करते हुए भाव-गद्‌गद हो रहा था—उस गुरु-गहन मनोभाव से इस अट्टहास का—देवरानी-जेठानी से सम्बन्धित मीठी चुटकी का—साम्य कहाँ पर हो सकता है, यह मेरी समझ में किसी भी रूप में नहीं आ पाता था।

मनिया ने उसके उस परिहास को बड़े ही मीठे रूप में लिया, यह मैं उसके सलज्ज हासोज्ज्वल मुख का भाव देखते ही समझ गया। उसने एक बार तिरछी—किन्तु अत्यन्त स्निग्ध-दृष्टि से वीरेन्द्र की ओर देखा और फिर सांकेतिक मुस्कान-भरी दृष्टि से भाभी जी की ओर। पर भाभी जी को वह परिहास कतई पसन्द नहीं आया, यह जानने में भी मुझे देर न लगी। उन्होंने एक बार आँखें तरेरते हुए वीरेन्द्र की ओर देखा और मुँह फेर लिया।

जब मोटर पर सवार होकर हम दोनों रवाना हुए तब काफी देर तक दोनों मौन बैठे रहे। भवानीपुर के मोड़ पर जब 'कार' घूमी तब वीरेन्द्र बोला—"तुम्हारी भाभी इधर कुछ दिनों से सचमुच मुझसे नाराज रहती है। मेरे भीतर जो पागलपन भूत की तरह सवार हो गया है उसे झाड़ने की बहुत कोशिश करने पर भी वह सफल नहीं हो पाती उसकी खीझ का प्रधान कारण मुझे यही लगता है और भी यही कारण हो सकते हैं जिन्हें मैं नहीं जानता, पर मुख्य यही है। उसे अप्रसन्न देखकर मुझे हार्दिक दुःख होता है। तुम्हें विश्वास हो या न हो, कभी-कभी मैं एकान्त में यह सोचकर रो उठता हूँ कि शोभना दिन-पर-दिन अकेली पड़ती चली जा रही है। इतने निकट रहने पर भी हम दोनों एक-दूसरे से इतनी दूर पड़ गये हैं और दिन-पर-दिन और अधिक दूर होते चले जा रहे हैं। इसमें न उसका दोष है न मेरा। मैं न चाहने पर भी उसका साथ नहीं दे पा रहा हूँ। उसके अन्तर के स्नेह-प्रेम-मय जगत् के स्निग्ध, सरस, मधुर भाव से सारा वातावरण मेरे नये उभरे हुए व्यक्तित्व के विकास के लिए जैसे विषमय और मारक सिद्ध हो रहा है। पर मेरा दूसरा व्यक्तित्व उसके अन्तर के साथ इस असहयोग के लिए अत्यन्त व्याकुल होकर गुहार मारकर रोना चाहता है। इस खींचतान से मेरा मन छिन्न-भिन्न हुआ जा रहा है कि शोभना जैसे दिन-पर-दिन अपने अन्तर के सूनेपन में अपने को डुबाती चली जा रही है। और वह सूनापन भी निकट-भविष्य में कैसा भयंकर रूप धारण करेगा इसका मैं प्रत्यक्ष अनुभव कर रहा हूँ। शून्य की निस्पन्द जड़ता उसके भीतर इस तरह छा जायगी कि वह मृत्यु से भी अधिक स्तब्ध, निश्चल और निष्प्राण लगेगी। वहाँ सायँ-सायँ का भी शब्द नहीं होगा और भूत-प्रेत भी नहीं नाचेंगे-कूदेंगे..."

उसकी आँखों के भाव से ऐसा लग रहा था जैसे अपनी उस कल्पना से वह स्वयं आतंकित हो उठा हो। अपने उस दुःस्वप्न में वह जैसे पूर्णतया निमग्न हो गया था।

मैंने उसे फिर से चेतना-लोक में लाने के इरादे से धक्का देना चाहा। कुछ तीखे स्वर में मैंने कहा—"वीरेन्द्र, तुम क्या व्यर्थ की कल्पना करके अपना जी खराब कर रहे हो। तुम्हारे जैसे यथार्थवादी व्यक्ति को इस तरह की बेकार की भावुकता-भरी बातें नहीं सुहातीं। मार्क्स के अनुयायी घोर भौतिकवादी होते हैं। तुम चाहे मार्क्स के कट्टर अनुयायी न भी होओ, पर इतना तो निश्चित ही है कि तुम्हारा झुकाव उसी ओर है। तब तुम क्यों भाव-जगत् की फैण्टेसियों को इस तरह अपनाये हुए हो? स्थिति को

यथारूप स्वीकार करो। न मार्क्स ने और न उसके अनुयायियों ने कभी किसी को यह उपदेश दिया कि जन-आन्दोलन में अपने घर के स्नेह-बन्धनों को एकदम काटकर अपनी पत्नी से या दूसरे सगे स्नेह-सम्बन्धियों से कतराकर ही कूदा जा सकता है। यदि ऐसा होता तो उन लोगों में और मार्क्सवादियों में कोई अन्तर ही न रह जाता जो 'नारि मुई घर सम्पति नासी मूड़ मुड़ाय भये संन्यासी', या जो जान-बूझकर पत्नी और पुत्रों को त्यागकर, सम्पत्ति को तिलांजलि देकर वैराग्य साधन के लिए बाहर निकल जाते हैं। यदि तुम्हें अपनी लगन पर सच्चा विश्वास है तो भाभी जी को भी अपने साथ घसीटने का पूरा प्रयत्न करो, प्रारम्भिक असफलता से घबराओ नहीं। और यदि प्रयत्न करने पर भी तुम्हें इसमें सफलता नहीं मिलती तो भावुकता को अपने मन में तनिक भी स्थान दिये बिना ही अपने कर्त्तव्य-पथ पर चले चलो। संशयात्मा विनश्यति, इस मनोवैज्ञानिक सत्य को कभी मत भूलना।''

मेरे भाषण से वीरेन्द्र जैसे सचमुच कुछ जगा और सँभलकर बैठ गया। कुछ देर तक मेरी ओर बड़े गौर से देखता रहा, उसके बाद बोला—''तुम ठीक कहते हो। संशय और द्विविधा में डूबे हुए मनुष्य का विनाश निश्चित है, और इस तरह की जो भावुकता मुझे बीच-बीच में धर दबाती है वह भी निश्चय ही घातक है। पर इससे मैं यह मानने के लिए तैयार नहीं हूँ कि भावुकता-मात्र हानिकारक होती है। मार्क्स यदि कवि और भावुक न होता तो वह कभी मानव-समाज के पिछले सभी युगों के आदर्शों और ध्येयों के ध्वंसावशेष पर मूलतः नयी व्यवस्था और नये आदर्श की स्थापना का स्वप्न न देख पाता। पौराणिक विश्वामित्र की तरह उसने एक बिलकुल ही नयी सामाजिक सृष्टि की रचना की थी, जो यथार्थवादी तर्कों पर आधारित होने पर भी पूर्णतः काव्यात्मक है। एक मूलतः बदली हुई स्थापना के उद्देश्य से उसने नये धर्म की स्थापना की और नये ही देवताओं की मूर्तियाँ गढ़ीं...''

''धर्म और देवता! मार्क्स के नाम के साथ इन दो शब्दों को जोड़कर तुम क्या उसके प्रति अन्याय नहीं कर रहे हो?'' मैंने बीच ही में उसकी बात काटते हुए कहा।

''तुम्हारा चौंकना स्वाभाविक है,'' अपेक्षाकृत शान्त भाव से वीरेन्द्र बोला, ''यह ठीक है कि मार्क्सीय दर्शन में पौराणिक धर्म, पौराणिक ईश्वर और पौराणिक देवताओं के लिए कोई स्थान नहीं है। यह केवल इसलिए कि वे देवता मार्क्सीय दृष्टि से अपना काम पूरा कर चुके। अब नये युग की नयी परिस्थितियों में उन मृत देवताओं को जिलाने से कोई काम नहीं चलेगा। कोई क्रान्ति, कोई भी विश्व-विस्फोटक प्रगति बिना किसी एक धर्म को लिये नहीं चल सकती—फिर चाहे वह धर्म अनीश्वरवादी ही क्यों न हो। और जहाँ धर्म रहेगा वहाँ ईश्वर और देवता अपने-आप, प्राकृतिक नियम से आ खड़े होंगे। मार्क्सवादियों का एक निश्चित दर्शन है, एक निश्चित आदर्श और जीवन और जगत् के सम्बन्ध में कुछ निश्चित विश्वास हैं, वे सब मिलकर एक निश्चित धर्म का ही रूप धारण करते हैं। और जब धर्म होगा तब उसका कोई ईश्वर भी होगा, देवता

भी अपने-आप आ कूदेंगे, यज्ञ भी होगा और पुरोहित भी होंगे। यज्ञ और बलिदान के कुछ निश्चित नियम और विधियाँ भी होंगी। मानवीय इतिहास की आलोचना करते हुए मार्क्स ने स्वयं कहा था कि जब-जब मानवता ने किसी मूलगत प्रगति के उद्देश्य से विश्व-क्रान्ति का पथ अपनाया है तब-तब उसके जीवित नायकों के बीच में मृत देवता आ खड़े हुए हैं, और जीवित नायकों ने उन मृतकों के मुखड़े पहनकर तब आगे बढ़ना चाहा है। उसकी असफलता का यही कारण रहा है। इसीलिए मार्क्स ने जीवित नायकों के बीच में जीवित ईश्वर और जीवित ही देवताओं को खड़ा करने का बीड़ा उठाया था। चिर-पुराण और चिर-भूत को त्यागकर उसने चिर-नवीन और चिर-वर्तमान अथवा चिर-भविष्य को अपने नये वास्तविकतावादी धर्म का आधार बनाया। उस पर ऐसे-ऐसे देवताओं की स्थापना की जो पुराण-विद्वेषी और नास्तिक थे। वह नास्तिक ईश्वर स्वयं मार्क्स ही था, जिसका एक मूलतः नयी सामाजिक व्यवस्था की सृष्टि की और उसके बाद उस धर्म से सम्बन्धित नये-नये देवता और नये-नये अवतार अवतरित होते चले गये हैं। आज उसके जो अनुयायी अपने विश्वासों के लिए मर मिटने को तैयार हैं, निर्भीक होकर अपने प्राणों की बलि दे रहे हैं उसके मूल में उसी धार्मिक भावना का बदला हुआ रूप है जो ईसाई धर्म के प्रारम्भिक प्रचारकों में वर्तमान थीं, जिन्होंने अपने विश्वास के आगे अपने प्राणों का कोई मूल्य कभी स्वीकार नहीं किया। बात चल रही थी भावुकता को लेकर। यदि मार्क्सीय आन्दोलन के पीछे एक निश्चित धार्मिक विश्वास द्वारा प्रेरित भावुकता न होती तो कभी उसे इतनी बड़ी प्राण-बल और रक्त-बल न होता जैसा कि आज संसार में सर्वत्र—कहीं छिटपुट और कहीं संगठित रूप में—पाया जाता है। कोई भी बड़ी क्रान्ति केवल ठण्डे मस्तिष्क से गणित की कोरी गणना द्वारा ही सफल नहीं हो सकती। उसके पीछे अदृश्य में प्रवाहित भावुकता उसे बल देती है, और भावुकता किसी निश्चित धार्मिक विश्वास द्वारा ही उभाड़ी जा सकती है—फिर चाहे वह धर्म नास्तिकवादी ही क्यों न...''

''तब क्या तुम्हारे भी कुछ निश्चित धार्मिक विश्वास हैं?'' मैंने पूछा।

''निश्चय ही। नहीं तो आत्म-बलिदान के लिए इतनी बड़ी प्रेरणा ही मुझे कैसे मिलती जो कुछ समय से मेरे मन और मस्तिष्क को इस पूर्णता से छाये है कि उसके ऊपर मैं कुछ सोच ही नहीं पाता हूँ।''

''पर यह बात तुम स्वीकार करोगे कि किसी धार्मिक विश्वास को अन्धभाव से अपनाने का वही कुफल हो सकता है जो मुस्लिम विश्वासियों ने लाखों की संख्या में निरपराध काफिरों की निरर्थक सामूहिक हत्या द्वारा प्रदर्शित किया था, अथवा जिहाद-धर्मी ईसाई विश्वासियों ने...''

''कोई भी नयी सृष्टि तभी हो सकती है जब उसके पूर्व प्रलय की सामूहिक विध्वंसक शक्तियों का ताण्डव मचे,'' बीच ही में मेरी बात काटते हुए वीरेन्द्र ने कहा, ''उस सामूहिक ध्वंस की ही मिट्टी पर नयी रचना सम्भव हो सकती है। यह ठीक है

कि कुछ पौराणिक धर्मों के अन्ध अनुयायियों ने अपने से भिन्न धर्मावलम्बियों की निरर्थक सामूहिक हत्या की थी। पर हम मार्क्सीय धर्मावलम्बियों के आगे एक निश्चित योजना है, जो एक सामूहिक और स्थायी कल्याणकारी सामाजिक व्यवस्था की स्थापना की ओर निरन्तर अग्रसर होती चली जा रही है। मैं इस बात पर भी जोर देना चाहता हूँ कि स्थायी शान्ति ही हम लोगों का लक्ष्य है और उसके लिए हम लोग भरसक शान्तिपूर्ण उपाय ही काम में लाना चाहते हैं। पर उस लक्ष्य की प्राप्ति के लिए हिंसावादी पूँजीपति राष्ट्र विघ्न डालेंगे तो हम लोग उसका सामना करने से पीछे नहीं हटेंगे।''

मैंने इस बात पर गौर किया कि वीरेन्द्र ने आज के सारे वाद-विवाद में पहली बार स्पष्ट शब्दों में यह स्वीकार किया कि वह मार्क्सवादी है। इसके पहले उसने जन-आन्दोलन के सम्बन्ध में जितनी भी बातें कही थीं वे सब अस्पष्ट और अनिश्चित थीं और कम्युनिस्ट आन्दोलकों के कट्टरपन का उसने एक प्रकार से विरोध ही किया था।

उसकी इस निश्चित स्वीकारोक्ति से मेरे भीतर बहुत देर से दबा हुआ आवेग फूट पड़ा। मैंने कहा—''तब क्या सामूहिक हिंसा और सामूहिक विनाश होकर ही रहेगा? पृथ्वी के इतिहास में जितना मानवीय रक्त अब तक उसकी मिट्टी के ऊपर बह चुका है वह क्या इस हद तक अपर्याप्त है कि फिर एक बार रक्त के प्यासे देवताओं को सन्तुष्ट करने के लिए लाखों मानवीय बकरों का बलिदान होना ही होगा? दूसरे देशों की बात जाने दो, पर तुम्हारे देश में तो गाँधी के अहिंसावादी क्रान्ति के आदर्श, प्रयोग और परिणाम प्रत्यक्ष हो चुके हैं। तुम लोग परिवर्तन के सिद्धान्त पर विश्वास किया करते हो और स्थितिशीलता की निन्दा करते हो। तब क्यों क्रान्ति के उन्हीं पुराने हिंसात्मक उपायों का ही एकमात्र अवलम्बन पकड़े बैठे हो? केवल इसीलिए कि मार्क्स ने हिंसा का पथ निर्देशित किया है? पर यह क्यों नहीं सोचते कि मार्क्स द्वारा निर्देशित पथ सौ वर्ष पुराना हो चुका है और इन सौ वर्षों के भीतर संसार को जो मूलतः नये अनुभव हुए हैं वे मार्क्स की कल्पना में थे ही नहीं। स्वयं मार्क्स के द्वन्द्वात्मक भौतिकवाद के नियम से हिंसा और अहिंसा के बीच के पुराने संघर्ष ने एक तीसरी शक्ति को जन्म दिया है—वह है प्रतिरोधात्मक अहिंसा। इस नयी शक्ति का नया प्रयोग क्यों नहीं तुम्हारे दलवाले करना चाहते? सब विषयों में तुम लोग अपने को परिवर्तनशील बताते हो, केवल हिंसा के क्षेत्र में ही स्थितिशील क्यों बने रहना चाहते हो? याद रखो, हिंसा के जिस अपूर्वकल्पित पथ को पश्चिमी और पूर्वी, दोनों परस्पर-विरोधी गुट बड़ी तेजी से अपनाते चले जा रहे हैं वह अन्त में दोनों गुटों को ही मिटाकर छोड़ेगा। पिछले विनाशक युद्ध से जो सबक मिल चुका है उसमें यदि संसार के दो परस्पर-विरोधी महागुटों की रक्त-पिपासा शान्त होने के बजाय और अधिक भड़क उठेगी तो यह निश्चित है कि उस ताण्डव लीला के बाद पूँजीवाद और साम्राज्यवाद तो सदा के लिए विलीन हो ही जायेंगे, पर साथ ही तब मार्क्सवाद भी धरातल से एकदम मिट जायगा। इसलिए तुम भारतीय कम्युनिस्टों के ऊपर बहुत बड़ा दायित्व आ पड़ा है। तुम लोग

अगर अन्ध अनुकरण की प्रवृत्ति से मुक्त होकर ठण्डे मस्तिष्क से, शान्त और तटस्थ भाव से गम्भीर विचार करके, एक भौतिक सूत्र द्वारा एक सर्वमंगलकारी महान् उद्देश्य की पूर्ति के लिए एक बिलकुल ही नये साधन को अपना सको तो तुम्हारा और तुम्हारे साथ ही न सारे देश का—बल्कि सारे संसार का—कल्याण निश्चित हो जायेगा, पर यदि पश्चिमी कम्युनिस्टों की रीति को अन्धभाव से अपनाकर हिंसा द्वारा ही हिंसा के निराकरण का पथ अपनाओगे तो मानवता के लिए एक महागर्त ही खोदने में समर्थ होगे।''

वीरेन्द्र व्यंग्यपूर्वक मुस्कराया, बोला—''तुम अभी इन सब मामलों में बच्चे हो। तुम नहीं जानते कि मार्क्सीय सिद्धान्तों की विजय यथार्थवादी आदर्श के साथ एक रूप में जुड़ी हुई है। प्रतिहिंसा द्वारा हिंसा पर विजयी होकर तब संसार में मुख और शान्तिमय राज्य स्थापित करना मार्क्सवादियों का ध्येय है। अहिंसा का महत्त्व मार्क्सवादी खूब समझते हैं। अहिंसावाद को जहाँ एकबार अपनाया नहीं, उसके साथ पूँजीवादी सभ्यता के सभी उपकरण एक-एक करके आ जुटेंगे और हम लोगों की सारी योजना ही एकदम गुड़-गोबर हो जायगी।''

''तो क्या अहिंसा पूँजीवादी सभ्यता से अविच्छिन्न रूप से जुड़ी हुई है? आज संसार के जितने भी पूँजीवादी राष्ट्र हैं वे क्या अहिंसा के सिद्धान्त को ही अपना मूलमन्त्र माने हुए हैं? तुम लोग इस ज्वलन्त सत्य के प्रति आँखें क्यों बन्द किये हो कि हिंसा के महा अस्त्रों को आज पूँजीवादी राष्ट्र जिस परिमाण में एकत्रित किये चले जा रहे हैं उस परिमाण में एकत्रित करना न तो रूस के लिए सम्भव है न किसी दूसरे कम्युनिस्ट राष्ट्र के लिए? हिंसा से हिंसा पर विजय कभी नहीं पाओगे यह ध्रुव निश्चित है। अधिक-से-अधिक यह होगा कि दोनों परस्पर हिंसारत गुट समान-रूप से विनष्ट हो जायेंगे। हिंसा का जो उत्तरोत्तर-वृद्धि-प्राप्त प्रलयंकर रूप इस युग में देखने में आया है यदि मार्क्स उसकी कल्पना कर पाता तो कभी हिंसा को साधन न बता जाता। पर जैसा कि मैं पहले कह चुका हूँ, उसकी कल्पना में यह बात थी ही नहीं। अतएव समय आ गया है कि तुम लोग—मार्क्स के नवीनतम अनुयायी—युग की बदली हुई परिस्थितियों को देखते हुए अपने आदर्श की उपलब्धि के लिए एक नये ही साधन को—प्रतिरोधात्मक अहिंसा को—अपनाओ। गाँधी द्वारा निर्देशित इस चरम अस्त्र के भीतर अनन्त सम्भावनाएँ निहित हैं। आज के विश्वव्यापी प्रचण्ड हिंसात्मक वातावरण में केवल वही गुट अन्ततः विजयी सिद्ध होगा जो इस अस्त्र को पूरी लगन, पूरी तत्परता और पूरे विश्वास के साथ अपना सकेगा। अन्यथा परिणामहीन, निरर्थक सामूहिक विनाश अवश्यम्भावी है।''

(48)

मोटर आदमियों और सवारियों की भीड़ के बीच में धीमी गति से जा रही थी। थोड़ा-सा भी रास्ता पाते ही वीरेन्द्र मोटर की चाल कुछ बढ़ा देता था, पर थोड़ी-थोड़ी दूरी पर रुक-रुककर चलने के लिए बाध्य होना पड़ता था। किसी तरह चौरंगी पार करके हम लोग डलहौजी की ओर मुड़े और ग्रेट ईस्टर्न होटल के नीचे पहुँच गये।

ऊपर जाकर मैंने अपना कमरा खुलवाया। वीरेन्द्र ने कहा—"मैंनेजर से कह दो कि तुम अभी कमरा खाली कर रहे हो। और किराया चुकाकर, सामान निकलवाकर ठेले में लदवा देने के लिए कह दो। कोई मोटर-ट्रक मिल जाय तो उसमें भी सामान जा सकता है।"

इतनी देर तक वीरेन्द्र के साथ जिस विषय पर, जिस ढंग से वाद-विवाद चल रहा था उससे मेरे अनजान में मेरे भीतर मेरा इरादा बदलने लगा था। मैंने संकोच को बलपूर्वक झाड़कर बड़ी गम्भीरता के साथ कहा—"देखो वीरेन्द्र, अगर तुम बुरा न मानो और मेरी बात का कोई गलत अर्थ न लगाओ तो एक बात कहूँ।"

शायद मेरी गम्भीर मुद्रा और बात कहने का कुछ बदला हुआ ढंग देखकर वीरेन्द्र कुछ चौंका। उसके कपाल में और आँखों के इर्द-गिर्द कुछ सिकुड़न भी पड़ गयी थी। बोला—"कहते क्यों नहीं?"

"तुमसे इतने वर्षों बाद आज अचानक मिलन हो गया, इससे बढ़कर खुशी इधर मुझे नहीं हुई। मनिया से विवाह हो जाने से जो खुशी हुई थी आज की खुशी अगर पूरी नहीं तो बहुत-कुछ उसके निकट पहुँचती है। तुम्हारा मकान भी मैंने देख लिया है और तुमने भी मेरा होटल देख लिया है। इसलिए हम दोनों प्रतिदिन एक-दूसरे से जब चाहें तब मिल सकते हैं..."

"पर तुम्हारा मतलब क्या है, साफ-साफ शब्दों में कहते क्यों नहीं?" काफी खीझ-भरे स्वर में वीरेन्द्र बीच ही में बोल उठा।

"मेरा मतलब—मैं तुमसे यह अनुरोध करना चाहता था कि हम दोनों को होटल ही में रहने दो। क्यों अपने यहाँ रहने का आग्रह करके अपने मन की वर्तमान अनिश्चित अवस्था में व्यर्थ की परेशानी मोल लेना चाहते हो?"

वीरेन्द्र का चेहरा क्षण-भर के लिए एकदम फीका पड़ गया। दूसरे ही क्षण उसमें लाली दौड़ गयी और तीसरे क्षण उसने दृढ़ स्वर में कहा—"मैं देखता हूँ कि तुम्हारा मूर्खतापूर्ण संकोची स्वभाव अभी तक वैसा ही बना हुआ है जैसा कॉलेज के दिनों में था। दूसरों के मनोभावों के सम्बन्ध में तुम्हारे मन में तरह-तरह के निराधार सन्देह उत्पन्न होते रहते हैं और उनका अर्थ तुम अपने वहमी स्वभाव के अनुसार विचित्र रूप से लगाते रहते हो। पर याद रखो, इस बार मैं तुम्हारे मकड़ी के जाले से ग्रस्त सन्देही

मन का भूत पूरी तरह झाड़े बिना मानूँगा नहीं। मैं भी एक जिद्दी आदमी हूँ, इतना तो तुम भी मानोगे। चलो मैनेजर के पास। तुम नहीं चलते तो मैं स्वयं उसका हिसाब चुका आता हूँ।" और वह चलने के लिए मुड़ा।

मैंने उसका हाथ पकड़ते हुए कहा—"अरे भाई, जरा ठहरो भी। कुछ देर सुस्ता लिया जाय। चाय पीने के बाद चलेंगे, जल्दी क्या है।"

"अच्छी बात है, तब जल्दी आर्डर दो चाय के लिए—बल्कि कॉफी मँगाओ।

मैंने घण्टी का बटन दबाया। थोड़ी देर में एक वेटर आ पहुँचा। मैंने उसे दो आदमियों के लिए कॉफी लाने के लिए आर्डर दे दिया। वीरेन्द्र एक सोफा पर आराम से बैठ गया था। मैं भी उसके सामने एक कुर्सी पर बैठ गया।

"आज एक नया ही अनुभव हुआ तुमसे मिलकर, मित्र।" मैंने तनिक मुस्कराने का प्रयत्न करते हुए कहा।

"कैसा नया अनुभव?" उसने उसी तरह आधे लेटे हुए, कुछ अनमने भाव से पूछा।

"तुम्हारा एक ऐसा रूप आज मैंने देखा, जिसकी कल्पना कॉलेज के दिनों में मैं स्वप्न में भी नहीं कर सकता था। सोचता हूँ कि मनुष्य के जीवन में किन्हीं अज्ञात सम्मिलित कारणों से न जाने कब कैसा परिवर्तन आ सकता है, यह कोई नहीं बता सकता। एक अच्छे-खासे जमींदार का इकलौता लड़का, हास-विलास और विनोद में जिसका प्रारम्भिक जीवन बीता हो—एक दिन जनक्रान्ति के पीछे पागल हो उठेगा, यह स्वाभाविक नहीं लगता। पर प्रत्यक्ष देख रहा हूँ, इसलिए उसे असत्य और अस्वाभाविक कहकर टाला भी नहीं जा सकता।"

"एक बात तुम्हें इस सिलसिले में बता दूँ," सामने की ओर झुककर वीरेन्द्र बोला, "मेरा जन्म और पालन-पोषण सामन्तवादी परम्पराओं से घिरे हुए वातावरण में अवश्य हुआ है। पर एक बात का पता तुम्हें शायद नहीं है। कॉलेज के दिनों में तुम्हें यह बताने का कोई मौका ही कभी नहीं आया कि मेरे पिता में सामन्तवर्गीय रक्त बीस बिस्वा वर्तमान रहने पर भी मेरी रगों में पचास प्रतिशत निम्नवर्ग का रक्त वर्तमान है। मेरी माँ एक कहार की लड़की थी। उसके बाप-दादे पुश्तों से हमारे परिवार में दासता का पेशा अपनाये हुए थे—किसी जबर्दस्ती या दबाव से नहीं, और न किसी कानूनी लिखा-पढ़ी के अनुसार ही। स्वेच्छा से, स्वाभाविक रूप से, सहज पशु-बुद्धि से, पीढ़ी-दर-पीढ़ी माँ के कुल का प्रत्येक व्यक्ति यह अनुभव कर लेता था कि आजीवन उस जमींदार परिवार की प्राणपण से सेवा के अतिरिक्त और कोई दूसरा कर्त्तव्य उसका नहीं है। उसे कोई वेतन नहीं मिलता था। न कभी वेतन का कोई प्रश्न ही उठता था, न उसकी कोई आवश्यकता ही मेरे मातृकुलवालों—मेरे पितृकुल के दासों—को कभी महसूस होती थी। अनिवार्य रूप से आवश्यक कामों के लिए उन्हें खर्च अपने-आप मिल जाता था। अपने कौलिक दासत्व के प्रति परिपूर्ण आस्थावान्—बल्कि गर्व का अनुभव करनेवाले—शिक्षा-संस्कृति और बुद्धि-वैभवहीन वंश में मेरी माँ का जन्म हुआ।

निम्नतम वर्ग के उस शोषित परिवार में मेरी माँ ने वैसा आश्चर्यजनक रूप कैसे पाया, वंश-विज्ञान के किस नियम के अनुसार ऐसा सम्भव हुआ, यह रहस्य अभी तक ठीक से मेरी समझ में नहीं आया। केवल रूप ही नहीं, शील और गुण में भी वह अद्वितीय थी। उसके सारे व्यक्तित्व में, रूप में, रंग में, हँसने में, बोलने में, उठने में, बैठने में, चलने में, फिरने में, ऐसा सहज स्वाभाविक आभिजात्य पाया जाता था कि किसी भी अनजान व्यक्ति के मन में यह शंका उत्पन्न नहीं हो सकती थी कि उसका जन्म किसी कुलीन परिवार में नहीं हुआ है। एक स्निग्ध, संयत मुस्कान, जिसमें करुणा घुली हुई रहती थी सब समय उसके मुख पर छायी रहती थी। वह बहुत धीरे से, बड़ी ही कोमल वाणी में बोलती थी। तुम मेरे घनिष्ठतम मित्र हो और मेरे सब बुर्जुवा संस्कार (यदि वे कभी किसी मात्रा में मेरे भीतर रहे हों तो) धुल-पुँछ चुके हैं। इसलिए इस सम्बन्ध में अपनी जानी-सुनी बातों को सही-सही बताने में कोई व्यर्थ का संकोच मैं तुम्हारे आगे नहीं करूँगा। मेरे एक विश्वस्त बूढ़े नौकर ने, जिसने मेरे जन्म से ही मुझे अपनी गोद में खेलाया था, संकेत के साथ मुझे यह बता दिया कि मेरी माँ का प्रेम पिता जी से विवाह के पहले ही स्थापित हो चुका था। पिता जी अपने परिवार में सबसे पहले व्यक्ति थे जिन्होंने अपनी कौलिक प्रथा के विरुद्ध खुला विद्रोह करने का साहस किया। वह भी मेरी ही तरह अपने पिता के इकलौते लड़के थे। उससे बड़े दो भाइयों की मृत्यु छुटपन में ही हो चुकी थी। इसलिए परिवार के लोग उनसे डरते थे। जब उन्होंने मेरी माँ के सम्बन्ध में यह जाना कि वह गर्भवती हो चुकी है तब उन्होंने निश्चय किया कि वह उससे विवाह करके ही रहेंगे। उन्होंने स्पष्ट शब्दों में अपनी माँ के आगे यह प्रस्ताव रखा। उनकी माँ से उनके पिता जी को भी उनके इरादे की सूचना मिली। सारे जमींदार-परिवार में तहलका मच गया। पिता जी को रोकने के लिए कोई भी प्रयत्न उठा नहीं रखा गया। पर वह चट्टान की तरह अडिग रहे और उन्होंने स्पष्ट शब्दों में अपने घरवालों को यह चेतावनी दे दी कि यदि वे उसी महीने मेरी माँ के साथ विधिपूर्वक उनका विवाह नहीं करते तो वह माँ के साथ ईसाई बन जायेंगे और ईसाई धर्मानुसार विवाह करेंगे। इकलौते बेटे के उस वज्र-निश्चय का पता जब माँ-बाप को लग गया तब उन्होंने और कोई चारा न देखकर अन्त में माँ के साथ पिता जी का विवाह कौलिक विधि के अनुसार कर दिया। विवाह होने के प्रायः सात मास बाद माँ ने मुझे जन्म दिया। मेरे दादा को पिता जी के व्यवहार से ऐसा सदमा पहुँचा कि तीन ही महीने बाद वह चल बसे। यह तो हुई मेरी सुनी बात। जानी बात यह है कि मेरे पिता जी गम्भीर प्रकृति के व्यक्ति थे। सब लोग उनसे डरते थे। माँ भी अपवाद नहीं थी। पर उस डर में भी माँ जैसे असीम सुख का अनुभव करती थी। दोनों के प्रेम में विवाह के बाद भी तनिक भी अन्तर नहीं आया। माँ की मृत्यु तक वह अटूट बना रहा। जब माँ की मृत्यु हुई तब मैं केवल नौ साल का बच्चा था। पर बचपन की उस मधुर स्मृति से मैं उसके अन्तर को जिस वास्तविकता के साथ जान पाया हूँ, यदि वह अधिक जीती

होती तो शायद उस यथार्थ ज्ञान में आज धुएँ के धब्बे पड़ गये होते। उसकी मृत्यु के बाद पिता जी ने परिवारवालों के लाख अनुनय-विनय और प्रयत्नों के बावजूद दूसरा विवाह नहीं किया। पिता जी के सम्बन्ध में मेरा मनोभाव ठीक क्या था, इसका स्पष्टीकरण और विश्लेषण बहुत कठिन है। यह निश्चित था कि वह मुझसे बहुत स्नेह करते थे, जैसा कि सम्पूर्ण स्वाभाविक था। पर अपने उस स्नेह को खुलकर व्यक्त करने में जैसे उन्हें संकोच होता था। इसलिए बड़े रूखे और उदासीन ढंग से वह मुझसे बातें किया करते थे। और उनका वह रूखा ढंग मुझे कभी पसन्द नहीं आया। अपनी किशोरावस्था तक उनके प्रति मैंने अपने मन से कभी प्रतिस्नेह का भाव जैसे पाया ही नहीं। तब तक मेरी बुद्धि इस हद तक विकसित नहीं हुई थी कि मैं उनके स्वभाव के ऊपर की रूखी और खुरदुरी परत के नीचे छिपी हुई कोमलता का परिचय पा जाता। इसलिए मेरे भीतर उनके विरुद्ध जैसे एक विद्रोह की भावना-सी धीरे-धीरे भरती चली जा रही थी। आज जब मैं अपने मन का विश्लेषण करता हूँ तब मुझे ऐसा लगता है कि मेरे उस विद्रोह का सम्भवतः एक गूढ़ मनोवैज्ञानिक कारण भी था। मेरे पिता उसी वर्ग और उसी वंश से सम्बन्धित थे जिसने पीढ़ी-दर-पीढ़ी मेरे मातृकुलवालों को बेदाम का गुलाम बनाकर रखा था। जब से इस बात की जानकारी मुझे हुई तब से अपने पितृकुलवालों के विरुद्ध मेरे अनजाने में जैसे एक विद्वेष का भाव भर उठा था। चूँकि मेरी माँ प्रोलेतेरियन थी, इसलिए मैंने भी अपने को बराबर प्रोलेतेरियन ही माना है। अपने पितृवंश के कुछ संस्कार निश्चय ही मेरे भीतर रहे होंगे—और शायद आज भी किसी हद तक वर्तमान हैं—पर उन पर मैं बहुत-कुछ विजय पा चुका हूँ और जल्दी ही पूरी विजय पा जाने की आशा रखता हूँ...''

अपनी माँ का किस्सा सुनाकर उसने जीवन का एक नया रहस्य मेरे आगे उद्घाटित किया। अपने पितृकुलवालों के विरुद्ध विद्वेष की बात बताते हुए गर्व से जैसे उसकी छाती फूल रही थी। मैं उसके मुख पर चढ़ने और उतरनेवाले प्रत्येक हलके-से-हलके रंग पर गौर कर रहा था। उसकी आँखों के अत्यन्त गम्भीर भाव में कहीं कृत्रिमता का कोई लेश नहीं था। सहज स्वाभाविक रूप से जैसे सरल और स्पष्ट शब्दों में उसने अपना कलेजा उतारकर मेरे आगे रख दिया था।

ब्वाय कॉफी ले आया था। मैं दो प्यालों में कॉफी डालता हुआ बोला—''पर तुमने तो अभी बताया कि तुम्हारी माँ के स्वभाव में एक सहज शालीनता पायी जाती थी। तुम्हारी ही बातों से मुझे ऐसा लगता है कि तुम्हारी माँ के भीतर प्रोलेतेरियन वर्ग के संस्कार वर्तमान नहीं थे...''

''प्रोलेतेरियन संस्कार क्या सभी व्यक्तियों के जीवन में बाहर उछलते-कूदते फिरते हैं! वे निश्चय ही उसके सचेत मन के भीतर दबे पड़े होंगे।''

एक टुकड़ा टोस्ट का मुँह में डालते हुए मैं वीरेन्द्र की आँखों द्वारा जैसे उसके भीतर खुदा हुआ उसके अन्तर्जीवन का सारा इतिहास पढ़ने का प्रयत्न करने लगा। दो घूँट

कॉफी पी चुकने के बाद मेरा खोया हुआ साहस जैसे लौट आया। वीरेन्द्र अनमने भाव से कॉफी पी रहा था। टोस्ट के प्रति स्पष्ट ही कोई प्रलोभन उसे नहीं हो रहा था।

मैंने कहा–"तो पितृकुल के प्रति तुम्हारे विद्वेष और विद्रोह ने ही आज तुम्हारे मन में समस्त उच्चवर्गों के विरुद्ध प्रतिहिंसा की भावना भर दी है?"

"कम-से-कम एक कारण तो यह अवश्य ही है..." उसी अनमने भाव से वह बोला।

"कभी-कभी मुझे ऐसा लगने लगता है" अन्तिम घूँट समाप्त करते हुए मैंने कहा–"कि कुछ अवसरवादियों को छोड़कर शेष जितने भी नवयुवक वामपक्षीय नेताओं द्वारा परिचालित आन्दोलनों में भाग ले रहे हैं उन्हें जीवन में किसी-न-किसी कारण से अवश्य ही कोई गहरी चोट पहुँची होगी–विशेषकर उन नवयुवकों की बात मैं कह रहा हूँ जो आज अपने प्राणों का मोह एकदम त्यागने के साथ ही दूसरों के प्राणों के प्रति भी निर्मम हो उठे हैं। जिन्होंने बिना किसी निश्चित और सुस्पष्ट ध्येय के 'मरो और मारो'! इस सिद्धान्त को अपने जीवन का मूलव्रत बना लिया है।"

"जो मरने को तैयार है, अपने प्राण का तनिक भी मोह जिसे नहीं है, उसे दूसरों को मारने का भी पूरा अधिकार है। उसके अधिकार को छीनने की शक्ति इस विश्व में किसी को भी नहीं है..." यह कहते हुए वीरेन्द्र सीधा होकर सीना तानकर बैठ गया। उसकी आँखों में एक अस्वाभाविक प्रकाश चमक रहा था। मैं कुछ डर गया। चुपचाप, सशंकित दृष्टि से उसकी ओर देखता रहा। वीरेन्द्र कुछ क्षणों तक अपनी उसी जलती हुई दृष्टि से जैसे मेरे भीतर के समस्त कोमल संस्कारों को दग्ध करने का प्रयत्न करता रहा। उसके बाद बोला–"तुम सामूहिक हिंसा के उस रूप की कल्पना कर ही नहीं सकते जो आज के युग के मानव की अस्वाभाविक प्रवृत्तियों और असाधारण परिस्थितियों की चरम परिणति के रूप में जल्दी ही एक दिन तुम्हारे सामने आयेगा। जैसा विच्छिन्न, अव्यवस्थित, और नाना विषमताओं से पूर्ण जीवन इस युग में समग्र विश्व की मानवता बिताने को विवश है उसका 'सबलाइमेशन' केवल सामूहिक हिंसा की प्रलयंकारी आग जलाने से ही हो सकता है!" और उसकी कल्पना में स्थित उस भावी अग्नि की लपटें जैसे उसकी दहकती हुई आँखों में महाकाल की रक्तजिह्वा की तरह लप-लप कर रही थीं।

मैं चौंक उठा। भीत और भ्रान्त दृष्टि से उसकी ओर देखता हुआ बोला–"तुम इस सर्वनाशकारी प्रवृत्ति को 'सबलाइमेशन' कहते हो? इस घोर विकृति को तुम चरम सुकृति के रूप में प्रचारित करना चाहते हो?"

"प्रचार का प्रश्न बाद में आता है–मैं तो अपने आन्तरिक विश्वास की बात तुम्हें बता रहा हूँ," उसी शान्त, गम्भीर तथापि लोमहर्षक रूप से हिंस्र दृष्टि को मेरी आँखों में डालते हुए वीरेन्द्र ने कहा।

मैं अपने सब तर्क भूलकर बेवकूफों की तरह उसकी ओर देखता रहा गया। वह उसी शान्त तथापि दृढ़ स्वर में कहता चला गया–"धीरे-धीरे मैं इस विश्वास पर पहुँच रहा

हूँ कि आज के युग के मनुष्य के लिए मरणधर्मी बनने के अतिरिक्त दूसरा कोई रास्ता नहीं है। अन्तर केवल इतना ही है कि आज के अहिंसावादी को सड़-गलकर, भूख और रोग का शिकार बनकर मरना पड़ेगा और हिंसावादी को अपने प्रतिपन्थियों की हत्या के बाद। जब मौत को वरण करना ही है तब क्यों विवशता से ऐसा किया जाय? क्यों न पूरे समारोह के साथ वह मरण-उत्सव मनाया जाय? महत्त्वाकांक्षाहीन, उद्देश्यरहित, वैचित्र्यशून्य जीवन बिताते हुए, रोग-व्याधि का शिकार होकर सड़-गलकर विच्छिन्न रूप से मरने को बाध्य होने के बराबर कापुरुषता दूसरी कोई हो सकती है, मैं नहीं समझता। सामूहिक रूप से, बाजे-गाजे और नाच-गान के साथ, किसी एक विशेष क्रान्तिकारी राजनीतिक मतवाद के ताल-में-ताल मिलाते हुए, रक्त की होली खेलकर मरने में जो सुख है, जीवन की जो सार्थक परिणति है, उसकी कल्पना तुम्हारे समान बुर्जुवा संस्कारों के घोंसले की शुतुरमुर्गीय सुरक्षा की सीमा में बँधे हुए लोग नहीं कर सकते, जो नाक से नकसीर निकलते ही, रक्त की एक बूँद कहीं देखते ही घबरा उठते हैं। मानवीय रक्त का महत्त्व अवश्य है, पर वह महत्त्व है उसके बहाने में, उसके स्वाभाविक प्रवाह को भीतर-ही-भीतर रुँधे रहने में नहीं। यह धरती, जो मानव-जीवन का क्रम इतने युगों से कायम रखे हुए है, न जाने कब बंजर हो गयी होती, उसके सारे जीवन-प्रदायक तत्त्व न जाने कब लुप्त हो गये होते, यदि बीच-बीच में राजनीतिक उथल-पुथल और क्रान्तियों के कारण उसकी मिट्टी पर संहत रूप से मानवीय रक्त न बहता रहता। व्यापक संहार द्वारा महामरण के हाथों से बिखेरे गये वे ही रक्त-बीज फिर-फिर जीवन के नये-नये रूपों को पृथ्वी पर प्रस्फुटित करते रहते हैं। मार्क्सवादी इस सत्य को जान में या अनजान में समझ चुके हैं, इसीलिए उनकी लाल-क्रान्ति का महत्त्व है। और केवल इसी सत्य को अनुभव करनेवाले ही निकट भविष्य में समस्त विश्व में विजय का लाल-झण्डा फहराने की समर्थता रखते हैं?"

मेरे मुँह से बरबस निकल पड़ा—"उफ!" मैं देख रहा था कि वह तर्क और उपदेश से एकदम परे ऐसी गहराई में डूब चुका था जहाँ से उबर सकना किसी भी मनुष्य के लिए शायद ही सम्भव हो। कुर्सी पर पीठ अड़ाकर, पैर आगे की ओर फैलाकर और दोनों हाथ दोनों ओर पसारकर हताश अवस्था में मैं आधा लेटा हुआ सन्नाटा खींचने लगा।

कुछ देर तक सारे कमरे में मृत्यु-मौन सन्नाटा छाया रहा। सहसा वीरेन्द्र उठ खड़ा हुआ और बोला—"चलो, अब काफी देर हो चुकी है।"

मैं भी उठा। नीचे जाकर होटल का पूरा बिल चुकाने के बाद मैंने अँगरेज मैनेजर को वीरेन्द्र के मकान का पता लिखा दिया और कह दिया कि सारा सामान वहाँ पहुँचाने का प्रबन्ध कर दो। जरूरी सामान के तीन बक्स, जिनमें मनिया के कपड़े और गहने और मेरे निजी कपड़े भी थे, एक कुली को ऊपर ले जाकर मैं नीचे उतरवा लाया और वीरेन्द्र की मोटर के पीछे उन्हें रखवा दिया। उसके बाद हम लोग लौट चले।

मैं वीरेन्द्र की बगल में ही, आगेवाली सीट पर बैठा हुआ था। वीरेन्द्र एकदम मौन था और मनोयोग से मोटर चला रहा था। मोटर जब कुछ दूर निकल गयी तब मैंने कहा—"तुम्हारी बातें सुनकर मैं जाने क्यों, बहुत घबरा उठा हूँ।"

"घबराने की कोई बात नहीं है," मेरी ओर बिना देखे ही अत्यन्त गम्भीर भाव से वीरेन्द्र ने कहा, तुम और तुम्हारे साथी दूसरे बहुत-से सम्पन्न लोग 'सुरक्षा' के जिस टीले पर बैठे हुए हैं, वह ज्वालामुखी के मुहाने पर स्थित है, इसकी सूचना मिल जाना तुम लोगों के लिए बहुत आवश्यक है। इसलिए अभी से सावधान हो जाओ। घबराने से कोई लाभ नहीं होगा..."

"तुम मेरी बात गलत समझे हो। घबराहट मुझे अपने लिये उतनी नहीं है, जितनी तुम्हारे लिये।"

"हांः हाः हाः!" एक खोखली, भौतिक हँसी वीरेन्द्र के मुँह से निकल पड़ी। मैं आतंकित हो उठा। "पांपिआइ की विलासपुरी के गर्क होने के ठीक पूर्व वेस्युवियस की हरी-भरी चिपटी चोटी पर खेलकूद में मग्न जनता भी यही सोचती थी कि वह सुरक्षा की चरम स्थिति में है," मोटर को एक घोड़ागाड़ी की बगल की ओर घुमाते हुए वीरेन्द्र ने कहा—"अरे मेरे लिये घबराने की जो बात तुमने कही उससे यही प्रमाणित होता है कि या तो तुम झूठे हो या निपट मूर्ख। अपनी अन्तर्भावनाओं का विश्लेषण यदि तुम ईमानदारी और समझदारी से करने में समर्थ होते तो कभी इस तरह की बात मुँह से न निकालते। सच्चाई तो यह है कि तुम और तुम्हारी ही स्थिति के दूसरे व्यक्ति अपनी विलासितापूर्ण जीवन की जड़ताग्रस्त शान्ति में विघ्न पड़ते देखकर, अपने अलस-सुख के स्वप्न के सहसा भंग होने की आशंका से घबराये हुए हो। यदि तुम लोग अभी से वास्तविकता के लिए तैयार नहीं रहोगे, तो यह निश्चित है कि एक दिन अचानक तुम लोगों के ऊपर ऐसी बिजली गिरेगी कि फिर उससे कभी उबरना सम्भव न होगा! इसलिए सावधान...!"

उसकी बात का और कहने के ढंग का एक ऐसा मनोवैज्ञानिक प्रभाव मेरे मन पर पड़ा कि आगे उस विषय की चर्चा को बढ़ाने या तर्क करने का साहस ही मुझे नहीं हुआ। मेरे मन में एक अजीब-सा आतंक छा गया, जिसने मेरी जबान को जकड़-सा लिया।

जब मोटर ने वीरेन्द्र के मकान के फाटक के भीतर प्रवेश किया तब मुझे याद आया कि मैं अकेला नहीं हूँ, मेरे साथ मनिया भी है—वह भोली-भाली पहाड़ी पंछी जो ऊपर अनन्त नीलाकाश में एकाकी उड़ान भरती हुई, दिन-रात अपने अनजान में किसी एक नीड़ की खोज में भटकती हुई न जाने भाग्य के किस रहस्यमय चक्र से, उस अकूल समुद्र में एकाकी तैरनेवाली मेरी पालयुक्त नाव से जा टकरायी है। उसी पाल पर नीड़ निर्माण करने के अतिरिक्त और कोई चारा उसके लिए नहीं रह गया है। वह नाव डूबी तो उसके साथ उसका वह नीड़ भी सदा के लिए गर्क हो जायगा।

यह विचित्र, विभ्रामक कल्पना पल में मेरे अन्तर्मन को तल से सतह तक मथ गयी और फिर सहसा उसी प्रकार अनन्त शून्य में विलीन भी हो गयी।

जब हम लोग कार से उतरे तब नीचे न मनिया दिखायी दी न शोभना भाभी। एक नौकर ने वीरेन्द्र को सूचित किया कि बहू जी का आदेश है कि ज्यों ही हम लौट आवें त्यों ही हमें ऊपर भेज दिया जाय। फलतः हम दोनों सीढ़ियों से होकर ऊपर बढ़ गये। पर ऊपर किसी भी कमरे में उन लोगों का कोई चिह्न तक नहीं दिखायी दिया। एक नौकरानी ने आकर बताया कि दोनों बहुएँ रसोई के कमरे में हैं और वहीं हम लोगों को बुलाया गया है। वीरेन्द्र के मुँह पर आश्चर्य के चिह्न दिखायी दिये।

''वहाँ क्या कर रही हैं वे? और हम लोग वहाँ जाकर क्या करें! खाना हो गया हो तो डाइनिंग रूम में ले आओ!''

नौकरानी के मुँह पर कौतुकपूर्ण मुस्कान झलक रही थी। मुस्कान को और अधिक परिस्फुट करती हुई कृत्रिम लाज-भरे स्वर में बोली—''दोनों मिलकर खाना बना रही हैं।''

''होः होः होः!'' वीरेन्द्र अट्टहास कर उठा। उस अट्टहास से मुझे लगा कि जो गाढ़े काले बादल आकाश में घिरते चले आ रहे थे वे हवा के एक प्रबल झोंके से फटकर साफ हो गये।

''चलो नृपेन्द्र, देखें क्या तमाशा चल रहा है।''

वह मुझे कई बरामदों से होकर चक्कर खिलाता हुआ उत्तर की ओरवाले, एकदम अन्त में स्थित एक कमरे में ले गया। दरवाजे पर से ही हम लोगों ने देखा, एक परात में मैदा गुँधा हुआ रखा है, एक नौकर उसमें से मैदा निकालकर टिकिया बनाता चला जा रहा है, मनिया एक-एक करके उन टिकियों को उठाती हुई पास ही एक थाली पर रखी हुई पीठी की तरह की कोई चीज उठाकर उनमें भरती चली जा रही है, एक नौकरानी उन्हें बेलती जाती है और भाभी जी कचौड़ियाँ तलती जा रही हैं, हमें देखते ही दोनों खिलखिलाकर हँस पड़ीं। वीरेन्द्र भी फिर एक बार अट्टहास कर उठा और मैं भी हँसी न रोक पाया।

भाभी जी की ओर देखकर वीरेन्द्र बोला—''यह अच्छा नाटक तुम लोगों ने रचा है। महाराज कहाँ गया?''

भाभी जी आँखें नचाती हुई बोलीं—''आज देवर नयी बहू को लेकर, पहली बार हम लोगों के यहाँ आये हैं। आज अपने हाथ से खाना बनाकर खिलाना होता है, और बहू की बनायी चीज भी चखनी पड़ती है। इसलिए मैंने महाराज को छुट्टी दे दी है।''

''बहुत अच्छा किया, बहुत अच्छा किया!'' कहकर वीरेन्द्र ठठाकर हँस पड़ा। फिर बोला—''बहू ने कोई खास चीज बनायी है क्या?''

मैंने कहा—''वह केवल एक ही चीज ठीक से बनाना जानती है, और जब कोई विशेष अतिथि घर पर आता है तो उसे वही चीज खिलाती है।'' कहकर मैंने इंगित से मुस्कराते हुए मनिया की ओर देखा।

''भाभी जी ने पूछा—''वह क्या चीज?''

''कुम्हड़े का हलवा!''

सब लोग जोर से हँस पड़े। मनिया स्वयं भी हँसने लगी। भाभी जी ने कचौड़ी बनाना तक बन्द कर दिया। हँसते-हँसते उनकी आँखों में आँसू आ गये थे।

वीरेन्द्र जब कुछ सँभला तब उसने भाभी जी से पूछा—''क्या सचमुच यही बात है?''

भाभी जी ने सिर हिलाकर बताया कि ठीक वही बात है और फिर वे बेअख्तियार हँसने लगीं। अत्यधिक हँसी के कारण उनसे बोला नहीं जा रहा था।

काफी देर बाद भाभी जी कुछ सँभलीं और फिर कचौड़ी तलने लगीं। उसके बाद नौकर को उन्होंने आज्ञा दी कि वहीं पर हम दोनों के लिए कालीन बिछा दिया जाय। जब हम लोग कालीन पर बैठ गये तब दो पीढ़े थालियाँ रखने के लिए हमारे आगे रख दिये गये। मैं मेज पर खाने का आदी था और सम्भवतः वीरेन्द्र भी। पर वह नया अनुभव मुझे बुरा नहीं लगा, बल्कि विशेष प्रिय ही मालूम हुआ। कुछ विशेष प्रकार की तरकारियाँ, मांस, मछली, चटनी, रायते आदि के कटोरों और तश्तरियों से थालियाँ और आस-पास की जगह घिर गयी। कुम्हड़े का हलुआ, जिसके ऊपर पिश्ते कतरकर छोड़ दिये गये थे भाभी जी ने थाली के बीच में सजाकर रख दिया। यह स्पष्ट ही उनकी दुष्टता थी।

वीरेन्द्र ने सबसे पहले वह हलवा ही मुँह में डाला। एक कौर खाते ही अत्यन्त गम्भीर भाव से बोला—''सचमुच बहुत अच्छा बना है! यह क्या सचमुच कुम्हड़े का हलवा है?'' मेरी ओर देखकर उसने कहा।

मैंने थोड़ा-सा चखकर कहा—''हाँ, है तो कुम्हड़े का ही!''

''बहुत ही अच्छा बना है।'' उसने अपनी बात दुहरायी। प्लेट चट करके भाभी जी से बोला—''और दो!''

''अरे, तब क्या हलवे से ही पेट भर लोगे?'' भाभी जी ने कहा। ''बहू की बनायी चीज के प्रति ममता होना स्वाभाविक है, पर इस हद तक अच्छा नहीं!'' और यह कहकर भाभी जी ने, न जाने क्यों, एक बार व्यंग्य भरी मुस्कान और तिरछी दृष्टि से मेरी ओर देखा।

''एक प्लेट तो कम-से-कम और खाने दो, उसके बाद टोकना!'' वीरेन्द्र ने कहा।

फिर एक बार हँसी का फौवारा छूट पड़ा। भाभी जी ने दुबारा वीरेन्द्र की प्लेट हलवे से भर दी।

मैं भाभी जी की तली हुई कचौड़ियाँ खाता चला जा रहा था। मछली की कचौड़ियाँ थीं, जो केवल एक बंगाली महिला ही बना सकती है। सबसे बड़ी बात यह थी कि बंगदेशीय प्रथा की तरह वे तेल में नहीं बनायी गयी थीं और न वनस्पतीय घी में। विशुद्ध देसी घी भाभी जी ने न जाने कहाँ से प्राप्त कर लिया था।

(49)

भोजन कर चुकने के बाद मेरी शरीर अलसाने लगा। एक तो यात्रा की थकावट, उस पर वीरेन्द्र से जीवन-मरण सम्बन्धी अत्यन्त गहन विषयों पर लम्बा वाद-विवाद और उस पर भी भोजन की गुरुता। मेरे अंग-अंग में जैसे निद्रा-रस भर गये थे।

जो कमरा मुझे दिखाया गया वह साफ-सुथरा और सुसज्जित था। आमने-सामने दो स्प्रिंगदार पलँग लगे हुए थे, जिन पर दो नीले रंग की झालरदार सुजनियाँ बिछी हुई थीं। उत्तर की ओर बीच में एक छोटी-सी गोल मेज एक खम्भानुमा लकड़ी पर खड़ी थी, और उस पर पीले रंग का जालीदार टेबिल क्लाथ बिछा था। उसकी अगल-बगल में दो कुर्सियाँ आमने-सामने रखी हुई थीं। हरे रंग का फर्श शीशे की तरह चमक रहा था। दो पलँगों के बीच में एक ईरानी कालीन बिछा हुआ था। नौकर ने एक पलँग पर से सुजनी हटा ली। मैं हलकी-सी रेशमी रजाई के भीतर घुस गया और झालरदार परों के तकिये के ऊपर सिर रखकर चित लेट गया।

"और कोई चीज दरकार है बाबू!" कलकतिया नौकर ने पूछा।

"बस और कुछ नहीं चाहिए। बाहर से किवाड़ फेर देना।"

नौकर चला गया और धीरे से उसने बाहर से किवाड़ फेर दिये।

मैं परम आराम का अनुभव करता हुआ ऊपर छत की ओर देखने लगा, जिस पर रंगीन 'टाइलों' के टुकड़ों से नाना गोलाकार चक्र, षट्कोण, चतुष्कोण और त्रिकोण बने हुए थे। छत की ओर देखते हुए मेरी दृष्टि बायीं ओर की दीवार पर पड़ी जिस पर तीन बड़े-बड़े चित्र त्रिकोण के रूप में सजे हुए टँगे थे। सबसे ऊपर कार्ल मार्क्स का शेर की-सी दाढ़ी और अयालवाला सुप्रसिद्ध चित्र था; बायीं ओर लेनिन का चित्र था, जिसकी छोटी-सी किन्तु गहन रहस्यात्मक मंगोलियन आँखें जैसे इस लोक के महास्वप्न की आधी सफलता के बाद और वर्तमान के इस्पाती पर्दे को चीरकर किसी अज्ञात भविष्य की परिपूर्ण सफलता को अपना लक्ष्य बनाये हुए थीं; दायीं ओर महात्मा गाँधी का चित्र था, जिसमें विश्व-विदित मौन, गम्भीर, सहज-शान्त, अव्यक्त मुस्कान-भरी अभिव्यञ्जना स्पष्ट झलक रही थी। उसके बाद मैंने दायीं ओर दृष्टि घुमायी। वहाँ भी तीन उसी आकार के चित्र उसी त्रिकोणात्मक रूप से सामनेवाले चित्रों से सामंजस्य रखते हुए, टँगे थे। सबसे ऊपर कृष्ण का चित्र था। चित्र स्पष्ट ही किसी योग्य कलाकार द्वारा अंकित किया गया था, जो योगिराज कृष्ण के गहन रहस्यात्मक और साथ ही विश्व हितैषणावाले व्यापक और क्रान्तदर्शी रूप के सम्बन्ध में एक निश्चित धारणा रखता हो। उसके नीचे बायीं ओर ईसामसीह और दायीं ओर महात्मा बुद्ध के चित्र थे।

मैं सोचने लगा कि कुछ ही समय पहले मैं जिस हिंसावादी क्रान्तिकारी की बातें सुन रहा था उसके घर में महात्मा गाँधी, कृष्ण, ईसा और बुद्ध का आदर कैसे सम्भव हुआ? वीरेन्द्र के चरित्र और स्वभाव के भीतर जिस द्वन्द्वात्मकता का आभास मुझे छात्र-जीवन में ही मिल चुका था, उसी का नया और बदला हुआ विकसित रूप आज की बातों में मुझे मिला था और ये चित्र भी उसी का निदर्शन कर रहे थे। एक ओर कार्ल मार्क्स और लेनिन और दूसरी ओर बुद्ध, ईसा और गाँधी, इन दोनों परस्पर-विरोधी व्यक्तित्वों की समान पूजा, यह किसी साधारण व्यक्ति के स्वभाव की बात नहीं है, यह तथ्य मेरे आगे ज्वलन्त उल्कापिण्ड की तरह स्पष्ट हो गया।

वीरेन्द्र के विचित्र और जटिल व्यक्तित्व के सम्बन्ध में सोचते हुए कब मेरी आँखें लग गयीं, यह मैं न जान पाया। जब आँखें खुलीं, तब मैंने देखा कि मनिया मेरे सिरहाने बैठी हुई बँगला वर्णमाला की एक पुस्तक हाथ में लिये सम्भवतः अक्षरों को पहचानने का प्रयत्न कर रही है।

मैंने अँगड़ाई लेते हुए अलस स्वर में पूछा—"क्या मैं बहुत देर तक सोया था? क्या बजा है?"

"तीन बजे हैं, मनिया ने कहा—"अब आज रात तुम ठीक से सो नहीं पाओगे।"

"यह बँगला-पुस्तक तुम कहाँ से ले आयीं?"लेटे-ही-लेटे उसकी पीठ पर हाथ रखते हुए मैंने पूछा।

वह मन्द-मधुर स्वर से 'खिल्ल!' करके हँसी, "तुम्हारी भाभी ने दी है। कहने लगीं—"तुम बँगला सीखो, मैं हिन्दी सीखूँगी।" तुमसे हिन्दी की कुछ पुस्तकें ला देने के लिए उन्होंने कहा है।"

"क्यों? हिन्दी के प्रति अचानक उनका इतना प्रेम कैसे उमड़ उठा? और तुमसे बँगला सीखने का इतना आग्रह वह क्यों कर रही हैं?"

"उसका हिन्दी-प्रेम कोई नया नहीं है," मनिया बोली—"उन्होंने मुझे बताया कि विवाह के पहले से ही वह हिन्दी जानती रही हैं और हिन्दी की काफी किताबें पढ़ भी चुकी हैं। पर अब वह अपने हिन्दी-ज्ञान को अधिक बढ़ाना चाहती हैं। मैंने उन्हें बताया कि तुम हिन्दी-साहित्य के अच्छे जानकार हो। उन्हें साहित्य से प्रेम है, इसीलिए उन्होंने तुमसे कुछ अच्छी साहित्यिक पुस्तकें ला देने के लिए कहा है। मैंने जब उन्हें बताया कि तुमसे परिचय होने के पहले मैं निपट गँवार थी और परिचय हो जाने के बाद कुछ ही महीनों के अर्से में मैंने अपना हिन्दी और अँगरेजी भाषाओं का ज्ञान अच्छा बढ़ा लिया, तब उन्होंने कहा कि तुम बँगला भाषा भी बहुत जल्द सीख सकती हो। मैं भी सोचती हूँ कि एक नयी भाषा का ज्ञान यदि हो जाय तो बुरा क्या है!"

कुछ देर मौन रहने के बाद मैं बोला—"मुझे आशा नहीं थी, मनिया, कि तुम भाभी जी से इतनी जल्दी इस हद तक हेलमेल बढ़ा लोगी।"

"क्यों? मेरे सम्बन्ध में तुम्हारे इतने बड़े अविश्वास का कारण क्या है?"

''तुम संकोची हो, और किसी भी विजातीय वातावरण में हिलना तुम्हारा स्वभाव नहीं है।''

''जब तुमसे मैं इतनी जल्दी हिल गयी थी तब भी इस सम्बन्ध में तुम्हारी राय नहीं बदली?'' आँखों में एक सांकेतिक मुस्कान झलकाते हुए मनिया ने कहा, ''जब पहले-पहल तुमसे मेरा परिचय हुआ था तब तुम क्या मेरे लिये कुछ कम 'विजातीय' थे?''

उसने एक ऐसी भूल की ओर मेरा ध्यान आकर्षित कर दिया जिस पर कभी एकान्त में विचार ही मैंने नहीं किया था। सचमुच प्रारम्भ में मैं मनिया के लिए जिस हद तक विजातीय रहा हूँगा उस हद तक भाभी जी किसी भी अवस्था में और किसी भी स्थिति में नहीं हो सकती थीं। सहसा यह सत्य भी मेरी आँखों के आगे झलक गया कि कोई भी नारी किसी भी वातावरण में किसी भी दूसरी नारी के लिए विजातीय नहीं हो सकती। प्रत्येक नारी का सनातन मातृ-हृदय किसी भी दूसरी नारी के मातृ-हृदय के तार को एक क्षण में पकड़ लेता है। भाभी जी तो भाभी जी, यदि कोई एस्किमो नारी भी होती तो ऐसी परिस्थिति में उससे मनिया को सौहार्द पहले ही क्षण से स्थापित हो गया होता, यह सत्य पलभर में मेरे आगे सूर्य के प्रकाश की तरह स्पष्ट हो उठा। पर—मैंने सोचा—प्रत्येक पुरुष प्रत्येक नारी के लिए प्रथम परिचय के काफी समय बाद तक विजातीय रहता है। सिल्विया को समझने और उससे हेलमेल बढ़ाने में मनिया को एक दिन का—सम्भवतः एक क्षण का—भी समय नहीं लगा, पर मुझे वह काफी दिनों तक सन्देह और शंका की दृष्टि से देखती रही! सम्भवतः पुरुष-प्रकृति की, पुरुष-हृदय की यह विजातीयता ही उसके प्रति नारी के आकर्षण का कारण है। यह विजातीयता ही उसके प्रति नारी के आकर्षण का कारण है। यह विजातीयता जहाँ एक ओर उसे पीछे को ढकेलती है वहाँ उसी वेग से उसे बरबस सामने की ओर भी ठेलती है। और ठेले जाने की वह क्रिया—वह चुम्बकीय खिंचाव—कभी-कभी ऐसा प्रबल होता है कि उसके लिए अकूल समुद्र में फाँद पड़ने या चट्टान से टकराकर उस पर अपना सिर पटकने के लिए भी वह स्वेच्छा से राजी हो जाती है। और उसी प्रकार पुरुष के लिए नारी भी उतनी ही विजातीय है। यही कारण है कि पुरुष एक ओर उसके प्रति अन्ध वेग से आकर्षित होता है और दूसरी ओर उसके प्रति उतना ही शंकित रहता है, उससे कतराता रहता है। युगों का साहित्यिक इतिहास इस बात का साक्षी है कि जहाँ एक ओर पुरुष नारी के मोहिनी रूप और मातृत्व के सौन्दर्य का गुणगान करते-करते नहीं थका है, वहाँ दूसरी ओर उसे जलील करने, उस पर हीन-से-हीन अवगुणों को आरोपित करने से भी बाज नहीं आया है। यह विरोधाभास सृष्टि का आदिग रहस्य है और यह रहस्य ही पृथ्वी के कठोर संघर्षमय, अस्थिर और असामंजस्यपूर्ण जीवन को प्रतिक्षण हरा बनाये हुए है।

पल में उल्का के-से प्रकाश में यह सत्य मेरी आँखों में चकाचौंध लगा गया। मैंने अनमने भाव से कहा—''तुम ठीक कहती हो मनिया, मैं ही गलती पर था। मुझे दुःख है कि मैं तुम्हें अभी तक नहीं समझ पाया। अभी तक तुम्हारे सम्बन्ध में मेरे मन में

इस प्रकार की भ्रान्तियाँ बनी हुई हैं। तुम बहुत महान् हो मनिया, तुम्हारी आत्मा के विस्तार का पार पाना मुझ जैसे संकीर्ण-प्रकृति पुरुष द्वारा सम्भव नहीं। तुम...''

भावुकता के प्रवाह में बहकर मैं न जाने और भी क्या-क्या कह जाता। सहसा मनिया ने बीच ही में अत्यन्त स्नेह-भरे स्वर में टोकते हुए कहा—''अरे, तुम्हें क्या हो गया है आज? इस तरह की बातें क्यों करते हो? मुझे लगता है कि आज किसी कारण से तुम्हारा मन बहुत खिन्न है।

मैंने अक्सर देखा है कि नारी की आश्चर्यजनक अन्तर्दृष्टि के आगे कभी-कभी सारे मनोवैज्ञानिक विश्लेषण को हार मानना पड़ता है। मेरी खिन्नता का कोई भी व्यक्त कारण नहीं था, और न तब तक इस बात की ओर मेरा ध्यान ही गया था कि मैं खिन्न हूँ। पर मनिया के सुझाते ही वह झीना पर्दा फट पड़ा जो उस समय तक मेरे भीतर की अज्ञात वेदना को मुझसे छिपाये हुए था। मुझे लगा कि मैं सचमुच दिनभर खिन्न रहा हूँ और वह खिन्नता मेरे अनजान में मेरी निद्रावस्था में भी मेरी सम्पूर्ण आत्मा को छाये हुई थी। मनिया के सुझाने से मैं केवल उस वेदना के प्रति सचेत नहीं हुआ, बल्कि उस दबी हुई वेदना का कारण भी मेरे आगे स्पष्ट हो गया। वीरेन्द्र से सुबह मेरी जो बातें हुई थीं उन सबका ऐसा संचयात्मक प्रभाव मेरे अन्तर्मन पर पड़ा था कि उसने मेरे बहुत भीतर, अणु-अणु में एक अजीब-सी बेचैनी का मीठा विष संचारित कर दिया था। इतनी देर तक उस बेचैनी को अपने अनजान में भीतर-ही-भीतर दबाता हुआ मैं उसके प्रति उपेक्षा का भाव रखता जा रहा था। पर वह विष दबानेवाला नहीं था और धीरे-धीरे अन्तर्मन से ऊपर ही उठता चला जा रहा था। मुझे याद आया कि वीरेन्द्र की बातों ने मेरे मन की अपेक्षाकृत शान्ति को केवल आनेवाली क्रान्ति की चेतना में ही नहीं झकझोरा था, बल्कि स्वयं उसके व्यक्तिगत भविष्य के सम्बन्ध में भी एक ऐसे रहस्यमय आतंक का पूर्वाभास मेरी अन्तश्चेतना में भर दिया था जिसके अत्यन्त अस्पष्ट स्वरूप के सम्बन्ध में कोई निश्चित धारणा बनाने में मैं अपने को एकदम असमर्थ पा रहा था। ''घबराने की कोई बात नहीं है!'' वीरेन्द्र ने जैसे मुझे दिलासा देने के उद्देश्य से कहा था, पर यह जानना कठिन था कि दिलासा वह मुझे दे रहा था या स्वयं अपने को। उसकी सारी बातों से मुझे लगा था कि कोई अज्ञात किन्तु अनिवार्य चक्र उसे किसी ऐसी होनी की ओर बरबस ठेले लिये जा रहा है, जिसके लिए पूरी तैयारी करने का उपयुक्त समय ही उसे नहीं मिल पाया है। अन्तर का जो अनुपेक्षणीय आदेश उसे उस अज्ञात और अस्पष्ट लक्ष्य की ओर लुढ़कते चले जाने के लिए मिला है वह ऐसा आकस्मिक है कि उसका पालन किस ढंग से करना चाहिए यह वह ठीक से समझ ही नहीं पा रहा है, और एक विचित्र भँवरजाल में पड़ गया है। पर इतना वह जैसे निश्चित रूप से समझ चुका है कि उसका पालन हर हालत में करना है और जल्दी ही करना है। ऊपर से उसने आनेवाली क्रान्ति के सम्बन्ध में कैसी ही बड़ी-बड़ी भारी-भरकम बातें क्यों न कही हों, भीतर से वह स्वयं भी यह निश्चित रूप से समझे

बैठा है कि वह उसके लिए पूरे तौर से तैयार नहीं है और पूर्ण आत्मविश्वास के साथ उस ओर कदम नहीं बढ़ा सकता। पर आत्म-विश्वास हो चाहे न हो उस ओर उसे कदम बढ़ाना ही होगा। उसके लिए जो अज्ञात आदेश उसे किसी अज्ञात ही दिशा से मिला है उससे मुँह मोड़ने को उसे प्रेरित करे ऐसी शक्ति विश्व में कहीं भी नहीं है। उस आदेश में युग की चेतना का कितना हाथ है और किसी अलक्ष्य अन्तरीण प्रवृत्ति का कितना है, इस पर ठण्डे चित्त से एकान्त में विचार करने का अवकाश ही उसे नहीं है। जो आह्वान अनिर्दिष्ट दिशा से आया है उसका अनुगमन एक प्रण-बद्ध सैनिक की तरह उसे करना होगा, केवल इतना ही वह जानता है। और ऐसा आह्वान जीवन में दूसरी बार नहीं आना था यह भी निश्चित है।

वीरेन्द्र की ही बातों से मरे आगे यह बात भी स्पष्ट हो चुकी थी कि उस आह्वान के और युद्ध-क्षेत्र में कूद पड़ने की अन्तिम निर्दिष्ट तिथि के बीच जो अत्यन्त स्वल्प अवकाश का समय उसे मिला है उतने समय में बीते युग के अवशिष्ट संस्कारों को झाड़-फटकारकर साफ कर देना होगा। पर वे अवशिष्ट संस्कार इस कदर चिपचिपे हैं कि वे केवल झाड़ने-फटकारने से साफ नहीं होना चाहते। उन्हें धोकर, घिसकर, रगड़कर या किसी रासायनिक प्रयोग से साफ करना होगा। मैं देख रहा था कि उसकी वर्तमान बेचैनी का कारण ही यह है कि वह आदेश के पालन के पूर्व पूरी सफाई चाहता है, जो बहुत कठिन सिद्ध हो रही है।

और उसकी वह बेचैनी भी विकट थी! मैंने बार-बार इस बात पर गौर किया था कि अट्टहास करने के समय भी उसकी वह भीतरी बेचैनी उसका पीछा नहीं छोड़ रही थी। उसका अट्टहास भी जैसे उसके अन्तर की विफलता की गुहार थी।

मैंने मनिया से कहा—''तुम ठीक ही कहती हो, मनिया, मेरे चित्त में आज शायद अकारण ही एक उदासी-सी छा गयी है, शायद यह दिन में सोने का फल है, क्योंकि इसका आदी मैं नहीं रहा हूँ।''

''जीजी से जब मैंने बताया कि तुम सो रहे हो तब उन्हें भी आश्चर्य हुआ। उन्होंने ठीक से बताया नहीं, पर मुझे लगा कि वह तुमसे कुछ बातें करना चाहती हैं।''

''मुझसे बातें करना चाहती हैं?'' मनिया के इस प्रश्न को आश्चर्य से दुहराता हुआ मैं उठ बैठा, ''कोई खास बात या—''

''या प्रेमालाप! तुम यही पूछना चाहते थे न?'' कहकर मनिया अत्यन्त दुष्टतापूर्वक खिलखिला उठी।

मुझे उसका यह परिहास कतई पसन्द नहीं आया। उसके इस परिहास से मुझे आश्चर्य भी कुछ कम नहीं हुआ। उसके पहले मैंने कभी उसके मुँह से प्रेम अथवा स्त्री-पुरुष के द्वन्द्वात्मक सम्बन्ध विषयक किसी भी प्रकार की चर्चा नहीं सुनी थी। मैंने बार-बार उसे कट्टर पवित्रता-वादिनी पाया था। इसलिए आज अचानक उसके मुँह से ऐसा परिहास सुनकर, जिसे मैं अनुचित मानता था, मुझे एक धक्का-सा लगा।

मैंने उसकी हँसी में तनिक भी योग नहीं दिया। अत्यन्त गम्भीर मुख-मुद्रा बनाते हुए मैंने तनिक तिरस्कार-भरे स्वर में कहा—"इस तरह की अनुचित बात मुँह से निकालना तुम्हें शोभा नहीं देता, मनिया! भाभी जी के प्रति मेरे मन में श्रद्धा की जो भावना जग उठी है वह तुम्हारे या और किसी के परिहास से खण्डित नहीं हो सकती, वह विश्वास मुझे है। फिर भी तुमसे मेरा यह अनुरोध है कि भविष्य में भाभी जी को लेकर इस तरह के व्यंग्य या विनोद की बात मेरे आगे न किया करना।"

"तुम क्या सचमुच नाराज हो गये?" अपने दाहिने हाथ से मेरा गला जकड़ती हुई मनिया बोली, "मुझे माफ कर दो। मैंने तुम्हें पीड़ा पहुँचाने के लिए ऐसा नहीं कहा था, विश्वास मानो। जीजी ने ही मुझे बताया कि देवर-भौजाई के बीच प्रेम-सम्बन्धी परिहास की बातें चलती हैं—इस देश का यह रिवाज है, नहीं तो मैं कभी—

"जीजी की क्या शिकायत कर रही हो?" कहती हुई सहसा भाभी जी भीतर चली आयीं। मुझे पता नहीं था कि दरवाजा खुला है। मनिया की असावधानी मुझे बहुत खली।

मनिया को मेरे गले में हाथ डालते हुए देखकर वह सहसा लौट चलने ही को थीं कि मैंने कहा—"बैठिये, आपसे कुछ जरूरी बातें करनी हैं।"

मनिया उसी क्षण हाथ हटाकर पलँग पर से उठ खड़ी हुई और कद्दू-सा मुँह बनाकर सामने खड़ी हो गयी। मैंने संकेत से उससे भाभी जी के लिए एक कुर्सी ले आने को कहा। मनिया जब कुर्सी उठाने लगी तब तक भाभी जी स्वयं जाकर दूसरी कुर्सी उठा लायीं। जब दोनों अपनी-अपनी लायी हुई कुर्सियों पर बैठ गयीं, तब मैंने भाभी जी से कहा—"आप अपनी देवरानी के रंग-ढंग तो देख ही चुकी होंगी और अभी वह जो कुछ कह रही थी वह भी पूरा नहीं तो अधूरा तो सुन ही लिया होगा। देवर-भौजाई के रसमय सम्बन्ध की जो बात आपने इसे बतायी होगी उसका यह कुछ विचित्र ही अर्थ लगाने जा रही थी। मैंने जो टोका तो अब नाराज हो गयी है।"

मनिया ने एक बार तीखी, सांकेतिक दृष्टि से मेरी ओर देखा, जैसे यह जताना चाहती हो कि मैं ऐसी बात कह रहा हूँ जो नहीं कहनी चाहिए, और फिर आँखें फेर लीं।

"अरे, तो आपने क्यों टोका मेरी भोली और भली देवरानी को?" यह कहकर भाभी जी स्नेह से उसकी पीठ पर हाथ फेरने लगीं। मनिया अधिक संकुचित होकर और कुछ सिमटकर नीचे की ओर देखने लगी।

"देवर-भौजाई के रसमय सम्बन्ध की बात चलाते हुए तुम पति-पत्नी के रसमय सम्बन्ध की बात क्यों भूल गयीं बहन?" मनिया को मनाने का प्रयत्न करती हुई भाभी जी बोलीं। "लाला की तनिक-सी परिहास की बात से तुम नाराज हो गयीं?" और वह फिर धीरे से उसकी पीठ थपथपाने लगीं, जैसे वह एक नन्हीं-सी बच्ची हो।

और मनिया सचमुच नन्हीं-सी बच्ची ही थी। भाभी जी कुछ ही घण्टों के परिचय से उसे ठीक समझ गयी थीं।

उसने सिर बिना उठाये ही भाभी की बात का उत्तर देते हुए कहा—"वह मेरे तनिक से परिहास से क्यों बिगड़ गये!"

भाभी जी को स्पष्ट ही इस सरल मान-लीला से अच्छे कौतुक का अनुभव हो रहा था। उनका सुन्दर-सा गोरा-उजला मुख चमक उठा था, और घनी काली बरौनियों के बीच में दो बड़ी-बड़ी नीली आँखों में जैसे पुलक छलक उठा था।

मेरी ओर देखकर उन्होंने प्रश्न किया—"आखिर बात क्या हुई थी?"

मैंने अपनी ओर से बिना कुछ जोड़े-घटाये मनिया के और अपने शब्दों को ठीक-ठीक दुहरा दिया। जब मैंने मनिया द्वारा व्यवहृत 'प्रेमालाप' शब्द का उल्लेख किया तब भाभी जी ऐसी खिलखिला उठीं कि हँसते-हँसते उनकी आँखों से आँसू निकल आये। कुछ देर बाद आँसुओं को पोंछती हुई बोलीं—"तब बाबा, इस सारे झगड़े में पहला अपराध तो मुझे तुम्हारा ही लगता है। इतनी-सी बात के लिए बहन से बिगड़ने की क्या आवश्यकता थी? बेचारी ने सरल भाव से एक हलका-सा परिहास कर दिया तो क्या हानि हो गयी?"

भाभी जी के मुँह से निकला हुआ 'तुम' सम्बोधन मुझे इस कदर सहज स्वाभाविक और प्यारा लगा कि मैं कृतज्ञता-भरी आँखों से उनकी स्निग्ध सुन्दर छवि की ओर देखता रह गया। मुझे लगा कि उनसे मेरा परिचय आज का नहीं, उस दिन से है जब मैं पालने में लेटा हुआ हाथ-पाँव नचाता हुआ, परिपूर्ण कुतूहल-भरी विस्मित आँखों से अजान विश्व को समझने का प्रथम प्रयास करता रहा हूँगा। जो सहज स्नेह-सम्बन्ध उस समय उनकी बातों से और व्यवहार से प्रकट हो रहा था वह ऐसा मुक्त लग रहा था कि कहीं कण-मात्र भी अवरोध नहीं दिखायी देता था।

भाभी जी के उस सहज, मुक्त भाव और बेतकल्लुफी का प्रभाव मनिया पर भी पड़े बिना न रहा। वह सिर उठाकर मेरी ओर देखती हुई बोली—"सुन लिया तुमने? मुझे निपट मूर्ख जानकर लगे थे मुझ पर बिगड़ने! कौन-सी ऐसी अनुचित बात कही थी? बड़े आये बिगड़नेवाले।"

उस भोलेपन पर कौन फिदा न होता! मैं पुलकित होता हुआ भी मन्द-मन्द हँस पड़ा और बोला—"अच्छा, अब मैं मान गया कि गलती मेरी ही थी। अब तो माफ कर दो!"

"बड़े आये माफी चाहनेवाले! पहले क्यों डाँटा था?" और उसकी आँखों से बरबस दो बूँद आँसू टपक पड़े।

"अरे, पगली कहीं की!" भाभी जी ने उसके गले पर अपना बायाँ हाथ डालकर उसका सिर धीरे से अपनी ओर करते हुए पुचकार-भरे स्वर में कहा। "यह तो रोने भी लग गयी। शान्त हो जा! अब तो झगड़े की कोई बात नहीं रही।" और वह अपने दायें हाथ की लम्बी-लम्बी, पतली उँगलियों को धीरे—बहुत धीरे—उसके सिर पर फेरने लगी। मनिया ने भी, जैसे किसी अज्ञात रहस्यमय आकर्षण से, अपना सिर उनके वक्ष में छिपा लिया—जैसे माँ की ममता की युगों से दबी हुई भूख को पहली बार तृप्ति पाने का

अवसर मिला हो। भाभी जी की घनी काली बरौनियाँ स्नेह-जल से भींगकर चमकने लगी थीं। मनिया के सिर पर हाथ फेरती हुई वह शून्य-स्थित किसी अलक्ष्य बिन्दु की ओर अपनी प्यारी-प्यारी, सुन्दर, स्नेह-सरस आँखें गड़ाये हुई थीं। अपनी आँखें पोंछने के लिए उनका एक भी हाथ खाली नहीं था।

मैं भाव-मुग्ध होकर विस्मित आँखों से वह अपूर्व दृश्य देखता रहा। कुछ देर बाद मनिया ने धीरे-से अपना सिर हटा लिया और मृदु मुस्कान-भरी दुष्टतापूर्ण तिरछी आँखों से वह मेरी ओर देखने लगी। अच्छी तरह धुल चुकने के बाद उसकी अभिमानी आँखों में एक ऐसा निखार आ गया था जो मुझे बहुत प्रिय लग रहा था। मैंने भी संकेत-भरी मुस्कान से उसकी सन्धि-सूचक दृष्टि का मौन उत्तर दिया। भाभी जी ने अवसर पाकर बड़ी सफाई से अपनी आँखें पोंछ डालीं।

''बहू माँ, चाय यहीं ले आऊँ?'' कलकतिया नौकर ने (जो उच्चारण से बिहारी लगता था) दरवाजे पर से पूछा।

''नहीं, ड्राइंग-रूम में ले चलो।'' कहकर भाभी जी हड़बड़ाती हुई उठ खड़ी हुईं। उसके बाद मेरी ओर देखती हुई बोलीं—उठो लाला, अब कब तक पलँग पर बैठे रहोगे? वह बड़ी देर से तुम लोगों का इन्तजार कर रहे हैं। मैं तुम लोगों को सूचित करने आयी थी, और यहाँ आकर तुम दोनों के बीच के झगड़े का फैसला करने में सब भूल गयी। चलो उठो! मैं चलती हूँ। तुम दोनों चले आना, नीचे ड्राइंग-रूम में जल्दी ही।'' और वह बड़ी तेजी से बाहर निकल गयीं।

सचमुच, मैं वीरेन्द्र के अस्तित्व को ही कुछ समय के लिए एकदम भूल-सा गया था। भाभी जी ने जब उसकी याद दिलायी तब मैं भी हड़बड़ाता हुआ उठा। कपड़े बिना बदले ही, चप्पल पहनकर जब चलने लगा तब मनिया बोली—''कपड़े निकाल लाऊँ? इस वेष में जाओगे तो जेठ जी हँसेंगे।''

''वह हँसेगा, इसीलिए तो इस वेष में जा रहा हूँ। चलो, तुम भी अब अधिक देर न करो।''

वह फिर कुछ न बोली और चुपचाप मेरे पीछे-पीछे हो ली।

(50)

''हो तुम नम्बरी बुर्जुवा, इसमें कोई शक नहीं!'' वीरेन्द्र ने मुझे देखते ही परिचित अट्टहास के स्वर में कहा। ''बुर्जुवा तो मैं हूँ ही, यह तुम्हारा कोई नया आविष्कार नहीं है,'' मैंने हँसते हुए कहा, ''और शायद नम्बरी भी हूँ। पर यह बताओ कि इस समय किस बात से तुम्हारा ध्यान मेरी इस विशेषता की ओर गया?''

''पहली बात यह कि जाड़े के दिनों में भी दिन में सोना, यह एक टिपिकल बुर्जुवा का ही गुण है। दूसरी बात यह कि जैसी अस्त-व्यस्त वेषभूषा में तुम चाय पीने आये हो वह भी एक बुर्जुवा की ही विशेषता है—घुँघराले बाल आधे बिखरे हुए, हरे रंग का

पुलोवर गले पर केवल आधा लौटाया हुआ, उसके नीचे सिलेटी रंग की गरम कमीज, उसके साथ सौ-सौ सिकुड़नों सहित डिबन के लंकलाट का सफेद झलझलाता हुआ पायजामा और उस पर पीले रंग का फुँदनेदार इजारबन्द नीचे को लटकता हुआ—क्या लखनौआ ठाठ हैं तुम्हारे!" और वह अपनी ही बात पर दुगने जोर से ठठाकर हँस पड़ा।

"मैंने कहा न था!" मनिया एक बार मेरी ओर और एक बार वीरेन्द्र की ओर देखती हुई मुझे उलहना देती हुई बोली।

"तब तुम्हारी भी यही राय है कि यह पक्का बुर्जुवा है? मुझे बड़ी खुशी हुई अपनी बात का समर्थन पाकर?" और फिर अट्टहास!

मनिया भाभी जी के बगल में बैठ गयी और मैं वीरेन्द्र के पास।

भाभी जी चारों प्यालों में चाय डालती हुई वीरेन्द्र को सम्बोधित करती हुई बोलीं—"तुम बात-बात में लाला की हँसी उड़ाया करते हो, यह अच्छी बात नहीं है। कम-से-कम अपनी बहू का तो लिहाज किया करो। बेचारी योंही सिमटी-सिकुड़ी-सी रहती है!" उनके मुख पर एक दबी हुई मुस्कान झलक रही थी।

"यह बात तुम बहू की अनुपस्थिति में मुझे सुझातीं तो इसका कुछ फल भी होता!"

अबकी अट्टहास की बारी मेरी थी। मैंने मनिया की ओर देखा। इस बार उसके मुख पर सहज प्रसन्नता का भाव छलकते हुए देखकर मैं समझ गया कि जेठ जी के प्रत्येक व्यंग्य और परिहास को वह सहज रूप में ही ग्रहण कर रही है।

जलपान की चीजों में बागबाजार के प्रसिद्ध रसगुल्ले, भीमनाग के सन्देश, रसमलाई और समोसे (जिन्हें भाभी और वीरेन्द्र 'सिंघाड़े' कह रहे थे) यही प्रमुख थे। घर की बनी कोई चीज न थी।

एक रसगुल्ला मुँह में डालते हुए वीरेन्द्र बोला—"रसगुल्ला चाहे बागबाजार का ही क्यों न हो, इसमें वह स्वाद हो ही नहीं सकता जो सुबह कुम्हड़े के हलवे में मिला था।"

इस बार उसके चेहरे पर हँसी का लेश भी नहीं था। पर भाभी जी और मैं बिना हँसे न रह सके।

हँसी की बात नहीं है। सचमुच हलवा बहुत अच्छा बन गया था। मैं तो बहू से यह अनुरोध करना चाहता था कि वह कोई और नयी चीज अपने ही हाथ की बनी खिलावे। पर तुम लोग चूँकि यह बात हँसी में उड़ा देना चाहते हो, इसलिए अब मुझे साहस नहीं होता।"

"तुम जरूर अनुरोध करो बहू से," भाभी जी ने कहा, मुझे तो इससे लाभ ही होगा। क्योंकि बहुत दिनों बाद कुछ नया पकवान खाने को मिलेगा। कलकतिया चीजों से तो अब मुझे भी अरुचि होती जाती है।"

"बहू, कोई तिब्बती चीज बनाकर हम लोगों को खिलाओ," वीरेन्द्र ने आग्रहपूर्वक कहा।

मनिया ने सहज प्रसन्नता-भरी दृष्टि से वीरेन्द्र की ओर देखा, और तब बोली—"तिब्बती चीज तैयार करने के लिए चँवर गाय का पनीर चाहिए—वह भी महीनों का सुखाया हुआ! बिना उसके कोई अच्छा तिब्बती पकवान बन ही नहीं सकता! और तो और, अच्छी तिब्बती चाय भी बिना पनीर के नहीं बन सकती।"

"तब तो अवश्य यह पनीर कहीं से प्राप्त करना होगा।"

"वह केवल तिब्बती व्यापारियों ही से मिल सकती है।" मनिया ने कहा।

"मैं जानता हूँ। दार्जिलिंग में मैंने तिब्बती व्यापारियों को इसे बेचते देखा है। बहुत दिनों तक मेरी यह धारणा रही कि वे लोग कपड़ा धोने का साबुन बेचते हैं। बाद में किसी ने बताया कि वह साबुन नहीं चँवर गाय की पनीर है।"

"वही क्या चँवर गाय की पनीर है?" भाभी ने एक घूँट चाय पीने के बाद पूछा, और फिर बोलीं—अरे बापरे! उसकी बनी चीज खाने से तो मैं मोम में बनी चीज खाना बेहतर समझूँगी। उफ!" उन्होंने नाक-भौं सिकोड़ते हुए इस तरह सिर हिलाया जैसे उनका सारा शरीर सिहर उठा हो।

मैंने भाभी जी की ओर देखते हुए कहा—"मेरी ससुराल की चीज के प्रति ऐसी अरुचि जताकर आप मेरा अपमान कर रही हैं, भाभी जी!"

भाभी जी चाय का घूँट गटकती हुई फिक्क करके हँस पड़ीं। वीरेन्द्र ने भी जोर का ठहाका मारा।

"सचमुच मैं यह बात भूल ही गयी थी कि तिब्बती लोग तुम्हारे ससुरालवाले हैं! तब तो उस चीज को मैं सिरमाथे रखूँगी लाला! अब तो मेरे लिये यह जरूरी हो गया है कि मैं कहीं-न-कहीं से उस तोहफे को प्राप्त करूँ। और जिस दिन मुझे प्राप्त हो जाय उस दिन मैं निश्चय ही तुम्हारी ससुराल के दो-चार सज्जनों को भी निमन्त्रित करूँगी!"

इस बात पर ऐसा कहकहा मचा कि दो-तीन नौकर घबराकर बाहर से भीतर चले आये। वीरेन्द्र तो स्वयं अपने अट्टहास के धक्के से कुर्सीसहित पीछे की ओर गिरते-गिरते बचा। मनिया इस कदर लोटपोट हो गयी थी कि उसने अपने प्याले में से चाय गिराकर अपनी साड़ी खराब कर डाली। उसे ऐसे मुक्त रूप से हँसते हुए इसके पहले मैंने कभी नहीं देखा था। मेरा भी बुरा हाल था। भाभी जी स्वयं अपने ही परिहास की घुमनी से अपने को सँभाल नहीं पाती थीं।

हँसी का शोर जब कम हुआ तब वीरेन्द्र अपनी चमकती हुई आँखों के भीगे कोयों को बायें हाथ से पोंछता हुआ बोला—"आज तुम लोगों के आ जाने से बड़ा ही सुख मिला, भाई। बहुत दिनों बाद ऐसा अवसर आया।"

उसके बाद उसने बायाँ हाथ ऊपर उठाकर घड़ी में समय देखा। फिर भाभी जी से बोला—"बर्तन में चाय हो तो एक प्याला और पिलाओ इसी बात पर।"

सभी लोगों के प्याले दूसरी बार खाली हो चुके थे। इस बीच नौकर एक बर्तन में चाय का पानी और लाकर रख गया था। भाभी जी ने एक-एक करके सबके प्याले में फिर से चाय डाली।

जब सब लोग चाय पी चुके तब वीरेन्द्र ने फिर एक बार अपने हाथ की घड़ी पर नजर डाली और सहसा गम्भीर मुख-मुद्रा बनाते हुए मुझसे बोला—"पाँच बजने को हैं। मुझे एक आवश्यक कार्य से जाना है। तुम अपनी भाभी और बहू को साथ लेकर चाहे शहर की ओर घुमा लाना चाहे झील की ओर। मैं रात में आठ-नौ बजे के करीब लौटूँगा, तब फिर मिलेंगे।" यह कहकर वह सहसा उठ खड़ा हुआ और दूसरे ही क्षण बाहर निकल गया। हम लोग भी उठकर दरवाजे के पास खड़े हो गये। बाहर उसकी 'कार' खड़ी थी। उस पर बैठकर वह स्वयं ही ड्राइव करता हुआ चला गया।

उसके इस आकस्मिकता से चले जाने पर सारे कमरे में एक गम्भीर वातावरण छा गया। हम लोग जब फिर से बैठ गये तब भाभी जी ने बरबस निकलती हुई लम्बी साँस को दबाने का व्यर्थ प्रयास करते हुए कहा—"आजकल प्रतिदिन यह किसी गुप्त सभा की बैठक में सम्मिलित होने न जाने कहाँ जाते हैं। आज सचमुच यह बहुत दिनों बाद हँसे। तुम लोगों के आने से आज प्रायः दो वर्ष बाद मैंने इन्हें इनके पिछले रूप में पाया। नहीं तो पिछले दो वर्षों से मैं यही देख रही हूँ कि विनोद की किसी भी बात में रस नहीं ले पाते। घर रहते हैं तो या तो कोई अखबार या मार्क्सवाद सम्बन्धी पुस्तक पढ़ने में व्यस्त रहते हैं या अकेले कभी कमरे के भीतर, कभी बरामदे में और कभी दालान में टहलते हुए अत्यन्त गम्भीर भाव से न जाने क्या सोचते रहते हैं। मुझसे भी जब बातें करते हैं तब अक्सर यही कहते हैं 'कि हम लुटेरों और डाकुओं के साझीदार बने हुए हैं, शोभना। हमें कोई अधिकार नहीं है कि इतनी बड़ी जमीन पर पूरा हक जमाये रहे जब कि लाखों किसान अपना खून-पसीना एक करके, अपनी हड्डी पसली सुखाकर, हम लोगों के सुख के साधन जुटाने में व्यस्त हैं और स्वयं अपने लिये भरपेट मोटा अन्न भी नहीं जुटा पाते; इतने बड़े बँगले में राजसी ठाठ से रहकर हम दो प्राणी हजारों किसानों और मजदूरों का कौर छीनने में देशव्यापी रक्त-शोषकों का साथ दे रहे हैं, यह तुम समझे रहो। जब-जब तुम सुस्वादु व्यंजन का एक-एक कौर मुँह में डालती हो तब-तब यह याद करती रहो कि तुम इस देश के उन असंख्य श्रमिकों के रक्त का स्वाद पा रही हो जो जीवन में अपना सब-कुछ दे देने को विवश हैं, जो अपना सब-कुछ गँवाये बैठे हैं, और जिनके उबरने का कोई भी रास्ता आज की बूर्ज़ुवा सरकारें छोड़ना नहीं चाहतीं। मैं भी इस पाप में तुम्हारा और तुम्हारी और अपनी कोटि के दूसरे लोगों का साथ दे रहा हूँ। मेरे पिछले जीवन की कुछ ऐसी विशेषताएँ, कुछ ऐसे संस्कार रहे हैं, जो अभी तक मुझे इस पाप से मुक्त होने से रोके हुए हैं। पर मैं तुमसे सच कहता हूँ कि प्रतिक्षण मेरी यह विवशता मुझे सौ-सौ बिच्छुओं के से डंक मारती रहती है। एक-एक कौर जब मैं मुँह में डालती हूँ तो मुझे वह कालकूट से भी कड़वा लगता है।

बार-बार मेरी इच्छा होती है कि अपना सब-कुछ लुटाकर सर्वहारा बन जाऊँ और उस सब-कुछ गँवायी हुई जनता के साथ समान स्तर में मिलकर उन्हीं के संगठित प्रयत्नों से स्वयं अपनी और दूसरे सम्पत्तिशालियों की सम्पत्ति को जन-साधारण में समान रूप से वितरित कर पाऊँ। मैं निकट भविष्य में ऐसा कर नहीं पाऊँगा। पर रह-रहकर यह भावना मेरे मन में हजारों सुइयाँ चुभोती रहती हैं। मेरी इस भावना की परिणति कहाँ और किस रूप में होगी, मैं कह नहीं सकता।' इसी तरह के लेक्चर वह समय-असमय मुझे पिलाते रहते हैं।''

भाभी जी के सुन्दर, और प्रकट में सौम्य मुख पर एक मर्म-विदारक करुण छाया घिर आयी। मैं और मनिया निस्तब्ध और निर्वाक् होकर उनकी ओर देख रहे थे। वह कहती चली गयी—''मैं कई बार उनसे कह चुकी हूँ कि लाखों आदमी ऐसे हैं जो अपनी अच्छी सामाजिक स्थिति के लिए तनिक भी ग्लानि का अनुभव किये बिना भी उच्च आदर्शों का पालन किये चले जाते हैं और विश्व-कल्याण के लिए प्रयत्नशील रहते हैं, तुम भी उन्हीं की तरह शान्ति के साथ धैर्यपूर्वक अपने कर्त्तव्य का पालन किये चले जाओ। मन को इस तरह अशान्त रखने से न तो तुम्हें व्यक्तिगत सन्तोष प्राप्त होगा न उससे समाज का ही कोई हित हो सकेगा।' पर वह मेरी इस तरह की बातें सुनकर या तो खीझकर बिना कुछ बोले चल देते हैं, या तिरस्कार के स्वर में कहते हैं कि 'तुम मेरा दृष्टिकोण कभी नहीं समझ पाओगी, सबसे बड़ा दुःख मुझे इसी बात का है। तुम्हें समझाना दीवार पर सिर पटकने के बराबर है। सच पूछो तो मेरे जीवन में सबसे बड़ी रुकावट तुम्हीं हो। तुम्हारे समान एक अदना-सी नारी ने मेरे और दुनिया के बीच इतना बड़ा व्यवधान खड़ा कर दिया है कि मुझे आश्चर्य होता है। तुम न होती तो आज मैं विश्व में अकेला होने पर भी लाखों-करोड़ों की जनता का एक अविभाज्य अंग होता। मेरा सबसे बड़ा दुर्भाग्य और सबसे बड़ी कमजोरी यही है कि तुम्हारे द्वारा खड़े किये गये व्यवधान को न तो लाँघने की शक्ति अपने में पाता हूँ न तोड़ सकने की।' उनकी इस तरह की बात से मैं बुरी तरह तिलमिला उठती हूँ। केवल तीन दिन पहले की बात है, सुबह चाय पीते-पीते उन्होंने इसी तरह की जली-कटी बात मुझे सुनायी। मैं रह न सकी और उत्तर में बोल उठी—'तुमने क्या इसीलिए मुझसे विवाह किया था कि एक दिन बन्धन तोड़कर निकल जाओगे? तब तो तुम अकेले थे, और तब भी निश्चय ही इसी तरह के क्रान्तिकारी विचार तुम्हारे रहे होंगे—तब भी तुम्हारी आलमारी में साम्यवाद-सम्बन्धी पुस्तकों का ढेर लगा रहता था। तब क्यों उस समय तुमने जानबूझकर इतनी बड़ी रुकावट अपने सिर पर मोल ली। आज जो मैं तुम्हारे और दुनिया के बीच इतना बड़ा व्यवधान खड़ा किये हूँ इसका कारण यह कदापि नहीं है कि आज तुम्हारे राजनीतिक और सामाजिक विचार बदल गये हैं, इसका कारण स्पष्ट ही यह है कि तुम मुझसे उकता गये हो, और मुझसे छुटकारा पाने के लिए भीतर-ही-भीतर बुरी तरह छटपटा रहे हो। मुझसे छुटकारा पाने की इस भावना को दबाने

के लिए तुम्हारा मन अपने-आपको धोखा देने के लिए यह विश्वास जगा रहा है कि जनक्रान्ति की आग में फाँद पड़ने में ही जीवन की एकमात्र सार्थकता है। अपने भीतरी भावों का ठीक-ठीक विश्लेषण कर पाओगे तो समझ जाओगे कि वह क्रान्ति की सच्ची लगन नहीं, बल्कि पलायन की प्रवृत्ति का पागलपन है जो भूत की तरह तुम्हारे सिर पर सवार हो गया है।' मेरी बात सुनकर उन्होंने शायद हँसने का प्रयत्न किया, पर 'उफ!' कहकर दाँत पीसकर रह गये। फिर बोले—'अंग्रेजी की इस कहावत से तुम भी परिचित होगी कि शैतान भी अपनी सफाई में धर्म-पुस्तक के उद्धरण दे सकता है। तुम अपने संकीर्ण स्वार्थ की सफाई में मुझे मनोवैज्ञानिक पाठ पढ़ाना चाहती हो। सचमुच विवाह के पहले मैंने तुम्हें गलत समझा था। तब मैं यह समझता था कि जिस प्रकार मेरी बीमारी में रात-रात भर जगकर मेरी परिचर्या करके तुमने मेरे प्राणों की रक्षा की है उसी प्रकार तुम बराबर जीवन-मरण में मेरा साथ देती रहोगी। आज युग की पुकार बहुत तीखी हो उठी है। कानों के पर्दों तक को फाड़ डालनेवाली उस पुकार के प्रति तुम बहरी हो तो दूसरा भी बहरा रहे, यह सोचकर तुम कितना बड़ा अन्याय मेरे प्रति कर रही हो, यह अभी तुम नहीं समझ पाओगी। पर जल्दी ही एक दिन आयेगा जब वास्तविकता निरावरण रूप में तुम्हारे आगे खड़ी हो जायेगी। तुम जानबूझकर तथ्यों को तोड़-मरोड़कर उनका विकृत अर्थ लगा रही हो। जानती हुई भी यह नहीं जानना चाहती हो कि अगर केवल तुमसे निकल भागने के लिए ही मुझे कोई उपाय ढूँढ़ना होता तो उसके लिए अपने भीतर क्रान्ति का विस्फोट उत्पन्न करने, इतना बड़ा आडम्बर रचने की आवश्यकता ही क्या थी! बड़ी आसानी से मैं ऐसा कर सकता था। मेरी इस सुस्पष्ट सहृदयता और ईमानदारी का कुछ दूसरा ही अर्थ लगाकर तुम मेरे साथ कितना बड़ा अन्याय कर रही हो यह बात एक दिन तुम्हारे आगे वज्र के प्रकाश में साफ हो जायगी। तुम अपने स्वभाव के एक ऐसे पहलू का परिचय मुझे दे रही हो जो इतने दिनों तक मुझसे छिपा था। इस बात से मुझे बड़ी भारी पीड़ा पहुँची है—बड़ी ही मार्मिक—पर इतने पर भी मैं तुम्हें चाहता हूँ और तुम्हारे प्रति प्रेम के बन्धन को छिन्न करने का बल अपने भीतर नहीं पाता। मेरी इस दुर्बलता से लाभ उठाकर तुम कड़ी-से-कड़ी बात कहती जाओ इसका पूरा अधिकार तुम्हें है। मैं अभी इसका कोई प्रतिकार करने में असमर्थ हूँ।' और मेरा उत्तर सुनने के पहले ही वह उठकर चल दिये। मैं अपने कमरे में जाकर खूब रोयी—जी भरकर, फफक-फफककर। सचमुच मैंने तैश में आकर उनसे बड़ी अनुचित और कड़ी बात कह दी थी। यह मेरा अन्याय था, यह मैं जानती हूँ। पर तुम्हीं बताओ लाला, मैं क्या करूँ? उनकी जैसी गानरिक स्थिति चल रही है, उसे देखते हुए मैं अपने मन को स्थिर नहीं रख पाती। मेरे और उनके विचारों और भावों में जमीन-आसमान का अन्तर आ गया है, और दिन-पर-दिन वह अन्तर बढ़ता ही चला जाता है। हो सकता है, मेरी संकीर्ण स्वार्थ-बुद्धि ही मुझे उनके विचारों में उनका साथ देने से रोक रही हो। पर मुझ-जैसी साधारण नारी से इससे

अधिक की आशा वह करते ही क्यों हैं! वैसे वह मुझसे अक्सर कहा करते हैं कि 'तुम अपने को साधारण नारी क्यों समझती हो? तुम शिक्षा-प्राप्त हो और चाहो तो गहन-से-गहन आर्थिक, सामाजिक और राजनीतिक विषयों को समझकर उनकी छानबीन करके जनता के प्रति अपने यथार्थ कर्त्तव्य से परिचित हो सकती हो। तुमसे भी साधारण नारियाँ क्रान्ति की आग में कूदकर अपने प्राणों की बाजी लगाकर जन-आन्दोलन में योग दे चुकी हैं। तुम भी यदि मुक्त हृदय से मेरा साथ देने को तैयार हो जाओ तो मेरे भीतर के सब द्वन्द्व, सभी मानसिक उलझनें दूर हो जायँ।' पर मैं चाहने पर भी अपने भीतर न तो इतना बड़ा बल पाती हूँ, न यह विश्वास ही मेरे भीतर जग पाता है कि क्रान्ति—वह क्रान्ति जिसके छिटपुट नमूने मैं आजकल कलकत्ते की सड़कों में देख रही हूँ, सच्चे अर्थों में जनता को कल्याण के पथ पर ला पायेगी। हो सकता है—मेरे मन की इस रुकावट का कारण वे संकीर्ण संस्कार हों जिनमें मैं बचपन से पली हूँ! पर कारण चाहे जो भी हो, मेरी स्थिति की वास्तविकता वही है जो मैंने अभी बतायी है। आज तुम बड़े मौके से आये हो, लाला! मैं पहले ही परिचय से समझ गयी थी कि आज मुझे ऐसा व्यक्ति मिला है जिसके आगे मैं अपना जी खोलकर इतने दिनों से जमे हुए भार को हलका कर सकती हूँ। वह तुम्हें अपने सगे भाई से बढ़कर मानते हैं, यह मैं पहले ही क्षण जान गयी थी। इसलिए तुम्हारे आगे न वह अपनी कोई बात छिपायेंगे न मैं ही छिपा पाऊँगी। मेरा भाग्य अच्छा था कि मुझे बहन भी ऐसी मिली है जिसके स्वभाव में सहृदयता कूट-कूटकर भरी हुई है। इसलिए तुम दोनों के आगे जी हलका करके मुझे जो शान्ति मिल रही है उसका मैं वर्णन नहीं कर सकती। तुमसे मेरा एकान्त अनुरोध है लाला, कि मुझे कोई ऐसा रास्ता सुझाओ जिससे मैं वर्तमान मानसिक संकट से उबर सकूँ—''

एक बूँद आँसू टपककर उनकी ऊपरी ओठ तक चला गया था, तब भी उन्होंने उसे पोंछा नहीं। मेरी किंकर्त्तव्यविमूढ़ की-सी स्थिति हो रही थी। यदि मैं किसी उपन्यास या कहानी का नायक होता तो स्पष्ट शब्दों में या तो यह कह देता कि ''तुम भी पति के पथ का अनुसरण करती हुई, आगे-पीछे की कोई बात सोचे बिना ही, मैदान में कूद पड़ो?'' या यह कहता कि ''अपने पति को भरसक समझाकर उन्हें इस रास्ते पर चलने से विरत करो और इतने पर भी वह न माने तो उसका संग ही त्याग दो।'' पर जीवन की वास्तविकता बिलकुल भिन्न होती है। मैं इन दो में एक भी बात की सलाह भाभी जी को नहीं दे सकता। जहाँ तक जन-क्रान्ति का प्रश्न था, मैं स्वयं इतने अधिक विरोधी संस्कारों से जकड़ा हुआ था कि भाभी जी उसकी कल्पना तक नहीं कर सकती थीं। जन-क्रान्ति के पहले उसके अनुकूल मन-क्रान्ति की आवश्यकता थी। और वह केवल ऐसे नेताओं द्वारा ही सम्भव हो सकती थी जो पाषाण-कीट की तरह कठोर कर्मठता की वज्र-शक्ति अपने भीतर रखने के साथ-ही-साथ क्रान्तद्रष्टा महामनीषी भी हो; जो केवल नारेबाजी, छिटपुट षड्यन्त्र की कार्रवाइयों और निरर्थक हिंसाकाण्डों तक

ही अपने कर्त्तव्य को सीमित न रखकर अपने विराट् स्वप्न के अनुकूल ही व्यापक दृष्टि भी रखते हों; मानव-जीवन के भूत, वर्तमान और भविष्य की भीतरी और बाहरी पथ-रेखा जिनकी गहरी अन्तर्दृष्टि के आगे सुस्पष्ट हो चुकी हो, जो देश-काल के अनुसार यथार्थ के प्रति पूर्ण सजग रहकर क्रान्ति के महारथ के संचालन की योग्यता और समर्थता रखते हों। पर देश में ऐसे महानेताओं का निपट अभाव मेरे आगे सुस्पष्ट हो रहा था। मैं देख रहा था कि केवल उन अधकचरे नेताओं को जो केवल बाहर से उधार लिये हुए नारों की चिनगारियों के बल पर एकदम हरी लकड़ियों से महाकाल की आग सुलगाने का स्वप्न देख रहे थे, जिसके फलस्वरूप यत्र-तत्र केवल ऐसा धुआँ उठता दिखायी देता था जिससे आँखों में धुन्ध छाने और आँखें पिराने के सिवा और कोई फल देखने में नहीं आता था। स्वयं वीरेन्द्र भी अपने अन्तर्मन में इस वास्तविकता को अनुभव कर रहा था, उसकी उलझी हुई बातों से यह तथ्य मेरे आगे सुस्पष्ट हो चुका था। इस पर भी वह जो परिपूर्ण आत्मबलिदान के लिए छटपटा रहा था इसका कोई दूसरा ही रहस्यमय कारण था, जिसका स्वरूप मेरे आगे पूरी तरह से स्पष्ट नहीं हो पाता था। उसके पीछे निश्चय ही कुछ तो व्यक्तिगत मनोवैज्ञानिक कारण थे (जिनका कुछ-कुछ संकेत वह स्वयं भी दे चुका था) और कुछ सामूहिक। भाभी जी खीझ के आवेश में उसके आवेश में उसके मनोभाव का जो विश्लेषण किया था उसमें सत्य का कुछ अंश था या नहीं, और था तो किस हद तक था, यह मैं अभी तक नहीं जान पाया हूँ। पर प्रश्न यह था कि मैं भाभी जी को क्या पथ सुझाता? वीरेन्द्र की बेचैनी के मूल कारण चाहे कुछ भी रहे हों, पर वह थी ज्वलन्त सत्य, इतना भाभी जी भी समझे हुए थीं और मैं भी। यह भी स्पष्ट था कि वीरेन्द्र की उस बेचैनी ने भाभी जी के आगे जो समस्या खड़ी कर दी थी वह किसी भी हालत में उपेक्षणीय नहीं थी। वह उनके लिए जीवन-मरण की समस्या थी, जिसका समाधान एक-न-एक रूप में होना अनिवार्यतः आवश्यक हो उठा। पर मुझ-जैसे दुर्बल व्यक्ति से उन्होंने इस सम्बन्ध में सहायता की आशा क्या सोचकर की थी?

मैंने कहा—"भाभी जी, मैं समझ नहीं पाता कि आपको क्या सलाह दूँ। वीरेन्द्र ने आज सुबह मेरे आगे जो विचार प्रकट किये हैं उनसे इतना मैं निश्चय समझ चुका हूँ कि जिस घने अँधेरे से ढके हुए पथ की ओर कदम बढ़ाने का निश्चय उसने किया है उससे उसे डिगाने की शक्ति किसी में नहीं है। उसकी बेकली बनावटी नहीं है। जो प्रेरक शक्ति उसे किसी अज्ञात दिशा की ओर ठेले लिये जा रही है वह आधे रास्ते में उसे छोड़ देगी, ऐसा सम्भव नहीं है। आप अपनी समर्थता और विश्वास के अनुसार जिस हद तक उसका साथ दे सकती हैं उस हद तक दें और उसके बाद किसी भी प्रत्याशित या अप्रत्याशित परिस्थिति के लिए अपने को तैयार रखें।"

मेरे शब्दों में जो एक अत्यन्त गहन-गम्भीर उदासी भरी हुई थी उसका छुतहा प्रभाव भाभी जी पर निश्चय ही पड़ा होगा। मैं देख रहा था कि उनके सहज-सुन्दर गोरे-उजले

मुख पर संगमरमर पत्थर की-सी एक निस्तब्ध जड़ता छा गयी थी। कुछ देर तक वह एकटक निश्चल और विमूढ़ भाव से मेरी ओर देखती रहीं। उसके बाद एक लम्बी साँस खींचकर धीरे से बोलीं—"इधर कुछ दिनों से रह-रहकर एक अजीब-सी आशंका जागते और सोते में मेरा गला पकड़ती रहती है। जब मैं अकेली होती हूँ तब मुझे अपने चारों ओर 'हाय-हाय!' का-सा मौन स्वर सुनायी पड़ता है। दिन-दहाड़े मुझे लगता है कि कुछ विचित्र-सी छाया-मूर्तियाँ—जो जितनी ही भयावनी लगती हैं उतनी ही दयनीय भी—मेरे कानों के आस-पास प्रतिक्षण सर्द आहें भरती रहती हैं। मनुष्य-शरीर की ठठरियों के जो चित्र और माडल मैंने देखे हैं उन्हीं की तरह वे छाया-मूर्तियाँ लगती हैं। वे क्यों मुझे घेरे रहती हैं, किसके या किनके लिए हाय-हाय करती हैं इसका कोई आभास मैं नहीं पाती। एक ठण्डी सिहरन रह-रहकर मेरी रीढ़ के भीतर दौड़ जाती है। जब वह कहीं चले जाते हैं और मैं कमरे में अकेली कुछ सोचने लगती हूँ तभी इस तरह की कल्पना प्रत्यक्ष सत्य की तरह मुझे धर दबाती है। कभी-कभी मैं इस कदर डर जाती हूँ कि अपनी नौकरानी को पुकारकर उसे अपने पास बिठा लेती हूँ और उससे कहती हूँ कि वह अपने और अपनी सहेलियों के बचपन के और ब्याह के किस्से सुनाये। वह बड़े चाव से सुनाती है और मैं भी उतने ही चाव से सुनती हूँ। उन किस्सों को सुनकर अपने बचपन की और उस अवस्था में मन में उठनेवाले सुन्दर सुनहरे सपनों की याद करके मैं उन भयावनी छाया-मूर्तियों को किसी मन्त्र से भगाने का प्रयत्न करती हूँ। तुम लोगों के आ जाने से कितना बल मिला है यह मैं ही जानती हूँ। आज बहुत दिनों बाद मुझे यह अनुभव हुआ है कि मैं मनुष्यों के बीच में हूँ। लाला, तुम लोग मेरे भाग्य से अचानक ऐसे आ गये हो, जैसे पुरानी कथाओं में कहा गया है कि द्रौपदी की करुण पुकार सुनकर भगवान् स्वयं आ पहुँचे थे। अब तुम लोगों से मेरी यह एकान्त प्रार्थना है कि इस हालत में मुझे—हम लोगों को—छोड़कर कहीं न जाना। यह तुम्हीं लोगों का घर है। वह तुम्हें अपने सगे भाई से भी बढ़कर मानते हैं और तुम भी उन्हें ऐसा ही मानते हो, यह मैं देख चुकी हूँ। इतना बड़ा मकान है और हम केवल दो प्राणी हैं। न कोई पीछेवाला रह गया है न कोई आगे है। आगे की कोई आशा भी नहीं रह गयी है। बहन ने मुझे बताया है कि अभी तक तुम्हारा भी करीब-करीब यही हाल है—हालाँकि आगे की उम्मीद है। (यह कहते हुए भाभी जी के विषाद-म्लान मुख पर मुस्कान की एक क्षीण रेखा झलक पड़ी)। जो भी हो, इतना स्पष्ट है कि तुम्हारे लिये कोई बन्धन नहीं है। इसलिए मैं तुमसे—और बहन से भी—यह अनुरोध कर रही हूँ, लाला, कि तुम लोग अब हमें न छोड़ना। अब तुम जाओगे तो मैं निश्चय ही दूसरे दिन ही पागल हो जाऊँगी।"

अन्तिम वाक्य पूरा होते-न-होते भाभी जी का गला रुँध आया और उसके बाद वह सहसा आँचल से मुँह ढाँपकर फफक-फफककर रोने लगीं—जैसे हिस्टीरिया का दौरा आ गया हो।

उनके उस अप्रत्याशित आवेश से मैं अत्यन्त विचलित हो उठा। मेरी बुद्धि इस कदर चकरा गयी थी कि मैं कुछ सोच ही नहीं पाता था कि उस परिस्थिति में मेरा क्या कर्त्तव्य

है। कल के पुतले की तरह मैंने देखा कि मनिया सहसा उठ खड़ी हुई और भाभी जी की कुर्सी के पीछे जाकर बड़े स्नेह से उनकी पीठ पर हाथ फेरती हुई पुचकार-भरे स्वर में बोली—"न घबराओ जीजी, हम तुम्हें छोड़कर कहीं नहीं जायँगे। तुम मेरी बड़ी अच्छी जीजी हो, तुम्हारे साथ रहने से बढ़कर सुख और हमें क्या होगा! शान्त हो जाओ! न रोओ!"

और कोई समय होता तो मुझे भोली मनिया को अपने बचकाने स्वर में बड़ी-बूढ़ियों की तरह सान्त्वना देते हुए देखकर निश्चय ही हँसी आ जाती। पर भाभी जी के अन्तर से जो निदारुण मर्म-वेदना आर्त्त-क्रन्दन के रूप में फूट पड़ी थी उसने एक ऐसा भयावह वातावरण उत्पन्न कर दिया था जिसमें किसी भी बात पर हास्य के लिए बिन्दु-मात्र स्थान नहीं रह गया था। बल्कि मनिया के नारी-हृदय से जो सहज-स्वाभाविक समवेदना उथल उठी थी उससे मेरा हृदय गद्गद हो उठा और मैंने उसके प्रति आन्तरिक कृतज्ञता का अनुभव किया; जैसे वह भाभी जी को नहीं, बल्कि स्वयं मुझे सान्त्वना दे रही हो। सान्त्वना देते हुए स्वयं मनिया की आँखें छलछला आयी थीं। पर उन गीली आँखों में मैंने देखा कि एक अपूर्व दृढ़ता, एक स्वस्थ, सबल साहसिकता झलक रही थी। करुणा और साहस का ऐसा सुन्दर सम्मिश्रण केवल एक स्वस्थ मातृ-हृदय में ही सम्भव हो सकता है। मुझे सबसे बड़ी प्रसन्नता यह देखकर हुई कि मनिया ने मेरा रुख जानने की तनिक भी परवा न करके, मेरे संकेत की तनिक भी प्रतीक्षा किये बिना ही, स्वयं अपने भरोसे, अपने ही उत्तदायित्व पर भाभी जी को आश्वासन दिया। यदि वह ऐसा न करती तो उस संकटपूर्ण क्षण में मेरी क्या दशा हुई होती यह मैं ही जानता हूँ।

भाभी जी का फफकना धीरे-धीरे कम होता जाता था, जैसे मनिया के चुम्बकीय स्पर्श ने उनके भीतर जमे हुए हाहाकार को लौहकणों की तरह बाहर खींच लिया हो। वह अभी तक आँचल से अपना मुँह ढाँपे थीं। उन्हें कुछ शान्त होते देखकर मनिया ने ध्यानमग्न-सी होकर दाहिने हाथ की तर्जनी से उनके सिर के ऊपर अत्यन्त दृढ़ रेखाओं से एक कल्पित क्रास-चिह्न अंकित किया। सब प्रकार की मानसिक भीति और बाधाओं को दूर करने का रामबाण उसके परम विश्वासी हृदय के लिए एकमात्र वही क्रास-चिह्न था! जब-जब वह अपने या किसी दूसरे के ऊपर क्रास-चिह्न अंकित करती थी तब-तब वह मग्न हो जाती थी। लगता था जैसे उसकी सम्पूर्ण आत्मा उसकी दो बन्द आँखों के भीतर समा गयी हों। उस समय उसका प्रशान्त रूप अत्यन्त सम्मोहक, आश्चर्यजनक और आकर्षक लगता था और देखनेवाले के हृदय में अगाध श्रद्धा और सम्भ्रम का भाव जगाता था। मध्ययुग के ईसाई सन्तों और संन्यासियों के चित्रों में उनके मुख पर जो अलौकिक रोमांच का भाव पाया जाता है ठीक वैसा ही भाव ऐसे अवसरों पर मनिया के मुख पर भासित पाया जाता था। इस बार भी मैं मुग्ध दृष्टि से उसकी मुखश्री की उस अपूर्व सुन्दर अभिव्यक्ति को निहार-निहारकर पुलकित हो रहा था। क्रास का चिह्न अंकित कर चुकने के बाद भी मनिया कुछ देर तक उसी ध्यानावस्था

में आँखें बन्द किये रही। इस समय उसके मुख पर सहज भोलेपन और बचकाने भाव का लेश भी नहीं दिखायी देता था। लगता था जैसे मानवीय ज्ञान और भावनाओं के विकास का जो चरम स्वरूप हो सकता है उसे इस आश्चर्यमयी नारी ने किन्हीं रहस्यमय अलौकिक सूत्रों से अपने भीतर समाहित कर लिया है और उसी की प्रतिच्छाया एक स्निग्ध-संयत रूप में उसके मुख पर विभासित हो रही है।

कुछ देर बाद जब मनिया ने आँखें खोलीं तब ठीक उसी समय भाभी जी ने भी एक झटके से अपने मुख पर से गाढ़े नीले रंग की साड़ी का आँचल हटा लिया। जैसे किसी टेलिपैथिक तार द्वारा दोनों के मनोभाव एक-दूसरे से अविच्छिन्न रूप से जुड़ गये हों। मनिया पीछे खड़ी थी और भाभी जी उसे देख नहीं सकती थीं। केवल उसके हाथ के (और शायद मन के भी) स्पर्श का अनुभव कर सकती थीं। मैंने आश्चर्य से देखा कि भाभी जी के मुख पर कुछ ही क्षण पहले घिरे हुए विषाद और नैराश्य के घने काले बादलों के स्थान पर एक प्रशान्त हासाभास झलक रहा था। उनकी आँखें और बरौनियाँ अब भी गीली थीं—जैसे क्वार के महीने में एक आकस्मिक झड़ी के बाद आसमान एकदम साफ होकर निखर आया हो और प्रभात की सोने की पीली धूप में पेड़ों की पत्तियों से गिरनेवाले अवशिष्ट वर्षा-कण मोती की बूँदों की तरह चमक रहे हों।

इस सम्बन्ध में मुझे तनिक भी सन्देह न रहा कि यह मनिया के ही चुम्बक-स्पर्श के जादू द्वारा, सम्भव हुआ है। मुझे वह दिन फिर एक बार याद आया जब मैंने अपने हिप्नोटिक प्रभाव से इस आश्चर्यमयी नारी के विद्रोही जिप्सी-हृदय को बाँधकर अपनी ओर खींचने में सफलता पायी थी। तब की मनिया में और आज की मनिया में आकाश-पाताल का जो अन्तर आ गया था। उसकी थाह मापने की शक्ति मुझमें नहीं थी।

भाभी जी ने सहज स्निग्ध भाव से मृदु-मृदु मुस्कान से मेरी ओर देखते हुए कहा—"क्षमा करना लाला, मेरे पागलपन को। उस समय मुझे जाने क्या हो गया था। मैं अपने को रोक न पायी।"

उनकी बात से मेरी भावमग्नता भंग हुई। मैंने कहा—"नहीं भाभी, उसमें पागलपन की कोई बात नहीं थी। वह एक साधारण-सी बात थी। अब उठो, हम लोग कहीं घूम आवें। घर में बैठे-बैठे अक्सर जी उचट जाता है और अकारण ही घबराहट मालूम होने लगती है। उठो! चलो मनिया, तुम भी कपड़े बदल लो।"

भाभी जी चुपचाप उठीं और हम तीनों ऊपर अपने-अपने कमरे में जाकर कपड़े बदलने लगे।

कपड़े बदल चुकने के बाद जब हम लोग नीचे उतरे तब भाभी जी ने ड्राइवर को पुकारा। वीरेन्द्र छोटी कार ले गया था। बड़ी छह सीटोंवाली कार गराज में थी। कुछ देर बाद ड्राइवर उसे ड्राइंग-रूम के सामनेवाली बरसाती में ले आया। जब हम तीनों पीछे बैठ गये तब ड्राइवर ने बँगला में भाभी जी से पूछा—"कहाँ जाना होगा?"

"झील की तरफ चलें, क्यों बहन!" मनिया से, जो हम दोनों के बीच बैठी हुई थी, भाभी जी ने पूछा।

मनिया ससंकोच मुस्कराती हुई बोली—"मुझे तो इस नयी जगह के बारे में कुछ भी ज्ञान नहीं है। आप लोग जहाँ ले चलेंगे वहीं चली चलूँगी।"

अन्त में झील की तरफ चलने की बात तय हुई।

(51)

जब हम लोग झील से लौटकर आये तब पता चला कि वीरेन्द्र अभी तक वापस नहीं आया है। काफी देर तक हम लोग उसका इन्तजार करते रहे। अन्त में भाभी जी ने कहा, "लक्षणों से प्रकट है कि वह आज रात में बहुत देर से लौटेंगे और तब तक उनकी प्रतीक्षा में बैठे रहना बेकार है।" उन्होंने हम लोगों से आग्रह किया कि हम लोग खाना खा लें और आराम करें। मुझे यद्यपि उनका यह प्रस्ताव जँचा नहीं, तथापि उनके बार-बार आग्रह करने पर मैंने अधिक विरोध करना भी उचित नहीं समझा। मैंने और मनिया ने प्रायः अनिच्छा से थोड़ा-बहुत चख लिया। भाभी जी ने हमारा साथ नहीं दिया। वह वीरेन्द्र के लिए ठहरी रहीं। खाना खाने के बाद भी हम लोग काफी देर तक बैठे रहे, पर वीरेन्द्र नहीं आया। अन्त में भाभी जी की आज्ञा से हम दोनों अपने कमरे में आराम करने चले गये।

जब हम अपने कमरे में जाकर अपने-अपने पलँग पर लेट गये तब मैं अपने सफरी बैग से एक पुस्तक निकालकर पढ़ने लगा। दिन में काफी सो चुका था, इसलिए नींद नहीं आती थी। मनिया धीरे से आकर मेरे पलँग पर बैठ गयी और मेरे बालों पर हाथ फेरती हुई धीरे से बोली—"मैं एक बात तुमसे पूछना चाहती हूँ।"

पुस्तक आँखों के आगे से हटाकर उसकी ओर देखते हुए मैंने कहा—"कहो, क्या बात है?"

"जेठ जी के बारे में आज जो बातें जीजी ने बतायीं उन्हें मैं ठीक से समझी नहीं। अपने सम्बन्ध में जो देशव्यापी रक्तशोषकों का साथ देने की बात उन्होंने बतायी उससे उनका आशय क्या है? 'मेरी इच्छा होती है कि अपना सब-कुछ लुटाकर सर्वहारा बन जाऊँ और सब-कुछ गँवायी हुई जनता के साथ मिलकर स्वयं अपनी और दूसरे सम्पत्तिशालियों की सम्पत्ति को जनता में समान रूप से वितरित कर पाऊँ,' यह बात भी मेरे आगे स्पष्ट नहीं हो पायी है। जिस क्रान्ति का हवाला जीजी बार-बार दे रही थीं उसके सम्बन्ध में भी कोई जानकारी मुझे नहीं है।"

मैंने कहा—"यह सब समझाने के लिए बड़ा विस्तृत विवरण तुम्हें सुनाना होगा। फिर कभी सुनाऊँगा। इस समय आराम करो।"

"न! अभी समझाओ!" प्रायः बालकों की तरह मचलते हुए मनिया ने कहा।

मैं उठ बैठा। भरसक संक्षेप में और यथासम्भव सरल रूप में मार्क्सवादीय सिद्धान्त की व्याख्या उसके आगे करने का प्रयत्न किया। उसके बाद बताया कि आज की विश्वव्यापी आर्थिक विषमता के कारण संसार में सर्वत्र कैसी अशान्ति मची हुई है और असन्तोष छाया है। इस अशान्ति और असन्तोष को दूर करने के लिए एक बहुत बड़ा अन्तरराष्ट्रीय दल नंगी-भूखी जनता को और कर्मक्लिष्ट और अभावग्रस्त मजदूरों को सम्पत्तिशालियों के विरुद्ध विद्रोह करने के लिए उकसा रहा है। कलकत्ते में जो उपद्रव प्रतिदिन होते रहते हैं वे भी किसी हद तक उसी विद्रोह से सम्बन्धित हैं। वीरेन्द्र भी क्रान्ति के पथ पर है।

मैं मानता हूँ कि मैं अपनी बात को ठीक से समझाने में असमर्थ रहा। समझा सकना सम्भव भी नहीं था। पर मनिया अत्यन्त ध्यानपूर्वक मेरी बातें सुन रही थी। उसके मुख पर एक गहन गम्भीर छाया घिर आयी थी। लगता था जैसे वह विश्वव्यापी विनाश के आसन्न विस्फोट की कल्पना से अत्यन्त चिन्तित हो उठी हो। सम्भवतः उतने ही से उसने अपने मन में सारी विश्वव्यापी राजनीतिक और आर्थिक स्थिति के सम्बन्ध में एक विशेष धारणा बना ली थी।

एक लम्बी साँस भरती हुई वह बोली—"क्या इस समस्या के हल का दूसरा कोई उपाय नहीं है? क्या हिंसा के बिना इसका उचित समाधान सम्भव नहीं है?"

"जिस दल से वीरेन्द्र सम्बन्धित है वह कई उपदलों में विभक्त है। उनमें से एक उपदल का यही विश्वास है कि हिंसा के बिना वे लोग अपने लक्ष्य में एक कदम भी आगे नहीं बढ़ सकते। हालाँकि, जहाँ तक मैं जान पाया हूँ, स्वयं वीरेन्द्र का ऐसा विश्वास नहीं है, बाहर से वह भले ही कभी-कभी उग्र विचार प्रकट कर बैठता हो।"

"ऐसे गलत विश्वास को वे लोग क्यों अपनाये हुए हैं? प्रेम और अहिंसा को वे लोग रुकावट क्यों मानते हैं?"

"इसलिए कि उनकी राय में प्रेम और अहिंसा उस तरह जमी हुई आर्थिक दीवार को भेजने में असमर्थ हैं जिससे कुछ मुट्ठी-भर लोगों ने अक्षय कवच की तरह अपने को सुरक्षित कर रखा है—बहुसंख्यक जनता को हर तरह से वंचित करके।"

"मुझे विश्वास नहीं होता। यह ठीक है कि प्रेम और अहिंसा अपनी प्रारम्भिक अवस्था में दुर्बलता के लक्षण से ही लगते हैं। पर निरन्तर प्रयोग करते रहने से अन्त में उनकी विजय अनिवार्य है। प्रभु ईसा के जीवन का उदाहरण हमारे सामने है।"

"पर प्रभु ईसा के सिद्धान्त की विजय को जितना समय लगा उतने समय तक सत्य, प्रेम और अहिंसा की विजय की प्रतीक्षा करने का धैर्य आज के व्यस्त युग में पीड़ित और विद्रोही जनता में नहीं है।" मैंने एक सूखी हँसी हँसते हुए कहा।

मनिया कुछ क्षणों तक मौन भाव से गम्भीर चिन्ता में मग्न-सी मेरी ओर देखती रही। उसके बाद बोली—"अच्छा, एक बात मेरी समझ में नहीं आती। जब संसार में चारों

ओर आर्थिक विषमता और राजनीतिक अधिकार प्रसारिता के कारण घोर असन्तोष-भावना और अव्यवस्था फैली हुई है, और संसार-भर के जनसाधारण की बाहरी व भीतरी चेतना में विद्रोह की आग सुलगती चली जा रही है तब वे मुट्ठी भर लोग, जो पृथ्वी की सारी आर्थिक और राजनीतिक शक्ति बटोरकर दरिद्र और पीड़ित जनता को उससे एकदम वंचित कर उसकी कुंजी अपने हाथों में लिये हुए हैं और आपस में ही बँटवारे के लिए लड़-झगड़ रहे हैं, उनमें इतनी सुबुद्धि क्यों नहीं जग पाती कि वे बिना किसी विश्वव्यापी हिंसात्मक संघर्ष के, विश्व के व्यापक कल्याण और सम-हित के लिए, उस कुंजी को जनता के हाथों में देकर संसार में सम-व्यवस्था और शान्ति का राज्य कायम करने में सहायक होते? उनकी अपनी आवश्यकताएँ आखिर कितनी हो सकती हैं! अरबों की सम्पत्ति बटोरनेवाला व्यक्ति केवल कुछ ही सौ रुपयों पर अपनी गुजर अच्छी तरह कर सकता है। कई देशों पर राजनीतिक अधिकार प्राप्त करने की महत्त्वाकांक्षा रखनेवाले महानेता के लिए केवल एक साधारण-सी कुटिया और छोटे-से बालक का क्षेत्र पर्याप्त है। तब क्यों नहीं ये लोग अपनी शेष सारी सम्पत्ति को, अधिकाधिक सम्पत्ति-संचय की प्रवृत्ति को, अपनी क्षेत्रप्रसार की योजनाओं को सामूहिक हित के लिए त्याग देते? वे लोग पढ़े-लिखे अवश्य होंगे, और उनकी दृष्टि-शक्ति इस हद तक क्षीण भी नहीं हो सकती कि विश्व-जनता के असन्तोष, विश्व-व्यवस्था में फैली हुई गड़बड़ी, और विश्वव्यापी विध्वंस की जो विराट् योजनाएँ स्वयं उन्हीं के द्वारा या उन्हीं के कारण चल रही हैं, उन्हें देख ही न पाते हों। तब सब-कुछ जानने और समझने पर भी वे आर्थिक और राजनीतिक शक्ति के अधिकाधिक संचय का मोह छोड़ क्यों नहीं पाते? वह क्यों नहीं सोच पाते कि इस मोह की स्थिति में वे स्वयं सब काल के लिए सुरक्षित नहीं रह पायेंगे? यदि वे लोग शान्तिपूर्वक स्थिति की यथार्थता पर विचार करें और एक दिन अपने द्वारा पुंजित अर्थ और संचित राजनीतिक शक्ति को विश्व-जनता में समान वितरण करने के लिए सम्मिलित रूप से तैयार हो जायँ, तब रातों-रात पृथ्वी पर के नारकीय जीवन की विषमता स्वर्गीय समता में परिणत हो जाय, और सच्चे अर्थों में विश्वव्यापी शान्ति और व्यवस्था कायम होने के साथ ही वे स्वयं व्यक्तिगत रूप से भी अपनी वर्तमान स्थिति की अपेक्षा कई गुना अधिक सुख और शान्ति में रह सकेंगे। इतनी बड़ी समस्या का इतना सरल समाधान हो सकने की इस सम्भावना की ओर क्यों उन लोगों का ध्यान नहीं जाता?"

मैं दंग रह गया मनिया के उस निपट भोलेपन से भरे हुए किन्तु साथ ही मार्मिक रूप से चुभते हुए समाधान पर! केवल परिपूर्ण रूप से निश्छल और सभ्यता के कुसंस्कारों की कालिमा से एकदम रहित, सर्वथा शुद्ध और निर्दोष अन्तःप्रज्ञा से ही इस प्रकार का सुझाव निकल सकता था। कुछ देर तक मैं अकपट विस्मय और श्रद्धा-भरी दृष्टि से उसकी ओर देखता रहा। उसके बाद एक लम्बी साँस भरता हुआ बोला—"तुमने समस्या का जो हल सुझाया है वह निश्चय ही बहुत सरल, सुन्दर और सच्चा है मनिया,

पर मानव-स्वभाव बड़ी ही विचित्र जटिलताओं से भरा है। जोंक की तरह वह वक्रगति से चलता है, यद्यपि जल सर्वत्र समतल और समान होता है। उदाहरण के लिए, दूर क्यों जाती हो, मुझी को लो। मैं निश्चय ही कोई पूँजीपति नहीं हूँ और न मेरे पास इतनी बड़ी सम्पत्ति है जो किसी विशेष गणना में आ सकती हो। पर कुछ लाख रुपयों का ठिकाना मेरे पास अवश्य ही है और यह तुम भी मानोगी कि इतना धन हम दो प्राणियों के निर्वाह के लिए आवश्यकता से सैकड़ों—बल्कि हजारों—गुना अधिक है। फिर भी क्या मैं उसे उन लोगों में वितरित करने के लिए तैयार हूँ जो निपट अभाव से ग्रस्त हैं और उस अभाव के कारण अत्यन्त दयनीय दुर्दशापूर्ण जीवन बिताने के लिए बाध्य हैं? स्वयं तुमने कभी इस बात के लिए मुझ पर विशेष जोर नहीं डाला, भले ही कभी भावुकतावश इस तरह का सुझाव मेरे आगे रख दिया हो। जब मुझ जैसे एक अदने से धनी व्यक्ति का यह हाल है, तब जो लोग विराट् सम्पत्ति के संचय की मोह-माया का स्वाद पा चुके हैं उनसे यह आशा कैसे की जाय कि वे सब सम्मिलित रूप से अपनी सारी संचित अर्थ-शक्ति त्याग देने का निश्चय करें? वे तब तक उस महामोह के फन्दों से अपने को और दूसरों को जकड़े रहेंगे जब तक वे यथार्थ ही अन्य कारणों से उन्हें खोलने के लिए विवश न होंगे। विश्वव्यापी बद्ध-मानवता की व्यापक मुक्ति सरल उपायों से सहज रूप से कभी सम्भव न होगी, यह निश्चित है। बिना बाहर के भीषण आघातों के मानवीय व्यवस्था के शक्ति मद से मत्त ठेकेदारों की अन्तरतम चेतना जाग्रत हो सकेगी ऐसी कोई सम्भावना मुझे नहीं दिखायी देती।''

''तब क्या अन्त में हिंसात्मक शक्तियों की—मानवीय आत्मा के भीतर घर की हुई दानवीय प्रवृत्तियों की—विजय होकर ही रहेगी? ईसा, बुद्ध और गाँधी के सत्य, प्रेम और अहिंसा के महामन्त्र युग-युग में अरण्य रोदन की तरह निष्फल होते रहेंगे?'' अत्यन्त हताश भाव से मनिया ने कहा।

''नहीं, वे निष्फल नहीं होंगे। पर यह भी ठीक है कि इतने महान् आदर्श जल्दी सफल भी नहीं होंगे। मानवता आज तक की तथाकथित वैज्ञानिक प्रगति के बावजूद अभी शैशव-अवस्था को पार नहीं कर पायी है। मानव-प्रकृति के भीतर महान् प्रवृत्तियों के जो बीज निहित हैं उनके विकास के लिए सभ्यता के दस हजार वर्षों का काल दस वर्षों के बराबर भी नहीं है। जब तक वे बीज पनपकर विकास की प्रौढ़ावस्था पार नहीं कर लेते तब तक उनका कोई फल देखने में नहीं आयेगा। उसका यह लड़कपन अभी और चलता रहेगा, जब तक वह विविध अनुभवों से परिपक्व यौवन की स्थिति प्राप्त नहीं कर लेगी। ज्ञानियों को अत्यन्त धैर्य से उस महास्थिति की प्रतीक्षा करनी होगी। जब तक वह स्थिति नहीं आती तब तक पैगम्बरों और महापुरुषों को सूली पर चढ़ते रहना होगा!''

मनिया तब तक आँखें मूँदकर ध्यानावस्थित हो चुकी थी। अपने आगे क्रॉस का एक कल्पित चिह्न बनाकर उसने अत्यन्त भक्ति और श्रद्धापूर्वक शून्य की ओर दोनों

हाथ जोड़े। कुछ देर तक वह उसी भावमग्न अवस्था में बैठी रही। उसके बाद अपने पलँग पर जाकर धीरे से लेट गयी। मैंनें ऊपरवाली बत्ती बुझाकर अपने पलँग के पास रखा हुआ टेबिल-लैम्प जलाया और अपने बक्स से एक पुस्तक निकालकर लेटे-लेटे पढ़ने लगा। प्रायः पन्द्रह मिनट बाद मेरी आँखें झँपने लगीं और मैं बत्ती बुझाकर सो गया।

दूसरे दिन तड़के जब मेरी आँखें खुलीं तब कमरे की बत्ती जली हुई थी। मनिया फर्श पर माता मरियम और सूली पर लटके हुए ईसा के फ्रेम में बँधे हुए दो चित्रों को रखकर उनके आगे सिर झुकाये घुटने टेके हुए, हाथ जोड़े ध्यान-मग्न बैठी थी। मैं तनिक भी विघ्न डालना उचित न समझकर धीरे से करवट बदलकर आँखें बन्द किये रहा।

काफी देर तक मैं उसी अवस्था में लेटा रहा। जब मनिया ने स्वयं मुझे जगाने के उद्‌देश्य से, पुकारा तब मैंने आँखें खोलीं। उठकर मैं स्नानादि के लिए चला गया, लौटकर कपड़े बदलकर जब इतमीनान से अपने कमरे में बैठ गया और मनिया से दिन के कार्यक्रम के सम्बन्ध में बातें करने लगा तब सहसा भाभी जी ने भीतर प्रवेश किया। उनके पीछे एक नौकर एक 'ट्रे' में चाय लिये चला आया। मैंने प्रस्ताव किया कि वीरेन्द्र को भी जगाकर ड्राइंग-रूम में साथ ही चाय पी जाय। भाभी जी ने बताया कि वीरेन्द्र रात में कुछ युवकों के साथ प्रायः दो बजे लौटकर आया था और काफी देर तक वे लोग आपस में बहुत धीमी आवाज में—प्रायः कानाफूसी के ढंग पर—बातें करते रहे। उसके बाद जब लड़के चले गये तब वह चुपचाप पलँग पर लेट गया। मुश्किल से दो घण्टे सो पाया होगा कि उठकर हाथ-मुँह धोकर वह फिर बाहर निकल गया। भाभी जी से केवल इतना ही कह गया कि वह किसी आवश्यक काम से जा रहा है, बारह बजे तक लौटेगा।

हम तीनों वहीं पर चाय पीने बैठ गये। चाय पीते हुए भाभी जी ने उदास भाव से कहा—"इधर कुछ दिनों से उनका यही क्रम रहता है। कल सुबह न जाने उन्हें कैसे मेरे साथ चलकर झील की सैर करने का अवकाश मिल गया!"

मैं चुपचाप चाय पीता रहा। मनिया भी कुछ न बोली। वीरेन्द्र की अनुपस्थिति से मन कुछ भारी-भारी-सा लग रहा था।

चाय पी चुकने के बाद मैं मनिया को भाभी जी के साथ छोड़कर अकेला, निरुद्‌देश्य भाव से निकल पड़ा। बसों और ट्रामों का सहारा पकड़ता हुआ बालीगंज से भवानीपुर, वहाँ से धर्मतल्ला, वहाँ से कॉलेज स्क्वायर और फिर श्यामबाजार तक जा पहुँचा। प्रत्येक स्थान पर उतरकर या तो किसी पार्क में कुछ समय के लिए विश्राम कर लेता या कुछ दूर तक फुटपाथ पर पैदल चलकर शहर के व्यस्त जीवन का अवलोकन करने लगता। लौटते हुए कॉलेज स्क्वायर में पुस्तकों की एक दुकान पर चला गया और मनिया के आग्रह के अनुसार कुछ पुस्तकें खरीदीं। प्रायः सभी पुस्तकें विश्व-योजनाओं से

सम्बन्धित थीं। कुछ तो गाँधीवादी दृष्टिकोण से लिखी गयी थीं और कुछ मार्क्सवादी दृष्टिकोण से। जब मैं लौटकर घर पहुँचा और मनिया के हाथ में सारा बण्डल रख दिया तब उसने तत्काल उसे खोलकर एक बार सभी पुस्तकों को उलट-पुलटकर देखा, उसके बाद एक विशेष पुस्तक को चुनकर उसी क्षण बड़े मनोयोग से पढ़ने लग गयी।

तब से मनिया ने नियमित रूप से उन पुस्तकों का अध्ययन आरम्भ कर दिया। सुबह, दिन में, सन्ध्या को, रात में, जब भी उसे अवकाश मिलता वह पढ़ती ही रहती। मैं भरसक उसके अध्ययन में बाधा न पड़ने देता। धीरे-धीरे उन पुस्तकों में उसकी दिलचस्पी इस हद तक बढ़ती चली गयी कि सन्ध्या को भी वह बाहर निकलना नहीं चाहती थी। दो-एक दिन मैं हठपूर्वक उसे सन्ध्या को बाहर घुमाने ले गया, पर बाद में जब उसका घर ही पर अध्ययन करने का हठ बढ़ता गया तब मैंने भी आग्रह करना छोड़ दिया।

उधर वीरेन्द्र का यह हाल था कि 24 घण्टों में प्रायः 18 घण्टे वह घर से बाहर रहता था। पहले दिन वह कुछ घण्टों का समय मुझे कैसे दे पाया, इसी बात पर मुझे आश्चर्य होने लगा। इसका एक कारण शायद यह था कि अपने मन में भरी पड़ी जिन भावनाओं और विचारों को वह खुलकर भाभी जी के आगे भी ठीक से व्यक्त नहीं कर पाता था उन्हें किसी ऐसे निकटतम व्यक्ति के आगे खोलकर रखने की इच्छा उसके मन में कई दिनों से जोर मार रही थी जो उसकी मनोवेदना के प्रति सहृदय होने के साथ ही उसके विचारों को समझ भी सकता हो। जो भी हो, दूसरे दिन से उसने फिर अपना कोई विचार मेरे आगे प्रकट नहीं किया। उसके लिए अवकाश ही जैसे नहीं मिलता था। सुबह उठते ही वह चल देता था। किस समय लौटकर आवेगा, इसका कोई ठिकाना नहीं था। बारह, एक और कभी-कभी दो भी बज जाते थे। इसलिए उसके साथ खाना खाने के लिए ठहरे रहना हम लोगों के लिए प्रायः असम्भव हो उठा था। आकर जल्दी से दो कौर मुँह में डालकर दो-एक साधारण बातें भाभी जी के साथ करके वह फिर हड़बड़ी के साथ कार में बैठकर चल देता था। कहाँ जाता था और क्यों, इसका पता लगा पाना प्रायः असम्भव था।

(52)

इस प्रकार वीरेन्द्र अपने गुप्त कार्य-चक्रों में व्यस्त था और मनिया अपने अध्ययन में। फलतः इच्छा से हो या अनिच्छा से, शोभना भाभी का और मेरा सम्पर्क बढ़ता चला गया। यहाँ तक कि सन्ध्या को भी अक्सर मुझे उनके साथ अकेले घूमने को जाना पड़ता था।

प्रारम्भ में कुछ दिनों तक सान्ध्य-भ्रमण के समय मनिया के साथ न रहने से मुझे बड़ी खिन्नता का अनुभव होता था, पर बाद में धीरे-धीरे उसकी अनुपस्थिति की आदत-सी पड़ने लगी वैसे भाभी का निकट-सम्पर्क मुझे पहले ही से अच्छा ही लगता

था। उनके मुख की सुन्दरता में सब समय जो एक ताजगी रहती थी वह मुझे बहुत प्रभावित करती थी। घनी काली बरौनियों से आवृत अपनी बड़ी-बड़ी आँखों की भाव-विह्वल दृष्टि से जो बिजली की-सी चंचल प्रकाश-रेखा शायद न चाहने पर भी, वह मेरे प्रति फेंकती रहती थीं, उससे कुछ दिनों तक मैं सहमा-सा रहा। बार-बार उस बिजली से सामना होने पर मैं अपनी चिलमिलाती हुई आँखों को फेर लेता था, और इस प्रकार उसके प्रभाव से बचने की कोशिश करता था। पर धीरे-धीरे जब आदत बनती चलती गयी तब मैं ढिठाई के साथ उस विद्युत्-दृष्टि का सामना करने लगा और वह मुझे अच्छी लगने लगी।

पर कई ढंग से जानने का प्रयत्न करने पर भी मैं यह न जान सका कि भाभी उस अर्थ में किसी भी हद तक मुझसे प्रभावित हैं और मेरे प्रति आकर्षित हैं जिस रूप में वीरेन्द्र के व्यक्तित्व का प्रभाव उनके जीवन पर पड़ा था। यह स्पष्ट था कि मेरे प्रति उनके मन में एक सहज विश्वास का भाव घर किये हुए था और मैं वीरेन्द्र से वर्षों पहले से घनिष्ठ भ्रातृभाव में बँधा हुआ होने के कारण ही इतनी शीघ्रता से उनकी आत्मा के निकट आ पाया था। पर हम दोनों की आत्मा की निकटता कभी किन्हीं भी परिस्थितियों में अन्यथा रूप धारण कर सकती है इसकी कोई कल्पना न मेरे सचेत मन में एक क्षण के लिए भी कभी जगती थी न उनके मन में जगने की ही कोई सम्भावना दिखायी देती थी।

पर इतना मैं जान गया कि शोभना भाभी मूलतः कवि हैं। उनके स्वभाव की काव्यात्मकता केवल उनके सुन्दर मुख की सहज स्निग्ध सरसता और सुकुमार भावाभिव्यक्ति के द्वारा ही प्रकट नहीं होती थी, बल्कि उनके उठने-बैठने, चलने-फिरने, बोलने-चालने की प्रत्येक छोटी-से-छोटी क्रिया द्वारा भी अनायास ही प्रस्फुटित होती रहती थी। उनकी बाहरी और भीतरी प्रकृति की इस काव्यमयता का भाव मुझे अपनी अन्तःप्रज्ञा द्वारा उनके प्रथम दर्शन के प्रथम क्षण से ही हो गया था—जब बालीगंज की झील पर अचानक वीरेन्द्र से मेरी भेंट हुई थी और उसकी 'कार' पर मैंने उन्हें बैठे देखा था। मेरी अन्तःप्रज्ञा ने मुझे ठगा नहीं था, इसके प्रमाण मुझे त्यों-त्यों अधिकाधिक मिलते गये ज्यों-ज्यों भाभी के निकट से निकटतर सम्पर्क में मैं आता गया।

एक दिन सन्ध्या को जब भाभी और मैं 'कार' पर बैठे हुए झील के चारों ओर चक्कर लगा रहे थे तब चारों ओर पूर्णप्राय चन्द्रमा की रुपहली चाँदनी छिटक रही थी। झील पर उठने और गिरनेवाली हिलोरें टूट-टूटकर आलोक-रेखाओं के रूप में बिखर-बिखर पड़ती थीं। भाभी मौन भाव से मेरी बगल में पैठी हुई थीं। सहसा जैसे उनका ध्यान भंग हुआ और उन्होंने प्रस्ताव किया कि नाव पर झील की सैर की जाय। उनकी इस इच्छा में यद्यपि अस्वाभाविकता का लेश भी नहीं था, तथापि मुझे उसकी आकस्मिकता ने क्षण-भर के लिए अभिभूत-सा कर दिया। पर दूसरे ही क्षण मैं सँभल गया। शोफर ने कार रोकी और हम लोग उतरकर नावों के अड्डे पर गये। बाद में पता चला कि केवल

क्लब के सदस्यों को ही नाव मिल सकती है। भाभी ने बताया कि वह और वीरेन्द्र उसके नियमित सदस्य हैं, यद्यपि उस सदस्यता से वे वर्ष में केवल एक आध ही बार लाभ उठा पाते हैं। कुछ समय यह प्रमाणित करने में बीत गया कि हम लोग नाव पा सकने के अधिकारी हैं या नहीं। क्लब के एक परिचित सदस्य की मध्यस्थता से अन्त में हमें एक नाव मिल गयी, हम दोनों उस पर बैठ गये।

झील को चारों ओर से घेरनेवाली सड़क पर जलती हुई बत्तियों की कतार का सम्मिलित प्रतिबिम्ब, नाव के डाँड़ों का छपाक-छपाक शब्द, रूपहली लहरों की एक-दूसरे को आलिंगनपाश में बद्ध करने की आकुलता, सब मिलकर जीवन के एक दूसरे ही स्वरूप को मेरी—और शायद भाभी की भी—आँखों के आगे रख रहे थे। ज्यों-ज्यों नाव आगे बढ़ती गयी त्यों-त्यों किनारे पर प्रतिबिम्बित कृत्रिम प्रकाश हटता चला गया और बिखरी हुई विशुद्ध रुपहली माया प्राणों के तारों को नये-नये स्वराघातों से झंकृत करने लगी।

सहसा अर्द्धस्फुट कलकण्ठ से भाभी बोल उठीं—"कितनी सुन्दर रात है!"

उनकी भावमग्नता का छुतहा प्रभाव मुझ पर भी पड़ा। मैं भी जीवनानन्द की स्वर्ग और मर्त्यव्यापी लहरी-लीला को देख-देखकर झील की उद्वेलित तरंगों की तरह ही पुलक-विह्वल होने लगा। लगता था कि जीवन की समस्त विच्छिन्न और बिखरी कड़ियाँ उस एक भाव में समाहित होकर जुड़ती जा रही हैं।

"सचमुच बहुत सुन्दर है!" मैंने कहा, "आज वर्षों बाद मुझे लग रहा है कि जीवन में अभी तक कुछ भी पुराना नहीं पड़ा है। सब-कुछ नया है, सर्वत्र ताजगी है!"

भाभी चुप रहीं। कुछ देर बाद वह भाव-विभोर दशा में चकोरी की तरह पूरब की ओर स्निग्ध, उज्ज्वल हास से पृथ्वी के निवासियों पर आशीर्वाद बिखेरनेवाले चन्द्रमा की ओर एकटक देखती रहीं! उसके बाद एक लम्बी उसाँस भरती हुई बोलीं—"अच्छा लाला, यह सब क्या धोखा है, केवल सपना है?"

"क्या," अनमने भावे से मैंने पूछा।

"यही सब—विश्व के कण-कण में लहराती हुई अपूर्व सौन्दर्य-तरंगें; चेतना के अणु-अणु में नाचनेवाली फेनिल, स्वप्निल हिलोरें। इन सबका मानव-जीवन से क्या सचमुच कोई सम्बन्ध नहीं है, जैसा कि जीवन की यथार्थता पर जोर देनेवाले लोग कहा करते हैं? सत्य जो कुछ है वंह केवल जीवन की हाय-हाय में, परस्पर-विरोधी स्वार्थों के हिंसात्मक संघर्ष में और राजनीतिक कूट-चक्रों के दाँव-पेचों में?"

"जीवन की यथार्थता पर जोर देनेवाले लोगों से तुम्हारा इंगित ठीक किस ओर है यह मेरे आगे स्पष्ट न होने पर भी इतना मैं अवश्य जानता हूँ कि इस तरह का तर्क उपस्थित करनेवाले मूर्खों की दुनिया में कमी नहीं है। पर साथ ही यह बात भी हमें नहीं भुलानी होगी कि जीवन की यथार्थता पर महत्त्व आरोपित करनेवाले कुछ ऐसे लोग भी इस संसार में हैं जो इस कठोर यथार्थता को अपनाने के बावजूद इस स्वतःस्फुट

सौन्दर्य की रहस्यात्मक अनुभूति को कभी उपेक्षा की दृष्टि से नहीं देखते और न उसे गौण महत्त्व ही प्रदान करते हैं...''

''तुम्हें तो मालूम ही होगा कि आज के मार्क्सवादी साहित्यालोचक किसी भी रोमाण्टिक कल्पना को भगोड़ी मनोवृत्ति कहकर उसका उपहास किया करते हैं और केवल जन-क्रान्ति जगानेवाले साहित्य को ही महत्त्व देते हैं। जिस स्वप्नमयी अनुभूति से मैं इस समय अभिभूत हो रही हूँ वह उनकी दृष्टि में केवल बुर्जुवा-विलास है। उनके मत से इस प्रकार की अनुभूति मूल जीवन से किसी भी प्रकार सम्बन्धित नहीं है, बल्कि बाहरी आर्थिक कारणों से उत्पन्न एक विशेष वर्ग की एक विशेष विकृत मनःस्थिति का परिचायक है!''

शोभना भाभी का यह तार्किक रूप मुझे एकदम नया लग रहा था, जिससे मेरे भीतर रस की वृद्धि ही हो रही थी।

''मैं इस मत का अनुयायी नहीं हूँ,'' मैंने कहा, ''पर साथ ही एक बात आपको बता दूँ, भाभी! जीवन की यथार्थता के प्रति सचेष्ट जिन मनीषियों के सम्बन्ध में मैंने अभी आपको बताया कि वे मानव की रसमयी प्रवृत्ति और रहस्यमूलक अनुभूति के प्रति तनिक भी उदासीन नहीं हैं, उनका विश्वास है कि रसात्मक अनुभूतियों के मूल स्रोतों को उन्मुक्त करने के पहले यथार्थ जीवन की विकट विषमताओं का निवारण आवश्यक है। तभी सब मानव सम-भाव से उस विश्वव्यापी सौन्दर्य के अपार रहस्यलोक में डुबकियाँ लगा सकने की सुविधा और अवकाश पा सकेंगे जो भीतरी चेतना-लोक से उमड़कर बाहरी चेतना-जगत् को छाता रहता है और बाहरी चेतना-जगत् के दोलन से भीतरी-चेतना लोक में कम्पन पैदा करता रहता है। उनके लिए यह सौन्दर्यानुभूति कृत्रिम उपायों से उत्पन्न बुर्जुवा-विलास तक ही सीमित नहीं है, बल्कि आदिकाल से विश्व-चेतना के मूल में निहित सत्य है। इतना अवश्य है कि बुर्जुवा समाज ने यथार्थ जीवन के क्षेत्र में शताब्दियों के संघर्ष के बाद अपने लिये कुछ ऐसी विशेष परिस्थितियाँ उत्पन्न कर ली हैं जिनके फलस्वरूप उसे उस मूल सौन्दर्य-चेतना का अनुभव करने में अपेक्षाकृत अधिक सुविधाएँ प्राप्त हो गयी हैं। पर जिन वर्गों को यथार्थ की चक्की में दिन-रात केवल पिसते ही रहना होता है उनके लिए इस विशेष रसानुभूति के द्वार अभी तक एकदम बन्द पड़े हुए हैं। इसलिए जो सच्चे तत्त्वदर्शी हैं उनका यह कहना है कि यथार्थ जीवन के विकास को सामूहिक रूप से ऐसे स्तर पर पहुँचाना होगा जहाँ सभी वर्गों को सम-सुविधाएँ प्राप्त हों, जिससे सबको उस सौन्दर्य-चेतना के अनुभव के लिए समान अवकाश मिल सके। यही कारण है कि वे पहले उस सामूहिक सम-स्थिति को लाने पर जोर देते हैं। इस स्थिति के बिना शोषित वर्ग न तो स्वयं कभी इस सौन्दर्य-चेतना के रुद्ध द्वारों को अपने लिये खोल पायेगा, न दूसरों को—आप और हम जैसे लोगों को—उसके पूर्ण उपयोग से लाभान्वित होने देना चाहेगा। प्रत्यक्ष ही देख न लीजिये कि आप और मैं इस समय उस मूल सौन्दर्यानुभूति का आभास पाने पर

भी उसमें पूर्णतया मग्न नहीं हो पा रहे हैं। यदि हम लोग उसमें पूर्णतया मग्न हुए होते तो उसके सम्बन्ध में इस प्रकार तर्क न करते, केवल उसका अनुभव ही करते। वास्तविकता यह है कि आपके, मेरे और हमारे ही वर्ग के दूसरे व्यक्तियों के भीतर यह ग्लानि अज्ञात में घर किये हुए है कि विशुद्ध आनन्द और अकलुष सौन्दर्य की इस अनुभूति से विश्व-जनता की एक बहुत बड़ी संख्या को कृत्रिम और अस्वाभाविक रूप से संगठित उपायों द्वारा वंचित किया गया है। यह ग्लानि हम लोगों को जान में या अनजान में सब समय कचोटती रहती है और उस दिव्य अनुभूति के पूर्ण उपभोग में विघ्न डालती रहती है।''

इठलाती, परस्पर अठखेलियाँ करती हुई चाँदनी से धुली लहरें नटखट बालाओं की तरह आँख-मिचौनी खेल रही थीं और कल-कल, खिल-खिल शब्द से एक-दूसरे को गुदगुदा रही थीं।

भाभी जी अपना ओवरकोट समेटकर ठीक से बैठ गयीं। हम दोनों मौन थे। हमारे चारों ओर जो रूप-सागर लहरा रहा था उसमें मन के भीतर उमड़ती हुई भावधाराएँ मिलकर एकाकार होने के लिए आकुल हो रही थीं। उस अस्पष्ट आकुलता का केवल अनुभव ही किया जा सकता था, वाणी उसके अनुभव में विघ्न ही डालती। शायद इसीलिए हम दोनों में से किसी को मुँह खोलने की प्रवृत्ति नहीं होती थी। डाँड़ों के छपाछप-छपाक शब्द के ताल-में-ताल मिलाते हुए मन के भी किसी अज्ञात कोने में एक मीठा क्रन्दन उद्वेलित हो उठता था। मीठी-मीठी सर्दी से उत्पन्न होनेवाली सिहरन मन के भीतर बहुत दिनों से उपेक्षित तारों को झनझना देती थी। शायद उसी सिहरन के कारण भाभी एक अस्फुट सीत्कार मुँह से निकालती हुई फिर एक बार सँभलकर बैठीं। फलस्वरूप उनके ओवरकोट का छोर मेरे घुटनों को छू गया।

''अच्छी सर्दी पड़ रही है।'' मैंने अत्यन्त धीमे स्वर में कहा, भाभी चुप रहीं।

नाव झील के बीच में आ पहुँची, जहाँ तरंगों का हाहाकार-भरा स्वर पूरी तीव्रता से कानों में आ रहा था। लग रहा था जैसे अकूल समुद्र में किसी अनजान दिशा की ओर हमारी जीवन-नौका बही चली जा रही है। समस्त विश्व लुप्तप्राय है। केवल है, नीचे असीम कामना-सागर की शत-शत उच्छ्वसित तरंगों का मत्त कल्लोल और उधर अनन्त गगनव्यापी चाँदनी की मूक मुस्कान! बीच में पृथ्वी और आकाश के उस अपूर्व अभिसार के साक्षी-रूप हैं केवल हम दो प्राणी।

मैंने दबी हुई जबान से कहा—''भाभी!''

''हाँ!'' प्रायः रुँधे हुए गले से अत्यन्त क्षीण और अस्फुट स्वर में भाभी ने उत्तर दिया।

''सर्दी क्या ज्यादा मालूम हो रही है?''

''नहीं!''

फिर सन्नाटा।

तरंगों के आवेग की तीव्रता के कारण 'छप-छप' के स्थान पर अब 'गुड़-गुड़-गुड़म' का-सा शब्द होने लगा था। तरंगावेग के उसी बढ़ते हुए अनुपात में मन के भीतर

उमड़नेवाली धाराएँ भी प्रखरतर हो उठी थीं। भाभी का कोट छूने के लिए मेरा हाथ बरबस बढ़ा ही था कि उन्होंने "उफ!" कहकर एक लम्बी साँस भरी। न उन्होंने मेरा हाथ बढ़ते हुए देखा था न मेरी उँगलियाँ उनके ओवरकोट को स्पर्श कर पायी थीं। पर ठीक ऐसे क्षण पर उनके मुँह से 'उफ!' निकला कि लगता था जैसे वह मन की आँखों से सब-कुछ देख चुकी हैं और स्पर्श का अनुभव भी कर चुकी हैं! मैंने सहमकर हाथ पीछे को हटा लिया।

जब नाव झील के दूसरे छोर के निकट पहुँची तब किनारे पर खड़े नवयुवकों के दल के अट्टहास के शब्द से भाभी का ध्यान भंग हुआ, ऐसा लगा।

"कितने प्रसन्न हैं ये सब लोग!" भाभी ने अस्पष्ट स्वर में कहा।

"आज की रात ही ऐसी है कि रोता हुआ मन भी प्रसन्न हुए बिना नहीं रह सकता और हँसता हुआ मन भी किसी अजानी मीठी व्याकुलता से रोये बिना नहीं रह सकता!" कहते हुए मैं स्वयं अनुभव करने लगा कि मेरी इतनी देर तक की भावमग्नता भंग होकर व्यंग्य के रूप में अपने को मिटाने लगी।

(53)

नाव लौट चली थी। भाभी ने मेरी बात का कोई उत्तर नहीं दिया। फिर कुछ देर तक सन्नाटा छाया रहा।

सहसा भाभी बोल उठीं—"अच्छा लाला, कभी बहन के साथ भी नाव में बैठने का सुयोग तुम्हें मिला है?"

"नहीं; क्यों?"

"यों ही पूछ रही थी। अच्छा, बहन जितनी भली और भोली है उतनी ही सुखी भी है, यह तो मानना होगा। क्यों? तुम्हारी क्या राय है?"

उनके उस आकस्मिक प्रश्न के भीतर कोई उद्देश्य निहित है या नहीं मेरी समझ में नहीं आ रहा था।

"सुखी है या नहीं, यह तो उसी से पूछने पर मालूम हो सकेगा।" मैंने उदासीनता का भाव जताते हुए कहा।

"अच्छा, भोली तो है? इतना तो तुम भी मानोगे?"

"भोली का अर्थ यदि मूर्ख या अनजान है, तो मैं यह मानने को तैयार नहीं हूँ।"

"उसके मूर्ख होने की बात न तो मैंने कही, न उसकी मूर्खता के सम्बन्ध में कोई अनुभव ही अभी तक मुझे हुआ है। शायद वह हो सकती है। पर मेरा आशय था उसके स्वभाव की सरलता से। हम लोगों को उसने बिना तनिक भी आपत्ति जताये चाँदनी में नौका-विहार करने की खुली छूट दे रखी है। तनिक भी ईर्ष्या का भाव उसके मन में नहीं जगा, न तनिक भी सन्देह किसी प्रकार का उसे हुआ। इसे क्या तुम उसके सरल स्वभाव का परिचायक नहीं मानते?"

भाभी की बात का यह ढंग आज बिलकुल नया था। किस बात की चर्चा किस ढंग से करके किस प्रकार की बात परोक्षरूप से सुझायी जा सकती है इस कला में नारी मात्र की सहज निपुणता से मैं थोड़ा-बहुत परिचित पहले ही से था। इसलिए मैंने कुछ सचेत हो जाने का प्रयत्न किया—इस आशंका से कि न जाने उनकी किस बात की लपेट में आकर मैं क्या कह बैठूँ।

मैंने कहा—"यदि स्वभाव की सरलता का अर्थ आप हृदय की उदारता मानें तब तो मैं आपकी बात से सहमत हो सकता हूँ, पर मैं उसे अनजान किसी भी हालत में नहीं मानूँगा। मनिया ने हम लोगों को दुकेले घूमने-फिरने की जो खुली छूट दे रखी है वह इसलिए नहीं कि वह इस सम्भावना के प्रति आँखें बन्द किये हुए है कि हमारे इस एकान्तिक दुकेलेपन के फलस्वरूप हम दोनों के बीच घनिष्ठता आवश्यकता से बहुत अधिक बढ़ सकती है। जहाँ तक मैं जानता हूँ, मुझे पूरा विश्वास है कि वह इस सम्भावना से तनिक भी अपरिचित नहीं है पर जानते हुए भी उसने इस घनिष्ठता के बढ़ने में कोई रुकावट नहीं डाली, इसका अर्थ मैं तो यही समझता हूँ कि मानवीय दुर्बलताओं के प्रति उसके मन में अनन्त क्षमा और सहनशीलता का भाव भरा है, जो केवल एक सच्ची ईसाई नारी में ही सम्भव है।"

"तुम क्या सचमुच उसे इतना महान् मानते हो लाला, या बन रहे हो।"

भाभी के इस प्रश्न के भीतर तीखे विद्रूप की सम्भावना बहुत अधिक थी। पर उनके स्वर से उसका तनिक भी आभास नहीं झलकता था। फिर भी उनके प्रश्न के ढंग से मेरा आवेश पूर्ण मात्रा में उभर उठा।

मैंने कहा—"मैं शपथ खाकर कह सकता हूँ भाभी, कि मैं उसे सचमुच महान् मानता हूँ। वह सच्चे अर्थों में ईसाई हैं। ईसा की आत्मा में निहित आत्म-बलिदान की प्रवृत्ति, पीड़ितों के प्रति आन्तरिक समवेदना, पापियों के प्रति करुण और दुर्बलों के प्रति क्षमा-भावना—ये सब गुण उसके भीतर वर्तमान हैं। भविष्य की बात मैं नहीं कह सकता। न जाने कब, किस धक्के से, या जीवन की किन कठोर परिस्थितियों से उसकी मानसिकता में अन्तर आ जाय, यह कोई नहीं जान सकता। आखिर वह भी मनुष्य ही है। पर आज तक उसके स्वभाव की जो विशेषताएँ मेरे सामने आयी हैं उन्हें देखते हुए मैं दृढ़ता के साथ कह सकता हूँ कि उसका आध्यात्मिक स्तर साधारण मनुष्यों से बहुत ऊपर उठा हुआ है।"

भाभी कुछ क्षणों तक चुप रहीं, जैसे मेरी बात को ठीक से समझने का प्रयास कर रही हों। उसके बाद बोलीं—"पर किसी को पापी या दुर्बल मानने का क्या अधिकार किसी को हो सकता है? क्या पाप है और क्या दुर्बलता, इसका निर्णय कोई मनुष्य कैसे कर सकता है? यदि कोई व्यक्ति किसी दूसरे व्यक्ति को पापी या दुर्बल मानकर उसके प्रति करुणा या क्षमा का भाव प्रदर्शित करता है तो इसका अर्थ यह है कि वह अपने व्यक्तित्व को दूसरों के व्यक्तित्व से ऊँचा समझता है और इस प्रकार अपने

अहंभाव को (चाहे वह आध्यात्मिक अहं ही क्यों न हो) तुष्ट करता है। इस प्रवृत्ति को तुम महानता मान सकते हो, पर मैं तो उसकी कायल नहीं हूँ!''

भाभी के स्वर में आक्रोश का तीखापन, शायद उनके न चाहने पर भी, स्पष्ट झलक उठा। मैं स्तब्ध था। उनका एक और बिलकुल ही नया रूप मेरे आगे उभर उठा। मुझे याद आया कि वह वीरेन्द्र की पत्नी है, जो अपने को साम्यवादी मानता है। क्रान्तिकारी कार्रवाइयों में प्रत्यक्ष रूप से भाग लेने के सम्बन्ध में वीरेन्द्र के विचारों से उनके विचारों का मेल भले ही न बैठता हो, पर नीति-अनीति, पाप-पुण्य, क्षमा और करुणा के सम्बन्ध में स्पष्ट ही वीरेन्द्र से उनका मतवैभिन्न्य नहीं था। उनकी बात का क्या उत्तर दूँ, मेरी समझ में नहीं आया। वास्तविकता यह थी कि इस दृष्टि से मैंने कभी विचार ही नहीं किया था। और सबसे बड़ी बात यह थी कि भाभी के तर्क में सार था, उसे यों ही नहीं उड़ाया जा सकता था। पर मनिया के सम्बन्ध में यह सोचना भी मुझे असंगत लग रहा था कि वह साधारण मनुष्यों से किसी भी रूप में अपने को ऊँचा उठा हुआ समझती है। वैसे सूक्ष्म मनोवैज्ञानिक विश्लेषण से कुछ भी प्रमाणित कर सकना सम्भव था। इसलिए मैं कुछ सहम गया। पर मनिया के प्रति परोक्ष रूप से किये गये इस प्रकार के आक्षेप के प्रति मैं निरुत्तर भी नहीं रहना चाहता था।

मैंने कहा—''यह अनुमान आपने कैसे लगा लिया कि मनिया पापियों और दुर्बलों से अपने को अलग मानकर बहुत ऊँचे से उनके प्रति करुणा और क्षमा की भावना प्रदर्शित करना चाहती है? जहाँ तक मेरा अनुभव है, दुर्बलता में अपने को सबके साथ पाकर ही उसके मन में दूसरों के प्रति समवेदना और सम-अनुभूति उमड़ती रहती है। क्षमा, करुणा और उदारता मेरे शब्द हैं, मनिया के नहीं। मेरा तो यही विश्वास है कि वह अपने को किसी से तनिक भी ऊँचे स्तर पर नहीं मानती, बल्कि उसका मन सब समय सबके ही समान स्तर पर विचरण करता रहता है। इसीलिए वह सबके सुख में समान सुखी, और दुःख में समान दुःखी अनुभव करती है। विचारक बनकर दूसरों के प्रति न्याय करने की भावना उसके मन में नहीं जगती। किसी अपराधी के प्रति जब वह आत्मीयता का अनुभव करती है तब स्वयं अपने को भी अपराधिनी महसूस करके ही वह ऐसा कर पाती है। पर दूसरों के प्रति उसकी अनुभूति में एक अन्तर अवश्य है, यद्यपि वह स्वयं उस अन्तर से परिचित नहीं है। वह यह कि संसार में अधिकांश व्यक्ति ऐसे पाये जाते हैं—चाहे उनका दृष्टिकोण सैद्धान्तिक रूप से कितना ही प्रगतिशील क्यों न हो—जो ठीक उसी तरह के अपराधों के लिए दूसरों को क्षमा नहीं कर पाते जिन्हें वे स्वयं करते रहते हैं। अपने अपराधों को वे अपराध नहीं मानते न अपनी दुर्बलता को दुर्बलता। पर दूसरों में इन्हीं प्रवृत्तियों को पाकर वे असहनशील हो उठते हैं। पर मनिया इस सम्बन्ध में सब समय सचेत रहती है कि उसमें दूसरों की तरह ही मानवीय दुर्बलताएँ वर्तमान हैं, इसलिए किसी के प्रति उसके मन में न कोई शिकायत हैं, न विद्वेष, न असहनशीलता।''

भाभी चुप रहीं। उन्होंने मेरी बात पूरे मन से सुनी थी या नहीं इसमें सन्देह है। वह चकोरी की-सी तन्मयता से ऊपर पूर्णचन्द्र के उज्ज्वल गोले की ओर देख रही थीं।

''तुम ठीक कह रहे हो लाला। पर तुम जो भी कहो, तुम्हारी मनिया सचमुच बहुत सुखी है। उसके भीतर इस तरह का कोई भी द्वन्द्व नहीं है!''

''इसका कारण यह है कि वह उस पीड़ित और दलित वर्ग के बीच में जीवन के प्रांगण में उतरी है और उसी वर्ग की ग्लानिहीन अनुभूति को लेकर उस प्रांगण से सीढ़ी-दर-सीढ़ी ऊपर को उठती चली गयी है। इसलिए जिस जीवनानन्द का क्षणिक अनुभव हम लोग इस समय आधे हृदय से और आधी बुद्धि से कर रहे हैं वह उसका अनुभव सब समय परिपूर्ण—अविभाजित—आत्मा से करती रहती है। उसके लिए सब समय सब-कुछ ताजा है, सब-कुछ नया है और प्रत्येक नया अनुभव नये रहस्यात्मक आनन्द से भरा है!''

कुछ क्षण चुप रहकर भाभी ने कहा—''सचमुच बड़ी ही सौभाग्यशालिनी है वह!'' कहते हुए उनके स्वर में एक गद्‌गद रसविह्वलता टपक रही थी।

''पर इसका अर्थ यह न लगाइयेगा, भाभी, कि उसके दिन सदा परिपूर्ण सुख में बीते हैं। जीवन के जैसे मर्मभेदी कठोर और कड़वे अनुभव उसे हो चुके हैं उसकी कल्पना न आप कर सकती हैं, न मैं ही—तथ्यों से परिचित होने पर भी—ठीक से कर सकता हूँ।''

''जैसे?''

मैंने संक्षेप में मनिया के जीवन का इतिहास—मुझसे मिलने से पहले तक का—भाभी को सुना दिया। मैंने अनुमान लगाया कि भाभी सुनकर एक अवर्णनीय आतंक की अनुभूति से सिहर उठीं! इस अनुमान का एक कारण यह भी था कि जब मैं मनिया की माँ द्वारा उसके पिता की हत्या का किस्सा सुना रहा था तब भाभी अपने स्थान से सरककर मेरे एकदम समीप आकर बैठ गयीं। यहाँ तक कि उन्होंने अपना बायाँ हाथ मेरी पीठ पर रख दिया। उसके बाद मैंने मनिया से अपने प्रथम मिलन से लेकर विवाह तक का किस्सा सुनाना आरम्भ किया। जब नाव किनारे पर जा लगी, तब किस्सा बीच ही में रोक देना पड़ा।

नाव से उतरकर जब हम लोग ऊपर चले आये तब भाभी ने प्रस्ताव किया कि कहीं एकान्त में किसी बेंच पर बैठकर दास्तान पूरा किया जाय। फलतः हम लोग किसी बेंच की खोज में चक्कर लगाने लगे। काफी दूर तक चलने के बाद एक खाली बेंच मिल पायी। हम दोनों उसी पर बैठ गये। मेरा उत्साह तब तक ठण्डा पड़ चुका था। पर भाभी ने अत्यन्त आग्रह-भरे स्वर में कहा—''हाँ, तो फिर क्या हुआ'' फलतः मुझे सुनाना ही पड़ा। और जब सुनाना आरम्भ किया तब पूरे विस्तार के साथ—मनिया की एक-एक बात और एक-एक अनुभूति का विश्लेषण करते हुए—सुनाया। मेरे निकट आने से और सिल्विया के संसर्ग में रहने से उसकी अन्तर्भावनाओं का विकास किस

रूप में होता चला गया, उसके विचारों में कैसे परिवर्तन और विवर्तन होते चले गये, इसका वर्णन भी मैं विश्लेषण के साथ करता चला गया।

सब-कुछ सुन चुकने के बाद भाभी ने आवेगवश सहसा अपनी हथेली से मेरी बायीं हथेली पकड़ ली, और फिर तत्काल ही अपना हाथ हटाते हुए एक लम्बी साँस भरकर कहा—"लाला, तुम सचमुच महान् हो!"

मैंने उनकी बात सुनी-अनसुनी करके कहा—"मैं बताना यह चाहता था कि मनिया के जीवन का चक्र ऐसा रहा है कि अन्तर्द्वन्द्वों से वह भी मुक्त नहीं रही है। पर उसके अन्तर्द्वन्द्वों में और हम लोगों के अन्तर्द्वन्द्वों में बड़ा अन्तर है। अपने बुर्जुवा संस्कारों के कारण हम लोग जिस प्रकार के अन्तर्द्वन्द्वों के शिकार हैं वे हमारे जीवन के मूल पथ को ही रुद्ध किये हुए हैं, पर मनिया उनसे सर्वथा मुक्त है, और इसलिए व्यक्तिगत जीवन के कड़वे-से-कड़वे अनुभव भी उसके विकास का पथ और गति को रोकने में समर्थ नहीं हैं, बल्कि उसके पथ को वे और अधिक प्रशस्त करने में ही सहायक सिद्ध हो रहे हैं।"

"ठीक है!" भाभी ने फिर एक बार लम्बी साँस भरते हुए कहा, "पर एक बात मैं तुम्हें बता देती हूँ, लाला। तुम जानकर या अनजान में बुर्जुवा संस्कारों के जो इंजेक्शन उसे देते चले जा रहे हो, उसके परिणामस्वरूप उसके विचारों और मनोभावनाओं की परिणति अन्त में कहाँ जाकर होगी, इस सम्बन्ध में अभी से कुछ नहीं कहा जा सकता है।"

"आपका आशय मैं अभी ठीक से समझा नहीं, किस प्रकार के इंजेक्शनों की बात आप कह रही हैं?"

"उदाहरण के लिए, उसकी धार्मिक भावना को बढ़ावा देते रहने में तुमने कोई बात उठा नहीं रखी है। वह धार्मिक बीज पनपकर अन्त में क्या रूप धारणा करेगा, उसकी क्या विचित्र प्रतिक्रिया उसके भीतर अलक्ष्य में होती जा रही है, इस ओर तुम अभी उदासीन हो, पर—"

"मेरा यह विश्वास है," भाभी की बात काटते हुए मैंने कहा, "कि बुर्जुवा संस्कारों से रहित उसका मन धार्मिक भावना के भी शुद्ध और स्वस्थ रूप को ही अपनायेगा। और यह स्वस्थ धर्मभावना उसे विकृत और सीमित स्वार्थ से दूर ही रखेगी।"

"अभी देखते चले जाओ, लाला! अभी से कोई भविष्यवाणी इस सम्बन्ध में न करो," व्यंग्यात्मक ध्वनि से भाभी ने कहा। "इसी सिलसिले में एक और भी तुम्हारा ध्यान खींच देना चाहती हूँ। बुरा न मानना। मुझे तो लगता है कि तुमने अपने व्यक्तिगत स्वार्थ के लिए उसके भीतर इस धार्मिक भावना को पनपने दिया है। उसके धार्मिक भावना में डूबे रहने का एक प्रत्यक्ष लाभ तुम्हें यही है कि तुम्हारे प्रति वह बराबर वफादार बनी रहेगी! तुम्हारी अनुपस्थिति में भी 'प्रभु ईसा' के चिन्तन में मग्न रहकर वह अकेलेपन का अनुभव नहीं करती, और इस प्रकार तुम्हारी स्वतन्त्रता में विघ्न नहीं

डालती। नहीं तो तुम इस कदर निश्चिन्त होकर किसी दूसरे की पत्नी के साथ रात्रि-भ्रमण और नौका-विहार करते हुए घण्टों के लिए घर से गायब रहने का साहस न करते! एक धार्मिक पत्नी प्राप्त करके तुम वैवाहिक बन्धन का भी सुख उठाते हो और स्वतन्त्रता का भी; और उस अशान्ति से बचे हुए हो जिसका कटु अनुभव तुम्हें उस हालत में प्रतिदिन होता रहता जब तुम्हारा विवाह किसी ऐसी स्त्री से हुआ होता जो इस तरह धार्मिक भावनाओं से ओत-प्रोत न होती और जो नारी के अधिकारों के सम्बन्ध में पूर्णतया सचेत होती। यह 'प्रभु ईसा' की बड़ी कृपा तुम्हारे ऊपर है!''

'प्रभु ईसा' का उल्लेख करते हुए भाभी के मुख पर व्यंग्य की झलक स्पष्ट हो उठी। पर मैं चकित था उनकी ढिठाई के दूसरे ही रूप पर। 'दूसरे की पत्नी के साथ रात्रि-भ्रमण और 'नौका विहार' वाली बात वास्तव में बड़ी ही तीखी और चुटीली थी। इतनी देर बाद उनके मुँह से इस तरह की बात निकलेगी इसकी कल्पना मैंने नहीं की थी। साथ ही एक दूसरे कारण से भी मैं तिलमिला उठा था। उनके तीखे व्यंग्य की गहराई में मुझे सचाई का आभास मिलने लगा—उस सचाई का जिसे इतने दिनों तक मेरा सचेत मन भुलाये हुए था।

मैं इस कदर हतप्रभ हो गया था कि कोई उत्तर ही मेरे मुँह से नहीं निकल पाता था। मुझे चुप रहते देखकर भाभी ने कोंचना शुरू किया—''अब चुप क्यों हो, लाला? स्वीकार क्यों नहीं करते कि 'प्रभु ईसा' की विशेष कृपा है तुम पर!''

''हाँ है।'' मैंने सहसा आवेश में आकर कहा, ''पर यह बताइये कि वीरेन्द्र पर किसकी कृपा है? उसे भी तो आपने खुली छूट दे रखी है। जहाँ तक मैं जानता हूँ, उसे भी अपनी पत्नी के आगे इस बात की जवाबदेही नहीं करनी पड़ती कि वह चौबीस घण्टों में अठारह घण्टा घर से गायब क्यों रहता है। और उसकी पत्नी के सम्बन्ध में मेरा यह विश्वास है कि वह नारी के अधिकारों के सम्बन्ध में पूर्णतया सचेत है।''

पलटे में इस प्रकार का जवाब पाने के लिए शायद भाभी तैयार न थीं। वह भी तैश में आ गयीं। बोलीं—''यह ठीक है कि उनकी पत्नी नारी के अधिकारों के सम्बन्ध में पूर्णतया सचेत है। यह भी सही है कि उन्हें जवाबदेही नहीं करनी पड़ती। पर इसका कारण यह है कि उनकी पत्नी जानती है कि वह किसी दूसरे की पत्नी के साथ रोमांस की बातें करने के उद्‌देश्य से गायब नहीं रहते। दूसरी बात यह है कि वह भी अपनी पत्नी से कभी कोई जवाबदेही नहीं चाहते। उन्होंने भी अपनी पत्नी को यथेच्छ विचरने की खुली छूट दे रखी है।''

मैं चकित था। मुझे लगा कि कुछ ही दिन पहले जिस शोभना भाभी का करुणा-कातर रूप मैं देख चुका था वह आज की भाभी से सर्वथा भिन्न थी। तब क्या उनका करुण रूप कृत्रिम था? नहीं, वह भी इतना ही—बल्कि इससे भी अधिक—सच्चा था, यह मैं शपथपूर्वक कह सकता हूँ। तब क्या उनका नया रूप बनावटी था? नहीं, वह भी यथार्थ था। उसमें भी किसी प्रकार की कृत्रिमता का तनिक भी आभास मुझे नहीं दिखायी देता था। उनकी उलटी-सीधी बातों से मेरी बुद्धि चकराने लगी थी।

सहसा मैंने, बिना किसी विचार के ही, अपने बायें हाथ से भाभी के दाहिने हाथ की हथेली पकड़ ली। इसके बाद भावाकुल होकर मैंने कहा—"भाभी, आज आप क्या सचमुच मुझसे नाराज हैं?"

"नहीं तो!" हाथ हटाने का तनिक भी प्रयत्न न करते हुए, भाभी ने स्वर में तनिक कोमलता घोलते हुए कहा।

"तब आप मुझ पर इस तरह के व्यंग्य क्यों कस रही हैं? इस तरह के कड़े उत्तर क्यों दे रही हैं?" मेरे स्वर से निश्चय ही मेरी खिन्नता व्यक्त हो उठी होगी।

भाभी ने तत्काल अपना हाथ हटाकर सहज स्निग्ध भाव से कहा—"मुझे क्षमा करना, लाला। आजकल न तो मेरा चित्त ही स्थिर है न दिमाग ही दुरुस्त है। किस समय किस कारण से मैं क्या कह बैठती हूँ, बाद में वह स्वयं मुझे याद नहीं रहता। विश्वास मानो, मेरा इरादा न व्यंग्य करने का था न किसी भी रूप में तुम्हारा जी दुखाने का!"

भाभी की इस बात से पहेली और अधिक जटिल हो उठी। मैं चुप रहा। इसके बाद फिर हम दोनों के बीच कोई बात जम नहीं पायी।

"भाभी उठिये, देर हो गयी है," मैंने कहा, "अकेले में मनिया का जी घबरा रहा होगा।"

भाभी उठ खड़ी हुईं। मेरी ओर एक विचित्र दृष्टि से उन्होंने देखा। सुस्पष्ट चाँदनी में उनकी उस दृष्टि की तीक्ष्णता से बिजली की तरह मेरे प्राणों में एक जलन की-सी कम्पन दौड़ गयी।

"मनिया के अकेलेपन के खयाल से तुम सचमुच क्या इतने विकल हो, लाला?" मोटर की ओर चलते हुए भाभी ने कहा।

"हाँ!" कहकर मैं फिर चुप हो गया।

जब हम दोनों मोटर में बैठ गये, तब एक अनोखी उदासी की-सी अनुभूति ने मेरे प्राणों को जैसे बर्फ से भी ठण्डे कुहरे से छा दिया। मुझे ऐसा अनुभव हो रहा था कि केवल आज की सारी सन्ध्या ही नहीं, बल्कि मेरा सारा पिछला जीवन भी एक रहस्यमय भ्रमजाल से ढँका रहा है, और जिस दिन यह भ्रमजाल फट जायगा उस दिन अपने जीवन की सारी व्यर्थता मेरे आगे सुस्पष्ट हो जायगी।

घर पहुँचने पर कार से उतरते ही मैं सीधे तेज कदम रखता हुआ ऊपर चला गया। मनिया का कमरा भीतर से बन्द था। मैंने उँगली से दरवाजा खटखटाया। दरवाजा खुलते ही मनिया के जो दर्शन मैंने किये तो मेरा सारा अवसाद पल में काफूर हो गया। उसके तमतमाये हुए चेहरे पर एक ऐसी उद्दीप्त और उल्लसित आभा झलक रही थी जिसने मेरे भीतर बड़ी सघनता से जमे हुए कुहरे को फाड़कर एक अपूर्व प्रकाश और मीठी गरमी से सारे मन और प्राणों को गुदगुदा दिया। मैं चकित था उस आश्चर्यमयी नारी को देखकर जो अकेले में अपने प्राणों के भीतर से जीवन के मूल आनन्द के बीज-कणों को इस हद तक विकसित और प्रकाशित करने की क्षमता रखती थी कि अपने आस-पास के सारे वातावरण को उस दिव्य आभा से आलोकित कर देती थी।

"किस ओर गये थे?" अत्यन्त स्निग्ध और मधुर मुस्कान मुख पर झलकाते हुए मनिया ने प्रायः पुलक-गद्गद स्वर में पूछा।

"बस, मियाँ की दौड़ मसजिद तक!"

"किस मसजिद में गये थे? ईसाइयों को मसजिद के भीतर जाने देते हैं क्या?"

स्पष्ट ही मेरी बात को मनिया ने शाब्दिक अर्थ में ग्रहण किया था। मैं ठठाकर हँस पड़ा। साथ ही मुझे इस बात पर आश्चर्य हुआ कि इस अत्यन्त प्रचलित लोकोक्ति से भी वह अपरिचित है। मैंने जब उसे उसका अर्थ समझाया तब वह स्वयं अपनी भूल पर हँसने लगी।

मैंने पूछा कि वह अकेले में इतनी प्रसन्न क्यों थी। क्या पुस्तक के भीतर से उसे आनन्द की अनुभूति प्राप्त हुई है या ध्यान से? उसने बताया कि दोनों कारणों से।

भाभी ने हम लोगों को डाइनिंग-रूम में बुलाया। वीरेन्द्र अभी नहीं आया था। पहले भाभी का इरादा वीरेन्द्र के लिए ठहरे रहने का था। उन्होंने हम दोनों को अनुमति दे दी थी कि हम लोग खा लें, क्योंकि वीरेन्द्र का कोई ठिकाना नहीं था कि एक बजे आयेगा या दो बजे, पर बाद में मेरे आग्रह करने और समझाने पर कि अनिश्चित स्थिति में रहकर वह अपना खाना बेकार में मिट्टी न करें, वहाँ हम लोगों के साथ ही बैठने के लिए राजी हो गयीं।

जब हम तीनों एक टेबिल पर खाने बैठे तब भाभी ने मनिया से कहा—"बहन, तुम्हें कलकत्ते आये इतने दिन हो गये, पर तुम एक दिन भी बाहर नहीं निकलीं। एक नये शहर में आयी हो, घूमने-फिरने, देखने-सुनने की कोई इच्छा तुम्हारे मन में नहीं जागती, यह आश्चर्य है!"

"सचमुच! मुझे स्वयं भी इस बात पर आश्चर्य होता है, जीजी, कि क्यों मुझे यहाँ घूमने और शहर की सैर करने की इच्छा नहीं होती। इतने बड़े शहर में मैं पहली बार आयी हूँ। यहाँ सभी-कुछ मेरे लिये नया है। पर, जाने क्यों, मुझे यहाँ का भीड़-भड़क्का, चहल-पहल, कुछ भी अच्छा नहीं लगता। यही जी चाहता है कि दिनभर अकेले भीतर बैठी रहूँ, दिनभर या तो कोई अच्छी पुस्तक पढ़ूँ, या अच्छी-अच्छी बातें सोचूँ, या प्रभु का ध्यान करूँ।"

"मुझे तो यदि एक दिन के लिए भी दिनभर घर में बन्द रहना पड़े तो मेरा तो दम ही घुट जायगा," भाभी ने कहा। "जो भी हो, कल तुम्हें हम लोगों के साथ बाहर निकलना ही होगा, यह अभी से कहे देती हूँ।"

"अच्छी बात है," सहज स्निग्ध भाव से मन्द-मन्द मुस्कराती हुई मनिया बोली, "आपकी जब इच्छा है तब मैं अवश्य चलूँगी।"

मैं मौन भाव से मनिया के मुँह की ओर देखता रहा था, और मेरे शरीर में, मन में और प्राणों में एक अलौकिक पुलक-सिहरन दौड़ रही थी। जो अपूर्व अनिर्वचनीय आभा उसके मुख पर झलक रही थी, उससे उसका सौन्दर्य एक नयी महिमा से उद्भासित हो रहा था। उसे देख-देखकर मैं भाव गद्गद हो रहा था।

जब हम लोग खाना खा चुके तब मनिया और मैं अपने कमरे मैं चले गये और भाभी अपने कमरे में। दो-तीन दिन से वीरेन्द्र से एकदम मिलना ही नहीं हो रहा था। इसका मुझे दुःख था और रात में जगकर भी उससे मिलना चाहता था। पर पलँग पर लेटकर जब एक पुस्तक हाथ में लेकर मैं पढ़ने लगा तब दूसरे पृष्ठ तक पहुँचते-न-पहुँचते मेरी आँखें झँपने लगीं और मैं पुस्तक मेज पर रखकर, करवट बदलकर सो गया। मनिया कब सोयी यह मैं जान ही न पाया।

(54)

दूसरे दिन सन्ध्या को भाभी, मनिया और मैं जब 'कार' पर बैठे तब भाभी ने प्रस्ताव किया कि शहर के बीच से होकर चला जाय। चूँकि मनिया ने शहर नहीं देखा था इसलिए वह चाहती थी कि कलकत्ते के बहिरंग स्वरूप का कुछ आभास उसे मिले। भवानीपुर होकर हम लोग चौरंगी पहुँचे। वहाँ एक दुकान के आगे 'कार' रुकवाकर भाभी हम लोगों को दुकान के भीतर ले गयीं। वहाँ श्रृंगार-प्रसाधन की कुछ चीजें खरीदकर हम लोग फिर 'कार' पर बैठ गये। भाभी ने शोफर से कॉलेज स्क्वायर की तरफ चलने के लिए कहा।

सीनेट-हाल के पास जब 'कार' पहुँची तब सहसा एक ऐसा कोलाहल मचा जो शायद कलकत्ते की तत्कालीन स्थिति में भी असाधारण था। ट्रामें और बसें रुक गयी थीं और उसके यात्रियों में भगदड़ मच गयी थी। नवयुवकों का एक दल सम्मिलित कण्ठ से चिल्ला-चिल्लाकर कुछ कह रहा था, जो समझ में नहीं आ पाता था। कुछ ही देर बाद यह पता लगा कि नवयुवकों के दल और पुलिस दल के बीच मुठभेड़ हो गयी है और नवयुवकों का दल उत्तेजित होकर ट्रामों में और बसों में आग लगाने के लिए कटिबद्ध हो उठा है। हमारी 'कार' अप्रत्याशित रूप से ऐसी बुरी जगह फँस गयी थी कि न पीछे मोड़ने के लिए कोई स्थान रह गया था न आगे बढ़ने की सुविधा थी, न दायीं ओर घूम सकती थी न बायीं ओर। चारों ओर युद्ध के-से नारों की अस्पष्ट शब्दावली अत्यन्त भीषण स्वर में कानों में बज रही थी।

सहसा पुलिस का एक आदमी कैसे हमारी 'कार' के पास आ पहुँचा, मैं जान भी न पाया। वह आत्मरक्षा के लिए पीछे हटता हुआ वहाँ आया था या किसी को हटाने के लिए मैं कह नहीं सकता। मुझे न तो कुछ देखने का अवकाश मिला न कुछ समझने का। पल में एक लोमहर्षक घटना घट गयी। मनिया पीछे की सीट पर बायीं ओरवाले कोने में बैठी थी। अचानक एक देशी बम की तरह की कोई चीज हमारी कार के निचले भाग से आकर टकरायी। विस्फोट के फलस्वरूप कुछ सुई की तरह के तीखे कण छिटककर कार के भीतर भी चले आये। एक कण शायद मनिया के हाथ पर भी जा लगा। मनिया "उफ!" भी न कह पायी थी कि उसी क्षण, पलक मारते-न-मारते, तेजाब से भरा एक बल्ब 'कार' की खिड़की के आधे खुले शीशे से आकर टकराया और सहसा

मनिया एक मर्मभेदी, अस्वाभाविक स्वर में चीखती हुई दोनों हाथों से मुँह ढाँपकर परकटे पक्षी की तरह मेरी गोद में आ गिरी। मैं भी प्रायः उसके स्वर-में-स्वर मिलाता हुआ आतंक से चिल्ला उठा। और भाभी तो धाड़ मारकर रो ही पड़ीं। स्पष्ट ही हमारी 'कार' के पास खड़े पुलिस के आदमी को लक्ष्य करके किसी ने वह तेजाब-भरा बल्ब फेंका था। यह बात बाद में मेरे अनुमान में आयी। उस समय मुझे यह सोचने का अवकाश ही नहीं था कि किसने फेंका और क्यों फेंका। उस समय तो मैं खिड़की के बाहर मुँह करके गला फाड़-फाड़कर केवल यही चिल्लाता रहा कि "एक महिला का मुँह तेजाब गिरने से जल गया है, आप लोग पीछे से हटिये, 'कार' को लौटने का रास्ता दीजिये! जल्दी! जल्दी! नहीं तो उसके मर जाने का खतरा है!" आदि-आदि।

रास्ता मिला, 'कार' पीछे की ओर हटी और उसके बाद धीरे-धीरे भीड़ से अलग होकर बाहर निकल आयी। मैंने 'शोफर' से सीधे मेडिकल कॉलेज के अस्पताल में 'कार' को ले चलने के लिए कहा।

मैंने सोचा था अस्पताल में जाते ही तत्काल कोई डॉक्टर उसका उपचार आरम्भ कर देगा। पर ऐसा नहीं हुआ। लाल फीते के चक्कर से पार होते-होते काफी समय लग गया। मनिया अपना जला हुआ मुँह साड़ी से ढँके थी और दाँत पीसती हुई असह्य वेदना को पूरी शक्ति से दबाना चाहती थी, पर बीच-बीच में बरबस कराह उठती थी। मैं दुःख, अधीरता और अस्पतालवालों की ढिलाई और अव्यवस्था पर क्रोध के कारण आपे में नहीं था। कभी क्लर्क को डाँट बताता था, कभी उन डॉक्टरों और कॉलेज के छात्रों को जो ड्यूटी पर आये हुए थे। पर वे लोग मनिया और दूसरे आहत व्यक्तियों या मरीजों के प्रति एकदम उदासीन होकर, अत्यन्त शान्त भाव से खड़े, या तो आपस में गपशप कर रहे थे या बिना मतलब के इधर-उधर चक्कर लगाते हुए कानून बघार रहे थे। मैंने देखा कि क्रोध से काम नहीं चलेगा और बिना खुशामद के निस्तार नहीं है। इसलिए एक सफेद अचकन पहने हुए सज्जन के आगे, जो या तो स्वयं डॉक्टर थे या डॉक्टरी का कोर्स समाप्त करने जा रहे थे, मिलकर मैंने अनुनयपूर्वक अपनी दयनीय स्थिति प्रकट की और प्रार्थना की कि किसी योग्य डॉक्टर द्वारा तत्काल मनिया के इलाज की व्यवस्था करवा दें। उन्होंने कहा कि सब-कुछ कायदे से होगा और धैर्य रखने की सलाह दी। भीतर-ही-भीतर क्रोध से जलते हुए भी बाहर से मैंने शान्त भाव से प्रार्थना की कि कृपया मुझे बता दें कि कायदे के अनुसार चलने के लिए मुझे पहले किसके पास जाना चाहिए और फिर किसके पास। उन्होंने कुछ बताया जिसे मैं ठीक से समझा नहीं, और फिर वह बड़ी तेजी से दूसरे वार्ड की ओर चले गये। अन्त में एक भले आदमी की राय से मैं सीधे हाउस-सर्जन के पास पहुँचा। उन्हें स्थिति की गम्भीरता समझायी। उन्होंने ठण्डे हृदय से किन्तु शान्त भाव से सब-कुछ सुना और तब मनिया को प्राइवेट वार्ड के एक खाली कमरे में भरती करवाया गया। वहाँ स्वयं हाउस-सर्जन ने उसे देखा। अपने हाथ से मरहम-पट्टी करने के बाद उन्होंने बताया कि मनिया को अभी दो-चार दिन

अस्पताल ही में रखना उचित होगा! उसके लिए चौबीसों घण्टे डाक्टरी परिचर्या की आवश्यकता है। उस कष्ट की हालत में मनिया मेरे साथ से भी वंचित रहे, यह प्रस्ताव मुझे कतई नहीं जँचा! मैंने प्रार्थना की कि मुझे उसे घर ले चलने की आज्ञा दे दी जाय। चाहे जितना भी रुपया लगे, मैं घर ही पर उसका इलाज करना पसन्द करूँगा। उन्होंने बताया कि चाहे कितना ही रुपया खर्च क्यों न करें, अस्पताल में जो डॉक्टरी सेवा सुलभ हो सकेगी वह घर पर कदापि सम्भव नहीं है। लाचार होकर, मन मारकर मैंने उनकी बात मान ली।

"पर वह क्या इस कमरे में अकेली रहेगी? कोई व्यक्ति उसके साथ नहीं रह सकता!" मैंने पूछा।

"एक दाई आपको दे दी जायगी, वह चौबीस घण्टे इनके ही साथ रहेगी। उसका वेतन आपको देना होगा।"

मैंने एक लम्बी साँस ली। मनिया को सारी स्थिति समझायी। उसने कराहना बन्द कर दिया था। मरहम-पट्टी के बाद वह पत्थर की तरह निश्चल और मौन पड़ी हुई थी। मेरी बात सुनकर उसने अपनी आँखें खोलीं, जो च्यवन मुनि की तरह वल्मीक से ढके दो छिद्रों-सी दिखायी देती थी। अत्यन्त करुण और वेदना-व्याकुल दृष्टि से एक बार मेरी ओर देखकर क्षीण स्वर में बोली—"वह ठीक कहते हैं। इलाज के लिए मेरा यहीं रहना आवश्यक है। मेरी कोई चिन्ता न करो। मैं अकेले ही यहाँ रह जाऊँगी।"

डॉक्टर ने बताया कि छह बज चुके हैं, और उस समय के बाद हम लोगों का कमरे में रहना उचित नहीं है। रोज चार और छह के बीच में आकर हम लोग मनिया से मिल सकते हैं।

अत्यन्त खिन्न होकर मैंने धीरे से मनिया की हथेली पकड़ी और कहा—"तो इस समय जाऊँ, मनिया? दर्द कैसा है?"

"ठीक है। कुछ चिन्ता न करो! तुम इस समय जाओ। कल समय पर आ जाना।" कहकर उसने अपनी तीव्र वेदना से विद्ध दृष्टि को मुस्कान से उज्ज्वल करने का अत्यन्त क्षीण और करुण प्रयास किया!

मुझे रुलाई आ रही थी। केवल "अच्छा!" कहकर मैंने धीरे से उसका हाथ छोड़ दिया और फिर भाभी से चलने का संकेत करके मैं अनिश्चित पगों से कमरे से बाहर निकल आया।

भाभी के साथ जब मैं मकान पर पहुँचा तब अपने भीतर और बाहर एक अतलव्यापी, असीम शून्यता के अनुभव से मुझे सर्वत्र केवल भायँ-भायँ शब्द के अतिरिक्त और कुछ भी नहीं सुनायी देता था! न किसी से कुछ बोलने की इच्छा होती थी न अपने मन में कुछ सोचने की। केवल रह-रहकर एक तीव्र तेजाबी जलन की अनुभूति से सारा तन और मन चुन-चुन कर रहा था।

मोटर पर से उतरकर मैं हताश और निराधार भाव से ड्राइंग-रूम के एक कौच पर लेट-सा गया। भाभी मौन सान्त्वना का-सा भाव मुँह पर लिये हुए मेरे पास ही एक सोफा पर बैठ गयीं। कभी मनिया के कराहने का शब्द कानों में 'री-री!' करके बज उठता था, कभी उस मर्मघाती पीड़ा के बीच में भी उसकी करुण मुस्कान मेरे अन्तरतम प्रदेश के किसी रहस्यमय छिद्र से झाँकने लगती थी! सारी घटना और मेरी भावना की सारी पृष्ठभूमि में जो सामूहिक रूप से प्रचण्ड हिंसक या प्रतिहिंसक प्रवृत्तियाँ फेनायित हो उठी थीं उनके गर्जन के प्रति मैं उस समय जान-बूझकर अपने भीतर के कानों को बन्द किये हुए था। अन्तर्मन की जिस खिड़की से उस आतंकजनक दृश्य के दिखायी देने और गर्जनस्वरों के सुनायी देने की सम्भावना थी उसे मैंने बन्द करके भीतर से चिटकनी लगा दी थी। पर खिड़की को इस मजबूती से बन्द करने के बावजूद उस युद्ध के से भैरव घोष और तुमुल कोलाहल की आवाज डिब्बा-दर-डिब्बा बन्द किये हुए रेडियो की आवाज की तरह दबे हुए, तथापि सुस्पष्ट स्वरों में, मेरे कानों में, आ रही थी।

मैं असह्य मानसिक पीड़ा से छटपटाता हुआ कौच पर अपनी स्थिति और मुद्रा बदलता जाता था। भाभी दायें गाल पर हाथ रखे मौन भाव से कभी मेरी ओर देखती थीं कभी फर्श की ओर। स्पष्ट ही उनके मन पर भी आज की घटना का बड़ा ही मार्मिक प्रभाव पड़ा था। मुझे लगा कि वह सान्त्वना के रूप में कुछ कहना चाहती हैं, पर कहने के लिए जैसे न तो कोई शब्द ही उन्हें मिल रहा था न स्वर।

मेरी मनोपीड़ा जब बढ़ते-बढ़ते संकट की स्थिति को पहुँचने लगी तब मैंने अपने भीतर से प्रतिरोधात्मक विचारधारा को उत्पन्न करना आरम्भ कर दिया। अपनी पीड़ा को क्रोध में बदलकर मैं उठ बैठा।

"कितनी बड़ी मूर्खता है!" सहसा मेरे मुँह से निकल पड़ा।

भाभी की अन्यमनस्कता भंग हुई। वह कुतूहल और प्रश्न-भरी दृष्टि से मेरी ओर देखने लगीं।

मैंने कहा—"इन क्रान्तिकारियों में न तो सहज बुद्धि रह गयी है न आनुपातिक विवेचन। वे या तो भेड़ों की तरह दूसरों की बुद्धि से परिचालित होकर काम करते हैं या उन हिंसक शिकारी जानवरों की तरह जो अपने शिकार की हत्या करने के बाद फिर उसे सूँघने तक नहीं, गिद्धों और सियारों के लिए उन्हें छोड़ आते हैं। सामने आये हुए किसी भी व्यक्ति की हत्या होनी चाहिए, ताकि हिंसात्मक वातावरण बना रहे, उसकी अखण्डता में कोई व्यतिक्रम न होने पावे, यह है उनका उद्‍देश्य। किसी भी युग में, किसी भी देश में, किसी भी क्रान्तिकारी दल द्वारा इस प्रकार की निरर्थक हिंसात्मकता का कोई दृष्टान्त नहीं पाया गया। केवल बीसवीं शती के उत्तरार्द्ध काल के भारत में ही इस प्रकार के दृष्टान्त सामने आ रहे हैं..."

"हो सकता है," एक लम्बी साँस भरकर भाभी ने कहा, "पर कौन जाने! इस निरर्थकता के पीछे भी प्रकृति का कोई सार्थक उद्‍देश्य छिपा हो! यह असम्भव नहीं

है कि इस प्रकार के निरर्थक हत्या-चक्रों द्वारा आज के युग के विश्वव्यापी हिंसात्मक वातावरण की अस्वाभाविकता की चेतना विश्व-मानवता के भीतर जग उठे! हिंसा-भावना के भीतर छिपी हुई समस्त कुरूपता और वीभत्सता का नंगा रूप इसी प्रकार के भेदाभेदरहित निरर्थक हत्या-काण्डों द्वारा सुस्पष्ट तथा परिस्फुट होगा, और तब उसका प्रतिक्रिया के फलस्वरूप जो नव-चेतना जनता के भीतर जगेगी, बहुत सम्भव है वह आज के सैनिक शक्ति-प्रमत्त राष्ट्रों की आँखें खोलने में समर्थ हो!''

भाभी के उस आशावादी दृष्टिकोण का कोई प्रभाव मेरे मन पर नहीं पड़ा। मेरे कानों में मनिया के कराहने का शब्द अभी तक उसी तीव्रता से गूँज रहा था और कोई भी पारमार्थिक उपदेश मुझे सान्त्वना देने में असमर्थ था।

''बेचारी मनिया!'' अत्यन्त विकल भाव से, तनिक रुँधे हुए स्वर में मैंने कहा, ''मुझे क्या पता था कि हम लोग ऐसे चक्कर के बीच में जा फँसेंगे। इतने दिनों बाद वह आज बाहर निकली, और आज ही यह काण्ड हो गया! किस आशा से, किस उल्लास से मैं उसे मसूरी से यहाँ लाया था! उसकी इच्छा नहीं थी, मैंने ही उस पर जोर डाला था। और आज...उफ!''

मेरी आँखें डबडबा आयीं। मैं सुकुमार हृदय स्त्रियों की तरह भावुकता के बहाव में बह गया।

''छिः लाला!'' भाभी ने सान्त्वना के स्वर में कहा, ''इस तरह घबरा उठोगे तो कैसे काम चलेगा!'' और वह अपने स्थान से उठकर कौच पर मेरी बगल में आकर बैठ गयीं और अपने अंचल से धीरे से मेरी गीली आँखें पोंछने लगीं।

''मैं सचमुच में इतना दुर्बल-स्वभाव का नहीं हूँ भाभी, जैसा कि इस समय दिखायी दे रहा हूँ। बड़े आघातों को सहन करने की शक्ति मुझमें है। केवल मनिया के कारण ही मैं नहीं घबराया हुआ हूँ। मेरी इस घबराहट के पीछे और भी बहुत-से कारण हैं। मैं देख रहा हूँ सारे युग की अस्त-व्यस्तता। जन-आन्दोलन के प्रति मेरे मन में सहानुभूति है। पर मैं देख रहा हूँ जनता की अन्ध अनुकरणप्रियता, अन्धविद्वेष, और अन्धविद्रोह। यदि कोई ऐसी सुसंगठित, सुयोजनात्मक, सुनियमित शक्ति इस आन्दोलन के पीछे होती जिसने देश, काल, पात्र का ध्यान रखकर, पीड़ित विश्व के महान् पार्थिव और आध्यात्मिक कल्याण के सुस्पष्ट ध्येय को सामने रखकर चलने की प्रेरणा पायी होती तो भविष्य की उस वृहत् सामूहिक हित-सम्भावना से बल पाकर मैं वर्तमान की बड़ी-से-बड़ी व्यक्तिगत हानि को हँस-हँसकर सहन करता और सम्भवतः स्वयं भी इस आन्दोलन में कूद पड़ता। पर उसका जो उच्छृंखल, अव्यवस्थित, असंयोजित रूप मैं इस समय देख रहा हूँ उसकी पीड़ा असहनीय हो उठी है।''

''फिर भी निराश न होओ लाला, अन्त तक आशा न छोड़ो, देखते चले जाओ। कौन जानता है! प्रकृति अपने लिये न जाने किन भूलभुलैयों के बीच से होकर, किन बीहड़ जंगलों और दुर्गम पर्वतों के बीच से पथ बनाती हुई भटकी हुई मानवता को निश्चित लक्ष्य तक पहुँचाने की क्या योजना बनाये हुए है! धैर्यपूर्वक देखते चले जाओ!

मुझे याद आया कि एक दिन भाभी स्वयं विकल होकर, अपने चारों ओर हाहाकार-भरा, निराशाजनक वातावरण देखकर किस कदर घबरा उठी थीं और मनिया से और मुझसे उन्होंने प्रार्थना की थी कि हम उन्हें किसी हालत में न छोड़ें। और आज जब मुझ पर और मनिया पर आ पड़ी तब उनका सारा दृष्टिकोण ही जैसे बदल गया। प्रत्यक्ष संकट ने उनके हृदय में एक अभूतपूर्व बल, साहस और आशावादिता का संचार कर दिया! मनुष्य का यह रहस्यमय मन कब कहाँ से बल बटोरता है, कहा नहीं जा सकता।

बुद्धि से मैं भी भाभी की बात की ताईद कर रहा था। पर फिर भी मेरे मन का अवसाद और रह-रहकर उठनेवाली टीस किसी प्रकार भी कम नहीं होती थी। भाभी से छुट्टी लेकर मैं अपने कमरे में जाकर बन्द हो गया। पलँग पर चारों खाने चित लेटकर चित्त को स्थिर करने का प्रयत्न करने लगा। पर कोई फल नहीं हुआ। मैं उठ बैठा। इच्छा हुई कि कोई ऐसी पुस्तक पढ़ी जाय जो वर्तमान की सारी पीड़ा को और भविष्य की सम्पूर्ण निराशा को भुलाने में सहायक हो और मुझे जीवन के मूल केन्द्र में लाकर रख दे। ऐसी पुस्तक कौन हो सकती है, यह सोचने में काफी समय लग गया। सहसा एक बिजली-सी मेरे प्राणों के भीतर कौंध गयी। कौन पुस्तक मेरे लिये उस समय की मनःस्थिति में उपयुक्ततम हो सकती है इस सम्बन्ध में लेशमात्र भी सन्देह मेरे मन में न रह गया। मैंने सोचा कि जिस पुस्तक ने मनिया के प्राणों में वह आश्चर्यजनक बल संचारित किया था कि असहनीय शारीरिक जलन और मानसिक विकलता से ऊपर उठकर वह मेरे अस्पताल से लौटते समय प्रेमपूर्ण सुमधुर, स्निग्ध मुस्कान मुख पर झलकाने में समर्थ हुई थी, उसी को क्यों न पढ़ा जाय! छात्र-जीवन में मैंने दो-एक बार बाइबिल अवश्य पढ़ी थी, पर उसके बाद फिर कभी उसकी ओर मैं आकर्षित न हुआ। और उसकी सब बातें मुझे बच्चों के उपयुक्त हितोपदेश से भरी लगी थीं! मनिया के बाइबिल-प्रेम को भी मैं आज तक उसकी निर्दोष बचकानी अज्ञता मानकर दुलारता आ रहा था। पर आज संकट के क्षण में वे सब बातें मेरे आगे एक दूसरे ही प्रकाश में आने लगीं, जिनकी केवल अस्पष्ट स्मृति मेरे मन में शेष रह गयी थी!

मनिया जिन पुस्तकों को अपने साथ लायी थी उन्हें उसने एक रैक पर सजाकर रख दिया था। उन्हीं में से चमड़े की काली जिल्द से मढ़ी हुई नयी बाइबिल की नयी छपी हुई पुस्तक मैंने उठायी और पलँग पर लेटकर खोलकर पढ़ने लगा। एकान्त चित्त से, पूर्ण मनोयोग से, एक-एक वाक्य, एक-एक शब्द के मूल अर्थ पर बड़ी बारीकी से विचार करता हुआ पढ़ता चला गया। लूक द्वारा वर्णित ईसा के जीवन, उनके उपदेशों और कार्यों के क्रम का वर्णन पढ़ते-पढ़ते मैं उस स्थान पर आया जहाँ स्वार्थी, ढोंगी, भ्रष्टाचारी और संकीर्ण-मन धर्मध्वजियों के प्रलोभन के फेर में पड़कर जुडास इस्कारियट ने चाँदी के तीस टुकड़ों के लिए ईसा के साथ विश्वासघात किया था और उन्हें उस अन्धे युग की धार्मिक और नैतिक रक्षा के ठेकेदारों—हिंसक कुत्तों और भेड़ियों के हाथ सौंप दिया

था। मैं तन्मय होकर पढ़ रहा था उस महाप्राण की ऊर्ध्वतम आध्यात्मिक मनःस्थिति की बात जिसने जुडास की आँखों में विश्वासघात का स्पष्ट आभास देखने पर भी उसे क्षमा कर दिया था। वह अकेला पार्थिव युग के राजनीतिक, आर्थिक, सामाजिक, नैतिक और धार्मिक पतन और युग की रग-रग में समायी हुई मोहान्धता से कितना ऊपर उठा हुआ था! मैं पढ़ रहा था उस अनन्त क्षमाशील और अद्भुत सहनशील महात्मा की बात जो काँटों का ताज पहनकर, घृणित और लोलुप अर्थपिशाचों, धर्म के नाम पर मानवता का रक्त और प्राण शोषण करनेवाले श्मशान के चाण्डालों के निर्मम उपहास का पात्र बनकर भी अत्यन्त स्थिर और शान्त भाव से, अविचलित हृदय से सारी परिस्थिति को स्वीकार किये चला जा रहा था। मैं अपने मर्म के अणु-अणु में अनुभव कर रहा था उस महामानव की कठोर शारीरिक पीड़ा को जिसके हाथ और पाँव बड़ी-बड़ी नुकीली कीलों के जरिये लकड़ी पर जड़ दिये गये थे; जिसे उन्मत्त जनता ने और अविवेकी शासनाधिकारियों ने घृणिततम अपराधी मानकर सूली पर लटकाकर अमानुषिक पीड़ा पहुँचाकर कुत्ते की मौत मरने के लिए छोड़ दिया था। मैं कल्पना कर रहा था कि उस अति-मानुषी अतीन्द्रिय शक्तिसम्पन्न लोकोत्तर महापुरुष के आश्चर्यजनक आत्मबल की जिसने अपनी असहनीय मर्म-पीड़ा के बीच में भी यह प्रार्थना की थी कि 'हे मेरे पिता, इन लोगों को क्षमा कर दो, क्योंकि वे यह नहीं जानते कि वे क्या कर रहे हैं!'

मेरी आँखों से कब आँसुओं की झड़ी लगनी शुरू हुई थी, मैं जान नहीं पाया था—ऐसा तन्मय हो गया था उस महान् आत्मा के जीवन-वृत्त में।

रात में प्रायः दस बजे किसी ने बाहर से मेरा दरवाजा खटखटाया।

"लाला, क्या सो गये हो?" भाभी की आवाज सुनायी दी।

मैंने दरवाजा खोला। मैंने देखा, भाभी के पीछे वीरेन्द्र तीन लड़कों के साथ खड़ा है।

"ये लोग तुमसे क्षमा माँगने आये हैं," वीरेन्द्र ने अत्यन्त कोमल स्वर में कहा। और कहते ही वह उन लड़कों के साथ भीतर चला आया।

कुछ न समझते हुए भी मैंने कहा—"आइये, बैठिये।"

भाभी मनिया के पलँग पर बैठ गयीं, वीरेन्द्र मेरे पलँग पर जा बैठा और दो लड़के दो कुर्सियों पर बैठ गये। एक लड़का खड़ा ही रहा। मैंने उससे भी अपने पलँग पर बैठने को कहा, पर वह हाथ जोड़ता हुआ अत्यन्त विनयपूर्वक खड़ा ही रहा। भाभी उठकर बगलवाले कमरे से एक कुर्सी उठा लायीं। वह लड़का उस पर बैठ गया।

मैं वीरेन्द्र की बगल में बैठ गया। उसकी ओर देखते हुए मैंने कहा—"किस बात की क्षमा ये लोग चाहते हैं, मैं कुछ समझा नहीं।"

"आज कॉलेज स्क्वायर में जो दुर्घटना हो गयी, जिसके फलस्वरूप बहू का मुँह तेजाब से जल गया, उसी के लिए ये लोग क्षमा माँगने आये हैं।"

मैंने सरसरी तौर से एक बार तीनों लड़कों की ओर परीक्षात्मक दृष्टि से देखा—यह अनुमान लगाने के लिए कि इनमें कौन लड़का इस प्रकार की खूनी मनोवृत्तिवाला हो

सकता है। पर तीनों में से किसी के भी चेहरे की अभिव्यक्ति में हिंसा और अमानुषिक क्रूरता का कोई आभास मुझे दिखायी नहीं दिया। तीनों शान्त, सरल-स्वभाव और सहृदय लगते थे।

स्थिति को अधिक स्पष्ट रूप से समझने के उद्देश्य से मैंने वीरेन्द्र से पूछा—"क्या इन्हीं में से किसी लड़के ने वह तेजाब-भरा बल्ब फेंका था?"

"नहीं," दृढ़ स्वर में वीरेन्द्र ने उत्तर दिया, "ये लोग जानते भी नहीं कि किसने बल्ब फेंका।"

"तब ये किसकी तरफ से क्षमा माँगने आये हैं?" अत्यन्त आश्चर्य से मैंने पूछा।

"इनके दल में जो चन्द उत्तरदायित्वहीन व्यक्ति घुस गये हैं और बिना किसी भेदभाव के, अपराधी और निरपराध सब पर निर्विचार भाव से आक्रमण किये चले जाते हैं उनके लिए ये स्वयं अपने को दोषी मानते हैं—उसे अपने संगठन की कमी मानते हैं।"

"ओह, समझा!" कुछ-कुछ समझते हुए और एक ठण्डी आह भरते हुए मैंने कहा—"फिर भी मैं इसमें कोई तुक नहीं देखता कि दूसरों के अपराध के लिए ये क्षमा माँगें। और फिर क्षमा करनेवाला मैं कौन होता हूँ। जिसे लोगों की मूर्खता का शिकार बनना पड़ा है उससे जाकर क्षमा माँगें..." मैंने खीझ-भरे स्वर में कहा।

"बहू के पास ये लोग हो आये हैं। तुम्हारे चले आने के बाद ही ये लोग गये थे। कमरे में जाने से इन्हें रोका जा रहा था, पर किसी तरह नर्स से अनुनय-विनय करके दो मिनट के लिए बहू से मिलने की अनुमति इन्हें मिल गयी थी। बहू ने प्रेमपूर्वक इन तीनों के सिर पर हाथ फेरा और आशीर्वाद देते हुए कहा कि 'इस घटना से गलत रास्ते पर न चलने की शिक्षा ग्रहण करो।' मैं भी गया था। मुझसे बहू ने कहा कि मैं तुम्हें जाकर धैर्य दूँ..."

"तब ठीक है," उसी रुखाई से मैंने कहा—"अब ये लोग जा सकते हैं। मेरा जी ठीक नहीं है, मैं जरा आराम करना चाहता हूँ।"

लड़कों के चेहरों पर एक उदास, निराश मौन-छाया घिर आयी थी। वीरेन्द्र के चेहरे से पता चलता था कि वह भी मेरे व्यवहार से खिन्न है। पर उसने फिर कुछ नहीं कहा और लड़कों को साथ लेकर कमरे से बाहर चला गया। भाभी भी चुपचाप चली गयीं।

(55)

दूसरे दिन मैं भाभी के साथ जब अस्पताल पहुँचा तब मनिया चादर ओढ़े बायीं करवट लेटी हुई थी। सारा सिर पट्टी से ढका था। हमारे आने की आहट उसके कानों तक नहीं पहुँची थी। यह सोचकर कि वह सोयी है, हम दोनों उसके पलँग के पास चुपचाप खड़े रहे। उसके बाद मैंने धीरे से पासवाली एक तिपाई उठाकर भाभी के बैठने के लिए रख दी। न चाहने पर भी कुछ खटकने की आवाज हो ही गयी। मनिया ने

आँखें खोलीं। उसके सारे मुँह में केवल दो आँखें और नाक पट्टी से ढकने से बच गयी थीं। हमें देखते ही उसकी आँखों में एक स्निग्ध करुण मुस्कान झलक गयी। पट्टी से ढका हुआ उसका चेहरा विचित्र दिखायी दे रहा था और उस हालत में उसकी यह मुस्कान अत्यन्त दयनीय रूप में मेरे सामने आयी। मेरे भीतर क्रन्दन का रोल उमड़ उठा। मैंने बरबस उसे दबाया।

"कैसी तबीयत है, मनिया?" भर्रायी हुई आवाज में मैंने पूछा।

"ठीक है, अब अच्छी हूँ," सहज, स्निग्ध और शान्त स्वर में मनिया ने कहा।

"रात नींद आयी थी?"

"रात तो नहीं सो पायी, पर सुबह आँख लग गयी थी," उसी स्निग्ध-करुण मुस्कान के साथ मनिया बोली, "तुम्हें नींद आयी कि नहीं आयी, यह बताओ; मेरी चिन्ता छोड़े।

मुझे डर लग रहा था कि जिन आँसुओं को मैंने बरबस दबा रखा था वे अब उमड़ ही आयेंगे। पूरी इच्छाशक्ति के प्रयोग से मैंने फिर उन्हें रोका। भरसक आवाज को स्वाभाविक बनाने का प्रयत्न करता हुआ बोला—"मुझे भी कुछ देर के लिए नींद आ ही गयी थी। दर्द कैसा है?"

"ठीक है। पट्टी जब खोली गयी थी तब कुछ जलन अवश्य मालूम हुई थी, पर पट्टी बँध जाने के बाद फिर सब ठीक हो गया। चिन्ता न करो, नर्सें बड़ी अच्छी हैं—और डॉक्टर भी। मैं जल्द अच्छी हो जाऊँगी। डॉक्टर ने कहा है कि एक सप्ताह बाद मैं घर वापस जा सकूँगी। तुम बैठ जाओ। खड़े क्यों हो! जीजी, घर का हाल सब ठीक तो है? जेठ जी भी आये थे कल—तुम लोगों के चले जाने के बाद। तीन लड़के भी उनके साथ थे। मुझसे क्षमा माँगते थे। बड़े भोले-से मासूम बच्चे थे—बड़े ही प्यारे लगते थे...विश्वास नहीं होता कि वे इस तरह की हिंसात्मक कार्रवाइयों में भाग ले सकते हैं..."

स्पष्ट है कि वह बहुत बोलने की मनःस्थिति में थी। एक दूसरी तिपाई उठाकर उस पर बैठते हुए मैंने कहा—"तुम्हारी धारणा ठीक है। उन लड़कों ने भाग लिया भी नहीं था..."

"तब वे क्यों क्षमा माँगने आये थे?" परेशानी-भरी दृष्टि से मनिया ने पूछा।

"उनका विश्वास है कि उन्हीं के दल के कुछ उत्तरदायित्वहीन लड़कों ने तेजाब से भरा वह बल्ब फेंका था..."

"पर उनके माफी माँगने के ढंग से तो पता चलता था कि जैसे वे स्वयं अपने अपराध के लिए लज्जित हों। उन्होंने तनिक संकेत से भी नहीं बताया कि उस काण्ड के लिए वे अपराधी नहीं हैं..."

भाभी ने कहा—"यही तो आज के युग की विशेषता है। इस युग में एक ओर इतनी प्रबल दलगत भावना पायी जाती है कि दल का कोई भी व्यक्ति दल के दूसरे व्यक्तियों की किसी भी कार्रवाई से अपने को बँधा हुआ मानता है; दूसरी ओर एक ही दल के

भीतर ऐसे भी व्यक्ति पाये जाते हैं जिनके अन्तर्विश्वास एक-दूसरे के बिलकुल विपरीत हैं। कल जो तीन लड़के आये थे वे स्पष्ट ही क्रान्ति के हिंसात्मक रूप पर विश्वास नहीं करते, पर उन्हीं के दल के जिन लोगों ने हिंसा का पथ पकड़ा है उनसे वे अपने को अलग नहीं मानते—उनके साथ वे एक ही इकाई में बँधे हुए हैं। यह विचित्र विरोधाभास सारे युग पर छाया हुआ है। फल यह देखने में आता है कि सभी दलों के राजनीतिक आदर्शों और गतिविधियों के ऊपर एक घना कुहरा छाया हुआ है और किसी दल की कोई नीति सुस्पष्ट और सुलझे हुए ढंग से किसी के सामने नहीं आ रही है।

भाभी के इस प्रवचनात्मक वाक्य का भाव मनिया कितनी समझी और कितना नहीं समझी, यह मैं नहीं बता सकता। शायद उसका तात्पर्य ठीक से समझने का प्रयत्न करती हुई, वह कुछ देर तक स्तिमित दृष्टि से उनकी ओर देखती रही। उसके बाद बोली—"बड़ा विचित्र युग है यह—अनोखी भ्रान्तियों से भरा हुआ। मैं प्रभु से प्रार्थना करूँगी कि सबको सम्मति दे, सबकी बुद्धि को अच्छे मार्ग में ले जावे..." उसने अपने हाथ से अपने हृदय के ऊपर 'क्रास' का एक सांकेतिक चिह्न अंकित किया और फिर दोनों हाथ शून्य की ओर जोड़कर ध्यानमग्न हो गयी।

पीछे से ऐंग्लो-इण्डियन नर्स ने, जो एक जवान, सुन्दर और स्वस्थ-सी लड़की थी, आकर कहा—"आप लोग इन्हें बहुत बातों में न लगाइये। इन्हें पूर्ण विश्राम चाहिए। ज्यादा बातें करने से शरीर पर और मन पर जो जोर पड़ेगा वह नुकसान पहुँचायेगा।"

उसके बाद पेनिसिलीन की पानी में भिगोयी हुई छोटी-सी ट्यूबनुमा शीशी को बाहर निकालकर उसने इंजेक्शन तैयार किया और फिर मनिया को पुकारती हुई बोली—"इंजेक्शन ले लो।"

मनिया ने आँखें खोलीं। नर्स को देखकर प्रेम-भरी मुस्कान उसकी आँखों में झलक उठी। "अब और कितने इंजेक्शन दोगी, बहन?" उसने अँगरेजी में कहा, "काफी तो हो गये।"

"अभी कहाँ काफी हुए!" नर्स ने भी उसी प्रेम से मुस्कराते हुए कहा, "क्या इंजेक्शन तुम्हें पसन्द नहीं?"

"नहीं।"

"क्यों?"

"दर्द जो होता है!" बच्चों की तरह मचलती हुई मनिया बोली।

"ओह यह बात है? पर तुम्हीं ने तो कल मुझसे कहा था—'प्रभु ने सूली पर चढ़ने की पीड़ा को हँसकर सहा, उस पीड़ा के आगे यह पीड़ा तुच्छ है।' तेजाब से जलने की पीड़ा तो तुम हँसकर सहन कर गयीं और अब इंजेक्शन की सुई से इस तरह कतराती हो! लाओ, एक अच्छी लड़की की तरह बायाँ हाथ दो..." अन्तिम वाक्य नर्स ने पुचकार-भरे स्वर में कहा।

"चलो, तुम बड़ी नटखट हो!" उसी मचलते हुए स्वर में मनिया ने कहा और फिर धीरे से उसने अपना हाथ बढ़ा दिया। बायीं बाँह पर इंजेक्शन देकर और फिर स्पिरिट से भीगी हुई रुई से इंजेक्शन लगे स्थान को पोंछकर नर्स चली गयी। थोड़ी देर बाद एक छोटी-सी शीशी में कोई दवा लाकर मनिया को पिला गयी। मनिया के सिरहाने के तकियों को ठीक से सजाकर, मनिया को बिना उठाये ही बिस्तर ठीक से बिछाकर और चादर ठीक से ओढ़ाकर उसकी पीठ को प्रेम से हाथ से थपथपाती हुई बोली—"तुम बहुत बहादुर लड़की हो! जल्दी ही अच्छी हो जाओगी।" और फिर चली गयी।

नर्स के चले जाने के बाद दाई एक गिलास में गरम-गरम दूध लेकर आयी। दूध देखते ही मनिया मुस्कराती हुई भी मुँह बिचकाने लगी। "ऊँ हूँ! मैं दूध नहीं पिऊँगी!" पहले की तरह मचलती हुई बोली।

"नहीं बिटिया, ऐसा न करो। मुँह न बिचकाओ। दूध ही तो तुम्हारा एक आधार रह गया है—खाना-पीना कल ही से तुम एक तरह से छोड़ चुकी हो...उठो मेरी भली बिटिया, पी लो!" दाई ठेठ हिन्दी बोल रही थी, बाद में उसी से पूछने पर पता चला कि वह मिर्जापुर की रहनेवाली है। कलकत्ते आये उसे बीस वर्ष हो गये हैं और अस्पताल में दाई का काम करते हुए दस वर्ष।

मैंने और भाभी ने मनिया पर दूध पी लेने के लिए जोर डाला। दाई स्नेहवश हठ करती हुई उसका दायाँ हाथ पकड़कर उसे धीरे से उठाने का प्रयत्न करने लगी। मनिया कुछ देर तक मचलती हुई आपत्ति जताती रही। उसके बाद अपने-आप ही उठ बैठी और गिलास हाथ में लेकर पीने लग गयी।

जब वह दूध पी चुकी तब दाई गिलास ले गयी। थोड़ी देर बाद एक प्लेट पर चार मुसम्बियाँ ले आयी। प्लेट को तिपाई पर रखकर और पास ही एक छोटी-सी मेज पर रखे हुए शीशे के रस-कश को उठाकर धोने के लिए ले गयी। फिर लौट आयी और एक मुसम्बी उठाकर रस-कश पर उसे कसकर रस निकालने लगी। पर इस कला में वह विशेष पटु नहीं जान पड़ी। रस ठीक से नहीं निकल पा रहा था। भाभी ने उसके हाथ से रस-कश ले लिया और स्वयं रस निकालने लगीं। जब सब मुसम्बियों का रस निकाल चुकीं तब स्वयं अपने हाथ से मनिया के मुँह में गिलास लगाकर उसे रस पिलाने का प्रयत्न करने लगीं।

"जाओ जीजी, मैं कोई दुधमुँही बच्ची हूँ!" बच्चों की तरह ही हँसकर मनिया बोली, और उठकर स्वयं अपने हाथ में गिलास लेकर धीरे-धीरे पीने लगी। दो घूँट पी चुकने के बाद बोली—"पर सब-कुछ मैं ही पिये जा रही हूँ, तुम लोग यों ही बैठे हो। जाओ दाई, आठ-दस मुसम्बी और ले आओ और इन दोनों को रस पिलाओ।"

"हम लोग कई चीजें पीकर आये हैं और घर जाकर और पियेंगे," भाभी ने कहा, "ये सब मुसम्बियाँ और सन्तरे केवल तुम्हारे ही लिये मैं लायी हूँ। इनका रस तुम्हारे लिये दवा का काम करेगा।"

मनिया फिर बच्चों की तरह मचलती हुई हठ करने जा रही थी कि इतने में वीरेन्द्र उन्हीं तीन लड़कों के साथ आ पहुँचा जिन्हें वह पिछले दिन मेरे पास लाया था। वीरेन्द्र को देखते ही मनिया एकदम गम्भीर बन गयी। उसके प्रति वह आन्तरिक श्रद्धा और आदर का भाव रखती थी, यह बात कई बार पहले भी मेरे आगे प्रमाणित हो चुकी थी। एक घूँट में शेष रस समाप्त करके, गिलास तिपाई पर रखकर चादर ठीक से लपेटकर वह पलँग के सिरहानेवाले डण्डों के सहारे बैठ गयी।

वीरेन्द्र के बैठने के लिए कोई तिपाई खाली नहीं थी। मैं उठकर मनिया की पलँग पर, पैताने की ओर बैठ गया, और वीरेन्द्र से अपने स्थान पर बैठने के लिए मैंने आग्रह किया। लड़कों के बैठने के लिए कोई तिपाई खाली नहीं थी। भाभी ने अपनीवाली तिपाई खाली कर दी और दाई ने वे दोनों तिपाइयाँ खाली कर दीं जिन पर चीजें रखी हुई थीं। कुछ देर तक तकल्लुफबाजी चली। अन्त में भाभी मेरे साथ ही पलँग पर बैठ गयीं और वीरेन्द्र और दो लड़के तिपाइयों पर बैठ गये! एक लड़का खड़ा ही रहा।

''क्या हाल है बहू?'' वीरेन्द्र ने पूछा।

''ठीक है, अब मैं अच्छी हूँ।'' मनिया शान्त स्वर में बोली। तीनों लड़के अत्यन्त उत्सुक और विस्मित दृष्टि से मनिया की ओर देख रहे थे। उन्हें निश्चय ही वह एक आश्चर्यजनक जीव-सी लग रही होगी—केवल पट्टी से चारों ओर ढके हुए चेहरे को विचित्र आकृति के कारण ही नहीं, बल्कि तीव्र शारीरिक पीड़ा की स्थिति में भी अत्यन्त शान्त, संयत और प्रसन्न मनोभाव प्रकट करने के कारण। तीनों लड़कों की उम्र बीस और बाईस के बीच की होगी। तीनों में से एक भी शारीरिक दृष्टि से हृष्ट-पुष्ट नहीं दिखायी देता था, पर तीनों के मुखों पर विचारशीलता और बुद्धिमत्ता की छाप थी। तीनों की आँखों में एक तीव्र रहस्यमय प्रकाश झलक रहा था। साथ ही उस तीव्र प्रकाश के अन्तराल में एक हलके और अर्द्धव्यक्त सुकुमार भाव की अस्पष्ट झाँईं भी वर्तमान थी। तीनों सुन्दर सुनहली, गीली मिट्टी के कच्चे घड़े लगते थे, जिन्हें कोई पटु कुम्हार अब भी जिस रूप में चाहता बदल सकता था, जिस नये साँचे में चाहता नये सिरे से गढ़ सकता था। जो लड़का खड़ा था, वह सम्भवतः तीनों में उम्र में बड़ा था। वह अपनी सुन्दर, अधमुँदी-सी आँखों की घनी काली बरौनियों के भीतर से एक ऐसा प्रकाश प्रसारित कर रहा था जो 'एक्स' किरणों की तरह पास बैठे अपरिचित—अथवा नव-परिचित—व्यक्तियों का बाहरी आवरण भेदकर उनके भीतर की वास्तविकता का ठीक-ठीक पता लगा सके। वह एक बार मनिया की ओर अपने उस अन्तर्प्रकाश की किरणों को फेंकता था, और एक बार मेरी ओर। वह हम दोनों के भीतरी व्यक्तित्व को कहाँ तक जान पाया, मैं कह नहीं सकता, पर उसके मुख की गम्भीर किन्तु तीखी अभिव्यंजना न लगता था जैसे वह हम दोनों के भीतर बहुत दूर तक अपनी 'सर्चलाइट' फेंक चुका है।

सब मौन थे। सहसा बायीं ओर बैठा हुआ लड़का लड़खड़ाती हुई हिन्दी में बोल उठा—"बहन जी, हम लोग फिर एक बार आपसे क्षमायाचना करने आये हैं। हम लोग इस बात के लिए अत्यन्त लज्जित हैं कि हम लोगों की गलती से एक निरपराध व्यक्ति को शरीरिक क्षति पहुँची। पर अपना यह सौभाग्य व्यक्त किये बिना भी हम नहीं रह पाते कि इस अशोभन काण्ड के कारण हमें एक ऐसी वीर रमणी, एक ऐसी महान् आत्मा के दर्शन का सौभाग्य प्राप्त हो गया जिसके अपार धैर्य, असीम शान्ति और अनन्त क्षमा-भावना में कठोर-से-कठोर शरीरिक पीड़ा से भी कोई अन्तर नहीं आ सकता—जिसके विशाल हृदय में अपने पीड़कों के प्रति लेशमात्र भी आक्रोश की भावना उत्पन्न नहीं हो पाती। हम लोग बंगाली हैं और बंगाली बड़े भावुक होते हैं, यह बात आपसे छिपी न होगी। भावुकता के आवेश में हम लोग आततायी और अत्याचारी की हत्या तक करने से नहीं चूकते और उसी भावुकता की ही प्रेरणा से हम कठोर-से-कठोर आत्म-बलिदान करने के लिए उद्यत हो उठते हैं। यही भावुकता हमें जहाँ एक ओर महिषासुर-मर्दिनी, काली करालिनी की पूजा के लिए प्रेरित करती है वहीं दूसरी ओर आत्म-समर्पणशील, शान्ति-स्वरूपिणी, प्रेमराधिका राधा के प्रति भी हमारा हृदय श्रद्धा और प्रेम के आभार से गद्‌गद हो उठता है। या देवी सर्वभूतेषु रुद्र रूपेण संस्थिता, उसके आगे हमारा हृदय जिस कदर झुक जाता है, या देवी सर्वभूतेषु शान्ति-प्रेम-क्षमा रूपेण संस्थिता उसके आगे भी हम उतनी ही भक्ति से अवनत हो जाते हैं। यह विरोधाभास हमारी नस-नस में वर्तमान है। आज उसी शान्ति, प्रेम और क्षमा रूप में संस्थित साक्षात् देवी के दर्शन हमें हुए हैं। उनके प्रति हम अपनी अकपट श्रद्धा निवेदित करने आये हैं..."

उसे दुबले-पतले और तनिक नाटे-से लड़के ने अप्रत्याशित रूप से एक अच्छा-खासा नाटकीय भाषण दे डाला। और कोई अवसर होता तो मुझे हँसी आती, पर मैं ध्यानपूर्वक देख रहा था कि उस निष्कपट-हृदय लड़के के मुख की अभिव्यक्ति में नाटकीय कृत्रिमता का कोई आभास तक वर्तमान नहीं था, बल्कि सच्चे हृदय से, अन्तरात्मा से निकली हुई निश्छल श्रद्धा-भावना ही उसके मुख पर गाढ़े रंगों से अंकित हो रही थी। यह ठीक है कि उसने जो कुछ कहा था वह अपने किताबी ज्ञान के आधार पर ही कहा था, पर उस किताबी ज्ञान के अन्तराल में उसके अन्तर का जर्रा-जर्रा बोल रहा था। यहाँ तक कि उसकी आँखों के कोये भाव-विह्वलता के कारण भींग गये थे।

लड़के के भाषण के बाद कुछ क्षणों के लिए एक अनोखा सन्नाटा सारे वातावरण में छा गया। मनिया स्तब्ध और भाव-मुग्ध-सी उसकी ओर देखती रह गयी। मैं कह नहीं सकता कि वह लड़के के संस्कृतगर्भित वाक्यों का अर्थ और भाव कितना समझी और कितना नहीं। उसकी पलकें भी गीली हो आयी थीं और पट्टी के भीतर से चमक रही थीं। भाभी भी चकित दृष्टि से लड़के की ओर देख रही थीं। वीरेन्द्र की दृष्टि में व्यंग्य, परिहास और भावाकुलता का एक विचित्र सम्मिश्रण मैंने पाया। लड़के के दो साथी—एक बैठा हुआ और एक खड़ा—अत्यन्त गम्भीर और स्थिर दृष्टि से एक बार

उसकी ओर और एक बार मनिया की ओर देख रहे थे। जो लड़का खड़ा था उसके मुख पर कुछ घृणा और उपेक्षा का-सा अस्फुट आभास झलक रहा था। स्पष्ट ही वह अपने साथी के भाषण से सन्तुष्ट नहीं था।

उस अशोभन मौन को भंग करती हुई सहसा मनिया बोल उठी–"भाई मेरे, तुम बड़े भोले और भले हो। प्रभु निश्चय ही तुम्हारा भला करेंगे। मैं कोई देवी नहीं, प्रभु की एक साधारण पुजारिनी हूँ। मैं सदा ऐसी नहीं थी। बड़ी गुस्सैल, चिड़चिड़े स्वभाव की और हठीली थी। पर जब से प्रभु ने अपना प्रेम-भरा हाथ मेरे सिर पर रखा है तब से सचमुच मेरे स्वभाव में बहुत बदलाव आ गया है! मैं किसी भी बात से नाराज नहीं हो पाती हूँ–चाहने पर भी नहीं।" कहकर वह जैसे अपने 'परिहास' पर स्वयं ही हँसने लगी।

जिस लड़के ने भाषण दिया था उसके मुख का गेहुँआ रंग मनिया की बात सुनकर पुलक से खिल उठा और उसकी आँखें जैसे भाव-गद्‌गद होकर चमकने लगीं। पर जो लड़का खड़ा था उसके मुख पर एक घृणात्मक छाया सुस्पष्ट रूप से परिस्फुट हो उठी। उसने दोनों बैठे हुए लड़कों में से किसी एक को सम्बोधित करते हुए बँगला में कहा–"निशीथ, अब चलो।"

दोनों लड़के उठ खड़े हुए और मनिया की ओर हाथ जोड़कर, "नमस्कार" कहकर जाने लगे। वीरेन्द्र बोला–"ठहरो मैं भी चलता हूँ।" फिर हम लोगों की ओर मुँह करके उसने कहा–"अच्छा, इस समय चलता हूँ। इलाज तो ठीक ही चल रहा है? किसी बात की शिकायत तो नहीं है?" कहकर उसने मनिया की ओर देखा।

"सब ठीक चल रहा है, शिकायत की कोई बात नहीं है।" मनिया ने कहा।

"तब ठीक है। अच्छा, अब चलता हूँ।" कहकर वीरेन्द्र लड़कों के साथ चला गया।

मैं और भाभी वीरेन्द्र के जाने के एक घण्टा बाद तक वहाँ बैठे रहे। जब नर्स ने बताया कि समय हो गया और हम लोगों को वापस चले जाना होगा, तब हम लोग भी बाहर चले आये।

(56)

मोटर पर बैठकर जब हम लोग बालीगंज के लिए रवाना हुए तब मेरा मन बहुत हलका हो चुका था। पिछले दिन दुर्घटना के बाद से दुःख और आतंक की जिस भयावनी भावना ने दुस्सह पाषाण-भार की तरह मेरी छाती को दबाकर रखा था वह हट गयी थी। मनिया के सहज-शान्त और प्रसन्न भाव का छुतहा प्रभाव मुझ पर पड़ चुका था। यह तो मैं जानता था कि उसकी शारीरिक पीड़ा अभी बहुत-कुछ वैसी ही है। स्वयं उसने भी यह संकेत दिया था कि पट्टी खोलते समय उसे कुछ जलन की पीड़ा का अनुभव हुआ था। और उसके 'कु' का अर्थ हम लोगों का 'बहुत' है, यह बात भी मुझसे छिपी नहीं थी। फिर भी वह पीड़ा हँसती हुई सहन किये चली जा रही है। और उपचार साध्यातीत नहीं है, यह जानकारी मुझे बहुत सान्त्वना दे चुकी थी। इसलिए मैं प्रसन्न था।

भाभी कुछ देर तक किसी चिन्ता में मग्न-सी मौन बैठी रहीं। मेरा अन्तर्मन जान गया कि उनकी उस समय की चिन्ता मनिया के कारण नहीं है, बल्कि कुछ और है। चौरंगी तक वह मौन रहीं। उसके बाद सहसा उन्होंने उन तीनों विचित्र लड़कों की चर्चा छेड़ दी।

"बेचारे मासूम लड़के! जीवन के अनुभवों से एकदम रहित हैं।" उन्होंने कहा।

"जीवन के अनुभवों से भले ही रहित हों, पर अनुभूतियाँ उनकी बड़ी गहरी और प्रबल हैं।" मैंने कहा।

"यह तुमने कैसे जाना?"

"उनके मुख के भावों से और जिस लड़के ने बंगालियों की भावुकता की बात कही थी, उसके भाषण से।"

"बंगालियों की भावुकता!" कहते हुए भाभी के सुन्दर, गोरे मुख के आर-पार व्यंग्य की तीव्र लहरें दौड़ गयीं, "यह एक अच्छी किंवदन्ती अभी तक जनता में प्रचलित है। भावुकता क्या बंगालियों की मोल ली हुई चीज है? मैं भी तो बंगाली हूँ, पर मेरे भीतर कभी इस तरह की भावुकता नहीं रही जैसी तुम्हारे भैया के स्वभाव में मैं पाती हूँ..."

उनका आशय स्पष्ट ही वीरेन्द्र से था। मुझे उनकी बात से वास्तव में आश्चर्य हुआ। नारी-जाति स्वभाव से ही भावुक होती है, ऐसी मेरी धारणा रही है, और सच पूछिये तो भाभी के स्वभाव का जितना कुछ परिचय तब तक मैंने प्राप्त किया था उससे भी मैं यह नहीं सोच पाया था कि वह भावुक नहीं हैं। मुझे याद आया कि उस दिन जब वह वीरेन्द्र के और अपने विचारों में संघर्ष की बात बता रही थीं तब अत्यन्त व्याकुल भाव से उन्होंने मुझसे कहा था—"मैं तुमसे यह अनुरोध करती हूँ कि तुम लोग अब हमें न छोड़ना। अब तुम जाओगे तो मैं दूसरे ही दिन पागल हो जाऊँगी।" क्या कोई भावुकतारहित व्यक्ति इस तरह की बात कह सकता है? फिर मुझे याद आयी उस चाँदनी रात की बात जब हम दोनों झील में नौका-विहार कर रहे थे। तब भाभी ने यह तर्क छेड़ा था कि निखिल प्रकृति बिखरी उस अपूर्व सौन्दर्य-राशि को धोखा और छलना बतानेवाले प्रगतिवादी कहाँ तक सही हैं, और क्या इस प्रकार की उन्माद सौन्दर्य-चेतना केवल बुर्जुवा लोगों के मानसिक विलास के अतिरिक्त और कुछ नहीं है? मैंने तभी उनसे कहा था कि उस काव्यमयी अनुभूति के क्षण में इस प्रकार का तर्क छेड़ने का अर्थ ही यह है कि हम लोग विशुद्ध सौन्दर्य-चेतना के यथार्थ अनुभव से वंचित हैं। भाभी तब यह समझती थीं कि वह चाँदनी की सौन्दर्य-तरंगों में बही चली जा रही हैं, पर यह धारणा गलत थी, क्योंकि उनके भीतर तब वास्तविक बौद्धिक विचारमूलक द्वन्द्व मचा हुआ था। इस दृष्टि से देखने पर यही सिद्ध होता था कि वह यद्यपि भावुकता के थपेड़ों से बची हुई नहीं हैं, तथापि भावुकता से भी अधिक बौद्धिक अन्तर्द्वन्द्व की तूफानी तरंगों ने उनके सारे व्यक्तित्व को बुरी तरह झकझोर रखा है; इसलिए एक ओर जहाँ उनके भीतर भावोच्छ्वास स्वभावतः उमड़ उठता है दूसरी ओर वह स्वयं अपनी और दूसरों की भावुकता के प्रति खड्‌गहस्त हो उठती हैं। इस दृष्टिकोण से सोचने पर

यह विरोधाभास भी मेरे आगे धीरे-धीरे स्पष्ट होने लगा कि वह वीरेन्द्र को अपने से अधिक भावुक क्यों मानती हैं। वीरेन्द्र ने यद्यपि अपने को उन लोगों की पंक्ति के साथ जोड़ लिया था जो भावुकता के विरोधी हैं तथापि वह भावुकता का ही दूसरा रूप था जो उसे युग की दुर्निवार बाढ़ में नवीन क्रान्तिकारियों के साथ बहा ले गया था, सत्य के इस पहलू की ओर मेरा ध्यान गया। भाभी की इस सूक्ष्म-विश्लेषणकारी बुद्धि से मैं चकित था।

मैंने कहा—"आपके व्यक्तित्व का एक बिलकुल ही नया रूप मेरे आगे प्रकट हो रहा है, भाभी।"

पर मेरी बात की ओर तनिक भी ध्यान न देकर भाभी बोलीं—"और बहन को ही लो। वह बंगाली नहीं है, पर क्या वह किसी से कुछ कम भावुक है? 'प्रभु' के प्रति इस तरह द्विधाहीन भाव से, अकपट विश्वास से समर्पणशील सहनेवाली नारी सब समय भाव-जगत् में आँखें बन्द किये किस कदर डूबी रहती होगी, इसका ठीक से अन्दाज लगाना कठिन है। यह है असली भगोड़ेपन की मनोवृत्ति। मैं कहे देती हूँ लाला, बहन के भीतर एक दिन इस विशुद्ध भावुकता की प्रतिक्रिया की लहरें ऐसे प्रचण्ड वेग से मचल उठेंगी कि उन्हें रोक रखना किसी के लिए भी सम्भव न होगा..."

"भाभी, आप इस कदर क्यों नाराज हैं वीरेन्द्र से और बेचारी मनिया से?" मैंने अत्यन्त शान्त और गम्भीर भाव से कहा।

"मैं नाराज नहीं हूँ," कुछ चौंककर भाभी ने कहा। "मेरी बात का गलत अर्थ न लगाना और फिर बहन से! बेचारी बच्चों-सी भोली और निश्छल है। उससे भला कोई कैसे नाराज हो सकता है! तुम्हारे मन में इस तरह की धारणा ही क्यों जगी मैं समझी नहीं। भला उससे मैं क्यों नाराज हूँगी..." कहकर भाभी ने दाँतों से अपनी जीभ काटी, जैसे कोई घोर अपराध की बात मुँह से निकल जाने के बाद उसके लिए पश्चात्ताप कर रही हों।

कुछ क्षण चुप रहकर फिर कहने लगी—"क्या सोचती हुई मैं जाने किस बात से क्या कह गयी! मेरा इस प्रकार का आशय बिलकुल नहीं था, लाला!"

"किस प्रकार का आशय?" तनिक अनमने भाव से मैंने कहा।

"तुम्हारा जी दुखाने का। ऐसी अच्छी पत्नी को पाकर तुम बहुत सुखी हो। सुख के उस शान्त सरोवर में एक भी ढेला फेंकना अन्याय है यह मैं मानती हूँ। मेरे कहने-सुनने में जो कुछ भूल हुई हो उसके लिए क्षमा करना।"

और कहते ही उनका गला जैसे भर आया और आँखें भी कुछ गीली-सी हो आयीं। अभी-अभी वह भावुकता का इस कदर विरोध कर रही थीं और दूसरे ही क्षण स्वयं भाव-विह्वल हो उठीं! इस पहेली को सुलझाने में मैं अपने को असमर्थ पा रहा था।

वह मेरे अत्यन्त निकट बैठी हुई थीं और उनकी नारंगी साड़ी का बायाँ छोर हवा के वेग से मेरे कोट के साथ अठखेलियाँ कर रहा था। मैं वही अठखेलियाँ देखने में

तल्लीन हो गया और मौन बैठा रहा। मनिया की तबीयत अच्छी देखकर मेरे मन में जो एक गुलाबी प्रसन्नता छा गयी थी, उसके ऊपर सहसा एक वाष्प-भरी अँधेरी छाया-सी घिर आयी।

जब कार भवानीपुर होती हुई बालीगंज की ओर मुड़ी तब दोनों के बीच के अशोभन मौन को भंग करने के इरादे से मैंने कहा—"भावुकता ऐसी चीज है भाभी, जिससे कि कोई भी व्यक्ति चाहे वह उससे कितना ही घृणा करे, बच नहीं सकता। अन्तर केवल यह होता है कि कुछ लोग अपने स्वभाव की बौद्धिकता को उभाड़कर भावुकता को नीचे दबाने में सफल होते हैं और कुछ लोग उसे तनिक भी दबाना पसन्द नहीं करते। जब भी भाव का आवेग उनके भीतर उमड़ उठता है उसे वे खुलकर उमड़ने देते हैं। इन दोनों में से किसका आचरण प्रशंसनीय है और किसका निन्दनीय, इसका फैसला करने का अधिकारी मैं अपने को नहीं मानता। पर मेरी अपनी यह धारणा है कि यदि किसी का भावावेग सहज स्वाभाविक रूप में व्यक्त हो उठे तो उसमें कोई भी बुराई नहीं है, बल्कि मानसिक स्वास्थ्य की दृष्टि से वही अच्छा है। उससे भीतर जमे हुए बहुत-से विकार धुल जाते हैं। भावुकता से खराबी तब आती है जब या तो व्यक्ति उसमें इस कदर डूब जाता है कि अपने अहं के ऊपर उठ ही नहीं पाता, करुणा की सहज और उदार मानवीय भावना को आत्म-करुणा में सीमित कर देता है या फिर अपनी उस भावुकता को कृत्रिम बौद्धिक उपायों से फुलाकर ऐसे हवाई सामाजिक आदर्श का रूप दे बैठता है जिसका जीवन की वास्तविकता से कोई सम्बन्ध नहीं होता..."

मैं इस तरह बोल रहा था जैसे स्वयं अपने-आपसे कुछ कह रहा होऊँ। भाभी के भीतरी कानों तक मेरी बात पहुँची या नहीं मैं कह नहीं सकता। उन्होंने उत्तर में कुछ नहीं कहा और अनमने ढंग से मौन बैठी रहीं।

(57)

जब कार मकान के अहाते के भीतर प्रवेश करने के बाद रुकी तब भाभी धीरे से उतरीं और मैंने भी उनका अनुसरण किया। उन्हीं के कदमों से कदम मिलाता हुआ चलने लगा। भाभी ड्राइंग-रूम में प्रवेश करके एक कौच पर आधा लेटने की-सी अवस्था में आराम से बैठ गयीं। मैं भी उनके पास ही एक सोफा पर चुपचाप बैठ गया। कुछ क्षणों तक मन, प्राण और आत्मा को एक अजीब-सी मोहमाया में डुबा देनेवाला सन्नाटा छाया रहा। न जाने पिछले कितने युगों से दबी हुई अस्पष्ट आकांक्षाएँ और लालसाएँ सन्ध्या के उस प्रायान्धकार में मन की किन अँधेरी गुफाओं से उठ-उठकर बाहर झाँकने का प्रयत्न करने लगीं। एक मर्म-पीड़क और अज्ञात लाज की सिहरन मेरे सारे शरीर और मन के भीतर दौड़ गयी। उसके लिए प्रत्यक्ष में कोई भी कारण कहीं नहीं था। न जाने कौन अज्ञात टेलीपैथिक तरंग किसके अजानित मन के सूक्ष्म छिद्रों से प्रवाहित होकर मेरे अन्तर्मन में आकर टकराने लगी थी। मैं एक अनोखी बेचैनी का अनुभव करने लगा।

भाभी की दो मौन—तथापि मुखर—आँखों की रहस्यमयी दृष्टि में इस समय एक बिलकुल नया ही भाव-सन्देश भरा था, ऐसा मेरे अन्तर्मन को लगा। उनके गोरे मुख पर एक हलका—बहुत ही हलका—रंग चढ़ आया था, जो बड़ा ही मोहक—और मारक—लग रहा था। न जाने क्यों, मेरे मन में सहसा यह प्रवृत्ति जगी कि चुपचाप उठकर बाहर चला जाऊँ। पर पाँवों को जैसे किसी ने मनों भारी जंजीरों से बाँधकर जकड़ लिया हो।

मोहाच्छन्नता की वह स्थिति आधे मिनट से भी कम समय तक वर्तमान रही होगी, पर उतने ही अर्से में उसने मेरे भीतर की कई युगों की संचित और सोयी हुई प्रवृत्तियों को उभाड़कर अवचेतन मन से लेकर सचेत मन तक एक तूफानी उथल-पुथल मचा दी थी।

सहसा भाभी उठ बैठीं। "मैं अभी आती हूँ," कहकर वह कमरे से बाहर चली गयीं। एक बहुत ही हलके, मीठे, गुलाबी, रोमानी नशे से मेरे तन में और मन में अवशता-सी छा गयी थी। मैं आँखों को आधा मूँदकर सोफा पर और अधिक आराम से बैठ—प्रायः लेट—गया।

प्रायः दस मिनट बाद भाभी लौट आयीं। ताजा धुली हुई, चौड़ी नीली किनारी की एक दूध की तरह सफेद साड़ी पहने, साड़ी के आँचल के एक छोर पर चाबी का गुच्छा बाँधे, नंगे पाँव, सादगी की प्रतिमूर्ति-सी वह मेरे पास आकर खड़ी हो गयीं। उनके मुख पर, प्रत्येक हाव-भाव में, सम्पूर्ण गति में, सहज स्वाभाविक सरलता और निष्कपट सहृदयता भरी हुई थी जो मुझे एकदम नयी लग रही थी। पर स्वाभाविक लगने पर भी वह सरलता भोलेपन की परिचायक नहीं थी। मेरा अन्तर्मन, न जाने क्यों, ऐसा अनुभव कर रहा था कि उनके नये रूप और नये वेष की सारी अकृत्रिमता के अन्तराल से कृत्रिम नाटकीयता का-सा एक अति-अस्पष्ट आभास झाँक रहा है। पर अपनी उस अनुभूति का कोई प्रत्यक्ष कारण मेरे पास नहीं था। प्रत्यक्ष में भाभी का वह रूप मुझे ऐसा प्रिय लग रहा था कि मैं मुग्ध दृष्टि से कुछ क्षणों तक उनकी ओर देखता रह गया।

"लाला, चलो!" अत्यन्त स्निग्ध, मधुर आग्रह-भरे स्वर में भाभी ने कहा।

उनकी आवाज से मैं चौंक-सा उठा। मुझे ऐसा लगा जैसे किसी तीसरे ही व्यक्ति ने अलक्षित रूप से कमरे में प्रवेश करके मुझे पुकारा हो।

"कहाँ?" मैंने भ्रान्त भाव से पूछा।

"चलो, रसोई के कमरे में। और सब खाना तैयार है, सिर्फ कचौड़ियाँ बेलकर पकानी हैं। मैं पकाती जाऊँगी, तुम खाते जाओगे। चलो।"

जो काम नौकर या रसोइया कर सकता है, और करता आया है, उसे स्वयं स्वीकार करके भाभी मेरे ऊपर विशेष कृपा कर रही थीं, यह मैं समझ रहा था। उनकी आज्ञा को शिरोधार्य करता हुआ मैं बिना किसी तकल्लुफ के उठ खड़ा हुआ।

रसोई के कमरे में जाकर भाभी ने एक पीढ़े पर मुझे बिठा दिया और स्वयं अँगीठी के पास बैठ गयीं। एक थाली पर थोड़ी 'पीठी' पीसी हुई रखी थी, जिसे हल्दी से रंग

दिया गया था। नौकर टिकियाँ बनाता जाता था और भाभी उसमें 'पीठी' भरकर बड़े ही नाजुक अन्दाज से बेलती जाती थीं और एक-एक करके जलते हुए घी की कढ़ाई में डालती जाती थीं।

''बहन ने मुझे बताया है कि तुम्हें मछली बहुत पसन्द है'' मुख पर मृदु मुस्कान झलकाती हुई, और एक झलक अस्पष्ट अर्थ-भरी सांकेतिक दृष्टि से मेरी ओर और फिर कढ़ाई की ओर देखती हुई भाभी बोलीं। ''मैं बहुत दिनों से सोच रही थी कि तुम्हें एक दिन अपने हाथ से पकाकर मछली की कचौड़ी खिलाऊँ। कुछ ऐसे चक्कर आते चले गये कि उसके लिए मौका ही नहीं आया। आज सुबह, जाने क्यों, अचानक मुझे फिर उसी बात की याद आयी। मैंने नौकर से रोहू मछली लाकर, उबालकर, पीस रखने के लिए कह दिया था...'' कहकर भाभी पहली घान की कचौड़ियाँ छन्ने से उतारने लगीं।

चटनी, अचार और तरकारियाँ पहले ही से मेरे आगे कटोरों और प्लेटों में सजाकर रख दी गयी थीं। पहली घान से दो अच्छी तरह तली हुई कचौड़ियाँ छाँटकर भाभी ने मेरी थाली में डाल दीं।

''चखकर बताओ, कैसी बनी हैं।'' कहते हुए उनके मुख पर स्निग्ध सलज्ज और उल्लास-भरी मुस्कान झलक उठी। उनका गोरा मुख या तो आग की आँच से या और किसी कारण से तमतमा-सा उठा था।

मैं कुछ न समझता हुआ भी उसे बहुत-कुछ समझने लगा था। पर उस 'बहुत-कुछ' में से कोई भी बात मेरे आगे स्पष्ट हो रही थी। केवल एक मीठी-कड़वी, खटमिट्ठी अनुभूति से मन भर गया था, जिससे कचौड़ी के स्वाद में भी चरपरे और कसैलेपन का एक विचित्र मिश्रण मुझे महसूस होने लगा। यह बात मैं एक सेकेण्ड के लिए भी नहीं भूल पाता था कि मेरे साथ भाभी के उस प्रसाद को चखने में शरीक होनेवाला दूसरा कोई नहीं है—वीरेन्द्र भी नहीं।

फिर भी मैं खाता चला गया और काफी खा गया। कचौड़ियाँ वास्तव में बहुत स्वादिष्ट बनी थीं। खाते-खाते मैंने कहा—''यह तो मैं पहले ही जान गया था कि आप खाना बनाने की कला में निपुण हैं, पर इस कदर निपुण हैं, यह मैंने आज जाना। वीरेन्द्र ने यह बात मुझे नहीं बतायी थी...''

जिस प्रकार स्विच बन्द होने पर बिजली की दहकती हुई अँगीठी बुझकर एकदम म्लान हो जाती है ठीक उसी तरह वीरेन्द्र का नाम सुनते ही भाभी के मुख की चमक पल में विलीन हो गयी। वह सिर नीचा किये चुपचाप कचौड़ी बेलती चली गयीं। मैं बड़े संकोच में पड़ गया। मुझसे कौन ऐसी गलती हुई यह मैं ठीक से समझ नहीं पाया, हालाँकि अपने अन्तर्मन में मैं यह अनुभव कर रहा था कि वीरेन्द्र का उल्लेख मैंने बेमौके किया है और उसकी मनोवैज्ञानिक प्रतिक्रिया पूर्णतः स्वाभाविक है।

उसके बाद मुझे कुछ भी बोलने का साहस नहीं हुआ, और न भाभी ही कुछ बोलीं। उनके मुख का रंग लाल से सफेद और सफेद से स्याह होता चला जा रहा था। कढ़ाई

से गरम कचौड़ी उतारकर जब वह मेरी थाली में डालने लगीं तब सहसा उनकी दायीं आँख के एक कोने से एक बूँद आँसू टपककर मेरी थाली के पास गिर पड़ा!

मैं हैरान था। मेरे हाथ का कौर हाथ ही में रह गया। कुछ क्षणों तक बेवकूफों की तरह उनकी ओर ताकता रहा। वह आँखें नीचे की ओर किये कचौड़ी बेलती जाती थीं और बीच-बीच में बायें हाथ से आँसू पोंछती जाती थीं।

"मुझसे कोई बड़ी भूल हो गयी है, भाभी, क्षमा करना।" अपने को न रोक सकने पर मैंने कहा।

भाभी उत्तर में कुछ नहीं बोलीं। केवल एक बार फिर चुपचाप बायें हाथ से आँसू पोंछकर उन्होंने बेली हुई कचौड़ियाँ कढ़ाई में डाल दीं।

कचौड़ी का सारा स्वाद मेरी जीभ में करेले और नीम के सम्मिलित कड़वेपन में बदल गया था। एक घूँट पानी पीकर मैंने किसी तरह उस कड़वे पदार्थ को गले के नीचे उतारा।

भाभी ने जब एक और गरमागरम कचौड़ी, मेरे मना करने के बावजूद, हठपूर्वक मेरी थाली में डाल दी, तब मैंने कहा—"अब पेट में तनिक भी जगह नहीं है, भाभी, सच मानो। अब मत देना।" कहकर पेट पर हाथ फेरता हुआ कुछ अस्पष्ट-सी चिन्ताओं में मग्न हो गया।

"अभी तो तुमने दो कचौड़ियाँ भी नहीं खायीं, लाला, अभी से तुम कैसे उठ सकते हो!" कहते हुए उन्होंने सहज स्वाभाविक स्निग्ध दृष्टि से मेरी ओर देखा, यद्यपि उनकी आँखें अभी तक गीली थीं और चमक रही थीं। "अभी कम-से-कम चार कचौड़ियाँ तुम्हें और खानी होंगी, नहीं तो मैं बुरा मानूँगी।" उनकी आँखों में एक दुष्टतापूर्ण मुस्कान झलक उठी।

मैं मन्त्र-मुग्ध-सा आश्चर्य-भरी दृष्टि से उनकी ओर देखता हुआ पाषाण-मूर्तिवत् जड़ बैठा रहा।

उसके बाद वह अत्यन्त प्रसन्न भाव से मेरी थाली में एक-एक करके कचौड़ियाँ डालती चली गयीं और मैं अनमने भाव से, बिना किसी विरोध के, खाता चला गया। उसी मनःस्थिति में न जाने कितनी कचौड़ियाँ खा गया। सहसा याद आया कि मैं बहुत खा गया हूँ। "अब बस करो भाभी!" मैंने प्रायः चिल्लाकर कहा। तब वह एक और कचौड़ी डालने जा रही थीं। मैंने दोनों हाथों में थाली ऊपर उठा ली।

भाभी मेरा यह नाटक देखकर खिलखिला उठीं। "अच्छा, अच्छा, अब नहीं दूँगी," उन्होंने कहा, "थाली नीचे रख दो। तुम्हारे व्याघ्र-गर्जन के बाद मेरा साहस भी जाता रहा है।"

(58)

चौके से उठकर हाथ धोकर मैं सीधे अपने कमरे में चला गया। कुछ देर तक पलँग पर चारों खाने चित लेटा रहा। उसके बाद सहसा हड़बड़ाता हुआ उठ खड़ा हुआ। रैक

पर हिन्दी का एक मनोवैज्ञानिक उपन्यास पड़ा हुआ था। एक दिन मैं किसी बुक-स्टाल से उसे खरीद लाया था। तब से वह वैसा ही पड़ा था। मैंने उसे छुआ तक नहीं था। आज अचानक उसे पढ़ने की प्रेरणा जगी। उस प्रेरणा से मूल में कौन प्रवृत्तियाँ काम कर रही थीं, यह स्वयं मेरे आगे स्पष्ट नहीं था।

सोफा पर अधलेटी अवस्था में बैठकर उपन्यास का पहला परिच्छेद खोलकर पढ़ने लगा। दो पृष्ठ भी पूरे न पढ़े होंगे कि भाभी ने कमरे में प्रवेश किया। उनके मुख पर स्निग्ध-मधुर मुस्कान के अलावा एक अस्पष्ट लाज की-सी हलकी—बहुत ही हलकी—रंगीन छाया झलक रही थी, ऐसी मेरी धारणा है या बिजली की बत्ती के कृत्रिम प्रकाश में मेरी ही आँखों को कुछ धोखा हुआ हो।

उनके उस अस्पष्ट लज्जाभास की छाया जैसे मेरे ऊपर भी पड़ गयी। अपने को उस छाया से मुक्त करने का प्रबल प्रयास करते हुए मैंने अपेक्षाकृत क्षीण स्वर में कहा—"बैठो भाभी, खाना खा लिया क्या?"

"हाँ," कुछ दबे हुए से स्वर में भाभी ने कहा, "मेरे आने से तुम्हारी पढ़ाई में विघ्न हुआ इसके लिए मैं दुःखी हूँ।"

"ओफ्फोह! बड़ी तकल्लुफबाजी सीख गयी हो तुम भाभी। यह लखनौवा रंग तुम पर कब से चढ़ा? बैठो!" कहकर उन्हें बिठाने के उद्‌देश्य से मैंने यन्त्रवत् उनका हाथ पकड़ लिया और पकड़ते ही तत्काल, जैसे बिजली के धक्के से, हाथ हटा लिया। "बैठो!" मैंने फिर कहा और अपनी बगलवाली कुर्सी की ओर संकेत किया।

भाभी क्षण-भर के लिए रुकीं, जैसे किसी असमंजस में हों। फिर धीरे से बैठ गयीं।

कमरे का सारा वातावरण मुझे एक अनोखी, अलस अवसादमयी अनुभूति से भार-ग्रस्त-सा लगने लगा था जिसने मेरे और भाभी के बीच में एक अस्वाभाविक व्यवधान-सा खड़ा कर दिया था। उसे हटाने का पूरा निश्चय करते हुए, वातावरण को सहज-स्वाभाविक बनाने के उद्‌देश्य से मैंने कहा—"आज तुमने इतना अधिक खिला दिया, भाभी, कि कुछ पूछो मत। पेट में अब पानी पीने के लिए भी जगह नहीं रह गयी है, हालाँकि बड़ी प्यास लगी है।"

"यह तुम्हारा वहम है। डटकर पानी पियो, कुछ नहीं होगा।" कहकर उन्होंने घण्टी का बटन दबाया।

नौकर के आने पर उन्होंने उसे एक गिलास पानी लाने के लिए कहा। पानी आया और भाभी की इच्छानुसार मैं उसे गटक गया।

"देखो, जगह निकल आयी न?" भाभी ने हँसते हुए कहा।

मैं भी हँस दिया।

"इस तरह सबके लिए जगह निकल आती है," एक रहस्यमयी मुस्कान मुख पर झलकाते हुए भाभी ने कहा, "केवल संकीर्ण मन को उदार बनाने की आवश्यकता है।"

"तुम्हारा आशय मैं कुछ समझा नहीं।" अपनी परेशानी को छिपाने का व्यर्थ प्रयत्न करता हुआ मैं बोला।

''समझने की कोई आवश्यकता भी नहीं है।'' कहकर वह उठने लगीं।

''अरे, बैठो भाभी, अभी तुम ठीक से बैठ भी न पायीं कि उठने लग गयीं। तुमसे एक बहुत जरूरी बात मुझे पूछनी है।''

मेरी बात के ढंग से भाभी की आँखों में तीव्र कुतूहल झलक उठा और वह बैठ गयीं।

''क्या बात है कहो।'' परेशानी की-सी मुखमुद्रा के साथ उन्होंने पूछा।

''कोई खास बात नहीं है, केवल...''

''अभी तुम कह रहे थे कि जरूरी बात है और अब कहते हो कि कोई खास बात नहीं है। बड़े अजीब आदमी हो भाई!'' कहते हुए, एक हलकी-सी खीझ का आभास उनके स्वर से व्यक्त हो उठा।

''तुम इस तरह गुस्सा हो जाओगी तो मेरा रहा-सहा साहस भी जाता रहेगा।''

''अच्छा, लो अब मैं गुस्सा-वुस्सा कुछ नहीं हूँ, जल्द बोलो क्या बात है!'' कहकर वह कुर्सी पर जमकर बैठ गयीं। उनके मुख पर इस बार एक कृत्रिम मुस्कान का क्षीण आभास वर्तमान था और वह अत्यन्त कुतूहल-भरी दृष्टि से मेरी ओर देख रही थीं।

उनके कुतूहल को अधिक बढ़ाकर उन्हें परेशान करना उचित न समझकर मैंने कहा—''बात कुछ नहीं है, मैं केवल यह जानने के लिए तब से उत्सुक हूँ कि—जब तुम मुझे खाना खिला रही थीं तब सहसा मेरी एक साधारण बात से तुम रो क्यों पड़ीं।''

''ओह, यह बात!...'' कहते हुए भाभी के मुख पर सहसा एक गाढ़ी अँधेरी छाया घिर आयी।

दो-एक क्षणों तक वह मेरी ओर अनमनी दृष्टि से देखती रहीं और फिर आँखें कुछ नीची करके दायें हाथ की तर्जनी के नाखून से बायें हाथ के अगूँठे का नाखून खुरचने लगीं। कुछ क्षणों तक मौन रहने के बाद उन्होंने तर्जनी से सोफा के हत्थे पर सांकेतिक लिपि में कुछ लिखते हुए कहा—''मेरे रोने का कोई विशेष कारण नहीं था मैं रोयी भी कहाँ थी! तुमने एक छोटी-सी बात को बहुत बड़ा बनाकर अपने मन में रख लिया है।''

''नहीं भाभी तुम चाहे कुछ भी कहो, बात वह छोटी कदापि नहीं थी। तुम्हारे वे मौन आँसू किसी भी हालत में साधारण नहीं थे—हालाँकि उनका कोई भी कारण मेरे आगे अभी स्पष्ट नहीं हुआ है। मैं केवल अनुमान लगा सकता हूँ, पर अनुमान में वास्तविकता से बहुत अन्तर होता है।''

''तुम्हारा अनुमान कभी गलत नहीं होगा यह मैं जानती हूँ।'' कहते हुए भाभी ने उमड़ने को उद्यत आँसुओं को अपनी साड़ी के आँचल से पोंछा।

''यह लो, तुम फिर रो पड़ीं। अब से मैं कोई भी प्रश्न तुमसे नहीं करूँगा। इस बार मुझे क्षमा कर दो।'' मैंने किंचित् मान-भरे स्वर में कहा।

''नहीं, नहीं ऐसी बात न कहो, लाला। तुम भी अगर नाराज हो जाओगे तो फिर मेरा क्या ठिकाना होगा! तुम नहीं जानते, या जानकर भी अनजान बने रहना चाहते हो, कि मेरे ऊपर क्या गुजर रही है...''

मैं चुप रहा। केवल ध्यानपूर्वक उनकी ओर देखता रहा।

एक बार फिर आँखें पोंछकर भाभी ने कहा—"देखते तो हो कि सारा दिन बीत गया, इतनी रात गुजर चुकी, पर अभी तक उन्हें घर आने का अवकाश नहीं मिला। पिछले दो वर्षों से प्रायः यही हाल है। कभी भूले-भटके उन्हें मेरी सुध भले ही आ जाय, पर अधिकतर यही हाल रहा है। आज तुमने कितने प्रेम से मेरे पास बैठकर मेरे हाथ की बनी गरम-गरम कचौड़ियाँ खायीं। आज वे दिन मुझे याद आ रहे हैं जब वह भी इसी तरह चौके पर बैठकर मेरे हाथ की बनी गरम-गरम चीजें खाने में सुख पाते थे। पर अब तो उन्हें अपनी ही सुध नहीं रहती, दूसरों की भावनाओं की ओर ध्यान देने का अवकाश उन्हें कहाँ। पर मैं गलत कह रही हूँ, दूसरों की भावनाओं की ओर उनका ध्यान इतना अधिक चला गया है कि अपनी और अपने स्वजनों की ओर से एकदम विमुख हो गये हैं। सच तो यह है कि व्यक्ति का कोई मूल्य उनके लिए नहीं रह गया है—समाज ही उनके लिए सब-कुछ बन गया है। पर सभी उनकी तरह अपने व्यक्तित्व को इस कदर मिटा सकने में समर्थ नहीं हैं, यह बात उनके ध्यान में नहीं आती। मुझे ऐसा लगता है कि हम दोनों के सम्बन्धों में कहीं कोई भूल रह गयी है। कभी-कभी तो मैं यहाँ तक सोचने लगती हूँ—हालाँकि मेरा ऐसा सोचना अन्याय है—कि मुझसे किसी कारण से उकताकर ही वह शोषित जनता के उद्धार से सम्बन्धित आन्दोलन के बीच में कूद पड़े हैं। मैं बहुत कोशिश करती हूँ कि इस तरह के विचार को मन से हटा दूँ, पर यह एक रटन की तरह मेरे दिमाग में जम गया है। मुझे भय है कि यह रटन या तो मुझे पागल बनाकर छोड़ेगी या विद्रोह..."

क्षण-भर के लिए उनकी आँखों में एक अस्वाभाविक-सी चमक झलक उठी—एक विचित्र रूप से भयावनी-सी चमक। मैं डर गया। पर दूसरे ही क्षण वह चमक एक म्लान करुण छाया में बदल गयी।

मुझे लगा कि रात के उस अपेक्षाकृत सन्नाटे में, उस जनमानवहीन, सुनसान मकान में जिस नारी के पास बैठा हुआ हूँ उसके भीतर एक दूसरी ही दुनिया का कोलाहल मचा हुआ है। उस दुनिया का पृथ्वी के प्रत्यक्ष संघर्ष-विघर्षमय जीवन से कोई सम्बन्ध नहीं है। वहाँ का जीवन कैसा ही हवाई और विजातीय क्यों न हो, अवश्य ही वह बड़ा मोहक होगा। उसकी मोहकता का आभास मुझे भाभी की स्वप्नाच्छन्न-सी आँखों की अभिव्यक्ति से लग रहा था। भले ही उनकी आँखों की वह स्वप्न—माया-दुःस्वप्न छाया हो, पर मेरे लिये उसका आकर्षण आज पहली बार अत्यन्त तीव्र और पूर्णिमा की रात्रि के समुद्र की तरह उद्वेलक सिद्ध हो रहा था। अपने व्यक्तित्व को अचानक इस तरह डगमगाते देखकर मैं काँप उठा।

मैं एक भी शब्द सान्त्वना के रूप में नहीं बोला। मुझे स्वयं अपने को समझाने की आवश्यकता आ पड़ी थी। केवल मौन भाव से, उत्सुक जिज्ञासा-भरी दृष्टि से उनकी ओर देखता रहा।

भाभी भी कुछ देर तक एक अजीब-सी रहस्यमयी, जिज्ञासु दृष्टि से मेरी ओर देखती रहीं। उसके बाद सहसा उचककर उठ खड़ी हुईं, जैसे कोई भौतिक छाया देखकर भयभीत हो उठी हों, और बिना कुछ कहे कमरे के बाहर चली गयीं।

उनके चले जाने के बाद मैं पलँग पर लेट गया। मन थका हुआ था और शरीर भी मन का अनुसरण करने की ओर प्रवृत्त हो रहा था। लेटते ही आँखें झँपने लगीं और मैं सो गया। अस्पष्ट और प्रकट में अर्थहीन स्वप्न देखने के बाद जब जगा तब पहले तो मुझे लगा कि मैं कई घण्टे सो चुका हूँ और रात बीतने पर होगी, पर दूसरे ही क्षण मैं समझ गया कि मुझे सोये दो घण्टे से अधिक समय नहीं हुआ है। फिर दुबारा सोने की तैयारी कर ही रहा था कि सहसा कानों में पास ही कहीं बजते हुए वायलिन की मधुर विषाद-भरी मूर्च्छना गूँज उठी। मैं नींद की चिन्ता ही भूल गया और एकान्त ध्यानपूर्वक कानों को उसी ओर केन्द्रित किये रहा जहाँ से वह प्राणहिल्लोलक स्वर-लहरी तरंगित हो रही थी। पहले लगा कि पासवाले किसी मकान से शब्द आ रहा है। पर बाद में मेरा भ्रम जाता रहा और यह स्पष्ट हो गया कि उसी मकान के किसी कमरे में कोई वायलिन बजा रहा है जिसमें मैं सोया था।

मूर्च्छना कभी अत्यन्त तीव्र स्वरों में झंकृत हो रही थी, जैसे कोई गला चीरकर रोता हुआ विलाप कर रहा हो, कभी अत्यन्त करुण-कोमल कल-क्रन्दन के स्वर में बदल जाती थी। मेरे भीतर की बहुत दिनों की, बहुत युगों की भूली हुई मीठी वेदनाएँ, और लाखों-करोड़ों वर्षों से प्राणों के अतल में दबे पड़े अरमान अपनी जड़ता त्यागकर एक-एक करके उमड़ उठे। मैं उन्मादक संगीत की हवाई स्वर-लहरी में खो गया। किसी के अज्ञात मन से निकली हुई एक्स-किरणों ने प्रत्यक्ष भौतिक जगत् के रोम-कूपों को भेदकर उसके अन्तराल में छिपे हुए एक अपूर्व मनोहारी अतीन्द्रिय जगत् को मेरी भीतरी आँखों के आगे उद्‌भासित कर दिया। लगा कि मेरे पिछले जीवन के सारे अनुभव उस एक क्षण के अनुभव के आगे अत्यन्त तुच्छ और झूठे थे। मैं स्थिर न रह सका। उठ बैठा और फिर पलँग से नीचे उतरकर नंगे पाँव पिछवाड़े की ओर के बरामदे में जा खड़ा हुआ। मेरा अनुमान ठीक ही था। आवाज उसी मकान से—कोनेवाले कमरे से, धीरे—बहुत धीरे—उसी कोनेवाले कमरे की ओर बढ़ा चला गया। वायलिन के थर-थर-कम्पित, व्याकुल विह्वल स्वर लम्बी सिसकारियाँ भरते हुए प्राणों को अधिकाधिक पुलक-भरे धक्कों से हिलकोरते चले जा रहे थे।

(59)

ठीक भाभी के कमरे की खिड़की के पास खड़े होकर मैंने देखा, कमरे में अँधेरा छाया हुआ था। दरवाजे का एक किवाड़ खुला था, एक बन्द था। एक कदम आगे बढ़कर बन्द किवाड़ की आड़ में खड़ा हो गया। कितनी देर तक खड़ा रहा, कह नहीं सकता—वायलिन के अपूर्व स्वर-सागर में इस तरह निमग्न हो गया था मैं। मेरी चेतना

तब लौटी जब एक अत्यन्त तीव्र, मर्मान्तक, लम्बी आकुल झंकार से वायलिन के तारों की तरह मेरे मन के सारे तार एक साथ झनझना उठे। मेरा सारा शरीर एक अजीब-सी पुलक-पीड़ा से थरथरा उठा और मेरे हिलने से किवाड़ा चरचरा उठा।

''कौन?'' भीतर से आवाज आयी।

इच्छा हुई कि तुरन्त भागकर अपने कमरे में चला जाऊँ। पर वह मेरी पहली चोरी थी और मैं इस कदर हौलदिल हो उठा कि भागने का भी साहस मुझमें न रहा।

''कौन?'' तीखे किन्तु तनिक घबराये हुए से कण्ठ से फिर आवाज आयी।

''कोई नहीं, मैं हूँ—नृपेन्द्र...'' मैंने दबी हुई आवाज में कहा।

''कौन लाला?'' कहकर भाभी उठकर बाहर चली आयीं। फिर बोलीं—''क्या बात है? यहाँ खड़े क्यों हो?'' उनकी आवाज में एक अजीब दर्द भरा हुआ था—जो भय से मिश्रित था या विस्मय से मैं कह नहीं सकता।

''यों ही चला आया था,'' मैंने अपने स्वर में कृत्रिम गाम्भीर्य करने का प्रयत्न करते हुए कहा, ''वायलिन की आवाज बहुत अच्छी लग रही थी। बन्द क्यों कर दिया, भाभी, और बजाओ!

कोई उत्तर दिये बिना ही भाभी भीतर चली गयीं और उन्होंने खट से बत्ती जला दी। जिस स्वप्नमय वातावरण का अत्यन्त मोहक जाल इतनी देर तक मेरी चेतना के चारों ओर तना हुआ था वह बत्ती के प्रकाश में आधे से अधिक छिन्न हो गया।

''आओ, बैठो!'' मेरी ओर बिना देखे ही भाभी ने भीतर से क्षीण किन्तु गम्भीर स्वर में कहा।

मैंने अपराधी की तरह काँपते हुए पगों से भीतर प्रवेश किया। आमने-सामने दो ऊँचे गद्‌देदार पलँग बिछे हुए थे, जिन पर दूध की तरह सफेद दो ताजा धुली हुई चादरें बिछी थीं। उन दो पलँगों से त्रिकोण बनाती हुई एकमात्र कुर्सी दीवार से प्रायः सटी हुई पड़ी थी। मैं उसी पर धीरे से बैठ गया।

क्या तुम्हें भी नींद नहीं आयी?'' भाभी ने आधी दृष्टि से मेरी ओर देखते हुए धीरे से कहा।

''मैं तो बेखबर सो गया था। जब अचानक आँखें खुलीं तब वायलिन का स्वर कानों में गूँज उठा। मुझे पता नहीं था, भाभी, कि तुम इतना अच्छा वायलिन बजा लेती हो। बड़ी ही उन्मादक स्वर-लहरी थी वह!'' मैंने सहज भाव से, अकृत्रिम भावुकता के साथ कहा।

भाभी मौन-गम्भीर दृष्टि से सामनेवाले पलँग की ओर देखती रहीं। उस स्तब्ध मौन से मेरा भावावेग थम गया। मैंने अनुभव किया कि मैंने भाभी की एकान्त भाव-निमग्नता में विघ्न डालकर वास्तव में बड़ा भारी अपराध किया है।

कुछ क्षणों तक कमरे में आधी रात की मृत्यु-मौन निस्तब्धता छायी रही। अपने को उस अशोभन स्थिति से उबारने के उद्‌देश्य से मैंने पूछा—''क्या वीरेन्द्र अभी तक नहीं आया?''

"न!" फर्श की ओर देखते हुए भाभी ने रूखे स्वर में संक्षिप्त उत्तर दिया।

"बहुद देर हो गयी!"

"आज आयेंगे भी नहीं—एक आदमी उनका लिखा चिट दे गया है..." वह अब भी फर्श की ओर देख रही थीं।

"क्या लिखा था उसमें?" मैंने अकृत्रिम उत्सुकता से पूछा।

"उन्हें एक आवश्यक कार्य से अचानक श्रीरामपुर जाना पड़ गया है! दो दिन बाद लौटेंगे।" पलँग पर नाखून से कुछ लिखती हुई भाभी बोलीं।

"निश्चय ही किसी हड़ताल या इसी तरह के किसी मामले के सिलसिले में गया होगा?"

"हो सकता है।" पहले की ही तरह रूखे भाव से भाभी ने उत्तर दिया।

"अच्छा भाभी चलता हूँ।" मैंने सहसा खड़े होकर कहा। वायलिन तो अब आप बजायेंगी नहीं; मैंने विघ्न डाला, इसके लिए क्षमा चाहता हूँ।" कहकर मैं अनिश्चित पगों से बाहर बरामदे में चला आया।

मेरे बाहर जाते ही भाभी ने फिर खट से बत्ती बन्द कर दी। बत्ती बन्द होते ही मैं फिर ठिठककर मूर्खों की तरह जहाँ का तहाँ खड़ा हो गया। मेरे पाँव अपने-आप हिल रहे थे और सिर झनझना रहा था। क्षण-भर के लिए अनिश्चित स्थिति में खड़ा रहा और उसके बाद फिर एक कदम भाभी के कमरे के दरवाजे की ओर लौटा।

"भाभी!" मैंने काँपती हुई आवाज में धीरे से कहा। कमरे के अन्धकार में वह कहाँ खड़ी या बैठी हैं, यह मैं कुछ भी नहीं देख पा रहा था।

खट से बत्ती फिर जल उठी। उसकी आकस्मिक तीव्रता से मेरी आँखें चौंधिया गयीं।

"क्या है?" दरवाजे के पास आकर, भीतर से ही, भाभी ने प्रकट में शान्त स्वर में अत्यन्त गम्भीर मुद्रा में, कहा। एक झलक में मैंने देखा, उनके गोरे-उजले, सुन्दर मुख पर, उनकी मोहक, चुम्बकीय आँखों में, भय और विस्मय का लेश भी नहीं रह गया था। उसमें थी केवल शान्त, मौन विषाद की एक सहज स्निग्ध छाया।

"कुछ नहीं, केवल फिर एक बार क्षमा चाहता हूँ।" कहकर मैं उसी क्षण बड़ी तेजी से अपने कमरे की ओर लौट पड़ा। मेरे भीतर, जाने कहाँ से, यह आवाज उठ रही थी—"व्यर्थ है—सब-कुछ व्यर्थ हुआ जा रहा है! सारा जीवन व्यर्थ चला जा रहा है!"

मैं कुछ भी नहीं समझ पा रहा था कि जीवन की व्यर्थता की याद किस कारण उस विशेष क्षण में मुझे आयी।

अपने कमरे में जाकर फिर पलँग पर लेट गया, पर नींद नहीं आती थी। रातभर करवटें बदलता रहा। कानों में वायलिन के वही हिल्लोलक स्वर गूँज रहे थे। सवेरा होने के कुछ ही समय पूर्व आँख लगी।

"लाला, उठो!"

आँखें खोलकर देखा तो भाभी सामने खड़ी थीं। खिड़कियों के शीशों से धूप छनकर सारे कमरे में फैल गयी थी। मैं दोनों हाथों से आँखें मलता हुआ हड़बड़ाता हुआ उठा।

"रात में क्या नींद नहीं आयी?" सहज स्वर में भाभी ने पूछा।

मैंने आँखें मलना छोड़कर उनकी ओर देखा। एक सहज, स्निग्ध शान्ति का हलका आभास उनकी दोनों आँखों में छाया था। उनमें न तो पिछली रात का विषाद था न विस्मय, नये प्रात का हर्ष था न उल्लास, और न ढिठाई थी न संकोच। सब-कुछ सहज, शान्त, संयत और सुन्दर था।

"तुम्हारा अनुमान ठीक है, भाभी। सुबह आँखें लगीं और मैं बेखबर सो गया। बड़ी देर हो गयी है..."

नौकर एक ट्रे में चाय और नाश्ता लेकर आ पहुँचा। ट्रे को एक कोने में रखकर उसने मेरे पलँग के आगे मेज लगा दी और फिर ट्रे को उसी पर रख दिया। सामने की ओर उसने एक कुर्सी भाभी के लिए लगा दी।

"बैठो भाभी।" मैंने कहा।

भाभी धीरे से बैठ गयीं।

"पर मैं अभी नाश्ता तो नहीं कर सकूँगा। हाँ, चाय जरूर पी लूँगा।" मैंने ससंकोच कहा।

भाभी मुस्करायीं। "ठीक है, चाय ही पी लो।" कहकर वह मेरे प्याले में चाय डालने लगीं। अन्दाज से चीनी और दूध डालकर उन्होंने प्याला मेरे आगे बढ़ा दिया। मैं प्याला उठाकर धीरे से पीने लगा और पीता हुआ भाभी के प्रत्येक हाव-भाव, प्रत्येक अंगभंगी पर ध्यान देता रहा। भाभी ने उसी नाजोअन्दाज से अपने लिये भी एक प्याला बनाकर अपनी न बहुत लम्बी न बहुत चौड़ी बायीं हथेली पर रख लिया और दाहिने हाथ की पतली (किन्तु बहुत लम्बी नहीं) उँगलियों से उसे उठाकर धीरे से होंठों से लगा लिया। उसके बाद वह अपनी धनुष की-सी भौंहों को खींचकर, आँखों की घनी काली बरौनियों के पर्दे को पूरा उघाड़कर, उज्ज्वल, तथापि रहस्य की छाया से घिरी हुई, आँखों की ऊर्ध्व दृष्टि से बीच-बीच में परीक्षक की तरह मेरी ओर देखती हुई धीरे–बहुत धीरे–आधा-आधा घूँट करके चाय पीने लगीं।

"तुम तो कुछ खा ही नहीं रही हो, भाभी।" मैंने कुछ कहने के उद्देश्य से कहा।

"तुम क्यों नहीं खाते?"

"मैंने तो अभी तक मुँह तक नहीं धोया! तुम तो नहा चुकी हो, ऐसा लगता है।"

"इस समय मैं कुछ खाती नहीं।"

क्षण-भर के लिए मैं चुप रहा। उसके बाद सहसा बोल उठा–"तुम बहुत महान् हो, भाभी!"

''इस समय मैं कुछ खाती नहीं, इसलिए?'' कहते हुए एक व्यंग्य-मिश्रित तीव्र मुस्कान उनके सारे चेहरे पर दौड़ गयी।

''नहीं भाभी, इसलिए नहीं,'' मैंने गम्भीर भाव से कहा, ''तुम जीवन की गहराइयों के बीच में महान् हो।''

''कहे चले जाओ लाला।'' वही व्यंग्य-भरी तीव्र मुस्कान मुख पर झलकाती हुई भाभी बोलीं। ''झूठ क्यों बोलूँ, ऐसी बातें सुनने में अच्छी लगती हैं!'' कहकर वह 'खिल्ल!' करके हँस उठीं। उनके हँसने में चाय का प्याला छलक उठा और कुछ बूँदें उनकी साड़ी पर गिर पड़ीं।

मैं झेंपकर रह गया और आँखें नीची करके चुपचाप चाय पीने लगा।

भाभी उसी हँसी के दौर में कहती चली गयीं—''अभी तुम कह रहे हो मैं महान् हूँ, कल कहोगे, मैं पूजनीय हूँ, और परसों न जाने क्या कहने लगोगे!'' कहकर वह फिर एक बार खूब जोर से हँसीं, पर उनकी इस बार की हँसी में कृत्रिमता स्पष्ट व्यक्त हो रही थी।

मैंने धीरे से, प्रायः मरी हुई आवाज में, कहा—''अब तुम मेरी बात का जैसा भी अर्थ लगाओ। मैंने तो एक सीधी-सी बात सहज भाव से कही थी।''

''लो, अब तुम बुरा मान गये! मैंने यह कब कहा कि तुमने सहज भाव से नहीं कहा! पर तनिक दूसरे के दृष्टिकोण से भी तो सोचो! तुम जैसे बुद्धिमान्, समझदार, जीवन के गहरे अनुभवों से गुजरे हुए व्यक्ति के मुँह से मुझ-जैसी एक अदनी नारी के लिए ये शब्द निकलना कि 'तुम जीवन की गहराइयों के बीच में महान् हो,' आश्चर्यजनक होने के साथ ही दूसरों के कानों में किस कदर हास्यास्पद लग सकता है, इस बात पर विचार करना तुम भूल गये। नहीं लाला, मैं महान् नहीं हूँ, मैं एक बहुत ही साधारण, बल्कि साधारण से भी गयी-गुजरी हुई नारी हूँ। यह तुम अगर अभी तक नहीं जान पाये, तो जल्दी ही जान जाओगे।''

पल में उनका हँसी का दौरा एक गहन-गम्भीर भावावेश में बदल गया, पर दूसरे ही क्षण उस भय की भावना जगानेवाली गम्भीरता को सहज भाव में बदलती हुई बोलीं—''जाने भी दो इन सब व्यर्थ की बातों को। जल्दी चाय पीकर नहा-धो लो और कपड़े पहनकर तैयार हो जाओ।''

''कहाँ के लिए?'' मैंने तनिक आश्चर्य से पूछा।

''कहीं घूमने निकल पड़ेंगे। आजकल घर में बैठे-बैठे जी घबराने लगता है।''

इसके बाद मैंने फिर कोई प्रश्न नहीं किया।

''मैं ड्राइवर से तैयार हो जाने के लिए कह आती हूँ।'' कहती हुई भाभी चली गयीं।

(60)

मैं भी उनकी आज्ञा का अनुसरण करता हुआ पलँग पर से उठा और कमरे से बाहर निकला। स्नानदि से निवृत्त होने और कपड़े बदलकर तैयार होने में पूरा एक घण्टा समय बीत गया। इस बीच भाभी दो-तीन बार यह जानने के लिए आयीं कि मैं तैयार हुआ या नहीं। आज तड़के ही घूमने के लिए उनकी यह उत्सुकता और हड़बडी मेरे लिये नयी बात थी।

अन्त में भाभी ज़ब स्वयं पूरी तरह तैयार होकर आयीं तब मैंने उन्हें सिर से लेकर पाँवों तक एक सरसरी निगाह से देखते हुए यह अनुभव किया कि उनकी सारी साज-सज्जा और पोशाक-पहनावे में सादगी रहने पर भी कुल मिलाकर एक ऐसा अपूर्व कलात्मक प्रभाव व्यक्त हो रहा था जो वर्णन और विश्लेषण के परे था। मैं कह नहीं सकता कि उस दिन किसी अज्ञात कारण से मेरी आँखें ही धोखा खाने के लिए पहले ही से तैयार बैठी थीं या सचमुच भाभी के व्यक्तित्व में ही एक ऐसी नयी विशेषता उस समय उभरकर आयी थी जिसका कोई परिचय उस दिन के पहले मुझे नहीं मिला था। प्रत्यक्ष में न उनके मुख पर पाउडर और क्रीम का आधिक्य दिखायी देता था, न उनके बालों की बनावट में ही कोई नयी विशेषता लगती थी। वह हलके केसरिया रंग की एक शान्तिपुरी साड़ी पहने थीं और उसके ऊपर, कन्धे पर एक कश्मीरी शाल लपेटा हुआ था, जो कोई असाधारण चीज नहीं थी। फिर भी, न जाने कहाँ से, एक अपूर्व मोहकता, एक दुर्निवार आकर्षणशीलता उनके समन्वित व्यक्तित्व से निखर रही थी। वह रहस्यमयी मोहकता न पूर्णतः अतीन्द्रिय ही थी और न उसे इन्द्रियग्राह्य ही कहा जा सकता था।

नीचे कार तैयार थी। हम लोग उसमें सवार होकर भाभी की इच्छानुसार झील की ओर निकल पड़े।

सर्दी काफी पड़ रही थी। मैं सिहरन का अनुभव कर रहा था—जाड़े के सबब या किसी अज्ञात भय से या और किसी कारण से, ठीक कह नहीं सकता। झील के पास पहुँचकर दोनों उतर पड़े। भाभी ने इच्छा प्रकट की कि झील के चारों ओर टहला जाय। मेरे मन में इस काम के लिए तनिक भी उत्साह नहीं जग रहा था। मैं एक स्थान पर स्थिर बैठकर अपनी मनःस्थिति पर शान्त भाव से विचार करना चाहता था। पर भाभी के प्रस्ताव का कोई विरोध मैंने नहीं किया।

झील के किनारे ठण्डी हवा काफी चल रही थी, जिसके कारण मेरे तन में और मन में सिहरन भी बढ़ती चली जा रही थी। आज भाभी के साथ चलते हुए मैं पहली बार तनिक संकोच का-सा अनुभव कर रहा था। उस संकोच में ग्लानि का भी मिश्रण किसी

हद तक था या नहीं, कह नहीं सकता। पर उनके एक अपूर्व नये रूप में निखरे हुए व्यक्तित्व का भी आकर्षण मेरे लिये उतना ही दुर्निवार सिद्ध हो रहा था।

उस दिन सुबह से ही मुझे रह-रहकर मनिया की याद आ रही थी। केवल याद ही नहीं, मानसिक टेलीविजन की-सी किसी रहस्यमयी क्रिया से अस्पताल के उस सारे कमरे का चित्र मेरी आँखों से एक पल के लिए भी हटना नहीं चाहता था जहाँ वह लेटी थी। उसका पट्टी से चारों ओर ढका हुआ चेहरा सुस्पष्ट दिखायी दे रहा था और मैं प्रत्यक्षवत् उसे पलँग पर करवटें बदलते हुए देख रहा था। बायीं ओर करवट बदलने में उसे काफी कष्ट हो रहा था—इतना तक मुझे अनुभव हो रहा था। वैसे मनिया की याद आना और अस्पताल के कमरे का दृश्य कल्पना की आँखों के आगे उतर आना, यह कोई असाधारण बात नहीं थी—बल्कि स्वाभाविक ही था। पर जिस तीव्रता से, प्रत्यक्ष की-सी अनुभूति के साथ, वह सारा चित्र मेरे आगे व्यक्त हो रहा था उसे मैं साधारण नहीं कह सकता। क्या किसी टेलीपैथिक क्रिया से मनिया को भाभी के उस दिन के उस नये आकर्षण का ज्ञान हो गया था जिसका प्रबल मोहक प्रभाव पहली बार मुझ पर पड़ा था। और अपने उसी ज्ञान की प्रतिक्रिया के फलस्वरूप मनिया ने कोई प्रतिक्रियात्मक टेलीपैथिक तरंग मेरी ओर प्रेषित की थी? कुछ असम्भव नहीं है—मैंने मन-ही-मन सोचा।

''लाला तुम एकदम गुमसुम बने हो, बात क्या है?'' भाभी के इस उलाहने से मैं जैसे स्वप्न से चौंक पड़ा।

''बात कुछ नहीं है,'' मैंने धीरे से कहा, ''सर्दी कुछ ज्यादा है।''

''सो तो है ही, इसीलिए तो सुबह टहलने में सुख है—जब बाहर और भीतर साथ-साथ सिसकारियाँ चलने लगती हैं!''

मैंने कुतूहल-भरी दृष्टि से उनकी ओर देखा। उनके मुख पर एक व्यंग्य-भरी रहस्यमयी मुस्कान खेल रही थी। उस मुस्कान से छिटकनेवाली किरणें बड़े तीखेपन के साथ मेरे अन्तर में गड़ने लगीं। वह मीठी गुदगुदी नहीं थी, बड़ी तीखी चुभन थी।

मैंने उनकी ओर से आँखें फेर लीं, और चुपचाप चलता रहा।

''यदि तुम्हें आगे बढ़ने का साहस नहीं होता तो यहीं ठहर जाओ।'' एक बेंच के पास पहुँचने पर भाभी ने कहा।

उनका यह कथन भी मुझे निगूढ़ अर्थ-भरी वक्रोक्ति की तरह लगा। उसकी आँखों का व्यंग्यात्मक भाव जैसे मेरे अनुमान की पुष्टि कर रहा था।

''आप ठीक कहती हैं।'' कहकर मैं हड़बड़ी के साथ बेंच की ओर मुड़ा और एक किनारे पर बैठ गया। भाभी भी मेरे करीब ही आकर बैठ गयीं।

झील की तरंगें निर्विकार, निरुद्वेग भाव से बही चली जा रही थीं। चारों ओर मटमैली धुमैली-सी धूप बिखरी हुई थी, जो मन में एक गहरी उदासी का भाव भरती थी। मुझे

लगता था जैसे मनिया से बिछुड़े हुए युग बीत चुके हों। पर बीते हुए युगों का वह व्यवधान उसकी स्मृति को भुलाने के बजाय और तीखा, और उज्ज्वल, और स्पष्ट कर रहा था।

उस सर्दी में भी झील के चारों ओर चक्कर लगानेवाले भ्रमणार्थी स्त्री-पुरुषों की कमी नहीं थी।

''बड़ा सुहावना प्रभात है आज का!''

''यह धुमैला, अवसाद और उदासी से भरा शीत-प्रभात यदि आपको सुहावना लगता है तो निश्चय ही यह आपकी महानता का सूचक है!''

भाभी खिलखिलाकर हँस पड़ीं। शायद 'महानता' का उल्लेख फिर एक बार, किन्तु दूसरे रूप में, होने से उनके भीतर गुदगुदी उठे बिना न रही। पर मैं सोचने लगा कि मेरा व्यंग्य वह किसी हद तक समझ पायी हैं या नहीं।

जो भी हो, उनकी मुक्त खिलखिलाहट से मेरे भीतर के उस अवसाद का कुहरा जैसे फट गया, जो इतनी देर तक मेरे मन के बहुत भीतर तक बैठकर मेरी आत्मा के सारे सत्त्व को ही जैसे चाटता चला जा रहा था।

भाभी ने कहा—''तुम्हारे मन के भीतर धुआँ है, इसलिए तुम बाहर भी धुआँ देख रहे हो। मेरे मन के भीतर उजाला है, इसलिए मुझे बाहर भी सब-कुछ उजला और सुहावना दिखायी देता है।'' कहकर वह फिर एक बार कुछ अजीब और अस्वाभाविक-सी मुद्रा बनाती हुईं खिलखिला उठीं।

मुझे एक धक्का-सा पहुँचा। मैं सोचने लगा कि आज अचानक भाभी के भीतर इतना उजाला कहाँ से आ गया? उनकी मुक्त खिलखिलाहट से स्पष्ट था कि आज उनके भीतर केवल 'उजाला' ही नहीं बल्कि 'उल्लास' भी भरा हुआ था। उनके पिछले दिन के करुण विषादाच्छन्न भाव से आज के इस उल्लास की संगति कहाँ बैठती थी? पर संगति कहीं बैठे या न बैठे, भाभी का वह भाव-परिवर्तन मेरे भीतर भी अपने छुतहा प्रभाव से एक अजीब-सी मोहक, रोमांचक और उमंगमयी अनुभूति जगा रहा था। मुझे लगने लगा कि सचमुच आज का प्रभात बड़ा ही सुहावना है। मेरे सारे मन में और प्राण में एक सर्वथा नयी और ताज़ा उमंग भरने लगी—ऐसी उमंग जिसका अनुभव वर्षों पहले कभी हुआ होगा। किशोर वय समाप्त होते ही जब यौवन-काल का प्राथमिक स्पर्श बाहर की और भीतर की आँखों में ऐसा सुरमा लगा देता है कि सर्वत्र जादू-लोक और परिस्तान की सुनहरी माया और रोमानी रंगीनी के सिवा और कुछ भी नजर नहीं आता, वही हाल उस समय मेरे भीतर का हो रहा था।

मैं स्निग्ध दृष्टि से भाभी की ओर देखता हुआ, पुलक-भरे स्वर में बोल उठा—''भाभी, तुम बहुत भली हो!''

''चलो, इतने दिनों की परख के बाद अन्त में तुम जान गये कि मैं भली हूँ!'' कहकर वह खिलखिला उठीं।

"नीरू!" किसी ने पीछे से बड़े तीव्र स्वर में किसी को पुकारते हुए कहा।

मैं जैसे सोते हुए, स्वप्न से उचक पड़ा। पीछे की ओर मुड़कर देखा एक प्रौढ़ महिला सामने ही कुछ दूर पर खेलती हुई एक प्रायः दस साल की लड़की को आँखों से तरेरती हुई पुकार रही थीं।

मेरे कानों में कुछ देर तक रह-रहकर "नीरू!" शब्द गूँजता रहा। तब मेरी समझ में नहीं आया था कि क्यों उस शब्द से मैं चौंक उठा था। मेरे कानों के पास आकर कोई बार-बार रटने लगा—"नीरू! नीरू! नीरू!" और उस काल्पनिक शब्द की रटन ने मेरे मन का तत्कालीन भाव ही एकदम बदल दिया। सहसा उस शब्द के जादू का कारण मेरे आगे स्पष्ट हो उठा। मेरे नाम का पहला अक्षर 'नृ' है, और छुटपन में मेरी माँ मुझे प्यार से कभी-कभी 'निरू' कहकर पुकारा करती थीं। 'नीरू!' की पुकार से मेरे शंकित मन को लगा, जैसे मेरी माँ की आत्मा उक्त महिला के स्वर में मुझे सावधान कर रही है।

मैंने खिन्न भाव से कहा—"भाभी, मेरी तबीयत ठीक नहीं है, चलो, लौट चलें।"

भाभी आश्चर्य से स्तब्ध रहकर कुछ क्षणों तक मेरी ओर देखती रह गयीं। "क्यों, अभी-अभी तुम्हें क्या हुआ?" भ्रान्त भाव से उन्होंने पूछा।

"कुछ नहीं! जाने क्यों, मन एकदम उचाट हो गया है। चलो, लौट चलें।" कहकर मैं उठ खड़ा हुआ।

भाभी ने भी चुपचाप मेरा अनुसरण किया।

घर लौटने पर उस दिन फिर भाभी से अधिक बात न हो सकी।

(61)

मनिया की दशा में बड़ी तेजी से सुधार होता गया। अस्पताल से घर लौटने के पहले जिस दिन उसकी पट्टी एकदम खोल डाली गयी, उस दिन मैंने दुर्घटना के बाद पहली बार उसका मुख पूरी तरह देखा। देखते ही क्षण-भर के लिए मुझे ऐसा धक्का लगा कि मैं अनजान ही में एक कदम पीछे हट गया। मनुष्य के मुख की आकृति किसी भी कारण से इस हद तक बदल सकती है इसकी कल्पना ही इसके पूर्व मैं नहीं कर सकता था। यदि मैं न जानता होता कि वह मनिया ही है तो शायद मैं मारे भय से चिल्ला उठता। कहाँ गयी उसकी वह स्निग्ध, शान्त, सौम्य मुख-छवि? कहाँ गयी वह मक्खन की-सी चिकनाहट, वह तपाये हुए सोने के-से रंग का निखार? काले-काले कुत्सित दागों से सारा चेहरा भर गया था। लगता था जैसे उसके मुख के सारे चर्मावरण को दीमक चाट गये हों। उस कल्पनातीत कुरूपता की पृष्ठभूमि में उसकी स्निग्ध, मृदु-मन्द मुस्कान और भी अधिक भयावनी लग रही थी।

मेरे मुख का भाव देखते ही मनिया अपने अन्तर्ज्ञान से जैसे सब-कुछ भाँप गयी। उसी सहज मुस्कान के साथ अत्यन्त कोमल, स्नेह-विह्वल स्वर में बोली—"मेरी कुरूपता

देखकर तुम डर गये हो, न! पर धीरे-धीरे आदी हो जाओगे—कुछ चिन्ता मत करो।'' कहकर वह अत्यन्त क्षीण स्वर में खिलखिला उठी।

मैं चौंककर केवल ''नहीं, नहीं!'' कहकर रह गया।

अस्पताल से घर आते हुए मैंने मोटर में मनिया से कोई बात नहीं की। उसकी बातों के उत्तर में केवल 'हाँ' या ''ना' कहककर रह जाता था।

घर पहुँचकर जब वह भाभी से मिली तब वह भी कुछ क्षणों तक स्तब्ध रह गयीं और बीच-बीच में मेरी ओर देखकर जैसे मौन प्रश्न करने लगीं कि मनिया के मुख के इस परिवर्तन को मैंने किस रूप में ग्रहण किया है।

प्रारम्भ में कुछ दिनों तक मनिया ने अपने रूप-विकार को शान्त और सहज भाव से लिया। पर मेरी उदासीनता—बल्कि विरुचि—उससे अधिक छिपी न रह सकी। और तब उसके मुख पर एक विशेष प्रकार की चिन्ता की छाप पड़नी आरम्भ हो गयी, वह जैसे मेरे प्रत्येक हाव-भाव और प्रत्येक व्यवहार को परीक्षक की-सी दृष्टि से परखने और विश्लेषित करने लगी—ऐसा मुझे लगा। यह बात भी उससे छिपी नहीं रह सकती थी कि भाभी की ओर मैं दिन-पर-दिन और अधिक खिंचता चला जाता हूँ। पर अपने मनोभाव को उसने कभी एक भी शब्द द्वारा व्यक्त नहीं होने दिया।

मनिया के अस्पताल से लौटने के दूसरे ही दिन वीरेन्द्र खास तौर से मनिया से मिलने के लिए मेरे कमरे में आया था। उसके साथ वही दो लड़के थे जो अस्पताल में मनिया से मिल चुके थे। बाद में मुझे पता चला था कि जिस लड़के ने बंगालियों की-सी भावुकता की बात कही थी उसका नाम निशीथकुमार राय था और दूसरे का वेणुमोहन। तीनों ने क्षणिक भ्रान्ति के बाद मनिया को हाथ जोड़े। कुछ क्षणों तक कोई कुछ नहीं बोला, जैसे कोई शब्द किसी को खोजे न मिल रहा हो। बाद में वीरेन्द्र ने मौन तोड़ते हुए मनिया को लक्ष्य करते हुए कहा था—''तुम्हें स्वयं नहीं मालूम कि तुम्हारे भीतर कितनी प्रचण्ड शक्ति छिपी हुई है। प्रारम्भ में जब मैंने तुम्हें देखा था तब मुझे इसका कोई अनुमान नहीं था। पर जिस दुर्घटना का शिकार तुम्हें होना पड़ा उसने मेरी आँखें खोल दीं। मैं इस समय तुमसे केवल इतना ही कहना चाहता हूँ कि अपने भीतर छिपी हुई अक्षय शक्ति के भण्डार को खोलकर उसके परिपूर्ण उपयोग की ओर सचेष्ट रहो। आज के युग के बिखरे हुए संसार को तुम्हारी इस अव्यक्त शक्ति की बहुत बड़ी आवश्यकता है।''

मनिया वीरेन्द्र की उस रहस्यमयी उक्ति को किस हद तक समझ पायी थी मैं कह नहीं सकता। स्वयं मैं भी उसके निगूढ़ इंगित का मर्म ठीक से समझने में अपने को असमर्थ पा रहा था। मनिया स्वयं भी खड़ी हो गयी थी और सहज स्नेह से मन्द-मन्द मुस्कराती हुई उन तीनों की ओर तब तक हाथ जोड़े रही जब तक वे लोग विदा होकर चले नहीं गये। वीरेन्द्र की बात से उसे कितना बल मिला इसका अन्दाज ठीक से न लगा सकने पर भी मुझे लगा कि उसके धैर्य का बाँध और भी सुदृढ़ हो गया था। उसकी

प्रत्येक बात से, प्रत्येक व्यवहार से एक अटूट गाम्भीर्य का आभास मुझे मिलने लगा था।

पर मेरी अपनी स्थिति कुछ विचित्र हो उठी थी। मेरा भीतरी जीवन कुछ अपरिस्फुट और अस्पष्ट द्वन्द्वों के बीच में उलझ गया था और बाहरी जीवन एक अनिश्चित जड़ता का शिकार बनकर एक प्रकार की निश्चेतन अवस्था की ओर बड़ी तेजी से अग्रसर होता चला जा रहा था। उस भ्रामक और मोहग्रस्त मनोदशा से मुक्ति पाने के लिए क्या उपाय करूँ—कुछ समय के लिए कलकत्ता छोड़कर कहीं भाग निकलूँ, या मनिया को लेकर मसूरी वापस चला जाऊँ, इसी उधेड़-बुन में फँसा हुआ था कि अचानक एक दिन ऐसी घटना घट गयी जिसने मेरे जीवन का सारा क्रम ही एकदम बदल डाला।

अपराह्न में—प्रायः चार बजे के समय—मैं, मनिया और भाभी ड्राइंग-रूम में चाय पी रहे थे कि सहसा एक 'कार' अहाते के भीतर प्रवेश करके बरसाती में आकर रुकी और कुछ ही क्षणों बाद निशीथ ने ड्राइंग-रूम के दरवाजे के पास से भीतर को झाँका। उसके मुख पर एक अजीब-सी परेशानी-सी नजर आ रही थी और प्रायः मौत का-सा सन्नाटा छाया हुआ था। उसे देखते ही, जाने क्यों, मेरा हृदय बड़े वेग से धड़क उठा। उसने क्षण-भर के लिए सकपकायी हुई दृष्टि से हम लोगों की ओर देखा, और फिर मेरी ओर देखकर, मुँह से बिना कुछ कहे ही तर्जनी से इंगित करके मुझे बाहर बुलाया।

मैं चाय छोड़कर हड़बड़ाता हुआ उठा। उसके पास पहुँचने पर वह मुझे बाहर ले गया। एक एकान्त कोने में ठहरकर उसने बहुत ही धीमी आवाज में कहा—"अनर्थ हो गया है। वीरेन्द्र बाबू पुलिस की गोली के शिकार बनकर अस्पताल में चिन्ताजनक अवस्था में पड़े हुए हैं।"

मैं आतंकित हो उठा और कुर्सी पर से उछलकर उठ खड़ा हुआ। भाभी ने पीछे से आकर उसकी बात सुन ली थी। वह हक्की-बक्की-सी एक बार मेरी ओर और दूसरी बार निशीथ की ओर ताकती रह गयीं। उनके मुख का रंग एकदम उड़ गया था। कुछ क्षणों तक वह उसी भ्रान्त अवस्था में कुर्सी पर ही बैठी रह गयीं, जैसे उनकी कमर ही टूट गयी हो और उठने की भी शक्ति न रह गयी हो। उसके बाद वह काँपती हुई, लड़खड़ाते पाँवों से उठीं। आँखों से टपाटप आँसू गिराती हुईं, सहसा मर्म-विदारक स्वर में चीख मारती हुई बोलीं—"अब क्या होगा, लाला?" और वह गिरती हुई-सी सहारे के लिए मेरा कन्धा पकड़ना चाहती थीं कि मैंने उनका हाथ पकड़ लिया। स्वयं बुरी तरह हौलदिल होता हुआ भी मैं उन्हें ढाढ़स बँधाने के इरादे से बोला—"घबराओ मत भाभी, अस्पताल में इलाज होने से वीरेन्द्र जल्दी ही उठ बैठेगा। चलो, हम लोग जल्दी ही चलें।" सब-कुछ सुनने पर मनिया की आँखें भी डबडबा आयी थीं और वह "हे प्रभु! यह क्या हुआ!" कहकर सिसक-सिसक क्षीण स्वर में रोने लगी।

नौकर से कहकर मैंने ड्राइवर को बुलवाया और उसके बाद हम तीनों कार पर जा बैठे। रास्ते में निशीथ ने बताया कि पुलिस ठीक उसी स्थान पर एक जुलूस को रोक रही थी जहाँ मनिया के ऊपर तेजाब-भरा बल्ब फेंका गया था। जब पुलिस के रोकने

के बावजूद जुलूस आगे बढ़ता चला गया तब पुलिस ने गोली चलायी। तीन आदमी घायल हुए, जिनमें एक वीरेन्द्र भी था।

अस्पताल में फाटक के बाहर भीड़ लगी हुई थी। बड़ी मुश्किल से हम लोग भीड़ को ठेलते हुए उस कमरे के भीतर घुसे जहाँ वीरेन्द्र का इलाज हो रहा था। वहाँ एक आपरेशन-टेबिल को डॉक्टर, कम्पाउण्डर और नर्सें चारों ओर से घेरे हुए थीं। सबके चेहरे उदास थे और एक गुरु-गम्भीर वातावरण छाया हुआ था। मैंने एक नर्स से कहा–"हम लोग घायल व्यक्ति को देखना चाहते हैं। उनकी पत्नी भी आयी हुई हैं और हम सब उनके आत्मीय हैं।"

नर्स ने एक दूसरे व्यक्ति को सूचित किया, जो एक लम्बा, सफेद चोगा पहने था और जिसका मुँह एक सफेद कपड़े से ढका था। स्पष्ट ही वह सर्जन था। मुँह पर से कपड़ा हटाते हुए उसने बहुत ही धीमे और उदास स्वर में कहा–"मुझे दुःख है, मैं उन्हें बचा न सका..."

मैं डॉक्टर को और आस-पास खड़े दूसरे व्यक्तियों को ढकेलकर, "वीरेन्द्र! वीरेन्द्र?" चिल्लाता हुआ आगे बढ़ा। टेबिल के किनारे पर पहुँचकर मैंने देखा, वीरेन्द्र के भीतर इतने दिनों तक चलनेवाला भयावना तूफान उसकी दो सुन्दर, किन्तु सदा के लिए बन्द, आँखों की कोरों में शान्त होकर सो गया है। उसका शरीर एक सफेद चादर से ढँक दिया गया था, केवल मुँह खुला था। भाभी भी मेरे पीछे पागलों की तरह दौड़ी चली आयी थीं। वीरेन्द्र की ओर एक झलक देखते ही वह चीख उठीं और उसके बाद उन्होंने दोनों हाथों से अपनी आँखें बन्द कर लीं। मनिया भी उनके पीछे चली आयी थी। अपनी मौन आँखों से टपाटप आँसू गिराती हुई वह किसी अज्ञात आकर्षण से, भ्रान्त दृष्टि से वीरेन्द्र की ओर देखती रह गयी।

भाभी दोनों हाथों से आँखें बन्द किये फफक रही थीं। मैं उन्हें क्या दिलासा देता, जबकि मैं स्वयं अपने को अकेला, निस्सहाय अनुभव करता हुआ हौलदिल हो रहा था।

हम लोग वहाँ पर कितनी देर तक, कितने युगों की लम्बी अवधि तक खड़े रहे, मुझे ठीक याद नहीं है। मैं, और सम्भवतः भाभी भी, समय के ज्ञान के एकदम अतीत हो चुके थे। ज्ञान तब हुआ जब वीरेन्द्र की लाश को एक स्ट्रेचर पर रखकर उसे एक कमरे में ले जाया गया। तब मुझे होश आया कि बीती दुःखद घटना के लिए पश्चात्ताप स्थगित करके अन्त्येष्टि-संस्कार का प्रबन्ध करना होगा। फाटक पर खड़ी भीड़ कम्पाउण्ड के भीतर घुस आयी थी। मेरे कहने पर दस-पन्द्रह स्वयंसेवक अर्थी के प्रबन्ध के लिए जुट पड़े। भाभी और मनिया को मैंने वीरेन्द्र के मृत शरीर के पास ही एक बेंच पर बलपूर्वक बिठा दिया और दोनों को रोता हुआ छोड़कर फिर बाहर चला आया।

प्रायः दो घण्टे के बाद अर्थी तैयार हो गयी। सामान जुटाने में काफी समय लग गया था। जब मृत शरीर को हरिबोल और इन्कलाब के सम्मिलित नारों के साथ अर्थी पर

रखा गया तब छात्रों के विभिन्न दलों ने अपनी-अपनी ओर से उस पर मालाएँ सजाकर रखीं। स्त्रियों ने फूल बरसाये। भाभी और मनिया को निशीथ की देख-रेख में छोड़कर मैंने अर्थी का अगला, बायाँ सिरा पकड़ लिया। "बोलो हरि—बो-ो-ो-ो-ल!" इन्कलाब जिन्दाबाद!" के आकाश को गुँजानेवाले नारों के साथ अर्थी को उठाकर कन्धों पर रखते हुए हम लोग नीमतल्ला की ओर चल पड़े। एक बहुत बड़ी भीड़ हम लोगों के साथ लग गयी। मैं कल के पुतले की तरह कभी "हरिबोल" और कभी "इन्कलाब" चिल्लाता था। मन और मस्तिष्क के कोष इस कदर बिखर गये थे कि ठीक से कुछ समझ में नहीं आता था कि अचानक क्या घटना घट गयी, किन चक्करों और किन मोड़ों से होकर उस घटना की धारा बह रही है और कहाँ उसकी परिणति होने जा रही है।

श्मशान में पहुँचने पर अर्थी उतारी गयी। मैं अर्थी के पास ही बाजू पर धम्म से बैठ गया। जब तक चिता सजती रही तब तक शून्य मानसिक अवस्था में जड़-पिण्ड की तरह मैं वहीं पर बैठा रहा। अँधेरा हो चला था और भागीरथी के दोनों नगर की प्रकाश-रेखाएँ जल उठी थीं, जैसे यम के दूत एक नयी आत्मा के स्वागत के लिए हाथों में मशाल लिये कतार बाँधे खड़े थे। मैं बहुत देर तक सामनेवाली प्रकाश पंक्ति की ओर अनमने भाव से टकटकी बाँधे रहा।

जब चिता तैयार हो चुकी तब मैंने दूसरे साथियों की सहायता से स्वयं अपने हाथों से अपने प्रिय मित्र के प्राणहीन शरीर को उस पर लिटाया। उसके बाद मैंने ही सबसे पहले चिता में आग लगायी। देखते-देखते चारों ओर से आग धधक उठी। मैं खड़े-खड़े किसी रहस्यमयी चुम्बक-शक्ति से प्रभावित व्यक्ति की तरह स्थिर दृष्टि से उन लपटों की ओर देखता रहा।

ज्वाला की लाल जीभें लम्बी—और अधिक लम्बी—होती चली जा रही थीं। शेषनाग के सहस्र फन चारों ओर लपलपाती हुई विष-जिह्वाओं को बाहर निकालकर अपने सम्मिलित दंशन से उस निर्जीव मिट्टी के पुतले से खेल रहे थे, जिसके भीतर कुछ ही घण्टों पहले तक तूफानी भाव-तरंगें सामूहिक जीवन की विषमता से क्रुद्ध होकर सौ-सौ आघातों और अवरोधों का सामना करती हुई उमड़-उमड़कर सागर को आन्दोलित कर रही थी। क्या वह तूफान सदा के लिए शान्त हो गया—मात्र एक गोली की चोट से? क्या व्यापक सामाजिक अन्याय के विरुद्ध उमड़े हुए मानवात्मा के विद्रोह को इतनी आसानी से कुचला जा सकता है?

लपटों ने पूरी तरह से मृत शरीर को ग्रस लिया था। चटखती हुई ज्वालाएँ और अधिक तीव्रता से धधकने लगी थीं और समस्त आकाश का—सारे विश्व को छाने की महत्त्वाकांक्षा से ऊपर को उछलती चली जा रही थीं।

नहीं, वह तूफ़ान अभी शान्त नहीं हुआ, सामूहिक प्राणों की ज्वाला को इतनी आसानी से नहीं बुझाया जा सकेगा—चिता की चटचटाती हुई लपटें मेरे कानों में यह

मन्त्र फूँकने लगीं। इस एक चिता की धक-धक धधकती हुई आग कुछ समय बाद अवश्य बुझ जायगी, पर तब तक वह बहुत-से जीवित प्राणों में नयी आग सुलगा चुकेगी। और उन नये प्राणों की आग बुझने के पहले हजारों दूसरे प्राणों को धधकाने का कर्त्तव्य पूरा कर जायगी।

रह-रहकर वीरेन्द्र की वे सब बातें एक-एक करके नये सिरे से मेरे कानों में गूँज रही थीं जो उसने मेरे कलकत्ता पहुँचने के पहले ही दिन मुझसे कही थीं। मुझे लगा कि अपने विश्वासों के प्रति वह कितना ईमानदार था और अपने समस्त व्यक्तिगत स्वार्थों को तिलांजलि देकर अपने उन विश्वासों के लिए मर मिटने को वह पहले से ही किस कदर तैयार था। बहुत-सी बातों में उससे मेरा मतभेद था, सन्देह नहीं, पर आज उसकी चिता के ज्वलन्त प्रकाश से मेरे आगे केवल उसकी ईमानदारी और साहस ही स्पष्ट से स्पष्टतर रूप में नजर आ रहे थे और अपने प्रिय मित्र के प्रति मेरा प्रेम सामने बहनेवाली भागीरथी की लहरों की तरह ही सौ-सौ उच्छ्वासों के साथ उमड़कर मेरे हृदय के दोनों कूलों को गद्गद, विह्वल कर रहा था। मैं जानता था कि मृत व्यक्ति के प्रति भावुकतापूर्ण प्रेम उमड़ने का कोई अर्थ नहीं होता; वह इस प्रकार की समस्त अनुभूतियों के परे चला गया होता है। पर यह तर्क मेरे कुछ भी काम नहीं आ रहा था। मुझे याद आ रहा था कि उसका हास्य-विनोद-प्रिय स्वभाव अन्तिम दिनों में किस प्रकार गम्भीर और विचारमग्न बन गया था। सामाजिक और सामूहिक जीवन की विषमता ने कैसी अमिट चिन्ता की छाप उसके मन में, प्राणों में अंकित कर दी थी! जिस प्रकार का सुख और आराम से पूर्ण जीवन वह बिता रहा था, उसे छोड़कर कठोर संघर्षमय जीवन को अपनाने की प्रेरणा उसे कैसे और कहाँ मिल गयी? उसके प्राणों के भीतर जिस सामूहिक जीवन की वेदना अत्यन्त तीव्रता से आकर टकरायी थी वह क्या उसकी स्थिति के किसी दूसरे व्यक्ति को सहज में प्रभावित कर पाती? उसके लिए प्राणों की जितनी अधिक अनुभूतिशीलता की आवश्यकता है वह सब में सम्भव नहीं है।

जब मैं इस तरह सोच रहा था तब वीरेन्द्र के व्यक्तित्व की छिपी हुई महानता स्तर-प्रति-स्तर मेरे आगे खुलती चली जा रही थी। उसके जीवन-काल में मैं उसे कितना गलत समझे बैठा था! ऊपर से गरम-गरम बातें करने पर भी भीतर से वह विश्व-शान्ति का कितना बड़ा उपासक था! किन्तु कायर उपासक नहीं। शान्ति के लिए ही अपने प्राणों की बलि देकर उसने यह बात सिद्ध कर दी। यह ठीक है कि वह भूलों और भ्रान्तियों से परे नहीं था—कोई भी मनुष्य निर्भ्रान्त नहीं हो सकता, पर जीवन की सच्चाई को प्राप्त करने की जो तीव्र आकुलता उसमें थी वह कितनों में होती है?

आग की लपटें हवा का बल पाकर पूरी तेजी से जल रही थीं। मांस और अस्थिगत मज्जा के जलने से जो चटखने की आवाज हो रही थी वह रह-रहकर मेरे इतने दिनों तक जड़ और उदासीन बने हुए प्राणों में विस्फोट उत्पन्न कर रही थी। मेरी सोयी हुई आत्मा किन्हीं अज्ञात, मार्मिक आघातों से रह-रहकर चौंक उठती थी। लोहार की भट्ठी

में गरम किये हुए लाल-लाल हथौड़ों की निर्मम चोटों से मेरे मन के वर्षों से जंग खाये हुए लोहे के दरवाजे हिलने लगे थे। मैं आँख मींचकर, दाँत पीसकर उन तप्त आघातों का स्वागत कर रहा था। तोड़ो! तोड़ो! मेरे भीतर की युग-युगों से बन्द पड़ी हुई अन्ध-कारा के द्वार तोड़कर मेरी मोहाच्छन्नता को दूर करो। लम्बे अर्से से जमे हुए अँधेरे से बाहर निकालकर मुझे व्यापक जीवन की यथार्थता के ज्वलन्त प्रकाश में लाकर पटक दो!

सब-कुछ समाप्त हो जाने के बाद जब मैं श्मशान से लौटकर बालीगंज पहुँचा तब मकान के फाटक से भीतर प्रवेश करते ही लगा कि एक-एक दीवार भौतिक अट्टहास से मुझे भयभीत करती हुई मेरा तिरस्कार कर रही है। जैसे कह रही हो–"जाओ! जाओ! लौट जाओ! तुम्हारे लिये यहाँ स्थान नहीं है! तुम्हारे समान नीच और कायर प्राणी इस मकान का रखवाला नहीं हो सकता, जिसमें एक वीर आत्मा की गरम-गरम श्वासे अभी तक वायु में कम्पन पैदा कर रही हैं। अभी तक वे श्वासें ठण्डी नहीं हुई हैं और एक थपेड़े से तुम्हारे मुर्गदिल को झुलसाने की समर्थता रखती हैं। जाओ, जाओ! लौट जाओ!"

मेरा माथा झनझनाने लगा था। मन के बहुत भीतर से बल बटोरकर मैं कार से उतरा। वीरेन्द्र का पुराना नौकर शम्भू नीचे बरामदे में खड़ा था। उसके चेहरे का रंग एकदम उड़ा हुआ था और आँखें भरी हुई थीं। मुझे उससे पूछने का साहस नहीं हुआ कि भाभी का क्या हाल है। बिना कुछ बोले मैं सीधे ऊपर अपने कमरे में चला गया। कमरे में कोई नहीं था। शम्भू ने आकर बताया कि "छोटी बहू बड़ी बहू के कमरे में लेटी हुई हैं।"

"क्या सो गयी हैं?"

"यह तो कह नहीं सकता, बाबू जी, दोनों आँखें बन्द करके लेटी हुई हैं। बाहर से पुकारकर बुला लाऊँ?"

"नहीं, नहीं रहने दो। खाना खा लिया दोनों ने?"

"किसी ने कुछ नहीं खाया। खाना लाने के लिए मना कर दिया है। आपके लिए लाऊँ खाना।"

"नहीं, मैं भी कुछ नहीं खाऊँगा। तुम भी जाकर आराम करो। देर हो गयी है।"

वह अनिच्छा से धीरे से चला गया। उसके चले जाने के बाद मैं अनिश्चित मन से पलँग पर लेट गया। सारा मकान भायँ-भायँ कर रहा था। मेरी बन्द आँखों के आगे असंख्य प्रकाश-कणों के बीच में विचित्र आकृतिवाली छाया-मूर्तियाँ नाच रही थीं।

कुछ देर तक निश्चल अवस्था में लेटे रहने के बाद मैं उठ खड़ा हुआ। निःशब्द पगों से बरामदे से होता हुआ भाभी के कमरे के बाहर खड़ा हो गया। दरवाजा खुला था और बत्ती जल रही थी। बाहर दरवाजे के पास ही एक नौकरानी लेटी हुई थी। आज यह नयी बात थी। भीतर एक पलँग पर भाभी लेटी थीं। दोनों वही कपड़े पहने थीं जिन्हें

पहनकर वे अस्पताल गयी थीं। भाभी का सिर खुला हुआ था और बाल बिखरे हुए थे। दोनों हाथों से वह पलँग के सिरहानेवाला पाया पकड़े हुए थीं, मुँह नहीं दिखायी देता था। या तो वह दिनभर रोते रहने के कारण इतना थक गयी थीं कि नींद ने उन्हें अपनी गोद में ले लिया था, या जड़ता ने उन्हें इस हद तक जकड़ लिया था कि तनिक भी हिलने-डुलने की शक्ति उनमें शेष नहीं रह गयी थी। दोनों हालतों में उन्हें जगाना उचित न होगा, यह सोचकर मैं चुप रहा। मनिया का मुख मेरी ओर था। वह शायद सचमुच सो गयी थी, उसकी साँसों से ऐसा ही लगता था। उस भयावनी रात में भाभी को अकेला छोड़ना उचित न समझकर सम्भवतः उसने जान-बूझकर भाभी के साथ ही सोने का निश्चय किया होगा।

केवल कुछ ही क्षणों के लिए मैं दरवाजे पर खड़ा रहा। उसके बाद जिस तरह आया था उसी तरह निःशब्द पगों से लौट गया। बत्ती बुझाकर सोने के इरादे से पलँग पर लेटते ही कुछ खटकने की-सी आवाज कानों में गयी। कुछ चौंकता हुआ-सा उठा और फिर बत्ती जलायी। कहीं कुछ नहीं था। मन की इस पीड़ित अवस्था में भी अपने वहम पर मुझे स्वयं ही हँसी आयी। फिर बत्ती बुझाकर लेट गया। साधारणतः मैं भीरु स्वभाव का आदमी नहीं हूँ, और न किसी प्रकार के अन्ध-संस्कार से ही ग्रस्त हूँ–कम-से-कम मेरा ऐसा विश्वास है। पर उस रात दिनभर के मानसिक अवसाद और विषाद के बाद चित्त कुछ ऐसा चंचल हो उठा था कि नींद आते-आते फिर उचट जाती थी। लगता था कि अन्धकार में एकाकार होकर मिली हुई किसी की आत्मा मेरे कानों में कुछ फुसफुसाने का प्रयत्न कर रही है। अन्त में मैं रह न सका, फिर बत्ती जला दी और उजाले में ही आँखें बन्द करके सोने का प्रयत्न करता रहा। कब नींद ने धर दबाया, कह नहीं सकता। जब आँखें खुलीं तब दिन निकल आया था।

(62)

कुछ दिनों तक एक अजीब, अशोभनीय, अस्वाभाविक और अप्रिय वातावरण मेरे चारों ओर छाया रहा। हम तीनों एक ही मकान में रहने पर भी जैसे एक-दूसरे से एकदम पृथक् जीवन बिताते हुए अपने-अपने व्यक्तित्व के सीमित दायरे से बँध-से गये थे। जैसे जेल की एक-दूसरे से जुड़ी हुई तीन काल-कोठरियों में तीन कैदी एक-दूसरे के निकट रहने पर भी एक-दूसरे के बीच अनन्त की दूरी का अनुभव करने के लिए विवश किये गये थे। बीच-बीच में निशीथ और बेनू आकर मिल लेते थे और कभी-कभी अपने कुछ साथियों को भी साथ में लाते थे। उनके आने से कुछ समय के लिए एक ऐसा सूत्र मिल जाता था जिसमें हम तीनों जुड़ जाते थे, पर उनके चले जाने पर फिर वही पृथक्-पृथक् कारावास की-सी स्थिति उत्पन्न हो जाती थी।

पर जैसा कि ज्ञानी लोग कह गये हैं, समय बड़ा बलवान् है। ज्यों-ज्यों दिन बीतते चले गये, त्यों-त्यों जड़ विषाद का अत्यन्त घना कुहरा धीरे-धीरे परत-दर-परत खुलता

चला गया, और उसके हटते चले जाने से वातावरण जिस हद तक रिक्त होता चला जाता था उस हद तक उसके स्थान पर नयी हवाएँ और नये रंग प्रवेश करते चले जाते थे। यह नया परिवर्तन, अज्ञात रूप से, बेमालूम ढंग से, बहुत ही धीमी रफ्तार से आ रहा था। और एक दिन मैंने सहसा आश्चर्य के साथ अनुभव किया कि मैं पिछले कुछ समय के अवसाद से एकदम मुक्त हो गया हूँ। वीरेन्द्र की मृत्यु के दिन श्मशान में जिस मार्मिक रूप से तीखी वेदना का अनुभव मुझे हुआ था वह धीरे-धीरे एक ऐसी पवित्र और स्थायी स्मृति में बदल गया जिससे मुझे एक प्रकार का आत्म-बल प्राप्त होने लगा। मैं यह निश्चय करने लगा कि उस नयी अन्तर-शक्ति को उपयोगी दिशाओं में नियोजित करने में कोई बात उठा न रखूँगा। "यह ठीक है," मैंने मन-ही-मन सोचा, "कि हिंसा और प्रतिहिंसा का पथ मेरा नहीं है, मेरी प्रकृति ही उसके अनुकूल नहीं पड़ती। पर शोषित जनता के समुचित शिक्षण, संगठन और उन्नयन के कार्य में तो मैं उन लोगों का हाथ बँटा ही सकता हूँ जो सर्वहारा वर्ग की उन्नति के लिए अपना सर्वस्व होमने के लिए तैयार बैठे हैं, और इस दिशा में निरन्तर प्रयत्नशील हैं।" इस तरह के विचार से मुझे बड़ी तसल्ली मिल रही थी।

यह देखकर भी मुझे कुछ कम प्रसन्नता नहीं हो रही थी कि भाभी भी पहले धक्के से सँभलकर धीरे-धीरे सहज सौम्य शान्त रूप धारण करती चली जा रही थीं। भीतर से उनका विषाद कहाँ तक मिट पाया था, यह तो मैं नहीं कह सकता, पर उनके बाहरी रूप में स्थिरता आने लगी थी।

मनिया दिन-पर-दिन, मास-पर-मास, मातृत्व की परिपूर्ण परिणति की ओर अग्रसर होती चली जा रही थी। उसके भीतर की जिस स्थिर शान्ति में वीरेन्द्र की दुःखद मृत्यु से रुकावट आ गयी थी वह फिर अपने पूर्ण रूप में आती हुई मालूम हुई। नये प्राणी के निकट आगमन की अनुभूति से उसके मन-प्राण एक अलौकिक आनन्द से जैसे लबालब भर गये थे। वह अनुभूति उसकी स्निग्ध और सरस मुस्कान के रूप में सब समय उसकी आँखों में और ओंठों में व्यक्त होती रहती थी। उसके चेहरे में तेजाब के जलने से जो विकृति आ गयी थी वह भी जैसे उस मंगल-मुस्कान के आवरण में ढँकने लगी थी, ऐसा भ्रम मुझे होने लगता। पर यदि कभी एक क्षण के लिए भी वह मुस्कान किसी अज्ञात चिन्ता के कारण लुप्त हो जाती तो उसकी कुरूपता भयानक रूप में मेरे सामने आती और मैं भीत हो उठता। तब मैं जैसे किसी दुःस्वप्न से चौंक उठता और तब लगता कि वह कुरूपता किसी भी हालत में भुलाने की चीज नहीं है।

मनिया भरसक भाभी को सब समय प्रसन्न रखने का प्रयत्न करती रहती—स्पष्ट ही इसलिए कि भाभी वर्तमान के दैनन्दिन जीवन में दिलचस्पी लेने लगें और भूतकालीन दुःखद स्मृति को भूल जायँ। और भाभी सचमुच—चाहे ऊपरी मन से ही क्यों न हो—प्रतिदिन के छोटे-मोटे घरेलू धन्धों में अपने को उलझाये रखने के लिए सचेष्ट-सी जान पड़ने लगीं। फिर भी भीतर से उनका मन खोया-खोया-सा रहता था, यह बात मुझसे छिपी नहीं थी।

मनिया को अन्तरीण मातृत्व का बोझ लिये नौ महीने पूरे होने को थे। बीच-बीच में उसको पीड़ा का भ्रम होने लगता और मैं सतर्क रहने के लिए हर तीसरे रोज डॉक्टरनी या अनुभवी दाई को बुलाकर दिखा देता। अन्त में एक दिन सन्ध्या को पाँच बजे के समय उसे सचमुच का दर्द उठता हुआ मालूम हुआ। मैंने प्रस्ताव रखा कि उसे कार पर बिठाकर किसी अच्छे मेटरनिटी हास्पिटल में पहुँचा दूँ। पर वह अस्पताल जाने के लिए किसी भी हालत में राजी न हुई। मैंने एक योग्य डाक्टरनी और नर्स को बुला भेजा।

भाभी ने उसे एक अलग कमरे में लिटा दिया था। भीतर से दरवाजा बन्द कर दिया गया था और मैं बाहर बरामदे में शंकित मन से टहलने लगा। मनिया कुछ समय तक कराहती रही। उसके बाद सहसा उसने ऐसे जोरों से चीखें मारनी शुरू कर दीं कि मैं हौलदिल हो उठा। घबराहट में बन्द दरवाजे को बाहर से खटखटाने के लिए कई बार मैंने अपनी मुट्ठी बँधा हुआ हाथ बढ़ाया, पर बार-बार बेवकूफ बनने की आशंका से रुक गया। उसका चीखना बन्द नहीं होता था और बढ़ता ही चला जाता था। मैंने सुन रखा था कि प्रसव के समय मृत्यु की काफी सम्भावना रहती है। इस चिन्ता से मैं और अधिक घबरा उठा था। अन्त में उसने एक ऐसी मर्मभेदी चीख मारी कि मैं समस्त संकोच त्यागकर मुट्ठी से पूरी ताकत से दरवाजा भड़भड़ाने लगा।

अधेड़ डॉक्टरनी ने डाँटकर कहा—"कौन है? अभी दरवाजा नहीं खुलेगा।"

मैंने काँपती—प्रायः रोती—हुई आवाज में कहा—"मैं हूँ। जरा—जरा खोलिये। किसी और डॉक्टर को बुलाऊँ क्या?"

मेरी मर्म-पीड़ा से निकले हुए अधीर प्रश्न के उत्तर में भीतर से डॉक्टरनी का अट्टहास, नर्स का ठहाका और भाभी के खिलखिलाने का शब्द सुनायी दिया। भाभी आज बहुत दिनों बाद खिलखिलायी थीं, उस तथ्य पर मेरा ध्यान बाद में गया। पर उस समय तो उन लोगों की हँसी के कारण मेरे क्रोध और खीझ की सीमा नहीं थी।

"आप लोग हँसती हैं और उधर मरीज मरने पर है!" मैंने रुआँसा होकर खीझ-भरे स्वर में कहा।

दुगने अट्टहास से भीतर का कमरा गूँज उठा। "पागल हुए हैं क्या?" डॉक्टरनी ने स्नेहपूर्वक डाँटते हुए कहा। पर मनिया का चीखना बन्द नहीं हो रहा था, इसलिए मैं संकोच से चुप रह जाने की स्थिति में नहीं था। अर्द्धचेतनावस्था में दरवाजे पर धक्के देता चला गया।

इतने में एक नन्हें-से प्राणी के रोने का शब्द 'कि-हाँ! कि-हाँ!" सुनायी दिया।

"खुशी मनाओ," डॉक्टरनी ने कहा—"बच्चा हुआ!" और फिर ठहाका!

और सचमुच मनिया का चीखना बन्द हो गया था। मैं लज्जा से गड़ा जा रहा था। इतना बड़ा बेवकूफ मैं अपने जीवन में पहले कभी नहीं बना था। भाभी मन में क्या सोचती होंगी! स्वयं मनिया क्या सोचेगी! डॉक्टरनी के अट्टहास और नर्स के ठहाके

की गूँज मेरे कानों में अत्यन्त विद्रूप के साथ बज रही थी। अपने को मुँह दिखाने लायक न समझकर मैं कमरे से दूर चला और बरामदे के अन्तिम सिरे पर जाकर बाहर का दृश्य देखने लगा।

प्रायः आधे घण्टे बाद कमरे का दरवाजा खुला और भाभी ने आकर कहा—"लाला, चलो, अब तुम भीतर जा सकते हो।" उनके मुख पर स्नेह और व्यंग्य-मिश्रित अर्द्ध व्यक्त मुस्कान झलक रही थी।

मैं लज्जा में गले-गले डूबा हुआ, सिर नीचा किये कमरे की ओर बढ़ा। भीतर जाकर देखा, मनिया का मुख एक अपूर्व—प्रायः अलौकिक—आनन्द की अनुभूति से खिल रहा था। उसकी आँखों में पुलक-भरी सरलता चमक रही थी। वह बच्चे को बदन से लिपटाये हुए दूध पिला रही थी। मुझे देखकर उसका प्रसन्न मुख और अधिक खिल उठा। प्रायः गद्‌गद स्वर में बोली—"तुम बहुत घबरा उठे थे न?"

"हाँ, मैं समझ रहा था कि कहीं तुम्हारे प्राण ही न निकल रहे हों।"

वह अत्यन्त मधुर, अत्यन्त कोमल और अत्यन्त क्षीण स्वर में "खिलखिल" कर उठी। "तुम तनिक-सी बात से घबरा उठते हो!" उसने कहा, "अच्छा, अगर मैं सचमुच मर गयी होती, तब तुम क्या करते? तुम्हें बहुत दुःख होता न?"

मेरे हृदय के तार पहले ही बहुत अधिक खींचे जा चुके थे। मनिया के इस प्रश्न से मेरी भावुकता पराकाष्ठा को पहुँच गयी और मेरी दोनों आँखों के कोये डबडबा आये। बूँदों को गिरने से रोकने के लिए पूरी चेष्टा करता हुआ मैं भरे हुए गले से बोला—"इस तरह का प्रश्न न करो, मनिया!"

"पर मैं पूछती हूँ कि क्यों तुम मेरे लिये इतने चिन्तित रहते हो? मेरे मर जाने पर तुम्हें निश्चय ही मुझसे बहुत अच्छी पत्नी मिल जायगी। तब तुम और अधिक सुखी रहोगे..."

उसके मुख पर पहले की ही तरह वही सहज स्नेह और सहज प्रसन्नता की पुलक-भरी आभा झलक रही थी, इसलिए यह कल्पना करना कठिन था कि उसकी बात में व्यंग्य का तनिक भी आभास हो सकता है। पर इस तरह की बात व्यंग्य के अतिरिक्त और हो क्या सकती है? और मान लिया जाय कि वह व्यंग्य नहीं, केवल एक सहज स्नेहपूर्ण परिहास था, पर इस तरह के परिहास के लिए क्या वह उचित अवसर था? मुझे बहुत ही तीखी मर्म-पीड़ा पहुँची।

मैंने कहा—"मनिया, इस तरह की बातें मुझे अच्छी नहीं लगतीं, यह तुम जानती हो, फिर भी, न जाने क्यों, तुम्हें इस तरह मेरा जी दुखाना अच्छा लगता है!" मैं अपनी खीझ को दबा नहीं पाता था, "अगर तुम्हें मेरा तुम्हारे पास आना अच्छा नहीं लग रहा है तो मैं चला जाऊँगा।"

"अरे, अरे, तुम नाराज हो गये!" प्रायः पुचकारते हुए मनिया ने कहा। "मैं तो हँसी कर रही थी! अच्छा अब से कभी ऐसी बात मुँह से नहीं निकालूँगी। अभी मत जाओ,

कुर्सी पर बैठ जाओ। देखो, तनिक बच्चे को तो देखो, तुमने अभी ठीक से उसे देखा ही नहीं, देखकर बताओ, यह किसको पड़ता है, तुम्हें या मुझे।" कहकर वह परम स्नेह से बच्चे की ओर देखने लगी। फिर बोली—"नाक तो ठीक तुम्हारी जैसी है। मेरी जैसी दबी हुई नाक इसकी नहीं है, खूब उभरी हुई है। पर भौंहें और आँखें मुझसे मिलती हैं, ऐसा डॉक्टरनी ने मुझसे कहा है।"

मैं बच्चे को—उस रेंगते हुए-से अति लघु प्राणी को—देख रहा था। उसके प्रति मेरे मन में स्नेह भावना उमड़ रही थी ऐसा मैं नहीं कह सकता। मुझे वह एक अत्यन्त रहस्यमय जीव-सा लग रहा था, जो सहसा न जाने किस अज्ञात लोक से आकर मनिया के बदन से लिपट गया था। उसे देख-देखकर मेरे शरीर में एक अजीब-सी सिहरन पैदा हो रही थी, जिसका कारण स्नेह उतना नहीं था जितना कि सम्भ्रम।

मैं मनिया की बात के उत्तर में कुछ कहने ही जा रहा था कि डॉक्टरनी, नर्स और भाभी ने फिर प्रवेश किया। भाभी के चेहरे पर अकपट प्रसन्नता झलक रही थी। डॉक्टरनी के हाथ में दवा की एक शीशी थी जो शायद नौकर खरीदकर ले आया था। एक छोटे-से चिह्नित गिलास में शीशी से दवा उँड़ेलकर डॉक्टरनी ने मनिया को पिलायी। मैं फिर बाहर चला गया और विचित्र-सी अस्पष्ट और उलझी हुई भावनाओं में डूबा हुआ बरामदे में टहलने लगा।

(63)

मनिया बच्चे को लेकर ऐसी मगन हो गयी जैसे उसे युग-युग की तपस्या जन्म-जन्म की साधना की चरम सिद्धि प्राप्त हो गयी हो। आश्चर्य की बात यह थी कि जब से बच्चा पैदा हुआ तब से भाभी का सारा विषाद किसी जादू की-सी माया से काफूर हो गया था और घर के प्रत्येक कार्य के लिए उनका उत्साह जैसे दुगना होकर लौट आया। मनिया और बच्चे की परिचर्या में वह सब समय इस तरह व्यस्त रहने लगीं कि उनकी तत्परता देखकर आश्चर्य होता था।

मेरी स्थिति विचित्र हो उठी थी, क्योंकि स्वभावतः मेरी सुविधाओं और आवश्यकताओं की ओर मनिया और भाभी, दोनों का ध्यान पहले से कम हो गया था। अपनी इस प्रकार की अपेक्षा से मुझे विशेष दुःख न होता, यदि कुछ दूसरे विषयों में जी लगाने का मौका मुझे मिलता जाता। पर वहाँ तो चर्चा भी प्रायः चौबीसों घण्टे बच्चे की ही चलती रहती थी। कभी उसके पेट खराब होने की बात मुझे सुनायी जाती, कभी उसे ठण्ड लगने की, कभी छींकने की और कभी खाँसने की। नर्स को घर ही पर रख लिया गया था और डॉक्टरनी हर दूसरे रोज आती थी।

एक दिन मनिया कौच पर बैठी हुई बच्चे को दूध पिला रही थी। मैं पलँग पर लेटे-लेटे कोई एक पुस्तक पढ़ रहा था। सहसा मनिया बोल उठी—"जरा देखो, देखो! इधर तो आओ!"

मैं चौंकता हुआ उठ बैठा, क्यों, ''क्या बात हो गयी?''

मनिया पर पुलकित भाव से मुस्कराती हुई, एक बार दूध पीते हुए बच्चे की ओर और एक बार मेरी ओर देखती हुई बोली–''देखो, बच्चा मुस्करा रहा है।''

''तो क्या हुआ, बच्चे के मुस्कराने में ऐसी कौन-सी आश्चर्य की बात हो गयी!'' मैंने तनिक भी उत्सुकता प्रकट न करते हुए कहा।

''नहीं, यह मुस्कराना बिलकुल दूसरे ढंग का है। तुम तनिक यहाँ आकर देखो तो सही।''

उसका आग्रह टालना कठिन था। मैं पलँग पर से उठकर कौच के पास गया और झुककर बच्चे की ओर देखने लगा। बच्चा सचमुच दूध पीता हुआ माँ की ओर देखकर मन्द-मन्द मुस्करा रहा था। मैंने चुमकारकर उसका ध्यान अपनी ओर आकर्षित करना चाहा। वह अपना सिर घुमाने का प्रयत्न करने लगा। उसकी माँ ने धीरे-से उसका मुँह मेरी ओर कर दिया। मैंने फिर चुमकारा। उसके मुख पर फिर एक बार अपरिस्फुट मुस्कान झलक उठी। मैंने फिर चुमकारा। वह हाथ-पाँव हिलाकर अपनी अस्पष्ट मुस्कान को और अधिक परिस्फुट करने का प्रयत्न करने लगा।

देख-देखकर मनिया के चेहरे में प्रसन्नता समा नहीं पाती थी। उसकी आँखें पुलक से सजल हो आयी थीं।

''क्या यह सचमुच पहचान पा रहा है कि कौन उसका बाप है और कौन माँ? क्या सचमुच इतनी जल्दी इसमें इतनी बुद्धि आ गयी होगी?'' मनिया ने प्रायः गद्गद स्वर में पूछा।

मैंने कहा–''बाप को तो नहीं, माँ को अवश्य पहचान पाता होगा।''

''नहीं, नहीं, यह निश्चय ही बाप को भी पहचान रहा है। देखते नहीं, तुम्हारे चुमकारते ही किस तरह हाँथ-पाँव हिलाने लगा है। मुझे तो लगता है कि यह निश्चय ही कोई साधारण बच्चा नहीं है।''

''हो सकता है।'' मैंने उसकी बात का खण्डन न करने के विचार से कहा।

''तब क्या माता मरियम ने जो स्वप्न मुझे दिखाया था वह सच था?''

यह कहकर वह दीवार पर टँगे उस चित्र की ओर देखने लगी जिसमें मरियम की गोद में शिशु ईसा को खेलते दिखाया गया था और जिसे स्वयं मनिया ने अपने हाथ से टाँगा था। एक बार वह उत्सुक दृष्टि से उस चित्र को देखती थी और दूसरी बार स्नेह-विह्वल भाव से अपनी गोद में दूध पीते बच्चे की ओर।

''तुम भी तनिक गौर से देखो, उस चित्र से बच्चे की आकृति मिलती है या नहीं? मुझे तो लगता है कि बहुत मिलती है।''

''हो सकता है,'' मैंने एक बार सरसरी दृष्टि से दीवार पर टँगे चित्र की ओर देखते हुए कहा। ''पर तुम यह कैसे जानती हो कि ईसा बचपन में ठीक वैसे ही दिखायी देते होंगे जैसे कि उस चित्र में दिखाये गये हैं? वह चित्र तो ईसा के जन्म के सैकड़ों बरस

बाद किसी इटालियन चित्रकार के बनाये हुए एक कल्पित चित्र की नकल है।'' कहते हुए मुझे लगा कि मुझे इस तथ्य पर प्रकाश डालकर उसके मन में बसी हुई मूर्ति को भंग करने का प्रयत्न नहीं करना चाहिए था।

पर मेरे आश्चर्य का ठिकाना नहीं रहा जब मनिया ने कहा—''मैं जानती हूँ, वह राफेल के बनाये हुए चित्र की नकल है। पर राफेल सच्चे हृदयवाला सन्त कलाकार था। उसकी कल्पना कभी झूठी नहीं हो सकती। सन्तों की अन्तर्दृष्टि सत्य से कुछ कम नहीं होती।''

और यह कहकर उसने कुछ क्षणों के लिए अपनी दोनों आँखें बन्द कर लीं और ध्यानमग्न हो गयी। आँखें खोलने पर उसने स्नेहावेश से दो-तीन गाढ़ चुम्बन बच्चे के मुँह पर अंकित कर दिये। इस क्रिया में बच्चे के मुँह से दूध छूट गया और वह रोने लगा। फिर उसके मुँह में दूध डालते हुए गद्गद स्वर में उसे चुमकारने और पुचकारने लगी।

इतने में भाभी एक शीशे के कटोरे में मुसम्बी का रस ले आयीं। आते ही मनिया से बोलीं—''लाओ, इसे मुझे दो, मैं अपने हाथ से पिलाऊँगी।'' कटोरे को एक छोटे-से पेग-टेबिल पर रखकर वह बच्चे को पकड़ने के लिए आगे बढ़ीं। बच्चा काफी दूध पी चुका था और अब केवल दूध पीने का बहाना करके खेल रहा था। मनिया ने धीरे से उससे दूध छुड़ाकर उसके सारे शरीर में कपड़े ठीक से लपेटकर उसे भाभी की ओर बढ़ाया। वह रोने और छटपटाने लगा। भाभी उसे धीरे से पकड़कर पुचकारकर, थपथपाकर शान्त करने लगीं। उसके बाद उसे लेकर फर्श पर बैठ गयीं और छोटी चम्मच से धीरे-धीरे मुसम्बी का रस पिलाने लगीं। बच्चा विवशता से रस गटकता हुआ माँ के पास जाने के लिए छटपटा रहा था। मनिया ऊपर से दोनों हाथों से धीमे स्वर में ताली बजाकर कह रही थी—''योहन, रस पी लो बेटा! देखो, मौसी कितने प्रेम से तुम्हें पिला रही हैं!'' और उससे ऐसा कहने पर, उसकी ओर देखकर कुछ क्षणों के लिए बच्चा सचमुच शान्त हो गया, जैसे वह अपनी माँ की बात समझ गया हो। मनिया ने बच्चे का नाम 'योहन' रखा था, जो अँगरेजी 'जॉन' का रूपान्तर था। 'जॉन' की अपेक्षा उसे 'योहन' शायद इसलिए पसन्द था कि भारतीय नाम 'मोहन' या 'सोहन' से उसका मेल बैठता था।

मुझे इस बात से बहुत बड़ी सान्त्वना मिल रही थी कि भाभी की तत्कालीन निराधार मानसिक स्थिति में योहन एक सुदृढ़ सम्बल सिद्ध हो रहा था। उसके प्रति उनके नारी-हृदय में जो एक सहज स्नेह उमड़ उठा था उसने उनकी बिखरी हुई भावनाओं को एक निश्चित बिन्दु में केन्द्रित कर दिया था। वीरेन्द्र की मृत्यु के बाद से जो निखिलव्यापी अन्धकार उन्हें पूर्णतया ग्रस लेने के लक्षण प्रकट करने लगा था उसके भीतर उन्हें जैसे प्रकाश की एक सुस्पष्ट और सुतीव्र किरण दिखायी देने लगी थी, ऐसा मुझे लग रहा था।

पर दो-दो माताओं का अत्यधिक दुलार बच्चे के स्वाभाविक विकास में अत्यन्त बाधक सिद्ध हो रहा है, यह तथ्य भी मेरे आगे कुछ कम स्पष्ट नहीं हो रहा था। बच्चे का थोड़ा-सा खाँसना और छींकना भी दोनों को शंकित और आतंकित करने के लिए काफी था। बात-बात में डॉक्टर से परामर्श, बात-बात में दवा, तनिक-तनिक से कारणों से नर्स की सहायता का आग्रह—ये सब लक्षण मुझे कुछ अच्छे नहीं लग रहे थे। एक-आध बार मैंने इस ओर इंगित भी किया, पर कोई फल न होते देखकर मैंने उस ओर से उदासीन रहने का भाव ग्रहण कर लिया।

भाभी ने बच्चे के लिए अपनी पसन्द का एक सुन्दर पालना खरीद लिया था और बच्चा जब दूध से तृप्त होने और भरपूर नींद सो लेने के बाद खेलने की ओर प्रवृत्त दिखायी देता तब वह उसे पालने में लिटाकर पालने को झुलाती हुई तालियाँ और चुटकियाँ बजा-बजाकर स्नेह और उल्लास से पूर्ण किन्तु अर्थहीन उद्‌गारों के साथ उसे खिलाते हुए जो सुख पाती थीं वह उनके मुख के तत्कालीन भाव द्वारा प्रत्यक्ष हो उठता था। और मनिया की सहज-विह्वलता तो बिना किसी भी बाह्य प्रदर्शन के उनकी प्रत्येक साधारण गतिविधि से फूट पड़ती थी। मैं चुपचाप दूर से दो नारियों के इतने दिनों तक भूखे मातृहृदय का वह कल-उच्छल तरंगाघात देखता रहता था। देख-देखकर कभी एक मीठी करुणा की हिलोर मेरे भीतर उमड़ उठती थी, कभी एक अपूर्व हर्ष के प्लावन से मेरे हृदय का कोना-कोना भर उठता था और कभी एक अज्ञात विषाद से मेरी छाती भर उठती थी।

जब कुछ महीनों बाद बच्चा मनिया और भाभी की पुचकार और दुलारभरी पुकार पर मुस्कराना सीख गया तब दोनों के पुलक-भरे हर्ष का ठिकाना न था। मुझे भी उसकी वह समझदारी से भरी मुस्कान प्यारी लगती थी और साथ ही आश्चर्य भी होता था। लगता था जैसे वह हम लोगों की सब बातें समझ रहा हो और उन बातों के भीतर निहित भावों की बारीकियाँ समझ-समझकर मुस्कराता हो। मैं उसे कभी 'सन्त जी', कभी 'सन्तू' और कभी 'योहन' कहकर पुकारा करता था। जब मैं "कहिये सन्त जी, क्या हाल हैं? आप तो बड़े निहाल मालूम होते हैं!" कहकर उसके दोनों ओंठों के सिरों को अपनी तर्जनी से स्पर्श करता तब तत्काल उसका चेहरा खिल उठता और वह बड़े प्यार से उछलकर मुझसे प्रत्युत्तर में कुछ कहने का प्रयत्न करता हुआ केवल "घिः!" कहकर रह जाता। इतने में अक्सर मनिया आकर खड़ी हो जाती और पालने पर झुककर स्नेह-विकल स्वर में उससे बच्चों की-सी ही भाषा में बातें करती हुई कहती—"अभी से 'घी' खाने की इच्छा हो गयी? घबराओ मत, बड़े-से हो जाओ, तब खूब 'घी' खाओगे।" बच्चा और अधिक उत्साहित होकर उछल उठता और फिर कुछ कहने का प्रयत्न करता हुआ 'घीः' कहकर रह जाता। कुछ देर बाद फिर भाभी आकर उसके ओंठों के दोनों सिरों को उँगली से छूती हुई उससे प्यार-भरी बातें करने लगतीं। बच्चा जैसे उनकी वाणी में कुछ विशेषता पाकर और अधिक प्रसन्न हो उठता और सभी अंगों को एक साथ हिलाता हुआ दुगनी शक्ति से अपने कण्ठ से शब्दों की झड़ी लगाने के

उद्‌देश्य से कोई प्रयास उठा न रखता। पर लाख छटपटाने पर भी ''घीः!'' के अतिरिक्त और कुछ न कह पाता। ऐसे क्षणों में मुझे उस पर बड़ी दया आती। उसकी विकलता मेरे आगे प्रत्यक्ष हो उठती। मुझे लगता जैसे उसके भीतर हम लोगों से कहने को असंख्य बातें भरी पड़ी हैं, पर कहने के लिए वह वाणी ही नहीं खोज पाता। उसकी अनुभवसिद्ध नन्हीं-सी किन्तु रहस्यपूर्ण दुनिया और हमारी दुनिया के बीच जो एक अदृश्य पर्दा सब समय झूलता रहता था उसे हम लोगों की आँखों से हटाकर अपनी दुनिया से सम्बन्धित विविध सूचनाएँ देने के लिए वह सब समय बहुत ही बेचैन-सा रहता था, पर बार-बार विवश होकर रह जाता था। उसकी वह विवशता मेरे हृदय को अत्यन्त मार्मिक वेदना के साथ स्पर्श करती थी। उस तीखी पीड़ा से मेरा अन्तर्वासी जैसे कराह उठता था। पर मनिया और भाभी को उसकी उस बाल-चेष्टा से निकली हुई अस्फुट काकली से अच्छे कौतुक का अनुभव होता था और जितना ही अधिक वह हम लोगों से 'बातचीत' करने के लिए छटपटाता उतनी ही अधिक प्रसन्नता उन दोनों को होती थी।

जब बच्चा घुटनों के बल चलने लगा तब उसकी उस नयी कला का परिचय पाकर मनिया और भाभी के आनन्द का वारापार नहीं था। वह दूध पीने और सोने से छुट्टी पाकर अपने नन्हें-नन्हें पाँवों और हाथों को घसीटता हुआ, रेंगनेवाले कीड़े की तरह फर्श के एक कोने से दूसरे कोने तक चक्कर काटता हुआ अपने पराक्रम से स्वयं ही प्रसन्न हो उठता। थक जाने पर बीच-बीच में उसी मुद्रा में पेट के बल एक जगह स्थिर हो जाता। यूरोप के समुद्र-तटों पर जिस प्रकार अक्सर 'धूप-स्नान' करनेवाले नर-नारी पेट के बल लेटे हुए, दोनों पाँवों को पीछे की ओर ऊपर उठाये हुए और दोनों हाथों को एक विशेष मुद्रा में रखे हुए दिखायी देते हैं ऐसे अवसर पर ठीक उसी मुद्रा में उस बच्चे को भी पाया जाता। उस स्थिति में वह अत्यन्त प्रसन्न भाव से सयाने आदमियों की तरह हम लोगों की ओर देखता रहता।

धीरे-धीरे वह अस्फुट स्वर में 'बाबू', 'अम्माँ' और 'ताई' कहना सीख गया और कुछ विशेष-विशेष वस्तुओं के नाम भी अपनी तोतली बोली में उच्चारित करने लगा—जैसे 'गेंद' को 'गें', 'दूध' को 'दू', 'रोटी' को 'लोई'। वह अब अत्यन्त सुन्दर और स्वस्थ दिखायी देने लगा था और प्रायः सब समय प्रसन्न लगता था। कुछ विशेष ही अवसरों पर, जब उसे बहुत भूख लगी हो, वह रोता था, और वह भी ऐसे धीमे और मीठे स्वर में कि बिना उसे देखे, दूसरे कमरे से इस बात का ठीक-ठीक पता लगना कठिन था कि वह रो रहा है या खेलता हुआ अपने ही आप कुछ गुनगुना रहा है। मेरा स्नेह भी उसके प्रति दिन-पर-दिन बढ़ता ही चला गया और मैं अक्सर उसे गोद में उठाकर उसे चुमकारता, दुलारता और खेलता था। ''बच्चों को मेरे पास आने दो, क्योंकि वे प्रभु के प्यारे हैं।'' ईसा के इस वाक्य की सचाई मुझे प्रत्यक्ष अनुभूत होने लगी। मनिया और भाभी के स्नेहाकुल और हर्ष-गद्‌गद भाव की यथार्थ अनुभूति मुझे अब होने लगी।

मनिया के सम्बन्ध में कहना ही क्या है; वह तो योहन के माध्यम से जैसे सातवें स्वर्ग के आनन्दमय केन्द्र में पूर्णतः निमग्न हो गयी थी।

(64)

दिन बीतते चले गये। योहन आठ महीने का हो चला था। घुटनों के बल चलने का अभ्यास पूरा करके वह अब दो पाँवों के बल खड़े होने का प्रयत्न बीच-बीच में करने लगा था। उसके स्वास्थ्य और सौन्दर्य में दिन-पर-दिन वृद्धि होती चली जाती थी। जिस दिन की बात मैं कहने जा रहा हूँ उसके ठीक एक दिन पूर्व वह एक क्षण के लिए दो पाँवों के बल खड़े होने में सफल हो चुका था। उस दिन वह बहुत ही प्रसन्न था बात-बात में आनन्द की किलकारियाँ भर रहा था।

चैत का महीना आधे से अधिक बीत चुका था। मौसम में काफी गर्मी आ गयी थी। सन्ध्या तक आकाश स्वच्छ और निर्मल था। शाम को प्रायः साढ़े छह बजे सहसा आकाश धूल और बादलों से घिर गया और देखते-ही-देखते ऐसे जोर की आँधी आयी कि आस-पास के दो-चार ताड़ के पेड़ तड़ाक-तड़ाक करके टूट गये। धूल ने जैसे सारी सृष्टि को बुरी तरह छा दिया था। बादल गरजने लगे, बिजली कड़कने लगी और उसके बाद पड़-पड़ शब्द से ओले गिरने लगे। काफी बड़े-बड़े ओले थे। प्रायः पन्द्रह-बीस मिनट तक ओले गिरते रहे। मौसम में एकदम ठण्डक आ गयी—यहाँ तक कि जाड़ा महसूस होने लगा।

उसी रात प्रायः दो बजे मनिया ने मुझे जगाया और घबरायी हुई आवाज में कहा—"बच्चे का सिर तवे की तरह जल रहा है, तनिक चलकर देखो तो सही।"

मैं हड़बड़ाता हुआ उठ बैठा। वास्तव में बच्चे का सारा शरीर जैसे जल रहा था और साँस बड़े जोरों से चल रही थी। बीच-बीच में वह मोटी आवाज में खाँसता था। उसकी बेचैनी स्पष्ट थी। कुछ ही मिनटों के अन्दर उसने तीन बार करवट बदली। बीच-बीच में वह एक विचित्र-से स्वर में कराह उठता था। वह सो रहा है कि जाग रहा है इसका निश्चित अनुमान लगाना कठिन था। सिर जैसे भभक रहा था। कपाल की नसें बड़ी तेजी से चल रही थीं। लगता था कि सिर की विकट पीड़ा से वह बेचैन है। उसकी दशा देखकर मैं स्वयं भी घबरा उठा।

मनिया ने प्रायः रोते हुए कहा—"क्या होगा? क्या इलाज किया जाय?"

मैंने कहा—"दूध पीता है कि नहीं, जरा अन्दाज तो करो।"

मनिया ने उसे धीरे से उठाकर गोद में लिया और दूध पिलाने लगी। प्रारम्भ में तो वह अभ्यासवश दूध पकड़कर पीने लगा, पर दूसरे ही क्षण उसने छोड़ दिया और 'अँह' कहकर कराहते हुए उसने आँखें बन्द किये ही मुँह फेर लिया। फिर पहले की ही तरह नाक के दोनों नथुनों से पूरा जोर लगाकर साँस लेने लगा।

"किसी डॉक्टर को तुरन्त ही बुलाना चाहिए।" भर्रायी हुई आवाज में मनिया बोली।

"पर इस समय कौन डॉक्टर आने को राजी होगा? और मैं तो यहाँ किसी डॉक्टर को जानता भी नहीं।" निपट निराशा-भरे स्वर में मैंने कहा।

"दीदी को जगाया जाय।"

"जाओ, तुम जाकर जगा लाओ, तब तक मैं बच्चे को गोद में लिये रहूँगा।" कहकर मैंने बच्चे को पकड़ लिया और उसके सिर को अपने कन्धे का सहारा देकर कमरे में टहलने लगा। मनिया भाभी को बुलाने चली गयी। प्रायः दस मिनट बाद भाभी के साथ वह लौट आयी। भाभी अपने साथ थर्मामीटर लेती आयी थीं। उनके चेहरे से पता चलता था कि वह भी बुरी तरह घबरायी हुई हैं। मैंने बच्चे को धीरे से पलँग पर लिटा दिया। भाभी उसकी दायीं टाँग की बगल में थर्मामीटर दबाकर उसका टेम्परेचर लेने लगीं। कुछ देर बाद जब उन्होंने थर्मामीटर उठाकर देखा तो पारा 104 डिग्री से भी ऊपर चढ़ चुका था।

"अब क्या किया जाय दीदी!" मनिया ने अत्यन्त कातर स्वर में पूछा, "क्या कोई डॉक्टर इसी समय नहीं बुलाया जा सकेगा?"

भाभी कुछ देर तक सोच में पड़ी रहीं उसके बाद बोलीं—"है तो बहुत मुश्किल, पर एक जगह कोशिश की जा सकती है। मैं ड्राइवर को भेजती हूँ। वह डाक्टर कभी हम लोगों के बहुत घनिष्ठ मित्र रह चुके हैं, हालाँकि इधर पिछले दो वर्षों से उनके दर्शन नहीं हुए।" कहकर भाभी आदमी को जगाने चली गयीं। नौकर को जगाने, समझाने और भेजने में काफी समय लग गया। उसके बाद भाभी लौट आयीं।

इधर मुझे लगता था कि बच्चे की बेचैनी घटने के बजाय बढ़ती ही चली जा रही है। वह अब जल्दी-जल्दी करवटें बदलने लगा था और बीच-बीच में कभी सिर हिलाता, कभी हाथों को छटपटाता, कभी पाँवों को। साँस का वेग भी पहले से कुछ बढ़ा हुआ मालूम होता था। बीच-बीच में क्षीण स्वर में कराहना जारी था। यह भी स्पष्ट हो गया था कि वह सोया नहीं है, बल्कि अर्द्धचेतनावस्था में आँखें बन्द किये हुए है। मनिया ने दो-एक बार दूध पिलाने का प्रयत्न किया। कुछ क्षणों तक वह अभ्यासवश दूध चूसने लगता था, पर फिर छोड़कर करवट बदलने लगता था।

हम तीनों अत्यन्त उत्कण्ठा से डॉक्टर की प्रतीक्षा कर रहे थे। एक-एक मिनट घण्टे के समान बीत रहा था। मैं बेवकूफों की तरह खड़ा था और निश्चेष्ट दृष्टि से बच्चे की ओर देख रहा था। मनिया पलँग पर ही बच्चे की दायीं ओर बैठी हुई कभी उसके सिर पर हाथ फेरती थी कभी पाँवों पर। उसके मुख का भाव अत्यन्त करुण और दयनीय हो उठा था। जब बच्चा क्षीण स्वर में कराह उठता तब वह व्याकुल होकर कहती—"क्या हो गया मेरे लाल! अचानक यह क्या अन्धेर हो रहा है, मेरे प्रभु! दयामय, बच्चे की रक्षा करो!" और वह बच्चे के ऊपर उँगली से क्रास का चिह्न अंकित करके अपने 'प्रभु' की ओर दोनों हाथ जोड़कर ध्यानमग्न हो जाती। यही एकमात्र ओषधि उसके पास थी।

पर या तो 'प्रभु' के कानों तक उसकी पुकार नहीं पहुँच पा रही थी, या 'प्रभु' ही अशक्त अथवा उदासीन हो उठे थे। जो भी हो, बच्चे की बेचैनी घटने के बजाय स्पष्ट ही बढ़ती चली जा रही थी! मेरे कान—और सम्भवतः मनिया मनिया और भाभी के भी—बाहर की ओर लगे हुए थे। दूर से कभी इक्की-दुक्की मोटर के आने का शब्द सुनायी देता तो मेरे कान खड़े हो जाते थे। पर प्रति बार निराश होना पड़ता। मुझे डॉक्टर के आने में बहुत सन्देह हो रहा था, फिर भी प्रतिक्षण उसी की आशा में मैं खड़ा था।

पल-पल करके युग बीत गये, पर डॉक्टर न आया। हम तीनों के दीर्घ श्वासों से कमरे का वातावरण भारी हो उठा। लम्बी प्रतीक्षा के बाद कार ने फाटक के भीतर प्रवेश किया। मुझे यह भय था कि कहीं ड्राइवर अकेला न लौटा आया हो। पर सीढ़ियों में दो व्यक्तियों के पद-चाप सुनायी दिये। जब डॉक्टर के साथ ड्राइवर ने प्रवेश किया तब मैंने मन-ही-मन उसे धन्यवाद दिया।

डॉक्टर साहब सादी-सी पोशाक में केवल धोती और कुर्ता पहने आये थे। उनके हाथ में चोंगा था और ड्राइवर के हाथ में सम्भवतः उन्हीं का बैग था। उनके आते ही भाभी उठ खड़ी हुई और उन्होंने म्लान भाव से हाथ जोड़े। उसके बाद डॉक्टर साहब ने बँगला में भाभी से पूछा कि बात क्या हुई। भाभी बच्चे की स्थिति के बारे में जितना कुछ जान पायी थीं वह सब उन्होंने डॉक्टर को बता दिया। डॉक्टर ने पहले बच्चे की नाड़ी देखी, फिर टेम्परेचर लिया। मालूम हुआ कि टेम्परेचर पहले से बिलकुल भी नहीं घटा है। उसके बाद उन्होंने चोंगे से उसकी छाती की जाँच की। दिल की धड़कन भी देखी और उँगली से उसके शरीर के कई स्थानों को ठोंक-पीटकर और भी न जाने क्या-क्या बातें मालूम कीं। सब-कुछ देख चुकने के बाद अन्त में उन्होंने बताया कि डबल न्यूमोनिया का केस मालूम होता है और मामला गम्भीर है। फिर भी उन्होंने सान्त्वना देते हुए कहा कि उन्हें पूरी आशा है कि उनके इलाज से खतरा जाता रहेगा। बैग से एक दवा निकालकर दवा पिलाने के लिए बने हुए एक विशेष प्रकार के चिह्नित प्याले में उसे मात्रा के हिसाब से डाला और उसे चम्मच द्वारा बच्चे को पिलाया। उसके बाद वह दो शीशियाँ दो अलग-अलग दवाओं की रख गये और तीन-तीन घण्टे के अन्तर से बच्चे को पिलाते रहने को कह गये और सुबह आठ बजे फिर आने का वचन देकर चले गये।

हम तीनों ने वह भयावनी रात बच्चे के पास ही बैठकर काटी। सुबह आठ बजे के करीब जब डॉक्टर साहब आये तब भी बच्चे की स्थिति में कोई अन्तर नहीं आया था। ज्वर उतना ही था, और पीड़ा के कारण उसका छटपटाना भी वैसा ही था। बल्कि एक शिकायत और बढ़ गयी थी—उसे बीच-बीच में बुरी तरह खाँसी का दौरा हो आता था। डॉक्टर साहब ने एक दवा और बढ़ा दी और चले गये।

बच्चे के कष्ट की सीमा नहीं थी, यह उसके प्रत्येक हाव-भाव, प्रत्येक चेष्टा और मुख-मुद्रा से स्पष्ट हो रहा था। दो दिन पहले जो बच्चा हँसता-खेलता रहा हो, उसे अचानक इस कदर पीड़ाग्रस्त देखकर हम तीनों की मर्मव्यथा कैसी तीखी रही होगी, यह

बताना व्यर्थ है। सबसे अधिक पीड़ा पहुँचानेवाली बात यह थी कि बच्चा अपना कष्ट बता सकने में निपट असमर्थ था। मैं केवल अनुमान से यह अनुभव कर रहा था कि उसके सिर में पीड़ा है, छाती में दर्द हो रहा है, खाँसने में कष्ट हो रहा है और सम्भवतः पेट में दर्द हो रहा है, क्योंकि वह बार-बार पेट को दबाकर लेटने का प्रयत्न कर रहा था। एक अदने-से शिशु की जो इतनी व्यथाएँ एक-साथ झेलनी पड़ रही हैं, उन्हें सहन करने की क्षमता उसमें कब तक रहेगी? मैं सोचने लगा कि प्रकृति का यह कैसा नियम है कि वह कठिन-से-कठिन दण्ड देने में बच्चे और जवान में कोई भेद नहीं मानती? और यह दण्ड किसलिए? उस निष्पाप, अज्ञान और भोले बच्चे ने कौन-सा ऐसा महाअपराध किया था कि उसे कठोर यम-यातनाओं को सहने के लिए बाध्य होना पड़ा है? मेरा भारतीय संस्कार यह अन्धा तर्क पेश करता था कि यह बच्चे के पूर्वजन्म के पापों का फल है। पर मेरी बौद्धिकता यह कहती थी कि पूर्वजन्म के कर्मों के फलाफल का जो नियम उन निश्छल-प्राण, भोले शिशुओं तक को नहीं छोड़ना चाहता जिनमें आत्म-चेतना ठीक से विकसित तक नहीं हो पायी है, यह सृष्टि के मूल में किसी ईश्वरीय सत्ता को नहीं बल्कि घोर क्रूर पैशाचिक सत्ता का अस्तित्व प्रमाणित करता है।

मनिया एक क्षण के लिए भी बच्चे को नहीं छोड़ना चाहती थी। उसकी नींद और भूख जाती रही, वह सब समय उसी के सिरहाने बैठी हुई कभी उसे पलँग पर लिटाकर दोनों हाथ जोड़े, सिर झुकाये 'प्रभु' से उसकी जीवन-रक्षा के लिए मौन प्रार्थना करती रहती थी। बीच-बीच में आँसुओं को जैसे पीकर, भरे हुए गले से पुचकार-भरे स्वर में कह उठती—"क्या हो गया मेरे लाल! हे प्रभु, इसका सारा दर्द मुझे दे दो। इसे अच्छा कर दो! इसकी पीड़ा मुझसे नहीं देखी जाती! वह स्वयं नहीं जानता कि उसे कहाँ पर और क्यों दर्द हो रहा है। वह कुछ बोल भी नहीं सकता, समझ भी नहीं सकता। तब क्यों उसे इतना कष्ट दिया जा रहा है? छोटे-छोटे बच्चे तो तुम्हारी दृष्टि में स्वर्ग के दूतों के समान रहे हैं, तब किस नरक के दूत उन्हें इस कदर सताते हैं? इस मासूम बच्चे की रक्षा करो, मेरे भगवान्! एक फूँक से उसका सारा दुःख-दर्द झाड़ डालो!" उसके धीमे और करुण कोमल स्वर से ऐसी मार्मिक वेदना टपकी पड़ती थी कि सुनकर मेरा हृदय हहर उठता था।

भाभी के प्रबन्ध से तीसरे पहर एक प्रायः 25 वर्ष की ऐंग्लो-बंगाली नर्स आ पहुँची। पता चला कि वह रात में भी वहीं रहेगी और चौबीसों घण्टे बच्चे की टहल करती रहेगी। जानकर मुझे कुछ सान्त्वना मिली। क्योंकि मैं जानता था मनिया और भाभी दोनों को किसी बीमार बच्चे की तीमारदारी का कोई अनुभव नहीं है।

नर्स ने आते ही अपने अभ्यस्त हाथों से बच्चे के कपड़े बदले, पलँग को नये सिरे से बिछाया और बच्चे को अपेक्षाकृत आराम से लिटा दिया। बीच-बीच में वह बच्चे को कभी ग्लूकोज का पानी पिलाती थी, कभी मुसम्बी का रस और कभी दूध। ग्लूकोज का पानी और मुसम्बी का रस तो बच्चा पी लेता था, पर दूध के जाते ही वह छटपटाने और मुँह बनाने लगता और दूध उगल देता था।

डॉक्टर साहब शाम को फिर आये। उन्होंने आते ही बच्चे के शरीर का तापमान लिया। अभी तक ज्वर 103 डिग्री से कुछ अधिक ही था। बाद में उन्होंने बच्चे की नब्ज देखी और चोंगे को उसकी छाती पर लगाया। सारा हाल देख चुकने के बाद उनका चेहरा अधिक गम्भीर हो आया। जो तीन दवाएँ उन्होंने पहले से 'प्रेस्क्राइब' कर रखी थीं उनमें से एक को बदलकर उसके स्थान पर उन्होंने कोई दूसरी दवा का पर्चा लिखकर दे दिया। उसके बाद नर्स को हिदायत देकर वह चले गये। मैं बाहर दालान तक उनके साथ हो लिया।

''बच्चे की हालत बहुत गम्भीर है,'' उन्होंने बरसाती के पास ठहरकर मुझसे कहा। ''फिर भी मैं पूरी कोशिश कर रहा हूँ कि संकट टल जाय। आज रात किसी भी समय संकट आ सकता है। मुझे बुला लीजियेगा।'' कहकर वह मोटर में बैठकर चल दिये।

मैं अत्यन्त चिन्तामग्न अवस्था में ऊपर गया और अनमने भाव से पलँग के पैताने की ओर रखी एक छोटी-सी कुर्सी पर बैठ गया। सम्भवतः मेरे मुख का अत्यन्त म्लान भाव देखकर मनिया सहम गयी। कुछ क्षणों तक वह सूनी दृष्टि से मेरी ओर देखती रह गयी। उसके बाद काँपती हुई आवाज में बोली—''क्या बताया डॉक्टर साहब ने?''

''कुछ नहीं,'' मैंने सीधी दृष्टि से मनिया की ओर न देखकर मरे मन से कहा, ''यही कहते थे कि वह पूरी कोशिश कर रहे हैं और उन्हें—उन्हें उम्मीद है कि संकट टल जायगा।

''सच-सच बताओ। मुझसे असलियत छिपाने से कोई लाभ न होगा!'' इस बार अपेक्षाकृत दृढ़ स्वर में मनिया ने कहा, यद्यपि उसकी आँखें भरी हुई थीं और कई बार पोंछते रहने के कारण लाल हो आयी थीं।

''सच-झूठ की कोई बात नहीं है, मनिया बच्चे का इलाज ठीक ढंग से होता चला जाय, यही हम लोगों का कर्त्तव्य है।''

मनिया फिर कुछ न बोली। यह स्पष्ट था कि वह स्थिति को अब भी ठीक से समझ नहीं पायी थी, या समझना नहीं चाहती थी। फिर भी उसका माँ का हृदय काफी आशंकित हो रहा था और वह कुछ ही देर बाद टपाटप आँसू गिराने लगी।

बच्चे की दशा बिगड़ती चली जा रही थी और उसका कष्ट भी बढ़ता चला जा रहा था। गले का घरघराना जारी था और बीच-बीच में खाँसी का दौरा उसे बुरी तरह परेशान कर रहा था। ज्वर भी तेजी पर था और सिर तवे की तरह जल रहा था। इसके पूर्व जब मनिया उसे छाती का दूध पिलाने का प्रयत्न करती थी तब वह कुछ क्षणों के लिए, अभ्यासवश, दूध पकड़ लेता था और फिर छोड़ देता था। पर अब यहाँ तक हालत बिगड़ गयी थी कि वह दूध ही नहीं पकड़ता था और मुँह फेर लेता था। लगता था कि उसकी बाल-चेतना एक घने कुहरे से हद तक ढक चुकी है कि वह अपनी माँ को भी नहीं पहचान पाता और न जाने किस रहस्यमय, अस्पष्ट और धुँधली चेतना के लोक में पहुँच

चुका था। बाल-चेतना वैसे ही धुँधली होती है, उस पर जटिल रोग से बुरी तरह जकड़े जाने के कारण बच्चे की चेतना एकदम अन्धकारमय हो गयी थी, इस बात का अनुमान आसानी से लगाया जा सकता था।

प्रायः दो बजे रात उसका छटपटाना एकदम बन्द हो गया और करवटें बदलना भी उसने छोड़ दिया। नर्स ने नब्ज देखी और अत्यन्त म्लान भाव से बोली—"ज्वर ने छोड़ दिया है और नाड़ी की गति का पता ही नहीं चलता।" मनिया उसकी इस बात का वास्तविक अर्थ न समझी। यह जानकर आश्वस्त-सी होने लगी कि ज्वर टूट गया। उसने साहस करके यह आशा भी प्रकट की कि अब संकट टल गया और अब बच्चा जी जायगा। मुझे मन-ही-मन उसकी इस आशावादिता पर रोना आ रहा था।

नर्स ने जब स्पष्ट शब्दों में कहा कि स्थिति अब काबू के बाहर हो उठी है और डॉक्टर को तुरन्त बुलाकर एक बार दिखा लिया जाय, तब मनिया ने खुलकर धीमे किन्तु सुस्पष्ट स्वर में रोना शुरू कर दिया।

भाभी भी बुरी तरह घबरायी हुई थीं। उन्होंने ड्राइवर को डॉक्टर साहब को बुला लाने के लिए भेज दिया था। पलँग के एक सिरे पर वह खड़ी थीं, दूसरे सिर पर मैं। वह बार-बार अपनी गीली आँखों को अंचल से पोंछती जाती थीं। मनिया पलँग पर बैठकर बच्चे को गोद में लिये हुए निरन्तर आँसू गिराती हुई उसके सिर पर धीरे से हाथ फेरती जाती थी। उसके पास ही नर्स भी चुपचाप खड़ी थी। वह चम्मच से बच्चे को ग्लूकोज पिलाने का प्रयत्न करके विफल होकर, हार मानकर अपराधिनी की तरह सिर झुकाये थी।

बच्चा अब न छटपटाता था, न करवटें बदलता था, न खाँसता था। लगता था जैसे बहुत दिनों की थकान के बाद पहली बार आराम से, शान्तिपूर्वक सो गया है। उसकी वह शान्त अवस्था किसी भी नये और अनजान आदमी के मन में यह भ्रम उत्पन्न कर सकती थी कि उसने संकट पार कर लिया है और अब वह अच्छा हो जायगा। स्वयं मेरे मन में यह दुराशा जगने लगी थी और सम्भवतः मनिया भी, अपनी घोर निराशा के बावजूद, मन-ही-मन इस भ्रम को अपनाने लगी थी। हालाँकि सारे लक्षण इसकी उलटी बात सिद्ध कर रहे थे।

जब डॉक्टर साहब आये तब बच्चा मनिया की गोद में लेटा हुआ था और उसकी साँस-रुक-रुककर चलने लगी थी। उन्होंने देखते ही मौन निराशा से अपना सिर हिला दिया। कुछ ही क्षण बाद बच्चे ने अन्तिम साँस लेकर अपना सिर बायीं ओर लटका दिया।

डॉक्टर साहब ने अत्यन्त क्षीण और उदास स्वर में कहा—"मुझे दुःख है कि मैं बच्चे को न जिला सका!"

मनिया अपनी छाती पीटकर गुहार मारकर रोने लगी। उसके बाद पलँग पर गिर पड़ी और मृत बच्चे के सिर को अपनी छाती से चिपकाकर विलाप करने लगी—"हाय मेरे योहन! अरे मेरे लाल! अब मैं क्या करूँ! कैसे तेरे साथ चलूँ। कोई उपाय बता दे बेटा!"

भाभी भी बहुत क्षीण स्वर में रो रही थीं। मैं पत्थर की तरह कठोर और जड़ बना हुआ निश्चल खड़ा था और स्थिर निर्जीव दृष्टि से मनिया और बच्चे की ओर देख रहा था। डॉक्टर साहब चुपचाप कमरे से बाहर निकल गये थे। नर्स भी रोनी-सी सूरत बनाये पलँग के एक किनारे खड़ी थी। उसके मुँह से सान्त्वना के रूप में एक शब्द भी नहीं निकल पाता था। और यह स्पष्ट था कि उतनी बड़ी और मार्मिक वेदना के आगे सान्त्वना के रूप में कहा गया एक भी शब्द केवल निर्मम उपहास बनकर रह जाता।

वह अन्तिम रात पिछली सभी कालरात्रियों की अपेक्षा अधिक कराल और भयावनी सिद्ध हुई। लगता था कि वह कभी काटे नहीं कटेगी और उसका सर्वग्रासी अन्धकार जीवन के समस्त शेष चिह्नों को एक-एक करके चट कर जायगा।

पर रात कटी और बच्चे को छोड़कर चारों ओर के जीवन का कोई भी चिह्न लुप्त नहीं हुआ। दो व्यक्ति बच्चे के मृत शरीर को अत्यन्त कष्ट से उसकी बिलखती हुई माँ से छुड़ाकर, एक झलझलाते हुए सफेद कपड़े में लपेटकर, एक काले बक्स में बन्द करके, बिना किसी आडम्बर के कब्रिस्तान में गाड़ने के लिए ले गये। मनिया फर्श पर पछाड़ खाकर गिर पड़ी और फफक-फफककर रोने लगी। उसके सिर पर आँचल नहीं था, बाल बिखरे हुए और कालीन की धूल से मलिन थे। दोनों हथेलियों पर अपना मस्तक रखे हुए वह निपट हताश मनोदशा में जीवन की बाजी में सब-कुछ खोयी हुई-सी परास्त पड़ी हुई सिसकियाँ भर रही थी।

उजाला हो आया था। मैं उसे दिलासा देने और समझाने-बुझाने का कोई भी प्रयत्न निरर्थक—बल्कि हानिकर—जानकर नीचे ड्राइंग-रूम में चला गया और शरीर और मन की अत्यन्त थकित अवस्था में एक कौच पर चारों खाने चित लेट गया। दुःख की चरम अवस्था कभी-कभी मन को एक विचित्र प्रकार की तामसी शान्ति प्रदान कर देती है। मैं भी उस समय उसी प्रकार की शान्ति का अनुभव कर रहा था। पिछली कई रातों के जागरण की प्रतिक्रिया भी अपना काम कर रही थी। फल यह हुआ कि मैं नींद को बुलाये बिना ही, जाने किस समय सो गया, मुझे कुछ पता तक न चला।

जब आँखें खुलीं तब दिन काफी चढ़ चुका था। पास ही एक छोटी-सी गोल मेज पर ट्रे में चाय रखी हुई थी। एक नौकर ने आकर मुझे जगा हुआ देखकर एक प्याले में चाय बनाकर प्याला मेरी ओर बढ़ा दिया। मैंने बायीं कुहनी के बल लेटे-लेटे ही बिना किसी हील और हुज्जत के चुपचाप प्याला थाम लिया। यह भी नहीं पूछा कि मनिया का क्या हाल है और उसने और भाभी ने अभी तक चाय पी या नहीं।

चाय पीकर, प्रायः आधे घण्टे बाद धीरे से उठकर जब निरुद्देश्य भाव से और अनिश्चित पगों से ऊपर गया तब देखा कि मनिया फर्श पर रोते-रोते उसी अस्त-व्यस्त अवस्था में सो गयी है। मैं तो रात में जागता हुआ भी बीच-बीच में कुछ समय के लिए आराम भी कर लिया करता था, पर मनिया को तो पिछली रातों से एक पलक भी सोने का अवकाश शायद ही मिला हो। इसलिए मुझे यह जानकर खुशी हुई कि वह सो गयी

है। उसे जगाना ठीक न समझकर मैं दबे पाँवों कमरे से बाहर चला गया और बाहर से धीरे से किवाड़ फेर दिये। नौकर-चाकरों से भी मैंने कह दिया कि अभी दो-एक घण्टे कोई भीतर न जावे। पूछने पर यह भी पता चला कि भाभी भी अपने कमरे में सो गयी हैं। सारे घर में मृत्यु का-सा मौन सन्नाटा छा गया था। मैं ऊपर के बरामदे में एक-आध चक्कर लगाने के बाद फिर नीचे ड्राइंग-रूम में जाकर कौच पर शून्य मानसिक स्थिति में लेट गया। कुछ सोचने-समझने की न तो इच्छा ही रह गयी न शक्ति।

(65)

दिन किसी के लिए ठहरे नहीं रहते, ज्ञानियों का यह नया अनुभव अत्यन्त महत्त्वपूर्ण है। मनिया प्रारम्भ में कुछ सप्ताहों तक आधा पेट खाकर और आधी नींद सोकर, बिना किसी से कुछ बोले, निपट मौन और एकान्त जीवन बिताती रही। मुझे उसे दिलासे के रूप में एक भी शब्द बोलने की हिम्मत न पड़ती थी। उसकी वह मौन उदासी बहुत ही डरावनी थी। तेजाब से जलने के कारण उसके चेहरे की बनावट में जो विकृति आ गयी थी उसकी रेखाएँ घने विषाद की अँधेरी छाया से और अधिक गाढ़ी हो उठी थीं! मैंने आशा की थी, बच्चे के सदा के लिए बिछुड़ जाने के कारण उसकी धार्मिक भावना का रंग अधिक गहरा हो उठेगा और 'प्रभु' की प्रार्थना में वह पहले से अधिक तन्मय हो जायगी। पर मेरी धारणा गलत निकली। पहले मैंने सोचा कि विषाद की काली छाया ने उसे इस तरह से परत-दर-परत जकड़ लिया है कि उसे प्रार्थना की भी सुधि नहीं रह गयी है। पर बाद में उसकी प्रत्येक गतिविधि और हाव-भाव पर बारीकी से गौर करते रहने पर एक दूसरा ही तथ्य मेरी आँखों के आगे खुलने लगा, जो मुझे जितना ही आश्चर्यजनक लगता था उतना ही आतंकजनक भी। पहले वह दिन और रात में कम-से-कम दो-दो बार एकान्त में मरियम और ईसा के चित्र के आगे घुटने टेककर परिपूर्ण तन्मयता से प्रार्थना किया करती थी, और एक-न-एक बार, कम-से-कम आधे घण्टे के लिए, बाइबिल अवश्य पढ़ती थी। पर बच्चे की मृत्यु के बाद उसने कभी बाइबिल को छुआ तक नहीं, और न कभी प्रार्थना करते ही दिखायी दी। मुझे जब कभी उसे एकान्त में देखने का अवसर मिलता तब मैं उसे किसी गम्भीर विषय की चिन्ता या ध्यान में अवश्य निमग्न पाता, पर वह चिन्ता या ध्यान प्रार्थना का रूप किसी भी हालत में नहीं हो सकता था। क्योंकि मैं देखता कि ऐसे अवसरों पर उसकी उदास आँखों में एक करुण कोमल भाव के बदले एक अनोखी छाया घिरी रहती थी जो रूखी और भयावनी लगती थी।

बच्चे की मृत्यु के प्रायः डेढ़ महीने बाद एक दिन मैंने साहस बटोरकर उससे कहा—"मनिया, तुम आजकल प्रार्थना नहीं करती हो। प्रार्थना से तुम्हारे मन को बहुत बड़ी सान्त्वना मिल जाती और असहनीय दुःख को सहने के लिए धैर्य और बल प्राप्त हो जाता।"

मेरी बात सुनकर पहले कुछ क्षणों तक वह एक ऐसी रूखी और तीखी दृष्टि से एकटक मेरी ओर देखती रही कि मैं डर गया। फिर धीरे-धीरे एक विचित्र ढंग की मुस्कान उसकी रूखी आँखों में, जले हुए गालों में और अधजले होंठों पर एक लोहे से भी कठिन धातु की बनी, सान पर चढ़ी हुई तलवार की धार की तरह झलझला उठी। उसमें कितना व्यंग्य और कितनी प्रतिहिंसा छिपी हुई थी इसका ठीक अनुमान मैं उस समय नहीं लगा पाया। पर उसका एक अजीब ही आतंकजनक प्रभाव मेरे मन पर पड़ा। मैं सहमकर रह गया और आत्मरक्षा का पथ खोजने लगा।

"प्रार्थना! हुँह!" ऐसे अरुचि-भरे स्वर में उसने कहा, जैसे किसी घोर घृणात्मक विषय की चर्चा मैंने छेड़ दी हो। उसके बाद क्षण-भर के लिए चुप रहकर वह अपने शब्दों में तेजाब की जलन भरती हुई बोली–"प्रार्थना से मुझे सान्त्वना मिल जाती! ऐसे कँटीले व्यंग्य का क्या यही अवसर तुम्हें मिला है? इतने दिनों तक अपना यह विश्वास तुमने कहाँ छिपा रखा था? तुम बराबर मेरी आन्तरिक भक्ति-भावना की हँसी उड़ाते रहे, अविश्वास के साथ मुस्कराते हुए मेरी एकान्त आराधना को बच्चों का खेल समझते रहे, और आज बच्चे के मरने पर इतने बड़े ईश्वर-भक्त बन गये तुम! जिस देवता से मैं असहाय, निरीह और निष्पाप बच्चे की रक्षा करने के लिए अपने हृदय के अन्तरतम कोने से प्रार्थना करती रही, उसने मेरे हृदय को पिघल-पिघलकर आँसुओं के रूप में बहता देखकर भी रंचमात्र दया नहीं की। जो उस अबोध, भोले-से और प्यारे बच्चे को निर्मम पीड़ा से ऐंठते हुए देखकर भी अन्त तक पत्थर और जड़ पुतले की तरह अचेतन बना रहा, जो एक माँ के हृदय की आर्त्त पुकार सुनकर भी बहरा बना रहा, उससे अब मैं सान्त्वना की आशा करूँ, जबकि मेरा सब-कुछ सूना करके मेरा प्यारा बच्चा तड़प-तड़पकर मर गया और मैं इन फूटी आँखों से उसका तड़पना देखती रही–बचाने का कोई उपाय नहीं कर पायी!"

क्रोध की ज्वाला से उसकी आँखों से चिनगारियाँ निकल रही थीं और जैसे रक्त के आँसू भी बहने लगे थे। मैं भौंचक्का-सा, पथरायी आँखों से उसकी ओर देखता रह गया। एक शब्द भी मेरे मुँह से नहीं निकला।

कुछ क्षणों तक उसी भयावनी–प्रायः प्रतिहिंसक–दृष्टि से वह मेरी ओर एकटक देखती रही। मेरी सारी आत्मा आतंक से काँप उठी। उसकी उन जलती हुई आँखों-से-आँख मिलाने का साहस मैं अपने में नहीं पा रहा था। इसलिए सीधा उसकी ओर न देखकर उसके सिर पर आधे सरके हुए आँचल की ओर नजर गड़ाये रहा। मन-ही-मन वह महसूस कर रहा था कि उसकी बात अभी पूरी नहीं हुई।

क्षणिक मौन के बाद वह फिर, पहले से तनिक तीव्रतर स्वर में, कहने लगी–"यह जान लो कि मेरे बच्चे के साथ ही मेरा देवता भी मर गया है। कल्पना के जिस पुतले को मैं इतने दिनों तक अपनी आत्मा की सारी श्रद्धा, सारा प्रेम अर्पित किये रही वह

आज कल्पना में ही विलीन हो गया है। उसके अस्तित्व की कोई भी निशानी अब मेरे पास नहीं रह गयी है। इतने दिनों तक आत्मा के घने अँधेरे में बन्द पड़ी हुई मेरी आँखों को सहसा प्रकाश मिल गया है। आत्मा का सारा रस निचुड़ जाने के बाद मुझे यह प्रकाश मिला है, इसलिए उस प्रकाश से मेरा कोई बड़ा हित होगा, ऐसी आशा मैं नहीं करती। पर इतना निश्चित है कि तथाकथित दयामय प्रभु की माया अब मुझ पर नहीं चल सकती। मेरे सारे अकपट—किन्तु अन्धविश्वासों का घरौंदा आज टूट चुका है। अब न तो वह फिर से बन सकता है, न उसे बनाने की प्रवृत्ति ही कभी मुझमें जग सकती है...''

मैं अधिक चुप न रह सका। ''यह जानकर मुझे दुःख में भी सन्तोष हो रहा है कि तुम्हारे आगे से एक काला पर्दा हट चुका है।'' मैंने कहा। मैं ऐसे स्वर में बोल रहा था कि स्वयं अपनी आवाज नहीं पहचान पाता था। लगता था कि कोई अनजान व्यक्ति मेरे कण्ठ में बैठकर बोल रहा है। ''पर—पर वह चाहे अन्धविश्वास हो चाहे और कुछ, इतना मुझे अवश्य लगता है कि वह तुम्हारे उलझे हुए जीवन के लिए एक बहुत बड़ा सहारा रहा है। उस सहारे के छूट जाने पर तुम्हारे भीतर ऐसा सूनापन आ जाने का भय है जो तुम्हें या तो पूर्ण रूप से ग्रस लेगा या पहले से भी अधिक उलझनों में उलझा देगा...''

''उस महाभ्रम से यह सूनापन कई गुना अच्छा रहेगा, इस सम्बन्ध में कोई सन्देह मेरे मन में नहीं रह गया है।'' उसके कण्ठ-स्वर में उसके मुख के भाव की तरह ही एक अपूर्व दृढ़ता थी।

मैं उस समय उस विषय में तर्क न करके चुप रहा और किसी बहाने से कमरा छोड़कर चला गया।

परन्तु दिन-पर-दिन उसके स्वभाव का बदला हुआ रूप गाढ़ से गाढ़तर रंगों में मेरे आगे सुस्पष्ट हो जाता था। कुछ विशेष प्रकार के विषयों की पुस्तकों में उसकी रुचि दिन-पर-दिन बढ़ती चली जाती थी और जब कभी हम लोग कॉलेज स्क्वायर की तरफ 'कार' पर सैर करते हुए निकल जाते, वह एक बड़े बुकस्टाल के पास 'कार' रुकवाकर दर्जनों ऐसी पुस्तकें खरीदकर मोटर पर लदवा लेती जिनमें ईश्वरीय और आत्मिक सत्ता का अनस्तित्व गम्भीर और विद्वत्तापूर्ण तर्कों द्वारा प्रमाणित किया गया हो और भौतिकवाद—विशेषकर द्वन्द्वात्मक भौतिकवाद—का समर्थन किया गया हो। धीरे-धीरे स्थिति यहाँ तक पहुँच गयी कि प्रतिदिन वह प्रायः अठारह घण्टे पुस्तकों के पाठ में निमग्न रहने लगी। सन्ध्या को हवाखोरी के लिए बाहर निकलना भी उसने प्रायः बन्द कर दिया। उसने कुछ बड़े-बड़े कैटलाग मँगा लिये थे और अपनी रुचि की पुस्तकें उन पर चिह्नित करके वह उन्हें खरीद लाने और दुकानो पर न मिलने पर उनके लिए आर्डर दे आने के लिए मुझसे कह देती थी।

एक दिन भाभी और मैं सन्ध्या को हवाखोरी के लिए मैदान की तरफ निकल गये। मोटर पर से उतरकर एक अपेक्षाकृत एकान्त स्थान में हरी दूब के ऊपर बैठ गये। भाभी

ने सहसा मनिया की चर्चा छेड़ दी। इतने दिनों तक उसके सम्बन्ध में कोई बात उन्होंने मुझसे नहीं की थी। सम्भवतः वह बहुत दिनों से कुछ कहना चाहती थीं, पर किसी कारण से उन्हें साहस नहीं होता था। इसलिए उस दिन जब उन्होंने अचानक उसका उल्लेख करते हुए कहा—"मुझे लगता है कि बहन एक चरम स्थिति से दूसरी चरम स्थिति पर पहुँच चुकी है।" तब मुझे कुछ आश्चर्य हुआ।

मैंने कुछ दबी हुई आवाज में तनिक उपेक्षा का-सा भाव जताते हुए कहा—"हाँ, मुझको भी उसका नया ढंग कुछ अजीब-सा लगता है।"

भाभी बोलीं—"उसके समान सरल विश्वासपरायण नारी किसी भी घटना से सहसा, इतनी जल्दी, इस हद तक नास्तिक बन सकती है, यह आँखों से देखकर भी जैसे विश्वास करने को जी नहीं होता।"

"हाँ, यह आश्चर्य की ही बात है," पहले की ही तरह कृत्रिम उदासीनता का भाव जताते हुए मैंने कहा।

"पर तुम्हारे कहने के ढंग से तो ऐसा लगता है कि तनिक तुम्हें भी आश्चर्य नहीं हो रहा है बल्कि जैसे इसे तुम एक सहज स्वाभाविक परिवर्तन मान बैठे हो।"

मैं म्लान भाव से मुस्कराया, "सच बात यही है, भाभी, तुम्हारा अनुमान सही है। मैं सचमुच मनिया के स्वभाव के इस आकस्मिक परिवर्तन को स्वाभाविक मानता हूँ, यद्यपि प्रारम्भ में मुझे भी आश्चर्य का एक अच्छा-खासा धक्का लगा था..."

"तुम्हारे ऐसा मानने का कारण क्या है?" प्रश्न करते हुए भाभी की आँखों में तीव्र उत्सुक भाव झलक रहा था।

"कारण यह है कि 'प्रभु की अपार करुणा' से सम्बन्धित विश्वास उसके अपने भीतर का भाव कभी नहीं रहा है। वह जीवन की कुछ विशेष परिस्थितियों के कारण उसके मन पर ऊपर से बलपूर्वक थोपा गया था।"

"किस तरह?" भाभी का कुतूहल और अधिक बढ़ा हुआ-सा लगा।

"उसे बचपन से ही जीवन के सम्बन्ध में बड़े कड़वे अनुभव होते रहे हैं और जीवन का क्रूर और हिंसक रूप ही उसके आगे अधिक परिस्फुट होता रहा है।" मेरी सारी उदासीनता जाती रही थी।

मैंने उसकी विधवा माँ के तिब्बती से प्रेम-सम्बन्ध से लेकर दोनों के बीच पारस्परिक घृणा और प्रतिहिंसा की भावनाओं की उत्पत्ति, क्रमिक विकास और अन्त में हत्या और आत्महत्या में परिणति का सारा किस्सा विस्तारपूर्वक भाभी को सुनाया। उसके बाद मनिया की अनाथावस्था, मुझसे परिचय, दुकान के साथ ही जीवन की नये सिरे से जमायी हुई एक नियमित व्यवस्था की समाप्ति, मेरे साथ घनिष्ठता, सिल्विया का प्रभाव, मनोधारा में परिवर्तन, मुझसे विवाह और अन्त में कलकत्ता यात्रा तक के यथासम्भव पूरे विवरण से उन्हें परिचित कराया।

सुनकर भाभी कुछ क्षणों के लिए सन्न रह गयीं और सूनी आँखों से मेरी ओर देखती रही।

मैंने कहा–"आश्चर्य की बात तो यह है कि उसके स्वभाव में जिस कोमलता, सरलता और विश्वासपरायणता का भाव इतने दिनों तक बना रहा, वह उसमें कहाँ से आ गया और कैसे सम्भव हुआ। उसके स्वभाव के जिस विद्रोह का परिचय आज तुम्हें मिल रहा है, उसका विस्फोट बहुत पहले हो जाना चाहिए था–मुझसे उसका परिचय होने के भी पहले..."

भाभी ने एक लम्बी साँस ली। मैं कह नहीं सकता कि वह दीर्घश्वास मनिया के दुःखी जीवन के प्रति सहानुभूति के कारण बरबस उनके भीतर से निकल पड़ा था या अपने ही भीतर के कुछ विशेष अव्यक्त कारणों से।

मैं कहता गया–"उसके स्वभाव को किसी भी साधारण या असाधारण मनुष्य के स्वभाव के मापदण्ड से नहीं नापा जा सकता। यह एक अजीब ही चीज है। उसकी माँ हिन्दू थी और पिता तिब्बती बौद्ध। पर उसमें न हिन्दुत्व के कोई संस्कार मुझे कभी दिखायी दिये, न तिब्बती बौद्ध धर्म की कोई बू। वह आकर्षित हुई दोनों से भिन्न एक तीसरे ही धर्म–ईसाई धर्म–के प्रति। अकपट हृदय से और परिपूर्ण विश्वास से उसे अपनाने के बाद ऐसी सफाई से उसने उसका चोला उतारकर फेंक दिया है कि उसका कोई हलका-सा दाग भी कहीं शेष नहीं दिखायी देता। जैसा कि अभी तुमने कहा है, एक चरम बिन्दु से दूसरे चरम बिन्दु तक पहुँचने में उसे कुछ भी समय नहीं लगा। पर यह सोचना भूल है कि केवल स्वभाव की विचित्रता के कारण ही उसमें यह परिवर्तन सम्भव हुआ है। सचाई तो यह है कि परिस्थितियों ने भी उसके साथ निष्ठुर खेल खेला है। जैसे स्वयं प्रकृति ही यह चाहती रही हो कि वह निष्ठुर-से-निष्ठुर आघातों को सहन करती हुई, अपनी आधार-भूमि निरन्तर बदलती हुई, विकास और प्रगति के पथ पर अग्रसर होती चली जाय।"

दूर चौरंगी की सड़क पर ट्रामों, बसों, ट्रकों और कारों के निरन्तर चलते रहने से पहाड़ी नदी के प्रवाह का-सा एक सम्मिलित मर्मर-शब्द कानों में, ज्ञात या अज्ञात में, गूँजता चला जाता था। पूरी तन्मयता से बातें करने पर भी उस शब्द को एक क्षण के लिए भी भूल पाना असम्भव था। कभी वह एक अस्पष्ट और सामूहिक हाहाकार की तरह लगता था, कभी वह युग से युगान्तर की ओर नियमित रूप से बढ़ी चली जानेवाली मानवता के हास्य, रुदन और पारस्परिक वार्त्तालाप की पुंजित गुंजन-ध्वनि की तरह कानों में आकर बजता था।

भाभी मेरी बात सुनती हुई न जाने किस ध्यान में मग्न हो गयी थीं। उनकी शान्तिपुरी साड़ी को बड़ी सावधानी से एक सेफ्टीपिन द्वारा बालों से चिपकाये रखने का प्रयत्न किया गया था, तथापि हवा के तेज झोंके काले झण्डे की तरह उसे उनके सिर के ऊपर फर-फर फहरा रहे थे। कुछ क्षणों बाद उन्होंने कहा–

"सचमुच बच्चे के चल बसने का धक्का बहुत बड़ा था। बच्चे पर उसने न जाने कितनी और क्या-क्या आशाएँ बाँध रखी थीं! उसके कारण वह अपनी तेजाब की जलन भूल गयी थी। पर बच्चे की मृत्यु के बाद उसके सब घाव जैसे फिर से हरे हो गये हैं। और बच्चा भी कैसा प्यारा था! उसे देखकर मैं तक अपने ऊपर हुए वज्रपात को भूल गयी थी।

बच्चे की स्मृति मेरे लिये भी ताजी थी और मेरा घाव भी अभी तक अच्छी तरह सूखा नहीं था। इसलिए भाभी की बात पर मैं चुप रह गया। मनिया उस पर कितनी बड़ी आशाएँ बाँधे थी, यह भी मुझसे अधिक कोई नहीं जानता था।

भाभी ने कहा—"धीरे-धीरे समय की गति के साथ-साथ, बच्चे की स्मृति की पीड़ा जब इतनी मार्मिक न रह जायगी जितनी कि आज है तब बहन का स्वभाव फिर अपना सही रूप धारण कर लेगा।"

वह जैसे मुझे सान्त्वना दे रही थीं। उनकी बात सुनकर मैं म्लान भाव से मुस्कराया। बोला—"तुमने अभी मनिया को ठीक से नहीं पहचाना है, भाभी, वह कुछ दूसरे ही तत्त्वों—दूसरी ही धातुओं से बनी है।"

"तब क्या तुम यह कहना चाहते हो कि—"

"मैं इस समय अधिक कुछ भी नहीं कहना चाहता," उनकी बात काटते हुए मैंने कहा, "कुछ समय बाद तुम स्वयं देखोगी कि उसके स्वभाव के सम्बन्ध में तुम्हारी धारणा कहाँ तक सही उतरती है। इस समय कुछ भी अनुमान लगाना भ्रम से खाली न होगा।"

भाभी पहले तो एक गम्भीर मौन-भरी जिज्ञासु दृष्टि से मेरी ओर देखती रहीं, उसके बाद सहसा ऐसे सरस स्नेह से मुस्करा उठीं कि मुझे लगा जैसे एक अत्यन्त महत्त्वपूर्ण रहस्य उनके आगे उद्घाटित हो रहा हो।

(66)

जब हम लोग मैदान से लौटकर घर पहुँचे तब मनिया ड्राइंग-रूम में पाँच युवकों के बीच में घिरी हुई थी और अत्यन्त गम्भीर मुद्रा में तन्मयता से उन लोगों के साथ बातें कर रही थी। वह यहाँ तक तन्मय हो उठी थी कि जब हम दोनों ने ड्राइंग-रूम में प्रवेश किया तब भी उसका ध्यान हम लोगों की ओर नहीं गया। आगन्तुकों में निशीथ और बेनू भी थे। शेष तीन युवकों को मैंने पहली बार देखा था। हमें देखकर सब लोग अभिवादन के लिए खड़े हो गये, केवल मनिया गम्भीर मुद्रा में बैठी रही।

मैंने प्रत्यभिवादन में हाथ जोड़ते हुए कहा—"आप लोग खड़े क्यों हो गये? बिराजें।"

निशीथ ने तीनों अपरिचित युवकों से हमारा परिचय कराया। उनमें जो युवक तीनों की अपेक्षा उम्र में बड़ा लगता था और जिसकी आयु प्रायः 26-27 वर्ष की लगती थी,

उसका नाम उसने कन्हाईलाल बताया। कन्हाईलाल का रंग गोरा था और आकृति कुल मिलाकर आकर्षक लगती थी। वह न बहुत मोटा था न बहुत दुबला। लम्बाई में छह फीट से कुछ ही कम होगा। उसकी सुन्दर और भावुक आँखों में विवेक का आभास सब समय झलकता रहता था।

दूसरे युवक की उम्र प्रायः तेईस-चौबीस वर्ष की मालूम होती थी। उसका रंग गेहुँआ था, सिर के बाल शायद दो-तीन महीनों से नहीं कटवाये गये थे। आँखों में वह चश्मा लगाये हुए था। उसका नाम शशिकान्त बताया गया। तीसरा लड़का बीस-बाईस वर्ष का रहा होगा। उसका रंग गोरा था, आकृति कुछ बुरी नहीं थी। वह उन सबसे दुबला-पतला और मँझले कद का था। उसका नाम निशीथ ने नरेश बताया।

पता चला कि कन्हाईलाल को छोड़कर शेष दो लड़के यूनिवर्सिटी में पढ़ते हैं। निशीथ ने कन्हाईलाल के सम्बन्ध में जो एक अस्पष्ट वाक्य कहा उससे पता चला कि वह उनके दल का नेता है। मुझे अभी तक पता नहीं था कि निशीथ का सम्बन्ध किस दल या उप-दल से है और उस दल के उद्देश्य क्या हैं। न मैंने इस सम्बन्ध में कभी कोई प्रश्न ही उससे किया। इसलिए कन्हाईलाल के सम्बन्ध में मैं यह नहीं जान पाया कि वह किस पथ का पथिक है। फिर भी उसका व्यक्तित्व मुझे बहुत आकर्षक लगा। उसके मुख पर खेलती हुई अव्यक्त-सी मुस्कान के भीतर एक ऐसे आत्म-विश्वास का भाव, एक ऐसी गम्भीरता छिपी हुई थी जिससे यह सूचित होता था वह अपने ध्येय को बहुत अधिक महत्त्व देता है और अपने उत्तरदायित्व को अच्छी तरह समझता है।

उन लोगों के बीच स्पष्ट ही किसी गम्भीर विषय की चर्चा छिड़ी हुई थी। भाभी के और मेरे पहुँच जाने से हम लोग उनकी दृष्टि में विघ्नस्वरूप सिद्ध हो रहे थे—मनिया के चेहरे से यह जानने में मुझे देर नहीं लगी। इसलिए भाभी की ओर आँखों से संकेत करके हम दोनों कमरे से बाहर निकलकर ऊपर चले गये।

रात में मैं बहुत देर तक मनिया का इन्तजार करता रहा। मैं जानना चाहता था कि वे लोग कौन थे और किस विषय की चर्चा उन लोगों के बीच चल रही थी। भाभी और मैं खाना खाकर अपने-अपने कमरे में चले गये। पर वह नहीं आयी। जब खाना खाने का समय हुआ तब उसने नौकर से कहला भेजा कि वह नहीं खायगी और हम लोग उसका इन्तजार न करके खाना खा लें। जब ग्यारह का घण्टा बजा और मनिया नहीं आयी तब मैंने नौकर को यह जानने के लिए भेजा कि वह कहाँ है और क्या कर रही है। पता चला कि वे लोग सब बैठे हैं और बातें कर रहे हैं। बारह बजे मैं स्वयं उठकर नीचे गया और चुपके से ड्राइंग-रूम के बाहर के दरवाजे के शीशे से झाँककर मैंने देखा क़ि पूरी तन्मयता से वे लोग किसी विषय पर आपस में सलाह-मशविरा कर रहे हैं। ध्यानपूर्वक कान लगाये रहने पर भी कोई बात स्पष्ट नहीं सुनायी देती थी। केवल एक बार 'संगठन' और दूसरी बार 'भ्रष्टाचार' इन दो शब्दों की भनक मेरे कानों में पड़ी। काफी देर तक खड़े रहने के बाद मैं हताश भाव से लौट चला। कमरे में पहुँचकर फिर

पलँग पर लेट गया। पर नींद किसी भी तरह नहीं आती थी। अत्यन्त अधीर भाव से मनिया के आने की प्रतीक्षा करता रहा। एक घण्टा और बीत गया और मेरी आँखें झँपने लगीं। इतने में किवाड़ के खटकने का शब्द कानों में गया। मेरी कच्ची नींद उचट गयी। कमरे की बत्ती बुझी हुई थी, किसी ने खट से बत्ती जलायी। नींद से तनिक मिची हुई आँखों से मैंने देखा, मनिया अपने पलँग की चादर झाड़कर सोने की तैयारी कर रही थी।

''क्या खाना नहीं खाओगी?'' मैंने धीरे से पूछा।

''नहीं, भूख नहीं है।'' मेरी ओर बिना देखे ही अत्यन्त रूखे स्वर में उसने उत्तर दिया।

मैं पूछना चाहता था कि वे लोग कौन थे और क्या-क्या बातें उन लोगों के बीच हुईं। पर कुछ तो नींद आने के पूर्व के आलस्य के कारण, कुछ मनिया की रुखाई के कारण मुझे कुछ भी पूछने का साहस न हुआ। मनिया ने बीचवाली बत्ती बुझाकर अपने पलँग के पासवाला टेबिल-लैम्प जलाया, और पलँग पर लेटकर एक पुस्तक, जिसे वह नीचे से अपने साथ लायी थी, पढ़ने लगी। मैं करवट बदलकर बत्ती की ओर पीठ करके चुपचाप लेट गया।

तरह-तरह के विचार मस्तिष्क में उत्पन्न होते थे, और प्रत्येक विचार का तार बीच ही में टूटकर एक नयी कल्पना को जन्म देकर विलीन हो जाता था। वह नयी कल्पना भी आधे में ही समाप्त होकर एक तीसरे विचार को जन्म देकर एक विचित्र भूलभुलैया की उलझन मेरे मस्तिष्क में उत्पन्न करती थी। मस्तिष्क में जिस तरह अधूरे और अस्पष्ट विचार उलझते चले जा रहे थे उसी तरह मन में तरह-तरह की अस्पष्ट भावनाएँ छाया-लहरियों के समान उठ-उठकर विलीन होती जा रही थीं।

कुछ देर के लिए मैं सो गया। एक दुःस्वप्न से जगने पर जब आँखें खोलीं तब बत्ती वैसे ही जल रही थी। पलटकर देखा तो मनिया उसी तरह लेटे-लेटे एकान्त भाव से पुस्तक पढ़ रही थी। मैं कहना चाहता था कि 'बहुत देर हो गयी, क्या आज सारी रात जागरण में बिता देने का विचार है?' पर मेरे आश्चर्य और भय का ठिकाना नहीं रहा, जब मैंने कुछ कहने का साहस अपने में नहीं पाया। प्रायः आधे घण्टे बाद मनिया ने बत्ती बुझायी और सो गयी।

दूसरे दिन वह देर से उठी। हम लोग चाय के लिए उसका इन्तजार करते रहे, पर उसने कहला भेजा कि उसके लिए ठहरे रहने की कोई आवश्यकता नहीं है, क्योंकि वह चाय नहीं पियेगी। यह बात स्पष्ट होती चली जा रही थी कि वह भरसक हम लोगों के संसर्ग से बचकर रहना चाहती है और एक भी बात के लिए कोई अवसर न तो मुझे देना चाहती है न भाभी को।

उस दिन भी उसने सन्ध्या को हम लोगों के साथ भ्रमण करने के लिए चलने से इनकार किया। कहा कि उसे घर पर कुछ आवश्यक काम है। उसके बाद लगातार कई

दिनों तक यही हाल रहा। प्रारम्भ में कुछ दिनों तक मुझे शाम को उसके बिना भाभी के साथ हवाखोरी के लिए बाहर निकलने में कुछ हिचक का अनुभव होता था और मन में कुछ खटक-सी महसूस होने लगती थी। पर उसके बार-बार इनकार करने से मुझे आदत पड़ गयी थी। उसके अभाव और अनुपस्थिति की चुभन धीरे-धीरे कब और कैसे भाभी के एकान्त संसर्ग से पुलक की सिहरन में बदलने लगी थी, यह मैं स्वयं नहीं जान पाया। उसके मुख पर जलने के जो बड़े-बड़े और भद्दे-से दाग स्थायी चिह्न अंकित कर चुके थे और कभी न मिटने की कसम-सी खा चुके थे वे बच्चे की मृत्यु के बाद से जैसे दिन-पर-दिन और अधिक सुस्पष्ट होकर उभरे हुए-से लगने लगे थे। इसके दो कारण हो सकते थे। एक तो यह कि वह दुबली पड़ गयी थी और उसके मुख की उभरी हुई हड्डियों पर वे दाग सचमुच पहले से अधिक परिस्फुट हो उठे थे। दूसरा कारण यह हो सकता है कि बच्चे की मृत्यु के बाद उसके स्वभाव में जो रूखापन आ गया था उसने उसके चेहरे पर भी रूखा भाव अंकित कर दिया था और फलस्वरूप उसकी आकृति पहले से भी भयावनी लगने लगी थी। बच्चा होने के पूर्व और उसके बाद भी उसके भीतर उमड़े हुए वात्सल्य-रस के कारण जो एक सहज-स्निग्ध और शान्त भाव-छाया उसके मुख पर सब समय छायी रहती थी उसने तेजाब के दागों को जैसे थोड़ा-बहुत मिटा-सा दिया था—कम-से-कम मुझे ऐसा भ्रम हुआ था। पर इधर उसके मुख पर दृष्टि पड़ते ही एक अत्यन्त अप्रिय ज्वलन्त सत्य मेरे मन को जैसे बिजली की जलती हुई सलाख से दाग जाता था।

इस प्रकार एक ओर उसकी शारीरिक कुरूपता उसके प्रति मुझे विरक्त कर रही थी, और दूसरी ओर उसके बदले हुए स्वभाव के कारण मेरा मन उसकी ओर से खिंचने लगा था। ज्यों-ज्यों उसके व्यक्तित्व का आकर्षण मेरे लिये मिटता जाता था त्यों-त्यों उसके प्रति मेरी सहानुभूति बढ़ती जाती थी! पर वह मुझे अपनी उस समवेदना को व्यक्त करने का कोई अवसर ही नहीं देती थी!

इधर भाभी का स्वभाव दिन-पर-दिन अधिकाधिक स्वस्थ, शान्त, स्निग्ध और सरस होता जाता था। मनिया की शारीरिक कुरूपता और व्यवहार की रुखाई की तुलना में भाभी की नयी निखरी हुई स्वस्थ सहृदयता ऐसा आकर्षक वैपरीत्य खड़ा कर रही थी, जो अत्यन्त तीव्रता से मुझे अपनी ओर खींचता चला जाता था। मैं उस मोहाकर्षण के प्रतिरोध में कोई बात उठा नहीं रखता था और मनिया के हार्दिक संसर्ग से एकदम रहित होने की आशंका और ग्लानि मेरे मन को जान में अनजान में और सब समय कचोटती रहती थी!

कन्हाईलाल से मनिया का परिचय होने के बाद वह और उसके साथी प्रायः नित्य मनिया से मिलने के लिए आते थे और घण्टों उन लोगों के बीच बातें होती रहती थीं। क्या बातें होती थीं, इसका कोई भी आभास मुझे नहीं मिल पाता था। जब कभी मैं किसी बहाने से ड्राइंग-रूम में उन लोगों के बीच आ खड़ा होता तो वे लोग तत्काल बातें बन्द

कर देते और सबकी सम्मिलित चुप्पी से एक ऐसा ठण्डा और निपट रूखा वातावरण उत्पन्न हो जाता कि मैं अपने को अपमानित-सा अनुभव करता हुआ चुपचाप लौट जाता।

मनिया अब हम लोगों के—अर्थात् मेरे और भाभी के—साथ न तो किसी समय चाय पीती थी न खाना खाती थी। या तो अकेली पीती व खाती थी या अपने साथियों के साथ। उसके साथी कभी-कभी रात में बहुत देर तक बैठे रहते और तब मनिया नौकर को उन सबके लिए खाना लाने का आर्डर देती।

जब कभी मैं अपना सारा पिछला अपमान पीकर चुपके से उन लोगों के बीच चला जाता तब देखता कि कन्हाईलाल से बातें करते हुए मनिया के मुख का रूखा भाव एक नव-जीवन और नये उत्साह की चमक से खिल उठा है और क्षण-भर के लिए मुझे ऐसा भ्रम होने लगता जैसे उसके जले हुए चेहरे पर अंकित सारे कुरूप चिह्न भी उस चमक के कारण मिटने लगे हों। मेरी ओर नजर पड़ते ही सारी चर्चा समाप्त हो जाती और मनिया का मुख एकदम गम्भीर हो आता। कन्हाईलाल भी एक बार अपनी सहज संयत मुस्कान से मेरी ओर देखकर शिष्टाचारवश हाथ जोड़कर चुप हो जाता। आरम्भ में मेरे कमरे में प्रवेश करने पर वे लोग साधारण शिष्टाचारवश खड़े हो जाया करते थे, पर अब कुछ समय से उतने शिष्टाचार की भी कोई आवश्यकता न समझकर वे लोग इस इतमीनान से जमकर बैठे रहते जैसे अपने ही घर पर अपने ही कमरे में पूरे अधिकार के साथ बैठे हों।

मनिया अब अक्सर अपने साथियों के साथ घण्टों गायब रहा रहती थी। कभी-कभी रात में बड़ी देर से वापस आती थी। एक दिन रात में घर लौटने पर नौकर ने मुझे बताया कि 'छोटी बीबी जी' चार-पाँच दिन के लिए कहीं बाहर चली गयी हैं, और ठीक कहाँ गयी हैं यह उन्होंने पूछने पर भी नहीं बताया। इस समाचार से मुझे बड़ा ही धक्का पहुँचा। मैंने सोचा कि मेरे किसी अपराध के बिना ही मनिया मुझसे इस कदर घृणा करने लगी है, और ऐसी उपेक्षा की दृष्टि से देखने लगी है कि मुझे अपनी गतिविधि से परिचित कराना तो दरकिनार, मुझसे किसी भी विषय पर बात भी नहीं करना चाहती। अपने स्वभाव की उदारता पर विचार करते हुए मुझे स्वयं अपने ऊपर तरस आने लगा। मैं सोचने लगा कि वह मुझसे बिना कुछ बताये ही घण्टों अपने साथियों के साथ गायब रहती है और रात में कभी-कभी बारह-बारह और एक-एक बजे तक लौट पाती है, और मैंने कभी इस बात पर जोर नहीं दिया कि उसे मुझे कार्य और कारण बताना ही होगा। मेरी इस सहनशीलता का वह इस हद तक नाजायज फायदा उठाना चाहती है कि बिना मेरी राय लिये ही शहर छोड़कर न जाने किस अज्ञात दिशा को, किस अजानित स्थान को, किन अपरिचित साथियों के साथ निकल पड़ी है! सोच-सोचकर मुझे उस पर बेहद क्रोध आ रहा था। मैंने निश्चय कर लिया कि उसे लौटने पर अपने इस प्रकार के मामलों में किसी प्रकार की ढिलाई दिखाना या किसी

बात का लिहाज करना उचित नहीं है। रह-रहकर भीतर एक अजीब-सी बेचैनी टीस मारने लगी। आज पहली बार मेरे मन में मनिया को लेकर ईर्ष्या का-सा दर्द उठने लगा। यद्यपि वह दर्द बहुत तीखा नहीं था। आश्चर्य की बात यह थी कि उस दर्द की सतह के नीचे, कुछ ही गहराई में, मनिया के पिछले कुछ दिनों के आचरण से एक प्रकार के सुख और सान्त्वना का अनुभव हो रहा था, जिसे मेरा सचेत मन भूलने का पूरा प्रयत्न कर रहा था, पर अवचेतन मन बीच-बीच में एक बिजली के-से धक्के से उसकी याद दिला जाता था।

विश्लेषण करने पर अपने दूसरे मन के उस विचित्र भाव का अर्थ मेरे आगे बहुत-कुछ स्पष्ट होने लगा। वास्तव में तेजाब से जलने पर उसके तन पर और बच्चे के मरने पर उसके मन पर जो प्रतिक्रिया स्वभावतः हुई थी, वह किसी भी हालत में उपेक्षणीय नहीं थी। उस स्थितिवाले किसी भी व्यक्ति द्वारा किये गये सात खून भी माफ होने चाहिए थे, इतना समझ सकने की बुद्धि और सहृदयता मुझमें शेष थी। पर मैं जैसे जान-बूझकर उस सहृदयता और विवेक को दबाता चला जाता था।

(67)

पाँचवें दिन प्रायः सात बजे सुबह मनिया वापस आयी। उसके बाल अस्त-व्यस्त थे, चेहरा शायद रेल की यात्रा के कारण मुरझाया हुआ था और उस पर धूल की एक बहुत ही बारीक परत-सी जमी हुई थी। जो साड़ी वह पहने थी वह भी काफी मैली और कूँची हुई लगती थी। मुझे उससे कुछ भी कहने का साहस नहीं हुआ। इतने दिनों तक जो निश्चय मैं बड़ी कठिनाई से कर पाया था वह पल में ढह गया। घर पहुँचते ही उसने नहा-धोकर धोबी के यहाँ से ताजा धुले हुए कपड़े पहने और बालों में तेल डालकर एक मेज के सामने बड़े शीशे के सामने खड़ी हो गयी और यत्नपूर्वक कंघी-चोटी करने लगी। इसके पूर्व मैंने कभी उसे ऐसी रुचि और परिश्रम से बाल सँवारते नहीं देखा था। जब वह बाल बना चुकी तब उसकी ओर देखकर मुझे इस बात पर हँसी भी आयी और दुःख भी हुआ कि बालों के सिर पर ठीक से चिपक जाने के कारण उसके मुख पर के बड़े-बड़े और लम्बे-लम्बे दाग और अधिक सुस्पष्ट होकर उभर आये थे, हालाँकि उस विकृत पृष्ठभूमि में उसकी सुन्दर भावपूर्ण आँखों और तेजाब से अछूती काली-काली, धनुषाकार भौंहों की आकर्षण-शक्ति बढ़ गयी थी। मैं पलँग पर बैठा हुआ, झूठमूठ एक पुस्तक को पढ़ने का स्वाँग रच रहा था और बीच-बीच में कनखियों से उसकी ओर झाँक लेता था। बार-बार चाहने पर भी उससे कुछ कहने का साहस मैं अपने भीतर नहीं बटोर पाता था। अन्त में जब वह नये चप्पल पहनकर बाहर की ओर जाने लगी, तब मैं सहसा बिजली के वेग से पलँग पर से नीचे उतरा और उसका रास्ता रोककर खड़ा हो गया।

उसने चकित दृष्टि से मेरी ओर देखा। पर उस दृष्टि में भय या आशंका का लेश नहीं था।

''तुमसे कुछ बहुत जरूरी बातें करनी हैं, मनिया।'' मैंने कुछ घबरायी हुई आवाज में कहा।

''जो कुछ कहना है जल्दी कह डालो, मुझे जल्दी ही एक जरूरी काम से बाहर जाना है।'' उसने भौंहें चढ़ाकर ऐसे कड़े स्वर में कहा जैसे स्कूल की कोई अध्यापिका किसी नटखट लड़की को डाँट बता रही हो।

उसके बोलने के ढंग से मैं सहमकर रह गया। इतने दिनों के निरन्तर प्रयत्न के बाद जो थोड़ा-बहुत साहस बटोर पाया था वह भी जाता रहा। पल-भर के लिए मैं अपने को निपट निःशक्त महसूस करता हुआ, सब-कुछ खोया हुआ-सा, एकदम सूनी मानसिक स्थिति में खड़ा रहा। पर दूसरे ही क्षण सहसा, न जाने मन के किस अज्ञात रहस्यमय कोने से एक प्रचण्ड शक्ति का स्रोत मेरे भीतर फूट पड़ा और परिपूर्ण आत्मविश्वास की भावना जग पड़ी—करीब-करीब ठीक वैसी ही शक्ति जैसी उस घटना से प्रायः तीन वर्ष पूर्व मसूरी में जगी, जब मैंने उसके पथ की भिखारिणी बनने के हठ पर विजय पाने के उद्देश्य से उस पर बिना पूर्वयोजना के, सहज प्रेरणा से, हिप्नोटिज्म का प्रयोग किया था।

मैंने दृढ़ स्वर में कहा—''मनिया!'' मुझे स्वयं अपना शब्द कड़कने की तरह लगा।

मेरे अप्रत्याशित स्वर से वह कुछ सहम उठी या नहीं, मैं कह नहीं सकता। उसके मुख की गम्भीर मुद्रा में जो खीझ का-सा भाव मेरे टोकने के बाद से व्यक्त हो रहा था उसमें मेरे कठोर स्वर में क्या परिवर्तन आया था, इसकी सही-सही परख करने में मैं असफल रहा। जैसे आधी रात के घुप अँधेरे में कुहरे और बादल में कोई विशेष अन्तर नहीं दिखायी देता, वही कठिनाई उस समय मनिया के मुख के भावों का ठीक-ठीक निरूपण करने में मुझे महसूस हो रही थी। पर इतना निश्चित है कि मेरी कड़ी आवाज सुनने के बाद वह स्थिर खड़ी रही और आँखें फाड़-फाड़कर मेरी ओर देखती हुई जैसे मेरे मन का यथार्थ भाव जानने का प्रयत्न करती रही। पर तब भी भय का कोई सुस्पष्ट चिह्न उसके मुख पर मुझे नहीं दिखायी दिया।

मैंने एक-एक शब्द पर जोर देते हुए गुरु गम्भीर स्वर में कहा—''आज तुमको अपने आवश्यक से भी आवश्यक 'एप्वायण्टमेण्ट' की अवज्ञा करके मेरी बातें सुननी होंगी और उनका उत्तर देना होगा।''

ऐसा कहते हुए मेरे मुँह का भाव भी भयावना हो उठा था या नहीं, मैं कह नहीं सकता। पर मैं निश्चय ही अपने मुँह की अभिव्यक्ति में भयावनापन लाना चाहता था। पर जब मैंने आश्चर्य से देखा कि मनिया के मुख पर से धीरे-धीरे अँधेरा हटता जा रहा है और एक अपरिस्फुट व्यंग्य-भरी मुस्कान की अत्यन्त अस्पष्ट रेखा उसकी आँखों और

ओंठों के इर्द-गिर्द, चैत के अन्त की किसी साँझ के तूफान के पूर्व पश्चिम-क्षितिज में फटे हुए बादलों के बीच में से झाँकनेवाले की तरह फूटने लगी है, तब मेरे जोश पर जैसे बर्फ की कई सिलें एक-साथ पड़ गयीं। पर एक बार आरम्भ कर चुकने के बाद अब मैं अपने नाटक को अन्त तक निभा ही ले जाना चाहता था—फिर चाहे उसके परिणामस्वरूप कैसी ही बातें क्यों न सुननी पड़ें।

"मनिया," उसी तरह की कड़ी, किन्तु फटी हुई, आवाज में मैंने कहा—"इधर कुछ समय से तुम्हारे रंग-ढंग मुझे कुछ विचित्र ही लगने लगे हैं। सभी बातों में तुमने मनमानी शुरू कर दी है और मेरे प्रति जैसा रुख तुमने अख्तियार किया है वह मुझे एक पहेली-सा लग रहा है। मैं इतने दिनों तक इस सम्बन्ध में इसलिए कुछ न बोला कि बच्चे की मृत्यु से तुम्हारे भीतर जो घाव हो गये थे उन्हें किसी भी कारण खरोंच लगे, यह मैं नहीं चाहता था। पर मैं देख रहा हूँ कि दिन-पर-दिन तुम्हारी गतिविधि और कार्रवाइयाँ रहस्यमय होती चली जा रही हैं। तुम किन्हीं अनजान व्यक्तियों के साथ पाँच दिन तक शहर से गायब रही—मुझसे किसी तरह का परामर्श किये या मेरी राय लिये बिना ही। मुझे तुमने बताया तक भी नहीं कि तुम जा रही हो। ऐसे गम्भीर विषय में मेरी अनुपस्थिति में केवल नौकर को अधूरी सूचना देकर चले जाना, यह कहाँ का कायदा है, मैं समझ नहीं पाया। और सबसे विचित्र बात यह है कि मेरे प्रति तुम्हारी इस विकट विरक्ति का कोई प्रत्यक्ष या परोक्ष कारण मैं अभी तक जान नहीं पाया जब कि मेरे मन में तुम्हारे प्रति करुणा और समवेदना का भाव वैसा ही बना हुआ है, जैसा कि पहले था—बल्कि बच्चे की मृत्यु से अधिक बढ़ गया है। तुम्हें आज इस रहस्यजनक स्थिति को, स्पष्ट करना ही होगा!..."

मनिया के मुख की अस्पष्ट व्यंग्य-भरी मुस्कान इस बीच सान पर चढ़ी हुई छुरी की धार की तरह मार्मिक रूप से कँटीली और घातक रूप से तीखी हो उठी थी। फिर भी वह मेरी बातों को बड़े धैर्य से सुन रही थी। मैं यदि उसका उत्तर सुनने के लिए रुक न गया होता तो वह उसी धैर्य से और भी बहुत देर तक सुनती चली जाती—उसके मुख के भाव से ऐसा लगता था।

जब मैं उसका उत्तर सुनने के लिए रुक गया तब भी वह क्षण-भर के लिए चुप ही रही और उसी तीखी दृष्टि से जैसे मेरे मन की चीर-फाड़ करती रही। उसके बाद उसके मुख पर की व्यंग्य-भरी मुस्कान सहसा एक क्रूर और हिंसक घृणा में बदल गयी।

"करुणा और समवेदना!" अपने एक-एक शब्द में बिच्छू के डंक का तीखा विष घोलते हुए उसने कहा—"वही करुणा और वही समवेदना जिसकी प्रेरणा से एक दिन तुमने मेरे भोले-से जीवन की द्वन्द्वरहित बस्ती को उजाड़कर, मेरा सर्वस्व लूटकर, अपने जाल में चारों ओर से मुझे इस तरह जकड़ लिया था कि भाग निकलने के लिए कोई रास्ता ही नहीं छोड़ा! एक मुक्त चिड़िया चारों ओर से खुले आसमान में जी भरकर उड़ान भरती हुई बीच-बीच में अपने छोटे-से घोंसले में विश्राम कर लेती थी। तुमने एक

विनाशक तूफान की तरह आकर केवल उस घोंसले को ही नष्ट नहीं किया, केवल पंछी को अपने सुनहले पिंजड़े में कैद नहीं किया, बल्कि पिंजड़े के भीतर भी सोने की जंजीरों का ऐसा जाल चारों ओर बिछा दिया जिससे उस बन्द पिंजड़े में भी बिना उलझन के एक कोने से दूसरे कोने तक न जा सके। तुमने मुझे जो पढ़ाया-लिखाया वह इसलिए नहीं कि मैं विचारों के जगत् में स्वतन्त्र रूप से विचर सकूँ, बल्कि इसलिए कि मैं तुम्हारे इशारों पर, एक अच्छी-खासी बौद्धिक और फैशनेबिल कठपुतली की तरह नाच सकूँ। अपने अहं की तृप्ति और ऐकान्तिक सुख-साधना के लिए तुमने मेरे प्रति उदारता का ढोंग रचा, जिससे मैं तुम्हारे प्रति कृतज्ञता के मजबूत बन्धनों में बँधकर जीवन-भर ऊपर से पालिश की हुई दासता को अपनी इच्छा से, खुशी के साथ स्वीकार कर लूँ। मेरे ईसाई धर्म स्वीकृत करने पर ऊपर से तुमने चाहे जैसा भी भाव जताया हो, भीतर-ही-भीतर तुम निश्चय ही बहुत खुश हुए होंगे, क्योंकि तुम मुझे आर्थिक, बौद्धिक, सामाजिक और धार्मिक—सभी प्रकार के जटिल बन्धनों में कसकर बाँधकर मुझे इस कदर पंगु कर देना चाहते थे कि मैं बाद में चाहने पर भी तुम्हारे आश्रय से मुक्त न हो सकूँ—ऐसे घिसे हुए खतरनाक बुर्जुवा हो तुम! पर याद रखो, मनुष्य की इच्छा-शक्ति और विवेक को मनुष्य-कृत सहस्रों कड़े-से-कड़े बन्धन भी नहीं कुचल सकते। आज वह आँधी मेरे भीतर उठी है जिसने बाहर के सारे झूठे जालों को छिन्न-भिन्न कर दिया है—मेरे भीतर की और बाहर की सारी उलझनें साफ कर दी हैं। आज अपने चारों ओर के जीवन का सीधा और सच्चा रूप मेरी धुली हुई आँखों के आगे सुस्पष्ट हो उठा है। बाहर से थोपा हुआ कोई भी भ्रमजाल अब मुझे धोखे में नहीं रख सकता...''

मनिया से बहुत-सी कड़ी और खरी बातें सुनने की आशंका मुझे पहले ही से थी, पर जो आरोप उसने मुझ पर लगाये और जिस ढंग से और जिस दृष्टिकोण से उसने उन्हें व्यक्त किया उनके लिए मैं कतई तैयार नहीं था। उसकी आँखों से जो ज्वाला बरस रही थी वह जैसे शिव की तीसरी आँख की तरह अपने आगे के समस्त अवरोधों को राख के ढेर में परिणत करने के साथ ही अपने तूफानी वेग से उस राख के कण-कण को हवा में उड़ाकर चारों ओर छितराती चली जाती थी। मैं अजानित आशंकाओं से त्रस्त होकर सहमी हुई आँखों से उसकी ओर देख रहा था। लगता था जैसे युगों से सुदृढ़ नींव पर जमायी हुई इस्पात की-सी दीवारें किसी ऐसी प्रचण्ड भौतिक शक्ति से थरहराकर, चकनाचूर होकर नीचे गिर पड़ी हैं, जिसकी आँज तक कोई कल्पना ही मनुष्य के मस्तिष्क में नहीं थी। मेरे मुँह से उसकी बात के उत्तर में एक शब्द भी नहीं निकल पाता था। मैं केवल पथरायी हुई आँखों से काठ की मूर्ति की तरह उसकी ओर देख रहा था—यह जानता हुआ कि अभी और भी बहुत-कुछ सुनना बाकी है।

कुछ क्षणों तक भूखी सिंहिनी की तरह मेरी ओर देखती हुई वह मौन हो रही। उसके बाद फिर गरजती हुई बोली—''तुम्हारी करुणा और समवेदना के भार से इतने दिनों तक मैं बुरी तरह दबी रही हूँ। अब इतनी ही कृपा मुझ पर करो कि उस भार से मुक्ति

दो। इन दो अस्त्रों से मेरी नाक में डोरा डालकर, मुझे इच्छानुसार घुमाकर और नचाकर अपनी जिस रोमाण्टिक भावना को तुम चरितार्थ करना चाहते थे उससे अच्छी तरह तृप्त हो चुके हो। अब मेरे सम्बन्ध में तुम्हारे भीतर रह गयी है केवल रूखी अधिकार भावना। पर यह जान लो कि मेरे लिये अब तुम्हारा सारा हिप्नोटिक जादू समाप्त हो गया है—जिस तरह तुम्हारे लिये मेरी सारी रोमानी मोहकता नष्ट हो चुकी है। जिस दिन तेजाब से मेरा मुँह जला था उसी दिन मेरे सम्बन्ध में तुम्हारा रोमानी स्वप्न टूटने को हो गया था और बच्चे के पैदा होते ही स्वप्नावशेष भी समाप्त हो गया। मैं इतने दिनों तक सब-कुछ देखती हुई, सब-कुछ जानती हुई चुप थी। मोहवश सोचती थी कि अपने इतने दिनों के छिन्न जीवन की बिखरी कड़ियों को बटोरकर बच्चे के जीवन के सूत्र में जोड़ लूँगी। इसलिए अपने मन की भावनाओं को केवल उसी पर केन्द्रित करती हुई शेष सब-कुछ देखकर भी नहीं देखना चाहती थी; जानकर भी नहीं जानना चाहती थी। बच्चे के एक छोटे-से, अत्यन्त सूक्ष्म केन्द्रबिन्दु ने मेरे लिये भूत, वर्तमान और भविष्य के व्यापक जीवन-प्रसार को, सम्पूर्ण विश्व-जीवन को अपने में समेट लिया था। इसलिए जब तुमने मुझसे ऊबकर, मेरी आँखों के ही आगे अपनी भाभी पर अपना रोमानी जाल डालना आरम्भ कर दिया तब मुझे केवल तुम्हारे चोंचलों पर हँसी आती थी, किसी प्रकार की ईर्ष्या मेरे मन में नहीं जगी थी। मैं बच्चे को पाकर सब-कुछ पा गयी थी, दूसरी किसी भी बात का कोई महत्त्व मेरे लिये नहीं रह गया था। पर बच्चे की मृत्यु ने मुझे अत्यन्त निर्मम रूप से जीवन की यथार्थता के प्रति सचेत कर दिया। साथ ही जीवन के कल्पित केन्द्रबिन्दु के मिट जाने से जीवन का महाप्रसार मेरी आँखों में नाच गया। व्यक्तिगत जीवन का सारा मोह छिन्न होकर सामूहिक जीवन का सीधा और सच्चा स्वरूप मेरे आगे स्पष्ट हो गया। यही कारण है कि उस सामूहिक जीवन की उपलब्धि में जो-जो शक्तियाँ रुकावट डाल रही हैं और डालेंगी उनके प्रति मैं अब खड्गहस्त हो उठी हूँ। इसलिए तुम्हारे लिये यही अच्छा है कि मेरी इस स्वतन्त्र प्रगति में विघ्न न डालो और रास्ता छोड़कर अलग खड़े हो जाओ...''

और वह मुझे प्रायः धक्का देती हुई बाहर की ओर बढ़ने का प्रयत्न करने लगी। पर मैंने बलपूर्वक उसका हाथ पकड़कर भीतर की ओर खींचा और उसका रास्ता एकदम रोक दिया। उसने भाभी का नाम लेकर जो चुनौती मुझे दी थी उसे मैं यों ही टाल नहीं सकता था। भीतर से दरवाजा बन्द करके मैंने अपेक्षाकृत कड़े स्वर में कहा—''तुमने और जितने भी निराधार, अनुचित और अन्यायपूर्ण आरोप मुझ पर लगाये उन्हें मैं नीम की घूँट की तरह पी चुका था, पर भाभी को लेकर तुमने जो बात कही है उस पर मुझे बहुत बड़ी आपत्ति है। मैं जानना चाहूँगा कि तुमने किस आधार पर इस तरह की बात कही है...''

मैंने सोचा था कि मेरे कड़े रुख से और सीधे प्रश्न से मनिया सिटपिटा जायगी, पर मेरा यह अनुमान गलत निकला। शायद प्रारम्भ में क्षण-भर के लिए उसके मुख

पर विस्मय का भाव झलक उठा था, पर दूसरे ही क्षण वह फिर स्थिर हो गयी और उसके मुख पर विस्मय के स्थान पर व्यंग्य और घृणा की रेखाएँ पहले से भी अधिक तीव्र हो उठीं। ''तो तुम सचमुच यह जानना चाहते हो कि मैंने किस आधार पर इस तरह की बात कही है? मैं नहीं जानती थी कि तुम इतने साहसी हो सकते हो। इतने दिनों के अनुभव के बाद मैं तुम्हें बहुत बड़ा कायर समझने लगी थी। मुझे अब भी सन्देह है कि तुम्हारा यह ऊपरी साहस तुम्हारी कायरता का ही छद्म रूप है। जो भी हो, तुम मुझसे अधिक जानते हो कि मेरे अनुमान का आधार क्या है। जबर्दस्ती से मेरी आँखों में धूल झोंकने के प्रयत्न से तुम असलियत को नहीं छिपा सकते हो। फिर भी मैं तुम्हें यह जता दूँ कि इस सम्बन्ध में तनिक भी ईर्ष्या का भाव मेरे मन में नहीं जगा है। तुम्हारे विरुद्ध मेरे विद्रोह का कोई एक-आध छिटपुट कारण नहीं है। जो बहुत-से छोटे या बड़े कारण इतने दिनों तक अलक्ष्य में धीरे-धीरे संचित होते चले जा रहे थे उन्होंने आज एकत्र होकर सम्मिलित रूप से विस्फोट उत्पन्न किया है। घबराओ नहीं, मैं तुम्हारी और तुम्हारी भाभी की लाज उघाड़ने नहीं जा रही हूँ। मेरे विद्रोह को बहुत व्यापक और ऊँची दृष्टि से देखने का प्रयत्न करो। यह केवल तुम्हारे अकेले के विरुद्ध नहीं, बल्कि उस सम्पूर्ण वर्ग के प्रति है जिसके तुम एक प्रतीक हो। तुम्हारे वर्ग में जो अनेक 'गुण' हैं उनमें एक यह भी है कि नये-नये रोमानी उपकरणों को जुटाते चले जाना। तुम लोग स्त्री-पुरुष का सम्बन्ध केवल वहीं तक निभाना अपना कर्त्तव्य समझते हो जहाँ तक अपर पक्ष में रोमानी रस अवशिष्ट रहे। रस के समाप्त होते ही तुम उसे मिट्टी के उच्छिष्ट पात्र की तरह फेंककर पटक देते हो। इसलिए मेरे साथ तुम्हारा जो व्यवहार रहा है उसमें न कोई नयापन है न आश्चर्य की कोई बात है, न दुःख की। भलाई इसी में है कि तुम अपने रास्ते चले चलो और मुझे अपने रास्ते चलने दो। मेरी स्वतन्त्र गति में अब कोई विघ्न डालने का प्रयत्न करने से तुम्हें केवल हानि ही उठानी पड़ेगी।''

''और अपनी बात तुम भूली जा रही हो'', मैंने उसकी बातों से जलकर शिष्टता का अन्तिम आवरण उतारते हुए कहा, ''एक नये रोमांस के सुख को अपनाने की भावना तुम्हीं में कौन-सी कम है! कन्हाईलाल का जादू तुम पर किस तरह चढ़कर बोला है यह बात क्या किसी से छिपी रह गयी है? क्या मैं इतना भी नहीं समझता कि जो प्रवचन-पर-प्रवचन तुम बघार रही हो उनके पीछे कन्हाईलाल सुस्पष्ट बोल रहा है? आज तुम उस दिन की बात भूल गयी हो जब तुमने कहा था—'जब तक तुम अपने से मुझे छोड़कर नहीं चले जाओगे तब तक मैं कभी तुम्हारा साथ नहीं छोड़ूँगी।' आज तुम्हारे स्वभाव में जो मूलगत परिवर्तन आ गया है उसके लिए मैं भी तुम्हें दोष नहीं देता। वह नारी-जाति की प्रकृतिगत दुर्बलता और चंचलता का एक निदर्शन मात्र है। फिर भी मैं यह विश्वास नहीं करता था कि तुम इतनी जल्दी और इस हद तक बदल जाओगी...''

मेरे भीतर इतने दिनों तक शान्त भाव से सोया हुआ सर्प चोट खाने पर फन उठाकर बदला लेने की भावना में सजग हो उठा था। मेरी बात के ढंग से उसके चेहरे का रंग उड़ गया था और वह कुछ देर तक भौंचक्की-सी खड़ी रही। लगता था जैसे वह मेरी बात का अर्थ ही न समझ पा रही हो। पर कुछ ही समय बाद एक नया ही रंग उसके चेहरे पर चढ़ता चला गया, जिसे देखकर मैं भय से काँप उठा। खीझी हुई बाघिनी की तरह उसके मुख का भाव देखने ही योग्य था। मैं सहमकर एक कदम पीछे हट गया।

"अपने निज के व्यवहार के लिए मैं उत्तरदायी हूँ," उसने प्रायः गरजकर कहा, "उसके लिए सारी नारी-जाति को कीचड़ में घसीटकर तुम नीचता की अन्तिम सीमा तक पहुँच गये हो। मैंने तुमसे ठीक ही कहा था कि जब तक तुम अपने से मुझे नहीं छोड़ोगे तब तक मैं कभी तुम्हारा साथ नहीं छोड़ूँगी। तुम मुझे उसी दिन छोड़ चुके थे जिस दिन मेरा मुँह तेजाब से जल गया था। तभी यह बात मेरे आगे स्पष्ट हो गयी थी कि तुमने मुझे मेरे भीतरी गुणों के कारण कभी नहीं अपनाया था, बल्कि मेरे मुख की बाहरी आकृति के कारण ही तुम मेरे प्रति आकर्षित हुए थे। और मेरे उस शारीरिक आकर्षण से प्रेरित होकर मुझे पूर्णतया अपने अधीन करने के लिए तुमने जिस प्रकार के छल, बल और कौशल से काम लिया वे सब आज तक एक-एक करके मुझे याद आ रहे हैं। तुमने पहला काम यह किया कि मेरे स्वावलम्बी रहने का साधन ही एकदम छीन लिया। उसके बाद अपने वैभव की विलासिता के उपकरणों से मुझे इस हद तक जकड़ लिया कि आत्म-निर्भरता की कल्पना ही मेरे मन से जाती रही। मेरे तब के भोले मन पर हिप्नोटिक विद्या का शैतानी प्रभाव डालने के प्रयत्नों में भी तुम नहीं चूके। इस प्रकार मुझे एकदम अशक्त और पूर्णतया परवश बनाकर तुमने अपने अहं की तृप्ति की। और आज जब मैं उन सारे हिप्नोटिक बन्धनों को तोड़कर फिर से आत्मनिर्भर होने के लिए खड़ी हुई हूँ तो तुम बुरी तरह बौखला उठे हो। तुम्हारी इस बौखलाहट का कारण यह नहीं है कि मेरे बिछोह की आशंका से तुम दुःखी हो, बल्कि यह है कि मुझ पर अपनी प्रभावशक्ति के प्रयोग की निरर्थकता का परिचय पाकर तुम्हें धक्का पहुँचा है और ईर्ष्या की जलन से तुम जले जा रहे हो। मुझसे उकताने पर भी तुम मुझे केवल इसलिए रोकना चाहते हो कि मेरे सम्बन्ध में किसी एक दूसरे पुरुष की दिलचस्पी बढ़ गयी है। अपनी इस श्वान मनोवृत्ति का विश्लेषण एक बार एकान्त में अच्छी तरह करके देख लो तो तुम्हें अपने सच्चे रूप का पता लग जायगा। कहना है कि मेरे प्रवचनों के पीछे कन्हाईलाल बोल रहा है। मैं कहती हूँ कि यदि कन्हाईलाल बोल भी रहा है तो उसमें खराबी कहाँ पर है? इससे मेरा गौरव बढ़ता है, घटता नहीं। कन्हाईलाल के समान स्पष्टदर्शी और सूक्ष्म विवेकशील व्यक्ति की किसी बात को मैं हृदयंगम करके दुहरा पायी हूँ, इस ज्ञान से गर्व के कारण मेरा हृदय फूल उठता है..."

और मुझे लगा कि उसका मुख जैसे सचमुच गर्व से फूल उठा हो। मैं स्तब्ध खड़ा था। कुछ भी कहने और सुनने की कोई गुंजाइश उसने नहीं छोड़ी थी।

"मैं जा रही हूँ," उसी दृढ़ स्वर में उसने कहा—"और अब तुम्हारे पास मेरे लौटकर आने की कोई सम्भावना नहीं है। इसके लिए तुमने एक भी रास्ता खुला नहीं छोड़ा है। फिर भी मुझे तुम्हारे लिये दुःख है।" कहकर वह जाने के लिए आगे बढ़ी। मैं पराजित व्यक्ति की तरह रास्ता छोड़कर अलग खड़ा हो गया। वह विजय-गर्व से अपना मस्तक ऊँचा किये, सिंहनी की तरह जमे हुए—किन्तु द्रुत—पगों से बाहर निकल गयी।

मैं कुछ देर तक उसी तरह निश्चल अवस्था में खड़ा रहा। रह-रहकर यह विचार मेरे मन को भट्ठी से निकली हुई लोहे की तीखी और लाल सलाख से दाग रहा था कि मैंने अपनी निपट मूर्खतावश मनिया को उसके प्रति अपनी करुणा और समवेदना के सम्बन्ध में विश्वास दिलाना चाहा था, जब कि उसकी आँखों में वास्तविक करुणा और समवेदना का पात्र था मैं। 'फिर भी मुझे तुम्हारे लिये दुःख है।' उसका यह अन्तिम वाक्य रह-रहकर मेरे कानों में गूँज उठता था।

खड़े-खड़े मुझे ऐसा अनुभव होने लगा कि मुझे चक्कर आने को है। इसलिए कौच पर लेट गया। लेटे-लेटे परिस्थिति पर एकान्तपूर्वक विचार करने का प्रयत्न करने लगा।

(68)

ताजे धक्के से सँभलने के बाद जब चित्त कुछ स्थिर हुआ तब मैं इस स्थिति में आ सका कि कुछ विचार कर सकूँ। विचार करते-करते जब मैंने अपेक्षाकृत ठण्डे मस्तिष्क से विश्लेषण करना आरम्भ किया तब मुझे लगा कि मनिया के चले जाने से मुझे दुःख इस बात पर नहीं था कि मैं एक अमूल्य रत्न खो चुका हूँ, या यह सोचकर कि एक ऐसी चीज गायब हो गयी है जो रात-दिन मेरे आगे अपेक्षित अवस्था में पड़ी रहती थी—जिसकी कोई उपयोगिता शेष नहीं रह गयी थी, फिर भी जिसे फेंका नहीं जा रहा था। सोचना मुझे इसी ढंग से चाहिए था, पर अनुभव मैं कुछ दूसरे ही रूप में कर रहा था। मुझे लग रहा था जैसे मेरे शरीर का एक अंग ही कटकर अलग हो गया हो। यह ठीक है कि वह अंग जलकर निकम्मा हो गया था और मेरी विवशता की याद दिलाने और बदसूरती बढ़ाने के अतिरिक्त मेरे और किसी काम का नहीं रह गया था; पर सब-कुछ होने पर वह भी था तो मेरा अंग ही! उसके छिन्न हो जाने की पीड़ा किसी भी हालत में उपेक्षणीय नहीं हो सकती थी।

"लाला, आज क्या लेटे ही रहोगे, कहीं चलोगे नहीं? तबीयत क्या कुछ खराब है?" आधे बन्द किवाड़ को ढकेलकर भीतर प्रवेश करते हुए भाभी ने कहा।

मैंने लेटे-ही-लेटे आधी दृष्टि से एक झलक उनकी ओर देखा और फिर मुँह फेरकर लेटते हुए बोला—"आज उठने को जी नहीं चाहता, भाभी। तबीयत सचमुच ठीक नहीं मालूम होती।"

"शिकायत क्या है?" तनिक चिन्तित स्वर में भाभी ने पूछा और फिर कौच ही पर, पैताने की ओर बैठ गयीं।

"कुछ नहीं, यों ही।" मैं उसी तरह मुँह फेरे और आँखें बन्द किये बोला।

"बहन कहाँ है?" शायद सहज नारी-संस्कारवश दाल में कुछ काला अनुभव करते हुए भाभी ने पूछा।

इस प्रश्न के उत्तर को न तो टाला ही जा सकता था न झूठ बोलकर गलत उत्तर ही दिया जा सकता था। फलतः मैं उठ बैठा। मेरे मुख पर परेशानी के चिह्न निश्चय ही स्पष्ट अंकित हो रहे होंगे, क्योंकि भाभी विस्मय और चिन्तामिश्रित दृष्टि से मेरी ओर एकटक देखती रह गयीं।

"भाभी, मनिया चली गयी है। अब यहाँ नहीं आवेगी।" मैं बरबस निकलती हुई आह को नहीं दबा सका।

"मैं तुम्हारा मतलब कुछ समझी नहीं!" प्रायः सूनी दृष्टि से, काँपती हुई आवाज में भाभी ने कहा।

"मतलब साफ ही है। पिछले कई दिनों से वह मुझसे नाराज थी। बिना मुझसे कुछ सलाह-मशविरा किये जहाँ मन आता चली जाया करती थी। आज भी जब वह जाने की तैयारी कर रही थी तब मैंने उसे टोका। दोनों के बीच काफी कहा-सुनी हो गयी। परिणाम यह हुआ कि वह स्पष्ट शब्दों में कह गयी कि अब वह लौटकर न आवेगी।"

भाभी ने एक लम्बी आह भरी। उसके बाद धीरे से बोलीं—"मेरे मन में यह खटका पहले ही से लगा हुआ था कि एक दिन कुछ इसी तरह की नौबत आनेवाली है। मैं नहीं जानती कि मेरी इस तरह की आशंका का क्या कारण था, क्योंकि बहन के किसी भी व्यवहार से इस तरह अनुमान नहीं लगाया जा सकता था। उसका-सा शान्त स्वभाव मैंने बहुत कम स्त्रियों में पाया है। जिस दिन मैंने उसे पहले-पहल देखा उस दिन उसके सहज स्नेहपूर्ण सरल व्यवहार पर मैं मुग्ध हो गयी थी। किसी भी नारी के हृदय में निश्छल स्नेह-रस इस हद तक डबाडब भरा हो सकता है यह बात तब तक मेरी कल्पना के परे थी। और उसकी आँखों में और ओंठों पर सब समय लगी हुई वह शान्त, मधुर मुस्कान! देखकर लगता था कि आनन्द से लबालब भरी हुई आत्मा की छलकन जैसे उन आँखों में तैर रही हो, उन ओंठों पर नाच रही हो। जैसे उस परिपूर्णता के भीतर किसी भी कामना की अतृप्ति का लेश भी शेष न रह गया हो। तेजाबवाली घटना को भी उसने कैसे स्निग्ध शान्त भाव से, प्रसन्न हृदय से ग्रहण किया था! लगता था जैसे सचमुच उसके सूली पर चढ़े हुए स्वर्गीय 'प्रभु' की आत्मा उसके भीतर से बोल रही हो। पर अस्पताल से लौटकर घर आने के बाद से ही उसके व्यवहार में थोड़ा अन्तर दिखायी देने लगा था। जैसे उसके चेहरे के जलने के दागों से होकर किसी अशुभ आत्मा की छाया सीधे उसके अन्तर में पड़ चुकी हो। फिर भी इस बात का पता बहुत दिनों

तक ठीक-ठीक न चल पाया कि वह छाया किस हद तक उसके भीतर अन्धकार की तह-पर-तह जमाती चली जाती थी। क्योंकि बाहर से उसकी सरल, मृदु मुस्कान में कोई कमी नहीं आयी। केवल उस दिन उसके चेहरे पर मैंने उस अँधेरी छाया का आभास पहली बार स्पष्ट रूप से पाया था जिस दिन तुम्हारे भाई की मृत्यु पुलिस की गोली लगने से हुई थी। वह छाया कम या अधिक मात्रा में तब तक रही जब तक बच्चा पैदा न हुआ। बच्चा पैदा होते ही फिर जैसे एक बार उसका कायाकल्प हो गया। वह फिर अपने असली रूप में आ गयी थी, जिसे देखकर मैं अपने दुःख के बावजूद आश्वस्त हो उठी थी। पर होनहार कुछ दूसरी ही थी। ऐसे प्यारे बच्चे की अत्यन्त निर्मम मृत्यु का धक्का किसी भी माँ के लिए असहनीय था। और उसी के धक्के की प्रतिक्रिया उसके स्वभाव में अभी तक चल रही है...''

''पर वह प्रतिक्रिया बड़े ही विचित्र रूप में प्रकट हुई है, भाभी! अपने प्रभु के विरुद्ध उसका सारा आक्रोश मुझ पर बरस पड़ा है, जैसे बच्चे की मृत्यु के लिए अपराधी मैं हूँ!''

ऐसा कहते हुए मैं भीतर-ही-भीतर बड़ी तीव्रता से यह अनुभव करने लगा था कि मनिया ने मेरे साथ बहुत बड़ा अन्याय किया है। उसने जिन तर्कों से यह प्रमाणित किया था कि मैं बहुत बड़ा दोषी हूँ उस समय मुझे उनकी सचाई पर विश्वास-सा होने लगा था, हालाँकि मैं तब भी उन्हें ठीक से हृदयंगम नहीं कर पाया था। पर इस समय मुझे वे सब आरोप निराधार और सारे तर्क अर्थहीन लगने लगे। अपने को निर्दोष और अन्याय-पीड़ित महसूस करने पर मेरे भीतर आत्म-करुणा जग उठी और मनिया के प्रति तीव्र अभिमान के भाव से मेरी छाती फूल उठी।

''बात यह नहीं है, लाला। उसका दोष कितना ही बड़ा क्यों न रहा हो, पर तुम्हें असलियत को नहीं भुलाना चाहिए। उसने बच्चे की मृत्यु के लिए तुम्हें अपराधी नहीं माना है, पर बच्चे की मृत्यु ने उसके भीतर ऐसी उथल-पुथल मचा दी है कि उसका अन्तर्मन तल से सतह तक हिल गया है। किसी भी व्यक्ति या विषय पर विचार करने का उसका परिप्रेक्षण ही बदल गया है, जिससे कुछ ऐसे सत्य उसकी दृष्टि में आये हैं जिनका इतने दिनों तक कोई आभास तक उसे नहीं मिला था, जिन्हें तुम, मैं और हमारी ही तरह के दूसरे लोग अब भी नहीं देख पाये हैं। इसके अतिरिक्त बच्चे की मृत्यु की प्रतिक्रिया ने एक और तथ्य को उसके आगे बढ़ा-चढ़ाकर रख दिया है, जिसके प्रति वह इतने दिनों तक उदासीन थी। वह तथ्य क्या है, यह तुमसे छिपा नहीं है।'' कहकर भाभी ने एक विशेष अर्थ-भरी दृष्टि से मेरी ओर देखा।

''मेरी बुद्धि इस समय ऐसी जड़ बन गयी है कि कोई भी तथ्य मेरे आगे स्पष्ट नहीं रह गया है,'' मैंने कहा, ''इसलिए जो भी तुम्हें कहना है साफ-साफ समझकर कहो।''

भाभी क्षण-भर के लिए ठहरकर इस तरह मेरी ओर देखती रहीं जैसे मेरे मनोभाव को ठीक-ठीक तौल रही हों। उसके बाद बड़ी धीरता के साथ बोलीं—''तुम्हारे और मेरे

बीच जो घनिष्ठता इधर कुछ समय से बढ़ती चली गयी है वह किसी भी नारी की सहज दृष्टि को भ्रम में नहीं रख सकती। बहन न जानती रही हो, ऐसा सम्भव नहीं है। पर तब वह दूसरी भावनाओं में इस कदर डूबी हुई थी कि सब-कुछ देखने और जानने पर भी उसे अधिक महत्त्व नहीं देना चाहती थी। अपने मन की शान्ति उसे अधिक प्रिय थी। पर जब बच्चे की मृत्यु हो जाने से उसके मन की शान्ति का कुछ भी आधार शेष नहीं रह गया तब सभी कटु सत्य उसके मन के आगे नग्न रूप में उभर आये।''

भाभी के इंगित से मैं स्तब्ध रह गया। मुझे ठीक से समझने में कुछ समय लगा। उसके बाद मैंने कहा—''पर क्या तुम सचमुच यह मानती हो कि तुम्हारे और मेरे बीच की घनिष्ठता कुछ अस्वाभाविक ढंग की रही है?''

''अस्वाभाविक नहीं, मैं उसे बिलकुल स्वाभाविक मानती हूँ। दो विशेष प्रवृत्तियोंवाले व्यक्ति एक-दूसरे के प्रति तीव्रता से आकर्षित होंगे इसमें अस्वाभाविकता की कौन-सी बात है। यही तो प्राकृतिक निर्वाचन है।''

मैं भाभी के मुख पर परिहास का व्यंग्य या चिह्न खोज रहा था, पर कहीं उसका लेश भी मुझे नहीं दिखायी दिया! पर उनके मुख से इस तरह की बात परिहास के अतिरिक्त और हो भी क्या सकती है, यह सोचकर मैं चुप रहा और उनके मुख के सूक्ष्म-से-सूक्ष्म भाव-परिवर्तन पर गौर करता रहा।

भाभी भी कुछ क्षणों के लिए चुप रहीं और पलटे में मेरी ओर एकान्त ध्यान से देखती रहीं—सम्भवतः इस आशा में कि मैं उत्तर में कुछ कहूँ। पर जब मैं कुछ नहीं बोला तब उन्होंने फिर कहना आरम्भ किया—''स्त्री-पुरुष के प्रेम-व्यापार में वही नियम काम करता है जो रासायनिक तत्त्वों के क्षेत्र में। केवल चुम्बक और लोहे की दृष्टान्त पर्याप्त नहीं है। यह देखा गया है कि कुछ विशेष मूलतत्त्व कुछ विशेष ही प्रकार के मूलतत्त्वों के प्रति आकर्षित होते हैं और उस आकर्षण का परिमाण और तीव्रता भी अलग-अलग मूलतत्त्वों के साथ बदलती रहती है। जैसे, एक विशेष मूलतत्त्व किसी दूसरे विशेष मूलतत्त्व के प्रति आकर्षित होने पर भी किसी तीसरे मूलतत्त्व के प्रति पहलेवाले की अपेक्षा अधिक परिमाण में और अधिक तीव्रता से आकर्षित हो सकता है। जब मूलतत्त्वों में यह पक्षपात है तब प्राणियों और विशेषकर आत्मचेतनाशील मनुष्यों में तो उसकी सम्भावना स्वभावतः और अधिक होगी। कुछ विशेष प्रवृत्तियों के पुरुष कुछ विशेष ही प्रवृत्तियों की स्त्रियों के प्रति अधिक आकर्षित होते हैं, उसी प्रकार कुछ विशेष प्रवृत्तियों की स्त्रियों का झुकाव कुछ विशेष ही प्रवृत्तियोंवाले पुरुषों की ओर अधिक होता है। पर उस आकर्षण की मात्रा व्यक्तियों के गुण-धर्मानुसार बदलती रहती है। मान लो, दो स्त्री-पुरुष एक-दूसरे में कुछ ऐसे तत्त्वों का परिचय पाते हैं जो एक-दूसरे को खींचते हैं। दोनों स्वभावतः एक-दूसरे से प्रेम करने लगते हैं। पर कुछ समय बाद यदि उनमें से किसी एक को कोई ऐसा साथी या साथिन मिल जाय जो पहले या पहली की अपेक्षा

अधिक मात्रा में आकर्षण के तत्त्वों (या प्रवृत्तियों) को अपने में रखता (या रखती) हो तो स्वभावतः उसकी ओर उसका झुकाव और अधिक प्रबल होगा...''

भाभी के मुख से प्रेम की इस तरह की वैज्ञानिक व्याख्या सुनकर मेरे आश्चर्य की सीमा न रही। बाद में मुझे याद आया कि उन्होंने बी.एस.सी. पास किया है और वीरेन्द्र ने बताया था कि साहित्य में भी उनकी रुचि रही है।

मैंने कहा—''नर-नारी के पारस्परिक आकर्षण का यह वैज्ञानिक विश्लेषण बहुत दिलचस्प है। पर क्षमा करना मैं अभी समझ नहीं पाया कि किस दृष्टान्त को प्रमाणित करने के लिए आपने यह बात कही है?''

''मैं यह प्रमाणित करना चाहती थी,'' भाभी ने पूर्ववत् निर्विकार भाव से कहा, ''कि हम दोनों की घनिष्ठता—पारस्परिक आकर्षण—का यह स्वाभाविक कारण रहा है कि हम दोनों ने एक-दूसरे में ऐसी प्रवृत्तियाँ—ऐसे भाव-तत्त्व निहित पाये जो दोनों के पिछले अनुभवों की अपेक्षा आकर्षक सिद्ध हुए...''

''तब—तब—तुम क्या यह स्वीकार करती हो कि तुम—हम दोनों—एक-दूसरे के प्रेमाकर्षण में बँध चुके हैं?'' मैंने भ्रान्त भाव से प्रश्न किया।

''मनुष्य का सचेत मन सदा यथार्थ को भूलने में अपने-आपको ठगता रहता है—उस यथार्थ को जो समाज द्वारा निषिद्ध और अस्वीकार्य हो। पर विवेकशील व्यक्ति जानते हैं कि उसे भुलाने और अपने-आपको ठगने से लाभ के बजाय हानि की ही सम्भावना अधिक रहती है। उसे यथारूप स्वीकार करने में ही भलाई है।''

मैंने देखा, भाभी के चेहरे पर गम्भीरता की छाया अत्यन्त घनीभूत हो उठी थी। और सहसा मुझे लगा कि न जाने किस जादू के-से प्रभाव से मेरे सचेत मन के ऊपर से एक काला पर्दा हट गया, और उस पर्दे के हटते ही यह वास्तविकता मेरे आगे नग्न रूप में नाचने लगी की मैं भाभी से प्रेम करता हूँ—आज से नहीं, कई मास पूर्व से ही। शायद उसी दिन से जब मैंने पहली बार उनको देखा था। इतने दिनों तक सचमुच मेरा सचेत मन इस ज्वलन्त तथ्य को नाना प्रपंचों के आवरण से ढकता चला आ रहा था। और भाभी के सुस्पष्ट इंगित—बल्कि स्वीकृति—से यह जानकारी प्राप्त करके कि वह भी मेरे प्रेम में उसी हद तक बँध चुकी हैं जितना कि मैं, मुझे एक निराला ही रस मिलने लगा। इतने दिनों तक मैं मूर्ख समझता था कि हम दोनों के बीच केवल सहज सौहार्द की भावना वर्तमान है! नयी जानकारी से मेरे भीतर एक अजीब-सी उथल-पुथल मचने लगी। मुझे लगा कि एक बिलकुल नयी ही दुनिया मेरे आगे उद्घाटित हो गयी है। कहाँ गयी मनिया के चले जाने की पीड़ा! कहाँ गयी वह आत्म-ग्लानि जो मनिया ने अपने धिक्कार-भरे शब्दों से मेरे भीतर भर दी थी! मैं मनिया को मन-ही-मन धन्यवाद देने लगा कि उसने मेरे लिये रास्ता मुक्त कर दिया था।

फिर भी, मन के अतल में, न जाने कौन-सी सोयी हुई उदासी बीच-बीच में करवट लेने लगती थी। उसे भूलने के लिए मैं उठ खड़ा हुआ।

"भाभी, चलो अपने कमरे में," मैंने तनिक आवेग के साथ कहा, "आज जी बहुत उचाट है। कोई एक ऐसा गाना सुनाओ, जिससे प्राणों में स्फूर्ति जगे।"

भाभी मुस्करायीं। वह स्निग्ध, सरस और सजल मुस्कान सीधे मेरे प्राणों को छू गयी। आज बहुत दिनों बाद उनके मुख पर वैसी मोहक मुस्कान मैंने देखी थी।

हम दोनों जब उनके कमरे में पहुँचे तब मैं एक सोफा पर टेक लगाकर अधलेटा हुआ-सा बैठ गया। मन के सारे तार मैंने ढीले कर दिये थे। भाभी बड़ी बेतकल्लुफी से पियानो के आगे बैठ गयीं। कुछ देर तक टुन-टुन करके बजाती हुई स्वर साधती रहीं। उसके बाद सहसा बहुत ही मीठे दर्द-भरे गले से गाने लगीं।

(69)

मेरे प्राणों के भीतर एक निराली स्वर-धारा रस बनकर बरसती चली जा रही थी। अपने अन्तरतम प्राणों के सारे द्वार खोलकर मैं प्रायः मुँदी हुई आँखों से उस स्वर-लहरी से उथलनेवाले भावफेन को अपने भीतर समाहित करता चला जाता था। जब भाभी ने एक लम्बे और तीखे झन्कार के साथ गाना समाप्त किया तब मैंने आँखें खोलकर पूरी दृष्टि से उनकी ओर देखा। उनके मुख पर आज एक नयी ही आभा चमक रही थी जो उनके सहज-सुन्दर रूप को एक मार्मिक मादकता प्रदान कर रही थी।

जब वह पियानो की कुर्सी से उठकर मेरे निकट आकर खड़ी हुईं तब मैंने कहा—"भाभी, तुम सचमुच बहुत अच्छी हो!" कहकर मैं पासवाले कौच पर लेट गया—आलस्यवश नहीं बल्कि कमजोरी के कारण। मुझे लग रहा था कि मेरा अंग-अंग टूट गया है और हड्डी-हड्डी में दर्द मालूम होने लगा था। सारा शरीर बरबस काँप रहा था। सिर भी झनझना रहा था।

"भाभी, मेरे निकट आकर बैठ जाओ। तबीयत कुछ ठीक नहीं मालूम होती, जी घबरा रहा है।" वास्तव में उल्लास की पहली प्रतिक्रिया मेरे शरीर और मन पर कुछ अजीब ढंग से हुई थी।

भाभी एक कुर्सी उठाकर सुमधुर संकोच के साथ मुस्कराती हुई मेरे पास बैठ गयीं। स्पष्ट ही उन्होंने मेरी बात को गम्भीर रूप से ग्रहण नहीं किया था।

"बात क्या है?" उन्होंने तनिक लापरवाही के साथ पूछा।

"तनिक मेरे सिर पर हाथ तो रखो।"

उन्होंने धीरे से अपना कोमल हाथ मेरे माथे पर रखा। "यह तो सचमुच जैसे जल रहा है," उन्होंने प्रायः चौंककर कहा, "जरा हाथ देखूँ।" और उन्होंने मेरा हाथ अपने हाथों में ले लिया।

"तुम्हें ज्वर आ गया है। मैं अभी डॉक्टर बुलाती हूँ।" कहकर वह उठने लगीं।

''अब मेरे लिये तुम्हीं डॉक्टर हो भाभी,'' उनका हाथ पूरी ताकत से पकड़कर उन्हें रोकते हुए मैंने कहा, ''दूसरे सब डॉक्टर अब बेकार हैं। तुम बैठो!''

मेरा सारा शरीर थर-थर काँप रहा था, और बहुत चाहने पर भी उस काँपने को रोक नहीं पाता था—जैसे वह मेरा अपना शरीर ही न हो।

''तुम पागल हुए हो, लाला,'' भाभी ने प्रायः खीझकर कहा। ''तुम्हें जाड़ा लगकर बहुत तेज बुखार आ रहा है और वह बड़ी तेजी से बढ़ता चला जा रहा है। मेरी डॉक्टरी से काम नहीं चलेगा। पहले उठो, तुम्हें पलँग पर लिटा दूँ। तुम्हें ओढ़ने की भी जरूरत है।'' और यह कहकर उन्होंने मेरी दोनों बाँहों को पकड़कर मुझे बलपूर्वक उठाने का प्रयत्न किया। मैं कुछ क्षणों तक यह कहकर प्रतिरोध करता रहा कि ''मैं यहाँ आराम से हूँ, पलँग पर लेटने की कोई आवश्यकता नहीं है।'' पर भाभी इस बार अपने निश्चय पर अटल थीं। उन्होंने मुझे उठाकर ही छोड़ा और पास ही अपने ही पलँग पर मुझे लिटा भी दिया। उसके बाद उन्होंने एक पशमीना मुझे ओढ़ा दिया। मेरा थरथराना सचमुच बढ़ता ही चला जा रहा था और दाँत भी कटिकिटाने लगे थे।

''जब ओढ़ा ही चुकी हो तब कुछ और ओढ़ाओ।'' मैंने थरथराती हुई आवाज में कहा।

भाभी ने पशमीने के ऊपर पहले एक लिहाफ ओढ़ाया, फिर एक कम्बल। उसके बाद बोलीं—''कुछ और ओढ़ा दूँ? जाड़ा कुछ कम हुआ या नहीं?''

''कुछ हो तो और ओढ़ा दो।''

उन्होंने उसके ऊपर एक भारी-सा कम्बल और उसके भी ऊपर एक लिहाफ और ओढ़ा दिया।

''बस, अब मैं आराम से हूँ, थोड़ी देर मुझे इसी तरह लेटे रहने दो। उसके बाद मैं जल्दी ही उठ बैठूँगा। कोई खास बात नहीं है, डॉक्टर को बुलाने की कोई आवश्यकता नहीं है...तुम बहुत अच्छी हो...तुमने मेरे प्राण बचा लिये हैं...मेरे कारण तुम्हें बहुत तकलीफ उठानी पड़ रही है...माफ करना...तुम बहुत सुन्दर हो...''

इस प्रकार न जाने क्या-क्या अर्थ और अनर्थ-भरी बहुत-सी बातें मैं प्रायः लड़खड़ायी हुई-सी आवाज में बकता चला गया! उसके बाद मैं चेतना के उस स्तर पर जा पहुँचा जहाँ अस्पष्ट छायाभासमूलक अनुभूतियाँ मानवीय आत्म-चेतना के नियन्त्रण के एकदम परे हैं। पशु-चेतना की-सी झिलमिली अनुभूति के उस लोक में न तो देश और काल के नियमों का कोई बन्धन है न कोई सुस्पष्ट और सुपरिस्फुट अनुभव ही अपना चिह्न छोड़ जाता है। कितनी देर तक मैं अन्धकारमय अवचेतना की अगाध गहराई में डूबा रहा, कह नहीं सकता। जब जाग्रत चेतना-लोक में लौट आया तब मुझे बताया गया कि ज्वर 105 डिग्री से भी अधिक चढ़ चुका था।

भाभी की अक्लान्त परिचर्या से प्रायः एक सप्ताह बाद मैं ज्वर-मुक्त हो गया। मालूम हुआ कि मलेरिया ने मुझे पकड़ लिया था। मलेरिया के कीटाणुओं ने अपने आक्रमण के लिए यह अच्छा मौका देखा जब मानसिक अशान्ति के कारण मेरे शरीर की प्रतिरोध-शक्ति एकदम क्षीण पड़ चुकी थी। जो भी हो, इन सात दिनों में भाभी की परिचर्या में रहने का जो सुखद अनुभव मुझे हुआ उसने मेरे भीतर की बहुत-सी ग्लानि धो दी। भाभी मेरे मन के बहुत निकट आ गयीं।

जब मैं पूर्ण विश्राम की अवस्था में धीरे-धीरे स्वास्थ्य लाभ कर रहा था तब भाभी मेरी टहल से अवकाश पाने पर या तो कोई भावपूर्ण गीत सुनाती या कहानियों की कोई बँगला-पुस्तक लेकर मेरे पास बैठ जातीं और कोई छोटी और दिलचस्प कहानी पढ़कर मुझे सुनातीं। मैं दिन-पर-दिन अच्छा होता चला गया और एक दिन मैंने स्वास्थ्य की दृष्टि से अपने को पहले से अच्छा पाया।

मनिया की स्मृति मेरे सचेत मन से बहुत-कुछ हट चुकी थी और मैं कुछ दूसरे ही भावों में मग्न रहने लगा था। मुझे याद आया कि मसूरी में एक बार मैं ठीक इसी तरह बीमार पड़ा था, और तब भी जैसे मनिया को भूलने के लिए ही मैंने ज्वर का आश्रय लिया था। पर उस बार परिचर्या करनेवाला कोई नहीं था, जबकि इस बार भाभी के वरद हस्तों के संजीवन स्पर्श का सौभाग्य मुझे प्राप्त था।

पूर्णतः स्वस्थ होने पर मैं मनिया के संसर्ग और प्रत्यक्ष स्मृति से रहित जीवन बिताने का आदी होने ही लगा था कि एक दिन निशीथ आ पहुँचा। प्रातःकाल प्रायः आठ बजे का समय था। मैं कपड़े पहनकर भाभी के साथ टहलने की तैयारी कर रहा था। निशीथ ने कहा कि वह मुझसे एकान्त में कुछ बातें करना चाहता है।

मैं ड्राइंग-रूम में अकेले ही उससे मिला। मैं बहुत गम्भीर-मुद्रा बनाये हुए था, यद्यपि तीव्र कुतूहल का भाव भी निश्चय ही मेरी आँखों में व्यक्त हो रहा होगा। और निशीथ के मुख का भाव तो मुझसे भी अधिक गम्भीर था।

उसके निकट बैठकर मैंने कहा—"कहो, क्या बात है?"

"कन्हाई बाबू ने आपके लिए एक सन्देश भेजा है।"

कन्हाईलाल का नाम सुनकर मेरे सिर की नसें झनझना उठीं। क्रोध, घृणा और प्रतिहिंसा की जो भावनायें मेरे भीतर कुछ दिनों से सोयी पड़ी थीं वे एक झटके से जग उठीं। मैं कहना चाहता था कि उस नीच और पतित की कोई बात मैं नहीं सुनना चाहता। बड़ी कठिनाई से मैंने अपने को सँभाला। कुतूहल की भावना भी मेरे भीतर जोर मार रही थी।

मैंने केवल कहा—"क्या?"

"आप शायद कन्हाई बाबू से ठीक से परिचित नहीं हैं," निशीथ ने रूखे, किन्तु शान्त, भाव से कहा, "इसीलिए उनका नाम सुनते ही आपके मुख का भाव बदल गया।

एक असाधारण प्रतिभाशाली पुरुष होने के अलावा वह बड़े ही कर्मठ, साहसी, दृढ़ चरित्र, व्यापक-दर्शी क्रान्तिचेता हैं। उनका अपना एक अलग संगठन है, जो किसी राजनीतिक शक्ति-प्राप्ति की भावना से प्रेरित न होकर सामूहिक मानव-जीवन के मूलगत परिशोधन, व्यापक विकास और सामूहिक उत्थान को अपना लक्ष्य बनाये हुए हैं...''

''तो उनके उस संगठन से मुझसे क्या सम्बन्ध?'' मैंने खीझ-भरे स्वर में पूछा।

''आप तनिक धैर्य से सुनते चले जाइये। हाँ, तो मैं कह रहा था कि उनका संगठन राजनीतिक शक्ति प्राप्त करने की भावना से प्रेरित नहीं है। पर मैं यह भी नहीं कहता कि उनका संगठन राजनीति से एकदम मुक्त है। आज के युग में राजनीति जीवन के इतने निकट आ गयी है कि उसे छोड़कर मानवीय उन्नति की कोई योजना एक कदम भी आगे नहीं बढ़ सकती। और चूँकि आज की राजनीति आर्थिक आधार पर प्रतिष्ठित है, इसलिए विश्व की आर्थिक व्यवस्था के समाधान की उपेक्षा भी असम्भव है। कन्हाई बाबू हवाई आधार पर अपनी योजना को खड़ा करना नहीं चाहते, इसलिए वह ठोस मिट्टी पर उसके संस्थापन पर जोर देते हुए उस मिट्टी को व्यावहारिक उपायों से अधिक-से-अधिक उपजाऊ बनाने के प्रयत्नों में जुटे हैं। अभी जिस सीमित क्षेत्र में वह काम कर रहे हैं वह एक प्रतीक के रूप में क्षेत्र-विस्तार के बीज अपने में लिये हुए हैं...''

''तो इससे मेरा क्या सम्बन्ध!''

''आपसे बहुत अधिक सम्बन्ध है। आपको कन्हाई बाबू के—हमारे—इस संगठन को आर्थिक सहायता देनी होगी। दान-रूप में नहीं, कर्त्तव्यवश।''

ऐसे स्वर में उसने यह बात कही जैसे वह कोई आदेश दे रहा हो। कन्हाईलाल का सन्देश क्या हो सकता है, इस सम्बन्ध में तरह-तरह के अनुमान मेरे मन में जग रहे थे, पर आर्थिक सहायता की कल्पना मेरे मन के किसी छिपे हुए कोने में भी नहीं थी। सबसे विचित्र बात यह थी कि जिस व्यक्ति और जिस विषय के सम्बन्ध में अपने मन की मौन पीड़ा के बावजूद जानकारी प्राप्त करने के लिए मैं सबसे अधिक उत्सुक था उसका कोई उल्लेख, अस्पष्ट इंगित के रूप में भी, उसने नहीं किया था। लगता था जैसे जान-बूझकर दृष्टतापूर्वक उसने मनिया की कोई चर्चा ही नहीं चलायी थी, और सीधे, बिना उपयुक्त भूमिका के, आर्थिक सहायता की माँग पेश कर दी थी! मैं क्या उत्तर दूँ, कुछ सोच ही नहीं पाता था। मैं केवल बेवकूफों की तरह उसकी ओर देखता रह गया।

''क्या सोच रहे हैं, मिस्टर रंजन? यह एक बहुत सीधी-सी बात है। कन्हाई बाबू ने सब-कुछ सोच-समझकर ही यह सन्देश आपके लिए भेजा है। यह कोई ऐसा काम नहीं है जो आपके बूते के बाहर हो और जिसके लिए आपको इतनी देर तक सोचना पड़े...''

कन्हाईलाल का नाम सुनकर मेरा हृदय फिर नये सिरे से जल उठा। ''जिस संस्था या संगठन से मेरा किसी प्रकार का भी कोई सम्बन्ध या परिचय न हो,'' मैंने खीझ-भरे स्वर में कहा, ''वह क्यों मुझसे आर्थिक सहायता की आशा करता है? मेरे ऊपर क्या कोई बाध्यता है?''

''अभी तो नहीं पर बाद में हो सकती है!'' अत्यन्त शान्त और स्थिर भाव से निशीथ ने उत्तर दिया।

''किस रूप में, क्या मैं जान सकता हूँ?'' मेरी खीझ फिर कुतूहल में बदल गयी थी।

''देखिये, सीधी-सी बात यह है,'' इस बार अपेक्षाकृत सहृदय स्वर में निशीथ ने कहा, ''कि कन्हाई बाबू स्वयं किसी भी व्यक्ति पर, किसी भी बात के लिए, किसी भी तरह का दबाव डालने के पक्ष में नहीं हैं। वह भरसक व्यक्ति को तर्क और युक्ति द्वारा समझाकर उसे स्वाभाविक ढंग से अपने दृष्टिकोण की ओर खींचना अधिक पसन्द करते हैं। वह स्वयं आपके पास आकर आपको समझाते—ऐसे अच्छे ढंग से कि आप स्वयं प्रेरित होकर आर्थिक सहायता के लिए तैयार हो जाते। पर वह क्यों नहीं आये, इसका कारण आप स्वयं सोच सकते हैं। उनके सम्बन्ध में जो विरोधी संस्कार इस समय आपके मन में जम गया है वह जब तक अपने-आप, समय की गति के साथ-साथ, साफ नहीं हो जाता तब तक वह स्वयं आपके पास आने में कोई लाभ नहीं देखते। जो भी हो, मैं कह रहा था कि वह स्वयं आप पर किसी प्रकार का दबाव डाले जाने के पक्ष में नहीं हैं। पर उनके तनिक भी न चाहने पर भी एक ऐसा गुप्त दल उनके साथ है जिसकी पूरी जानकारी स्वयं उन्हें भी शायद नहीं है। और यह गुप्त दल किसी भी समय आपको घेरकर आपको आर्थिक सहायता के लिए बाध्य कर सकता है...''

''तो तुम मुझे भय दिखाकर काम निकालना चाहते हो?''

''कतई नहीं। केवल वास्तविकता के प्रति आपका ध्यान खींचना चाहता हूँ। व्यक्तिगत रूप से आपके विवेक पर मुझे पूरा विश्वास है और मेरी यह धारणा है कि आप उद्देश्य के महत्त्व और औचित्य को समझकर स्वेच्छा से हमारे संगठन की सहायता के लिए तैयार हो जायेंगे।''

मैं आश्चर्य के साथ यह अनुभव कर रहा था कि वास्तव में कोई अव्यक्त प्रेरणा पहले ही से मुझे निशीथ का प्रस्ताव स्वीकार करने के लिए प्रवृत्त कर रही थी। गुप्त दल की जानकारी से मैं तनिक भी भयभीत नहीं हुआ था, बल्कि भीतर-ही-भीतर अच्छे विनोद का अनुभव कर रहा था। पर अपने 'विवेक' के कारण हो या कन्हाईलाल का जितना कुछ परिचय निशीथ ने दिया था उससे उसके प्रति एक रहस्यात्मक आकर्षण का अनुभव करने के कारण हो, या और किसी अज्ञात मानसिक प्रतिक्रिया के कारण हो, मैं जैसे अपने को पहले ही से आर्थिक सहायता के लिए तैयार पा रहा था।

"क्या तुम अनुमान से बता सकते हो कि कन्हाईलाल कितनी सहायता की आशा मुझसे रखते हैं?"

"वह तो यही चाहते हैं कि आप अपनी पूरी-की-पूरी सम्पत्ति हमारे संगठन को दान कर दें और स्वयं भी उसी परिवार की एक इकाई बन जायें। और उसी तरह जीवन बितायें जिस प्रकार सभी निःस्व-जन अपना गुजारा कर रहे हैं। पर यदि आप अपने इतने दिनों के संस्कारों को त्यागने में असमर्थ हों तो एक-चौथाई अपने निर्वाह के लिए रख लें, शेष संगठन को अर्पित कर दें।"

उसके मुख पर व्यंग्य या परिहास का लेश भी मैंने नहीं देखा। अत्यन्त सहज भाव से, पूरी गम्भीरता के साथ वह बोल रहा था। मैं सन्न रह गया।

कुछ क्षणों बाद जब कुछ सँभला तब मैंने कहा—"मैं जानना चाहूँगा कि तुम्हारे संगठन के मूलगत सिद्धान्त क्या हैं, किस प्रकार के आदर्शों को ध्यान में रखकर उसकी स्थापना की गयी है, और किन योजनाओं द्वारा तुम लोग उन्हें कार्यान्वित करना चाहते हो?"

मेरा प्रश्न सुनकर निशीथ अपनी कुर्सी पर तनिक जमकर बैठ गया और उसके मुख की गम्भीरता का गाढ़ा अँधेरा रंग कुछ हलका-सा हो गया। सहज शान्त भाव आँखों में झलकाते हुए उसने कहा—"आप अपने प्रश्न का सही-सही उत्तर पाने के सर्वथा अधिकारी हैं। यदि कन्हाई बाबू से आपने यह प्रश्न किया होता तो वह आपको ठीक तरह से समझा देते। मैं तो उनका एक साधारण शिष्य मात्र हूँ और अपने में इतनी योग्यता भी नहीं पाता कि अपने संगठन के आधारभूत सिद्धान्त और उद्देश्यों से आपको परिचित करा सकूँ। फिर भी जितना कुछ मैं अपनी बुद्धि के अनुसार समझ पाया हूँ वह इस प्रकार है—कन्हाई बाबू का विश्वास है कि जन-जीवन में एक नयी चेतना जगाने की अनिवार्य आवश्यकता आ पड़ी है। पिछले युगों के संस्कारों के संसर्ग से जन-चेतना में जो जंग लग गया है उसे घिसकर, माँजकर साफ करना है और उस धुली हुई चेतना में नयी प्रगति के विकास के बीज बोने हैं। जब तक ऐसा नहीं किया जाता तब तक राष्ट्रीय तथा अन्तराष्ट्रीय क्षेत्रों में, सामूहिक जीवन में, जो घुन लग गया है उसका निराकरण नहीं हो सकेगा। अब प्रश्न यह उठता है कि जन-चेतना को उचित संशोधित रूप देने के सही तरीके क्या हो सकते हैं। इस सम्बन्ध में स्वयं जनवादी दलों के हिमायतियों में ही आपस में मतभेद चल रहा है। कन्हाई बाबू का ऐसा विश्वास है कि केवल राजनीतिक चेतना जगाने से जनता को कोई विशेष लाभ होने की सम्भावना नहीं है। सामाजिक और सांस्कृतिक परम्पराओं में मूलगत सुधार की और उसके साथ ही प्रतिदिन के जीवन की कठोर वास्तविकता से सम्बन्धित समस्याओं के व्यावहारिक सुझाव की भी बहुत बड़ी आवश्यकता है। इसके लिए वह कुछ मौलिक प्रयोग कर रहे हैं, जिसकी पूर्ण सफलता के लिए आर्थिक सहायता अपेक्षित है। अभी वह एक सीमित क्षेत्र में ही अपने प्रयोग कर रहे हैं। कलकत्ते के आस-पास के देहाती

क्षेत्रों में आधुनिकतम पद्धति से प्राथमिक, माध्यमिक और उच्च शिक्षा का प्रसार और उसके द्वारा जनसाधारण को सदियों के शोषण के सम्बन्ध में परिचय प्रदान और उसके निराकरण के उपायों के विषय में उद्‌बोधन; आधुनिकतम वैज्ञानिक साधनों से सम्पन्न अस्पतालों द्वारा चिकित्सा की व्यवस्थापना; ऐसी सहकारी समितियों की स्थापना जो जीवन की सभी साधारण और प्रतिदिन की आवश्यकताओं के सम्बन्ध में, वर्तमान सरकारी व्यवस्था के विरोधाभास के बावजूद, जनता को सच्चे अर्थों में आत्मनिर्भर बना सकें, नये ढंग की सांस्कृतिक संस्थाओं का प्रतिष्ठापन, जो उस सीमित क्षेत्र की जनता को बराबर विश्व-जनता से सम्पर्क बनाये रखने में सहायक सिद्ध हो सकें। इसी प्रकार की और भी बहुत-सी योजनाएँ हैं जिनके द्वारा जन-जागरण के सम्बन्ध में एक अभिनव प्रयोग करने का विचार कन्हाई बाबू ने किया है। उस अपेक्षाकृत सीमित क्षेत्र में सफलता मिलने पर उन प्रयोगों को विस्तृत क्षेत्र में कार्यान्वित करने की योजनाएँ बनायी जायेंगी। पर सीमित क्षेत्र की इन योजनाओं को आगे बढ़ाने के लिए भी बहुत बड़ी रकम की आवश्यकता है—यदि इसी ढंग के दूसरे छोटे-मोटे प्रयोगों की तरह उन्हें असफलता और व्यर्थता के चिर-अन्धकार में विलीन न करना हो तो। इसीलिए आप-जैसे कुछ ऐसे विशेष व्यक्तियों को हम लोगों ने चुना है जो हमारी योजना के महत्त्व को समझने की बुद्धि रखने के साथ ही बिना किसी विशेष असुविधा के हमें अधिक-से-अधिक आर्थिक सहायता प्रदान कर सकें...''

''तो मेरे अतिरिक्त कुछ और भी व्यक्ति तुम लोगों के ध्यान में हैं! क्या मैं दो-एक और व्यक्तियों के नाम जान सकता हूँ?

''क्यों नहीं। एक व्यक्ति वही हैं जिनके साथ आप रहते हैं—शोभना देवी। वीरेन्द्र बाबू यदि जीवित होते तो वह केवल अपनी सारी सम्पत्ति ही इस योजना के लिए अर्पित न करते, वरन् उनका विचार अपना सारा जीवन इस योजना में खपा देने का था। कन्हाई बाबू के और उनके बीच अक्सर इस विषय में परामर्श चलता रहता था। मुझे विश्वास है कि शोभना देवी को अपने स्वर्गीय पति की पुण्य स्मृति में एक सामूहिक कल्याणकारी योजना के लिए अपनी सारी सम्पत्ति अर्पित कर देने में कोई आपत्ति न होगी...आपकी क्या राय है?''

यह प्रश्न करते हुए निशीथ की आँखों में और ओंठों के इर्द-गिर्द एक हलके से व्यंग्य का आभास फूटता हुआ मुझे दिखायी दिया। यह मेरे अपराधी मन का भ्रम भी हो सकता है।

मैंने अपने मुख के भाव को अत्यधिक गम्भीर बनाते हुए कहा—''दूसरों के मनोभाव के सम्बन्ध में न कोई जानकारी ही मैं रखता हूँ, न किसी प्रकार के अनुमान का अधिकार ही मुझे है।''

''पर अपने सम्बन्ध में तो आप बता ही सकते हैं! मैं जानना चाहूँगा कि आपने मेरी बातें सुनने के बाद अपने सम्बन्ध में क्या निश्चय किया है? हमारी योजना आपको

अवश्य ही जँची होगी और आपके लिए अपनी सारी सम्पत्ति द्वारा हम लोगों की सहायता करने में अधिक सोच-विचार की आवश्यकता नहीं होनी चाहिए, क्योंकि आप अब अकेले हैं और कोई दायित्व आपके ऊपर नहीं है...''

उसकी स्पष्टवादिता की आड़ में जो व्यंग्य और कौशल छिपा था उससे उसके एक नये ही रूप का परिचय मुझे मिल रहा था। उसको मैंने जब पहली बार देखा था, जब वह अपने दलवालों की तरफ से मनिया से क्षमा माँगने आया था, तब कैसी सादगी और सरलता उसके गम्भीर व्यक्तित्व में मुझे दिखायी दी थी! आज मैंने देखा कि वह जीवन की गहराइयों में डूब चुका है और जिस संगठन से उसने अपने को सम्बद्ध किया है उसमें वह किसी भावुकतावश या किसी तीव्र इच्छाशक्तिवाले व्यक्ति के प्रभाव में आकर, अपनी कच्ची बुद्धि के बहाव में बहकर नहीं आया है—उसके बाहर के और भीतर के सभी स्थूल और सूक्ष्म पहलुओं को अच्छी तरह समझकर ही उसने उसमें प्रवेश किया है। और कैसी चतुराई से वह बातें कर रहा था! पुचकारने, भय दिखाने, तर्क द्वारा विवेक को जगाने, मीठी चुटकियाँ लेने—गरज कि सभी प्रकार के उपायों को काम में लाकर मुझे प्रभावित करने में कोई भी बात उसने उठा नहीं रखी थी। और यह निश्चित था कि इसके अतिरिक्त और भी कई अस्त्र अभी उसके पास सुरक्षित थे। मैं निश्चय ही उसके प्रभाव में आ जाता, और बीच में एक बार मैं काफी प्रभावित हो भी चुका था। पर मनिया मुझे जिस तरह से दुतकार कर, मेरे मुँह पर जैसे तमाचे मारकर, कन्हाईलाल के दल में जा मिली थी (मुझे निश्चित विश्वास था कि वह और कहीं जा नहीं सकती) उसकी याद आते ही मेरे बुर्जुवा रक्त के भीतर कुछ दूसरी ही तरह की प्रतिक्रिया होने लगी थी। मेरे ईर्ष्यादग्ध हृदय में एक विचित्र ही प्रकार की प्रतिहिंसात्मक भावना जगने लगी थी।

यह बात भी मेरे मन में कुछ कम जलन नहीं पैदा कर रही थी कि सब-कुछ जानते हुए भी निशीथ ने इतनी देर तक एक बार भी मनिया का उल्लेख नहीं किया था। मैं चाहता था कि बिना मेरे कुछ प्रश्न किये ही वह स्वयं ही मनिया के सम्बन्ध में मुझे निश्चित सूचनाएँ दे। पर वह जान-बूझकर दुष्टतापूर्वक उसकी कोई चर्चा ही नहीं चलाता था! अन्त में कुतूहल ने मेरी मान-मर्यादा की भावना पर विजय पायी।

मैंने तनिक ग्लानि, खीझ और संकोच-भरे स्वर में कहा—''तुम्हारे प्रश्न का उत्तर मैं बाद में दूँगा। पहले तुम यह बताओ कि मनि...मिसेज रंजन कहाँ गयीं?

निशीथ के मुख पर व्यंग्य-भरी मुस्कान की एक बहुत ही हलकी—प्रायः अव्यक्त—मुस्कान दौड़ गयी।

दूसरे ही क्षण एक सहज, शान्त, गम्भीरता के आवरण में उसकी वह अस्फुट मुस्कान ढक गयी।

''वह कहाँ गयीं, यह तो मैं नहीं बता सकूँगा, मि. रंजन'', उसने धीरे से कहा, ''पर इतना आप जान लीजिये कि वह कलकत्ते में नहीं है।''

"और कन्हाईलाल?" मेरे मुख से बरबस बिजली के वेग से यह प्रश्न निकल पड़ा।

इस बार निशीथ की व्यंग्यात्मक मुस्कान पूरी तरह से खिल उठी। "मुझे यह जानकर अत्यन्त प्रसन्नता हुई," उसने दुष्टता-भरे स्वर में कहा "कि कन्हाई बाबू के सम्बन्ध में आपकी दिलचस्पी बढ़ने लगी है। वह यहीं–कलकत्ते ही में–हैं। क्या आप उनसे मिलना चाहेंगे?"

"नहीं, नहीं," मैंने उसी उतावली के साथ कहा, "हाँ, हाँ, मैं उनसे एक बार अवश्य मिलना चाहूँगा, पर अभी नहीं, पर–पर–मैं यह जानना चाहता था कि मनि...मिसेज रंजन क्या अकेली कहीं चली गयी? कोई उसके साथ नहीं है? तुम्हें कुछ बता नहीं गयी? निशीथ, मैं तुमसे प्रार्थना करता हूँ कि मुझसे कुछ छिपाओ मत...सही-सही बातें बता दो...वह कहाँ गयी है, और कब तक कलकत्ता लौटकर आयेगी?..."

मैं स्वयं अनुभव कर रहा था कि मेरे स्वर में गिड़गिड़ाने का-सा भाव व्यक्त हो रहा है।

"मैं पहले ही बता चुका हूँ, रंजन बाबू, मुझे इस बात की कोई सूचना नहीं है कि वह कहाँ गयी हैं," सहानुभूति के स्वर में निशीथ ने कहा, "यदि मुझे सूचना होती भी, तो भी मैं आपसे बता पाता या नहीं, इसमें सन्देह है। पर इतना बता सकता हूँ कि वह यदि कभी कलकत्ता लौटेंगी भी तो जल्दी नहीं।"

"पर कन्हाईलाल को तो अवश्य ही उसकी गतिविधि की पूरी-पूरी जानकारी होगी?" मैंने उसी अधीरता के साथ कहा।

"हो सकता है", अत्यन्त धैर्य के साथ, शान्त स्वर में निशीथ बोला, "पर यह जरूरी नहीं है कि कन्हाई बाबू अपनी सभी जानकारियों से मुझे परिचित करावें।"

"पर इतना तो तुम्हें अवश्य पता होगा कि वह तुम लोगों के दल या संगठन–से सम्बद्ध हो चुकी है या नहीं?"

"हाँ–वह सम्बद्ध हो चुकी हैं।"

"तब वह दल के ही काम से कहीं गयी होंगी?"

"सम्भव है।"

उसके संक्षिप्त उत्तर से मेरा कुतूहल घटने के बजाय और बढ़ गया। पर साथ ही यह भी मेरे आगे स्पष्ट हो गया कि मनिया के सम्बन्ध में वह जितना बता चुका है उससे अधिक वह नहीं बता सकेगा।

"हाँ, तो मि. रंजन, आपने फिर कुछ बताया नहीं!"

"किस विषय में?" मैंने चौंककर पूछा।

"आर्थिक सहायता के सम्बन्ध में।"

"ओह! ठीक है!" मैं सचमुच उस बात को भूल ही गया था। उसके याद दिलाने पर मेरा स्वप्न जैसे भंग हो गया। क्षण-भर के लिए मैं चुप रहा। उसके बाद निश्चित

और सुस्पष्ट शब्दों में मैंने कहा–"देखो निशीथ, इस समय मेरा मन स्थिर नहीं है, किसी भी विषय पर ठीक से विचार करने की मनःस्थिति में मैं नहीं हूँ। इसलिए इस समय तुम जाओ।"

"तो फिर कब आऊँ?" मेरी बात से कुछ भी विचलित न होकर, शान्त भाव से निशीथ ने पूछा।

"फिर कभी आना", मैंने पहले से भी रूखे स्वर में कहा, "बल्कि तुम्हें कष्ट करने की कोई जरूरत नहीं है। मुझे अपना पता दे जाओ, मैं डाक से तुम्हें सूचित कर दूँगा।"

"मेरे कष्ट की तनिक भी चिन्ता न कीजिये। यदि आप कोई निश्चित दिन और समय बता सकने में असमर्थ हैं तो कोई चिन्ता की बात नहीं; मैं बीच-बीच में आकर आपसे मिलता रहूँगा। कभी-न-कभी तो आपको अवकाश मिलेगा ही! मेरा कोई निश्चित पता नहीं है, इसलिए डाक से सूचना भेजना व्यर्थ होगा।"

"अच्छी आफत है!" मैंने मन-ही-मन कहा। प्रकट में बोला–"तुम्हारी खुशी! अच्छा! नमस्कार!" कहकर उसके उठने के पहले ही मैं स्वयं उठकर भीतर की ओर जाने लगा।

"नमस्कार! तब इस समय चलता हूँ। किन्तु जल्दी ही आऊँगा। इसलिए आज-ही-कल में आप अपना निश्चय कर लीजियेगा। मुझे पूरा विश्वास है कि आपका निश्चय हम लोगों के पक्ष में होगा।" कहकर वह हाथ जोड़ता और दुष्टतापूर्वक मुस्कराता हुआ बाहर निकल गया।

(70)

उस दिन फिर भाभी के साथ प्रातः भ्रमण के लिए निकलने की मनःस्थिति बिलकुल नहीं रह गयी थी। जब मैं भाभी के कमरे में पहुँचा तब तक वह सज-सँवरकर तैयार बैठी थीं और स्पष्ट ही मेरी प्रतीक्षा करती हुई एक बँगला उपन्यास हाथ में लेकर समय काट रही थीं। मुझे देखते ही पुस्तक मेज पर रखकर बोलीं–"बड़ी देर कर दी। कोई खास बात करने आया था? तुम्हारा चेहरा एकदम उदास कैसे हो गया? क्या कहा उसने?" उनके प्रसन्न मुख पर चिन्ता की छाप स्पष्ट अंकित हो गयी।

"उसने बातें तो बहुत-सी कहीं, पर सब अपने मतलब की। मेरे काम की एक भी बात उसने नहीं बतायी।" कहकर मैं कौच पर उनकी बगल में धम्म से बैठ गया।

"उसने अपने मतलब की क्या बात की?" उसके मुख पर उत्सुकता के साथ ही घबराहट के चिह्न स्पष्ट व्यक्त हो रहे थे। मैंने निशीथ के प्रस्ताव–आर्थिक सहायता सम्बन्धी माँग–उसके तर्क और बात करने के ढंग से उन्हें परिचित करा दिया।

पहले तो भाभी सुनकर स्तब्ध रह गयीं, उसके बाद उनका चेहरा क्रोध से तमतमा उठा। "ये लोग धमकी देकर हम लोगों का सर्वस्व छीन लेना चाहते हैं!" उन्होंने

अत्यन्त उत्तेजित होकर कहा, "पर तुम साफ-साफ शब्दों में उन्हें बता दो कि न तो उनके किसी छल-भरे तर्क का और न किसी प्रकार की धमकी का ही कोई प्रभाव हम लोगों पर पड़ सकता है। किसी व्यक्ति की मृत्यु के बाद यह प्रचारित करना कि वह अपनी सारी सम्पत्ति इन लोगों को सौंप देने का इरादा रखता था, यह बहुत बड़ी धूर्तता है। फिर उनका इरादा चाहे कुछ भी रहा हो अब उनकी सारी सम्पत्ति की अधिकारिणी मैं हूँ और मेरी तनिक भी सहानुभूति इन लोगों के साथ नहीं है! यदि ये लोग अच्छे ढंग से बातें करते और इस बात के लिए अनुरोध करते कि हजार-दो हजार उन्हें दान के रूप में दे दिया जाय, तो उस प्रस्ताव पर विचार किया जाता। पर ये तो हम लोगों की सारी चल और अचल सम्पत्ति ही हड़प जाने की दुराकांक्षा रखते हैं! नहीं मैं इन्हें एक पैसे की भी सहायता देना नहीं चाहती और मेरा विश्वास है कि तुम्हारी भी यही राय होगी, क्यों?"

"पर प्रश्न यह है," मैंने उदास स्वर में, अत्यन्त म्लान मुस्कान मुख पर झलकाते हुए कहा, "कि हम लोग इतनी बड़ी सम्पत्ति को घेरकर करेंगे क्या? हम केवल दो प्राणी हैं, और कानूनी और पारिवारिक दृष्टि से किसी तीसरे प्राणी का कोई दायित्व हम पर नहीं है। ऐसी हालत में क्या यह उचित होगा कि अपनी साधारण सुख-सुविधाओं के लिए आवश्यक धन के अतिरिक्त शेष धन पर भी हम जोंक की तरह अपने लोभ के पंजों को गड़ाये रहें? क्या यह अच्छा नहीं होगा कि हम उसे किसी सामाजिक सहयोग में लगा दें?"

"मुझे लगता है कि यह निशीथ बहुत ही चालाक और खतरनाक लड़का है। केवल पौन घण्टे तक उसने तुमसे बातें की होंगी, और इतने ही समय में उसने तुम्हें अपने दुष्टतापूर्ण तर्कों से इस कदर प्रभावित कर दिया कि तुम स्वेच्छा से लुट जाने के लिए तैयार दिखायी देते हो! तुम यह कैसे मान बैठे हो कि जितनी सम्पत्ति हम लोगों के पास है वह आवश्यकता से बहुत अधिक है? क्या व्यक्ति की आवश्यकताओं की ठीक-ठीक नाप-जोख तुमने कर ली है? क्या तुमने उस प्राचीन द्रष्टा की इस बात पर भी कभी गौर किया कि सारे संसार में सुख-सुविधा की जितनी भी सामग्री वर्तमान है वह एक व्यक्ति की भोगाकांक्षा की पूर्ति के लिए भी पर्याप्त नहीं है? यद्यपि मेरी आकांक्षाएँ उस चरम बिन्दु तक नहीं पहुँची हैं, तथापि मैं इतने वर्षों तक निर्विचित्र और एकरस जीवन बिताने के बाद यह अनुभव करने लगी हूँ कि जितनी अतृप्त आकांक्षाएँ मेरे भीतर इतने दिनों तक दबी पड़ी रही हैं उनके पूर्ण उपभोग के लिए हमारे पारा जो आर्थिक साधन हैं वे नगण्य हैं..."

मैंने आज भाभी का एकदम नया रूप देखा। उनके इतने दिनों के अतृप्त अहं की प्रतिक्रिया जिस विकट और उग्र रूप में व्यक्त हो रही थी वह मुझ जैसे अभ्यस्त बुर्जुवा को भी आश्चर्यजनक लग रही थी। जिस चरम पन्थ को अपनाने के लिए उनका मन

अधीर हो रहा था वह किसी नारी में—बुर्जुवा नारी में भी—सहज सम्भव मैं नहीं समझता था।

''तुम्हारी धारणा सही हो सकती है,'' मैंने इस बार अपेक्षाकृत गम्भीर भाव से कहा, ''पर जिस प्राचीन भारतीय द्रष्टा की बात तुमने कही है उसने साथ ही यह भी कहा है कि चूँकि व्यक्ति की आकांक्षाओं का अन्त नहीं है, इसलिए भलाई इसी में है कि उन्हें प्रारम्भ ही से नियन्त्रण में रखा जाय, बल्कि हो सके तो उनकी जड़ों को ही सुखा दिया जाय—तभी सामूहिक चेतना जग सकती है और सामाजिक कल्याण सम्भव हो सकता है।''

''पर जो कल्याण व्यक्ति के अरमानों के स्रोतों को सुखाकर, उन्हें जलाकर साधित होता हो उसकी कोई सार्थकता मानने के लिए मैं तैयार नहीं हूँ। जीवन का पथ बहुत बीहड़ है। क्या अच्छा है क्या बुरा, क्या कर्त्तव्य है क्या अकर्त्तव्य, स्वार्थ का महत्त्व अधिक है या परमार्थ का—ये प्रश्न बड़े टेढ़े हैं। कोई भी ज्ञानी आज तक इन प्रश्नों का सन्तोषजनक उत्तर देने में समर्थ नहीं हो सका, इसलिए बुद्धिमानी इसी में है कि जहाँ तक सम्भव हो, व्यक्तिगत आकांक्षाओं की तृप्ति के प्रयत्नों में कोई बात उठा न रखी जाय। परमार्थ की अनिश्चित उपयोगिता के लिए स्वार्थ की निश्चित सुखानुभूति को तिलांजलि दे देने के बराबर मूर्खता दूसरी क्या हो सकती है, यह मैं नहीं जानती। यह ठीक है कि स्वार्थ की चरितार्थता में भी धोखा मिलने की सम्भावना बहुत अधिक है। पर साथ ही उसमें प्रत्यक्ष सुखानुभूति निश्चित है—फिर चाहे वह क्षणिक ही क्यों न हो...''

भाभी के चार्वाक-पन्थी दर्शन का कुछ अजीब प्रभाव मुझ पर पड़ने लगा था। एक ओर मेरा आश्चर्य उत्तरोत्तर बढ़ता चला जा रहा था, दूसरी ओर जीवन का एक दूसरा पहलू मेरे आगे खुल रहा था। फिर भी मैंने उनके मनोभाव को और अधिक सुस्पष्ट रूप से समझने के उद्देश्य से कहा—''पर यह तुम क्यों समझती हो कि आवश्यकता से अधिक सम्पत्ति पर पहरा देते रहने से ही स्वार्थ-साधना अधिक हो सकती है?''

''आवश्यकता से अधिकवाली बात सापेक्ष है। किसी के लिए सौ रुपये प्रतिमास की आय आवश्यकता से अधिक हो सकती है और किसी के लिए एक लाख प्रतिमास से भी आवश्यकताओं की पूर्ण पूर्ति सम्भव नहीं हो पाती। जो व्यक्ति सांस्कृतिक दृष्टि से जितना अधिक उन्नत होगा उसकी सुख-सुविधाओं का मान भी उतना ही व्यापक और ऊँचा होगा।''

''उदाहरण के लिए, हम दो प्राणियों को ही ले लो। हम लोग संस्कृति की दृष्टि से कुछ नीचे नहीं हैं। पर हमारी सुख-सुविधाओं का मान चाहे कितना ही ऊँचा क्यों न हो, उसकी पूर्ति क्या हमारी सम्पत्ति के एक अति स्वल्प भाग से अच्छी तरह नहीं हो जा रही है?''

एक तीखे व्यंग्य का कँटीला हासाभास भाभी के चेहरे पर खिल गया। "यदि हमारी सुख-सुविधाओं की पूर्ण पूर्ति हो रही होती," उन्होंने कहा, "तो जिस अवसाद से तुम दिन-पर-दिन घुले जा रहे हो वह तुम्हारी आत्मा को इस तरह तिल-तिल करके चाटता न होता। और मैं प्रतिपल जिस अतृप्ति और असन्तोष की ज्वाला से जलती जा रही हूँ उसका कोई चिह्न तक शेष न रह गया होता। इतने सुख-साधनों के रहते हुए भी इस भरी जवानी में हम दोनों जो जीवन के उलटे-सीधे थपेड़ों के शिकार होते हुए अनिश्चित और ऊबड़-खाबड़ पर भटकते हुए, काँटेदार झाड़ियों में व्यर्थ में उलझते चले जा रहे हैं, उसका कारण केवल यह है कि हम स्वयं अपनी वास्तविक आवश्यकताओं से परिचित नहीं हैं, और उनसे परिचित हो भी जायँ तो उनकी पूर्ति के उपाय–साधनों के उपयोग के ढंग–हमें नहीं मालूम..."

मैं उनकी बात का भीतरी अर्थ समझने का प्रयत्न करता हुआ, बिना कुछ बोले भरमायी हुई आँखों से उनकी ओर देखता रहा। वह भी शायद कुछ सोच रही थीं और अनमनी दृष्टि से शून्य में न जाने क्या खोज रही थीं।

कुछ देर तक चुप रहने के बाद उन्होंने फिर कहा–"और तुम केवल दो प्राणियों की बात क्यों कह रहे हो। यह क्यों भूल रहे हो कि यदि भविष्य में हम दोनों किसी नये सम्बन्ध में जुड़ जायँ तो कुछ और प्राणियों का भी दायित्व हमारे ऊपर आ सकता है!"

मैं चौंक उठा। "तो क्या–क्या यह सम्भव है, भाभी?" मैंने प्रायः हकलाते हुए कहा, "क्या सचमुच यह सम्भव है कि हम दोनों किसी नये सम्बन्ध में जुड़ सकेंगे?"

"यदि तुम अपने भीतर साहस बटोर सको तो सब-कुछ सम्भव हो सकता है" मेरी ओर से आँखें हटाकर, सामने मेज की ओर देखते हुए, भाभी ने अपेक्षाकृत धीमे स्वर में कहा।

मेरी रही-सही झिझक जाती रही। मैं आवेश में उनका हाथ पकड़कर उनकी हथेली को अपने ओंठों तक ले गया। भाभी ने तनिक भी प्रतिरोध नहीं किया। मेरा उत्साह दुगना बढ़ गया और मैंने दूसरे ही क्षण अपनी दोनों बाँहों को उनके गले पर डाल दिया। उसके बाद उनकी गर्दन उठाकर उनकी आँखों को अपनी आँखों के एकदम निकट लाकर उत्कट मोह-भरे स्वर में बोला–"भा–शोभना, तुम बहुत ही आश्चर्यजनक और प्यारी नारी हो!"

(71)

मनुष्य का पतन जब आरम्भ होता है तब वह सहस्रों सामाजिक बन्धनों को बड़ी आसानी से छिन्न करता हुआ अपने उस पतन के चौमुखी विस्तार का पथ खोज लेता है। उसकी बुद्धि भी उसे पतन की चरम सीमा तक पहुँचाने के नये-नये उपायों का आविष्कार करती रहती है। शोभना (भाभी) का जो रूप वीरेन्द्र ने देखा था और जिस पर मुग्ध होकर उसने उससे विवाह किया था, वह धीरे-धीरे, अत्यन्त अव्यक्त रूप से, भीतर-ही-भीतर बदलता हुआ किस नये और विचित्र रूप में परिणत हो गया था, मृत्यु से पूर्व तक उसका केवल अति क्षीण आभास ही वीरेन्द्र को मिल पाया था। और उस अति क्षीण आभास से उसकी मानसिक स्थिति किस कदर डाँवाँडोल हो उठी थी यह मैं स्वयं अपनी आँखों से देख चुका था। यदि उसे शोभना का वह रूप देखने को मिलता जो मेरे आगे अब तह-दर-तह खुलता चला जा रहा था तो उसके मन की क्या दशा हुई होती इसकी कल्पना कर सकना भी कठिन है। मैं सोचने लगा कि वीरेन्द्र की चारित्रिक दृढ़ता कितनी महान् रही होगी जो वह ऐसी रूपवती, प्रबल शक्तिशालिनी और तीव्र बौद्धिक प्रतिभा से समन्वित नारी के घनिष्ठतम सम्पर्क में रहने पर भी उसकी घोर अहंवादी और अत्यन्त गहराई में जड़ पकड़ी हुई बुर्जुवा विचारधारा के प्रभाव से अछूता रह गया! और मेरा यह हाल था कि उसके एक ही तार्किक झटके से मेरा विवेक ढह गया और पूर्णतया उसकी विकृत इच्छाशक्ति के बहाव में बह गया! शोभना की ही प्रेरणा से उससे प्रेम-सम्बन्ध स्थापित करते हुए मेरा औचित्य और अनौचित्य का भेदाभेद ज्ञान तो जाता ही रहा, साथ ही मैंने अपने सारे बौद्धिक और नैतिक बल को उसके रहस्यमय व्यक्तित्व के आश्चर्यजनक विस्फोट के आगे एकदम छितराया हुआ पाया। और सच बात तो यह है कि मुझमें बौद्धिक बल था ही कितना! आज जब मैं तटस्थ दृष्टि से अपनी उस समय की मनोभावना का विश्लेषण करता हूँ तब यह बात मेरे आगे स्पष्ट हो जाती है कि मैं केवल सामन्ती परम्परा में पला ही नहीं था, बल्कि उस परम्परा के प्राप्त संस्कार मेरी नस-नस में समाये हुए थे—क्या नैतिक क्या बौद्धिक और क्या सांस्कृतिक सभी दृष्टियों से। यह ठीक है कि मैंने उन संस्कारों के ऊपर ऐसा विवेक भी किसी अंश तक पाया था जो बीच-बीच में उन जन्मजात संस्कारों के सम्बन्ध में किसी हद तक तटस्थ दृष्टि से विचार करने की प्रेरणा मुझे देता था। पर उस विवेक की नींव ऐसी कच्ची थी कि बार-बार उस पर मेरे संस्कारों की ही विजय होती थी। और इस बार जब शोभना के व्यक्तित्व का परिपूर्ण विस्फोट हुआ तब मेरा सारा विवेक नींव सहित भरभराकर गिर ही पड़ा।

जैसा कि मैं कह चुका हूँ, शोभना बराबर ही ऐसी नहीं थी। वीरेन्द्र ने उसके जिस रूप का परिचय पाया था वह मिथ्या नहीं था। स्वयं मैं भी प्रारम्भ में उसके उस

स्निग्ध, शान्त, स्नेहपरायण और स्वार्थ-भावना-रहित रूप का थोड़ा बहुत परिचय पा चुका था। पर शीघ्र, कुछ ही समय बाद, उसके दूसरे रूप की असलियत मेरे आगे पर्दा-दर-पर्दा खुलने लगी। मुझे शीघ्र ही इस बात का अनुभव हो गया था कि उसके स्वभाव में जो भारतीय नारी की आत्मा के अनुकूल करुण-कोमल भावुकता पायी जाती है वह अवास्तविक न होने पर भी उसके भीतरी स्वभाव का ऊपरी पलस्तर मात्र है। उसकी प्रकृति में केवल करुण कोमलता ही नहीं, काठिन्य भी काफी है, इस बात का परिचय स्वयं वीरेन्द्र को भी प्रारम्भ ही में मिल चुका होगा—जब वह अपने घरवालों से विद्रोह करके भागकर वीरेन्द्र के साथ चली आयी थी। पर तब वीरेन्द्र उसके विद्रोह से यह सोचकर और अधिक प्रभावित हुआ होगा कि भावी जीवन के सामाजिक विद्रोह के क्षेत्र में भी वह उसका साथ देगी। तब उसे क्या पता था कि उसकी वह विद्रोह-धारा उल्टी दिशा को—अपने अत्यधिक फूले हुए अहं की अधिकाधिक चरितार्थता के उद्देश्य से—प्रेरित होगी!

पर जो भी हो, उसके अहं का वह विस्फोटक रूप मेरे लिये अत्यन्त मारक रूप से मोहक सिद्ध हुआ।

शोभना ने यह प्रस्ताव किया कि कुछ समय के लिए कलकत्ते के वातावरण से कहीं दूर जाकर रहना चाहिए क्योंकि नये वातावरण में ही हम लोग नये जीवन का उपभोग अच्छी तरह कर सकेंगे। उसने बताया कि वीरेन्द्र ने कई वर्ष पूर्व हुगली के तट पर कुछ जमीन खरीदी थी और उसके साथ एक पुरानी कोठी थी। वह कोठी किसी प्राचीन जमींदार-वंश की थी, जिन्होंने अपने ऐश और आराम के लिए कभी उसे बनवाया था। शोभना ने सुझाया कि उसकी प्राचीन शोभा की रक्षा करते हुए नये सिरे से उसका निर्माण किया जाय। वह स्थान कलकत्ते से प्रायः तीस मील की दूरी पर था। हम लोग एक दिन मोटर से वहाँ पहुँचे। स्थान वास्तव में रमणीक था। कोठी क्या थी, बाकायदा एक महल था। उसके चारों ओर एक बहुत बड़ा अहाता था, जिसकी योजना एक सुन्दर बाग के रूप में बनायी गयी थी। स्थान-स्थान पर क्षणिक आराम के लिए कुंजनुमा स्थल बनवाये गये थे जिनके भीतर संगमरमर की कुर्सीनुमा चौकियाँ लगी हुई थीं। जगह-जगह संगमरमर के छोटे-छोटे चबूतरे बने हुए थे—कहीं चौकोर कहीं गोल। बीच में एक बड़ा-सा चबूतरा था, जिसके ऊपर चढ़ने के लिए चारों ओर से अन्तर्वृत्तों के रूप में, गोलाकार सीढ़ियाँ बनायी गयी थीं। उसके उत्तर और दक्षिण की ओर बराबर की दूरी पर दो फौव्वारे बने हुए थे, जिनके सिंह मुख से कभी मोतियों की तरह फुहारें निकलकर नीचे के गोल—चक्कीनुमा—पत्थर पर बरसती होंगी। कोठी की ऊपरी मंजिल में पूरब की ओर कई बारजे अलग-अलग ढंग से बने हुए थे—कोई अर्द्धगोलाकर, कोई चौकोर और कोई त्रिकोणात्मक। वहाँ बैठकर सामने ही गंगा के प्रवाह का बड़ा सुखद दृश्य दिखायी देता था। छत की मुँडेर भी बड़े कलात्मक ढंग से बनवायी गयी थी। उसके प्रत्येक भाग के बीच में एक जालीदार बन्द फाटक-सा स्थित था, जिनके ऊपर दोनों

ओर से कई छोटी-छोटी अर्द्धगोलाकार चक्र-रेखाएँ एक-दूसरे से जुड़ती हुई चोटी पर त्रिकोण की नोक के रूप में मिलती थीं। उस नोक के ऊपर एक गोल पत्थर जमा हुआ था और उस गोल पत्थर पर एक सिंह खड़ा था। इस प्रकार चार सिंह मुँडेर के ऊपर चारों दिशाओं में खड़े रहकर जैसे उस कोठी पर पहरा देते रहते थे। अहाते के बाहर कुछ ही दूर पर एक पक्का घाट बना हुआ था, जहाँ पर नदी में उतरने के लिए गोल सीढ़ियाँ बनी हुई थीं। आस-पास का देहाती वातावरण भी मुझे प्रिय लगा। कलकत्ते के कर्म-कोलाहल से मैं काफी उकताया हुआ था इसलिए मैंने निश्चय कर लिया कि शीघ्र-से-शीघ्र उस विशाल कोठी और बाग से प्राचीनता के चिह्न यथासम्भव मिटाकर उस पर एक नयी 'पालिश' चढ़ाकर वहाँ डेरा जमा दूँगा।

उस महीने के भीतर ही मैंने काफी से अधिक मजदूर वहाँ काम पर लगा दिये। जो-जो हिस्से पुराने और कमजोर पड़ गये थे उनकी मरम्मत करवायी। बारजों को अपनी रुचि के अनुसार नये ढंग से, नये कलात्मक नमूने के अनुसार बनवाया। यत्र-तत्र कमरों का भी ढाँचा बदलवाया। प्रत्येक कमरे की पुताई अलग-अलग रंग से करवायी। फर्श पर नयी और रंग-बिरंगी टाइलें लगवायीं। कमरों के प्रत्येक सेट के साथ नये ढंग का गुसलखाना जुड़वाया जिसमें 'बौछार स्नान' की भी सुविधा थी। बिजली का पावर-हाउस तैयार करवाया। बिजली से चलनेवाली पानी की एक बड़ी टंकी लगवायी। बाग को नये सिरे से खुदवाकर नये ढंग की क्यारियाँ तैयार करवायीं। नये-नये किस्मों के देशी और विदेशी फूल-पौधे लगवाये। सूखे फव्वारों को फिर से चालू करवाया। हाउस-बोट के नमूने के तीन-चार बड़े-बड़े बजरे घाट पर लगवा दिये और कई छोटी नावें भी। बजरों में सोने के कमरे, ड्राइंग-रूम, रसोईघर, गुसलखाना आदि का सुविधाजनक प्रबन्ध करवा दिया गया। एक डाइनेमो द्वारा उनके भीतर प्रकाश का भी अच्छा प्रबन्ध करवा दिया। प्रायः चार महीने बाद सारी कोठी और उसके चारों ओर का वातावरण एक नयी ही चमक से जगमगा उठा। मैं और शोभना वहीं जाकर रहने लगे। कोठी से जुड़ी हुई जमीन के बहुत नीचे एक ऐसा बड़ा तहखाना बनवाया जिसमें आधुनिक वैज्ञानिक ढंग से हवा का पूरा प्रबन्ध था। उसे भी सुख-सुविधा की पूरी सामग्री से सुसज्जित किया गया। सब कमरों में एकदम नया और विविध प्रकार का कीमती फर्नीचर सजाया गया। एक बहुत बड़ा हॉल, नृत्य और नाटकीय प्रदर्शनों के लिए, तैयार कराया गया। शोभना ने अपनी मनोवृत्तिवाले अपने कुछ उच्चमध्यवर्गीय और सामन्त वर्गीय मित्रों को भी कुछ समय के लिए वहाँ आकर रहने के लिए निमन्त्रित कर दिया। नौकर-चाकरों की संख्या पहले से कई गुना अधिक बढ़ा दी गयी। अलग-अलग किस्म के काम करनेवाले नौकरों की वर्दियाँ अलग-अलग डिजाइनों की सिलवायी गयीं। पैसे के जोर से, काले बाजारियों की कृपा से, खान-पान की सामग्री और दूसरे प्रकार की सुख-सुविधाओं का अच्छा-से-अच्छा प्रबन्ध किया गया—जैसा सस्ती और मस्ती के जमाने के प्राचीन जमींदारों को भी नसीब न हुआ होगा।

अतिथियों ने धीरे-धीरे आना शुरू कर दिया। फैशनपरस्त, रूप और श्रीसम्पन्न स्त्री-पुरुषों का अच्छा जमाव लग गया। कुछ ही समय बाद सारी कोठी में राग-रंग और चहल-पहल का ऐसा समाँ बँध गया जैसा अलिफ-लैला के किस्सों में पढ़ा था। एक अजीब-सी रोमानी दुनिया में बेमालूम ढंग से हम लोगों का जीवन बीतने लगा। मैं बीच-बीच में यह सोचकर भीतर-ही-भीतर आशंकित हो उठता था कि वह अस्वाभाविक और असाधारण सुख-स्वप्न न जाने किस क्षण भंग हो जाय। कोठी के भीतर और बाहर अप्राकृतिक प्रकाश में जगमगाते हुए झाड़ और फानूस न जाने किस क्षण एक साथ बुझ बैठें! फिर यह सोचता कि जब तक वे नहीं बुझते तब तक बुझने की चिन्ता करने से उस अल्पकालीन जगमग के सुख से भी वंचित रह जाना होगा, इसलिए बिना भूत और भविष्य की चिन्ता किये वर्तमान की मौज में बहे चलना ही श्रेयस्कर नहीं तो प्रेयस्कर अवश्य है।

हमारे प्रारम्भिक अतिथियों का दल बहुत ही विचित्र और मनोरंजक था। उसमें तथाकथित राजकुमारों और राजकुमारियों की संख्या ही अधिक थी। उसमें 50 वर्ष की आयु से लेकर 18 वर्ष की आयुवाले व्यक्तियों की प्रधानता थी। 18 वर्ष के नीचे की उम्रवाले बच्चों का और 50 वर्ष से ऊपर की उम्रवाले बूढ़ों का ऐसा आश्चर्यजनक अभाव था कि इस तथ्य की ओर बरबस ध्यान चला जाता था। प्रायः 60-65 वर्ष की आयुवाली दो-तीन बुढ़ियाँ अवश्य उस दल में सम्मिलित थीं, पर वे ऐसी रँगीली थीं कि उनकी उपस्थिति किसी भी राग-रंग-प्रेमी को खटकती नहीं थी। पाउडर और रूज की बहार और लिपस्टिक की रंगीनी उनके मुखों पर सबसे अधिक दिखती थी। जवान लड़कियाँ उनके साथ प्रेम-सम्बन्धी परिहास की बातें करती थीं और वे आनन्द लेती हुई मालूम होती थीं—बल्कि वे लड़कियों को इस तरह की बातें करने के लिए उकसाया करती थीं। 30 वर्ष की आयु के नीचे की अधिकांश युवतियाँ अविवाहित थीं। 45 और 50 के बीच स्त्री-पुरुषों का उत्साह देखने ही योग्य था। 'बाल' नृत्य में उनकी तन्मयता आश्चर्यजनक थी। रस-मग्नता में वे जवान छोकरों और छोकरियों को भी मात देते थे। आर्केस्ट्रा बजानेवाले विशेषज्ञों के एक विशेष दल को शोभना ने कलकत्ते से बुलवाया था। इसलिए उनकी अभ्यस्त कला से निकला हुआ वादन सारे समारोह को कुछ निराली ही भाव-तरंगों से आन्दोलित करके, प्राणों के तारों को रह-रहकर जैसे जीवन के पारवाली किसी रहस्यमयी मीठी वेदना के पुलक-कम्पन से सिहरा देता था। खूब पीने-पिलाने के बाद वह जोड़ों में नाचनेवालों का प्रमत्त दल झाड़ों और फानूसों के तीव्र प्रकाश की जगमगाहट के नीचे उस विशेष गीत-वाद्य का अनुकरण करते हुए सामूहिक नृत्य के बहाव में निर्द्वन्द्व बहता चला जाता तब मुझे कभी-कभी लगता जैसे महामरण-सागर में विलीन होने के लिए आतुर कोई नदी सौ-सौ तरंगों में उच्छ्वसित होकर पागल प्रवेग से किसी विशेष-निर्दिष्ट नाच और गाने के साथ अन्ध भाव से बढ़ी चली जा रही है।

हमारे अतिथियों में अधेड़ अवस्था के एक सज्जन बहुत ही रँगीले और उत्साही थे। आमोद-प्रमोद सम्बन्धी हर प्रकार की कार्रवाई में वह सबसे अधिक दिलचस्पी के साथ भाग लेते थे। नाच-गान, खान-पान, नाव की सैर, ताश के खेल, बैडमिण्टन, पिंग-पांग, बिलियर्ड आदि खेल—सभी बातों में वह मुखिया-से बने रहते थे। दिनभर और रातभर नाचते और खेलते रहते रहने पर भी वह थकते नहीं थे। मस्ती का तनिक भी अवसर पाते ही वह पूरी लगन से जुट जाते—फिर चाहे वह दोपहर का समय होता या आधी रात का। नींद की कोई आवश्यकता वह जैसे महसूस ही नहीं करते थे। जब कभी कोई ऐसा विरला ही अवसर आता कि किसी भी प्रकार के प्रमोद का एक भी साथी न मिलता तब लाचारी—प्रायः अनिच्छा से—घण्टा-डेढ़ घण्टा के लिए सो जाते। वैसे ऐसे अवसर बहुत कम आते थे, क्योंकि यदि और किसी प्रकार के राग-रंग के लिए कोई साथी न भी मिलता तो ताश के कोई-न-कोई साथी तो किसी भी समय मिल जाते।

इन परम रँगीले सज्जन का नाम था शशांकमोहन सेन। शशांक बाबू की आयु पचास से कम न होगी। उनके सिर के सामनेवाले भाग से बाल बहुत-कुछ साफ हो चुके थे और भीतर से ताँबा निकलता हुआ दिखायी देने लगा था। शेष भाग के बाल तीन-चौथाई तक पक चुके थे। उनका चेहरा उनके सिर से उभरते हुए ताँबे की तरह ही सब समय तमतमाया रहता था और वह शारीरिक दृष्टि से काफी स्वस्थ लगते थे। बड़े ही हँसमुख, परिहासप्रिय और रससिद्ध व्यक्ति थे। सभी सुन्दरियों को समय-असमय छेड़ते रहते थे और मीठी चुटकियाँ लेते रहते थे। स्त्रियाँ उसकी छेड़खानी से प्रसन्न ही होती थीं, क्योंकि उनके हास-परिहास में अशिष्टता तनिक भी नहीं रहती थी।

उनकी श्रीमती भी उनके साथ आयी हुई थीं। उनका नाम नलिनी था। उनकी आयु प्रायः 40 वर्ष की रही होगी। वह भी अपने पति की तरह ही प्रसन्न-चित्त और निर्द्वन्द्व-प्रकृति की थीं। उनका बदन कुछ मोटा था। पर उस मोटाई से उनकी चंचलता और प्रमोद-प्रियता में कोई अन्तर नहीं आता था। युवावस्था में वह काफी सुन्दर रही होंगी। पता चला कि एक लड़की के सिवा सेन-दम्पति की और कोई सन्तान नहीं है, और चूँकि लड़की एक अच्छे और सम्पन्न परिवार में ब्याही जा चुकी है, इसलिए सेन-दम्पति अब सब प्रकार के उत्तरदायित्व से मुक्त हैं। यह भी पता चला कि शशांक बाबू कुछ ही वर्ष पूर्व तक विभिन्न प्रकार के व्यापार करते रहे हैं और काफी रुपया जोड़कर अब कुछ भी नहीं करते।

मैं शशांक बाबू के प्रति पहले ही दिन की मुलाकात से आकर्षित हो चुका था। मेरी बड़ी इच्छा थी कि उनके घनिष्ठ सम्पर्क में आकर उनके दिलचस्प जीवन के अनुभव सुनूँ। पर वह सुबह से लेकर रात तक राग-रंग सम्बन्धी विविध कार्यक्रमों में इस तरह व्यस्त रहते थे कि उनसे एकान्त में बातें करने का मौका ही नहीं मिलता था। अन्त में एक दिन अप्रत्याशित रूप से वह सुअवर मिल गया। शोभना ने एक साथ सारी अतिथि-मण्डली के नौका-विहार का एक लम्बा कार्यक्रम बनाया था। मौसम अच्छा था।

यह निश्चय किया गया कि पूरे चौबीस घण्टे बजरों में ही बिताये जायँ। प्रायः दस मील दूर एक रमणीक स्थान की यात्रा की योजना बनायी गयी। वहाँ भी वीरेन्द्र की एक छोटी कोठी थी। कुछ आदमी वहाँ पहले ही भोजन वगैरह का प्रबन्ध करने के लिए भेज दिये गये थे, हालाँकि बजरों में भी सब बातों का पूरा प्रबन्ध था। शशांक बाबू इस यात्रा के लिए बड़े उत्साहित थे। पर दूसरे दिन सुबह जब सब लोग तैयार होकर घाट के लिए रवाना होने लगे तब अचानक शशांक बाबू के दायें पाँव के घुटने में वात-वेदना शुरू हो गयी। उन्हें खिन्न भाव से यात्रा का मोह त्याग देना पड़ा। प्रश्न यह उठा कि उन्हें अकेले कैसे छोड़ा जाय। मैंने कहा—"मुझे नौका-विहार से कोई विशेष प्रेम नहीं है। मैं आपका साथ देने के लिए घर ही पर रह जाऊँगा।"

शोभना ने उदास भाव से मेरी ओर देखा। मैंने उसे समझाया कि मेरी अनुपस्थिति से उन लोगों की यात्रा के सुख में तनिक भी अन्तर नहीं आवेगा।

जब सब लोग चले गये और केवल हम दो व्यक्ति घर पर रह गये, तब अचानक, न जाने किस कारण से, सेन महाशय की वात-पीड़ा बहुत हलकी हो गयी। उन्होंने कराहना बन्द कर दिया और प्रसन्नता की एक हलकी रेखा उनकी आँखों के नीचे खिंच गयी।

"मुझे बड़ी प्रसन्नता हुई आपको एकान्त में पाकर..." उन्होंने कहा।

मैंने कहा—"आपने यह मेरे मुख में आयी हुई बात छीन ली। मैं भी यही कहना चाहता था।"

"सच बात यह है म' शय," वह बँगला उच्चारण के साथ, अभ्यासवश हाथ से अपने दाहिने घुटने को सहलाते हुए बोले, "पिछले कई दिनों से लगातार दिन-रात राग-रंग और चहल-पहल में डूबे रहने के कारण मेरे मन में एक अजीब-सी प्रतिक्रिया होने लगी है। मैं एकान्त शान्ति के लिए उत्सुक हो उठा हूँ। यह ठीक है कि इस प्रकार के एकान्त में अधिक समय तक मेरा चित्त जमा नहीं रह सकता। मैं फिर उसी प्रकार की चहल-पहल के लिए बेचैन हो उठूँगा। पर फिलहाल तो मैं इसकी बहुत बड़ी आवश्यकता का अनुभव करने लगा हूँ..."

"मुझे यह देखकर बड़ा आश्चर्य हुआ है, सेन साहब, कि आप इस उम्र में भी सभी प्रकार के राग-रंगों में इस उत्साह से भाग लेते रहे हैं। आज के पहले एक क्षण के लिए भी उकताते हुए मैंने आपको नहीं देखा।"

शशांक बाबू विचित्र ढंग से मुस्कराये। बोले—"मेरी मस्ती और लापरवाही सभी को आश्चर्यजनक लगती है। यदि अपनी इस मस्ती का कारण मैं आपको बताऊँ तो आपको और भी अधिक आश्चर्य होगा। मेरे चार लड़के एक-एक करके जाते रहे। सबसे बड़े लड़के की मृत्यु जब हुई तब वह तेरह वर्ष का था। दूसरे लड़के उससे दो, चार और छह वर्ष छोटे थे। तीन या चार वर्षों के भीतर चारों प्रायः एक ही प्रकार के

रहस्यमय रोग के शिकार होकर जाते रहे। कलकत्ते के अच्छे-से-अच्छे और नामी-से-नामी डॉक्टरों का इलाज कराने पर भी कोई फल नहीं हुआ। अब एक लड़की को छोड़कर कोई भी सन्तान मेरे नहीं है। सबसे छोटे बच्चे की मृत्यु सबसे पहले हुई। तब मैं इस कदर शोकमग्न हो उठा कि एक महीने तक मैं घर से बाहर नहीं निकला। किसी तरह उस पीड़ा को भूल पाया था कि दूसरा लड़का प्रायः उसी ढंग से ज्वर से आक्रान्त हुआ जिससे सबसे छोटे बच्चे की मृत्यु हुई थी। प्रायः पन्द्रह दिन के बाद उसकी भी वही गति हुई। मुझे यह अनुभव करके आश्चर्य हुआ कि दूसरे लड़के की मृत्यु से मैं उतना कातर नहीं हुआ जितना पहले लड़के की मृत्यु से हुआ था। शायद सन्तान की मृत्यु से होनेवाली मानसिक पीड़ा का पहला इंजेक्शन लग जाने पर मैं उस कठोर पीड़ा को सहने का कुछ आदी हो चुका था। जब तीसरे लड़के की मृत्यु हुई तब मेरे मन का चमड़ा और कठिन बन चुका था। सारी पीड़ा को दीर्घ श्वास द्वारा बाहर निकालकर मैं चुपचाप अपने कर्त्तव्य का पालन करता चला गया। अन्त में जब चौथा लड़का—सबसे बड़ा लड़का—भी अचानक ही चल बसा तब मेरे पत्थर के हृदय से कोई सूखा हुआ स्रोत फिर एक बार फूट पड़ा। पर बहुत जल्दी ही फिर सूख गया। कुछ समय तक मैं जड़ पिण्ड की तरह निश्चल बना रहा। मन के भीतर एक अस्पष्ट धुकधुकी के सिवा और किसी भी प्रकार की चेतना जैसे मुझमें शेष न रही। उसके बाद जीवन के प्रति एक विचित्र-सा वैराग्य मेरे जड़ प्राणों में धीरे-धीरे समाने लगा। समय बीतता गया और वह वैराग्य एक रहस्यमय आध्यात्मिक विश्वास में बदलने लगा। मैं अपनी पत्नी को भी—जिसके चीमड़ प्राण अपने प्रिय पुत्रों के चिरवियोग का निदारुण आघात सहने के बाद भी अभी तक मेरी ही तरह अवशिष्ट थे—गीता और उपनिषदों का ज्ञान सिखाना आरम्भ कर दिया। पर अपने मन के अभाव के भुलावे का यह नाटक अधिक दिन नहीं चल पाया। समय की गति के साथ-साथ मेरे मन की प्रवृत्तियाँ बदलती चली गयीं। अन्त में मैंने भक्ति और वैराग्य का नकाब उतार डाला। पुत्रों की मृत्यु के शोक के अवशिष्ट काँटों को जड़ से उखाड़ने के बाद मेरे आगे यह सत्य उद्घाटित हुआ कि शेष जीवन को बिताने के केवल दो तरीके मेरे पास हैं—या तो शोक में घुल-घुलकर, रोता झीखता हुआ अभिशप्त जीवन का भार किसी तरह ढोता चलूँ, या सारी पिछली चिन्ताओं और असफलताओं को भूलकर जीवन के प्रत्येक राग और प्रत्येक रंग का उपभोग पूरी तरह से करता हुआ, हँसता-हँसता मरूँ। दूसरे पथ को अपनाना ही बुद्धिमानी होगी, ऐसा विश्वास मेरे मन में जमता चला गया। मेरे स्वभाव का जो वर्तमान रूप आप देख रहे हैं, वह उसी उलझन से मिली हुई प्रेरणा का परिणाम है। आज मुझे प्रतिपल यह महसूस होता है कि समय बहुत कम है और विघ्न बहुत हैं, इसलिए जीवन-रस के बन्द घड़े की टोंटी से जितनी भी बूँदें प्राप्त की जा सकें उसमें चूकना नहीं चाहिए। इसके अतिरिक्त जीने का और कोई भी अर्थ, कोई भी उपयोगिता मेरी समझ में नहीं आती...”

मैं पूरी तन्मयता से उनकी बातें सुन रहा था। जब उनकी वाग्धारा रुकी तब मैंने कहा—"पर प्रश्न केवल आपका नहीं है। मान लिया कि आप किन्हीं विशेष घटना-चक्रों की प्रतिक्रिया के कारण राग-रंगों में अपने को डुबाये चले जा रहे हैं, पर हमारे जो दूसरे अतिथि हैं वे भी तो राग-रंगों में मस्त रहने की सुविधाएँ खोजते फिर रहे हैं, और तनिक सुविधा मिलते ही उसका अधिक-से-अधिक लाभ उठाने के लिए अधीर हो उठते हैं। यह सब आप अपनी आँखों से देख रहे हैं। क्या आपका यह खयाल है कि वे सब भी आप ही की तरह किन्हीं विशेष पारिवारिक घटनाओं से क्षुब्ध होने के बाद आनन्दान्वेषी बने हैं?"

"इनमें से कुछ तो अवश्य ही ऐसे होंगे जिन्होंने मेरे ही जैसे कारणों से, 'खाओ, पीओ, मस्त रहो' वाले सिद्धान्त को अपनाने की प्रेरणा पायी होगी। पर अधिकांश व्यक्तियों की आमोदप्रियता का एक दूसरा ही मनोवैज्ञानिक कारण है। बल्कि आज तो मैं यह महसूस करने लगा हूँ कि मेरी मनोवृत्ति के पीछे भी वही कारण परोक्ष रूप से वर्तमान है।'

"वह क्या?"

"जिस विशेष वर्ग से आपके अधिकांश अतिथि—और आप स्वयं भी—सम्बन्धित हैं उसके आगे बिजली के से प्रकाश में यह सचाई कौंध गयी है कि उसका अस्तित्व बहुत ही कच्ची नींव पर आधारित है। समय के थपेड़ों से वह नींव बुरी तरह हिलने लगी है, इसका अनुभव उसे प्रतिपल हो रहा है। इसलिए पूर्णतया मिटने के पूर्व उस वर्ग से सम्बन्धित नर-नारी मस्ती की तनिक-सी सुविधा को भी हाथ से नहीं जाने देना चाहते। कुछ बर्बर जातियों में यह प्रथा है कि युद्ध में अपने से प्रबल किसी दूसरी जाति के आगे पराजय स्वीकार करने के पूर्व के एक उत्सव मनाते हैं जिसमें खान-पान और राग-रंग की पूरी सुविधा रहती है। खूब सज-सँवरकर, खा-पीकर, नाच-गान में मस्त रहकर, सब प्रकार से आनन्द मनाकर अन्त में वे या तो सामूहिक रूप से आत्महत्या कर लेते हैं या शत्रु के आगे आत्मसमर्पण कर देते हैं। यही मनोवृत्ति आपके अतिथियों में और उन्हीं की तरह के दूसरे लोगों में काम कर रही है। वे आज की डाँवाँडोल सामाजिक स्थिति से इस कदर हताश हो उठे हैं कि मस्ती की तनिक-सी सुविधा को भी वे हाथ से जाने देना नहीं चाहते। वे सब समय विकराल वास्तविकता को अपने आगे मुँह बाये खड़ा पाते हैं और उसे भूलने के प्रयत्न में सब समय अपने को भी भूले रहने के साधनों को खोजते रहते हैं। उनके चारों ओर जो व्यापक शोषणजनित दैन्य प्रतिपल श्मशान की जलती हुई चिता का-सा हाहाकार सारे वातावरण में भरता चला जा रहा है उसकी ओर से वे बरबस आँखों को मूँदने और कानों को बन्द करने का प्रयत्न करते हैं यह सब मैं स्वयं अपने अनुभव से आपको बता रहा हूँ..."

शशांक बाबू की बात में जो सचाई थी वह आग की रेखाओं से अंकित चित्रों की तरह मेरे आगे सुस्पष्ट दहक रही थी। शोभना के जटिल जालों में उलझे हुए व्यक्तित्व

के भीतर निहित सीधा और सच्चा रूप 'एक्स' किरणों के प्रकाश में मेरी भीतरी आँखों के आगे नाचने लगा और स्वयं अपनी दुर्बलता और चारित्रिक शिथिलता का मूल सूत्र भी मेरी पकड़ में जैसे आने लगा।

मैं उनकी ओर मौन भाव से देखता रहा। तरह-तरह के विचार मेरे भीतर द्वन्द्व मचा रहे थे। कुछ देर तक उनके पास मैं उसी तरह मौन बैठा रहा। वह एक मनोवैज्ञानिक, दार्शनिक और साथ ही बुद्धिवादी विवेचन करते चले गये और साथ ही सामाजिक परिस्थितियों का भी यथार्थ विश्लेषण करते रहे। मैंने पहली बार देखा की चौबीसों घण्टे मस्ती में डूबे रहने पर भी शशांक बाबू वास्तविकता के सूक्ष्म-से-सूक्ष्म और छोटे-से-छोटे पहलू से भी पूर्णतया परिचित हैं।

काफी देर तक उनकी बातें सुनता रहा। अन्त में वह स्वयं उकता गये, और मैंने उनके मुख पर थकान के स्पष्ट चिह्न देखे।

''आप बहुत थके हुए हैं, अब आराम कीजिये शशांक बाबू,'' मैंने कहा।

''एक बोतल ह्विस्की और मँगा दीजिये, उसी से मेरी थकावट जायगी।'' शशांक बाबू बोले।

मैंने एक नौकर को बुलाकर वह विशेष बोलत ले आने का आर्डर दे दिया। जब बोतल आयी और नौकर ने उसे खोलकर उनके पासवाली एक छोटी-सी मेज पर रख दिया, तब मैं कोई एक बहाना बनाकर वहाँ से उठकर चल दिया।

(72)

नौका-यात्री दल प्रत्याशित समय से बहुत पहले ही वापस चला आया। कारण पूछने पर पता चला कि जिस निर्दिष्ट गाँव के पास वे लोग पिकनिक का आयोजन करनेवाले थे वहाँ और उसके आस-पास के स्थानों में भयंकर रूप से महामारी फैली हुई थी। यह सूचना मिली कि अन्न के अभाव से गाँवों की दीन-दरिद्र जनता जंगली कन्दमूल खाकर क्षुधा शान्त करने लगी थी, जिसके फलस्वरूप बुरी तरह हैजा फैल गया है और लोग सैकड़ों की तादाद में मरते चले जा रहे हैं। तट पर लम्बी दूरी तक चिताओं की कतार लगी हुई है और कहीं उतरने की सुविधा नहीं रह गयी है। यह भी पता चला कि मृतकों की संख्या इस कदर बढ़ती चली जा रही है कि अब आगे मृत-शरीरों को जलानेवाले भी नहीं मिल रहे हैं और लाशें या तो बहा दी जा रही हैं या तट पर इधर-उधर फेंक दी जा रही हैं। दो-एक लाशें बजरों की बगल से होकर बहती हुई भी दिखायी दी थीं, और तट के निकट जब बजरे पहुँचे थे तब चिताओं की कतार का दृश्य देखने के अलावा सड़ी हुई लाशों की उत्कट गन्ध से भी उन लोगों के सिरों में दर्द होने लगा था। मल्लाहों से पूछने पर उन्होंने बताया कि फसल काफी अच्छी हुई थी, पर जमींदारों ने सरकारी वसूली से बचा हुआ सारा गल्ला नृशंस अत्याचार द्वारा जबरन किसानों से छीनकर अपने कब्जे में करके चोर-बाजारियों से मिलकर उसे बाहर चोर-बाजार में भेज

दिया था और सरकार की ओर से कोई व्यवस्था अन्न-वितरण की नहीं की गयी थी। अखाद्य चावल चोर-बाजार में तीन-चार रुपया सेर बिक रहा था, जिसे खरीदने की कोई सुविधा जनता के पास नहीं थी।

सब-कुछ सुनने पर मेरी मानसिक आँखों के आगे एक लोमहर्षक दृश्य नाच उठा। मनुष्य-कृत अकाल के कारण कुत्तों और बिल्लियों की-सी मौत मरनेवाले भुखमरों की दुर्दशा देशव्यापी शोषण और भ्रष्टाचारजनित नारकीयता के प्रतीक-रूप में मेरे आगे प्रत्यक्ष हो उठी। मन की जीभ में एक तीखे स्वाद का अनुभव करता हुआ मैं कुछ समय तक सोच में पड़ा रह गया। पर मैंने देखा कि मेरे साथियों के उल्लास और मस्ती में तनिक भी ढीलापन नहीं आया था। सामूहिक मृत्यु के दृश्य से कतराकर उससे बचकर लौट आने की खुशी उनकी आँखों में चमक रही थी। शोभना अपने लौट आने का कारण बताते हुए इस ढंग से बोल रही थी जैसे किसी सनसनी उभाड़नेवाले तमाशे की बात बता रही हो। उसके बाद वह नये सिरे से अपने अतिथियों के राग-रंग का आयोजन करने के काम में व्यस्त हो गयी।

उस रात पीने-पिलाने, खाने-खिलाने और नाचने-गाने का जैसा समाँ बँधा वैसा उसके पूर्व मैंने नहीं देखा था। अप्राकृतिक उल्लास से प्रमत्त नर-नारी नृत्य-गीत में मस्त रहकर राग-रंग मनाते रहे। शशांक बाबू फिर चंगे हो गये थे और फिर पहले के समान ही फुर्ती उनमें आ गयी थी।

मैं प्रायः आधी रात के समय एक कुछ बड़ा-सा और अधिक शक्तिवाला दूरबीन लेकर वहाँ से उस दूर स्थित तट का दृश्य देखने लगा जिस ओर महामारी फैलने की खबर मैंने सुनी थी। धधकती हुई चिताओं की एक लम्बी-सी कतार मुझे दिखायी दी। मैं बहुत देर तक चुम्बकाकर्षित की तरह देखता ही रह गया। एक ओर मेरी कोठी में झाड़ों और फानूसों के प्रदीप्त प्रकाश में मरणमत्त परवाने पेट की ज्वाला से एकदम अपरिचित होकर नाच-रंग में तल्लीन हो रहे थे, दूसरी ओर निर्मम महाकाल के—मनुष्य-कृत अकाल के—शिकार नर-नारी रुद्र के तीसरे नेत्र से निकली हुई महाग्नि में स्वाहा हो रहे थे। दोनों की ऊपरी समानता के अन्तराल में असमानता और वैपरीत्य की चट्टान खड़ी थी।

वह दृश्य देखने पर मेरा मन फिर उस प्रमत्त दल के बीच में लौटकर जाने को न हुआ। उस पारवाली चिताओं की लपटें हवा के प्रबल झोंकों से हिलती हुई दिखायी दे रही थीं। ऐसा लगता था जैसे आग के झण्डे फहराते हुए रुद्र के गण शोषणरत वर्गों और राष्ट्रों को चुनौती देते हुए चले जा रहे हों।

प्रायः आधे घण्टे तक मैं यम के जीते-जागते दूतों द्वारा आयोजित मरणोत्सव का वह भैरव-दृश्य देखता रहा। उसके बाद वहाँ से उठकर नीचे सीधे अपने कमरे में जाकर भीतर से किवाड़ बन्द करके, बिना कपड़े बदले ही पलँग पर चारों खाने चित लेट गया। नींद नहीं आयी। नृत्यशाला से आर्केस्ट्रा का सम्मिलित वाद्य-स्वर बीच-बीच में नाच-रंग

में मग्न नर-नारियों की उन्मत्त किलकारियों के साथ मिलकर शरीर और मन के कानों में विष-भरी नुकीली सुइयों की तरह गड़ रहा था, जिससे मैं बरबस मन-ही-मन कराह उठता था।

प्रायः डेढ़ घण्टे बाद किसी ने दरवाजा खटखटाया। किवाड़ खोलते ही शोभना ने भीतर प्रवेश किया। एक तीव्र गन्ध से मेरा सिर भिन्ना उठा। आज पहली बार मुझे पता चला कि शोभना ने हालावादियों का साथ देना भी आरम्भ कर दिया है। मैं आतंक से सिहर उठा। पतन का मार्ग खुलते ही वह मनुष्य को निम्नतम सतह तक पहुँचाये बिना दम नहीं लेता, इस ज्ञान की पूर्ण पुष्टि हो गयी। प्रारम्भ में शोभना का जो सकरुण और सहृदय रूप मैंने देखा था उसमें और उसके आज के रूप में जो अन्तर था उसका कोई तारतम्य ही मुझे नहीं दिखायी देता था। और आदर्शवादी वीरेन्द्र को उसने किस चातुरी से धोखा देकर, अपनी मायावी कला से कैसा भोला रूप बनाकर, अपने जाल में फाँसा होगा, यह सोच-सोचकर मैं दंग था।

उसने भीतर प्रवेश करते ही मुझे दोनों बाँहों से कसकर आलिंगनपाश में बाँध लिया। मदिरा की दुर्गन्ध से सिर भिन्नाने और उसके प्रति एक तीव्र घृणा का भाव मन में उत्पन्न होने पर भी मैं अपने भीतर ही किसी शैतानी प्रेरणा से प्रेरित होकर उसकी मादकता के छुतहे प्रभाव से अपने को मुक्त करने में सर्वथा असमर्थ रहा।

उस दिन से शोभना द्वारा आयोजित राग-रंग के सारे कार्यक्रमों के प्रति मेरे मन में उत्कट अरुचि उत्पन्न हो गयी, पर अपने भीतर मैं इतना नैतिक बल नहीं पाता था कि सारे आयोजन को समाप्त करके एक नयी कल्याणकारी योजना के सूत्र में अपने और शोभना के जीवन को बाँधने का प्रयत्न करूँ। मैं प्रत्यक्ष देख रहा था कि शोभना के भीतर वर्षों से जीवन की जो अतृप्त प्रवृत्तियाँ दबी पड़ी थीं उनकी प्रतिक्रिया अत्यन्त विकृत रूप में तूफानी रफ्तार से हो रही थी और मैं यह भी स्पष्ट देखने लगा था कि उस विकृत प्रतिक्रिया की दिशा को जल्दी न मोड़ने से उसकी चरम अधोगति को रोकना असम्भव हो जायगा। यह मैं अच्छी तरह समझ रहा था कि विनाश के जिस बिन्दु पर वह खड़ी है वहाँ की ढालू रपटन से होकर लुढ़कती हुई वह एक ऐसे खड्ड में गिरने जा रही है जहाँ से उबरने की कोई सम्भावना ही शेष नहीं रह जायगा। पर सब-कुछ जानते हुए भी उसे समय रहते अत्यन्त शोचनीय आत्मघाती से बचाने में मैं अपने को निपट असमर्थ महसूस कर रहा था, और यह अनुभूति मुझे सबसे अधिक आतंकजनक लग रही थी। केवल इतना ही नहीं, मेरी अन्तःप्रज्ञा इस बात का भी स्पष्ट आभास पा रही थी कि शोभना अकेले ही आत्मघात करने नहीं जा रही है, बल्कि पतन की रपटीली चट्टान से होकर नीचे लुढ़कती हुई मुझे भी बरबस अपने साथ घसीटने का निश्चय किये हुए है। मैं अत्यन्त गम्भीर रूप से सोचने लगा कि यदि मैं उसे नहीं रोक पाता तो समय रहते उसके चंगुल से कम-से-कम अपने को तो मुक्त कर लूँ। सब-कुछ जानते हुए भी यदि मैं विनाश के अन्तिम क्षण तक उसके अंचल से अपने को

बाँधे रहूँ तो इससे अधिक दुर्बलता और क्या हो सकती है? पर जब मैं इस तरह की बात सोच रहा था तभी मेरा अन्तर्मन मेरे इस संकल्प का उपहास कर रहा था।

राग-रंग का क्रम कुछ दिनों तक अटूट रूप से चलता रहा। बीच-बीच में पहले के आये हुए कुछ अतिथि लौट जाते थे, पर उनकी पूर्ति दूसरे, नये आये हुए, अतिथि करते रहते थे। पर धीरे-धीरे उस क्रम के लक्षण प्रकट होने लगे। कारण इस प्रकार था—

मनुष्य-कृत अकाल का प्रभाव केवल हुगली के पारवाले दूर स्थित गाँवों तक ही सीमित न रहा, हमारी कोठी के आस-पासवाले क्षेत्र में वह फैलता चला गया। सम्भवतः वह बहुत पहले से ही फैलना आरम्भ हो गया था, पर प्रारम्भ में उसका रूप अधिक तीव्र न होने के कारण राग-रंग की मस्ती में हम लोगों का ध्यान उस ओर नहीं गया था। हम लोगों के यहाँ प्रतिदिन दिन में तीन-तीन बार लम्बी-लम्बी दावतें उड़ा करती थीं। स्वभावतः बहुत-सा उच्छिष्ट भोजन बच जाया करता था। प्रारम्भ में पेशेवर भिखारी या जन्म के मरभूखे ही उस अवशिष्ट खाद्य को ले जाने आया करते थे। पर धीरे-धीरे ऐसे मरभुखों की संख्या बढ़ती चली गयी जो बुरी-से-बुरी हालत में भी इसके पहले कभी माँगकर नहीं खाते थे। और अन्त में यह स्थिति उत्पन्न हो गयी कि सारी कोठी सुबह से लेकर शाम—बल्कि रात—तक मरभुखों की पूरी सेना द्वारा घिरी रहने लगी। भीतर आनन्दोन्मत्त और विलासिता में गले-गले डूबे हुए नर-नारियों का मेला और बाहर नंगों और भूखों का ठेलमठेला—यह ऐसा चुभता हुआ विरोधाभास था कि उसके प्रति एकदम उदासीन रह सकना असम्भव था। पर यह आश्चर्य ही था कि शोभना के अस्वाभाविक उत्साह द्वारा प्रेरित हमारे अतिथिगण इस असम्भव को भी भरसक सम्भव बनाने के प्रयास में कोई बात उठा नहीं रखना चाहते थे। अपनी आत्मा की चुभन और ग्लानि की अनुभूति को अधिकाधिक बोतलों की गहराई में डुबाया जाने लगा। पर मैं सुस्पष्ट देख रहा था कि जितनी ही गहराई में उसे डुबाया जा रहा था उतनी ही प्रबलता से वह कटु अनुभूति ऊपर को उछल उठती थी और उसके उछलने से जो छींटे मुँह पर पड़ते थे उनसे हमारे अतिथियों को क्षण-भर के लिए आँखें बन्द कर लेनी पड़ती थीं।

उच्छिष्ट भोजन स्वभावतः उतने अधिक मरभुखों के लिए पूरा नहीं पड़ता था, इसलिए उन लोगों के बीच आपस में छीना-झपटी और हाथापाई के दृश्य के साथ-साथ जो काँव-काँव सब समय मची रहती थी वह भीतर की रंगीनी के पर्दे में छिपे हुए और आँखें मूँदे हुए भगोड़ों के अरक्षित कानों पर अत्यन्त तीव्रता से आघात करती थी।

पर बात वहीं तक सीमित नहीं रही। एक दिन यह सुनने में आया कि कोठी के आस-पास के क्षेत्र में हैजे की बीमारी शुरू हो गयी है। कोठी के भीतर स्वेच्छा से बन्द और बोतलों में डूबे हुए प्रमत्त नर-नारियों के मदिरा से अवश कान भी यह सुनकर खड़े हो गये। दूसरे दिन जो खबर सुनने में आयी वह और भी अधिक उग्र थी—एक दिन में सौ से अधिक आदमी बीमारी से ग्रस्त हुए और सत्तर से अधिक की मृत्यु हो गयी।

यह सब होने पर भी बाहर एक कौर जूठे अन्न के लिए लालायित मरभुखों की वैसी ही भीड़ बनी हुई थी और वैसी ही काँव-काँव मची हुई थी। तीसरे दिन यह सुना कि कोठी के अहाते के भीतर ही तीन मरभुखे उलटी और दस्त से पस्त होकर मरणासन्न अवस्था में जमीन पर ही लेटे पड़े हैं। शोभना आतंकित हो उठी। जिस रंग को वह और उसके अतिथिगण अभी तक किसी कदर जमाये हुए थे, वह अब पूर्णतया भंग हो गया। सब लोग भागने की तैयारी करने लगे।

शशांक बाबू होमियोपैथी की दवाओं का एक बक्स बगल में दबाकर मुझे साथ लेकर बाहर निकल पड़े। वास्तव में दृश्य अत्यन्त लोमहर्षक था। एक ओर "भूख! भूख!" और "अन्न! अन्न!" की मर्मभेदी पुकार मची हुई थी और दूसरी ओर हैजे के शिकार जहाँ-तहाँ जमीन पर मृत अथवा मृतप्राय अवस्था में लेटे हुए पड़े थे। मरभुखों के पास शरीर को ठीक से ढकने के लिए पर्याप्त वस्त्र नहीं था; मुख एकदम सूखा हुआ, प्रेतलोक के अस्वाभाविक प्रकाश से चमकती हुई आँखें धँसी हुई, गालों की हड्डियाँ उभरी हुई, छाती की पसलियाँ कंकाल की तरह बाहर को निकली हुई और पेटों में चीमड़ पड़े हुए थे। कोठी के अहाते में तिल-भर भी स्थान ऐसा नहीं था जो मरभुखों से खाली हो। हम लोग दारुण दयनीय दृश्य देखते हुए आगे बढ़े चले गये और काफी दूर तक खेतों के बीच से होकर पैदल चलते हुए गाँव में पहुँचे। वहाँ भुखमरी और महामारी का और भी विकट रूप देखने में आया। रास्ते में हमें कई मुर्दे मिले जिन्हें दो-दो या तीन-तीन आदमी बिना अर्थी के ही कन्धों पर रखकर फटे-पुराने कपड़े लपेटे हुए घाट पर जलाने या बहाने ले जा रहे थे। मृतकों के नियमित संस्कार के लिए किसी को न अवकाश था न सुविधा। अभी सम्भवतः स्थिति उतनी खराब नहीं हुई थी, इसलिए मुर्दों को घाट तक ले जानेवाले आदमी मिल रहे थे। जिस गाँव में हम लोग पहुँचे वहाँ बाग़दियों की संख्या अधिक थी। निम्नतम सामाजिक वर्ग के वे दरिद्रतम प्राणी घोर दुर्दशा से ग्रस्त दिखायी दिये। एक भी घर ऐसा नहीं था जिसमें कम-से-कम एक आदमी न मर चुका हो या मरणासन्न न हो। स्त्री-पुरुष, बालक-वृद्ध सबके जीर्ण-शीर्ण मुखों पर मौत की काली छाया घिरी हुई थी। पता चला कि जानवरों के खाने योग्य चावल चोर-बाजार में ढाई-तीन रुपये सेर बिक रहा है और किसी के पास इतना पैसा नहीं है। सरकार की ओर से जो नाम-मात्र की राशन की व्यवस्था हुई थी वहाँ भी चोर-बाजारी आरम्भ हो गयी थी। केवल मुठ्ठी-भर लोग लड़-झगड़कर राशन का गल्ला, जिसमें एक-तिहाई अनाज, एक-तिहाई भूसी और एक-तिहाई कंकर-पत्थर मिले होते थे, पा जाते थे, शेष सभी रह जाते थे। राशन के कर्मचारी बराबर यह कहकर टाल देते थे कि स्टाक खतम हो गया है और माल आनेवाला है। पर वह आता ही रह जाता था। इसके अलावा राशन के भाव पर गल्ला खरीदने के योग्य पैसे भी गाँव के अधिकांश लोगों के पास नहीं रह गये थे।

शशांक बाबू घर-घर में जाकर मरीजों को दवा देते रहे और घर के दूसरे लोगों को रोगियों की सेवा करने का ढंग और स्वयं बचने का उपाय बताते रहे। उनका सेवा-भाव प्रशंसनीय था, पर मैं जानता था कि उस तरह के छिटपुट उपायों से कोई उपचार हो सकना सम्भव नहीं है। जब तक सारी स्थिति को जड़ से न सुधारा जाय और उपचार के सामूहिक प्रयत्न न किये जायँ तब तक किसी विशेष लाभ की सम्भावना नहीं थी।

दो-एक और गाँवों का चक्कर लगाने के बाद जब हम लोग लौटे तब काफी समय हो चुका था। प्रायः तीन-चौथाई अतिथि अपनी-अपनी मोटरों पर सवार होकर चले गये थे और शेष चलने की तैयारी कर रहे थे। शोभना के मुख के भाव से पता चला कि वह अत्यन्त उत्कण्ठा से मेरी प्रतीक्षा कर रही थी। मुझे देखते ही बोली—"चलो, मोटर तैयार है। अब एक मिनट के लिए भी विलम्ब करना उचित नहीं।"

"मैं तो आज नहीं जाऊँगा।" मैंने बहुत ही धीरे से, धीमे स्वर में कहा।

"क्यों?" अत्यन्त चकित और चिन्तित दृष्टि से मेरी ओर देखते हुए शोभना ने पूछा।

"मरभूखों की इस तरह की दुर्दशा देखकर और महामारी का प्रकोप बढ़ता हुआ देखकर हम लोगों का भाग जाना किसी भी हालत में उचित नहीं है। फिर भी तुम चाहो तो जा सकती हो, किन्तु मैं अभी यहीं रहूँगा।"

"पर तुम यहाँ रहकर क्या कर लोगे?" प्रायः झुँझलाकर शोभना ने कहा, "इन लोगों की दशा को सुधारना, इतने रोगियों का उपचार करना क्या अकेले तुम्हारे बूते की बात है? ऐसा पागलपन न करो, सीधे चले चलो मेरे साथ।"

"नहीं; मैं जो कह चुका हूँ उसमें अन्यथा नहीं होगा—तुम जाओ।" मैंने उसी तरह धीमे किन्तु दृढ़ स्वर में कहा।

शोभना इस तरह मेरी ओर देख रही थी जैसे मेरी बात समझ ही न पा रही हो। आश्चर्य के साथ ही उसकी आँखों में खीझ का भाव भी भरा हुआ था।

"तब तुम क्या सचमुच मेरी बात न मानोगे?" इस बार उसकी आँखों के कोयों में खीझ के आँसू चमकने लगे थे।

"नहीं।" मैंने संक्षेप में कहा।

"आप आइये, नृपेन्द्र बाबू," सहसा शशांक बाबू बोल उठे, "मैं यहीं रहूँगा और भरसक मरीजों की दवा-दारू करता रहूँगा। मेरी श्रीमती को भी कृपया साथ लेते जाइयेगा।"

अब विरोध करने की बारी श्रीमती सेन की थी। अपने चीमड़ मुँह के नीचे झूलती हुई ठुड्डी को विचित्र ढंग से हिलाते हुए उन्होंने शशांक बाबू की ओर देखते हुए कहा—"तुम अकेले इतने आदमियों की दवा-दारू का प्रबन्ध कैसे कर सकोगे? और

तुम क्या यह समझे बैठे हो कि अपनी इस पोस्तादाने की-सी गोलियों से तुम रोगियों को बचा सकोगे! चलो सीधे कलकत्ते—बिना बहस के।''

''नहीं शशि, ऐसा नहीं हो सकता। तुम्हारा यह विरोध व्यर्थ है। तुम जाओ, मेरी कोई चिन्ता न करो। मैं जल्दी ही घर पहुँचूँगा।''

कुछ देर तक सेन-दम्पति में इसी प्रकार चख-चख चलती रही। अन्त में यह तय हुआ कि शोभना और श्रीमती सेन कलकत्ते वापस चली जावेंगी और मैं और शशांक बाबू रह जायेंगे। कोई नौकर कोठी में रहना नहीं चाहता था। शोभना और शशांक बाबू के समझाने के बावजूद सब एक-एक करके खिसक गये। केवल वृन्दावन नाम का एक नौकर, जिसकी उम्र प्रायः 35 वर्ष की थी और जो स्वभाव से गम्भीर और कर्मठ था, रह गया।

जब सब लोग चले गये और केवल शशांक बाबू, मैं और वृन्दावन रह गये, तब भीतर प्रायः श्मशान का-सा सन्नाटा छाया हुआ मालूम पड़ने लगा। शशांक बाबू और मैं एक कमरे में बैठकर इस विषय पर विचार करने लगे कि हम लोग किस उपाय से पीड़ितों की सहायता कर सकते हैं। शशांक बाबू ने कहा—''सबसे पहले आवश्यकता इस बात की है कि प्रत्येक घर में पर्याप्त गल्ला पहुँचाने का प्रबन्ध किया जाय।''

मैंने कहा—''इसका एक उपाय फिलहाल यही हो सकता है कि चोर-बाजारवालों को मुँहमाँगा मूल्य देकर उनसे कुल गल्ला खरीद लिया जाय और फिर उसे वितरित किया जाय।''

''इससे चोरबाजारी को प्रश्रय मिलेगा।''

''पर दूसरा उपाय क्या है? हाँ, यह हो सकता है कि गाँववालों को चोरबाजारियों के विरुद्ध भड़काकर सारा छिपाया हुआ गल्ला लूट लेने के लिए प्रेरित किया जाय...''

यह दूसरा रास्ता पहले से कहीं बेहतर है।'' अत्यन्त शान्त भाव से शशांक बाबू ने कहा। सुनकर मुझे आश्चर्य ही लगा।

''पर गाँववालों में क्या इतनी शक्ति रह गयी है कि वे संगठित होकर इस प्रकार का विद्रोह कर सकेंगे? भूख ने और रोग ने उनकी रही-सही शक्ति भी छीन ली है।''

शशांक बाबू एक सुखी किन्तु मार्मिक हँसी हँसे। बोले—''असल बात यह है कि आपका बुर्जुवा संस्कार आपको विद्रोह से खींचता है और एक झूठी शान्ति के शुतुरमुर्गीय घेरे में बाँधे रखना चाहता है!''

''हो सकता है,'' मैंने तनिक झेंपते हुए कहा, ''यदि शान्ति से समस्या हल हो जाय तो कौन झगड़ा मोल ले? विशेषकर उस हालत में जब उन लोगों की शक्ति पर कोई भरोसा न हो जिनमें विद्रोह फैलाना है।''

''तो जैसा आप उचित समझें वैसा करें।'' शशांक बाबू ने नीमराजी होकर कहा।

दूसरे दिन हम दोनों चोर-बाजारियों के दलालों से मिले। उन्होंने बहुत ही महँगे दामों में प्रायः तीन सौ मन चावल का प्रबन्ध करने का वचन दिया। आस-पास के गाँवों के दो-चार निम्नमध्यवर्गीय भले आदमियों को जुटाकर अस्थायी सहायता-समिति का एक दफ्तर खोल दिया गया और पास ही एक गोदाम का प्रबन्ध कर दिया गया। दो-चार दिन में चावल के बोरे आ गये। एक बोरा खोलकर देखा, एक चौथाई भूसी और शेष अखाद्य चावल था। पर विवशता थी।

अन्न-वितरण की काम-चलाऊ व्यवस्था तो किसी प्रकार कर ली गयी, पर महामारी के निवारण का कोई प्रबन्ध न हो सका। बीमारों और मृतकों की संख्या दिन-पर-दिन बढ़ती चली जाती थी। शशांक बाबू ने और मैंने मिलकर आपस में परामर्श करने के बाद तय किया कि कोठी को अस्पताल में परिणत कर दिया जाय। पर अस्पताल के लिए डॉक्टरों, नर्सों और दवाओं की आवश्यकता थी। शशांक बाबू ने कहा कि वह कलकत्ते जाकर एक सप्ताह के भीतर सारा प्रबन्ध कर लेंगे।

शशांक बाबू के चले जाने पर मैंने एक सेवादल संगठित किया। कोठी को अस्पताल में परिणत करने के सम्बन्ध में मेरे संकल्प से परिचित होने पर कई उत्साही नवयुवक कार्यकर्त्ता मिल गये। आस-पास के गाँवों से तीन अधकचरे होमियोपैथिक डॉक्टर और दो एलोपैथिक चिकित्सक—जिनकी योग्यता एक कम्पाउण्डर से कुछ ही अधिक थी—रोगियों की सेवा करने के लिए तैयार हो गये। कुछ नवयुवकों ने नर्सों के बदले काम करने का भार अपने ऊपर ले लिया। किसी तरह रोगियों की सेवा का कार्य आरम्भ हुआ। पर स्थिति विशेष कुछ सँभलती न दिखायी दी। मेरी समझ में नहीं आता था कि जिस सहायता-कार्य का गम्भीर दायित्व मैंने स्वीकार किया है उसे किस तरह निभाया जाया। उधर शशांक बाबू जब से गये थे तब से एक पत्र तक उन्होंने नहीं भेजा था। मैं सोचने लगा कि कहीं उसकी पलातक मनोवृत्ति फिर से जग न उठी हो और वह सारा झंझट मेरे सिर पर डालकर अपने को पूर्णतः भारमुक्त न समझने लगे हों।

प्रायः बारहवें दिन एक-एक करके चार मोटर-गाड़ियाँ और सम्भवतः गल्ले के बोरों से लदी हुई, दो ट्रकें कोठी के पास आकर ठहर गयीं। मैं तुरन्त उनके स्वागत के लिए नीचे चला आया। मोटरों में से शशांक बाबू के अलावा छह स्त्रियाँ और सात पुरुष बाहर निकल आये। शशांक बाबू ने उतरते ही कहा—"क्षमा कीजियेगा, डॉक्टरों, कम्पाउण्डरों, नर्सों, दवाओं और गल्ला जुटाने में इतने दिन लग गये। यहाँ का हाल कैसा है? स्थिति क्या बहुत अधिक बिगड़ चुकी है?"

"नहीं, बहुत अधिक तो नहीं बिगड़ी है, पर कुछ सँभली भी नहीं। अब आप सारा प्रबन्ध करके आ गये हैं, इसलिए पूरी आशा है कि शीघ्र ही स्थिति सँभल जायगी।"

शशांक बाबू की अनुपस्थिति में उनके सम्बन्ध में मेरे मन में जो नीचतापूर्ण सन्देह होने लगा था उसके लिए मैं मन-ही-मन घोर लज्जा और ग्लानि का अनुभव करने लगा।

उनके कुछ न कहने पर भी मैं अच्छी तरह समझ रहा था कि उन्हें इतने कम समय में इतना अधिक प्रबन्ध करने में कैसा प्रचण्ड उद्योग करना पड़ा होगा। आज के स्वार्थपूर्ण और भ्रष्टाचार के दलदल में डूबे हुए युग में, एक देहाती क्षेत्र में, अकाल और महामारी के बीच में, कलकत्ते की सुख-सुविधाएँ छोड़कर आने को राजी होनेवाले डाक्टरों और नर्सों को जुटा पाना कितना कठिन काम है, यह मुझसे छिपा नहीं था। यह शशांक बाबू के ही पराक्रम के कारण सम्भव हुआ, अन्यथा मैं होता तो कुछ भी न कर पाता। और इतने गल्ले का प्रबन्ध वह कैसे कर पाये? यह उनके पराक्रम की पराकाष्ठा थी, क्योंकि यह तो स्पष्ट था कि भ्रष्टाचार में डूबे हुए सरकारी क्षेत्रों से इस सम्बन्ध में कुछ भी सहायता उन्हें नहीं मिली होगी—हालाँकि इन सब बातों का प्रबन्ध करने का सबसे पहला कर्त्तव्य सरकार का ही था। मैं अत्यन्त गद्‌गद श्रद्धा के भाव से शशांक बाबू की ओर देखने लगा। उन्होंने एक दिन अपने राग-रंग में डूबे रहने के सम्बन्ध में जो फिलासफी बघारी थी उससे उनकी आज की कर्मठता और सेवापरायण मनोभाव का कोई मेल नहीं बैठता था। अपनी होमियोपैथिक गोलियों के वितरण से उनके दूसरे रूप का थोड़ा-सा आभास मुझे मिलने लगा था, पर आज का रूप तो एकदम नया था।

गाड़ी से उतरे हुए पुरुषों और स्त्रियों का परिचय एक-एक करके उन्होंने मुझसे कराया। मालूम हुआ कि उनमें चार डॉक्टर हैं—सभी ऊँची-से-ऊँची शिक्षा पाये हुए, सुयोग्य और विशेषज्ञ—तीन कम्पाउण्डर और छह नर्सें हैं। नर्सों में से सबसे अधिक उम्रवाली महिला प्रायः तीस वर्ष की होगी, शेष सब बीस और पच्चीस के बीच की जान पड़ती थीं। सभी स्वस्थ और प्रसन्न दिखायी देती थीं। यात्रा की थकावट का लेशमात्र भी चिह्न किसी के मुख पर नहीं था। उनमें एक लड़की (जो मुझे सब में अधिक सुन्दरी लग रही थी और जो बीस-बाईस से अधिक उम्र की नहीं जान पड़ती थी) बड़े गौर से मेरी ओर देख रही थी। उसका नाम शशांक बाबू ने मंजुला देवी बताया था। उस लड़की के प्रति मैं एक अजीब आकर्षण का अनुभव कर रहा था। पर उस समय उसके प्रति अधिक ध्यान देने का अवकाश नहीं था।

मैं डॉक्टरों, कम्पाउण्डरों और नर्सों को भीतर ले गया जहाँ बहुत-से मरीज पड़े हुए थे और दो अल्पज्ञ स्थानीय डॉक्टर जिनकी परिचर्या में लगे हुए थे। सब-कुछ देखने-सुनने के बाद डॉक्टरों ने रोगियों के लिए जिस प्रकार की व्यवस्था करने के लिए कहा वह मैंने नोट कर लिया। उसके बाद तीन-चार आदमियों को बुलाकर दो कारों में भरी हुई दवाओं और दूसरे सामान को ऊपर रखवाने का प्रबन्ध किया। दो-तीन आलमारियाँ खाली करवायीं और उनमें दवाओं की शीशियाँ सजाकर रखीं। उसके बाद जितनी भी चारपाइयाँ कोठी में थीं उन्हें अलग-अलग स्थानों पर, डॉक्टरों की हिदायत और नर्सों की सहायता से रखा। सब कमरों की सफाई नये सिरे से की और कीटाणु-नाशक पदार्थों का उपयोग किया। मैंने इस बीच आठ-दस नौकरों और

नौकरानियों का प्रबन्ध कर लिया था। वृन्दावन की देख-भाल में वे लोग काम कर रहे थे। डॉक्टरों और नर्सों के लिए चाय-पानी और नाश्ते का प्रबन्ध यथाशीघ्र कर लिया गया था। उन लोगों ने खड़े-खड़े ही चाय पी और नाश्ता किया। मैं देख रहा था कि उनमें से एक को भी अपने आराम का खयाल नहीं था और भीतर पाँव रखने के समय से ही वे लोग रोगियों की यथोचित सेवा करने के लिए अधिक चिन्तित दिखायी देते थे। एक क्षण भी वह अपने आराम में या किसी दूसरे काम के लिए नष्ट नहीं करना चाहते थे। मैं उनके उस सच्चे सेवा-भाव और लगन पर मुग्ध हो गया।

गल्ला शशांक बाबू के निर्देश के अनुसार नीचे के दो बड़े-बड़े कमरों में रखवा दिया गया। उसके बाद शशांक बाबू उसके समुचित वितरण की व्यवस्था में जुट गये। इधर डॉक्टरों, कम्पाउण्डरों और नर्सों के तत्त्वावधान में रोगियों की उपयुक्त परिचर्या होने लगी। शशांक बाबू अपने साथ बहुत-सा कपड़ा भी—न जाने किस तिकड़म से—लेते आये थे। कुछ स्थानीय दर्जियों को नियुक्त करके रोगियों के लिए कई जोड़े कपड़े भी सिलवा लिये गये और उनके पुराने कपड़े उतारकर नये कपड़े उन्हें पहनाये गये।

●●●